D1673676

Czeslaw Milosz

Geschichte der Polnischen Literatur

Verlag
Wissenschaft
und Politik

Titel der amerikanischen Originalausgabe:
»The History of Polish Literature« (Macmillan Publishing Co., Inc. New York)
© Copyright Czesław Miłosz 1969. All rights reserved.
Aus dem Englischen und Polnischen von Arthur Mandel
Deutsche Rechte bei Verlag Wissenschaft und Politik,
Berend von Nottbeck, Köln 1981
Umschlaggestaltung: Rolf Bünermann
Gesamtherstellung: Mohndruck Graphische Betriebe GmbH, Gütersloh
Printed in Germany · ISBN 3-8046-8583-8

Vorwort

Mit der Verleihung des Nobelpreises für Literatur 1980 an Czesław Miłosz wurde einer der bedeutendsten polnischen Dichter unseres Jahrhunderts ausgezeichnet. In der Begründung der Verleihung heißt es, daß Miłosz »mit kompromißlosem Scharfblick der exponierten Situation des Menschen in einer Welt von schweren Konflikten Ausdruck verleiht«. Obwohl Miłosz bereits 1953 den Europäischen Literaturpreis erhielt, blieb er in Westeuropa verhältnismäßig unbekannt. Aber auch als glänzender Essayist, Übersetzer und Literaturhistoriker ist der seit 1956 in Berkeley, Kalifornien, lebende und lehrende Schriftsteller bei uns neu zu entdecken.
Aus Miłosz' Universitätsvorlesungen hervorgegangen, erschien seine »Geschichte der Polnischen Literatur« 1969 zuerst in englischer Sprache. Seit 1974 lag uns ihre deutsche Übersetzung und Fortschreibung vor, doch ihre Ankündigung im Buchhandel stieß auf so wenig Interesse, daß die Veröffentlichung zurückgestellt werden mußte. Erst die Nobelpreisverleihung ließ eine gewisse Nachfrage erwarten, die eine Publikation mit einem vertretbaren wirtschaftlichen Risiko ermöglichte. Der bekannte in Paris lebende polnische Literat, Schriftsteller und Kritiker Constantin Jelenski schrieb unter anderem über dieses Buch: »Einem Polen meiner Generation ist die wahre Geschichte der polnischen Literatur in der Schule nicht beigebracht worden; dem ausländischen Leser ist Miłosz' Darstellung eine einzigartige Chance, die tiefen Wurzeln der von Polen selber allzu lange verdrängten Widersprüche wahrzunehmen ... Alle Aspekte werden in Miłosz' Werk neu beleuchtet. Keine der früheren Geschichten der polnischen Literatur hat Texte berücksichtigt, die im 16. und 17. Jahrhundert ruthenisch geschrieben wurden und litauisch, der literarischen Sprache des Großherzogtums Litauen, das seit 1569 mit dem polnischen Königreich vereint war. Miłosz tut es; er trägt auch den bedeutenden Zentren jüdischen Denkens Rechnung ... In Nähe zur Gegenwart schildert er den Bruch zwischen der nationalistischen antisemitischen Rechten, die Piłsudskis Gegner Roman Dmowski verkörperte, und den anderen politischen Strömungen der Rechten und der Linken. Man muß solche Hintergründe kennen, um die Erleichterung vieler polnischer Intellektueller darüber zu verstehen, daß Papst Woytiła ein Bild Piłsudskis und nicht Dmowskis über seinen Schreibtisch gehängt hat. Dieses Buch ist auch eine Geschichte der polnischen Sitten und Mentalität.«
Es ist seit über 60 Jahren die erste deutschsprachige polnische Literaturgeschichte überhaupt. Sie erscheint zu einer Zeit, da das Schicksal des polnischen Volkes Aufmerksamkeit und Anteilnahme in der ganzen Welt findet. Nichts kennzeichnet die Entwicklung, das Wesen und den Charakter eines Volkes, seine Leidensfähigkeit und Schaffenskraft deutlicher als die Geschichte seiner Literatur, seiner Poeten und ihrer Werke. Miłosz' umfassendes, detailliertes und zugleich faszinierendes Werk vermittelt einen tiefen Einblick in Entwicklung, Erscheinungsformen, Strömungen und Tendenzen der polnischen Literatur und verhilft damit auch zum Verständnis für die Polen, ihr Land und ihre Geschichte.

Köln, im September 1981

Inhaltsverzeichnis

Einführung

Das vorliegende Buch wurde in der Absicht geschrieben, einem größeren Publikum auf begrenztem Raum ein Maximum an Information über die polnische Literatur zu bieten, ohne in den trockenen Stil eines Autors zu verfallen, der seinem Thema nicht gefühlsmäßig verbunden ist. Ich kann sagen, daß mir diese Arbeit mehr Freude als Mühe bereitete, und vielleicht ist noch hier und da eine Spur des Lächelns zu finden, das mich manchmal dabei überkam. Der Leser hat ein feines Gespür für die Stimmung, in der etwas geschrieben wurde; ich kann ihm aber versichern, daß ich der Aufgabe, die ich mir gestellt hatte, nie überdrüssig wurde, und hoffe nun, daß das fertige Werk auch ihn nicht langweilen wird.

Die polnische Literatur war seit eh und je mehr auf Poesie und Theater ausgerichtet als auf Prosa; sie ist daher wenig bekannt und wird oft mit Gemeinplätzen abgetan wie etwa, daß die Romantik ihr Kern, der römisch-katholische Glaube ihre Würze sei. Dazu möchte ich schon hier vermerken, daß die ersten slawischen Sprachen, die literarische Ausdrucksfähigkeit erreichten, das Tschechische und Polnische waren, jenes im Mittelalter, dieses zur Zeit der Renaissance. Das »Goldene Zeitalter« des 16. und 17. Jahrhunderts drückte der polnischen Literatur ein unauslöschliches Siegel auf, dementsprechend handelt auch das Buch fast zur Hälfte von der Zeit, die der Romantik vorausging. Und was die Kirche anbelangt, so sei darauf hingewiesen, daß die Volkssprache die längste Zeit vom Kirchenlatein unterdrückt war und ihre Entwicklung erst den Geschehnissen verdankt, die sich an die Namen Hus, Luther und Calvin knüpfen. Das Polen des »Goldenen Zeitalters« war ein weitgehend protestantisches Land, ein »Ketzerparadies«, das trotz des Sieges der Gegenreformation seinen rebellischen Geist nie verlor und ihn über die Männer der Aufklärung und die Freiheitskämpfer des 19. Jahrhunderts an die Gegenwart weitergab, begleitet von der eigenartigen Dichotomie eines aus einem starken Restbestand christlicher Ethik genährten gefühlsbetonten Moralismus und eines Antiklerikalismus, der jedes Dogma – nicht nur religiöser Art – rundweg ablehnte.

Ich wollte – wie gesagt – ein Lehrbuch schreiben und damit eine spürbare Lücke in der Literaturgeschichte ausfüllen. Alexander Brückners *Geschichte der polnischen Literatur* stammt aus dem Jahre 1909. Sie fand allerdings eine wertvolle Ergänzung in den von Karl Dedecius herausgegebenen Anthologien der polnischen Poesie und Prosa im 20. Jahrhundert und in dem aus dem Polnischen übersetzten *Survey of Polish Literature and Culture* von Manfred Kridl, meinem Lehrer und späteren Professor an der Columbia University in New York. Aber sie reicht nicht in die Zeit hinein, die mit dem Jahre 1939 beginnt und literarisch schon deshalb bedeutsam ist, weil sie uns das Verständnis des Schriftstellers in Zeiten historischer Katastrophen apokalyptischen Ausmaßes erleichtert.

Der Autor eines Lehrbuches soll sich größter Objektivität befleißigen, ohne zur datensammelnden Rechenmaschine zu werden. Er geht jedoch immer von gewissen Voraussetzungen aus, die sich in der Auswahl des Materials und der Hervorhebung bestimmter Personen oder Bewegungen zeigen. Es sei mir daher ein persönliches Wort gestattet.

In Polen aufgewachsen, denke ich – wie so viele Europäer – in geschichtlichen Kategorien, keine besonders gute Empfehlung für einen Leser, der hier vielleicht rein ästhetische Bewertungen erwartet. Literatur ist für mich eine Reihe von Momenten im Leben des Menschengeschlechtes, die sich – zu Worten kristallisiert – dem Urteil der Nachwelt stellt. Wer in den Dschungel der Zeit eindringen will, muß einen guten Spürsinn haben und darf keine menschliche Stimme, auch kein unbeholfenes Stammeln überhören. Ich räume daher manchen Ideen mehr Raum ein, als das sonst üblich ist, weil sie sich zwar vielleicht nicht unmittelbar in Meisterwerken niederschlugen, dafür aber den Geist ihrer Zeit zutreffend ausdrücken. Auch das scheinbar Irrsinnige, Närrische und Bizarre blieb nicht unbeachtet. Die polnische Literatur reagierte immer stark auf historische Gegebenheiten. Ich hielt es daher für angebracht, jedem Kapitel eine kurze zeitgeschichtliche Einführung voranzustellen, die besonders auf die Entwicklung gesellschaftlicher Institutionen und Vorstellungen eingeht.

Die Geschichte Polens und seiner Literatur enthält ein beträchtliches Maß an Verstiegenheit und Inkongruenz: ein slawischer Volksstamm, der sich bis zur Renaissance nur der lateinischen Schriftsprache bedient; eine Großmacht, die den Teutonen, Türken und Moskowitern jahrhundertelang die Stirn bietet, um dann infolge des Mißbrauchs ihres eigenen parlamentarischen Systems buchstäblich auseinanderzufallen, unter ihre Nachbarn aufgeteilt zu werden und für mehr als 120 Jahre von der Landkarte Europas zu verschwinden; ein Volk, das – himmelhoch jauchzend, zu Tode betrübt – sich nur in Zeiten aufrafft, die anderen das Ende gebracht hätten; ein feiner, von Ironie und Scharfsinn geschliffener Geschmack, der eine an die Poesie des elisabethanischen Englands heranreichende Lyrik hervorbringt und sich doch immer wieder in Rauschbenommenheit und engstirnigem Gefasel zu verlieren droht; eine lange Tradition religiöser und politischer Duldsamkeit, die auf das Wahlkönigtum der mehrsprachigen *Respublica* und ihre diversen Glaubensbekenntnisse zurückgeht und unter den Schlägen des nationalen Unglücks in einen morbiden, überempfindlichen Nationalismus ausartet; ein Land, um das heute zwei mächtige Rivalen werben, die kommunistische Partei und die katholische Kirche. Vielleicht läßt sich aus diesem anscheinend hoffnungslosen, aber doch irgendwie zusammenhaltenden Neben- und Durcheinander sogar etwas lernen.

Beginnend mit der polnisch-litauischen Personalunion, erstreckte sich das Land, von dessen Literatur hier die Rede ist, über Polen, Litauen, Weißrußland und die Ukraine. Ich berücksichtige daher auch die Rolle der nichtpolnischen Sprachen, insbesondere des ostslawischen, weder polnischen noch russischen ruthenischen Dialekts, der sich in das nördliche Weißrussisch und das südliche Ukrainisch aufteilt. Auch das Wort »Litauen« verlangt nach Klarstellung. Es bezog sich einmal auf das von einem Volksstamm nichtslawischer Zunge bewohnte Land gleichen Namens an der Ostsee, aber auch auf das riesige, im Stammgebiet des Dnjepr liegende Binnenland, dessen Einwohner Litauer genannt wurden, weil sie lange Zeit unter der Oberhoheit der litauischen Fürsten standen. Eine Erklärung des sprachlichen Imbroglios dieser Landstriche geht über den Rahmen einer kurzen Darstellung hinaus.

Jede Unterteilung in Kapitel oder Perioden ist mehr oder weniger willkürlich. Der Strom der Geschichte läßt sich nicht in sauber getrennte Abschnitte zwingen, und Begriffe wie Renaissance oder Barock sind nur annähernd zutreffend. Im Leben einer Zivilisation laufen ständig verschiedene Strömungen nebeneinander her oder überschneiden sich auch. Alt und neu stoßen zusammen, und das Neue im Denken und Fühlen ist nicht schon deshalb bedeutsam, weil es »fortschrittlich« ist. Der Sinn dieser Begriffe wird meist als selbstverständlich vorausgesetzt, mich hält ihre Verschwommenheit aber davon ab, sie zu definieren – ein jedenfalls hoffnungsloses Unterfangen. Paul Valéry sagte einmal: »Es ist unmöglich, ernsthaft in Begriffen wie Klassizismus, Romantik, Humanismus, Realismus zu denken ... Man berauscht sich nicht am Etikett der Flasche, noch stillt man seinen Durst damit.« Etiketten sind in Lehrbüchern unumgänglich, sollten aber nicht zu genau genommen werden. Im Gegensatz zu der Anschauung, daß die Literatur ein unaufhörliches Wechselspiel zwischen – sagen wir – »klassischem« und »romantischem« Geist ist, betrachte ich die literarischen Begriffe und Formen einer gegebenen Epoche als etwas Einmaliges und an ihre Zeit Gebundenes.

All diese Probleme häuften sich, als ich mich an das letzte Kapitel dieses Buches machte. Ein Werk über die religiösen Gegensätze des 16. Jahrhunderts wird heutzutage den Leser kaum noch aus der Ruhe bringen; sie zu bewahren wird ihm aber um so schwerer fallen, je mehr er sich der Gegenwart nähert und emotionsgeladenen Worten wie Marxismus, Revolution und Kommunismus begegnet. Eine Literaturgeschichte ist nicht der rechte Ort für eine *Analyse* dieser explosiven Themen. Ich bemühte mich daher, möglichst sachlich und unvoreingenommen zu bleiben. Man kann es jedoch bekanntlich nicht aller Welt recht machen, und ich fürchte, daß meine Zurückhaltung manchen Lesern gegen den Strich gehen wird und sie die Dinge lieber in ihrem Sinne dargestellt sähen. Eine weitere Schwierigkeit ergab sich aus meiner Doppelrolle als aktiver Schriftsteller und selbsternannter Chronist. Die Rolle eines Schiedsrichters über meine Kollegen liegt mir nicht. Viele von ihnen konnte ich nicht einmal erwähnen, weil das Kapitel über die Gegenwartsliteratur sonst zur Klatschspalte des Schriftstellerverbandes ausgeartet wäre. Meine Auswahl wird wahrscheinlich beanstandet werden, und ich kann mich vor den Zukurzgekommenen nur damit rechtfertigen, daß mein Raum begrenzt und Irren menschlich ist.

Mein aufrichtiger Dank gebührt Professor Frank J. Whitfield für seine Idee, dem Buch die »altmodische« Form einer populären Literaturgeschichte zu geben, und für die Durchsicht des Manuskripts, meiner Assistentin Catherine S. Leach für die geduldige und sorgfältige Aufnahme meines Diktats und die wertvollen Hinweise, Professor Arthur Mandel (der auch die deutsche Übersetzung besorgte*) für seine Auskünfte über die religiösen Strömungen unter den polnischen Juden im 18. Jahrhundert und dem Institut für slawische und osteuropäische Studien an der Universität von Kalifornien in Berkeley für die freundliche Unterstützung meines Vorhabens.

C. M.

---

* Falls nicht anders angegeben, stammen auch die Übertragungen der original polnischen Zitate und Gedichte von Arthur Mandel.

Das Mittelalter

1

Der geschichtliche Hintergrund

Die Westslawen

Die Westslawen bewohnten in vorgeschichtlicher Zeit das weite von den Fluß-
systemen der Weichsel und Oder bewässerte Flachland. Von hier aus breite-
ten sie sich vom 5. bis 9. Jahrhundert südwestlich in die böhmischen Täler
und westlich entlang der Ostsee aus. Moderne Archäologie und Ausgrabungen haben unser Wissen vom Leben dieser Volksstämme sehr bereichert. Das
Land war größtenteils Sumpf und Urwald. Die Slawen rodeten die Wälder
und machten den Boden für eine verhältnismäßig hochstehende Landwirtschaft urbar, die zur Grundlage des allmählichen Übergangs von agrarwirt-
schaftlicher Stammesorganisation zum Staatswesen wurde. Aus dem Zusam-
menschluß mehrerer Stämme gingen größere ethnische Einheiten hervor, von
denen aber nur die Polen, Tschechen, Slowaken und die kleine Gruppe der
Lausitzer Sorben überlebten. Die slawischen Stämme, die sich weiter hinaus-
wagten, wurden von den Germanen überrannt und verschwanden wieder.

Die Entstehung des polnischen Staates

Archäologische Beweise widerlegen die bis ins 19. Jahrhundert fortlebende
Theorie einer Eroberung des Landes durch nordische Volksstämme. Polen
entstand allmählich unter Führung einheimischer Stammesfürsten, denen es
gelang, die zwischen Weichsel und Oder lebenden Stämme zu vereinigen, ein
Prozeß, der sich von etwa 880 bis 960 hinzog. Schon zu Beginn des 11. Jahrhunderts verwendet Thietmar von Merseburg das Wort »Polonia« zur Bezeichnung des Raumes, den das heutige Polen ungefähr einnimmt. Ausgrabungen haben Überreste primitiver, aber zweckmäßiger Befestigungsbauten
zutage gefördert (darunter erstaunlich gut erhaltenes Balkenwerk). Diese Be-
festigungen sicherten das Land gegen Westen und schützten es zunächst vor
den anderen Westslawen, dann vor den Einfällen der Deutschen. Seinen Eintritt in die Geschichte vollzieht Polen mit Mieszko I., von dessen Taten alte
Chroniken künden. Sein Vorgänger war ein gewisser Piast, dessen Gestalt
halb Legende ist, der aber seinen Namen der Dynastie vermachte, die das
Land die längste Zeit des Mittelalters hindurch beherrschte.
Im Jahre 966 kam es zu einem überaus bedeutsamen, die Zukunft Polens für
immer bestimmenden Ereignis. Mieszko I. heiratete die tschechische Prinzessin Dobrava und nahm den christlichen Glauben in seiner westlichen Form
an. Sein Land wurde so zu einem integralen Bestandteil des kulturellen, politischen und sozialen Organismus, der in die Geschichte als das mittelalter-
lich-westliche Christentum einging. Von diesem Zeitpunkt an war Polen den
wechselnden Strömungen unterworfen, die Europas Antlitz formten. Zunächst allerdings hatte diese Einverleibung keine günstigen Folgen für die
einheimische Lebensform. Wieder ist es die Archäologie, die uns einen Einblick in die heidnische Kultur dieser Gebiete gewährt: Schmuckgegenstände,
Werkzeuge, Waffen, römische Münzen, Musikinstrumente zeugen nicht nur
von relativem Wohlstand, sondern auch von Liedern, Legenden und den religiösen Vorstellungen der vorchristlichen Slawen, die Spuren iranischen Ein-

flusses aufweisen. Die junge Kirche sah diese Überbleibsel des Heidentums nicht gern, und die gelehrten Männer der Zeit, die Geistlichen, fanden es nicht der Mühe wert, Zeugnisse dieser dem Untergang geweihten Kultur schriftlich festzuhalten. Latein, die Kirchen- und Schriftsprache, blieb auch jahrhundertelang die Sprache der polnischen Literatur. Der älteste polnisch geschriebene Satz ist eine Notiz, die sich im 13. Jahrhundert in das Inventurbuch eines Klosters verirrte: Ein Bauer wendet sich anscheinend an seine Frau mit den rührend unbeholfenen Worten: »Gib her, ich will mahlen, und du ruh dich aus« *(Day ut ia pobrusa, a ti poziwai).*

Staat und Kirche

Das mittelalterliche Christentum war eine eigenartige, vielschichtige Konstruktion. Sein geistiger Mittelpunkt war Rom, sein politischer lag nördlich der Alpen, im Heiligen Römischen Reich Deutscher Nation. Der Kaiser betrachtete sich als Schutzherrn der westlichen Christenheit. Aufgrund der allgemein anerkannten Doktrin von der Oberhoheit der geistlichen Macht über die weltliche wurde der Kaiser zumeist vom Papst gekrönt. Von kaiserlicher Seite ist oft und gelegentlich mit Erfolg versucht worden, auf die Wahl des Papstes Einfluß zu nehmen und die bestehende Ordnung umzukehren. Der Konflikt zwischen kirchlicher und weltlicher Macht zog sich über mehrere Jahrhunderte hin und gab den Herrschern Polens die Chance, Vatikan und Reich gegeneinander auszuspielen und zwischen beiden die eigene Selbständigkeit zu erhalten. Sie führten einen hohen Naturaltribut an die Kirche ab und wurden deshalb von ihr hoch geschätzt. Der polnische Fürst Boleslaus der Tapfere *(Bolesław Chrobry,* Regierungszeit 992–1025) widerstand dem Druck des Reiches in mehreren siegreichen Schlachten, schloß Frieden mit Kaiser Otto und wurde von ihm zum König von Polen gekrönt. Sein Herrschaftsgebiet reichte westlich bis über die Oder hinaus. Im Osten griff er in die Streitigkeiten der Fürsten von Kiew ein und besetzte sogar einmal die Stadt. Die verwickelten Beziehungen zwischen König und Kirche führten in Polen zu einem der Ermordung Thomas Beckets ähnelndem Ereignis: König Boleslaus der Kühne *(Bolesław Śmiały,* 1058–1079) ließ den Bischof von Krakau, Stanisław, umbringen. Ich erwähne das hier, da die Gestalt des Bischofs (der später heiliggesprochen wurde) in der polnischen Literatur oft wiederkehrt. Historiker glauben allerdings nicht an die Legende vom bösen König und guten Bischof, sondern sehen in der Tragödie einen Ausdruck des Konflikts zwischen dem König und seinen zentralistischen Bestrebungen und dem sich ihm widersetzenden Kirchen- und Laienadel.

Feudale Teilungen

Das mittelalterliche Polen zerfiel in mehrere Provinzen, von denen einige bis heute ihren Namen behalten haben. Kernstück des Landes war das zwischen Weichsel und Warthe liegende Großpolen, mit Gnesen (Gniezno) als erster Hauptstadt, Sitz eines Erzbischofs. Später wurde die Hauptstadt nach Krakau, der größten Stadt Kleinpolens, verlegt. Im Westen lag Schlesien, im Nordosten Masowien und Pommern an der Ostsee.
Im Mittelalter erlebte Polen Phasen, die als zentrifugal und zentripetal bezeichnet werden können. Die ersten Könige verstanden es, die Provinzen zu-

sammenzuhalten. Der Brauch, jedem Sohn eine Provinz zu vererben, führte jedoch später zur Entstehung mehrerer lose miteinander verbundener Fürstentümer und zur Entfremdung von Schlesien und Pommern, die zur deutschen Einflußsphäre hinneigten. Erst den zwei letzten Piastenkönigen, Ladislaus Ellenlang (Władysław Łokietek, 1306–1333) und Kasimir dem Großen (Kazimierz Wielki, 1333–1370), gelang es, die Provinzen wieder zu vereinigen, bis auf Schlesien, das polnische Kronjuwel, das im 14. Jahrhundert verlorenging. In dieser Zeit begann auch die polnische Expansion in die ostslawischen Fürstentümer der sogenannten Rus'.

Der Deutsche Ritterorden

Zur Zeit der feudalen Teilungen standen den polnischen Fürsten im Nordosten die heidnischen Preußenstämme gegenüber. Die Preußen (Pruzzen, polnisch *Prusy*) waren keine Slawen und hatten auch nichts mit den Deutschen gemein. Ihre Sprache gehörte derselben Familie an wie das Litauische und Lettische, eine Sprachgruppe, welche die größte Ähnlichkeit mit dem indogermanischen Sprachstamm bewahrt hat. In seinem Bekehrungseifer lud der polnische Fürst Konrad von Masowien im Jahre 1225 den Deutschen Ritterorden ein, sich im Norden seines Erblandes niederzulassen und die Preußen zum Christentum zu bekehren. Der Orden war ursprünglich eine Gründung deutscher Kaufleute zur Pflege verwundeter und kranker Kreuzritter im Heiligen Lande. Nach einem Zerwürfnis mit der Führerschaft der Kreuzzüge verlegte der Orden seinen Sitz nach Ungarn, wurde aber von dort wegen seiner politischen Machenschaften des Landes verwiesen. An der preußischen Grenze angelangt, begannen die Ritter ins Innere des Landes vorzustoßen, unterwarfen und bekehrten die Einwohner und machten sie tributpflichtig. Weitere Vorstöße waren gegen das heidnische Litauen gerichtet. Die Eroberungsmethoden des Ordens schufen im Bewußtsein der betroffenen Völker eine (sozusagen archetypische) Vorstellung, die bis in unsere Zeit fortlebt und an die Nazis und ihre Methoden gemahnt.

Die Schwertbrüder, ein anderer Orden, der sich später mit den Deutschrittern vereinigte, eroberten Estland und Livland und stießen ins Hoheitsgebiet der russischen Fürsten vor, wurden aber von Alexander Nevskij im Jahre 1242 auf dem Eis des zugefrorenen Peipussees in Estland geschlagen. Unter diesen Umständen ist es verständlich, daß Polen und Litauen sich gegen den gemeinsamen Feind verbanden.

Die polnisch-litauische Personalunion

Das Großfürstentum Litauen war ein Paradoxon, eine der Merkwürdigkeiten des Mittelalters: Ein kleiner baltischer Stamm, der das Christentum ablehnt, beginnt sich im 13. Jahrhundert nach Süden und Osten auszudehnen, besonders in die von den Tataren (Mongolen) verwüsteten ruthenischen Fürstentümer. Statt unter die Raubherrschaft der Tataren zu fallen, unterwerfen sich Kiew und andere Herrschaftssitze den litauischen Fürsten, die ihre Erfolge auch dem Umstand zu verdanken haben, daß ihre Länder dichter besiedelt waren als die weiten Wohngebiete der Ostslawen. Im Westen vom Ritterorden bedrängt, konnte sich Litauen nur nach Osten und Süden hin ausdehnen. Im 14. Jahrhundert reichte es bis ans Schwarze Meer. Die litauischen Herren

16

ließen den neuen Untertanen ihren griechisch-orthodoxen Glauben, der allerdings bald auch in ihre Höfe eindrang, als sie ostslawische Fürstentöchter heirateten. Was Litauen aber fehlte, war ein Verbündeter im Westen, um sich der Deutschritter zu erwehren, die ihre Angriffe religiös rechtfertigten. Das beste Mittel dagegen schien die Annahme des westlichen Christentums zu sein. Auch für Polen war ein starkes Litauen von großem Wert, besonders da sich die gemeinsame polnisch-litauische Grenze nach Eroberung der ostslawischen Provinzen Wolhynien und Halicz (Galizien) durch Kasimir den Großen jetzt viel weiter nach Osten erstreckte. Ein Abkommen des polnischen und litauischen Adels brachte es schließlich zu einer Personalunion zwischen den beiden Ländern: Die polnische Königin Jadwiga (Hedwig), Tochter des Königs von Ungarn, Ludwig von Anjou, der nach dem Aussterben der Piasten auch über Polen herrschte, wurde mit dem litauischen Fürsten Władysław Jagiełło (litauisch *Jogaila)* vermählt, der nun den polnischen Thron bestieg. Dieser Vereinigung folgte im Jahre 1386 die allgemeine Bekehrung Litauens zum Christentum. Einige Jahrzehnte später besiegten die vereinigten polnisch-litauischen Heere den Deutschen Ritterorden in einer der größten Schlachten des Mittelalters bei Grunwald und Tannenberg 1410.

Handelswege

Zwei der bedeutendsten Handelsrouten des Mittelalters, die West- und Mitteleuropa mit dem Schwarzen Meer und der Levante verbanden, verliefen beiderseits der Karpaten, die eine durch Ungarn, die andere durch Südpolen. Trotz der tatarischen Einfälle, die diese Wege zeitweilig unterbrachen, wurden sie lange weiter benutzt und trugen zum Wohlstand der Städte bei, bis eine neue Großmacht sie endgültig verschloß: das türkische Reich. In den polnischen und ungarischen Handelsstädten hatte sich mit dem Handel ein wohlhabendes Bürgertum entwickelt. Der schließliche Zusammenbruch des Landhandels mit dem Osten ist zum Teil Ursache dafür, daß Polen und Ungarn Agrarländer blieben.

Deutsche Besiedlung

Die Ausbreitung der Deutschen nach Osten war nicht nur eine Folge militärischer Aktionen, sondern hatte ihre Ursache auch im Bevölkerungsdruck, wie er sich häufig zwischen benachbarten dicht- und dünnbesiedelten Ländern ergibt. Die Tataren hatten große Teile Osteuropas erobert und unternahmen im 13. Jahrhundert wiederholt Eroberungszüge nach Polen. Sie zogen sich gewöhnlich schnell wieder zurück, brandschatzten aber das Land und ließen es in einem Zustand völliger Verwüstung zurück. Die polnischen Herren riefen daher Siedler aus dem Westen herbei und verliehen ihnen besondere Rechte und Privilegien. So gab es in ursprünglich polnischen Städten wie Wrocław, Kraków und Gdańsk (Breslau, Krakau und Danzig) bald viele Bürger deutscher Zunge, und das führte zu zahlreichen Konflikten, weniger nationaler als sozialer Art. Die reichen Bürger waren deutschstämmig, die kleinen Meister und Krämer Polen, ein Umstand, der die letzteren sich ihrer Volkszugehörigkeit bewußt werden ließ und zu Ausschreitungen gegen die Patrizier und Gilden führte. Auch deutsche Juden suchten in Polen Schutz; sie brachten eine deutsch-hebräische Mischsprache mit, das Jiddisch oder Jüdisch-

Deutsch. Juden hatte es in Polen schon seit dem 11. Jahrhundert gegeben, und sie erfreuten sich aus wirtschaftlichen Gründen der Gunst der polnischen Herren.

Feudalismus

Das mittelalterliche Polen war ein Feudalstaat, wie er in West- und Mitteleuropa üblich war. Für uns Menschen des 20. Jahrhunderts ist der Feudalismus ein etwas schwer verständliches politisches und Wirtschaftssystem, und es bedarf einer gewissen Anstrengung, sich in den Geist der Zeit einzufühlen, denn die gesellschaftliche Struktur war nicht von Ideologen geplant, sondern hatte sich organisch entwickelt. Inwiefern sich Polens Feudalismus von dem anderer Länder unterschied, z. B. von dem Frankreichs, wo er seine höchste Blüte erreichte, ist ein weites Forschungsgebiet von großem Interesse für Historiker. Ohne auf Einzelheiten einzugehen, kann gesagt werden, daß das Land Eigentum des Königs war. Wer ihm Waffenfolge leistete, wurde mit unbewohnten Waldgebieten belehnt. Die neuen Herren siedelten auf ihrem Lehnsgut zunächst vornehmlich Kriegsgefangene an. Um dem Menschenmangel abzuhelfen und die Einwanderung zu fördern, wurden neuen Siedlern Freibriefe nach Art des Magdeburger Stadtrechts gewährt. Man darf sich daher das alte Polen nicht als ein Land stolzer Herren und elender Bauern vorstellen, schon deshalb nicht, weil es dort im Mittelalter keine scharfen Klassenunterschiede gab. Vor dem Aufkommen der Geldwirtschaft arbeitete der Bauer nicht direkt für seinen Herrn. Der Ritter wurde allmählich zum Gutsbesitzer, der von seinen Leibeigenen Naturalabgaben erhielt, sie aber sonst unbehelligt ließ. Sein eigenes Stück Land war verhältnismäßig klein und reichte für die Bedürfnisse seines Haushalts aus. Noch war der Abstand zwischen Herr und Knecht nicht allzu groß. Der Bauer unterlag im Kriegsfall dem allgemeinen Aufgebot, und das gab ihm Gelegenheit, sich auszuzeichnen und aufzusteigen. Im 14. Jahrhundert verschlechterte sich zwar die Lage der Bauern; es fanden sich aber noch Herrscher, die sich ihrer annahmen. Der letzte Piastenkönig, Kasimir der Große, wurde vom Volk »der Bauernkönig« genannt; er hätte auch Judenkönig heißen können, und das nicht nur wegen seines Liebesverhältnisses zu einer Jüdin, der schönen Esterka. Manche Judenviertel wie das von Krakau, nach ihm Kazimierz benannt, zeugen noch heute von des Königs Gunst für ihre Einwohner.

Christliche Kultur

Seit der Bekehrung Polens im 10. Jahrhundert unterhielten die Mönchsorden und die Geistlichkeit enge Beziehungen zu den Ländern westlich des Rheins, dem heutigen Frankreich und Belgien. Die Mönche betätigten sich nicht nur auf religiösem Gebiet, sondern auch wirtschaftlich und künstlerisch. Ihre Verbindung zu den Mutterklöstern in Westeuropa förderte den Austausch von Menschen und Ideen; begabte Jungmönche wurden zum Studium in den Westen geschickt.
Die frühpolnische Architektur war vom romantischen Stil geprägt; davon zeugen die wenigen noch bestehenden Gebäude dieser Bauart sowie neuere Ausgrabungen, bei denen unter später errichteten Kirchen romanische Mauern und Säulen entdeckt wurden. Das Bronzetor der Kathedrale von Gnesen,

18

der ersten polnischen Hauptstadt, ist ein Musterbeispiel des nach dem Fluß gleichen Namens benannten Maas-Stils, der im 12. Jahrhundert in Nordost-Frankreich blühte. Wir wissen nicht, ob das Tor von im Westen ausgebildeten Polen oder ausländischen Meistern hergestellt wurde, die Figuren auf den Flügeln sind allerdings eindeutig polnisch.

Das Schrifttum war überwiegend religiösen Inhalts, da Erziehung und Schreibkunst ausschließlich bei den geistlichen Orden und dem Klerus lagen.

Literatur in lateinischer Sprache

Annalen und Chroniken

Die frühesten Schriftwerke sind in Klöstern angefertigte und aufbewahrte Eintragungen der wichtigsten Tagesereignisse, sogenannte Annalen. Sie sind nicht mit Chroniken zu verwechseln, die bereits zur Literatur gerechnet werden können. Diese wurden gewöhnlich von Mönchen oder Geistlichen verfaßt, die am Hofe eines Königs oder Fürsten lebten und sich um die Gunst ihres Herrn bemühten. Die früheste Chronik stammt aus dem Jahre 1112/13, worauf die darin erwähnten Ereignisse schließen lassen. Ihr Verfasser war ein ausländischer Mönch, der uns nur als Gallus Anonymus bekannt ist. Ob er wirklich Franzose war, ist ungewiß; daß er kein Deutscher war, ist aus seinem Vorurteil gegen die Deutschen zu schließen.

Die Chronik des Gallus verrät eine ungewöhnlich gute Kenntnis der Geschichte Ungarns; er muß dort längere Zeit gelebt haben, ehe er nach Polen kam. Seine Sprache ist für jene Zeit sehr modern. Das Neulatein erlebte ja viele Veränderungen, und zur Zeit des Gallus war gerade gereimte Prosa in Rom sehr beliebt. Er benutzt diesen eleganten und aktuellen Stil und schreibt nicht nur von Ereignissen, Kämpfen und Belangen der Könige, sondern auch (in der Widmung und an manchen polemischen Stellen) von seinen persönlichen Angelegenheiten. Sein Vorhaben, die Chronik zu verfassen, hatte wohl den Neid und die Feindseligkeit anderer Geistlicher hervorgerufen, denn er betont, daß er sich niemandes Stellung anzueignen anmaße, sondern nur ein Honorar wolle (er spielt wiederholt auf die beste Eigenschaft eines Fürsten an, die Freigebigkeit) und sich nach Abschluß des Werkes in sein Kloster im Ausland zurückzuziehen gedenke.

Anonymus bezieht seinen Stoff aus Unterhaltungen mit »weisen Männern«, d.h. der hohen Geistlichkeit, zu der er freien Zutritt hatte. Er führt auch verschiedene Urkunden an, was darauf schließen läßt, daß er in der Hofkanzlei arbeitete. Die Chronik beginnt mit einer geographischen Darstellung »des Landes der Slawen«, das sich weit nach Süden erstrecke, Dalmatien, Kroatien und Istrien einschließe und bis an die italienische Grenze reiche. Die Erzählung von der Entstehung der Piastendynastie enthält legendäre Motive, die von späteren Schriftstellern übernommen wurden: Ein heidnisches Bauernpaar, Piast und Rzepka, lädt eine Gruppe von Fremdlingen zur Feier des siebenten Geburtstages seines Sohnes ein. Die dankbaren Gäste revan-

19

chieren sich, indem sie Speise und Trank vermehren -- etwa wie in dem biblischen Wunder der Hochzeit von Kana. Der Bauernsohn wird später zum Herrscher des Landes.

Auch ein früherer Herrscher wird von Gallus genannt: Popiel, der wegen seiner Grausamkeit vom Volk vertrieben wurde und sich auf eine Insel in einem großen See flüchtete, wo er Mäusen und Ratten zum Opfer fiel, die ihn in seinem Turm auffraßen. Diese Erzählungen wurden bis vor kurzem als Märchen abgetan, enthalten aber einen wahren Kern. Heute wird allgemein angenommen, daß Piast, der Begründer der Dynastie, niederen Standes war, vielleicht Hauslehrer an einem Fürstenhof. Die Sage vom Bauernkönig leitet sich von frühpolnischen patriarchalischen Motiven her, und auch der Name Popiel ist keine reine Erfindung.

Bei weniger legendären Schilderungen, besonders wenn er geschichtliche Tatsachen behandelt, legt Anonymus einen gewissen Mut und geistige Unabhängigkeit an den Tag, so wenn er den Konflikt zwischen König Boleslaus und dem Bischof von Krakau, der mit der Ermordung des Bischofs endete, objektiv darstellt, ohne für den einen oder anderen Partei zu ergreifen. Insgesamt ist die Gallus-Chronik unbestreitbar von literarischem Wert.

Großer Popularität erfreute sich auch die etwa hundert Jahre jüngere *Chronik des Meisters Vinzenz* (um 1200), die von einem Bischof namens Kadłubek verfaßt wurde. Sie ist eigentlich ein Beispiel mittelalterlicher Rhetorik; der Autor ergeht sich in zahlreichen Gleichnissen und Paradoxien, die er wahrscheinlich von seinem Studium im Westen her kannte. Hier zwei Proben: »Nichts ist vollkommener am Menschen als seine Unvollkommenheit« und »Das wildeste Tier, wilder als Löwen, Tiger und Drachen, ist das sanfteste – die Frau«.

Meister Vinzenz will panegyrisch und erzieherisch wirken. Er erfindet unsinnige Dinge, um seinen Lesern zu schmeicheln, und läßt keine Gelegenheit aus, erbauliche Erzählungen einzuführen, die natürlich seinen persönlichen Wertmaßstäben entsprechen. Als eingeschworener Anhänger der kirchlichen Oberhoheit über die weltliche Macht findet er nur an jenen Königen etwas Gutes, die dem Klerus in jeder Hinsicht zu Willen waren und für das Wohlergehen der geistlichen Orden sorgten. Er ist daher historisch nicht zuverlässig und wird hier nur als Beispiel für den Geschmack des lateinkundigen Lesepublikums erwähnt.

Auch die *Chronik aus Großpolen,* die aus dem späten 13. Jahrhundert stammt und bis an das Jahr 1272 heranreicht, ist halb historisch, halb literarisch und diente vielen Schriftstellern als Quelle für Ritterromane. Als ihr Verfasser gilt entweder Baszko, ein Geistlicher am Hofe des Bischofs von Posen, oder Janko aus Czarnków, Vizekanzler Kasimirs des Großen, ein gewiefter Politiker und Autor von Memoiren in lateinischer Sprache, die viele Einzelheiten vom Leben und Treiben am königlichen Hofe enthalten.

Predigten

Im Westen wurde den Laienbrüdern und Mönchen in lateinischer Sprache gepredigt, dem Volk in seiner Sprache. Predigten galten lange Zeit nicht als Kunstart, d. h., sie unterlagen keinen bestimmten Regeln, waren ziemlich kurz und rückten erst im 13. Jahrhundert zur Literaturgattung auf. Diese Entwicklung verlief parallel mit der Scholastik und erreichte wie diese ihren ersten Höhepunkt in Paris. Jeder Theologieprofessor hatte dort neben seinen akademischen Aufgaben eine Anzahl von Predigten zu halten. Diese sorgfältig ausgearbeiteten, oft hochgeschätzten Texte waren in Latein, der Weltsprache, abgefaßt, machten die Runde durch ganz Europa und wurden in den Klöstern kopiert. Manche von ihnen konnten von Polen aus bis zu ihren Quellen in Frankreich, Deutschland und Italien zurückverfolgt werden, anderseits wurden auch Predigten polnischer Herkunft in den genannten Ländern gefunden. Der Prediger übersetzte gewöhnlich direkt aus dem Manuskript in die Landessprache; schwierigere Passagen sind mit den entsprechenden Übersetzungshilfen versehen.

Andere Werke

Eine eingehende Darstellung der mittelalterlichen Literatur wäre nur für Spezialisten von Interesse. Eine Anzahl Kirchenlieder mit den auch im Westen üblichen Motiven ist erhalten geblieben. Auch finden sich mehrere Heiligenlegenden, wie die des Bischofs Stanislaus und der heiligen Frauen Kinga und Salomea. Das polnische Theater geht auf liturgische Spiele zurück, die in der Kirche aufgeführt wurden und aus dramatisierten, den Evangelien entnommenen Dialogen bestehen. Im Spätmittelalter wurden diese Spiele meist vor die Kirche verlegt und oft auf den Treppenstufen zum Portal aufgeführt.

Literatur in polnischer Sprache

Die ältesten literarischen Denkmäler in polnischer Sprache sind die *Heilig-Kreuz-Predigten,* so benannt nach dem Heiligen-Kreuz-Kloster in Zentralpolen. Sie wurden zufällig im 19. Jahrhundert aufgefunden, und zwar als Einband einer lateinischen Handschrift, der aus den Pergamentblättern dieser Predigten bestand. Ihre Niederschrift stammt wahrscheinlich aus dem späten 14. Jahrhundert, die archaische Sprache läßt aber auf ein früheres Entstehungsdatum schließen. Sie sind eine wertvolle Quelle zum Studium des Altpolnischen.

Bogurodzica

Das älteste Gedicht in polnischer Sprache ist die *Bogurodzica* (Muttergottes), eine religiöse Hymne, die den Chroniken zufolge vor einer Schlacht gesungen wurde und wahrscheinlich aus dem 13. Jahrhundert stammt. Sie ist in mehreren Versionen auch mit Noten erhalten und war mehrere Jahrhunderte lang eine Art Nationalhymne. Im Gegensatz zu den anderen Kirchenliedern ist die *Bogurodzica* keine Übersetzung aus dem Lateinischen. Da es keine lateinische Fassung dieses Liedes gibt, nehmen manche Forscher, wie Professor Roman Jakobson, an, daß das Lied in einer tschechischen Übersetzung eines altslawischen Originals nach Polen kam. Ein Gegenstück dazu existiert nur in der mittelalterlichen Ikonographie. Das Motiv der sog. *Theësis* – Christus mit

Maria auf der einen, Johannes der Täufer auf der anderen Seite – kommt nicht nur in der byzantinischen, sondern auch in der romanischen Malerei vor; ein romanisches Polychrom dieser Art wurde in Polen gefunden. Der Name des Liedes, Bogurodzica = die Gottesgebärerin, stammt aus der altslawischen Kirchensprache und entspricht dem griechischen *Theotokos*. Die beiden ersten und ältesten Strophen wenden sich zunächst an die Muttergottes mit der Bitte um Fürsprache bei ihrem Sohn und danach an Christus selbst mit der Bitte, um Johannes des Täufers willen ein langes Leben auf Erden und das Paradies nach dem Tode zu bescheren. Die Hymne hat einen eigenartig bezaubernden Rhythmus.

Was sich sonst aus dieser Zeit an Literatur in polnischer Sprache erhalten hat, ist fragmentarisch. Schriften in der Landessprache mehren sich erst im späten Mittelalter; sie werden weiter unten besprochen. Es sei hier darauf hingewiesen, daß sich die polnische Sprache gegen Ende des 13. und im 14. Jahrhundert unter dem Einfluß des Tschechischen sehr veränderte. Tschechische Könige herrschten über große Teile Polens, der kulturelle Einfluß ist jedoch vor allem dadurch zu erklären, daß sich die tschechische Sprache und Literatur früher als die polnische entwickelte und daher einen größeren Begriffs- und Wortschatz hatte.

Das 15. Jahrhundert: Spätes Mittelalter

2

Der geschichtliche Hintergrund

Zusammenbruch des Ritterordens

Das wichtigste Ereignis dieser Zeit ist der Sieg der verbündeten polnisch-litauischen Streitkräfte über den Deutschen Ritterorden im Jahre 1410. Die Versuche des Ordens, seine Macht wiederzugewinnen, führten zu jahrzehntelangen Konflikten, schlugen aber fehl. Polen gewann wieder Zugang zum Meer, von dem es lange Zeit abgeschnitten war, und damit neue Handelswege von Süden nach Norden bis zur Ostsee. Im Osten gab es keine Macht, die Polen und Litauen gleichkam. Im Südosten hingegen regte sich das türkische Reich, und Polens Treue zum Vatikan und die traditionellen Bindungen zu Ungarn führten zu kriegerischen Auseinandersetzungen mit den Türken. Das war die Zeit der polnisch-litauischen Dynastie der Jagellonen, so genannt nach ihrem Gründer, König Jagełło. Sein Sohn und Nachfolger Ladislaus, der auch König von Ungarn war, fiel in jungen Jahren in der Schlacht bei Varna (1444). Der Sieg in dieser Schlacht ebnete den Türken den Weg zur Eroberung von Byzanz im Jahre 1453.

Politische und soziale Änderungen

Die Städte waren um diese Zeit klein, aber stark und reich. Der Adel bemühte sich, die Macht des Königs einzuschränken und die finanziellen Lasten auf die Städte und das Landvolk abzuwälzen. Nach dem Aussterben der Piasten herrschte Ludwig von Anjou, König von Ungarn, über Polen. Um seiner Tochter Jadwiga (Hedwig) die Nachfolge zu sichern, mußte er den Adligen gewisse Konzessionen einräumen: Sie wurden von allen Abgaben, die nicht im Kaschauer Vertrag von 1374 genannt waren, befreit; im Kriegsfall waren sie zur Waffenfolge innerhalb der Landesgrenzen verpflichtet, für Dienste darüber hinaus stand ihnen eine Entschädigung zu. Der ewige Streit zwischen dem König, der infolge seiner militärischen Aktionen ständig in Geldnöten war, und dem widerspenstigen Adel führte zur Einrichtung von Landtagen, Vertretungen des Adels, die im Bedarfsfall zusammentraten, um über außerordentliche Abgaben zu beraten. Allmählich begannen diese Landtage ihre Deputierten zu einem Generallandtag zu entsenden, der 1493 zu einer ständigen, in bestimmten Zeitabständen tagenden Institution wurde. Der Adel behielt sich außerdem mit dem Privileg *Neminem captivabimus* aus dem Jahre 1425 gewisse Rechte vor, u.a., daß kein Adliger mit festem Wohnsitz ohne Gerichtsverfahren bestraft werden durfte.

Die Universität Krakau

Die erste polnische Universität wurde im Jahre 1364 in Krakau gegründet. Sie ist nach Prag (1347) die älteste Universität nördlich der Alpen. (Die Wiener Universität besteht seit 1365, die Universität Heidelberg, Deutschlands erste Hochschule, seit 1385.) Universitäten waren in erster Linie kirchliche Institutionen und konnten daher nur mit päpstlicher Zustimmung gegründet werden.

Infolge gewisser Meinungsverschiedenheiten unter den Scholastikern hielt der Papst, der sich sein Einspruchsrecht in diesen Fragen vorbehalten wollte, mit der Erlaubnis zur Eröffnung theologischer Fakultäten zurück; es dauerte daher ziemlich lange, bis Krakau und Wien diese Genehmigung erhielten. Die Krakauer Universität wurde im Jahre 1400 mit den vier herkömmlichen Fakultäten, Philosophie, Theologie, Medizin und Jus, neu eingeweiht. Königin Jadwiga, Jagełłos Gattin, hatte ihre Juwelen für diesen Zweck gespendet. Die Schule trägt seither den Namen Jagellonische Universität. Einer der Hauptgründe für ihre Errichtung war der Mangel an Juristen für den diplomatischen Dienst. Der Konflikt mit dem Ritterorden hatte sich zum Teil vom Schlachtfeld auf internationale Schiedsgerichte verlegt, wo sich der Orden sehr geschickt als Opfer der heidnischen Litauer und der unzuverlässigen orthodoxen Christen Polens hinstellte. Das Konzil von Konstanz (1414–1418) hörte eine polnische Abordnung an, die sich den Anklagen des Ordens gegenüber auf das Völkerrecht berief und überdies für das Primat des Konzils über den Papst eintrat.
Die Jagellonische Universität war im ausgehenden 15. Jahrhundert ein bedeutendes Zentrum für Astrologie und Astronomie. Einer ihrer Professoren, Wojciech (Adalbert) von Brudzew, hatte immerhin einen sehr begabten Schüler – Nikolaus Kopernikus. Es ist bemerkenswert, daß die Professoren meist niederer Herkunft waren und oft für die unteren Volksschichten eintraten.

Die Hussiten

In den Wehen der Vorreformation befand sich Polen im Einflußbereich von Jan Hus, der ein Wiederaufleben der religiösen Bewegungen herbeiführte, die wie die Waldenser in Frankreich und die Lollarden in England das Mittelalter erschüttert hatten. Hus stand unter dem Einfluß von John Wycliff; er wandte sich nicht so sehr gegen das Dogma wie gegen die Hierarchie der Kirche mit dem Papst an der Spitze und gegen die Verderbtheit der Geistlichen. Auch nationale Elemente spielten mit hinein, da der höhere Klerus in Böhmen meist deutscher Herkunft war. Die Bewegung der Hussiten erreichte Polen aufgrund der engen kulturellen Beziehungen zwischen Prag und Krakau; die Jagellonische Universität wurde ein Zentrum religiöser Gärung. Dazu kam noch, daß Jan Žžka, ein militärischer Führer des extremen Hussitenflügels, der sog. Taboriten, in der Schlacht von Grunwald tschechische Truppen gegen den Deutschen Ritterorden befehligt hatte. Auf dem Konzil von Konstanz, zu dem Hus vorgeladen und wo er trotz eines kaiserlichen Freibriefes in Ketten gelegt und lebendig verbrannt wurde, waren nur die Polen gegen seine Verurteilung und für einen Kompromiß, was sehr gewagt war, da sie vom Ritterorden der Ketzerei geziehen wurden. In einem lateinischen Pamphlet des Ordens heißt es (in Gedichtform):
Wenn jemand ein Schisma verbreitet, verbrüdern sich die Polen mit ihm.
Wenn jemand der Christen spottet, schau hin, ob er kein Pole ist,
und wenn Priester erschlagen werden, ob kein Pole die Hand im Spiele hat.
Wenn jemand den Papst schmäht, ist er gewiß ein Pole.
Wenn jemand die Muttergottes und die Heiligen schändet,
Christi Leib mit Füßen tritt,
die Sakramente verwirft oder die heiligen Gefäße zerbricht,
paß auf, ob sein Kumpan kein Pole ist.

Unter solchen Umständen mußte die polnische Abordnung äußerst vorsichtig sein, aber am Kreuzzug gegen die Hussiten nahm Polen nicht teil. Hus fand in Polen viele Anhänger, die sich mit Waffengewalt Geltung zu verschaffen suchten, aber von königstreuen Truppen daran gehindert wurden. Trotz ihrer Unterdrückung trugen die Hussiten viel zur Entwicklung der Literatur in der Volkssprache bei. Denn an die niederen, des Lateinischen unkundigen Schichten konnten sie sich nur in einer ihnen verständlichen Sprache wenden. Da die Kirche jedoch alles tat, um die Schriften der Ketzer zu vernichten, haben sich nur ganz wenige Zeugnisse davon erhalten.

Anfänge des Humanismus

Die Renaissance, das Wiederaufleben der antiken Kunst und Literatur, erlebte ihre Blüte in Italien schon im 15. Jahrhundert, dem Quattrocento der Kunst- und Kulturgeschichte. Die Welle des Humanismus erreichte das seinem Geist nach noch mittelalterliche Polen erst gegen Ende dieses Jahrhunderts. Dank der engen Beziehungen zu Italien, dem Sitz der Gelehrsamkeit, zogen viele Scholaren von Krakau an die Universitäten von Padua, Bologna und Ferrara. Auch in Polen selbst wandte man sich dem Studium der antiken Autoren, besonders Vergils, zu. So mancher Kirchenfürst berief Gelehrte und Dichter an seinen Hof, wie der Bischof von Lemberg, Gregor von Sanok, eine wahre Renaissancegestalt. Besonders aktiv in der Verbreitung des Humanismus, des wiederbelebten Interesses am Menschen als aller Dinge Maß, war Filippo Buonacorsi aus San Gimignano, der seine lateinischen Verse mit dem griechischen Namen Callimachus unterschrieb. Er gehörte der römischen Akademie des Pomponio Leto an, deren Mitglieder sich aus Verehrung der Antike in römische Togen hüllten. Buonacorsi mußte aus Italien fliehen und suchte in Polen Schutz. Hier fand er mächtige Beschützer, besonders unter den Bischöfen, die von den Autoren des alten Rom nicht minder eingenommen waren als er selbst. In Krakau bildeten sich Zirkel humanistischer Gelehrsamkeit, wie die *Sodalitas Vistulana,* aber erst im folgenden Jahrhundert kommt dieser neue Geist zu voller Entfaltung.

Die schönen Künste

Der lebhafte Verkehr der Patrizier mit den deutschen Städten trug zur Schaffung einiger Kunstwerke im Stil der süddeutschen Schule bei. Veit Stoß (polnisch Wit Stwosz) verbrachte 36 Jahre in Polen und vollendete 1489 den Hochaltar der Marienkirche zu Krakau. Der Reichtum an Einzelheiten aus dem polnischen Stadtleben läßt das polychrome Schnitzwerk sehr realistisch erscheinen, eine Wirkung, die noch hervorgehoben wird durch die lebendige Wiedergabe der Gestalten, an deren Kleidung man Stand und Beschäftigung erkennen kann.

Buchdruckereien

Gutenbergs Erfindung machten sich auch die Bürger von Krakau zunutze. Die Stadt wurde ein Zentrum der Buchdruckerkunst. Die ersten dort gedruckten Bücher erschienen jedoch nicht in polnischer Sprache, sondern, je nach ihrem religiösen Inhalt, entweder in Lateinisch oder Altslawisch. Am

26

Königshof lebten auch viele Herren aus Litauen, die dem östlichen Ritus angehörten, so daß die Schriften dieser Kirche gesucht waren. Einer dieser Drucke aus dem Jahre 1491 trägt ein Impressum in ruthenischer Sprache, einem ostslawischen Dialekt, auch Alt-Weißrussisch oder Alt-Ukrainisch genannt, der sich nur schwer in die modernen ostslawischen Idiome einreihen läßt. In Litauen diente er anstelle des Litauischen, das den slawischen Einwohnern des Großfürstentums unverständlich war, als Schrift-, Amts- und Diplomatensprache bis ins 16. Jahrhundert.

Lateinische Prosa

Jan Długosz (1415–1480)

Jan Długosz ist der bedeutendste polnische Geschichtsschreiber bis zum Ende des 18. Jahrhunderts. Seine Chronik enthält genaue Berichte von den Ereignissen seiner eigenen und der vergangenen Zeit. Als gebildeter Mann war er seiner Aufgabe als Chronist voll gewachsen. Sein Vater hatte sich als Ritter bei Grunwald hervorgetan und sein Onkel die Messe vor Beginn der Schlacht zelebriert. Die Familie war arm, aber reich an Kindern. Jan sollte studieren, d. h. Geistlicher werden; er belegte auch Philosophie in Krakau, fand aber an der Scholastik keinen Gefallen. Er brach seine Studien an der theologischen Fakultät ab und trat in den Dienst des mächtigen Bischofs von Krakau, Zbigniew Oleśnicki, dessen Vertrauter er bald wurde. Der Bischof hatte eigene Ideen von den in- und ausländischen Interessen Polens, war Gegenspieler des Königs und wurde von vielen als der wahre Landesherr angesehen. Er stand auf seiten des Papstes, vereitelte eine Verständigung mit den Hussiten und predigte einen Kreuzzug gegen die Türken, die 1453 Konstantinopel erobert und dem Oströmischen Reich das Ende bereitet hatten. Bischof Oleśnicki arbeitete auf ein antitürkisches Bündnis mit Ungarn hin; seine diplomatischen Kuriere waren ständig unterwegs. Długosz reiste in seinem Auftrag dreimal nach Italien, brachte seinem Herrn aus Rom den Kardinalshut mit und wurde selbst zum Priester geweiht. In Italien kam er zwar mit der Renaissance in Berührung, blieb aber dem Mittelalter verhaftet, obwohl er sich Cicero und Titus Livius zu Vorbildern seines Lateins und seiner Geschichtsschreibung genommen hatte. Wissenschaftlich begabt und in Politik und Diplomatie bewandert, war er höchst qualifiziert für die Abfassung seines Lebenswerkes, das unter mehreren Namen, heute meist als *Annales Poloniae,* bekannt ist.

Długosz war sich der Bedeutung seiner Aufgabe wohl bewußt. Er war seiner Zeit darin voraus, daß er Quellen zu benutzen verstand, seinen Stoff kritisch aus Annalen und Chroniken wählte und sich nicht auf Polen beschränkte, sondern auch tschechische und deutsche Quellen heranzog, in der richtigen Annahme, daß zum Verständnis geschichtlicher Zusammenhänge die Kenntnis der Nachbarländer unentbehrlich ist. Zu diesem Zweck lernte er Deutsch und Tschechisch sowie das kyrillische Alphabet, um sich mit den ostslawischen *Letopisi* (Chroniken) vertraut zu machen. Er bemühte sich, unvoreingenommen zu sein. Seine Objektivität ist allerdings nicht ganz einwandfrei, und doch sind es gerade die Argumente, die er zur Verteidigung seiner Anschauungen ins Feld führt, die sein Werk so lebendig machen. Er begnügt sich nicht mit Beschreibungen, sondern interpretiert und polemisiert auch mit seinen Gegnern, natürlich im Sinne seines Schutzherrn, des Bischofs Oleśnicki. Als gläubiger Katholik war Długosz davon überzeugt, daß Polen sich der Gunst der Vorsehung nur dann erfreuen könne, wenn es sich rückhaltlos in den Dienst des Vatikans stelle, denn die geistliche Macht sei der weltlichen in jeder Hinsicht überlegen. In der Ermordung des heiligen Stanislaus sah er ein Verbrechen, das mit dem Erlöschen des Piastenhauses und dem Aufstieg einer fremden Dynastie bestraft worden war. Den Jagellonen warf er vor, daß sie sich mehr um Litauen als um Polen kümmerten.

Długosz hält mit seinen Animositäten nicht zurück. Für die Tschechen hat er nur Verachtung übrig, da sie in ihrer Mehrheit Ketzer und Knechte des Kaisers seien. Die Niederlage der Deutschritter sei die gerechte Strafe für Greueltaten und Überheblichkeit. Die Litauer haßt er als halbe Heiden, die Griechisch-Orthodoxen als Gotteslästerer. Polens Mission sieht er in einem Bündnis mit Ungarn zum Kampf gegen die Ungläubigen. Bei allen tendenziösen Eigenheiten ist Długosz' Werk keine Lobhudelei auf große Herren. Er ereifert sich gegen gewisse bedeutende Persönlichkeiten und scheut sich nicht, manch nicht gerade schmeichelhafte Tatsache aus ihrem Leben anzuführen. Je mehr er sich seiner eigenen Epoche nähert, desto mehr stützt er sich auf Aussagen von Augenzeugen. Aus diesem Grunde wurde das Werk zu seinen Lebzeiten nur in Auszügen veröffentlicht, da es »die Geheimnisse des Königreiches« preisgab. Der Druck wurde auf Wunsch des Königs unterbrochen, erst zu Beginn des 18. Jahrhunderts erschien es dank der Bemühungen des russischen Diplomaten Heinrich Huyssen vollständig in Deutschland. Gleich seinen Zeitgenossen trägt auch Długosz der Bedeutung der Zeit in der Geschichte nicht genügend Rechnung. So unterscheiden sich bei ihm die politischen und sozialen Verhältnisse des 15. Jahrhunderts nicht von denen des 10. Jahrhunderts. Seine Chronik ist aber eine reiche Informationsquelle, die mit ihrem lebhaften Stil, dem Sinn für Ursache und Wirkung und der kritischen Verwendung von Quellenmaterial einen hervorragenden Platz im polnischen Schrifttum einnimmt. Der ausgeglichene, ernste und sachliche Ton steht hoch über dem üblichen Kirchenlatein und stellt das Werk stilistisch an die Scheidelinie zwischen Mittelalter und Renaissance.

Jan Ostroróg (1436–1501)

Jan Ostroróg war Polens erster nichtkirchlicher politischer Schriftsteller. Anders als Długosz, der einem Bischof diente, lebte Ostroróg am Königshof. Seine Schriften verraten den Einfluß der Hussiten auf die höfischen Kreise. Sein politischer Traktat *Monumentum pro Reipublicae Ordinatione* (Von der Organisation des Staates) ist das Erstlingswerk einer reichen Literatur dieser Art in Polen.

Der Verfasser befürwortet eine Stärkung der Macht des Königs auf Kosten von Adel und Klerus. Ihre vielen Privilegien hatten die Macht des Throns sehr geschwächt und große Probleme geschaffen. Um sich zu behaupten, versuchten die Könige des 15. und 16. Jahrhunderts, die verschiedenen Gruppen gegeneinander auszuspielen und sich mit den natürlichen Gegnern der Magnaten und Prälaten zu verbünden: dem Kleinadel und den Städtern. Als Gegenleistung verlangte der erstere neue Privilegien, mit deren Hilfe er Städter und Bauern ausbeuten konnte. Das spätere parlamentarische System und die »freie Königswahl« haben ihre Wurzeln in diesem Konflikt.

Ostroróg war gegen die Autonomie des hohen Adels, der Kirche und der Städte. Mit der Macht des Königs verteidigte er zugleich die Interessen des Staates. Er verlangte: 1. die Ablehnung aller Ansprüche des Vatikans und Aufkündigung des Lehnsverhältnisses zum Papst; 2. Einstellung aller Abgaben (des Zehnten) an Rom; 3. Bevollmächtigung des Königs, den Kirchenschatz im Notfall beschlagnahmen zu dürfen; 4. Herabsetzung der Zahl der Klöster; 5. Abschaffung der Trauungs-, Begräbnis- und Taufgebühren an die Geistlichen.

Er trat ferner für eine einheitliche Rechtsprechung ein und war gegen die Trennung von Staats- und Stadtrecht. Seine Ansicht, daß das Heer nicht nur aus Adligen, sondern auch aus Bürgern und Bauern bestehen solle, ist hussitisch beeinflußt. Das politische Programm dieses Aristokraten, dessen Familie in allen Kreisen des königlichen Hofes vertreten war, erwies sich in seiner Befürwortung eines Bündnisses von König und Kleinadel als unrealistisch, denn es hätte zu einer um so nachhaltigeren Schwächung des Thrones geführt: Der Kleinadel war einer starken Zentralgewalt alles andere als gewogen.

Literatur in polnischer Sprache

Die Literatur in der Landessprache machte um diese Zeit große Fortschritte. Polnisch wurde zwar immer noch als Sprache der ungebildeten Klassen betrachtet, Latein blieb nach wie vor die der gebildeten: Dennoch wurden Bibel, fromme Bücher und juristische Traktate ins Polnische übersetzt, oft auf Wunsch der Königin, denn Frauen erhielten keine formelle Erziehung und hatten nur in der Landessprache Zugang zur Bildung. Diese Übersetzungen machten in Manuskriptform die Runde. Sie wurden durch neue Versionen ersetzt, sobald ihre Sprache veraltet erschien. Die Schriftsprache begann feste Formen anzunehmen, besonders dank der Bemühungen, die slawische Ausdrucksweise der lateinischen Syntax mit ihren Nebensätzen und Zeitformen anzupassen. Dieses Ringen mit der lateinischen Grammatik formte in starkem Maße den Charakter der polnischen Sprache und gab ihr eine eigenartige Biegsamkeit.

Dichtung

Der Totentanz

Wie tief Polen noch im Mittelalter stand, bezeugt eine Dichtung in Dialogform, *Das Gespräch eines Meisters mit dem Tode,* mit dem Untertitel *De Morte Prologus.* Das *Gespräch* ist in Form des »unreinen Silbenreims« abgefaßt, mit der Reimfolge aabbcc (s. Anhang über die Regeln des polnischen Versmaßes).

Die Dichtung handelt von einem gebildeten Mann, einem Magister, der Gott darum bittet, ihm den Tod zu zeigen. Als er einmal allein in der Kirche zurückgeblieben war, erscheint ihm der Tod. (Das Folgende ist in Prosa wiedergegeben. Der Leser wird gebeten, zu berücksichtigen, daß »Tod« im Polnischen weiblichen Geschlechts ist.)

»Er sah eine nackte Gestalt weiblichen Geschlechts, in ein weißes Laken gehüllt, mager und bleich, und ihr gelbliches Antlitz glänzte wie ein Waschbekken. Die Nasenspitze war abgefallen, und von den Augen tropfte blutiger Tau. Der Kopf war in ein Tuch gehüllt wie bei den Wilden. Dem Mund fehlten die Lippen, und wenn er sich auftat, klapperten die Zähne. Die Augen blickten nach allen Seiten, und die Hand hielt eine Sense.«

Dem Meister schwinden die Sinne, als er aber sieht, daß der Tod nichts Böses im Schilde führt, faßt er sich und fragt die Gestalt nach Herkunft und Familie. Sie sei im Paradies zur Welt gekommen, als Eva den Apfel pflückte: »Adam bekam mich im Apfel zu kosten.« Der Tod enthüllt dann, böse und bissig, seine Macht über alles, was da lebt – Menschen und Tiere –, und zählt seine Opfer auf, nach Stand und Beruf geordnet. Dies gibt dem Autor Gelegenheit zu moralischer Geißelung genußsüchtiger Geistlicher, leichtlebiger Frauen und käuflicher Richter. Der Meister fragt zaghaft nach dem Zweck der Ärzte. »Alles Quacksalber«, ist die Antwort. Kein Versteck schützt vor dem Tod, keine Mauern, keine Wachen, der Tod findet jedermann, selbst wenn er sich in die Erde verkriecht. Die einzige Hoffnung des Menschen ist, übers Grab hinauszudenken und es guten Mönchen und reinen, frommen Frauen nachzutun.

Eine ruthenische Übersetzung des Gedichtes hat ein anderes Ende. Die polnische Version, eigentlich eine poetische Umarbeitung des lateinischen *Colloquium inter Mortem et Magistrum Polycarpum,* ist malerischer als das lateinische Original, enthält zahlreiche Darstellungen lokaler Bräuche, dazu eine gute Dosis makabren Humors, und kann daher als interessantes Beispiel polnisch-mittelalterlicher Poesie betrachtet werden.

Die Personifizierung des Todes stammt aus dem Reservoir mittelalterlicher Dichtung und Malerei. Dem frühen Mittelalter (und der Antike) war die allegorische Darstellung des Todes als Knochengerüst oder Leichnam unbekannt. Als verdorrter Körper, nichts als Haut und Knochen, erscheint der Tod erst im 13. Jahrhundert; Renaissance und Barock lassen ihn als Gerippe auftreten. Unsere Dichtung steigert noch das Grauen, steht aber darin keineswegs allein da: der Tod als Körper im Zustand der Verwesung. Das Grundthema des Liedes ist der Totentanz, ein beliebtes Motiv der Malerei des Mittelalters und populäres Schaustück auf Jahrmärkten: Der Tod führt einen Reigen von Menschen verschiedenen Alters und Standes an: Papst, Kaiser, Kaiserin, Kardinal, König, Bischof, Fürst, Abt, Ritter, Mönch, Schultheiß, Domherr, Edelmann, Wucherer, Pfarrer, Büttel, Küster, Handelsmann, Einsiedler, Bauer, Jüngling, Mädchen, Kind.

Wehklage eines Sterbenden

Die Wehklage eines Sterbenden war im Volksmund weit verbreitet. In seiner Todesstunde erzählt ein Mann die Geschichte seines Lebens; er bereut seine Sünden und die Vorliebe für eitle Dinge, die ihn seine Seele vernachlässigen ließ. Kein Freund steht ihm jetzt bei, nur Gott kann noch helfen. Böse Geister umringen sein Bett und lauern auf ihn. Der Dichter ermahnt den Sterbenden, sein Land der Familie, sein Geld der Kirche zu vermachen und auch seine Freunde reichlich zu bedenken. Die Dichtung ist anscheinend eine Umarbeitung des tschechischen *Von der Trennung der Seele vom Leib.*

Das Wycliff-Lied

Von der reichen Hussiten-Literatur in polnischer Sprache ist nur wenig der Vernichtung entgangen. Das einzige Stück in Gedichtform ist das *Wycliff-Lied* von Jędrzej (Andreas) Gałka aus Dobczyn, einem Professor an der Universität Krakau. Als eifriger Hus-Anhänger wurde er von der Universität verjagt und mußte, um sein Leben bangend, zu seinen Glaubensbrüdern nach Böhmen fliehen.
Die Hauptgestalt des Liedes ist Wycliff, der den ersten Schritt gegen die kirchliche Hierarchie in England wagte und dessen Name zum Kampfruf der Hussiten wurde. Der Verfasser wendet sich an »Polen, Deutsche und aller Herren Zungen«. (Obzwar der Begriff der Nation noch lange nicht existierte, war jedermann mit der Bedeutung der »lingua« vertraut.) Das Wycliff-Lied enthält das von der protestantischen Literatur Westeuropas später aufgenommene Motiv des Papstes als Antichrist: »Kaiserliche Päpste sind Antichristen. Ihre Macht kommt nicht von Christus, sondern vom Antichristen, von einem kaiserlichen Schriftstück.« Der Verfasser ist jedoch gegen den bewaffneten Aufstand. Kein eisernes Schwert will er führen, sondern Christi Wort.

Die Wehklage der heiligen Maria

Anthologien polnischer Poesie beginnen gewöhnlich mit der *Wehklage der heiligen Maria am Fuße des Kreuzes,* dem ersten erschütternden Gedicht in der Landessprache. Dieser *Planctus* war wahrscheinlich Teil eines verlorengegangenen Passionsspiels (gehört also auch in die Geschichte des Theaters). Seine Stärke liegt in der unmittelbaren echten Klage einer Mutter, die hilflos zusehen muß, wie ihr Sohn gemartert wird:
»Mein Sohn, hätte ich dich hier unten bei mir, ich hätte dir helfen können. Dein Kopf hängt vornüber, ich hätte ihn gestützt. Du bist mit Blut bedeckt, ich hätte es weggewischt. Dich dürstet, ich möchte dir Wasser geben. Aber ich kann deinen heiligen Körper nicht erreichen.
O Engel Gabriel, wo ist die Freude, die du mir verkündetest? Ich bin der Trauer und des Leides voll. Mein Leib und Gebein ist verderbt.«

Andere Werke

Neben zahlreichen religiösen Liedern und gereimten Sagen, von denen sich die *Mär vom heiligen Alexis* am besten erhalten hat, gibt es auch schon Anfänge weltlicher Poesie, zunächst satirischen Inhalts, über Themen wie gutes Benehmen bei Tisch oder soziale Gegensätze. Volkslieder, die sich gegen die oberen Klassen richteten, fielen wahrscheinlich der Vernichtung anheim. Alles, was sich von diesem Genre erhalten hat, ist gegen die unteren Klassen gerichtet, wie die *Satire von dem faulen Bauern* oder das *Lied von Tęczyńskis Ermordung.* Letzteres handelt von einem Ritter, der sich in Krakau eine Rüstung bestellt hatte und dem säumigen Waffenschmied eine Ohrfeige versetzt, wofür er von den erbosten Bürgern totgeschlagen wird.

Prosa

Religiöse Prosa

Religiöse Prosa ist in großer Zahl erhalten. Da gibt es Übersetzungen des Alten und Neuen Testaments (die älteste handschriftliche Bibelübersetzung ins Polnische stammt aus dem Jahre 1455) und »geistliche Romane« von einer gewissen Originalität, wie das große *Leben der Heiligen Familie*, eine Sammlung erbaulicher Erzählungen aus den Evangelien und Apokryphen.

Weltliche Prosa

Juristische Abhandlungen und Liebesbriefe sind die einzigen Zeugnisse weltlicher Prosa. Der folgende Liebesbrief eines Krakauer Studiosus (in gereimter Prosa oder freien Versen) ist ein charmantes Beispiel. Hier ein Auszug:
>»Standhaft und festen Herzens, verrate ich es nur Dir, meine Liebste! Mein Trostwort Dir und mein Gruß, mit tiefer Verbeugung, wie es sich geziemt – und nochmals: Gruß und Verbeugung auf beiden Knien bis zur Erde hinab.«

Der Briefschreiber schildert dann seine Trauer und seine Liebe: »Aller Doktoren Streit kann mein Leid nicht verstehen ... Hätten sich alle Vöglein um mich versammelt, wahrlich, solche Liebe hätte sie staunen gemacht.« Und schließt: »Wenn ich Dir etwas bedeute, so möchte ich, daß dieser Brief Dich ewig anblicke. Seine Wörter werden nicht verbleichen, solange Du in meinem Herzen weilst. Amen.«

Humanismus und Reformation:
Das 16. und beginnende 17. Jahrhundert

3

Der geschichtliche Hintergrund

Polen machte um diese Zeit soziale und wirtschaftliche Veränderungen durch, die für seine Zukunft entscheidende Bedeutung haben sollten. Die Ritter wurden zu Gutsbesitzern, die zwar ihrem Stande entsprechend dem allgemeinen Aufgebot unterlagen, dank ihrer Stärke im Adelsparlament, dem Reichstag, aber die eigentliche Macht im Staate innehatten, während die Autorität des Königs immer mehr abnahm. Dies waren die Vorbedingungen für ein im damaligen Europa einzigartiges politisches System, das als Demokratie innerhalb der herrschenden Klasse bezeichnet werden kann. Der König begab sich zugunsten des Adels vieler seiner Rechte, besonders nach Annahme des *Nihil-novi*-Gesetzes von 1505, das ihm die Macht zur Kriegserklärung und Auferlegung neuer Steuern nahm und alle Neuerungen von der Zustimmung des Reichstags und Senats abhängig machte. Nach dem Aussterben der Jagellonen wurde das Wahlkönigtum eingeführt. Auf den Wiesen vor den Toren von Warschau versammelte sich der Adel zur Wahl des neuen Königs. Der erste »frei erwählte« König war Henri Valois, der spätere Heinrich III. von Frankreich, der sich im Jahre 1572 gezwungen sah, die sogenannten Henrizianischen Artikel und die *Pacta conventa* zu unterschreiben, die zusammen eine Art Charta bildeten. Er verpflichtete sich, diesen Vertrag genau einzuhalten, andernfalls waren seine Untertanen ihm gegenüber aller Verpflichtungen enthoben. Der König wurde zwar auf Lebenszeit gewählt, hatte aber praktisch nicht mehr Macht als ein moderner europäischer Staatspräsident. Dieser Umstand erklärt vielleicht die Tatsache, daß es in Polen keine Königsmorde gab. Der Monarch war ein Symbol; die politische Literatur verglich ihn mit der Bienenkönigin, und seine Stellung erregte keinen Neid.

Nach der Union von Lublin 1569 vertrat der allmächtige Generallandtag beide Länder, Polen und Litauen. Aus der Personal- wurde allmählich eine Realunion. Diese Entwicklung wurde auch dadurch beschleunigt, daß die litauischen Bojaren die Gleichberechtigung mit dem polnischen Adel verlangten, ohne aber die meisten Institutionen des Großfürstentums und seine Gesetzgebung (die sogenannten Litauischen Statuten) aufzugeben. Sie behielten auch ihre Dialekte, begannen aber langsam, das Polnische anzunehmen. Die *Respublica* (wie der polnisch-litauische Landesverband genannt wurde) erstreckte sich über weite Gebiete. Ihre Kriege im Osten, besonders gegen Iwan den Schrecklichen, waren meist erfolgreich und hatten keine Gebietsverluste zur Folge.

Die eigenartige Verfassung begünstigte in erster Linie den Landadel. Die Entwicklung Europas mit dem Aufblühen der Städte, des Bürgertums und des Handwerks bot großen Bedarf für die landwirtschaftlichen Produkte Polens, die in Flußbooten an die Ostsee und von Danzig per Schiff weitertransportiert wurden. Die Naturalabgaben der Bauern reichten für die Lieferungen bald nicht mehr aus, und so führten die Gutsbesitzer den Frondienst ein, der die Untertanen zwang, zunächst einen, dann zwei, drei und mehr Tage der Woche für ihren Herrn zu arbeiten. Dieses System verbreitete sich über ganz Osteuropa und bestimmte die unterschiedliche Entwicklung der beiden Hälften des Kontinents: Der Osten tauschte sein Getreide gegen die Fertigwaren des Westens ein. Der Reichstag unterstützte die Knechtung der Bauern und nahm eine Reihe von Gesetzen an, durch die der Bauer immer unfreier wurde, bis er schollenpflichtig war und seinen Wohnsitz nicht mehr verlassen durfte. Die Rechtsprechung über ihn ging vom Staat auf seinen Herrn über. Der Adel wandte sich auch gegen die Städte, die von der Notlage der Bauern schwer betroffen waren. Leibeigenschaft und Verarmung der Dörfer behinderten den Zustrom von Geld und Arbeitskräften in die Städte. Dazu kam, daß der Adel ständig Druck auf das Preisniveau der städtischen Erzeugnisse ausübte und u. a. ihre Ausfuhr ins Ausland untersagte. Die verhängnisvollen Folgen dieser Zustände blieben noch lange spürbar. Das System hatte aber auch seine Vorteile. Der Adel war durch das *Neminem-captivabimus*-Edikt von 1425 vor königlichen Übergriffen geschützt, und das erklärt vielleicht die Toleranz in religiösen Fragen, die für das damalige Europa ungewöhnlich war. Jeder Versuch, sie zu begrenzen, wurde als Angriff auf die Rechte jener aufgefaßt, »die Königen gleichen, weil sie Könige wählen«. Diese Zustände begünstigten auch das Eindringen neuer, oft radikaler religiöser Ideen.

Italienische Einflüsse

Die Vermählung König Sigismunds I. mit der italienischen Prinzessin Bona Sforza aus Mailand im Jahre 1518 gab dem italienischen Einfluß in Polen, der schon seit einigen Jahrzehnten zu spüren war, einen entscheidenden Auftrieb. Ein Strom italienischer Höflinge, Geistlicher, Architekten und Künstler ergoß sich über das Land. Die Hauptstadt Krakau, bis dahin vorwiegend gotisch geprägt, änderte ihr Aussehen. Das im Renaissancestil umgebaute Königsschloß, die Wawelburg, zeugt heute noch von dem neuen Einfluß. Italien lieferte lange Zeit gewisse Ingredienzen der polnischen Kultur, die noch heute in Sprache, Architektur und selbst in der Kochkunst zu spüren sind. Gemüse und kulinarische Speisen wurden mit ihren italienischen Namen aus Bologna und Padua eingeführt. Die Jesuiten, die 1564 zur Bekämpfung des Protestantismus nach Polen gerufen worden waren, brachten die italienische Kirchenarchitektur ins Land. Dieser Orden erreichte seinen Höhepunkt zur Zeit des Barock. Die Barockkirchen von Polozk und Witebsk zeugen davon, wie weit nach Osten die »Italienisierung« reichte. Die gute Gesellschaft nahm die feinen Manieren der Italiener an, und es gehörte zur Erziehung eines polnischen Edelmanns, ins Ausland gereist zu sein und studiert zu haben. Die jungen Herren gingen gewöhnlich an die norditalienischen Hochschulen, viele aber auch, aus Interesse am Protestantismus, nach Wittenberg, Zürich und Basel. Die polnischen Schriftsteller bezogen ihre literarischen Vorbilder und Theorien aus italienischen Quellen.

Erasmus von Rotterdam

Erasmus von Rotterdam wurde im Europa des 16. Jahrhunderts als Born aller Weisheit betrachtet und erfreute sich auch in Polen großer Verehrung. Seine Werke waren jedem gebildeten Mann zugänglich, wurden eifrig gelesen, und die Leser schickten dem Verfasser nicht nur Dankesbriefe, sondern auch Geschenke in Form von goldenen Ringen, Pokalen, Eßbestecken und dergleichen mehr. König Sigismund I. spricht ihn in seinen Briefen wie einen Monarchen an, und polnische Humanisten lobpreisen ihn als »einzige Zier der Zeit«, »Fürsten der Geisteswissenschaften und der allerreinsten Theologie«. In einem solchen Brief heißt es: »O daß ich nicht nur die Hand, sondern auch das Haupt küssen dürfte, das so viel ersonnen, das Herz, das so viel Werke erdacht hat, die Euren Ruhm über die ganze Erde, auch über dieses Polen, unser teures Land, tragen.« Coxe, ein in Krakau ansässiger englischer Humanist, beschreibt in einem Brief an Erasmus, wie er und seine Freunde am Morgen aufzustehen pflegten, frühstückten, spazierengingen, zu Abend aßen und die ganze Zeit über von Erasmus sprachen. Eltern schickten ihre Söhne zum Studium zu ihm in die Schweiz und beträchtliche Geldsummen dazu. Er wußte sich zu revanchieren: Mehrere seiner Werke sind polnischen Verehrern gewidmet. Einer seiner polnischen Schüler, Jan Łaski, in England als Johannes à Lasco bekannt, kaufte ihm, um ihm zu helfen, seine Bibliothek ab und überließ sie ihm zeitlebens zur Benützung. Łaski sollte später eine hervorragende Rolle im polnischen, deutschen und englischen Protestantismus spielen. Es ist nicht übertrieben zu sagen, daß Erasmus der Reformation den Weg nach Polen ebnete. Das heißt jedoch nicht, daß seine Schriften, die Bibelexegese voran, zur Annahme der Lehren Luthers oder Calvins führten. Unter seinen Bewunderern gab es auch zahlreiche Katholiken wie Kardinal Hosius, den Vorkämpfer der Gegenreformation und eine der Hauptgestalten des Konzils von Trient. Erasmus ging auf die Annäherungsversuche Luthers nicht ein, sondern wollte einen Mittelweg zwischen den feindlichen Lagern einschlagen, auf dem ihm auch einige seiner polnischen Getreuen folgten.

Die Reformation

Der Protestantismus erlebte in Polen einen schnellen, weitreichenden, aber kurzlebigen Aufstieg. Als Luther seine Thesen ans Wittenberger Kirchentor schlug, wäre ein im Jahre 1500 geborener Mann siebzehn Jahre alt gewesen. In Polen und Litauen hätte er die begeisterte Aufnahme der neuen Ideen erleben können, die aber schnell in Begeisterung für Calvins Lehren umschlug. Von seinem 49. bis 64. Lebensjahr wäre er Zeuge des Triumphs des Calvinismus gewesen, der sich in einer protestantischen Mehrheit im Reichstag ausdrückte, aber schon in sein 64. Jahr wäre die Spaltung der Reformkirche in Calvinisten und Antitrinitarier (Unitarier) gefallen. Wäre er 70 oder 80 Jahre alt geworden, hätte er den Niedergang des Protestantismus in Polen miterlebt. Wenn zwei sich streiten, freut sich der dritte: Während sich die beiden Lager bekämpften, setzten sich die Jesuiten im Lande fest.
Der polnische Protestantismus verdankt seinen Aufstieg der antiklerikalen Stimmung, die sich bis zum Hussiten-Aufstand zurückverfolgen läßt. Valerian Krasiński, ein protestantischer Geschichtsschreiber aus dem frühen 19. Jahrhundert, hat darüber folgendes zu sagen:
»Viele polnische Studenten besuchten die Schule der Böhmisch-Mährischen Brüder in Gutenberg (Schlesien), wo sie sich offen mit den von Rom verdammten Lehren bekannt machten. Die Tagungen des Reichstages von 1501 und 1505 brachten eine starke Einstellung gegen die Kirche zum Ausdruck durch Versuche, die Kompetenz ihrer Rechtsprechung zu beschränken, jedoch kam es nicht zur Annahme entsprechender Gesetze. Die öffentliche Meinung war dem Klerus so feindlich gesinnt, daß die Urteile der Kirchentribunale allgemein mißachtet wurden. Die weltliche Obrigkeit betrachtete

sich als der Kirche überlegen und stellte nicht nur deren gerichtliche Kompetenz, sondern auch die Gerechtigkeit ihrer Urteile in Frage, so daß diese meistens nicht vollstreckt wurden. Der Kirchenbann bedeutete nicht den Verlust politischer Rechte und hatte somit keine praktische Auswirkung.«

Die katholische Hierarchie fühlte sich bedroht und verlangte die Wiedereinführung des *Sanctum Officium* der Inquisition zur Bekämpfung der Lutheraner und Hussiten. Die Kirche erzwang vom König ein Verbot, daß polnische Studenten ketzerische Universitäten besuchten. Krasiński sagt darüber:

»Dieses Verbot blieb unwirksam. Es hatte keine Gesetzeskraft, war vom Reichstag nicht bestätigt worden und daher nicht bindend. Unter dem Schutz ihrer konstitutionellen Privilegien schickten die Adeligen ihre Söhne weiterhin an die verbotenen Universitäten, besonders nach Wittenberg, der Wiege der Reformation und dem Sitz des Luthertums. Die Verordnungen von 1535 gegen die Krakauer Wiedertäufer und Wilnaer Lutheraner sowie das königliche Edikt von 1541, das den Verlust des Adelstitels für Beherbergung ketzerischer Priester androhte, blieben tote Buchstaben.«

Im Jahre 1543 erlaubte der Reichstag ausdrücklich das Studium an allen ausländischen Universitäten. Die Kirche verlangte ihrerseits die Beschlagnahme ketzerischer Schriften – jedoch ohne Erfolg –, und im Jahre 1539 erklärte der König die unbeschränkte Freiheit des gedruckten Wortes.

König Sigismund I. und sein Sohn Sigismund August (Sigismund II.) waren kluge Politiker; ohne sich mit dem Klerus zu überwerfen (sie blieben Katholiken), hörten sie auf ihre protestantischen Ratgeber und verhüteten so die blutigen Verfolgungen und Religionskriege, die in Westeuropa, besonders in Frankreich, wüteten. Aus diesen Gründen wurde das Polen des 16. Jahrhunderts *Paradisus haereticorum*, ein Ketzerparadies, genannt.

Aufstieg der reformierten Kirche

Unter der Herrschaft Sigismunds I. war die Reformation in Polen mit Ausnahme der deutschsprachigen Städte im Norden, die sich Luther anschlossen, eher eine Sache der Gesinnung als eine Institution. Zahlreiche Bischöfe neigten dem neuen Glauben zu. Es war auch nicht ungewöhnlich, daß ein Edelmann seinen katholischen Pfarrer durch einen evangelischen ersetzte. Im allgemeinen gab man sich der Hoffnung hin, daß der Vatikan einlenken und seine eigene Reform vornehmen werde. Große Erwartungen wurden auf das Konzil von Trient (1545–1563) gesetzt, aber als dieses die neuen Strömungen verdammte, begannen sich ihre Anhänger zu organisieren.

Stanislaus Hosius, Bischof von Ermland (polnisch Warmia) in Ostpreußen, Eiferer der katholischen Lehre, drängte zur Zeit des Konzils (erfolglos) auf Erlaß eines königlichen Edikts, das alle Personen in öffentlichen Ämtern zur Unterzeichnung eines »strenggläubigen Bekenntnisses« zwingen sollte. Es lautete:

Tu credis, aquam benedictam, invocationem sanctorum et consecrationem herbarum esse efficacem? Credis purgatorium, Papam, missam, jejuniam, votam, atque celibatum?

(Glaubst du an die Kraft des heiligen Wassers, die Anrufung der Heiligen und die Einsegnung der Kräuter? Glaubst du an das Fegefeuer, den Papst, die Messe, das Fasten, die Weihgaben und den Zölibat?)

Glaubensübertritte unter den Adligen nahmen zu – jedoch hauptsächlich aus wirtschaftlichen und politischen Gründen. Diese Verschwommenheit der Überzeugung war eine der Hauptschwächen des polnischen Protestantismus, den seine neuen Anhänger wieder aufgaben, sobald sie andere Mittel zur Sicherung ihrer Interessen fanden. Zunächst wurde an die Errichtung einer Nationalkirche mit vom Adel gewählten Repräsentanten gedacht, die wie im Staat die Geschäfte der Kirche leiten sollten. Der Adel wollte sich des katholischen Klerus, dessen Macht nicht nur geistlich, sondern auch weltlich war, entledigen, den Kirchenbesitz sich oder dem Staat zuführen, die Last der jährlichen Abgaben an Rom abwerfen und den Gottesdienst in polnischer Sprache abgehalten wissen.

Wegen dieser politischen Ambitionen wurde auch Calvin Luther vorgezogen. Er hatte in Genf eine Republik gegründet, an deren Spitze gewählte Kirchenälteste standen, während die mehr autoritäre lutherische Kirche die Zentralgewalt eines Fürsten befürwortete und seinen Schutz ja auch brauchte.

Der Übertritt eines polnischen Edelmanns zum Protestantismus begann gewöhnlich mit der Ausweisung des katholischen Pfarrers und der Übernahme der Kirche, aus der alle Statuen und Bilder entfernt wurden. Es folgte die eigenmächtige Einsetzung eines evangelischen Seelsorgers, und zwar ohne Befragung der weltlichen oder kirchlichen Behörden. Handelte es sich um eine Ortschaft, die ihm unterstand, so stellte der Herr meist auch die Mittel zur Einrichtung einer protestantischen Schule, Druckerei usw. zur Verfügung, wie z. B. in Pinczów bei Krakau und Nieśwież in Litauen.

Die Geistlichen fühlten sich vom Protestantismus angezogen, weil er die Priesterehe erlaubte. Die weitverbreitete Verletzung des Zölibats hatte zu einer zahlreichen Nachkommenschaft von Priestern und den damit zusammenhängenden Problemen geführt. Viele Priester traten aber auch aus reiner Überzeugung zur reformierten Kirche über, entdeckten jedoch bald, daß ihre Abhängigkeit von den adligen Herren nicht besser war als die von der katholischen Kirche. Bereits in der Frühzeit des polnischen Protestantismus kam es zu einem gewissen Konflikt zwischen Adel und Geistlichen, da letztere meist niederer Herkunft und überdies gebildet waren.

Die Gründung der reformierten (calvinistischen) Kirche in Polen war das Werk von Jan Łaski, der im Jahre 1556 nach langem Exil in Deutschland und England in die Heimat zurückkehrte. König Sigismund August war von Calvin auf eine nationale Reformation hingedrängt worden, ließ sich aber nicht dazu bewegen. Daher nahm Calvin Łaskis Hilfe in Anspruch, der sein Vertrauensmann war und nun zum unbestrittenen Haupt der polnischen reformierten Kirche wurde, mit Kleinpolen und Litauen als Zentren. Łaski arbeitete auf eine Vereinigung der Calvinisten mit den Lutheranern und den Böhmisch-Mährischen Brüdern hin, die aber erst nach seinem Tode im Jahre 1560 zustande kam. Er streckte auch Fühler nach Rußland aus, wo nach Berichten entflohener orthodoxer Mönche 70 protestantische Bojaren eingekerkert waren und an die 500 Brüder sich versteckt hielten.

Der Arianismus

Der Gegensatz zwischen den adligen Führern der Calvinisten und einer Anzahl Geistlicher, die von leidenschaftlicher Sehnsucht nach dem wahren Christentum im Sinne der bedürfnislosen Urchristen beseelt waren, führte zur Entstehung einer der interessantesten Erscheinungen der europäischen Geschichte, dem Arianismus, dessen Anhänger in Polen und Siebenbürgen zu Vorläufern der Unitarier wurden.

Der Arianismus war ein Amalgam dreier Elemente, von denen eines die Trennung von Staat und Kirche ist. Die polnische reformierte Kirche hatte nicht versucht, eine starre Theokratie nach dem Vorbild von Calvins Genfer Republik zu schaffen; selbst wenn sie es gewollt hätte, es wäre ihr nicht gelungen, denn die Elemente des Katholizismus und des Protestantismus hielten sich die Waage. Die Verfassung der reformierten Kirche war im parlamentarischen Geist des Adels abgefaßt und bedeutete eine tatsächliche Trennung von Staat und Kirche. Der Arianismus erwuchs aus der Unzufriedenheit der Geistlichen mit der Autorität ihrer weltlichen Herren, der sie das Prinzip einer völligen Kirchenautonomie entgegensetzten, unter Einhaltung absoluter religiöser Toleranz, die zum Prinzip des Christentums erhoben wurde. Die Glaubensartikel der Sekte lassen sich nicht auf einige wenige Grundsätze zurückführen, weshalb ihr auch vorgeworfen wurde, daß bei ihr Flickschuster, Schneider und Weiber das Evangelium auf ihre eigene Weise auslegten.

Das zweite Element des Arianismus war seine Leugnung der Dreifaltigkeit. Die Renaissance hatte die Vernunft aufs Podest erhoben und die Wunder und Dogmen rational zu erklären versucht. Das führte u. a. zur Ablehnung der Dreifaltigkeitslehre und zum Wiederaufleben des alten Streites über das Verhältnis zwischen Gottvater, Sohn und Heiligem Geist. Dieser Streit geht auf ein Relikt griechischer Philosophie im frühchristlichen Denken zurück. Der Alexandriner Arius hatte erklärt, daß Christus Gott nicht wesensgleich, sondern nur wesensähnlich sei (Homoiusie, vom griechischen homoios = ähnlich und usia = Wesen, im Gegensatz zu Homousie, von homos = gleich und usia = Wesen). Das Konzil von Nicäa (325) hatte die Lehren des Arius als Häresie verdammt; sie lebten später in Norditalien wieder auf, von wo Theologen vor der Inquisition, die 1542 wieder eingeführt worden war, fliehen mußten. Viele von ihnen kamen nach Polen, darunter illustre Denker wie Stancari, Blandrata, Fausto Sozzini (Faustus Socinus) und der Kapuzinerprior Bernardino Ochino, dessen Abfall ein schwerer Schlag für Rom war.

Der Streit um die Dreifaltigkeit führte zur Spaltung der polnischen reformierten Kirche. Der spanische Theologe und Arzt Michael Servetus, der als Flüchtling in Frankreich lebte, war zur Überzeugung gelangt, daß die Dreifaltigkeitslehre der Vernunft widerspreche. Als er deswegen verfolgt wurde, floh er nach Genf, wo er bei seinem Freund Calvin Zuflucht zu finden hoffte; dieser aber ließ ihn als Gotteslästerer auf dem Scheiterhaufen verbrennen, ein Ereignis, das in Polen große Erregung hervorrief und Calvin viele Anhänger kostete.

Das dritte Element des Arianismus war das Prinzip der Wiedertaufe. In Erwartung des Millenniums hatten die ärmeren Schichten der Bevölkerung das lange Mittelalter hindurch von einem reinen, primitiven Christentum geträumt, das alle Klassenunterschiede abschaffen würde. Diese Erwartungen kristallisierten sich in Deutschland und Holland zur Bewegung der Wiedertäufer, die sich nach Polen ausdehnte und mit den obenerwähnten Strömungen verschmolz. Die Arianer waren für ihren sozialen Radikalismus, die Ablehnung der bestehenden Gesellschaftsordnung und ihre Versuche eines Kommunenlebens bekannt. Unbemittelte Priester, Schreiber, Schmiede schlossen sich ihnen an, aber auch so mancher Edelmann, der seinen Besitz veräußerte, um ihr karges Dasein zu teilen. Es war im Grunde genommen eine anti-intellektuelle, intuitionistische Bewegung, die nicht viel auf theologische Begriffe, um so mehr auf das Lesen der Bibel gab.

Die Geschichte des Arianismus zerfällt in zwei deutlich voneinander geschiedene Abschnitte: das Wachstum und die Blüte. Der erste beginnt im Jahre 1556 mit Piotr von Goniądz (Petrus Gonesius), der das Dogma der Dreifaltigkeit angriff. Im Jahre 1563 lösten sich die Arianer von der calvinistischen Großkirche *(Ecclesia Major)* und schufen ihre eigene *Ecclesia Minor.* Diese Phase ihrer Entwicklung ist vom Anti-Intellektualismus der Wiedertäufer beherrscht und steht im Zeichen der großen Meinungsverschiedenheiten unter den Protestanten. Die Theologie neigte zum Ditheismus (wonach Gottvater und Sohn nicht wesensgleich sind) und Tritheismus hin. Die unzähligen Synoden debattierten hauptsächlich ethische und soziale Fragen wie:

a) *Pazifismus:* Christen dürfen kein Schwert führen. Da das Schwert dem Staat als letztes Zwangsmittel dient, darf ein Christ kein öffentliches Amt bekleiden oder Kriegsdienste leisten. Die Annahme dieses Grundsatzes, der hauptsächlich von Martin Czechowic, einem glänzenden Polemiker aus Lublin, vertreten wurde, hätte die »Polnischen Brüder« (wie die Arianer sich nannten) gänzlich von der Gesellschaft abgesondert und wurde daher von manchen unter ihnen, die realistischer dachten, wie dem Litauer Simon Budny, unter Berufung auf das Alte Testament abgelehnt.

b) *Frondienst:* Alle Menschen sind Brüder, Christen dürfen daher keine Knechte haben, deren Arbeit sie ausnutzen, sondern müssen von ihrer eigenen Hände Arbeit leben. Nicht alle Polnischen Brüder erklärten sich damit einverstanden. Einige jedoch, besonders in Raków, einem Hauptsitz der Bewegung, versuchten, eine Kommune zu bilden. Zu diesem Zwecke schickten sie eine Abordnung an den radikalen Flügel der Wiedertäufer, die Hutterschen Brüder (so genannt nach Jakob Hutter, ihrem 1536 als Ketzer verbrannten Anführer), die aus Deutschland geflohen waren und sich in Mähren niedergelassen hatten. Im Bericht dieser Abordnung aus dem Jahre 1569 erscheint das Wort »Kommunist« zum erstenmal in polnischer Sprache. Die Disziplin, die auf dem Hutterschen Bruderhof herrschte, die Vorrechte der Ältesten und die strenge Beaufsichtigung der arbeitenden Brüder mißfielen den polnischen Abgesandten. In ihrem Bericht heißt es: »Das sind keine Kommunisten, sondern Ökonomisten« *(To nie kommunistowie są, ale ekonomistowie).*

Die Polnischen Brüder wurden von den anderen Protestanten bekämpft, und Kardinal Hosius, die treibende Kraft der Gegenreformation, rieb sich schon die Hände: »Krieg zwischen den Ketzern bedeutet Frieden für die Kirche.« Die Protestanten sahen es nicht gern, daß die Polnischen Brüder in immer radikaleres Fahrwasser gerieten. Manche leugneten die Unsterblichkeit der Seele, glaubten aber an Christi Versprechen von der Auferstehung des Körpers. Andere anerkannten nur die menschliche Natur des Heilands und gingen so dem Problem der Dreifaltigkeit aus dem Wege. Wieder andere, besonders in Krakau, Lublin und Wilna, waren vom Judentum fasziniert und führten lange Gespräche mit den Rabbinern. Solche judaisierenden Brüder gab es besonders häufig in Litauen, wo sie in Simon Budny einen beredten Führer fanden.

Die zweite Phase des Arianismus ist vom Sieg der rationalistischen Tendenzen gekennzeichnet und dauert vom Ende des 16. Jahrhunderts bis zur Vertreibung der Arianer aus Polen unter Anklage der Zusammenarbeit mit dem feindlichen Schweden. Es ist die Zeit des sogenannten Sozinianismus, nach dem führenden arianischen Theologen, dem Italiener Faustus Socinus (Sozzini), benannt, der in der Entschlossenheit seines Auftretens das Denken seiner Sektenbrüder nachhaltig beeinflußte.

Die Hauptthesen seiner Lehre sind:

1. Es ist nicht wahr, daß die Seele nach dem Tode des Körpers ein eigenes, bewußtes Leben führt. Wahr ist dagegen, daß der Mensch einen göttlichen Funken hat, der ihn von den Tieren unterscheidet und nach dem Tode zu Gott zurückkehrt.

2. Adam und Eva waren nicht unsterblich, als sie sündigten, sie wurden sich im Sündenfall nur ihrer Erbärmlichkeit bewußt und begannen, sich nach der Unsterblichkeit zu sehnen. Socinus verwirft die Doktrin der Erbsünde in der katholischen und protestantischen Version und leugnet ihre Folgen für die menschliche Natur.

3. Gott schuf die Welt nicht aus dem Nichts, sondern aus einer ewig bestehenden Materie. Er ist nicht allgegenwärtig oder allmächtig, denn er kann die Gesetze der Natur nicht ändern, ist aber unendlich gut und geleitet die Menschheit an seiner Hand durch die Geschichte.

4. Christus wurde durch göttliches Walten von einer Jungfrau geboren. Er war ein Mensch wie alle. Seiner grenzenlosen Ergebenheit in den Willen Gottes verdankt er jedoch seine Auferstehung und die Macht, die Menschen zu richten. Das Gericht wird am Ende der Tage stattfinden, wenn Christus seine Königsmacht an Gott zurückgeben wird.

5. Die Auferstehung Christi war der erste Sieg über den Tod und leitet die Ära der menschlichen Unsterblichkeit ein. Aber nur wer auf Christus hört, wird am Tag des Jüngsten Gerichtes auferstehen. Hölle und Fegefeuer gibt es nicht.

6. Mit Hinweis auf den freien Willen und die Vernunft des Menschen verwirft Socinus die Notwendigkeit göttlicher Gnade. Er gibt zu, daß manche Stellen der Heiligen Schrift über den Verstand hinausgehen, und verlangt ihre Ablehnung, wenn sie ihm widersprechen. Mit Ausnahme der Kommunion, die ausdrücklich von Christus gewollt war, sind alle kirchlichen Riten, einschließlich der Taufe, nicht nur unnötig, sondern auch schädlich.

7. Socinus mildert den sozialen Radikalismus der Polnischen Brüder. Er ist nicht gegen die Leibeigenschaft als solche, sondern nur gegen die schlechte Behandlung der Knechte, und legt seinen Anhängern nahe, nicht in den Krieg zu ziehen oder, wenn das nicht möglich ist, nicht zu töten.

Die Lehren des Socinus beherrschten seit 1600 das Denken der Polnischen Brüder, wurden ihnen aber nicht als bindendes Credo auferlegt; unter den Brüdern herrschte vollkommene Meinungsfreiheit. Socinus sprach der Theologie jede Bedeutung ab; worauf es einzig und allein ankomme, sei eine moralische Lebensweise. Seine Ansichten wurden im südpolnischen Raków formuliert, dem geistigen Zentrum der Sekte, deren Akademie internationalen Ruf genoß und Studenten aus vielen Ländern anzog, natürlich mit Ausnahme von Katholiken. Die Raków Akademie erlebte ihre Blüte in der ersten Hälfte des 16. Jahrhunderts. Ihre Buchdruckerei brachte viele philosophische und theologische Werke heraus.

Die Gegenoffensive der katholischen Kirche wurde von hohen Klerikalen angeführt. Einer von ihnen war der schon erwähnte Stanislaus Hosius, ein Mann von großer Bildung und eisernem Willen, der 1564 die Jesuiten nach Polen rief. Diese versuchten vor allem, die Jugend zu beeinflussen, und begannen mit der Gründung von Schulen, um mit den protestantischen Institutionen konkurrieren zu können. Angesichts der immer stärkeren Verbreitung der Landessprache erkannten sie, daß die Bevölkerung nur in Polnisch erreicht werden könnte und daß sie in ihren Schultheatern ein wirksames Propagandainstrument besaßen.

Gegen Ende des 16. Jahrhunderts setzte eine allmähliche Rückkehr zum Katholizismus ein, die sich nach 1600 verstärkte. Die Jesuiten betrachteten die ganze *Respublica* als ihr Kampfgebiet und trugen ihre Agitation auch in die Ostprovinzen mit ihrer überwiegend griechisch-orthodoxen Bevölkerung, die sie in den Schoß von Rom zurückführen wollten. Dank ihrer Anpassungsfähigkeit an lokale Gegebenheiten brachten sie 1596 in der Union von Brześć (Brest-Litowsk) eine teilweise Vereinigung der römischen und der orthodoxen Kirche zustande. Das fiel ihnen um so leichter, als die letztere innerlich gespalten und von vielen litauischen und ukrainischen Adligen zugunsten des Protestantismus aufgegeben worden war. Die neue griechisch-katholische Kirche hielt den Gottesdienst auf kirchenslawisch ab, befreite die Priester vom Zölibat, anerkannte aber die Oberhoheit des Papstes. Sie stieß auf den Widerstand der plebejischen Anhänger des alten Glaubens, der, wie gesagt, von den oberen Schichten bereits größtenteils aufgegeben worden war und nur noch in Fürst Ostrogski, einem mächtigen Magnaten, einen Verfechter hatte. Die griechisch-katholische Kirche war besonders in Weißrußland und der westlichen Ukraine verbreitet.

Die Rolle des Jesuitenordens kann nicht mit wenigen Sätzen hinreichend beschrieben werden, da sein Vorgehen und seine Politik verschiedene Phasen durchlief. Ohne seine literarischen Verdienste herabsetzen zu wollen, muß doch gesagt werden, daß der Sieg der Gegenreformation das Ende des »Goldenen Zeitalters« der polnischen Literatur bedeutete.

Kulturelle Zentren

Krakau war nach wie vor das geistige Zentrum Polens, nicht nur als Hauptstadt und Residenz des Königs bis 1596, sondern auch dank seiner Universität und ihrer in- und ausländischen Lehrer und Studenten (besonders aus Ungarn, Deutschland und der Schweiz). In der zweiten Hälfte des 16. Jahrhunderts büßte sie wegen ihres konservativen Lehrplans und der Entstehung anderer Hochschulen an Bedeutung ein.

In Südpolen, nicht nur in Krakau, sondern auch in anderen Städten, hatte sich ein wohlhabender Bürgerstand entwickelt, der mehrere Generationen hindurch seine deutsche Muttersprache beibehalten hatte, jetzt aber durchaus polonisiert war. Die Bürger errichteten zahlreiche Unternehmungen wie Kohlengruben, Schmelzöfen, Papiermühlen und (in Krakau) Buchdruckereien. Die ersten in polnischer (auch ungarischer) Sprache gedruckten Bücher stammen aus dem 16. Jahrhundert. Ein anderes Zentrum des Buchdrucks war Wilna, die Hauptstadt Litauens, wo Bücher in ostslawischer Sprache erschienen. Die vielen Buchdruckereien waren eine Folgeerscheinung der verschiedenen Glaubensrichtungen, die in Polen existierten und die alle ihre jeweils eigene Literatur herausgaben.

Sieg der Volkssprache

Das »Goldene Zeitalter« der polnischen Literatur heißt so, weil die Landessprache um diese Zeit eine Reihe künstlerisch wertvoller Werke hervorbrachte. Ursprünglich verachtet, bediente man sich ihrer jetzt als eines zu seriöser literarischer Ausdrucksfähigkeit herangereiften Instruments. Latein verschwand natürlich nicht, sondern war im ersten Teil dieser Periode noch vorherrschend und wetteiferte später mit dem Polnischen. Manche Autoren schrieben nur polnisch, andere betrachteten Latein als angemesseneres und besseres Ausdrucksmittel für ernste Themen, und eine dritte Gruppe bediente sich beider Sprachen. Der Übergang des mittelalterlichen Polnisch zur eleganten, am antiken Latein geschliffenen Sprache geschah sehr schnell. Manche Werke zeigen eine Mischung mehrerer Stile. Der Einfluß des Barock beginnt im ausgehenden 16. Jahrhundert und verschmilzt in zeitgenössischen Werken mit der mittelalterlichen Ausdrucksweise.

Einen besonderen Beitrag zur Bereicherung der Schriftsprache leisteten die zahlreichen Bibelübersetzungen, eine Folge der religiösen Rivalitäten. Die erste gedruckte Bibel ist nicht in polnischer, sondern alt-weißrussischer Sprache abgefaßt und von Franziskus Skoryna aus Plotzk übersetzt, der seinen Doktor der freien Künste und Medizin in Krakau erworben hatte. Römisch-katholischen Glaubens, wurde er von den Griechisch-Orthodoxen und Protestanten gleichermaßen angegriffen, erfreute sich aber der Gunst des Königs, der ihn in seinen Schutz nahm. Seine Bibelübersetzung wurde von 1517 bis 1525 zuerst in Prag, dann in Wilna gedruckt (Luthers Bibel erschien im Jahre 1522). Das erste Neue Testament in polnischer Sprache war lutherisch, 1551/52 in Königsberg gedruckt. Die erste vollständige polnische Bibelübersetzung wurde 1561 von dem gelehrten katholischen Geistlichen Jan Leopolita herausgegeben, die erste calvinistische Bibel in Brest-Litowsk im Jahre 1563, die arianische 1571 in Nieśwież. Auch die griechisch-orthodoxe Kirche versah ihre Gläubigen mit einer Bibelübersetzung, allerdings nicht in der Volkssprache, sondern im liturgischen Kirchenslawisch; sie erschien 1589 in Ostróg (Wolhynien) dank der Bemühungen von Fürst Ostrogski. Eine andere Übersetzung in polnischer Sprache, das Werk des Jesuitenpaters Jakob Wujek, wurde zur offiziellen Bibel der römisch-katholischen Kirche in Polen. Wujeks Übersetzung des Neuen Testaments erschien im Jahre 1593 und der ganzen Bibel im Jahre 1599, erst nach seinem Tode, mit abträglichen Korrekturen einer Jesuiten-Kommission. Bis auf den heutigen Tag gibt es keine Neuübersetzung, die der Schönheit und Prägnanz der Originalfassung gleichkommt.

Die Landessprache wurde nicht nur aus religiösen Gründen bevorzugt. Auch das politische und parlamentarische Leben Polens war von hitzigen Debatten erfüllt, ein hinreichender Anlaß zur Veröffentlichung polemischer Literatur in Prosa und Poesie.

Literatur in lateinischer Sprache

Prosa

Nikolaus Kopernikus (1473–1543)

Nikolaus Kopernikus war natürlich viel mehr als nur ein Schriftsteller. Er darf hier jedoch nicht unerwähnt bleiben, schon wegen der zahlreichen Streitfragen, die er nach seinem Tode hervorrief.
Über seine Abstammung ist sinnlos viel gestritten worden, da diese Frage eine Verlegung moderner Begriffe in eine Zeit ist, in der Nationalität höchstens Zugehörigkeit zu der Gegend bedeutete, in der man das Licht der Welt erblickt hatte. Ob Kopernikus Pole oder Deutscher war, ist belanglos. Er entstammte einer Deutsch sprechenden Städterfamilie. Die Sprache, in der er studierte und schrieb, war Latein. Seine Vorfahren waren niederen Standes und hatten sich in Schlesien angesiedelt, wo sie mit Kupfererz handelten. Einige von ihnen übersiedelten nach Krakau und einer, der es zu etwas gebracht hatte, nach Thorn (Toronia, polnisch Toruń), einer Gründung des Deutschritterordens, das aber meistens auf seiten des polnischen Königs stand. Mütterlicherseits entstammte Kopernikus der schlesischen Adelsfamilie derer von Watzenrode, die gleichfalls nach Thorn übergesiedelt war. Sein Onkel, der Bischof von Ermland, stand mit den führenden Intellektuellen Polens in Verbindung und war ein Freund Philippo Buonacorsis. Auf seine Veranlassung ging Kopernikus an die Universität von Krakau, wo er u. a. auch Astronomie belegte, was für sein Leben entscheidend werden sollte. Bischof Watzenrode machte seinen Neffen zum Priester und Chorherrn und wollte ihm eine gediegene Ausbildung ermöglichen. Nikolaus studierte kanonisches Recht in Bologna, promovierte aber in Ferrara, wo die Prüfungsgebühren geringer waren. Auf Wunsch seiner Vorgesetzten zog er dann nach Padua und studierte Medizin. In die Heimat zurückgekehrt, führte er ein beruflich vielseitiges, aber zurückgezogenes Leben; er arbeitete als Verwalter, Anwalt und Arzt, schrieb Abhandlungen über Geld und Trigonometrie und studierte Festungsbau. Gleichzeitig machte er astronomische und astrologische Beobachtungen, die zur Grundlage seines Hauptwerkes wurden: *De revolutionibus orbium coelestium* (Von den Umläufen der Himmelskörper). Aus Angst vor einem öffentlichen Skandal zögerte er mit der Herausgabe des Werkes, das erst in seinem Todesjahr 1543 erschien.
Einige seiner besten Freunde traten zum Protestantismus über, Kopernikus scheint aber keine solchen Absichten gehabt zu haben. Er wurde zuerst von Protestanten angegriffen. Wilhelm Gnaphaeus, ein in Elbing lebender holländischer Flüchtling, verfaßte eine Spottkomödie in lateinischer Sprache, *Morosophus* (Ein weiser Dummkopf), die im evangelischen Schultheater von Elbing aufgeführt wurde. Jedermann wußte, wer mit dem komischen Sterngukker und *Astrologastrus* gemeint war, einem hochnäsigen, kalten, zugeknöpften Eigenbrötler und Stümper in Astrologie, der sich für gottbegnadet hielt und ein Buch geschrieben haben sollte, das in einer Truhe verkam. Die andauernde Ablehnung der kopernikanischen Theorie durch die katholische Kirche ist zu sehr bekannt, um hier besonders behandelt zu werden, die erste

ernstzunehmende Reaktion kam von protestantischer Seite, und zwar von Melanchthon:

»Da glaubt so mancher, es sei gut und billig, solch Unsinn zu denken wie dieser sarmatische Astronom, der die Erde sich bewegen und die Sonne stillstehen läßt. Wahrlich, weise Herrscher sollten solcher Leichtfertigkeit Halt gebieten.«

Und Luther stimmt ein:

»Es ward gedacht eines neuen Astrologi, der wollte beweisen, daß die Erde bewegt würde und umginge, nicht der Himmel und das Firmament, Sonne und Mond ...

Aber es geht jetzt also: Wer da will klug sein, der muß ihm etwas Eigenes machen, das muß das allerbeste sein, wie er's machet! Der Narr will die ganze Kunst Astronomiä umkehren! Aber wie die Heilige Schrift anzeigt, so hieß Josua die Sonne stillstehen und nicht das Erdreich!«

Andrzej Frycz Modrzewski (1503–1572)

Bis zum heutigen Tag berufen sich polnische freiheitliche und demokratische Bewegungen auf Andrzej (Andreas) Frycz Modrzewski als ihr großes Vorbild. Er war der bedeutendste unter den von Erasmus beeinflußten polnischen Humanisten, und seine Schriften mit ihrer großartigen Weite des Horizonts sind für seine Zeit ganz ungewöhnlich.

Modrzewski entstammte dem Kleinadel. Sein Vater hatte die erbliche Stellung eines Vorstehers in der südpolnischen Kleinstadt Wolborz inne. Der Sohn trat nach Beendigung seiner Studien in Krakau als junger Geistlicher in den Dienst des Bischofs Łaski, wo er wertvolle Erfahrungen als Zuhörer von Reichstags- und Synodentagungen sammelte und alle Gesellschaftsschichten vor Gericht beobachten konnte. Seine Verbindung mit der einflußreichen Geistlichen- und Diplomatenfamilie der Łaskis ermöglichte ihm, im Ausland zu studieren. Fryczs Gönner war der Neffe des Bischofs, der bereits erwähnte Jan Łaski, selbst ein Priester. Beide waren an den neuen religiösen Strömungen sehr interessiert, und Łaski schickte Frycz zum Studium nach Wittenberg, wo er im Hause Melanchthons lebte. Er wurde dessen Verbindungsmann zu Łaski, dem er chiffrierte Briefe Melanchthons zustellte. Łaski hatte bekanntlich die Bibliothek von Erasmus gekauft und schickte nach dessen Tode (1536) Frycz nach Basel, um die Bücher zu verpacken und nach Polen zu senden. Einige Jahre später trat Łaski aus der katholischen Kirche aus und ging ins Ausland, wo er in England und Deutschland reformierte Kirchen organisierte. Er wurde von Lutheranern und Katholiken angegriffen und kehrte erst in vorgerücktem Alter nach Polen zurück. Anders als sein Freund und Gönner blieb Frycz seinem Glauben treu, ging aber in der Theologie und Deutung der Dogmen viel weiter als so mancher Calvinist. Gleich Erasmus war auch er ein Mann der Mitte; er bedauerte die Kirchenspaltung und hoffte, daß der Vatikan nachgeben werde. Diese Hoffnung teilte er mit vielen Denkern der Renaissance, die sich von der Philosophie des Mittelalters entfernt hatten und daher die Tiefe und Ernsthaftigkeit theologischer Meinungsverschiedenheiten unterschätzten. Seine Versuche, zwischen Katholiken und Protestanten zu vermitteln, schlugen fehl. In seinen letzten Jahren näherte er sich den Arianern und bemühte sich, ihren Bruch mit den Calvinisten zu verhindern, was erfolglos blieb.

Frycz war mehrere Jahre lang Sekretär in der königlichen Hofkanzlei und nahm an diplomatischen Reisen nach Augsburg, Prag und Holland teil. Nach seiner innersten Überzeugung trat er sein Leben lang für gewisse Ideen auf. So kämpfte er gegen die ungleiche Rechtsprechung, die z. B. einen des Mordes überführten Edelmann weniger schwer bestrafte als einen Bürger oder Bauern. Seine erste Schrift ist dieser Frage gewidmet. Er war für absolute religiöse Toleranz: »Ein gewaltsam erzwungenes Glaubensbekenntnis entspricht nicht der Wahrheit und ist nicht gottgefällig, noch ist es als gültig zu betrachten, da es gegen den Willen des Menschen geschah.« Frycz empfand die religiösen Kämpfe seiner Zeit als Tragödie und versuchte, die feindlichen Lager davon zu überzeugen, daß sie mit verschiedenen Worten dasselbe sagten. Alle Christusgläubigen gehörten für ihn einer Universalkirche an, er spricht sogar von einer gewissen moralischen Überlegenheit der griechisch-orthodoxen über die römische Kirche. Als unbeugsamer Wahrheitsucher schreckte er vor den Angriffen, die von allen Seiten auf ihn niederhagelten, nicht zurück, was ihm allerdings große persönliche Schwierigkeiten bereitete. Der Einkerkerung und dem Tod entging er nur dank der persönlichen Intervention von König Sigismund August.

Modrzewskis Hauptwerk, *De republica emendanda (Über die Staatsreform)* wird als europäisches Erstlingswerk seiner Art betrachtet. Die ersten drei Bände (Von den Sitten, Vom Krieg, Vom Gesetz) erschienen 1551 in Krakau. Die Veröffentlichung der restlichen Bände, darunter je einer über die Kirche und die Schulen, wurde vom katholischen Klerus hintertrieben. Das gesamte Werk kam im Jahre 1554 in Basel heraus. Es erregte großes Aufsehen, wurde bald ins Spanische, Deutsche und Französische übersetzt und besonders in Frankreich von katholischer Seite angegriffen.

Das Werk ist eine Art von Kodifizierung der demokratischen Ideen, die in den Lehren der Arianer ihren reinsten Ausdruck fanden, dazu eine sorgfältige Studie des Wesens des christlichen Staates, seiner Idealform und der Rechte und Pflichten seiner Bürger.

Die Hauptthesen sind:

1. Könige sind fürs Volk da, nicht das Volk für die Könige.
2. Recht anerkennt nicht Rang und Stand. (Frycz stellt aber die Teilung der Gesellschaft in Adel, Bürger und Bauern nicht in Frage.) Die Gesetze sind nicht nur vom Adel, sondern von einer Vertretung aller Staatsbürger zu ratifizieren. Alle Stände sind vor dem Gesetz gleich, denn jeder nützt dem Staat auf seine Art. Bürger und Bauern sind freie Staatsbürger. Der Adel hat sich seine Vorrechte widerrechtlich angeeignet.
3. Ein gutes Gerichtswesen erfordert drei Parteien: Richter, Kläger und Angeklagten. Daher kann ein Adliger nicht Richter seines Bauern sein. Ein staatlicher Gerichtshof wäre zuständig, für den der soziale Status der beteiligten Parteien gleichgültig ist.
4. Niemand darf sich dem öffentlichen Dienst entziehen. Öffentliche Ämter sollen daher nicht nur von Edelleuten, sondern auch von Bürgern und Bauern besetzt werden, und zwar ausschließlich aufgrund ihrer persönlichen Eignung. Ämter sind nicht erblich. Vom König ernannte Aufseher haben die örtliche Verwaltung zu beaufsichtigen.
5. Alle Staatsbürger haben zu arbeiten: »Gottes Wort hat es zur heiligen Pflicht gemacht, daß jedermann sein Brot im Schweiße seines Angesichtes essen soll; so einer nicht arbeiten will, der soll auch nicht essen.« Eigens

dazu ernannte Armenpfleger sollen all jenen beistehen, die arbeitsunfähig sind oder sich aus anderen Gründen nicht ernähren können.

6. Der Bauer soll das Land, das er bestellt, behalten und seinem Herrn einen gesetzlich festgelegten Pachtzins zahlen.
7. Erziehung ist ein Segen und die Hauptstütze des christlichen Staates. Die Schulen sollen unter der Aufsicht des Staates stehen und der Unterricht nicht in Latein, sondern in der Landessprache erteilt werden (ein deutlicher Ausdruck der Fryczschen Opposition gegen den Klerus und seine Kontrolle der Erziehung).
8. Die Kirche soll national und von Rom unabhängig sein und einer vom Volk gewählten Bischofssynode unterstehen. Der Zölibat soll abgeschafft werden.
9. Statt den Adel im Kriegsfall aufzubieten, soll der Staat ein aus Adligen, Bürgern und Bauern zusammengesetztes stehendes Heer haben. Beziehungen zwischen Staaten sind Sache des Völkerrechts. Das einzige Mittel zur Vermeidung von Kriegen sind internationale Verträge mit bindender Kraft.

Frycz wollte den Staat zum Hüter der christlichen Ethik machen. Sein Idealstaat ist eine aus dem Geist der Renaissance geborene Utopie. (Es sei darauf hingewiesen, daß Thomas Mores *Utopia* im Jahre 1516 erschienen war.) Frycz hielt jedoch seine Vorschläge für durchaus realistisch, auch wenn sie sich mit den Interessen der herrschenden Klassen nicht deckten. Er scheint ein ausgesprochener Optimist gewesen zu sein, der unerschütterlich an die Macht der Vernunft glaubte. Als wahrer Humanist war er davon überzeugt, daß es zur Verwirklichung einer Idee ausreiche, ihre Richtigkeit logisch zu beweisen.

Martin Kromer (1512–1589)

Von den polnisch und lateinisch schreibenden Autoren sei hier Martin Kromer erwähnt, ein Kleriker bürgerlicher Herkunft von hoher humanistischer Bildung, gut vertraut mit Latein und Griechisch, entschiedener Gegner der Reformation und antiprotestantischer Kämpfer, Verfasser der *Gespräche eines Höflings mit einem Mönch* in polnischer Sprache. Seine *Geschichte Polens* (1555), ein auf Długosz basierendes Lehrbuch, und die vielgelesene *Beschreibung Polens, seiner Geographie, Institutionen, Sitten und Bräuche* (1577), sind lateinisch geschrieben.

Wawrzyniec Goślicki (1530–1607)

Wawrzyniec (Lorenz) Goślicki, ein in Italien erzogener Adliger, verfaßte in Padua ein auf seinen Überlegungen über das politische System Polens basierendes Buch, *De optimo senatore,* das 1586 in Venedig erschien. Goślicki schlug später eine kirchliche und diplomatische Laufbahn ein und brachte es zum Bischof von Posen und zu vielen Ehrenämtern bei Hofe. Sein Werk ist ein weiteres Beispiel vom Glauben der Renaissance an die Macht der Vernunft. Er entwirft darin das Idealbild eines Staatsmannes mit besonderer Betonung der Vernunft als des Menschen hervorragendster Gabe. Der Verfasser hält die Könige den Staatsbürgern gegenüber für verantwortlich, und das erklärt vielleicht das Interesse für das Buch in England, wo es zweimal (1598 und 1607) übersetzt und beide Male beschlagnahmt wurde. Eine dritte Übersetzung erschien schließlich im Jahre 1733 als *The Accomplished Senator; in two books written originally in Latin, by Lawrence Grimald Gozliski, Senator and Chancellor of Poland and Bishop of Posna or Posen.* Das Buch ist den Herzögen von Beaufort und Argyll, dem Earl von Oxford und Sir Robert Walpole gewidmet. In der Widmung erklärt der Übersetzer Oldisworth, was ihn zur Übertragung des Werkes veranlaßt hat. Er zeigt gewisse Ähnlichkeiten des polnischen und englischen parlamentarischen Systems auf und rühmt Goślicki für seine vortreffliche Darstellung eines vollkommenen Gleichgewichts zwischen Macht und Freiheit, zwischen »den Vorrechten der Krone und den Belangen des Volkes«. In der Einleitung, die von seiner Vertrautheit mit polnischen Geschichtswerken in lateinischer Sprache zeugt, sagt er u. a. (das Folgende versucht der Ausdrucksweise des englischen Originals möglichst treu zu bleiben – Anmerkung des Übersetzers):

»Das *polnische* Volk hatte einen vollen und freien *Senat,* lange bevor unsere *Parlamente* im Besitz all jener Rechte und Privilegien waren, in denen ihre Freiheit und Autorität heute so glücklich begründet sind. Das lernen wir von älteren, bestens bekannten Historikern. Und in dieser Hinsicht fiel es ihm viel früher denn uns zu, sich mit der Natur, der Würde und Ausdehnung des *senatorischen Amtes* bekannt zu machen. Darin schuf es für uns einen äußerst frühen Präzedenzfall. Es mußten aber viele Jahre vergehen, ehe *Gozliskis* Buch, in dem *Loyalität* und *Freiheit* so gut gemildert und miteinander in Einklang gebracht und *alle Pflichten* des Senators so vollkommen und deutlich erklärt sind, glücklich herübergebracht und nach *England* importiert wurde, wo wir noch keinen besonderen Traktat oder dergleichen Abhandlung über diesen wichtigen Gegenstand von einem unserer eigenen Landsleute hatten: Denn der *Methodus Tenendi Parliamentum* und die anderen wenigen Bücher gleichen Inhalts gehen keineswegs auf den *senatorischen Charakter* in derselben Weise ein wie *Gozliski,* der dieses wichtige Thema erschöpfend behandelt zu haben scheint. Unter der Regierung von Königin *Elisabeth,* als das Hoheitsrecht hoch stand, und kurz nach dem Tode von *Cromwell,* als die Ansprüche auf Freiheit ebenso hoch liefen und in Anarchie und Verwirrung ausarteten, wurden einige *Auszüge* aus diesem Werk in *englischer* Sprache gedruckt, aber so erbärmlich verstümmelt und entstellt, daß sie unbemerkt abstarben und bald verlorengingen, da sie nur einige populäre Fetzen und Fragmente ausschließlich zugunsten des *republikanischen Schemas* enthielten, während alles, was über die *legale Macht und Praerogative* der Krone gesagt war, absichtlich verschwiegen und unterschlagen wurde.«

Als Protestant fühlt sich der Übersetzer etwas unbehaglich bei dem Katholizismus seines Autors, findet aber einen Ausweg aus dem Dilemma:

»In Wahrheit hatte die *römische Kirche* immer ein viel größeres Interesse an Polen als der römische Hof. Der Staat sorgte für die Wahrung seiner Rechte viel besser als in vielen andern *papistischen* Ländern. So stark war der Geist der Freiheit in *Polen,* daß der protestantische Glaube dort viel besser behandelt wurde als in irgendeinem andern Lande, das mit dem *Stuhl* von Rom in Verbindung stand. Es ist wahr, daß sich *Gozliski* offen für die *Ausrottung* der Ketzerei erklärte: Aber unter *Ketzerei* versteht er einen offenen Aufstand gegen die *Staatskirche,* der die öffentliche Ruhe bedroht und verletzt. Was *Andersgläubige* anbelangt, so erwähnt er nicht einmal den Namen, und wir sind frei anzunehmen, daß er, der Meinungsverschiedenheiten in minderwichtigen Fragen der Politik zuläßt, auch in Fragen der Religion so dachte. Daß dies keine wilde Ausgeburt meiner Erfindungsgabe ist, dafür ist die folgende historische Tatsache ein wesentliches Beweisstück. Unter der Herrschaft *Sigismund* des Zweiten, als *Gozliski* noch in voller Lebenskraft stand, wurde dem *höheren* und *niederen Adel* erlaubt, seine Kinder an die *protestantischen Schulen* und *Universitäten Deutschlands* zu schicken; auf diese Weise brachten sie den *Protestantismus* in ihr Land, wo er sich weit und breit ausdehnte und vielleicht in ganz außerordentlicher Weise obsiegt hätte, wären nicht der *Arianismus* und sein Zwillingsmonstrum, der *Socinianismus,* dazwischengetreten, um diese huldvolle Gnade auszunutzen und sich unter den Farben und dem Deckmantel derselben nach Norden auszubreiten und den gemeinsamen Glauben der *Christenheit* mit Vernichtung und Verwüstung zu bedrohen. Die *Poloni Fratres* haben diese beiden *Ketzereien* mit all dem falschen *Glimmer* ausgestattet, den gute Zunge und trügerische Beweisführung ihnen erlaubte; dabei verschwiegen sie geflissentlich die ungeheuerlichen *Irrtümer,* Absurditäten und Gotteslästerungen ihrer Sektenbrüder, die über dasselbe Thema geschrieben hatten, so nachzulesen in einer vollen und authentischen Sammlung in den Werken von *Brockman,* einem hochgelehrten Professor an der *Universität* zu *Kopenhagen.* Als diese Ketzereien ausbrachen, wurde eine gewisse Zurückhaltung für nützlich und angebracht, ja absolut notwendig gehalten; und die *Papisten* machten von der kritischen Sachlage guten Gebrauch.«

Dichtung

Andrzej Krzycki (1482–1537)

Im ausgehenden 15. Jahrhundert begannen weltliche Dichtungen im Geiste des Humanismus in lateinischer Sprache zu erscheinen. Von den wenigen Dichtern, die sich darin auszeichneten, ist Andrzej Krzycki (Cricius) der bedeutendste. Als Sohn einer adligen Familie machte er schnell Karriere: vom Domherrn in Posen zum Bischof und Erzbischof, dazu Diplomat und Sekretär von König Sigismund I. und Königin Bona Sforza. Seine Werke haben königliche Hochzeiten, militärische Siege und das Leben am Hof zum Thema. Am besten ist er aber in seinen Horaz, Catull und Martial nachgebildeten epigrammatisch kurzen Liedern, die meist von der Liebe handeln, etwas gewagt, aber nicht ungewöhnlich für einen kirchlichen Würdenträger der Renaissance.

Me nive candenti petiit modo Lydia

Lydia hat mich mit dem Schneeball getroffen. Ich dachte zwar,
Schnee sei nicht heiß – doch Feuer er war!
Nichts kälter als Schnee, doch aus Lydias Hand,
mein Herz zu entzünden, er schnell verstand.
Wo finde ich Zuflucht vor Liebesweh,
wenn Feuer lauert in Eis und Schnee?
Das Feuer löschen? Niemand versteht's so gut
wie Lydia, nicht mit Wasser – mit Liebesglut.

Krzyckis Gedichte enthalten auch getreue Wiedergaben von Sitten und Gebräuchen sowie politische Glossen. Hier ein Epigramm über den Deutschen Ritterorden:

Esse cruces triplices triplicique colore

Drei Kreuze gibt's von dreierlei Farb',
ihre Träger sind von dreierlei Art:
Da ist das rote, nach Jesus benannt,
denn von Jesu Blut gerötet es ward;
da ist das weiße des Diebes zur Rechten,
den wenige Worte der Sünde enthoben;
und das ist das schwarze des Diebes zur Linken –
der Ritterorden trägt's auf den Mantel gewoben.

Jan Dantyszek (1485–1548)

Das Pseudonym eines anderen, in humanistischen Kreisen gut bekannten Dichters verrät seinen Geburtsort: Jan Dantyszek (Dantiscus), Sproß der Danziger Bürgerfamilie von Höffen, studierte in Krakau, war mehrere Jahre königlicher Schreiber und Diplomat, bereiste Europa und beschloß sein Leben als Bischof von Ermland. Er genoß den Ruf des höchstgebildeten Humanisten unter den Dichtern. Seine zahlreichen Dichtungen stehen unter dem Einfluß Vergils. Ihr Inhalt ist meist patriotischer und religiöser Art.

Klemens Janicki (1516–1543)

Trotz der geringen Zahl seiner Werke konnte Klemens Janicki (Janicius) sich eine eigene Legende schaffen, die bis in die Gegenwart fortwirkt. Ein Bauernsohn aus der Gegend von Gnesen, fand er nach Beendigung der Dorfschule mehrere Gönner, die den begabten Jüngling an eine höhere Schule nach Posen und dann an die Universität von Padua schickten, wo er den Titel eines Doktors der Philosophie und Dichterfürsten gewann. Nach Polen zurückgekehrt, erhielt er eine Pfarre, fiel aber in jungen Jahren einer tückischen Krankheit zum Opfer. Seine Dichtungen sind in reinstem Latein geschrieben. Janicki nahm sich Ovid, Propertius und Tibull zum Vorbild, ohne sie zu imitieren. Der persönlich-autobiographische Gehalt seiner Gedichte ist erschütternd, die elegisch-melancholische Sprache eines Mannes, dessen Traum vom Dichterruhm angesichts des nahen Todes in nichts zerrinnt. Die Elegie »Über mich selbst an die Nachwelt« wendet sich an den zukünftigen Leser:

Wenn jemand, wenn ich im Grabe bin,
Etwas von mir wissen will,
Er lese dieses Blatt, von mir selbst
Über mich geschrieben in Zeiten großen Wehs.
Jenseits der Sümpfe von Żnin liegt am Weg ein Dorf,
Mit Namen Januszek gerufen,
Wo einst Polens Könige
Von Gnesen ins Preußenland ritten.
Dort pflügte mein Vater, ein Dörfler,
Die urväterliche Scholle.
Und dort, als die Pest ihm seine Kinder nahm,

Die in unseren Landen grausam wütete,
Fiel eine Träne vom Vaterauge,
Als ich ihm in Gottes Welt geboren ward.

Er spricht von seines Vaters Sorge, ihm eine gute Erziehung zu geben, und beschreibt den Übergang von der Volksschule zur Universität:
Dort hörte ich die Namen von Vergil
Und Ovidius Naso, meines Meisters.
Dort bewunderte ich die Dichter
Und erwies ihnen göttliche Ehren.

Er erzählt von seinen ersten dichterischen Erfolgen, von den Geldsorgen, die ihn plagten, von Krzycki, seinem Gönner, nach dessen Tode er einen anderen fand, der ihn nach Italien schickte. Er beschreibt sich als gut aussehend, von Krankheit geschwächt, mit frohem Antlitz, das leicht errötet, mit Ausbrüchen von Jähzorn und Enthusiasmus, mit vielen Feinden und wenigen Freunden, als einen zartbesaiteten, von Menschenleid tief ergriffenen, den Krieg hassenden Menschen: »Es heißt von mir, daß ich mich zuviel mit Frauen abgebe, nur weil ich Musik, Gesang und Spaß liebe und seit früher Jugend Liebeslieder schreibe.« Bis zu seinem 20. Lebensjahr trank er nichts als Wasser, und darin sieht er den Grund seiner Krankheit (Wassersucht). Er sagt seinen Freunden Lebewohl, besonders seinem Arzt, dem bekannten Dr. Antoninus, dem Erasmus eines seiner Bücher zueignete. Seine Jugendwerke erscheinen ihm kindisch, und er bedauert, keine Zeit mehr zu haben, das zu schreiben, was er eigentlich schreiben sollte. Er bittet seine Freunde, ihm einen Grabstein zu setzen mit der Inschrift:
Fern von Hoffnung, Furcht und Sorge,
Liege ich hier, unter des Sarges Deckel.
Hier allein lebe ich wirklich,
Gott sei mit dir, mein irdisch Leben.

Auch was er in Italien schrieb, ist höchst persönlich. So beginnt er z. B. eine Versepistel (eine unter den Humanisten sehr beliebte Form) mit politischen Neuigkeiten, geht aber gleich auf das eigentliche Thema über: die Freude, in Italien zu sein. Er begeistert sich an Italiens Schönheit, seiner Kunst und Dichtung. Vielleicht war es Angst, daß ihm das Stipendium entzogen und er vorzeitig nach Polen zurückberufen werden könnte, die ihn seine Anhänglichkeit ans Heimatland in folgende Worte kleiden ließ:
Nicht, daß es mir leid tut, Sarmatias Kind zu sein,
Nein, stolz bin ich auf mein sarmatisch Geschlecht.
Groß ist die Welt und der Schönheit voll,
Kein Land kommt aber dem meinen gleich.
Ich bewundere Italien, verehre aber Polen;
Hier lebe ich aus Zufall, dort aus Liebe.
Ich gehöre mit Rechten zu Polen,
Hier habe ich mein Quartier, dort meine Götter.

In Gedichtform konnten damals die verschiedensten Themen behandelt werden, selbst solche, die heute unstreitig ins Gebiet der Prosa gehören. Diesem Umstand verdanken wir einige Kuriosa in lateinischer Sprache. Der litauische Priester Mikołaj (Nikolaus) Hussowski, vielleicht Sohn eines königlichen Jagdmeisters, Protegé eines hohen Würdenträgers, befand sich in Rom, als sein Schirmherr zum Botschafter am Vatikan ernannt wurde. Papst Leo X., ein leidenschaftlicher Jäger, liebte Jagdgeschichten, die Polen und Litauer zu erzählen wußten. Hussowski, ein geschickter Verseschmied, wurde von seinem Vorgesetzten dazu angehalten, für den Papst ein Gedicht über das exotischste Jagdwild zu verfassen, den Wisent. So kam eine gereimte Abhandlung zustande, die von Hussowskis ausgezeichneter Kenntnis der litauischen Wälder, der Gewohnheiten des Wisents, der Jagd auf ihn u. a. zeugt, das erste naturwissenschaftliche Werk über den europäischen Wisent, der im übrigen Europa schon längst ausgestorben war.

Die meisten Dichter der Zeit waren zweisprachig und schufen Werke in Latein und Polnisch. (Sie werden weiter unten individuell behandelt.) Im »Goldenen Zeitalter« der Literatur Polens nahm die Zahl der polnisch geschriebenen Werke rasch zu, der Sieg der Gegenreformation aber brachte ein Wiederaufleben des Latein der Lieblingssprache der Jesuiten. Der letzte Dichter, der nur lateinisch schrieb, war der Jesuitenpater Maciej (Matthias) Sarbiewski (1595–1640), in Westeuropa als der »göttliche Kasimir« bekannt.

Literatur in polnischer Sprache

Der neue Büchermarkt

Die Inhaber der neuen Buchdruckereien sahen sich als Geschäftsleute nach größeren Absatzmöglichkeiten um. Da die meisten Leser des Lateinischen unkundig waren, war es einträglicher, Bücher, die von Aussehen und Inhalt anziehend und unterhaltend waren und zum Kauf einluden, in der Landessprache zu drucken. Aus dem Mittelalter stammte ein großer Schatz an Erzählungen, die als Handschriften zirkulierten, hauptsächlich phantastische Geschichten, Ritterromane und Sammlungen von Anekdoten und Sagen, z. B. von Alexander dem Großen oder den halb legendären Gestalten des Fürsten Josaphat und seines klugen Beraters Barlaam (die beide von der katholischen Kirche heiliggesprochen wurden, obwohl Josaphat eigentlich Buddha ist). Wie *Barlaam und Josaphat* stammten diese Sagen häufig aus dem Orient und wurden von einem Kulturkreis zum anderen in veränderter Form und mit schönen Zutaten versehen weitergegeben. Unternehmungslustige Drucker bestellten Übersetzungen und Umarbeitungen solcher Schriften, die sich mit Beginn des 16. Jahrhunderts in Polen großer Beliebtheit zu erfreuen begannen, in unzähligen Auflagen herausgegeben wurden und schließlich zum Teil als Ramschliteratur auf Jahrmärkten des 20. Jahrhunderts endeten.

Solche dem Westen entliehenen Werke nahmen über Polen den Weg zu den Ostslawen nach Rußland, wo sie oft ihre aus Byzanz importierten Doppelgänger fanden. Literarische Reisen dieser Art lassen sich oft über Jahrtausende zurückverfolgen und sind ein faszinierendes Forschungsgebiet für Spezialisten. Diese Erzählungen wurden gewöhnlich von Klosterbrüdern übersetzt und umgestaltet. Da ihre Leser meist Städter waren, können sie als bürgerliche Literatur bezeichnet werden.

Biernat von Lublin (ca. 1465 – nach 1529)

Biernat von Lublin war der erste Schriftsteller, der ausschließlich polnisch schrieb. Er war bürgerlicher Herkunft und verbrachte sein Leben als Hauspriester verschiedener Adelsfamilien. Über ihn selbst ist nur wenig bekannt, vielleicht, weil sein Hauptwerk auf den katholischen Index der verbotenen Bücher gesetzt wurde. Die Kirche verdächtigte ihn »protestantischer« Neigungen, lange bevor man etwas von Luther wußte. Biernats Schriften muten hussitisch an. Seine Vaterstadt Lublin war im ausgehenden 15. Jahrhundert Schauplatz zahlreicher Ketzerprozesse, in denen die Angeklagten gewisser hussitischer Doktrinen beschuldigt wurden, wie des Verlangens nach Wiedereinführung der Brot-und-Wein-Kommunion (die letztere, der sogenannte Laienkelch, wird den Gläubigen ungefähr seit der Jahrtausendwende vorenthalten) und des Glaubens, daß keine Transsubstantiation (die Verwandlung von Brot und Wein in Leib und Blut Christi) eintrete, wenn der die Messe zelebrierende Priester nicht sündenfrei sei. Manchen Forschern zufolge stand Biernat unter dem Einfluß der Wiedertäufer. Er trat offen gegen die Todesstrafe auf: »Gott gibt dem Menschen das Leben, und nur Gott kann es ihm nehmen, nicht der Staat.« In seinen theologischen Ansichten erscheint er geradezu als ein Vorläufer Luthers. In einem seiner Briefe aus dem Jahre 1515 heißt es: »Es scheint mir, daß die Urteile des Herrn unergründlich sind und daß wir außer dem Evangelium keinerlei Gebote befolgen sollten, denn sie sind eitel und ungewiß und ändern sich mit der Zeit . . . Selbst wenn uns der einfältige Glaube vor solchen Konflikten bewahren könnte, und gesetzt den Fall, wir glaubten daran, was uns die Erben Moses lehren, der Geist des Menschen kann in seiner Wahrheitssuche, seinem Streben, die Wahrheit als seiner Sehnsucht Ziel in die Arme zu schließen, nicht aufgehalten werden.« Das klingt nicht nach Mittelalter, kann aber erst im Zusammenhang mit Biernats Gesamtwerk in der richtigen Perspektive gesehen werden.

Biernat verfaßte eines der ersten polnisch gedruckten Bücher, *Das Seelenparadies (Raj duszny,* 1513), ein aus dem Lateinischen umgearbeitetes Gebetbuch. Sein Hauptwerk ist in Gedichtform abgefaßt: *Das Leben Aesops des Phrygiers, eines tugendhaften Weisen, zusammen mit seinen Aussprüchen (Żywot Aesopa Fryga, mędrca obyczajnego, wraz z przypowieściami jego).* Das Buch war so populär, daß es den Verkäufern buchstäblich aus der Hand gerissen wurde und sich kein einziges Exemplar der Erstauflage erhalten hat; das Erscheinungsjahr war vermutlich 1522. Aesop ist der halb legendäre griechische Dichter aus dem sechsten vorchristlichen Jahrhundert, dessen Fabeln, eigentlich Volksüberlieferungen und Werke mehrerer unbekannter Autoren, im Mittelalter sehr verbreitet waren. Die allegorische Darstellung menschlicher Eigenschaften in Tiergestalt ist ein alter literarischer Kunstgriff, der z. B. in den französischen *fabliaux* oft angewandt wird. Die Tradition lebt fort, und noch heute wird den Machthabern manch unangenehme Wahrheit in der unschuldigen Form einer aesopschen Fabel vor Augen gebracht. Die Geschichte Aesops, des schlauen Sklaven, der sich von seinem weniger klugen Meister loskauft, wurde in der Renaissance durch den italienischen Humanisten Ranuccio d'Arezzo wiederbelebt, der sie aus dem Griechischen ins Lateinische übertrug und in Mailand im Jahre 1471 veröffentlichte. Das Werk steht in einer Reihe mit den obenerwähnten phantastischen Erzählungen und den humoristischen Märchen des Nahen Ostens.

Arezzos Werk erhält in der Umarbeitung Biernats eine gewisse Streitbarkeit. Aesop erscheint als buckliger Zwerg, und Biernat ergeht sich mit Behagen in der Beschreibung von dessen Häßlichkeit, wobei man sich nicht des Gedankens an die Zwerge und Riesen erwehren kann, die etwas später bei Rabelais auftreten. Die Häßlichkeit des Sklaven läßt seine Überlegenheit über Xantus, seinen Herrn, dazu seine nüchtern-praktische Klugheit und seinen Witz besonders augenfällig werden. Die Moral ist offensichtlich: Ein kluger Kopf ist mehr wert als ein guter Stammbaum oder ein schönes Aussehen. Dem plebejischen Sklaven steht der Herr, ob nun Edelmann oder Prälat, als Narr gegenüber, und das macht Biernats Werk zu einem Manifest seiner uns bereits bekannten Ansichten. Kleine Szenen zeigen die verschiedene Auffassung von Herr und Knecht über dieselben Dinge: Wenn sie sich z. B. fragen, warum Wiesenblumen so üppig seien, sagt Xantus, daß es Gott so wolle, Aesop aber: »Das kann jeder Schafhirt sagen. Wer alles auf Gott schiebt, erklärt nichts.« Also ein Lob der Beobachtung, der Mutter aller empirischen Wissenschaft. Es fehlt auch nicht an Ausfällen gegen die Scholastik: »Einfache Worte lassen uns die Wahrheit schneller erkennen.« *Das Leben Aesops* ist die Geschichte des kleinen Mannes, der sich allem Ungemach zum Trotz durchsetzt und dem Leser die verstohlene Genugtuung gibt, die Mächtigen dieser Welt lächerlich gemacht zu sehen. Das Werk verdankt seine Popularität dem derben, anspruchslosen, eigentlich mittelalterlichen Humor, der dem Geschmack des Publikums entsprach. Es verwendet die herkömmlichen Mittel wie gewisse auf körperliche Funktionen anspielende Worte oder Angriffe auf Frauen zur Erzielung komischer Effekte; Frauenhaß war seit jeher ein Merkmal des Volkswitzes.

Der zweite Teil von *Aesops Leben* besteht aus den angeblich von ihm selbst erfundenen Fabeln, die tatsächlich Gemeingut vieler Völker sind. Biernats Fassung enthält viele polnische Sprichwörter, und darin liegt ihr literarischer Wert: Sie ist die erste polnische Sprichwörtersammlung.

Ein anderes Werk Biernats ist der *Dialog des Palinurus mit Charon (Dialog Palinura z Charonem)*, gleichfalls eine Umarbeitung aus dem Lateinischen. Palinurus, der Steuermann des Aeneas, unterhält sich im Hades mit dem Fährmann des Styx, und dieser verrät ihm alles Wissenswerte über die Bosheit der Reichen und Mächtigen, die das arme Volk verachten und bedrücken.

Vielgelesen zu Lebzeiten, geriet Biernat nach seinem Tode in Vergessenheit und wurde nur von einigen Historikern als Vorläufer des Protestantismus erwähnt. Vielleicht war seine Sprache daran schuld, denn das Polnische machte im 16. Jahrhundert große Fortschritte, und Biernat kam trotz der Kraft seines Ausdrucks, die er besonders in den Fabeln zeigt, aus der Mode. Heute wird sein Werk als wichtige Stufe in der Entwicklung der polnischen Versform betrachtet. Er gebrauchte noch immer den »unreinen silbenzählenden Vers, das heißt, die achtsilbigen Zeilen sind oft von neun- und selbst elfsilbigen durchsetzt. Biernat war eine Übergangsgestalt und gehört sowohl in die Geschichte der Trivialliteratur als auch in die der Poesie.

Marchołt

Mit Aesop tritt eine ähnliche Gestalt auf, die in der europäischen Literatur als Marchlandus, Morolf, Markol oder Marchult bekannt ist und wahrscheinlich dem jüdischen Legendenkreis um König Salomo entstammt. Marchult erscheint bald als Helfer, bald als Gegner König Salomos. Über die Apokryphen fand er seinen Weg ins mittelalterliche Schrifttum und wurde zur Hauptfigur eines lateinischen Werkes, das seine endgültige Form in Deutschland erhielt. Gleich Aesop ist Marchult häßlich, fettleibig und ungehobelt, er führt König Salomo an der Nase herum, und seine Narreteien wimmeln von grobem Humor und zotigen Wortspielen. Jan von Koszyczki übersetzte das Werk ins Polnische (1521): *Die Gespräche, die der weise Salomo mit dem groben und unflätigen Marchołt hatte (Rozmowy, które miał Salomon mądry z Marchołtem grubym a sprośnym).* Marchołt (wie er nun heißt) war in Polen so gut bekannt, daß der Name bis in die Gegenwart als Synonym für den aus dem Volk stammenden kreuzvergnügten Schlaumeier und Spaßvogel, unersättlichen Vielfraß und Trunkenbold fortlebt und selbst in den Werken moderner Dichter wie Kasprowicz und Tuwim auftaucht. Ein ironischer Faden zieht sich durch das ganze Werk, so z. B. wenn Marchołt seine Abstammung aus zwölf Generationen von Dorftölpeln mit sonderbaren Namen und zwölf Generationen von Huren zurückführt; dementsprechend strotzt auch das Buch von anstößigen Witzen über Frauen. Marchołt versteht sich aus den verwickeltsten Situationen herauszuwinden, so ist z. B. sein letzter Wunsch, als er gehängt werden soll, sich den Baum auswählen zu dürfen, an dem er hängen soll; da ihm kein Baum gefällt, kommt er mit dem Leben davon. (Aesop und Marchołt sind leicht erkennbare literarische Vorfahren des braven Soldaten Schwejk.)

Sowiźrzał

Jetzt fehlt nur noch Till Eulenspiegel (englisch Owlglass, französisch Espiègle); er läßt auch nicht lange auf sich warten: Um 1519 war die erste Buchausgabe in Deutschland erschienen, 1530 die erste Übersetzung in Polen. Hier wurde sein Name in Sowiźrzał oder Sowizdrzał *(sowa = Eule)* übersetzt, und seine Streiche mehrten sich so sehr, daß bald eine ganze Volksliteratur um ihn entstand, die sogenannte *literatura sowizdrzalska,* die an die Schriften der Krakauer *żaki* gemahnt *(żak,* von *diak* oder *diaconus* abgeleitet, war der Kneipname der Krakauer Burschenschaftler). In Rußland, wo unser Freund erst im späten 18. Jahrhundert auftaucht, es aber noch vor Ende des Jahrhunderts zu vier Auflagen bringt, wird er in Sovest'dral umgetauft, was ungefähr »verdammtes Gewissen« bedeutet: *Pochoždenija oživšogo novogo uveselitel'nogo šuta i velikogo v delach ljubovnych pluta Sovest'drala bol'šogo nosa, perevod s pol'skogo i drugich jazykow* – Die Abenteuer des neuerstandenen, lustigen Narren, in Liebschaften großen Schelms, Sovest'dral von der langen Nase, übersetzt aus dem Polnischen und anderen Sprachen.

Schnurren, Anekdoten und Witze wurden auch anderen Quellen entnommen, wie den lateinischen Werken der Humanisten und Boccaccios *Dekameron*. Solche Geschichtensammlungen wurden in Italien *facezie* genannt, in Polen *facecje*. Die populärste von ihnen, *Facecje polskie,* erschien Ende des 16. Jahrhunderts und erlebte viele Neuauflagen in den nächsten hundert Jahren.

Troja

Polnische Fassungen pseudohistorischer Romane handeln zum Beispiel von den Taten Alexanders des Großen, die auch den Ostslawen gut bekannt waren, nachdem sie aus Byzanz zu ihnen gelangt waren. *Die Geschichte von der Zerstörung der Stadt Troja* (1563) ist italienischen Quellen entnommen und enthält vieles, was bei Homer nicht vorkommt, von den Fahrten der Argonauten und der Flucht der Medea, der Entführung Helenas und der Forderung der griechischen Gesandten, sie wieder auszuliefern, bis zum Trojanischen Krieg und den Irrfahrten von Odysseus und Aeneas. Allen volkstümlichen Erzählungen gleich, ist auch dieses Werk von Weiberhaß erfüllt: Die Frauen sind an allem schuld.

Attila

Auch der Hunnenkönig Attila tritt in der Übersetzung eines von einem ungarischen Bischof in Latein verfaßten Heldenliedes auf: *Eine Erzählung von den Taten Attilas, des Königs von Ungarn.*

Melusine

Melusine, die Heldin eines in viele Sprachen übersetzten französischen Ritterromans, fand auch in Polen viele Verehrer. Die schöne Melusine (vielleicht von »Mère Lusine«, der angeblichen Ahnherrin des Adelsgeschlechtes de Lusignan) war, vielen Märchengestalten gleich, halb Mensch, halb Tier. Jeden Sonnabend verwandelte sie sich in eine Wassernixe und verbrachte den Tag in einem Bach. Sie heiratete und hatte viele Kinder, ließ sich aber am Sonnabend nie sehen. Im Glauben, daß sie ihn betrüge, begann ihr Mann, sie zu belauschen, und richtete damit großes Unglück an. Die Erzählung ist reich an Schilderungen von Zweikämpfen mit Riesen, Drachen und anderen Ungeheuern. Sie wurde viele Male herausgegeben und konnte noch bis vor kurzem bei fahrenden Buchhändlern erstanden werden. Von Polen aus fand sie ihren Weg nach Rußland.
Melusinen wurden in Polen auch gewisse Kronleuchter genannt, die am Plafond mit einer Verzierung in Gestalt einer Nixe befestigt waren, sowie attraktive Mädchen, die es nicht so genau nahmen.

Adam und Eva

Für die zahlreichen religiösen Erzählungen, hauptsächlich Heiligenleben und biblische Geschichten, ist die von Adam und Eva nach der Vertreibung aus dem Paradies ein interessantes Beispiel. Es ist ein rührender Bericht von dem Kampf des ersten Menschenpaares mit dem Teufel. Adam verhängt über sich und Eva eine Strafe für ihre Sünden: Eva muß dreißig Tage lang ohne

Speise und Trank auf einem Stein im Tigris stehen, bis an den Hals im Wasser, Adam desgleichen im Jordan, vierzig Tage. Der Teufel kommt in Engelsgestalt herbei und sagt Eva, daß Gott ihnen schon längst verziehen habe und kein Grund mehr zur Buße bestehe. Adam und Eva sterben im Kreise ihrer 15 000 Nachkommen (die weiblichen nicht mitgerechnet). Ein Kapitel ist theologisch interessant: Adam und Eva fragen den Teufel, warum er ihnen nachstelle, und dieser erzählt, wie es zu seinem Fall kam. Er war einer der Söhne des Herrn; als aber der Mensch als Ebenbild Gottes geschaffen wurde und er ihm huldigen sollte, lehnte er es unter Berufung auf seine Herkunft ab. Dafür wurde er bestraft, und seither versucht er, sich am Menschen zu rächen. Satans Fall kommt daher von seiner Eifersucht auf den Menschen, eine Anschauung, die in den ersten christlichen Jahrhunderten von Irenäus, Tertullian und Cyprian geteilt, von der Kirche aber verworfen wurde.

Enzyklopädien und Berichte

Marcin Bielski (1495–1575)

Marcin Bielski, Aristokrat, Höfling und Soldat, war sein Leben lang ein Bücherfreund, wandte sich aber erst im Mannesalter dem Schreiben zu. Um mit den geistigen Strömungen seiner Zeit Schritt zu halten, ließ er sich in Krakau nieder, wo er ein bürgerliches Leben führte und gewöhnlich in seiner Bücherstube beim Schreiben zu finden war. Selbst als er später aufs Land zog, war er mehr an Büchern interessiert als an der Landwirtschaft. Bei all seinem Lesehunger fehlte ihm jedoch schriftstellerisches Talent, dafür verfügte er über eine ausgezeichnete Nase zum Aufspüren von Materialien, die er in unzähligen lateinischen und tschechischen Werken sowie kirchenslawischen und ruthenischen Handschriften fand und zu Bausteinen seines Monumentalwerkes machte: *Eine Chronik der ganzen Welt (Kronika wszystkiego świata),* eine geographisch-geschichtliche Enzyklopädie, in der auch Indien, Griechenland und Rom behandelt werden. Bielski war kein Wissenschaftler im heutigen Sinne des Wortes, sein Werk steht an der Grenze zwischen volkstümlichen Anschauungen, wie wir sie in der Trivialliteratur finden, und wissenschaftlicher Forschung. Allerdings dürfen wir nicht vergessen, daß das 16. Jahrhundert keinen Unterschied zwischen Mythos und Tatsache machte, besonders wenn es um exotische Länder ging. Bielskis *Chronik* aus dem Jahre 1551 ist die erste Weltgeschichte in polnischer Sprache. Ein Großteil ist Nachbarstaaten wie Böhmen-Mähren, Ungarn, den ostslawischen Ländern und der Türkei gewidmet. Hier ist Bielski kein Märchenerzähler, sondern Historiker. Seine *Geschichte Polens* ist das erste in polnischer Sprache gedruckte Buch; Bielskis Vorgänger (er benutzt sie als Quellen) schrieben alle Latein. Seine Arbeitsfähigkeit und Wißbegierde sind erstaunlich; in seinen Bestrebungen ist er ein echtes Kind der Renaissance: Katholik mit großen Sympathien für die Reformation, weshalb er oft zu den protestantischen Schriftstellern gezählt wurde. Manche seiner Werke erinnern an die oben besprochene Volksliteratur. Noch vor der *Chronik* veröffentlichte er im Jahre 1535 die *Lebensbeschreibungen von Philosophen,* die Umarbeitung eines tschechischen Werkes, das selbst eine Umarbeitung aus dem Lateinischen ist. In seiner volkstümlichen Sprache steht er hier Biernat von Lublin und dem Übersetzer des Marchołt nahe.

Bielski war Moralist, und das kommt nicht nur in der *Chronik,* sondern auch in anderen Werken zum Ausdruck, darunter einem Mysterienspiel und mehreren Spottgedichten über die Verderbtheit der Zeiten: Habsucht, Unterdrückung der Bauern und ehrlose Richter. Seine realistischen Darstellungen des bürgerlichen Lebens in Krakau verraten keine besondere Vorliebe für dieses Milieu, eher für seinen eigenen Stand, den Landadel.

Matys Stryjkowski (1547–1582)

Die Union von Lublin, die Polen im Jahre 1569 mit Litauen verband, lenkte die Aufmerksamkeit der polnischen Öffentlichkeit auf das ihr bisher wenig bekannte Nachbarland, wo sich noch viele heidnische Bräuche erhalten hatten. Matys Stryjkowski, ein gebürtiger Masowier, war von Litauen begeistert. Seine 1582 erschienene *Chronik Polens, Litauens, Samogitiens und der ganzen Rus'* (Samogitien war das nördliche Litauen) ist nicht nur eine Chronik im herkömmlichen Sinne des Wortes, sondern auch ein malerischer Bericht aus erster Hand von den litauischen Göttern, Sitten und Bräuchen. Der Verfasser ist in die Urwälder, Seen und Moore des Landes geradezu verliebt. Die mittelalterlichen Kämpfe mit dem Deutschen Ritterorden werden von ihm besonders eindringlich nachempfunden. Das erklärt auch, warum später Mickiewicz, Słowacki, Kraszewski und andere Romantiker so intensiv aus Stryjkowskis *Chronik* schöpften.

Lukasz Górnicki (1527–1603)

Lukasz Górnicki nimmt im polnischen Schrifttum einen wichtigen Platz ein, nicht so sehr wegen des literarischen Wertes seiner Bücher als wegen seiner Bedeutung für die Literaturgeschichte. Er schrieb als erster ein elegantes, kultiviertes Polnisch im Gegensatz zu seinen Zeitgenossen, die einem großen Publikum gefallen wollten.

Bürgerlicher Abstammung, erhielt Górnicki in Italien eine gründliche humanistische Ausbildung, übersetzte Seneca und machte sich einen Namen als Dichter. Seine Beziehungen zu anderen Schriftstellern und zum Königshof brachten ihm den Adelstitel und ein kleines Vermögen ein. Dem Ideal der Renaissance ergeben, machte er sich an ein Werk, das viele Jahre in Anspruch nehmen sollte und mit dem er dem kulturellen und geistigen Leben Polens einen italienischen Stempel aufdrücken wollte: die Umarbeitung von Baldassare Castigliones *Il Corteggiano.* Górnickis Fassung erschien 1566 unter dem Titel *Der polnische Höfling (Dworzanin polski).* Das italienische Original ist in Form von Gesprächen zwischen gebildeten Damen und Herren am Hofe des Fürsten von Urbino geschrieben und stellt im Geist des Neuplatonismus den idealen Edelmann als Verkörperung des Guten und Schönen dar. Górnicki verlegt die Handlung an den Hof des Bischofs Maciejowski in Prądnik bei Krakau, führt neue, seinen Bekannten nachgebildete Personen ein und klammert alle Frauen aus, da ihre Teilnahme an leichtfertigen oder allzu ernsten Gesprächen in Polen als unziemlich galt. Er ersetzt auch viele Anekdoten durch solche vom Leben am polnischen Hof. Seine Prosa mit ihren zahlreichen, dem italienischen Original folgenden eleganten Nuancen ist das Wertvollste an diesem Experiment; sie war lange Zeit tonangebend, obwohl der *Höfling* an sich wenig Anerkennung fand, da er sich offensichtlich an eine

Elite richtete. Górnickis eigene Erzählungen kommen dem Volkshumor eines Marchołt oder Till Eulenspiegel nahe, allerdings auf einem viel höheren Niveau. Seine ruhige Sprache und der ausgezeichnete Satzbau stehen in auffallendem Gegensatz zur Überschwenglichkeit von Mikołaj Rej, dessen *Spiegel* zwei Jahre nach dem *Höfling* erschien.

Mikołaj Rej (1505–1569)

Als Vater der polnischen Literatur bekannt und schon zu Lebzeiten hoch verehrt, lebt Mikołaj (Nikolaus) Rej für seine Landsleute als Verkörperung des guten, alten Polen fort. Ob er wirklich ein Schlemmer, Trinker, Wüstling, Klatschmaul, Zotenreißer und Gotteslästerer war, wie die Jesuiten es behaupten (er war Protestant), läßt sich nicht sagen. Rej war ein Mensch der Gegensätze, das Mittelalter kämpfte in ihm mit der Renaissance, und seine Lebensbejahung und Frohnatur entsprechen keineswegs dem strengen Ideal eines Protestanten.

Rej entstammte einer kleinadligen Familie, die aus der Gegend von Krakau nach Ruthenien übersiedelt war. Sein Vater war Analphabet. Der junge Rej verbrachte seine Zeit mit Jagen und Fischen – fast ein Wilder. Auf einem Herrenhof, wo ihm auf Wunsch seiner Eltern gutes Benehmen beigebracht werden sollte, fand er allmählich Freude am Lesen und erwarb sich ein umfangreiches, aber unsystematisches Wissen. Sogar Latein lernte er, brachte es aber nicht so weit, es auch zu schreiben, und das ist der Grund dafür, daß er sich in seinen Werken ausschließlich des Polnischen bediente. Umsichtige Verwaltung seiner Güter, eine einträgliche Eheschließung und unzählige erfolgreiche Gerichtsprozesse verschafften ihm ein ansehnliches Vermögen. Immer geschäftig, immer gut aufgelegt im Kreise seiner Jagd- und Trinkgesellen, fand er dennoch Zeit zum Schreiben, meist in der Nacht, und hinterließ ein riesiges literarisches Werk. Seine Schriftstellerei beginnt mit kleinen Versen und Bonmots, mit denen er seine Freunde zu belustigen liebte. Als adliger Großgrundbesitzer nahm er an Reichstagssitzungen teil und war sogar mehrere Male Abgeordneter, hielt sich aber dem Parteienstreit fern und befaßte sich lieber mit religiösen und moralischen Fragen. Poesie und Prosa fielen ihm gleichermaßen leicht. Er borgte auch unbekümmert bei anderen Autoren (was damals gang und gäbe war). In religiösen Dingen folgte er vielen seiner Zeitgenossen: Aus dem jugendlichen Kirchenfeind wurde ein überzeugter Anhänger der Reformation.

Die Dichtung Rejs steht etwa zwischen der Biernats und jener der Vertreter der polnischen Renaissance in ihrer Hochblüte. Er verwendet einen regelmäßigen silbenzählenden Vers, schwankt aber manchmal zwischen »unreinem« und klassischem Versmaß.

Rejs Prosa ist für den modernen Leser zu langatmig und weitschweifig. Wenn man sie allerdings laut liest, zeigt sie als ungezwungene Alltagssprache, etwa in der Art von Rabelais, ihre Stärke. Unzählige joviale Ausdrücke verraten das sichtliche Vergnügen des Autors, den Fluß der Erzählung strömen zu lassen. Tadeusz Boy-Żeleński, der ausgezeichnete moderne Übersetzer Rabelais' ins Polnische, nahm sich Rej zum Vorbild.

Rej gebraucht mit Vorliebe die Dialogform. Seine *Kurze Auseinandersetzung zwischen einem Edelmann, Schulzen und Pfarrer (Krótka rozprawa między pa-*

nem, wójtem a plebanem, 1543) ist eine alles andere als kurze Auseinandersetzung zwischen den drei Ständen. Rejs adlige Abstammung hindert ihn nicht daran, alle Klassen, die seine eingeschlossen, mit scharfer Satire zu kritisieren. Der Bauer macht mit dem Pfarrer gemeinsame Sache gegen den Herrn, dieser mit dem Pfarrer gegen den Bauern und so fort. Die Vorwürfe richten sich hauptsächlich gegen die Perfidie des Klerus. Er und der Adel kommen denn auch besonders schlecht weg.

Ein anderes Werk in Versen, *Das Leben Josephs jüdischen Geschlechts (Żywot Józefa pokolenia żydowskiego,* 1545), ist der Bibel und neulateinischen Quellen entlehnt. Eigentlich ist es ein Theaterstück in Versform, und als solches wurde es auch von avantgardistischen Regisseuren der Gegenwart inszeniert. Der prüde Joseph ist allerdings etwas langweilig, und auch die leidenschaftliche Sirene, die ihn verführen will, Potiphars Weib, nicht sehr glaubwürdig.

Der Kaufmann (Kupiec, 1549), auch ein Schaustück in Versen, ist eine freie und farbige Umarbeitung der weniger unterhaltsamen antikatholischen Moralität des Deutschen Naogeorgus *Mercator.* Wie gewöhnlich steht auch hier der Sünder, ein Kaufmann, nach dem Tode mit vielen mächtigen Personen wie Fürsten, Bischöfen und Äbten vor dem göttlichen Gericht. Diese legen die von ihnen gegründeten Kirchen und Klöster, ihre guten Taten und selbst päpstliche Ablaßbriefe auf die Waagschale, die sich aber nicht bewegt. Der Kaufmann hat keine guten Taten anzuführen, sein Leben lang war er ein Schwindler und Halunke, aber sein Glaube rettet ihn. Das Stück vertritt also die These von der Rettung der Menschenseele durch den bloßen Glauben.

Sein religiöser Eifer veranlaßte Rej, ein großes Prosawerk zu schreiben, eine Darlegung des wahren, d. h. protestantischen Glaubens: *Postilla* (1557), ein Lob des schlichten Gottvertrauens. Der Wälzer war ein großer Erfolg, wurde viele Male aufgelegt und auch ins Litauische und Ruthenische übersetzt. Um die lateinische Version der Psalmen zu verdrängen, übertrug Rej sie ins Polnische und gab sie als *Davids Psalter (Psałterz Dawidów,* 1546) heraus.

Zwischendurch verfaßte er kurze, witzige Gedichte zur Belustigung seiner Freunde, und bis zum heutigen Tag ist sein Name vor allem mit dieser Art improvisierter Dichtung verbunden. Anstelle der im Mittelalter so beliebten Fabel treten bei ihm die Anekdote und der Witz. Rejs Stil ist derb, deftig, oft anstößig und seine Erzählung mit vielen Einzelheiten aus dem täglichen Leben ausgeschmückt. Wie die Atmosphäre all seiner Werke erinnern auch diese von ihm selbst *figliki (figiel* = Ulk) genannten Spielereien an Chaucers *Canterbury Tales.*

Diesen Werken gegenüber steht die große Dichtung *Das getreue Bild des Lebens eines rechtschaffenen Menschen (Wizerunek własny żywota człowieka poczciwego),* 1558 veröffentlicht, 1560 und 1585 neuaufgelegt. Die Idee stammt aus dem zu seiner Zeit populären *Zodiacus vitae* des Italieners Palingenius; Rej verändert aber sein Vorbild beträchtlich und führt als Hauptgestalt einen jungen Edelmann ein, der von Philosoph zu Philosoph mit der Frage zieht, was er tun solle, um weise, tugendhaft und glücklich zu leben. Dementsprechend sind auch manche Kapitel »Aristoteles«, »Diogenes« und »Epikur« betitelt. Das Buch will belehrend sein, enthält aber daneben schöne Naturbeschreibungen und ins einzelne gehende, lebendige Darstellungen menschlicher Problematik. Der junge Mann findet schließlich sein Glück in der Ehe und einem beschaulichen Leben auf dem Lande.

Rej teilt seine Suche nach dem rechten Leben mit vielen Schriftstellern der Renaissance (z. B. Montaigne), und diese Suche ließ ihn ein Werk beginnen, das ihm das Ansehen seiner Zeitgenossen eintragen sollte: *Der Spiegel (Zwierciadło,* 1568), frei dahinfließende Überlegungen, durchsetzt mit biblischen und klassischen Zitaten. Der erste Teil trägt einen ähnlichen Titel wie das vorhergehende Werk, *Das Leben eines rechtschaffenen Mannes,* und ist eine animierende Betrachtung der Mentalität und Lebensweise des polnischen Adels. Der Mensch unterliegt für Rej gewissen äußeren Kräften, die stärker sind als er selbst. Schon seine Geburt hängt von der Konstellation der Sterne ab. Sein Innenleben wird vom Temperament beherrscht, und getreu der Tradition des Mittelalters unterscheidet Rej vier Arten davon: Choleriker, Sanguiniker, Melancholiker und Phlegmatiker. Die Vernunft kann jedoch immer dominieren. Rej findet durchaus schon zu dem, was wir mit dem Begriff der Sublimierung meinen. So läßt er z. B. einen jähzornigen, von Mordlust geplagten jungen Mann Metzger werden. Rejs erzieherische Vorstellungen geben dem Leser einen Vorgeschmack auf Rousseaus *Emile.* Junge Männer sollen lesen und schreiben lernen, aber Grammatik und Logik meiden wie die Pest, sich dafür im Reiten, Speerwerfen und Musketenschießen üben. Wissen kommt mit Erfahrung. Reisen tut gut, die Hauptsache aber ist ein gutes Weib, und das Leben auf dem Lande ist dem Treiben am Hof vorzuziehen. Rej lobt sich ein genießerisches Leben (mit Maß), häusliches Wohlbehagen, die Schönheiten der Natur und die Freuden der Jagd und guten Essens. Christlich frommes Leben verlangt keine Askese, sondern kann über den goldenen Mittelweg der Beherrschung von Ehrgeiz und überschäumender Leidenschaften erreicht werden. Öffentlichen Ämtern soll man aus dem Wege gehen, denn wer kann z. B. ein Steuereintreiber sein und ein guter Mensch bleiben? Solche Ämter enden immer in Vetternwirtschaft, denn wie kann man sich zudringliche Verwandte vom Leibe halten? Einzig dem Ruf zum Kriegsdienst und in den Reichstag soll man Folge leisten und sich den Aufgaben des Staates mit dem Ernst eines Priesters widmen, der das Sakrament spendet.

Rej war eine eigenartige Mischung widerstrebender Eigenschaften. Mit seiner Verehrung der Vernunft als der hervorragendsten Menschenkraft befindet er sich zweifellos in der Hauptströmung seiner Zeit. Das reiche Durcheinander seiner sinnlichen Natur hindert ihn aber daran, sich stilistisch zu disziplinieren, was ihn in Gegensatz zu den zeitgenössischen Humanisten wie etwa Górnicki bringt. Seine Stärke liegt in der Sprache, die er mit einem bewundernswerten Gefühl für das Realistische und Humoristische beherrscht. Zwei Beispiele müssen genügen: »Unsere Nachbarn mögen wissen, daß die Polen keine Gänse sind, sondern ihre eigene Sprache haben« und »Seine Augen leuchteten wie die einer Ratte, die aus dem Mehl kriecht«. Die Vorliebe für Epitheta-Häufungen und Diminutive macht ihn jedoch unübersetzbar.

Jan Kochanowski (1530–1584)

Bis zu Beginn des 19. Jahrhunderts war Jan Kochanowski unbestritten der bedeutendste slawische Dichter. Er war ein Zeitgenosse Ronsards, sechs Jahre jünger. Als er im Alter von 22 Jahren nach Padua zog, um dort seine Studien fortzusetzen, war Torquato Tasso ein achtjähriger Knabe; etwa zur selben Zeit erblickten Edmund Spenser (1552?) und Sir Philip Sidney (1554) das

Licht der Welt. Kochanowski war der Schrittmacher der gesamten späteren polnischen Poesie. In seinem Werk kam die Sprache zur vollen Reife, und er wird heute als der Klassiker der polnischen silbenzählenden Dichtung angesehen. Dennoch läßt sich kein scharf umrissenes Porträt von ihm entwerfen. In persönlichen Dingen ist er verschlossen, fast geheimnistuerisch, und außer seinen Dichtungen besitzen wir keine biographischen Zeugnisse von ihm. Ebenso schwierig zu beschreiben ist seine Dichtkunst selbst. Auf den ersten Blick verrät sie nichts Besonderes, sie ist klassisch und klar, der Satzbau ist perfekt. Man könnte es vielleicht eher Polnisch »atmen« als »schreiben« nennen, so natürlich und mühelos ist der Fluß seiner Sprache. In dieser Hinsicht bestehen gewisse Ähnlichkeiten zwischen Kochanowski und den Dichtern der ersten französischen *Pléiade,* um so mehr, als diese aus denselben lateinischen und italienischen Quellen schöpfen wie er.

Kochanowskis Vater war ein nicht besonders wohlhabender Edelmann, der aber typisch für die strebsam und mit Geschäftssinn aus dem Kleinadel aufsteigende polnische Mittelschicht erscheint. Seine elf Kinder waren alle literarisch begabt. Ein Bruder Kochanowskis übersetzte Vergils *Äneis,* ein anderer Plutarch, und dessen Sohn Piotr (Jans Neffe) ist in der polnischen Literatur für seine ausgezeichnete Übersetzung von Torquato Tassos *Befreites Jerusalem* bekannt, die mehrere Generationen polnischer Dichter, einschließlich Mickiewicz, beeinflussen sollte.

Von Kochanowskis Kindheit wissen wir so gut wie nichts. Da er auf dem Lande lebte, kann angenommen werden, daß er die Volkslieder der Gegend kannte, aber auch Latein lernte und eine klassische Bildung genoß. Im Alter von 14 Jahren ging er auf die Universität von Krakau. Die nächsten fünfzehn Jahre sind Studien und Reisen gewidmet. Er war also ein junger Herr ohne finanzielle Sorgen, der von seiner Familie oder wohlwollenden Gönnern gefördert wurde. Aus knappen Hinweisen geht hervor, daß er drei Jahre in Krakau und ein Jahr in Königsberg am Hof des protestantischen Fürsten Albert lebte, mit dem er sein Leben lang herzliche Beziehungen unterhielt. Nach Italien reiste er vermutlich im Jahre 1552, studierte klassische Philologie in Padua, erwarb sich ausgezeichnete Kenntnisse der römischen Poesie und verstand genug Griechisch, um Homer, Theokrit und Pindar im Original zu lesen. Er reiste zweimal in Familienangelegenheiten nach Polen, hielt sich auch in Königsberg auf und kehrte nach Italien zurück, wo er mit Unterbrechungen mehrere Jahre blieb. In seinen Gedichten aus dieser Zeit wendet er sich an eine nicht näher identifizierte Italienerin namens Lidia und erwähnt, daß er zu Pferde Europa durchreiste. Schließlich verläßt er Italien, gelangt über Marseille nach Paris (wo er wahrscheinlich Ronsard kennenlernt) und kehrt 1559 über Deutschland nach Polen zurück. Er war damals an die 30. Das Leben als fahrender Scholar wurde nun von dem des Höflings weltlicher und kirchlicher Würdenträger und Sekretärs von König Sigismund August abgelöst. Man bot ihm einträgliche Pfründen an, und er spielte eine Zeitlang mit dem Gedanken, Geistlicher zu werden, schlug es aber aus, heiratete im Alter von 40 Jahren und zog sich auf sein Erbgut Czarnolas (Schwarzwald) bei Lublin zurück, um sich ganz dem Schreiben zu widmen. Seine besten Werke entstanden hier, und das Wort »Czarnolas« gewann für polnische Dichter symbolische Bedeutung. Im Alter von 54 Jahren raffte ihn der Tod plötzlich hinweg.

Infolge seiner ausgedehnten Studien und Reisen kam Kochanowskis Genie nur langsam zur Reife. Er war kein Wunderkind. Seine ersten Verse stammen aus Italien und sind lateinisch verfaßt; in Paris schreibt er schon polnisch. Hier schrieb er auch sein berühmtes Danklied an Gott: »Was willst du, Herr, für deine reichen Gaben?« Später schrieb er in beiden Sprachen, Latein und Polnisch. Zu Vorbildern nahm er die römischen und griechischen Dichter, vor allem Horaz.

Kochanowski lebte in einer Zeit religiöser Wirren, griff aber (mit Ausnahme eines antipapistischen Jugendgedichtes in lateinischer Sprache) weder Protestanten noch Katholiken an, es sei denn in ironischen Bemerkungen über die Verderbtheit des Klerus oder das Überhandnehmen der protestantischen Sekten. Er gab nicht viel auf theologische Meinungsverschiedenheiten. Wie Montaigne, so hielt philosophische Skepsis auch ihn von religiösen Streitfragen fern. Das heidnische Element des Stoizismus in seiner Dichtung stellte nicht nur seine tiefe Religiosität nicht in Frage, sondern verlieh seiner religiösen Dichtung einen ökumenischen Zug, das heißt machte sie für Protestanten wie Katholiken annehmbar.

Die um jene Zeit so beliebten humoristischen, satirischen und belehrenden Dichtungen nehmen in Kochanowskis Gesamtwerk keinen bedeutenden Platz ein, obwohl er sich auch darin versuchte. *Das Schachspiel (Szachy,* etwa 1564) ist der erste polnische Versuch, ein humoristisches Heldenepos zu schreiben. Kochanowski nahm die Idee aus einem lateinischen Gedicht des italienischen Humanisten Vida, verlegt aber die Handlung amüsanterweise vom Olymp an den dänischen Königshof. Die gutmütig-humoristische Versnovelle handelt von zwei jungen Männern, die am Schachbrett um die Hand einer Prinzessin kämpfen.

Gedichte wie *Eintracht (Zgoda,* 1564), *Der Satyr oder der Wilde Mann (Satyr albo Dziki mąż,* 1564) und *Das Banner oder Preußens Huldigung (Proporzec albo Hołd Pruski,* 1569) können als gereimter Journalismus betrachtet werden, denn sie behandeln zeitgenössische politische Probleme. Im erstgenannten Gedicht wendet sich eine personifizierte Harmonie an die Polen mit dem Rat, ihre Streitigkeiten, besonders die religiösen, zu begraben. Der Satyr vertritt in dem nach ihm benannten Gedicht ähnliche Anschauungen und beschwert sich als Einwohner Polens und christlicher (!) Waldgott über die vom Aufschwung der Wirtschaft verwüstete Natur, die von der intensiven Landwirtschaft zerstörten Wälder und den Außenhandel, bei dem einheimische Güter gegen ausländische Luxuswaren eingetauscht werden. Er hält den Polen vor, daß sie ihre ritterlichen Tugenden vergessen haben und den Feind mit Gold abzuspeisen glauben, während Polens Grenzländer von den Tataren verwüstet werden und der despotische Moskowiter ihnen Plotzk entrissen hat und unter Berufung auf ein »Naturgesetz« Anspruch auf Halicz (Galizien) erhebt. Auch die Erziehung liegt dem Waldgott am Herzen. Kochanowski studierte viele Jahre im Ausland, läßt aber seinen Satyr ein Studium im Ausland für verschwenderisch halten; vielmehr sollte die Krakauer Universität mit reichen Mitteln versehen werden, um sich mit der Sorbonne messen zu können.

Das Banner ist ein dichterisches Gemälde der Zeremonie, bei welcher der Hochmeister des Deutschen Ritterordens (Kochanowskis obenerwähnter Gastfreund) 1525 dem polnischen König als seinem Lehnsherrn über den deutschen Ordensstaat huldigt. Ausgangspunkt der Dichtung ist ein Banner, dessen eine Seite die Geschichte der polnisch-litauischen Beziehungen zum Ritterorden darstellt, während die andere die Sage von der Landung der Amazonen in Skythien und ihrem Zug nach dem Norden erzählt, wo sie jenseits des Don die beiden Sarmatien (Polen und Rußland) gründeten. Das Werk klingt im Aufruf des Königs aus, die siegreiche Politik der polnisch-litauischen Union fortzusetzen, und ist von einem weihevollen Ton getragen. Diese an die Wählerschaft und die Mitglieder des Parlaments gerichteten Zeitdichtungen sind in einem 13silbigen Vers mit einer Zäsur nach der siebenten Silbe abgefaßt, dem sogenannten Polnischen Alexandriner. Kochanowski äußerte seine politischen Anschauungen auch in lateinischen Dichtungen, so in einer Entgegnung auf das antipolnische Spottlied des französischen Dichters Desportes, eines Gefolgsmanns von Henri Valois, dem ersten polnischen Wahlkönig. Kochanowski gab seiner Antwort den Namen *Gallo crocitanti* (was »An einen krähenden Gallier« oder »krähenden Hahn« heißen kann).

Die politische Haltung Kochanowskis war aber keineswegs geradlinig. Henri Valois hatte im Jahre 1574 den polnischen Thron aufgegeben, und Kochanowski trat für die Wahl eines Habsburgers oder des Sohns von Iwan dem Schrecklichen ein, in der Hoffnung, daß der junge Prinz ein gefügiges Werkzeug in der Hand des polnischen Senats sein werde. Er schlug sich aber später ohne Bedenken auf die Seite des russenfeindlichen Ungarn Stefan Batory, der aus der Königswahl siegreich hervorging.

Kochanowskis erste veröffentlichte Gedichtsammlung ist der *Davidpsalter* (*Psałterz Dawidów,* 1578). Als Vorbild dienten ihm die lateinischen Gedichte, die der schottische Humanist Buchanan im horazischen Stil über den Psalmen entlehnte Themen geschrieben hatte. Viele von Kochanowskis Psalmen wurden vertont und leben noch heute im Volksmund fort. In seinen Vorlesungen über die slawische Literatur am Pariser Collège de France (in den 40er Jahren des vergangenen Jahrhunderts) pries Adam Mickiewicz Kochanowskis Psalmenübersetzung wegen ihres »edlen, klaren und durchsichtigen Stils, des kühnen Flusses der Sprache, der freien, großartigen Redewendungen, des würdigen Ernstes und der priesterlichen Feierlichkeit«.

Kurze Gelegenheitsgedichte wurden um jene Zeit in Italien *frasca* (kleiner Zweig) genannt, und eine 1584 veröffentlichte Sammlung von Scherzgedichten aus der Feder Kochanowskis trägt auch den Titel *Fraszki* (deutsche Auswahl 1652). Sie zeichnen sich durch knappe Form und prägnanten Stil aus und reichen von Anekdoten, humoristischen Grabinschriften und schlüpfrigen Bemerkungen bis an reine Lyrik – diese Sammlung als Ganzes bildet ein sehr persönliches Tagebuch, in dem sich der Autor im Hintergrund hält, als wollte er mit seinen Biographen Versteck spielen. In der *Fraszka »An die Musen«* heißt es:

Ihr Jungfraun aus des Parnassus Blau,
die Locken benetzt von Hippokrenes Tau,
diente euch treu mein Leben lang,
will nicht hören den Abschiedsgesang.
Perlen und Gold sind nicht mein Begehr,
Tugend ist mir höhere Ehr' –
eure Gunst an andre nicht verzettelt,
milde Gab' mir nicht erbettelt.
Meine Lieder – laßt sie nicht mit mir verderben,
laßt sie leuchten, auch wenn's Zeit ist zu sterben.

Vergänglichkeit und Genügsamkeit sind Motive, die oft wiederkehren, z. B. im *Menschenleben:*

Eitel alles, was wir sinnen,
Eitelkeit, was wir beginnen.
Nichts auf Erden hat Bestand,
Nichts das Werk von Menschenhand.
Tugend, Anmut, Macht, Ruhm, Geld
welken hin wie Gras im Feld.
Ausgelacht das Menschenpack,
Puppenspiel im Gauklersack.

Oder *Der Lindenbaum:*

Nimm Platz hier, mein Freund, in meinem Schatten,
streck dich aus auf grünenden Matten.
Glaub's mir, die Sonne auch noch so hoch steige,
sie jagt nur die Schatten mir unter die Zweige.
Vom Felde her wehet kühlende Ruh,
Sperling und Zeisig singen dir zu,
aus duftenden Blüten ziehen Bienen den Met,
der prächtiger Tafel zur Zierde gerät.
Mein Rauschen in Schlaf zu wiegen dich weiß –
bin kostbarer als Hesperiens fruchtbarstes Reis.

Kochanowskis *Lieder* stammen aus etwas späterer Zeit. In Buchform erschienen sie erst nach seinem Tode, im Jahre 1586, und drücken seine Vorliebe für die Antike, seine Verehrung für Horaz (manche sind einfache Umarbeitungen horazischer Gedichte) und für die italienische Lyrik aus. Sie erinnern in mancher Beziehung an den *Psalter* und unterscheiden sich voneinander in ihrem religiösen, philosophischen oder erotischen Inhalt und im Versmaß. Das lange *Johannistag-Lied* besteht aus zwölf Liedern, jedes von einem anderen Mädchen gesungen. Die Mädchen feiern die Mittsommernacht nach althergebrachtem heidnischem Brauch, der aber durch die Verbindung mit der Johannisnacht »christianisiert« ist. Die Burschen springen durchs Johannisfeuer, und die Mädchen singen von Liebe, den Freuden des Landlebens, der friedlichen Natur. Durch alle Lieder zieht sich die Philosophie der Renaissance vom Menschen als einem selbständigen Wesen, das über sein Los nachdenkt und sich eine Brücke zum Weltall baut. Christliche Ideen sind mit dem in der Renaissance so beliebten *carpe diem* verflochten. In deutlichem Wetteifer mit Horaz gelingt es Kochanowski, nicht nur die Motive seines Meisters zu polonisieren, sondern dabei auch das Gefühl für seine Muttersprache zu bewahren, die fest in seiner Umwelt wurzelt und frei von der Trockenheit der Antike ist. Im Bewußtsein, daß er dazu berufen ist, eine slawische Poesie zu schaffen, die der römischen gleichkommt, blickt der Dichter in die Zukunft:

In Moskau man mich kennen wird bis hin zu den Tataren,
den Deutschen man mich nennen wird, den tapferen Hispaniern,
den Weltenbürgern aus Englischland
und jenen, die wohnen am Tiberstrand.

Die Schönheit der Lieder liegt in ihrer Heiterkeit und gelassenen, ländlichidyllischen Lebensbejahung, die sich noch lange durch die polnische Poesie zog. Mythologische Gottheiten sehen slawisch aus, und Satyre hausen selbstverständlich in polnischen Wäldern. Manche Lieder handeln von zeitgenössischen Ereignissen und politischen Fragen, z. B. der Königswahl:

Zerbrich dir, Niklas, nicht den Kopf!
Wer König sein wird? Armer Tropf!
Schon ist's von Gotteshand besiegelt,
ausgefertigt und verriegelt,
nicht mit Feder und Tinte geschrieben fein,
mit hartem Diamanten geritzt in den Stein.
Der in die Menschenherzen schaut,
zu nichts macht, was der Mensch erbaut –
Ost oder West, Süd oder Nord,
König wird sein, wen Er sich erkor.
Ein Fürst wird kommen aus fernen Landen,
doch der Thron wird fallen an einen andern.
Wo sind der Gascogne Arkebusiere?
Wo die Geschütze, wo die Turniere?
Hinter den Bergen geblieben sie sind,
Seifenblasen, geplatzt im Wind!
Fortuna lenkt das Schiff im Meer,
Fortuna schenkt den Sieg dem Heer,
Sejm und Landtag ihr erbötig,
guten Rat sie nicht benötigt.
Genug disputiert und stipuliert,
argumentiert, ad absurdum geführt!
Hinauf an den Mast die goldene Kron' –
wenn nicht dem Weisen – dem Finder der Lohn!

Kochanowski sucht in seinen Liedern das Gleichgewicht zwischen dem stillen Leben auf dem Lande und der lauten politischen Betätigung. Immer wieder taucht bei ihm der Weinkrug und der abendliche Kamin auf, in dem das Holz glüht. Die Stimmung des Dichters ändert sich mit den Jahreszeiten, die ihm in ihrem Wechsel jeweils als Hintergrund für seine Gefühlsäußerungen dienen. Die Sammlung enthält Kochanowskis Lieder von den frühesten bis spätesten, darunter auch das schon erwähnte: »Was willst du, Herr, für deine reichen Gaben?«

Die Abfertigung der griechischen Gesandten (Odprawa posłów greckich, deutsch 1901, 1930) ist eine Spitzenleistung des polnischen Humanismus. Das Werk wurde von Jan Zamoyski, Vizekanzler und späterer Kanzler und königlicher Hetman, für seine Hochzeitsfeier bestellt und im Jahre 1578 in Anwesenheit des Königs in Jazdów bei Warschau aufgeführt. Kurz darauf erschien es in Buchform. In der Widmung an Zamoyski heißt es:

»Erst gestern übergab man mir die beiden Briefe, die Hoheit mir in Sachen des Trauerspiels schrieben. Da ich vorher nichts von diesen Briefen wußte, nahm ich an, daß es wegen dieser Verspätungen auch für mein Trauerspiel zu spät sei und es schon bei mir bleiben werde als Futter für die Motten oder Tüten für die Apotheke. Als ich Eurer Hoheit Briefe erhielt, hatte ich keine Zeit mehr, Verbesserungen vorzunehmen, da ich die ganze Zeit zur Anfertigung der Abschrift *insumere* (verwenden) mußte. *Quicquid id est* (was immer es auch ist), und ich wage anzunehmen, nichts mehr als eine Kleinigkeit, Hoheit werden wahrscheinlich ebenso denken, nehme ich mir

66

den Mut, es zu übersenden, obwohl es da eigentlich nichts zum Übersenden gibt, denn wie ich Hoheit schon gesagt habe, ist es nicht *ad amussim* (vollkommen), der Meister war ihm nicht gewachsen. Es enthält auch mehrere, unseren Ohren ungewohnte Dinge, *inter caetera* drei Chöre, von denen der dritte einen griechischen Chorus nachahmen will. Sie haben jeder ihren eigenen *characterem,* und ich weiß nicht, wie das auf polnisch klingt. Möge hier wie auch sonst Eurer Hoheit *arbitrium* entscheiden.«

Kochanowski schrieb das Stück auf dem Höhepunkt seiner künstlerischen Reife, und als Kunstwerk ist es nur von den Klageliedern auf den Tod seiner Tochter übertroffen, die einige Jahre später erschienen. Er hatte anscheinend Schwierigkeiten bei der Wahl des Themas. Eine blutige Tragödie eignet sich nicht für ein Hochzeitsfest. So wollte er zunächst Euripides' *Alcestis* übersetzen, gab aber das Vorhaben, kaum begonnen, wieder auf. Demgegenüber war der Trojanische Krieg ein altbeliebtes Motiv. Horaz hatte den Schauspieldichtern empfohlen, ihren Stoff aus der *Ilias* zu nehmen, und Kochanowski war sein getreuer Schüler. Die *Ilias* erwähnt die Ankunft einer griechischen Delegation in Troja kurz vor Ausbruch der Feindseligkeiten. Erasmus von Rotterdam, der in Polen so beliebt war, hatte ein Werk des griechischen Rhetorikers Libanius (4. Jahrhundert n. Chr.), *Des Menelaus Botschaft an die Trojaner wegen Helena,* ins Lateinische übersetzt. Es gab auch einen polnischen Versroman über den Trojanischen Krieg, der Kochanowski nicht unbekannt war. Schließlich entschloß er sich für eine Vorkriegsepisode, und darin gleicht er so manchen späteren Autoren bis zu Jean Giraudoux' *La guerre de Troie n'aura pas lieu.* Kochanowski interessierte sich für Staatsfragen, aber nicht so sehr für heroische Einzelgestalten als für die Maschinerie, die politische Entscheidungen hervorbringt. Die *Abfertigung* ist daher auch weder eine Tragödie der Irrungen noch ein Schicksalsdrama. Die Gestalten sind keine Helden, sondern die notwendigen Träger der Handlung; der wahre Held ist Troja. Die Abgesandten bieten Frieden an, wenn Helena zu ihrem Mann zurückkehrt. Einige Staatsmänner unter Führung Antenors sind dafür, werden aber von der Clique Alexanders (Paris) im Kriegsrat überstimmt (dessen Sitzungen unter Vorsitz von Priamus an den polnischen Reichstag erinnern). Das Vorgefühl des bevorstehenden Verhängnisses wird durch eine beiläufige Bemerkung über das Ende Trojas, das der Zuschauer ja kennt, und von Kassandras Schauerbild verstärkt. Das tragische Ende ist nicht von einem unerbittlichen Schicksal vorherbestimmt, sondern die Folge von albernem Ränkespiel; es ist aber nicht die Ohnmacht menschlicher Leidenschaften, die Angst und Mitleid hervorruft. Im Mittelpunkt des Schauspiels stehen Menschen, die wissen, was ihnen bevorsteht, aber nichts ändern können. Am bedauernswertesten sind jene Figuren der Handlung, die blind dahinleben: Alexander, Helena und Priamus (ein Schwächling und konstitutioneller Monarch wie die polnischen Könige).

Im Aufbau folgt das Stück den Regeln der Renaissance, die auf Horaz zurückgehen und von dem französisch-italienischen Dramaturgen Scaliger festgelegt wurden. Da ist zunächst die Einteilung in fünf Akte *(epeisodia).* Die Handlung schreitet von der Exposition zur Ankündigung der Katastrophe und dann zu dieser selbst vor. Was außerhalb des Bühnenschauplatzes vorgeht, wird von dritten Personen berichtet: Ein Bote referiert von der Sitzung des Staatsrates, Kassandra prophezeit das schreckliche Ende, das mit dem griechischen Angriff, von einem Rittmeister gemeldet, seinen Lauf nimmt. Ein Chor trojanischer Jungfrauen, einer entrückten Schicksalsstimme gleich, deklamiert drei lange Gesänge: vom Wahn der Jugend, der Verantwortlichkeit der Herrscher und (interessanterweise) dem Schiff, das Alexander (Paris) nach Hellas nahm.

Kochanowski verwendet einen 13- oder 15silbigen Blankvers, den er aus Italien mitbrachte. Das erste italienische, dem griechischen nachgebildete Trauerspiel stammt aus dem 16. Jahrhundert. Sein Verfasser, Trissino von Vicenza, empfiehlt in seinen theoretischen Schriften die Anwendung des *verso sciolto* (aufgelöster, reimloser Vers) in der Tragödie, da er sich dafür besonders gut eigne. Dieses Versmaß wanderte noch im selben Jahrhundert nach England, wo es, dem englischen Bedürfnis nach Rhythmus folgend, in einen reimlosen fünffüßigen Jambus umgebaut wurde, dem sogenannten *blank verse*. Kochanowski führt dieses Metrum in die *Abfertigung* ein, und zwar, dem natürlichen Klang der polnischen Sprache gehorchend, als Silbenzählung. Davon ausgenommen ist nur der dritte Chorgesang der trojanischen Jungfrauen, denn hier versucht Kochanowski, den griechischen Versbau nachzuahmen. (Der erste Vers ist eine Übersetzung aus Euripides.) Die griechische Dichtkunst folgt natürlich ganz anderen Regeln, dennoch verdanken wir dem gewagten Experiment ein Gedicht, das mit Kassandras Warnung den Höhepunkt des Werkes bildet. Kochanowski kombiniert Silbenzählung mit daktylischen und trochäischen Metren und gelangt so zu einem syllabotonischen Metrum (s. Anhang). In ihrer majestätischen Schönheit, ihrem Gleichmaß und ihrer sprachlichen Klarheit blieb die *Abfertigung* eine Ausnahme in der altpolnischen Literatur. Das humanistische Trauerspiel erreicht mit ihr seinen Höhe-, aber auch Schlußpunkt. Professor Claude Backvis, der hervorragende (belgische) Kenner der altpolnischen Literatur, geht wahrscheinlich nicht fehl, wenn er den Grund dafür im Wesen des Helden der *Abfertigung* sucht: Troja selbst. (Die folgenden Teile von Professor Backvis' Artikel sind einer im Jahre 1957 erschienenen polnischen Übersetzung des unveröffentlichten französischen Manuskripts entnommen und ins Deutsche übertragen.)

»Bei allen Unterschieden zwischen dem französischen, englischen und spanischen Theater haben alle drei doch eines gemeinsam: Sie entstanden und entwickelten sich in der Stadt oder an den abgeschlossenen, gefährlichen Höfen der Landesherren, gefährlich, weil zwischen den gezählten, einander gut bekannten Höflingen ein ganz bestimmtes System lebhafter, aber äußerst schwankender Beziehungen bestand. Der rücksichtslose höfische Wettstreit spielte sich unter der Maske von Höflichkeit, Heuchelei und Selbstbeherrschung ab . . . Ständig seiner Stellung und selbst seines Lebens bedroht, hatte der Höfling verschiedene Fähigkeiten zu erlernen: psychologische Wahrheit aus täuschendem Anschein herauszuschälen; Zutraulichkeit oder Zurückhaltung zu üben, wenn sie am Platz waren; die Stimmung des Gegners oder Höherstehenden auf den ersten Blick zu erkennen; Anspielungen zu machen, die verletzen, aber nicht offen beleidigen . . . Ganz anders verhielt es sich in der ›parlamentarischen‹ Adelsrepublik Polen. Die Städte waren im Abstieg begriffen und verloren ihre Bedeutung für Politik und Kultur. Auch der König, ohnehin eine zweitrangige Figur, büßte an Macht ein. Der kürzeste Weg zu einer Ehrenstelle oder Pfründe führte daher nicht über das sorgfältige Studium von Herrscherlaunen, sondern war damit gefunden, daß man Reichstag und Senat zu Hilfe rief oder in den Chor der Empörung über ein Unrecht, das einem Liebling der Öffentlichkeit angeblich widerfahren war, mit einstimmte.«

Im Gegensatz zu Westeuropa gehörten in Polen Autoren und Leser fast immer derselben Klasse an, dem Landadel mit seiner patriarchalischen, geruhsamen Lebensweise. »Sie sind nicht auf die ängstliche Beobachtung von Individuen oder eine Kombination von Scharfsinn, Willenskraft und Begehrlichkeit angewiesen und können sich daher dem Nachdenken über allgemeine Probleme, praktische Moralität und Politik widmen. Was sie jedoch besonders auszeichnet, ist eine ungewöhnlich reiche Erfahrung in den Vorgängen in Natur und Familie sowie allem, was dem adligen Hof etwas bedeutet.« Der Adel war eine einzige große Familie von unbegrenzter Gastfreundschaft. Man kam oft zusammen, und die kirchlichen Synoden, Reichs- und Landtagssessionen waren besonders gute Gelegenheiten dazu.

»Kaum wird eine Parlamentssitzung angekündigt, als sich auch schon der Schwarm der Autoren auf die Buchdrucker stürzt und ihnen neue Bücher zum Druck anbietet, die dort in zahlreichen Exemplaren vorliegen sollen. Das Parlament (polnisch *Sejm)* tritt zusammen, und in den Couloirs (möchte man sagen) treffen sich die Berühmtheiten des Landes (auch wenn sie keine Abgeordneten sind). Der *Sejm* war ein sozialer Katalysator, eine Rolle, die im Westen von Hof und Stadt gespielt wurde. Hier und nur hier wetteiferten Talente und Individualitäten miteinander. Aber selbst in den heißen ideologischen Diskussionen, wenn die Meinungen hart aufeinanderprallten und die Redner einander in ihrer Kunst überboten, herrschte ein Gemeinschaftsgefühl. Die Debatten endeten gewöhnlich in einer Kundgabe von Einheit und Brüderlichkeit, einer mehr gefühlsmäßigen als formellen Zeremonie ... mit Verlesung der parlamentarischen Konstitution oder dem Absingen von Hymnen. Was Wunder, daß in einer solchen Gesellschaft jene Literaturgattungen den meisten Anklang fanden, die der Lebensweise dieser Gesellschaft entsprachen: Lyrik, polemische Prosa und in Zeiten großer Gefahr oder kultureller Gleichförmigkeit das Epos, das hier übrigens himmelhoch über den papiernen Fleißarbeiten aus dem Westen stand. Verglichen damit, entwickelte sich das Drama langsam und schwerfällig, denn es konnte seinen Stoff nur aus dem einen Gebiet des altpolnischen Lebens nehmen, auf dem es Platz für schärfere Gegensätze gab: den politischen Beratungen der gesetzgebenden Körperschaften.« Und hier, meint Professor Backvis, wurde die dramatische Möglichkeit von dem Gefühl der Eintracht und Harmonie gewissermaßen überstimmt.

»Nur in diesem Licht kann das Neue und Wertvolle an der *Abfertigung der griechischen Gesandten* ermessen werden. Kochanowski hatte keine besondere Begabung zum Dramatiker, aber ich kann nicht umhin zuzugeben, daß er unter den geschichtlichen Bedingungen eines Trissino oder Robert Garnier zur Theaterkultur seines Landes ebensoviel beigetragen hätte wie sie zu der ihren. Unter dem Zauber der Antike tasteten sich die westeuropäischen Schauspieldichter an die Schöpfung der Tragödie des 17. Jahrhunderts heran, und wie sie bewahrt auch Kochanowski die antike Form oder bemüht sich wenigstens darum.«

Er gab aber dieser Form einen neuen Inhalt, der sich nicht mit dem Konflikt zwischen Wille und Schicksal des Menschen befaßt, »noch weniger mit der psychologischen Darlegung der Gefühle von Helena, Paris, Antenor, Priamus und Menelaus, die für eine französische oder gar elisabethanische Tragödie ein wahrer Schmaus gewesen wären ... Was uns angeht und erschüttert, ist das Los eines glücklichen Volkes, das aus einem nichtigen Anlaß einen Krieg beginnt ...«

»Die *Abfertigung* bringt uns die düstere Prophezeiung Kassandras, vieldeutig, lyrisch, symbolisch ... Kochanowski schuf ein historisches Drama, das Drama eines Kollektivs, und überstieg damit die engen Grenzen seines Theaters in Raum und Zeit. Er bringt die Masse des trojanischen Volkes auf die Bühne, und mit ihm die zehn folgenden Jahre seines verhängnisvollen Geschicks. In der griechischen Tragödie unterwirft sich das Opfer zum Schluß in einer erhabenen Geste dem Urteil der Götter. Die *Abfertigung* hingegen endet in einer ›informativen‹ Szene, die nicht so spannend ist wie Kassandras Ausbruch, die Philippika des Ulysses oder der Fluch des Menelaus, dafür aber Kernpunkt und Vorbedeutung dessen, was noch kommen wird. So entsteht eine neue Art von Tragödie, deren Ende in der Zukunft liegt. Der Autor hat dem Stück eine solche Form gegeben, damit das Publikum das Theater mit den schwärzesten Ahnungen und Befürchtungen verläßt ... Es ist kein Mythos, der wie in *Oedipus Rex* die Handlung vorherbestimmt. Im Gegenteil, die Ursache für den Fall Trojas ist nicht in göttliches Dunkel gehüllt, sondern wird in vollem Licht geradezu als ›soziales Phänomen‹ gezeigt. Wir lernen den von soziologischen Gesetzen beherrschten Mechanismus von Ursache und Wirkung kennen. Es ist nebensächlich, wie wir diese ›Soziologie‹ heute beurteilen; es genügt, daß die Beobachtungen auf logischen Vernunftschlüssen und Erfahrungen beruhen. Und sobald wir uns dessen bewußt sind, ist es nicht die Vorahnung der kommenden Katastrophe, die uns übermannt, sondern ein Gefühl von Schrecken und Furcht, als wären wir selbst unter den Bewohnern der belagerten Stadt oder des überfallenen Landes.«

Professor Backvis sieht in Kochanowskis *Abfertigung* den Prototyp des polnischen Theaters, einen bedeutenden Beitrag zur Entwicklung des Theaters überhaupt. Folgen wir seinen Gedanken noch ein wenig:

»Man hätte in der Folge ein mehr oder weniger symbolisches Drama erwartet, denn Ereignisse und Faktoren, die das Los einer Gemeinschaft bestimmen, können nur in *dramatis personis* verkörpert werden, also in Personifikationen, nicht Einzelcharakteren; man hätte keine überwältigende dramatische Konstruktion, die mit der Präzision einer Höllenmaschine arbeitet, erwartet, sondern erhabene Situationen und gefühlsgeladene Atmosphäre. Das poetische Drama lag in der Luft. Das poetische Element hätte versöhnlich gewirkt und eine Grundstimmung geschaffen, in der die personifizierten Mythen die Gefahr einer kühlen Allegorie oder ermüdenden Schulmeisterei abgewendet hätten. Poesie und Symbolik hätten sich die Hand gereicht und um die Einbildungskraft und das Mitgehen des Zuschauers geworben, dem das wahre Thema der Tragödie nicht gezeigt, sondern nur angedeutet werden kann.«

Das spezifisch polnische Theater, das nach Professor Backvis auf Kochanowskis *Abfertigung* zurückgeht, führte aber nicht zum Barock des 17. oder der Klassik des 18. Jahrhunderts. Auch das französisch beeinflußte Theater der Aufklärung gehört seiner Meinung nach nicht in die Geschichte des polnischen, sondern in die des westlichen Theaters in Polen. Erst die Romantik nimmt den Faden wieder auf und führt im 20. Jahrhundert zum symbolischen Theater Wyspiańskis, das Backvis folgendermaßen beurteilt:

»Ich werde mich nicht damit aufhalten, den großen Fortschritt zu schildern, den die von mir beschriebene Entwicklung bei den Dichtern der Großen (polnischen) Emigration machte, vor allem in den Dramen Słowackis, die wieder vom Schicksal ganzer Völker handeln. Die Tragödie besteht in der Unumgänglichkeit einer Entscheidung, von der die Zukunft abhängt. Die Bedeutung des ›kritischen Augenblicks‹ wird von einer außergewöhnlichen Persönlichkeit dargestellt, die diese Entscheidung zu treffen hat, dabei aber auch Wunsch und Sehnen des Kollektivs verkörpert. Historischen Gestalten und Ereignissen ist hier jede Spur von Authentizität genommen. Ins Riesige erhoben, idealisiert, mit phantastisch hochgeschraubten Eigenschaften ausgestattet, stehen sie im Schein der unnatürlichen Bühnenbeleuchtung fast wie Gespenster da und nehmen die Gestalt ›überhistorischer‹ Mythen an.«

»Trotzdem sind sie durchaus echt und geschichtlich glaubwürdig. Sie sind über jede Kritik erhaben und erwecken sogar ein Gefühl der Verbundenheit. Manchmal, besonders in den Dramen, die mir am besten gefallen, rufen sie trotz der barocken Derbheit, in die sie gekleidet sind, ein unerklärliches Gefühl hervor, das uns mit der Rolle, die der Dichter ihnen zuweist, versöhnt. Das Ganze ist eine erhabene Poesie höchsten Ranges, welche die Gegensätze ausgleicht, Unwahrscheinliches wahrscheinlich macht und die scharfen Umrisse verwischt, bis die Temperatur der Dichtung einen Siedepunkt erreicht.«

Professor Backvis' These ist nicht einwandfrei, da sie die polnische Komödie des 18. Jahrhunderts ausklammert, welche die Komödie des 19. Jahrhunderts stark beeinflußte. Dennoch erklärt sein Leitgedanke so manches am modernen polnischen Theater. Die naturalistisch-fotografische Bühne war in Polen nie besonders beliebt; bevorzugt wurde das poetische Drama nach Art der Mysterienspiele und Moralitäten, und zwar, wie wir sehen werden, nicht das Drama des Einzelmenschen, sondern des Menschen als Erlösers der Gemeinschaft.

Der Umstand, daß die *Abfertigung* einen kollektiven Helden hat, macht sie nicht zum politischen Schauspiel. Gewiß, Kochanowski befaßte sich mit dem polnischen Staatswesen und transponierte den trojanischen Parteienzwist ins polnische Parlament, sonst aber kommt in dem Stück keine besondere Tendenz zum Ausdruck. Er konnte nicht wissen, daß es in einer Zeit höchster politischer Spannung aufgeführt werden sollte: Iwan der Schreckliche hatte soeben beschlossen, in Livland, einem polnischen Vasallenstaat, einzufallen, und Polen rüstete sich zum Kampf. Unter diesen Umständen warf das Stück politische Fragen auf: Was stand hinter dem Namen Troja? Und wer war mit den Griechen gemeint? Gewiß nicht Iwan der Schreckliche, für Polen alles andere als der Arm der Gerechtigkeit! Das Stück an sich ist unpolitisch und pazifistisch, erhielt jedoch eine politische Färbung durch einen von Kochanowski in lateinischer Sprache verfaßten Epilog, der zur Laute vorgetragen wurde; der König, der der Aufführung beiwohnte, verstand zwar kein Polnisch, dafür aber Latein. Das Lied *Orpheus Sarmaticus* wendet sich zunächst an die Polen:

»Welche Hoffnung, Mitbürger, welche Pläne hegt ihr im Herzen?
Glaubt mir, es ist keine Zeit für Trägheit und Schlaf
noch für Feste mit Laute, Becher und leichtem Tanz.«

Dann werden Polens Feinde aufgezählt:

»Im Osten schnellt des Reiters gift'ger Pfeil vom Bogen,
gefährlich im Vorstoß wie auf der Flucht.
Aus eiskaltem Norden ziehen seine Horden heran,
Gehärtet im Schnee des Urals, der Steppen Frost,
und den Ruhm verdankt er, wahrlich, eurer Faulheit.
Trügerische Rede verbündet euch, seine Helfershelfer,
im Herzen aber sinnen sie auf Krieg,
denn Neid und eitle Hoffnung nagen an ihrer Seele.«

Hier denkt Kochanowski wohl an Österreich, spricht aber mehr von der
Türkei:

»Was soll ich von Asiens Eroberer, Europas Tyrannen künden?
Unsere Ahnen fürchteten ihn schon, als er auf tausend Schiffen
Ioniens fernes Meer befuhr und Rhodos' Inselland belagerte.
Siegreich zu Land und See, beherrscht seine Flotte jetzt
                                        den langen Donaufluß,
sät Schrecken beiderseits der Ufer. Nicht genug davon,
steht sein Heer schon am Dnjestr, gierigen Blicks die Felder
                                        Podoliens verschlingend.«

Es folgt ein Ruf zu den Waffen:

»Und du, Sarmatier, plötzlich von Pfeil und Bogen umringt,
stehst da wie gelähmt, von Altersschwäche befallen.
Glaubst du, es sei nur ein Traum?
Keine Städte hast du, von mächtigen Mauern umgeben,
keine befestigten Burgen, auf hohen Felsen gelegen,
keine Wälle, von breiten Flüssen umströmt,
nichts, das dem Menschen Schutz bieten könnt'.
Die schwertgerüstete Hand ist einzige Hoffnung nun dir.«

Das Lied klingt in ein Lob auf Stefan Batory aus, der sich nicht in Trank,
Tanz und Zechgelagen hervortut, sondern in der Kriegführung.
Kochanowskis Kunst erreicht ihren Höhepunkt in den *Klageliedern (Treny)*,
neunzehn Gesängen auf den Tod seiner kleinen Tochter Ursula (deutsch
Threnodien, 1932), das einzige Werk, in dem Kochanowski seinen persönlichen Gefühlen freien Lauf läßt. Sie sind in der streng konventionellen Form
seiner Zeit geschrieben. Das *epicedium* oder der *threnos* (Klagelied) blickt auf
eine lange Tradition zurück, die bis ins Altertum reicht und auf dem Grundsatz beruht, daß nur der Tod einer bedeutenden Persönlichkeit der Dichter-
klage wert sei. In seiner Kodifizierung der klassischen Regeln der Dichtkunst
versieht Kochanowskis Zeitgenosse, der schon erwähnte französisch-italieni-
sche Humanist Scaliger, diese Theorie mit einer logischen Themenfolge: Lob
des Verstorbenen; Darstellung des Verlustes in Schwere, Trauer und Trost;
moralische Folgerungen. Kochanowski wagte es, diese Formel auf ein persönliches Unglück anzuwenden, und verstieß damit gegen die Konvention.
Die *Klagelieder* singen vom Schmerz eines Vaters über den Tod seines Kindes, einer »unbedeutenden« Person, und Kochanowskis Mitwelt war über
dieses »Sakrileg« geradezu empört. Gewiß, das Werk verstößt gegen die
überkommene Regel, aber vielleicht muß die Konvention durchbrochen und
dabei dennoch bewahrt werden, damit Meisterwerke entstehen. Jedenfalls

stand Kochanowskis Dichtung in der Weltliteratur einzigartig da: Die neunzehn Lieder handeln nicht einmal so sehr von der Verstorbenen als von der Qual eines Menschen, dem sein Kind genommen – ein Lied persönlichen Leides.

Die *Klagelieder* (sie erschienen im Jahre 1580) sind eine komplizierte Konstruktion, die den Regeln Scaligers folgt, aber anstelle der formellen eine natürliche Logik der Gefühle setzt. Im ersten Lied wendet sich der Dichter an die literarische Vorwelt mit der Bitte, ihm in seinem Vorhaben beizustehen; er beschwört »des Heraklit Tränen, des Simonides Klagen und aller Menschen Weh und Leid«. Lied II spricht wehmütig davon, wie schön es doch wäre, Kinderlieder zu schreiben, statt Totenklagen: »Nicht den Lebenden wollt' ich singen, nun den Toten muß ich's tun.« Die nächsten drei Lieder richten sich an das tote Kind und an Persephone, zu deren Reich der Dichter hinabsteigen möchte, um seinen Schmerz zu stillen. Lied VI nennt das Kind »meinen kleinen, fröhlichen Sänger, meine slawische Sappho, die nicht nur mein Hab und Gut, sondern auch meine Leier erben sollte«. Der Hinweis auf Ursulas knospende Dichtergabe und die Einführung von Bruchstücken eines Hochzeitsliedes machen diesen Teil besonders ergreifend, ebenso das folgende Lied, das nicht die äußeren und geistigen Züge des Mädchens schildert, sondern die kleinen Dinge, die es umgaben, Kleider, Bändchen, Schleifen, Spielzeug (Lied VII):

Unglückszierat, Schmerzenskleid,
  meines Töchterchens, des kleinen,
häuft auf mich nicht neues Leid,
  weckt mich nicht zu neuem Weinen!
Nie mehr, nie mehr ihr sie schmückt,
  Sommerkleidchen, bunte Stoffe,
steif und starr im Schlaf sie liegt –
  wisset ihr, worauf ich hoffe?
Zu nichts die leichten Röckchen, zu nichts das gold'ne Band,
  das ins Haar dir knüpfen wollte zarte Mutterhand.
Nicht solches Lager wollte dir sie bereiten,
  nicht solchen Schleier über dich breiten!
Ein Krümlein Erde vom Vater zur Ruh –
  schlaf mit den Schätzen in einer Truh'!

Dann aber nimmt der Zyklus eine philosophische Note an, und das ganze christlich-stoische Weltgebäude bricht in sich zusammen. Die Weisheit, der Stoa Tugend, ist ein unzugänglicher Tempel für den leidenden Menschen, der »sein Leben lang ihr Tor erreichen wollte und nun von der höchsten Stufe in die Tiefe stürzen muß« (Lied IX).

»Wo bist du, liebreizende Ursula?« – und der Frager antwortet sich selbst mit Bildern aus der christlichen und antiken Mythologie: Vielleicht weilt sie, hoch über allen Himmeln, bei den kleinen Engelein? Oder auf den Inseln der Seligen? Vielleicht fährt Charon sie über »träge Seen«, und sie schlürft von Lethes Trunk? Vielleicht ist sie eine Nachtigall? Oder schmachtet sie gar im Fegefeuer? »Wo immer du sein magst, erbarme dich meiner, komm zu mir – ein Geist, Schatten, Traumgesicht!«

Alle Weisheit ist wertlos, und der Dichter versinkt in Hiobs Verzweiflung (Lied XI):

> Wen konnte je sein Glaube erlösen,
> wen die Tugend behüten vor dem Bösen?
> Gute und Schlechte wirft durcheinand
> des Schicksals unsichtbare Hand.

Er glaubt sich dem Wahnsinn nahe: »Muß ich beides verlieren, Trost und Verstand?« Vielleicht kann Erato helfen, die Dichtermuse? Hinab ins Totenreich will er steigen mit seiner Leier: »Wo ist das Tor, durch das Orpheus schritt? Ach, könnte auch ich es finden!... Kein Herz aus Stein kann Pluto haben, unberührt von eines Vaters Weh« (Lied XIV). In seinem Schmerz vergleicht er sich mit Niobe und spricht Gedanken aus, die schon ans Barock anklingen: »Dies Grab birgt keine Tote, sie ist ihr eigenes Grab« (Lied XV, eigentlich die Übersetzung eines hellenistischen Epigramms [*Anthologia Graeca*, VII/311], ein interessanter Blick auf die Quellen der Barockliteratur). Lied XVI wendet sich wieder den Stoikern zu, und der Dichter fragt sich, ob er träumt oder wacht. Der Mensch ist von den äußeren Umständen beeinflußt. Ist er reich, lobt er die Armut; ist er glücklich, will er nichts vom Unglück wissen, und von seinem Tod schon gar nicht. Cicero nannte die ganze Welt sein Heim, weinte aber, als er Rom verlassen mußte. Er meinte, nur die Schande nicht ertragen zu können, jammerte aber über den Verlust seiner Tochter. Den Tod sollten nur gottlose Menschen fürchten, als ihm aber der Tod drohte, bekam er Angst: »Alle hast du überzeugt, nur dich selbst nicht.« Der Dichter verzweifelt jetzt an allem, und nur noch die Zeit, Mutter allen Vergessens, kann seine Wunde heilen. Doch dann wendet sich das Blatt, und der Christ erhebt sich über den Stoiker in einem Lied christlicher Demut:

> Lebte immer still und friedlich,
> Ruhm und Nimbus sorgsam mied ich.
> Eifersucht und böser Neid
> blieben fern mir allezeit.

> Doch das Auge Gottes wacht,
> Menschenwahn zunichte macht.
> In meiner Schwäche er mich traf,
> schwer auf mir liegt seine Straf'.

> Armselige Menschengecken,
> in den Sand die Köpfe stecken,
> und wer im Unglück auch noch lacht,
> den hat's um den Verstand gebracht.

> Drum fließet, fließet, heiße Tränen,
> schwemmt hinweg mein eitel Sehnen!
> Keinen Rat weiß der Verstand –
> füge mich in Gottes Hand.

(Im Unterschied zu den anderen Liedern, die meist in einem dreizehnsilbigen Versmaß geschrieben sind, ist dieses Lied, gleich anderen Gedichten Kochanowskis, in achtsilbigen Versen gehalten.)

Lied XVIII klingt wie ein Psalm, ein Gebet zu Gott von einem seiner unfolgsamen Kinder, die im Glück nicht an ihn denken, im Unglück aber um sein Erbarmen flehen. Das Endlied trägt den Untertitel *Der Traum* und endet in einem Trost. Der Dichter steht seiner verstorbenen Mutter gegenüber, die ihre kleine Enkelin im Arm hält und ihn ermahnt, nicht traurig zu sein, denn sein Kind sei jetzt glücklicher als auf Erden, dem ewigen Jammertal. Sie scheint aber die stoische Denkart zu bekräftigen, wenn sie ihren Sohn daran erinnert, wie er über den Büchern saß, ohne das Leben zu genießen. Er verstand es, seine Mitmenschen in ähnlichen Situationen zu trösten, jetzt aber heißt es: Meister, heile dich selbst! Der Dichter scheint sich in einem prekären Gleichgewicht zwischen Christentum und antiker Philosophie befunden zu haben und dem Ideal der Renaissance treu geblieben zu sein.

In Kochanowski erreichte die polnische Literatur ein Moment klassischer Ausgeglichenheit, die aber unter dem Druck mühsam zurückgehaltener mittelalterlicher Elemente bald von der Flut des Barock hinweggeschwemmt werden sollte. Kochanowski vertritt den in der polnischen Dichtung immer wieder auflebenden Traum der ländlichen Idylle und gleicht darin anderen Dichtern der Renaissance, die sich, den Blick auf Horaz gerichtet, nach friedlicher Abgeschiedenheit vom Lärm der Welt sehnten. Sein Landsitz Czarnolas wurde ebenso verklärt wie der Ardenwald in *Wie es euch gefällt* und Prosperos Insel im *Sturm*. Größer als die Ähnlichkeit mit Shakespeare ist jedoch die mit Ronsard und der *Pléiade*, die allerdings auf dieselben lateinischen und italienischen Quellen zurückgeführt werden kann. Ob die *Pléiade* ihn direkt beeinflußte, ist fraglich. Der Charakter der polnischen Sprache mit ihren nuancierten Entsprechungen für Sinnesempfindungen und ihr Widerwille gegen die Anwendung abstrakter Begriffe verleiht den Dichtungen Kochanowskis einen der *Pléiade* unbekannten Ton, und nicht unbedingt zu ihrem Nachteil.

Andere Lyriker

Mikołaj Sęp-Szarzyński (1550–1581)

Sęp-Szarzyński, Sproß einer Adelsfamilie, studierte in Wittenberg und Leipzig (was auf Neigung zum Protestantismus weist) und wahrscheinlich auch in Italien. In Polen verkehrte er mit Protestanten, die zum Katholizismus zurückgefunden hatten, wurde selbst überzeugter Katholik und stand mit den Dominikanern in Verbindung, zu denen auch einer seiner Brüder gehörte. Seine frühen Gedichte sind meist patriotische Oden. Er steht unter dem Einfluß von Horaz und Kochanowski, spricht aber eine andere, metaphysische Sprache von Menschenangst, Verfall und Tod, ähnlich den spanischen religiösen Liedern, die er wahrscheinlich aus italienischen Übersetzungen kannte. Sein Werk klingt gleich dem Kochanowskis an die klassische Mythologie an, und auch er verwendet antike Symbole. Seine Schriften haben sich dank einer von seinem Bruder im Jahre 1601, zwanzig Jahre nach seinem Tode, veröffentlichten Sammlung *Rhythmen (Rytmy)* erhalten, wahrscheinlich jedoch nur ein kleiner Teil seines Werkes, darunter aber einige Sonette, die ihm den Ruf eines der größten polnischen Dichter eintrugen. Die Sonette bestehen aus zwei Vierzeilern mit der Reimfolge abba abba, einem Vierzeiler mit den Reimpaaren cdcd und einem Reimpaar ee, einer aus Italien nach England

und Polen verpflanzten Versform, die schon Kochanowski in seinen *Fraszki* angewendet hatte. Sęp-Szarzyński paßte sie seiner eigenen, dunklen Sprache an, selbst in den Titeln seiner Gedichte wie im Sonett » *Vom Krieg, den wir mit dem Satan, der Welt und dem Körper führen«,* das folgendermaßen beginnt:
Lieben, nicht lieben – Gleiches vom Gleichen.
Erbärmlicher Trost, daß unsre Sinne
gierverwirrt alles versüßen,
was sich ändern muß, und uns entweichen.

Der folgende Vers drückt anscheinend seine Weltanschauung aus:
Ruhe ist Glück, doch Unruh
das Dasein auf Erden.
Finstrer Hetman der Nacht,
leck'res Nichts dieser Welt –
besorgen schon unser Verderben.

Die erste Zeile des Sonetts » *Von der vergänglichen Liebe zu den Dingen dieser Welt«* ist aus Anakreon übersetzt, aber in einem anderen Sinn:
Was tu ich nur im wütenden Streit,
elender Tor, mir selber entzweit?

Das Lied endet in dem Motiv des heiligen Augustinus von der Sehnsucht der Seele nach ewiger Schönheit, dem Ziel ihrer Liebe. Sęp verkörpert die andere, dunkle Seite der Renaissance, wie sie sich in Dürers Bildern enthüllt. Sprachlich und gedanklich steht er schon auf der Schwelle zum Barock. Er hat eine besondere Vorliebe für das *Enjambement,* das Übergreifen des Satz- und Sinnzusammenhangs von einem Vers in den folgenden, als hielte er, ohne den Satz zu beenden, die Stimme an – das Ende des Satzes klingt am Anfang des nächsten Verses viel eindrucksvoller – ein Kunstgriff, der später besonders bei den Symbolisten sehr beliebt war. Sęps » *Grabschrift auf Rom«* ist eine typische Stilübung des Barock, nach der lateinischen Dichtung des heute völlig vergessenen italienischen Humanisten Janus Vitalis aus Palermo:
Pilger, der du Rom in Rom suchst
und Rom selbst in Rom nicht findest,
blick auf die Runde der Mauern,
Kirchen, Theater, Säulen – in Trümmern:
Das ist Rom . . .
Bezwang die Welt, bezwang sich selbst,
nichts von ihm blieb unbezwungen:
Im Besiegten liegt heut' das Unbesiegte
begraben (ein Körper im eigenen Schatten).
Alles an ihm ist neu. Nur noch der Tiber
eilt unermüdlich dem Meer zu, sandvermengt.
Sieh Fortunas Widersinn:
Was steht, vergeht;
was sich regt – besteht.

Dieses Gedicht, derselben Quelle entnommen, findet sich in einem Zyklus französischer Renaissance-Sonette, *Les Antiquités de Rome,* von Joachim du Bellay (1522–1560) sowie unter den Sonetten des spanischen Barockdichters

76

Francisco de Quevedo Villegas (1580–1645). Das zeugt davon, welcher Popularität sich dieses Werk des palermischen Sängers noch lange bei Dichtern verschiedener Sprache erfreute.

Metaphysische Sehnsucht und Jammer über das Menschenleben sind im polnischen Barock häufig zu finden. Die Seelenqual eines Sęp fand aber im Polen des 17. Jahrhunderts keine erwähnenswerten Nachfolger, im Gegensatz zu England mit seiner Blüte metaphysischer Dichter.

Sebastian Grabowiecki (1540–1607)

Einer der wenigen Dichter der metaphysischen Richtung ist Sebastian Grabowiecki. Von frommen Katholiken übernommen, wurde die Dichtung erbaulich und begab sich in den Schutz und Beistand der Muttergottes. Grabowiecki war ein Adliger, studierte wahrscheinlich im Ausland und trat dann in königliche Dienste. Nach dem Tode seiner Frau wurde er Priester und beschloß sein Leben als Abt eines Zisterzienserklosters. Seine *Geistlichen Reime (Rymy duchowne,* 1590) sind eine Sammlung frommer Verse in italienischer Art. Grabowiecki verdient als einer der kultivierteren, vergeistigt anmutenden unter den weniger bedeutenden Dichtern jener Zeit erwähnt zu werden.

> Ihr himmlischen Geister der Ferne,
> durchsichtig' Weltenkristall,
> ihr ewig leuchtenden Sterne,
> Wächter am Rande des All,
> du Urkraft, aus der alles erstand,
> was im Erdenrund dem Menschen bekannt,
> der Sonne Glanz,
> der Elemente Tanz,
> kalt und heiß
> und peitschender Regen,
> Schnee und Eis
> und perlender Segen,
> Wolken, Wind und Wettertoben –
> erhebet die Stimme: den Herrn laßt uns loben!

Kasper Miaskowski (1550–1622)

Kasper Miaskowski, ein großpolnischer Edelmann und Gutsbesitzer, erhielt seine Erziehung in den polnischen Schulen seines Heimatortes und in Posen. Seine 1612 veröffentlichte *Rhythmensammlung (Zbiór rytmów)* zeugt von der Feinfühligkeit der Dichter seiner Zeit, und ihr Barockstil erinnert an die klassische Knappheit Kochanowskis. Miaskowskis Bildersprache klingt oft überraschend modern, z. B. in dem Gedicht *»Vom bemalten Glaskelch«:*

> Aus Asche wird Glas, ein Kunstwerk,
> farbengeglüht in der Hütte.
> Wie die Sonne, eh' sie versinkt,
> die schäumenden Rosse betreut,
> wenn abschiedsheitren Blicks
> am Wolkensaum sie dahinrollt,
> den Regenbogen mit Farben bestreut –

77

so schenkt des Werkmanns
grün-blau-goldner Pinsel
dem Glas neues Aussehn.
Und dann?
Noch eh' du dich satt trinkst,
fällt aus der Hand dir der Kelch,
herrlich' Kristall wird Staub,
blauer Dunst.
Asche ist Glas, aber auch Mensch –
und könnt' er sein Leben erneuern,
ein Phönix, sonnenstrahlgeboren,
von Asche er kommt, zu Asche er geht.
Doch wozu die arabische Mär?
Es naht der Tag, und die greise Welt
wird brennen wie Stroh in loderndem Feuer,
kaum daß den Thron der ewige Richter besteigt.

Szymon Szymonowic (1558–1629)

Die Grenze zwischen Renaissance und Barock läßt sich nicht genau ziehen,
Szymonowic gehört jedenfalls seiner Sprache nach der Renaissance an. Er
war ein Lemberger Bürgersohn, der in Krakau und im Ausland studierte und
sich danach in Polen als Erzieher und Dichter betätigte. Seine lateinischen
Werke, die er unter dem Namen Simon Simonides herausgab, gewannen ihm
viele Bewunderer und mächtige Gönner, darunter den Kanzler Jan Zamoyski
(denselben, der Kochanowskis *Abfertigung* in Auftrag gegeben hatte). Zamoyski gründete auf seinen Besitzungen die Stadt Zamość, noch heute eines
der besten Beispiele polnischer Renaissance-Architektur, die er zum Sitz einer Akademie vom Rang der Krakauer Universität machen wollte. Szymonowic wurde mit der Gründung der Akademie beauftragt und errichtete in Zamość eine ausgezeichnete Buchdruckerei. In Anerkennung seines Dichter-
ruhms wurde er vom Reichstag in den Adelsstand erhoben und zog sich in
vorgerücktem Alter auf den Landsitz zurück, den Zamoyski ihm vermacht
hatte.
Szymonowic verdankt seinen Platz in der Literatur seinen *Idyllen (Sielanki,*
1614). Er nahm sich Vergils *Bucolica* zum Vorbild, noch mehr aber den Meister seines Meisters, Theokrit. Auch Renaissance-Einflüsse sind unverkennbar, denn »ländlich« war damals die große Mode. Wie Kochanowski verbindet auch Szymonowic antike und polnische Motive aus Landschaft und
Leben. Die *Idyllen* sind Monologe oder Dialoge von Schafhirten und Hirtin-
nen, die oft antike Namen tragen wie Daphnis, Menalkos, Thyrsos und Phyl-
lis, aber auch Bauernnamen ukrainischer Herkunft. Sie sprechen von Liebe,
Jahrmärkten und Alltäglichkeiten und rufen immer wieder Apollo, Pallas
Athene und Cupido an. Konventionelle Themen wechseln mit Milieuschilde-
rungen, ohne die helle, ausgeglichene Sprache der *Idyllen* zu stören. Zwei von
ihnen werden noch heute als Meisterwerke zitiert. Sie sind fast frei von mythologischen Elementen und getreue Genrebilder des polnischen Landlebens.
Kołacze (Kolatschen) schildert den Empfang des Bräutigams auf einem klein-
adligen Landsitz. Die Verse werden von einem Mädchenchor und Frauen-

paaren rezitiert. Die Mädchen beginnen mit einem Lied von der Elster (eine Elster in der Nähe des Hauses bedeutete die Ankunft von Gästen):

Die Elster schwatzt am Zaun, Gäste sind unterwegs.
Manchmal lügt die Elster, manchmal nicht.

Das ist das Zeichen, daß der ersehnte Gast nicht mehr weit sein kann. Der Chor wendet sich dann abwechselnd an Braut und Bräutigam und schildert die Vermählung bis zu dem Moment, da alles zum Festmahl Platz nimmt und die runden Kolatschen festlich serviert werden. Jetzt kommen die Frauenpaare zu Wort mit witzigen Anspielungen auf die Ungeduld des jungen Paares und die Freuden der Ehe – das Ganze ein lebendiges Porträt eines gesellschaftlichen Rituals mit dem Dichter als Regisseur, der den Reichtum an Einzelheiten in ein harmonisches Ganzes bringt.

Ganz anders klingen *Die Mäher (Żeńcy)*. Wir befinden uns unter Bauern und hören dem Gespräch zweier Mägde zu, die mit Sicheln Gras mähen, zänkische Weiber, ordinär und unflätig. Sie klagen über die schwere Arbeit, die Hitze und den bösen Aufseher *(starosta)* mit der Peitsche, der ein ganz guter Mann sein könnte, hätte er nicht ein Verhältnis mit dem Weibsstück von Wirtschafterin, der alten Hexe. Die bloße Wiedergabe des Inhalts wird jedoch dem Werk nicht gerecht. Das brutal realistische Bild vom Leben der Knechte hat die Form einer harmonisch-poetischen Komposition mit beinahe opernartig wiederkehrenden Refrains, von denen einer an die Sonne gerichtet ist:

Sonne, schön' Auge, lieb Himmelslicht,
unserm alten Starosten gleichest du nicht!

Jedem Refrain folgen bissige Bemerkungen über den Aufseher:

Wenn's an der Zeit ist, beginnst du den Lauf;
ihm ist's nicht recht: Um Mittnacht steh auf!
Mußt rastlos von Morgen bis Mittag dich regen,
er möchte den Mittag auf Abend verlegen.
Kannst am Himmel, Starosta, unsre Sonne nicht sein!

Die Frauen bekommen endlich, was sie wollen: die Mittagspause.

Der Refrain ist ein Kennzeichen der antiken Idylle. In den »*Mähern*« schlägt jedoch die Idylle in ein naturalistisches Bild des harten Bauernlebens um. Szymonowic, und darin liegt seine Stärke, verwendet 13silbige Reimpaare, die der Handlung einen lebhaften Schwung geben. Sein einfacher, klarer Satzbau steht Kochanowski näher als den verwickelten Konstruktionen von Sęp-Szarzyński.

Beschreibende und satirische Dichtung

Sebastian Klonowic (1545–1602)

Hussowskis *Lied vom Wisent* war ein Beispiel für die vielen oft ungewöhnlichen Themen der polnischen Poesie, und auch die Gedichte von Sebastian Klonowic gehören hierher. Bürgerlicher Herkunft, übersiedelte Klonowic als junger Mann aus Großpolen nach Lemberg und später nach Lublin, wo er ein städtisches Amt bekleidete und vorübergehend auch an der Akademie im nahen Zamość lehrte. Er beschloß sein Leben als Bürgermeister von Lublin. Gleich Biernat von Lublin, der auch bürgerlicher Herkunft war, scheint Klonowic mit dem Protestantismus sympathisiert zu haben. Lublin war ein Zentrum der Arianer, und er stand mit ihnen in freundlichen Beziehungen, wurde sogar der Autorschaft eines Pasquills gegen die Jesuiten angeklagt. Hochgebildet und belesen, beherrschte Klonowic die griechische Sprache und schrieb Polnisch und Latein. Sein interessantestes Werk, eine lange Dichtung in lateinischer Sprache, *Roxolania (Rotrußland, die Ukraine,* 1584), ist ein ethnographischer oder anthropologischer Traktat in Versen. Seinem Rufe folgend, stiegen die Musen vom Parnaß herab, um ihn bei seinen Fahrten zu begleiten. Auf Naturschilderungen und Städtebilder (u. a. von Lemberg und Kiew) folgen genaue Beschreibungen verschiedener Berufe wie Holzfäller, Viehzüchter, Jäger, Imker und Pelzhändler, Schilderungen von Zauber- und Hexenglauben, Taufen, Hochzeiten und Begräbnissen, was heute alles ins Gebiet der Ethnographie verbannt ist. Klonowic beschreibt z. B. die Klageweiber bei einer Beerdigung und notiert den Text ihrer Lieder; er sieht, wie der Pope einen Empfehlungsbrief an Petrus schreibt, ihn dem Verstorbenen in den Sarg legt mit einer Münze für die Überfahrt über den Styx (!); der Dichter Klonowic siegt hier wohl über den Ethnographen. Mit ihrem Reichtum an interessanten Einzelheiten kommt die *Roxolania* an Stryjkowskis litauische *Chronik* heran, die auch solch ein »ethnographisches« Werk ist.

Der Poesie inhaltlich ebenso fremd ist der *Göttersieg (Victoria Deorum,* etwa 1595), eine pädagogische Satire, die im Sieg der olympischen Götter über die Titanen den Triumph des Geistes über fleischliche Leidenschaften sieht – auch dies ein Durcheinander von mythologischen Allegorien, Heilkunde, Geschichte usw., das bezeichnend ist für das Fortbestehen mittelalterlicher Anschauungen und ihre Mündung in die steigende Welle des Barock.

Auch die polnischen Werke von Klonowic sind von der gleichen Art. *Der Flößer oder Stapellauf auf der Weichsel (Flis, to jest, spuszczanie statków Wisłą,* 1595) ist eine Art von Handbuch in sapphischen Versen für Bootsmänner und Kaufleute zum Gebrauch beim Getreidetransport auf der Weichsel bis an ihre Mündung bei Danzig. Die Weichsel ist rein praktisch gesehen, d. h. mit ihren tiefen und seichten Stellen, gefährlichen Strömungen, Anlegestellen usw. Das Buch enthält auch eine Geschichte der Schiffahrt von Noah und den Argonauten bis zur Entdeckung Amerikas, technische Angaben über den Schiffsbau, die verschiedenen Arten von Kähnen und Flößen, Sprache und Lebensweise der Schiffer und zu guter Letzt einige Ratschläge für den Umgang mit den Danziger deutschen Kaufleuten – alles in Versen. Es enthält eine Menge belehrender und ironischer Abschweifungen über den Getreidehandel als Ursache von Luxus und Unterdrückung. Hier kommt der Städter zu Wort, der die wirtschaftliche Quelle des Reichtums der Adligen tadelt. Daß Klonowic ein Handbuch über einen ihm verhaßten Handelszweig schreiben konnte, ist nicht die einzige Absonderlichkeit des Werkes; stellenweise vergleicht er die Boote auf der Weichsel mit der zeitlichen Wanderung des Christen auf Erden.

Der Judasbeutel (Worek Judaszów, 1600) ist eine kriminologische Abhandlung in Reimen. Klonowic hatte im städtischen Gerichtshof von Lublin viel Erfahrung gesammelt und war mit den Schlichen der Diebe, Banditen und Schwindler gut vertraut. Hier beschreibt er auch Missetaten, die – zu seinem Bedauern – im Rahmen des Gesetzes geschehen können, aber trotzdem Verbrechen sind. Einer mittelalterlichen Sage zufolge hatte Judas, Ausbund aller

Bösewichte für einen Christen, einen Sack, der aus vier Tierfellen angefertigt war: Wolf, Fuchs, Wildkatze und Löwe. Der Dichter teilt demgemäß alle Vergehen gegen das Gebot »Du sollst nicht stehlen« in vier Gruppen ein. Im Wolfspelz erscheinen die Diebe, Bestecher, Zigeuner, Sklavenhändler (Leute, die ihre Mitmenschen an die Türken verkaufen) usf.; der Fuchspelz ist die Kleidung der Schwindler, Betrüger, Gauner und all jener, die sich an den Gläubigen bereichern. Das Kapitel von der Wildkatze handelt von allen, die ihr Unwesen im Rahmen des Gesetzes treiben: Wucherer, Händler, die falsches Maß und Gewicht gebrauchen und Kunden mit lügnerischen Versprechungen anlocken, sowie Glücksspieler, welche aus der Spielleidenschaft anderer Menschen kaltblütig Gewinn ziehen. Der vierte Teil beschränkt sich auf Andeutungen, denn es ist gefährlich, meint der Autor, das Räuberunwesen der Reichen und Mächtigen bloßzustellen: »Diese Judasse haben scharfe Zähne, es ist daher nicht ratsam, sie näher unter die Lupe zu nehmen.« *Judasbeutel* und *Flößer* sind insofern besonders wertvoll, als sie viele Einzelheiten aus dem Leben des Volkes schildern und uns die Volkssprache und den Gaunerjargon überliefern.

Walenty Roździeński (ca. 1560–1622)

Die Poesie wurde auch von einem Eisenschmied zur Verherrlichung seines Berufes verwendet: Walenty Brusiek aus dem Dorf Roździeń bei Krakau (daher Roździeński), Eigentümer einer von seinem Vater geerbten Eisenhütte und Verfasser eines langen Poems in polnischer Sprache über das Leben der Eisenschmiede, das er aus eigener Erfahrung und Beobachtung kannte. Der Titel ist lateinisch-polnisch gemischt: *Officina ferraria oder Hütte und Schmiede-Werkstatt des edlen Gewerbes der Eisengießer (Officina ferraria abo huta i warstat z kuźniami szlachetnego dzieła żelaznego,* 1612), auch dies ein Traktat in Versen, hier jedoch zu Ehren eines Berufes, auf den der Autor offenbar sehr stolz ist:

Ich weiß nicht, was ihr an mir find't,
gefällt euch nicht, was ihr da seht?
Bin schwarz, wie Schornsteinfeger sind –
ein Eisengießer vor euch steht!

Polemische Literatur

Stanisław Orzechowski (1513–1566)

An Menge überragt die polemische Literatur des 16. Jahrhunderts alle anderen Gattungen zusammen. Das Lesepublikum beteiligte sich lebhaft an den politischen und religiösen Auseinandersetzungen der Parteien, und daher waren die meistgelesenen Autoren die Verfasser von Streitschriften über aktuelle Fragen. Stanislaus Orzechowski tat sich unter ihnen durch seinen gehässigen Stil besonders hervor. Er wird oft in einem Atemzug mit Frycz Modrzewski genannt, jedoch nur, weil er in Temperament und Anschauungen genau dessen Gegenstück war, überdies einer seiner ärgsten Feinde, der keine Gelegenheit vorübergehen ließ, ihm das Leben zu verbittern.
Er stammte aus einer adligen Familie, die ihn zur geistlichen Ausbildung ins Ausland geschickt hatte. In Wittenberg wurde er unter Einfluß von Luthers

Lehren Protestant, bekannte sich aber später in Rom wieder zum Katholizismus. Nach sechzehn Jahren kehrte er in die Heimat zurück, wo ihm seine Eltern eine Rechnung für die Studienkosten präsentierten, und so entschied er sich *nolens volens* fürs Priestertum. Im Grunde genommen war er ein Abenteurer von großem literarischen Talent, gleich gewandt in Latein und Polnisch. Als entschiedener Gegner des Zölibats erlaubte er zahlreichen Priestern die Ehe, traute sie und heiratete schließlich selbst, was einen Rattenschwanz von Kirchenprozessen nach sich zog und zur *cause célèbre* seiner Zeit wurde. Ein Demagoge ersten Ranges, verstand er es, den Landadel mit Schmeicheleien für sich zu gewinnen. Statt Protestant zu werden, gleich vielen anderen katholischen Geistlichen, die ähnlich dachten, gelobte er dem Papst ewige Treue, nur um gegen seine eigenen Vorgesetzten und die Protestanten bedenkenlos vom Leder zu ziehen. Er war jedoch der Kirche zu wertvoll, um kurzerhand abgetan zu werden, und durfte trotz zahlreicher Prozesse vor kirchlichen Gerichten seine Frau behalten.

Es ist unmöglich, Orzechowskis Ansichten auf einen gemeinsamen Nenner zu bringen, denn er wechselte sie wie Hemden und griff manchmal etwas an, was er tags zuvor noch verteidigt hatte. Für Frycz Modrzewski, den edel denkenden, liberalen Utopisten, war er die Verkörperung alles Schlechten am Adel. Orzechowski verachtete die unteren Klassen, schwärmte von der glorreichen »goldenen Freiheit« des Adels und beschuldigte den König, sie zerstören zu wollen. Die Polen waren für ihn das auserwählte Volk, und der Beweis dafür war eben diese »goldene Freiheit«. Der Klerus war ihm nicht mächtig genug, er träumte von einer Theokratie mit völliger Unterwerfung des Staates unter die Kirche. Sein bestbekanntes Werk, das den lateinischen Titel *Quincunx* trägt, aber polnisch geschrieben ist und 1564 erschien, illustriert seinen Standpunkt folgendermaßen: *Quincunx* (die geometrische Anordnung von fünf Punkten nach Art der Fünf im Würfelspiel) stellt den Staat dar, der Mittelpunkt die Kirche, die vier Eckpunkte Glaube, Priester, König und Altar. Orzechowski verdankt seinen Platz in der Literaturgeschichte der glänzenden Feder, die er führte. Kein anderer Schriftsteller verkörpert so sehr die Fehler des Adels, besonders seine Art, Eigennutz über allgemeine Wohlfahrt zu stellen. Orzechowskis Chauvinismus, sein Haß auf alles, was ihm nicht standesgleich war (über den litauischen Adel hat er nichts anderes zu sagen, als daß er kulturell tiefstehend sei), künden den sogenannten »Sarmatismus« des nächsten Jahrhunderts an.

Piotr Skarga (1536–1612)

Eine vollständige Liste der protestantischen und besonders arianischen Polemiker würde sehr lang werden, sonderbarerweise gab es aber unter ihnen keinen einzigen, der dem Jesuitenpater Piotr Skarga gleichkam. Als Sohn eines Rechtsanwalts aus Grójec bei Warschau ging er in seinem Heimatort zur Schule, studierte in Krakau und war Hauslehrer bei aristokratischen Familien. Später machte er sich als Pfarrer in Lemberg durch seine feurigen Predigten einen Namen. In Rom trat er dem Jesuitenorden bei und wurde nach Beendigung des Noviziats nach Litauen entsandt, wo die Dissidenten mächtigen Schutz genossen und ihre bedeutendsten Vorkämpfer hatten. Skarga war erster Rektor der Wilnaer Jesuitenakademie (die 1578 zur Universität erhoben wurde) und gründete nach Stefan Batorys Sieg über Iwan den Schrecklichen Jesuitenschulen in Plotzk, Riga und Dorpat. Der König war Schutzherr des Jesuitenordens, hielt sich aber jedem Fanatismus fern. Solange er lebte, schien es in Polen für alle christlichen Glaubensbekenntnisse Platz zu geben. Das änderte sich nach seinem Tode mit der Wahl eines schwedischen Prinzen aus der katholischen Linie des Hauses Wasa zum König von Polen und Litauen. Die Protestanten hatten diese Wahl unterstützt, bereuten es aber, als der neugewählte Sigismund III. sich als fanatischer Protestantenfeind entpuppte. Er machte Skarga zum Hofprediger, eine Stellung, in welcher dieser der Gegenreformation Vorschub leisten konnte. Ein geborener Kämpe in Wort und Schrift, unterschied er sich von dem ebenso streitsüchtigen Orzechowski durch die gehobene Sprache und seine feste Überzeugung. Er führte einen neuen, finsteren Ton gegen die Protestanten ein, diese »Ausgeburten der Hölle«: »So jemand den Namen Gottes lästert, der soll sterben . . . Führt den Gotteslästerer vors Lager hinaus, und das ganze Volk soll ihn steinigen.« Solche Rede wurde von den Jesuitenschülern wörtlich genommen und führte zu wüsten Ausschreitungen gegen Andersgläubige – besonders Calvinisten und Arianer –, die zwar selten in Totschlag, oft aber in Plünderungen und wachsende Intoleranz ausarteten. Polens Treue zum Vatikan sollte sich erst später in ihrer vollen Bedeutung erweisen, denn der Umstand, daß die Kirche ihren Mittelpunkt außerhalb des Landes hatte, bewahrte es vor völliger Unterwerfung, selbst wenn es von einer fremden Macht unterjocht war. Skarga strebte nach christlicher Einheit und war für die Wiedervereinigung der Ost- und Westkirche unter Oberhoheit des Papstes. Es gelang den Jesuiten, den hohen Klerus der orthodoxen Kirche in Litauen und der Ukraine für diesen Plan zu gewinnen, und so kam es zur Union von Brest-Litowsk (1596), in deren Folge weite Gebiete der *Respublica* die griechisch-katholische Kirche an die Stelle der griechisch-orthodoxen setzten. Es wäre unangebracht, Argumente aus einer viel späteren Zeit auf die religiösen Dispute des 17. Jahrhunderts anzuwenden. Die griechisch-katholische Kirche war ein Zankapfel zwischen Polen und Russen im 19. Jahrhundert. Um den Schaden, welcher der orthodoxen Kirche zugefügt worden war, gutzumachen, versuchten die Zaren auf administrativem Wege die griechisch-katholische Kirche zu zerstören, was in polnischen Augen die Gewaltmaßnahme einer Fremdmacht war, die keinen Anspruch auf die Loyalität der Bevölkerung hatte. Im 19. Jahrhundert war die religiöse Frage eng mit der nationalen verbunden, zu Skargas Zeiten aber gab es nichts, was sich mit dem modernen Nationalbewußtsein vergleichen läßt. Die Einwohner des Großfürstentums Litauen wurden Litauer genannt, obwohl dort mehrere Sprachen herrschten und auch in den offiziellen Urkunden gebraucht wurden; die Anhänger der Ostkirche sprachen meist einen ostslawischen Dialekt (Alt-Weißrussisch oder Alt-Ukrainisch). Der Widerstand gegen die Union von Brest-Litowsk trug also keinen nationalen Charakter, wurde aber in einigen Teilen Litauens und besonders der Ukraine von einem Klassengegensatz verstärkt, da das römisch-katholische Bekenntnis Unterwerfung unter die herrschende Klasse bedeutete. Die griechisch-katholische Kirche war hauptsächlich eine Bauernkirche. Der »litauische« (eigentlich ostslawische) Adel trat in der ersten Generation gewöhnlich vom orthodoxen zum protestantischen Glauben über, in der zweiten vom Protestantismus zum Katholizismus, während der griechisch-katholische Pfarrer (mit Frau und Kind) für die Masse der Pfarrkinder da war. In der Ukraine wurden die Klassengegensätze durch den Widerstand gegen die römisch-katholische Kirche verschärft, zu einem späteren Zeitpunkt trug aber die griechisch-katholische Kirche wesentlich zur Entstehung des ukrainischen Nationalbewußtseins bei.

Skargas Tätigkeit beschränkte sich nicht auf religiöse Fragen. Seine Predigten befassen sich auch mit Politik und den Pflichten des Staatsbürgers. Die bekanntesten davon sind seine *Reichstagspredigten (Kazania sejmowe,* 1610), die er bei der Eröffnung des Reichstags *(Sejm)* hielt. Skargas geschriebenes Wort ist nicht leicht vom gesprochenen zu unterscheiden, denn er betrachtete anscheinend die Predigt als gesprochene Form des politischen Traktats. Das vorbildlich aufgebaute Werk beginnt mit einer Predigt über die Weisheit als eine Vorbedingung für einen Sitz im Parlament. Andere Themen sind Vaterlandsliebe, die politische und religiöse Zerrissenheit der *Respublica* und der Verfall der Königsmacht. Die siebente Predigt handelt von den sogenannten »schlechten« Gesetzen; es ist eine sonderbare Mischung, zu der Skarga z. B. solche Gesetze rechnet, die es dem weltlichen Arm verwehren, der kirchlichen Gerichtsbarkeit beizustehen, oder die aus Bauern Knechte machen oder auch solche, die die persönliche Freiheit schützen (das *Neminem-captivabimus*-Gesetz). Die achte und letzte Predigt zählt gewisse Vergehen auf, die nicht geahndet werden, wie Gotteslästerung, Verschwendung, Wucher, Unterdrückung der Bauern, Bestechlichkeit der Obrigkeiten u. a. m. Wie man sieht, steht Skarga auf einem streng konservativen Standpunkt und tritt für eine starke (der Kirche ergebene) Zentralgewalt ein mit sozialer Gerechtigkeit im theokratisch-väterlichen Sinne. Die Predigten atmen einen fanatischen Patriotismus. Skarga nennt den Adel die »Herrscherklasse«, der er politisches Verantwortungsgefühl beibringen will, indem er die weitverbreitete Meinung bestreitet, daß Polen sein Bestehen dem Mangel einer Zentralgewalt verdanke *(»Nierządem Polska stoi«).* Skargas Stil ist rhetorisch und biblisch aufbrausend in der Art der flammenden Prophetensprache. Wie Bossuet später in Frankreich betrachtet auch er die Geschichte der Völker als eine Kette von Strafen und Belohnungen aus göttlicher Hand. Wohin er blickt, sieht er Sünde, und mit zahlreichen Zitaten aus Jesaja, Jeremia, Ezechiel und Jona prophezeit er das Ende der *Respublica.* Seine Gleichnisse klingen manchmal den Evangelien nachgebildet:

»Wenn das Schiff sinkt und der Sturm es hin und her schleudert, denkt der dumme Mensch nur an seine Bündel und Koffer und tut nichts, um das Schiff zu retten. Er glaubt, daß er sich liebt, bereitet aber sein eigenes Ende vor, denn wenn das Schiff haltlos ist, wird auch er und alles, was er mitnehmen konnte, mit ihm untergehen.«

Ungleich Frycz Modrzewski, begnügt sich Skarga anstelle einer genauen Analyse der sozialen Mißstände (z. B. der Ausbeutung der Bauern oder der »schlechten« Gesetze) mit allgemeinen Parolen gegen die Sünde und für die Tugend. Der Reichtum seiner Sprache soll daher nicht von der Armut des Inhalts ablenken. Skargas Schriften sind ein Rückfall in die Zeit vor der fruchtbaren Periode des Humanismus und der Reformation. Er gab den Ton für den folgenden Zeitabschnitt an, der eine Flut von Moralpredigten hervorbrachte, ohne allerdings von ihr überschwemmt zu werden. Skargas eigene Mischung von Religion und Politik darf aber nicht übersehen werden, denn sie taucht mit ihrem biblischen Stil in der polnischen Literatur der folgenden Jahrhunderte immer wieder auf. Skarga war der Vorläufer des polnischen Messianismus, und noch im 19. Jahrhundert fühlten sich ihm so manche Denker verpflichtet. Mickiewicz sagte z. B. im Jahre 1841 in einer Vorlesung am Collège de France folgendes:

Im Lauf der ganzen Geschichte gibt es für Skarga nur zwei Völker, die sich des hehren Begriffs des Vaterlandes *(patrie, patria, ojczyzna)* würdig erwiesen haben: das auserwählte Volk der Juden und die Polen. Der Beweis einer göttlichen Mission liegt für ihn in der Segnung Polens, die ihm eine lange Reihe von Herrschern gab ohne einen einzigen Tyrannen unter ihnen und die selbst Boleslaus dem Kühnen, dem einzigen Missetäter, es noch vor seinem Tode erlaubte, Buße zu tun. Als nördlichstem der Christenländer fällt Polen eine besondere Aufgabe in der Erhaltung und Förderung der Zivilisation zu. Und die Freiheit, deren es sich erfreut, ist für Skarga ein zusätzlicher Beweis dafür, daß es auf göttlichen Wunsch ins Leben gerufen wurde. Skarga vergleicht den Staat mit dem menschlichen Organismus: Die Seele beherrscht den Körper, ihre Macht ist aber nicht despotisch, sondern konstitutionell. Im Körper erfüllt sie die Funktion des Königs in der *Respublica*. Darum nennt Skarga diese Freiheit »golden«, und das hat eine geheime Bedeutung. Gold bezeichnete bekanntlich im Mittelalter die Vollkommenheit und Vorzüglichkeit, das kondensierte Licht des Alchimisten; die Eingeweihten der Geheimwissenschaften suchten nach Gold, der Quelle von Gesundheit und ewigem Leben. Daher wurde der Stier, der die politische Organisation des Heiligen Römischen Reiches darstellte, der »Goldene Stier« genannt, und in demselben Sinne bezeichnete Skarga (und andere folgten ihm darin) die politische Freiheit des polnischen Königreiches als »golden«, denn sie gewährte nicht nur jedem Bürger die Möglichkeit freier Entwicklung, sondern legte ihm auch die Verantwortung für seine Handlungen auf. Polen war für Skarga ein neues Jerusalem, auf das Gott große Hoffnungen gesetzt hatte, das aber nur in seinem (Skargas) Geist existierte. Wer dieses gottgeschaffene Land verrät, verstößt gegen die göttliche Ordnung. Skarga wandte sich an ein Volk, das er für sündhaft hielt und das einen verderblichen Weg ging, der in großem Unglück enden sollte.

Mickiewicz spricht hier aus, was bei Skarga bloße Andeutung, aber für zwei typisch polnische Denkweisen bezeichnend ist: der Stolz, mit dem die Polen ihre politischen Einrichtungen betrachteten und der sie wirklich glauben machte, daß die Vorsehung sie mit einer besonderen Aufgabe betraut habe, sowie eine bis in die Gegenwart reichende Vorstellung von einem Ideal-Polen und eine bittere Verurteilung der Wirklichkeit, ja Verabscheuung seiner nicht so idealen Einwohner. Dazu gesellte sich noch ein Faktor, der das Gefühl einer außergewöhnlichen Mission verstärkte: die Nachbarschaft der Türkei. Ungleich den Südslawen, der Walachei und dem größten Teil Ungarns, stand Polen der türkischen Expansion erfolgreich im Weg. Der gleichzeitige Aufstieg einer griechisch-orthodoxen Großmacht im Osten und die von der Gegenreformation neubelebte Verbundenheit mit dem Vatikan ließen Polen daran glauben, daß es als Vorposten des westlichen Christentums eine besondere Aufgabe habe. Skargas Messianismus fand schon im 17. Jahrhundert ein Echo und lebte im 19. Jahrhundert unter dem Einfluß der Französischen Revolution und des Napoleonkults in einer eigenartigen Form wieder auf: Das Ideal-Polen wurde zur Verkörperung der demokratischen Idee im Gegensatz zu den unumschränkten Autokratien der Heiligen Allianz.

Mit der Zeit nahm die Figur Skargas Riesengestalt an. Die Kunstgriffe seiner Rhetorik wurden nach der Teilung Polens als erfüllte Prophezeiungen aufgefaßt. Als Symbol wahrer Vaterlandsliebe wurde der Autor der *Parlamentspredigten* im 19. Jahrhundert als feuriger Redner mit ausgebreiteten Armen und wehendem weißen Haar porträtiert.

Ich habe schon auf die Verwandtschaft des Mittelalters mit dem Geist des Barock hingewiesen. Auch Skarga nahm den Stoff für sein *Heiligenleben (Żywoty świętych,* 1579) aus der mittelalterlichen Hagiographie. Das Werk erschien zu Lebzeiten des Verfassers in neun Auflagen; es enthält Geschichten von Märtyrern, Einsiedlern und Asketen, die meist der im 16. Jahrhundert erschienenen Sammlung des lateinischen Autors Surius entnommen sind, sowie von zeitgenössischen Gestalten wie den Opfern Heinrichs VIII. von England. Auch polnische Heilige sind aufgenommen, wie Skargas Zeitgenosse Stanislaus Kostka, der seiner aristokratischen Familie davonlief, da sie ihm nicht erlauben wollte, dem Jesuitenorden beizutreten. In Wien studierte er unter Aufsicht seines Bruders und zog dann barfuß und zerlumpt nach Rom, wo er endlich seinen Wunsch erfüllen konnte, aber kurz nach seinem Beitritt zum Orden als junger Mann *in odore sanctitatis* starb und heiliggesprochen wurde. Auch die polnischen Heiligen Jacek Odrowąż (1183–1257) und Jan Kanty (1390–1473) sind erwähnt. Das Buch ist ein Musterbeispiel des reinsten Polnisch aus dem 16. Jahrhundert. Skarga wird gewöhnlich als Vertreter der polnischen Renaissance-Prosa angesehen, seine geistige Verwurzelung in der Vergangenheit macht ihn aber eher zu einem Bindeglied zwischen Vorrenaissance und Barock.

Turcyki

In den letzten Jahrzehnten des 16. Jahrhunderts kam eine besondere Art von polemischer Literatur auf, die sich großer Popularität erfreute, die sogenannten *Turcyki,* antitürkische Flugschriften in Vers und Prosa. Sie reichen von ruhigen Betrachtungen der ottomanischen Gefahr bis zu wüsten Beschimpfungen und der erträumten Abschlachtung der Ungläubigen. Die Ausdehnung des türkischen Reiches bedrohte damals ganz Europa. Polen wollte keinen Krieg mit der Türkei, und tatsächlich herrschte lange Zeit, von 1533 bis 1620, Frieden zwischen beiden Ländern. Der Vatikan und Österreich drängten jedoch zum Krieg, und so können die *Turcyki* als politische Agitations- und Hetzschriften bezeichnet werden.

Das Theater

Das wenige, was vom polnischen Theater aus der Zeit vor dem 16. Jahrhundert erhalten geblieben ist, sind Fragmente lateinischer Kirchenspiele, die in oder vor der Kirche aufgeführt wurden, und einige Gesänge und Kirchenlieder, die einst Teile von Mysterienspielen waren. Die Feststellung, daß das polnische Theater eigentlich erst mit der Renaissance beginnt, soll aber nicht heißen, daß die mittelalterlichen Formen völlig in Vergessenheit gerieten. Professor Backvis sagt darüber:

»Es ist wahr, daß das Drama nicht zu den Spitzenleistungen der polnischen Literatur des 16. Jahrhunderts gehört. Verglichen mit der Blüte der Lyrik und der politischen Literatur, steht es noch auf Kinderfüßen. Das ist

86

nicht ungewöhnlich, sondern die natürliche Folge der sozialkulturellen Struktur der polnischen Gesellschaft. Ich sagte schon von einem anderen Werk, das Anlaß zu einer gewissen Unzufriedenheit gibt (gemeint ist Kochanowskis *Satyr),* daß man die Sonne selbst in einem Wassertropfen sehen kann, und das trifft auch auf das polnische Renaissancetheater zu. Dieses zeigt als literarische Leistung – und nur davon spreche ich – Ansätze zu einer Verschmelzung von Phantasie, Zartheit und Anmut, wie sie nur in diesem Teil Europas, nur in diesem Lande entstehen konnte, unter Bedingungen, die es eben anderswo nicht gab.

Ausgangspunkt ist und bleibt der Humanismus, und zwar nicht in der Form, wie er übernommen, sondern dem Lande angepaßt und schöpferisch umgestaltet wurde.«

Der Humanismus beherrschte alle Zweige des Theaters. Das Kirchendrama machte um 1500 dem neulateinischen Dialog Platz und dieser ein halbes Jahrhundert später der polnischen Sprache.

Mysterienspiele

Wie das lateinische Kirchendrama wurden die Mysterienspiele an Feiertagen aufgeführt, um deren Bedeutung den Gläubigen verständlich zu machen. In Westeuropa behielten diese Spiele ihren mittelalterlichen Charakter bei, in Polen aber nahmen sie eine neue, weltliche Form an, mit zahlreichen, oft widersinnigen Ergänzungen, und erfreuten sich jahrhundertelanger Popularität, bis sie zu Volksbräuchen wurden. Sie haben die Form primitiver Theatervorstellungen wie die *Szopka,* ein Krippenspiel über das Weihnachtsfest mit den stereotypen Gestalten von König Herodes, Tod und Teufel, oder die maskierten Kinder am Dreikönigstag, die Wache am Heiligen Grabe zu Ostern durch Knaben in römischen Helmen, das Abschießen von Böllern und Musketen am Vorabend der Auferstehung, ein Brauch, der sich bis ins 19. Jahrhundert erhielt, u. dgl. m. Die Mysterienspiele zeugen von dem wachsenden Interesse der Öffentlichkeit an weltlichen Dingen. Das beste von ihnen wurde von führenden Regisseuren unserer Zeit erfolgreich aufgeführt: *Die Geschichte von der glorreichen Auferstehung unseres Herrn (Historya o chwalebnym Zmartwychwstaniu Pańskim),* verfaßt (oder bearbeitet) von Mikołaj von Wilkowiecko, einem Paulinischen Bruder aus Krakau, im Jahre 1580. Es wird als Zusammenfassung einer Anzahl ähnlicher Werke betrachtet, aus denen mit der Zeit ein einziges Stück entstand. Der Aufbau ist vorzüglich, die prägnante Sprache und realistische Wirkung geben dem Werk große Lebendigkeit, während der achtsilbige Reimvers an längst vergangene Zeiten erinnert. Der Verfasser gibt genaue Anweisungen für die Inszenierung und läßt das Stück mit dem Auftritt des Prologus beginnen, der den Inhalt erklärt und mit den Worten schließt: »Ruhe nun, ihr Leut', und hört uns zu. Um euch das Nachmittagsschläfchen zu vertreiben, werden wir etwas singen und euch zwischen den Versen wachhalten.« Das Stück besteht aus Abschnitten aus den Evangelien, die zunächst verlesen, dann aufgeführt werden. Die Handlung beginnt mit dem Erscheinen der Hohenpriester (hier Bischöfe genannt) vor Pontius Pilatus (dem *Starosta)* und ihrer ängstlichen Bitte, das Grab des Heilands mit Wachen zu umstellen, denn dieser habe seine Auferstehung angekündigt. Die Wachtposten sind gedungene Raufbolde, wie man sie in jeder polnischen Stadt findet. Als Jesus aus dem Grabe steigt, schreien sie entsetzt auf, der eine auf ruthenisch, der andere auf deutsch, der dritte auf ungarisch. Nach einer kurzen Szene mit den drei Frauen vor dem leeren Grabe folgt ein längerer Akt in der Hölle, der mit spürbarem Behagen entworfen ist. Jesus hat die Teufel anscheinend zur Verzweiflung getrieben, denn er will ihnen nehmen, was sie besitzen, nämlich die Seelen, die sie gefangenhalten. Jesus geht mit den Teufeln recht barsch, ja brutal um. Als er Adam, die Propheten und Johannes den Täufer in der Hölle (!) sieht, setzt er sie kurzerhand frei. Dann ruft er nach einem Boten, der seine Mutter von der Auferstehung verständigen soll. Adam bietet seine Dienste an, wird aber abgelehnt, denn er wäre imstande, unterwegs Äpfel, Feigen und Zitronen zu pflücken und seinen Auftrag zu vergessen. Noah, der Trunkenbold, kommt natürlich nicht in Frage, aber auch Johannes der Täufer nicht, denn sein Kamelhaarkleid könnte die Mutter Gottes erschrecken. Der Schächer, dem vergeben wird, will gehen, aber man hat ihm die Beine gebrochen, und so wird schließlich ein Engel entsandt. Das Stück endet in einem Gespräch Jesu mit seiner Mutter, Maria Magdalena und den Aposteln. Rührend komisch, zeugt es von der theatralischen Begabung des Verfassers (oder der Verfasser) und seiner (ihrer) Fähigkeit, ein einfaches Publikum zu unterhalten.

Um solchen Spielen Lokalcharakter zu geben, wurden sie oft von komischen Zwischenakten in der Bauernsprache der östlichen *Respublica* unterbrochen. Ukrainische Literaturhistoriker führen daher z.B. die Zwischenspiele aus dem *Abbild vom Tod des Heiligen Johannes des Täufers* von Jakub Gawatowic (1619) als Beispiel der ersten Theaterdialoge in ukrainischer Sprache an.

Mysterienspiele wurden von Theatergilden oder Amateuren aufgeführt. Als Kulissen dienten sogenannte »Häuser«, und die Zeit zur Verlegung der Handlung von einem »Haus« ins andere sowie die Pausen waren mit Gesang ausgefüllt. Später, wahrscheinlich zu Beginn des 17. Jahrhunderts, wurde die elisabethanische Inszenierungsmethode von fahrenden englischen Komödianten übernommen.

Das humanistische Drama

Antike Schauspiele, besonders Komödien, wurden in Polen zuerst an Herrenhöfen und Universitäten aufgeführt und erreichten erst in polnischer Umarbeitung ein anspruchsloseres Publikum. Das der Antike nachgebildete humanistische Drama war in Polen nicht von langer Dauer, denn der wohlhabende städtische Mittelstand, sein ideales Publikum, verlor damals, d.h. zu Beginn des 16. Jahrhunderts, bereits an Bedeutung. Dennoch übte es auf die polnische Literatur großen Einfluß aus, besonders da es sich in wenigen Jahren aus unbeholfenen Anfängen zu einem guten Aufbau und einer reichen Sprache entwickelte. Das erste polnische Schauspiel dieser Art ist *Das Urteil des Paris, Prinzen von Troja* (1542), eine Umarbeitung des lateinischen Originals des deutschen Humanisten Jacob Locher. Das Werk steht an der Grenze zwischen Mittelalter und Renaissance. Die drei Göttinnen, die um den Apfel des Paris streiten, erscheinen als Personifizierung dreier Lebensweisen: Pallas Athene als Wissen und Überlegung, Juno als Macht und Erfolg, Venus als Schönheit und Vergnügen, dazu als Sorglosigkeit (dank des Geldes, das die Frauen haben). Paris entscheidet sich für Venus und erhält dafür Helena, die der vertrauensselige Ehemann Menelaus ihm vor seiner Abreise nach Böhmen (!) in Obhut gibt. Paris macht sich sofort ans Werk und verlangt ohne viel Federlesen von Helena, mit ihm zu Bett zu gehen, sie sei ihm ja ohnehin von Venus versprochen worden. Das Paar kann natürlich nicht zehn Jahre lang in seinem Liebesverhältnis belassen werden, und so folgt die Strafe auf dem Fuße: Paris wird von Menelaus mit dem Schwerte niedergeschlagen und stirbt mit dem Ruf: »Jesus Maria, Hilfe, sie haben mein Fleisch geschunden, ich flehe euch an, beeilt euch und laßt mich zur Beichte gehen, Priester, komm doch, mein Leben geht zu Ende!« Die Anordnung der drei Göttinnen soll moralisch-symbolische Bedeutung haben: Pallas Athene steht an erster, Juno an zweiter, Venus an dritter Stelle.

Ein wahrer Abgrund trennt dieses Stück von Kochanowskis *Abfertigung der griechischen Gesandten,* einem der besten humanistischen Dramen in Polen. Kochanowskis Dichtung wurde in ihrem Aufbau von seinem unmittelbaren Nachfolger Piotr Ciekliński (1558–1604) übernommen, der die Komödie *Trinummus* des Plautus unter dem Titel *Potrójny* ins Polnische übersetzte und umarbeitete. (Plautus entnahm seine Stoffe griechischen Originaltexten.) Das Stück wurde wahrscheinlich 1595 uraufgeführt und 1597 veröffentlicht. Der Autor will moralisieren und verlegt daher die Handlung in eine von polnischen Menschen bevölkerte Landschaft. Der Prolog wendet sich in Gedichtform an Plautus:

>»Plautus, der du Rom vergeblich mit deinen Witzen aufwecken wolltest, denn Rom brachte durch seinen Übermut großes Unglück über sich, wirf die Toga ab, Plautus, steig in unsere schweren Stiefel und sprich Polnisch, damit unser Volk vernehmen kann, was das deine nicht hören wollte. Wenn die Polen sehen werden, wie Rom seine Freiheit verlor, obwohl es größer (als Polen) war, werden sie dir vielleicht Gehör schenken, und du wirst die Früchte deines Werkes ernten.«

Der Autor verwendet wie Kochanowski einen 13silbigen Reimvers mit Zäsur (7 + 6) und zahlreiche Enjambements. Die Dichtung ist kräftig und an humoristischen Effekten reich, besonders in den Kurzdialogen.

Die Handlung (diese zusammen mit dem antiken Theater entdeckte Neuheit) erzählt von Pangracz (Pankraz), einem mißratenen Sohn, der das Familienvermögen verschwendet, während sein Bruder, der an der Sorbonne studieren soll, mit seinem Vater in Paris weilt. Der Hausverwalter Dobrochowski ist dem jungen Tunichtgut nicht gewachsen, der die Heirat seiner Schwester mit einem ehrenwerten jungen Mann namens Szczęsny zunichte macht, indem er ihre Mitgift verjubelt. Dobrochowski weiß von einem Schatz, den der Vater hinterlassen hat, hütet sich aber, etwas davon zu erwähnen. Das Stück spielt im Milieu des verbürgerlichten Stadtadels von Lemberg. Komische Bedienstete und Kaufleute wie der Grieche Philoktet (in Lemberg gab es viele Armenier und Griechen) belebten die Handlung. Die komischste Gestalt ist Pierczyk, ein Schreiberling aus dem Volke, der in der Verwicklung der Geschehnisse für einen Boten des Vaters gehalten wird und mit ganz sonderbaren Begriffen von der Geographie Europas aufwartet. Der Vater kehrt unerwartet zurück, der verlorene Sohn findet den Pfad der Tugend wieder – Ende gut, alles gut.

Das Stück zeugt u. a. davon, welche Bedeutung die Humanisten der Erziehung beimaßen: Ausländische Schulen sind denen der Jesuiten vorzuziehen, obwohl diese auch nicht schlecht sind. Der Dialog handelt von Karrieremöglichkeiten für junge Leute und vom Kriegsdienst. Polen bereitete damals einen Kriegszug gegen Rußland vor, und der Kriegsdienst verdrängte alle andern Gesprächsthemen, selbst die Politik. Diese bestehe aus bloßen Worten und gleiche »gefrorenem Wasser (oder) vom Wind angehäuftem Schnee ... und dauert nur, solange die Republik böse Wintertage sieht, schmilzt aber im Lenz«. Plautus' Vorwurf dient Ciekliński nur als Gerüst für sein Werk, das ein lebendes Bild des damaligen Polen ist, mit seinem Luxus und Tratsch, mit Leuten, »die alles wissen, was man denkt und denken wird, was der König der Königin ins Ohr flüsterte, was in Kalkutta und Amerika geschieht, wer Neuigkeiten aus aller Welt erhält, selbst was der liebe Gott dem Erzengel Michael auftrug«.

Volksstücke

Trotz ihres Namens ist die *Betteltragödie (Tragedia żebracza)* eine volkstümlich-humanistische Komödie. (Die Worte Tragödie und Komödie wurden unterschiedslos verwendet.) Das 1551 veröffentlichte polnische Original war auch in tschechischen Übersetzungen weit verbreitet.

Das Stück spielt in einer Schenke, in der sich eine Gruppe von Bettlern zur Hochzeitsfeier eines zerlumpten Landstreichers und einer alten Vettel eingefunden hat, keine wahllos zusammengewürfelte Gesellschaft, sondern eine demokratische Schelmenzunft mit gewähltem Oberhaupt. Das »junge« Paar gibt bekannt, daß es sich nach den vielen Nächten, die es zusammen verbracht hat, als Mann und Frau betrachte und keine Kirche mehr brauche, was mit Musik und Tanz begrüßt wird. Ein Kaufmann kehrt ins Wirtshaus ein, und sofort kommt es zu einem Zusammenstoß zwischen ihm, dem Vertreter der guten Gesellschaft, und den Bettlern, der Unterwelt. Der Kaufmann zählt ihre Missetaten auf: Um des schnöden Mammons willen betrügen sie ihre Mitmenschen und täuschen Blindheit, Krankheit und Gebrechen vor. Die Bettler zahlen ihm mit gleicher Münze heim: Der ganze Kaufmannsstand ist nichts als Lug und Trug; auch sie seien einmal reich gewesen, hätten aber alles verloren und fühlten sich nun glücklich in ihrer Freiheit:

> »Unser Stand ist altbekannt und hochberühmt. Es tut uns weh, daß die
> Leute uns nicht gern haben; sie scheinen vergessen zu haben, daß die Heilige Schrift uns höher stellt als alle andern Stände. Hat uns nicht Christus
> selbst in seiner Gnade gesegnet und uns das Himmelreich versprochen?«

Der Streit endet mit Prügeln für den Kaufmann, der sich tags darauf beim Anführer der Bande darüber beschwert. Auf die Trauungskarikatur des Vortages folgt nun ein Affengericht; der Anführer verkündet das Urteil: Der einäugige Bettler wird zur Einäugigkeit verurteilt, der einbeinige zur Einbeinigkeit und die alten Weiber zur Kinderlosigkeit. Die Satire ist jedoch nicht einseitig. Der Kaufmann kommt nicht als Tugendbold davon, aber auch die Bettler sind keine Engel: Sie führen eiserne Klingen in ihren Knütteln, sind der Schrecken der Bauern, stecken ungastliche Häuser in Brand, spionieren für die Türken, geben sich vor dem frommen Volk als Heilige aus, betreiben Zauberei und nehmen am Hexensabbat teil – ein typisches Bruegel-Gemälde.

Die Betteltragödie ist das Erstlingswerk der sogenannten *komedia rybałtowska,* der polnischen Bettler- und Gaunerkomödie. Das polnische *rybałt* kommt wahrscheinlich vom italienischen *ribaldo,* der Bezeichnung für Kir-

90

chendiener wie Küster, Glöckner u. dgl. Das waren kleine Leute aus dem Volke mit ein paar Brocken Bildung, die sich oft in Privathäusern als Lehrer, Musikanten oder einfach Schmarotzer herumtrieben. Die von ihnen geschaffene Literatur steht der obenerwähnten Studentenliteratur *(literatura żakowska)* sehr nahe und zeigt in plebejischen Komödien das Leben dieser Leute, die sich als besondere Gesellschaftsklasse fühlten. Immer auf der Lauer nach einem Groschen für ein Glas Branntwein, liegen sie den Gästen in der Schenke in den Ohren mit ihrem ewigen Gejammer über das Unrecht, das man ihnen tue, besonders die Pfaffen mit ihren zänkischen Wirtschafterinnen und Mätressen. Sie schlagen sich recht und schlecht durchs Leben, kennen die Welt durch und durch und vertreten die Meinung des Stadtpöbels: Die Protestanten sind Protzen. Die *komedia rybałtowska* blühte in der zweiten Hälfte des 16. und ersten des 17. Jahrhunderts, und zwar besonders im Süden des Landes, wo es viele Städte gab. Unter ihren Gestalten stehen die Bettler an erster Stelle (sie gehörten schon lange zur Folklore Europas). Die Kirchendiener beaufsichtigten das Bettelwesen, erlaubten den »guten« Bettlern, an der Kirchentür zu betteln (die »bösen« mußten sich mit weniger einträglichen Plätzen begnügen), zogen aus ihrer Stellung Nutzen und machten sich über die Bettler lustig.

Die Bettlerwanderschaft (Peregrynacja dziadowska) führt uns auf einem Jahrmarkt in eine geheime Beratung von Bettlern, die eine ausgezeichnete Landes kunde von Polen, Böhmen-Mähren und selbst von Italien bis nach Rom sowie der ostslawischen Länder bis nach Moskau besitzen. Heilige Dinge verspotten sie, nur vor der Zauberei haben sie Respekt. Sie ziehen den Bauern das Fell über die Ohren, und einer erzählt, wie er sich in Schlesien als Werwolf ausgab und von den zitternden Weibern ein kleines Vermögen ergatterte. Sie stecken mit Banditen in den Wäldern und Bergen unter einer Decke und sind Kundschafter für die aufständischen Kosaken. Statt zu arbeiten, lassen sie sich lieber ein Bein brechen oder ein Auge ausstechen, denn das bringt mehr Geld ein.

In einem anderen Zyklus dieser Komödien steht in der Figur des Marodeurs Albertus der großmäulige Soldat alter Zeiten (der *miles gloriosus)* wieder auf. Hier ist er ein Kirchendiener und wird vom Ortspfarrer, der der Armee einen Mann stellen muß, zum Kriegsdienst bestimmt. Ausgerüstet mit allerhand Zeug, das der einfältige Priester von Altwarenhändlern in Krakau ersteht, zieht Albertus mit altmodischen Waffen und einem alten Gaul in den Krieg und kehrt nach zwei Jahren als vollendeter Strolch zurück. Auf Anweisung seines Herrn hatte er sich vorsorglich vom Schlachtfeld ferngehalten und statt dessen auf die Hühner und Gänse der Bauern Jagd gemacht, auch sein Talent als Kirchensänger zur Unterhaltung der Soldaten mit zotigen Liedern angewandt und damit sogar etwas Geld verdient. In anderen Versionen heißt er Matthias und ist der Sohn eines evangelischen Pastors. Mit seinem Vater geht er zum Einkauf nach Krakau, wo ihnen ein alter, löcheriger Mantel aufgeschwatzt wird, der einem Sohn Luthers gehört haben soll, dazu das Schwert des Hussitenführers Žižka und den Dolch, mit dem Lukretia sich das Leben nahm und der sich später unter den Schätzen der Königin Elisabeth von England befand. Matthias übertrifft Albertus in einem Punkt: er tritt aus praktischen Gründen zum Katholizismus über.

Eine dritte Gruppe dieser Stücke ist dem Leben der *Ribaldi* entnommen. In der *Neuen Ribaldischen Komödie (Komedia rybałtowska nowa)* streicht unser

Freund Albertus in Gesellschaft eines Magisters (Lehrers), Kirchensängers und Glöckners durch Feld und Flur auf der Suche nach einem Bissen Brot. Ein Bauer weist sie ab: Marodeure hätten ihn ratzekahl gegessen. In diesem Augenblick betritt ein Marodeur in Begleitung von zwei Bettlern das Haus, und es kommt zu einer hitzigen Auseinandersetzung, in deren Verlauf die Streitenden eine ausgezeichnete Kenntnis der politischen Verhältnisse an den Tag legen. Der Soldat muß es sich gefallen lassen, für die Plünderung des Landes durch das Heer verantwortlich gemacht zu werden. Er beruft sich auf die Not der Polen, die nach der Eroberung Moskaus von den Russen im Kreml belagert wurden: Hunde und Katzen mußten sie essen, und »das Bein eines Gefangenen schmeckte besser als Wildbret«. Die Bettler verspotten den Soldaten, weil die Polen Moskau nicht halten konnten, obwohl es in ihrer Hand war; hilflose Bauern auszuplündern, das sei keine Kunst. Es kommt zu einer Schlägerei, der Soldat wird entwaffnet, Albertus erkennt in ihm einen alten Freund und rettet ihn aus der Hand der Bettler. Der Bauer ist froh, daß der Streit zu Ende ist, und rückt nun mit Speis und Trank heraus. Ein Bettlerpaar füllt die Pausen mit Gesang und Tanz. Diese ribaldische Komödie gehört zu den besten ihrer Art. Mit ihren Einzelheiten aus dem täglichen Leben des Volkes kann auch sie mit den holländischen oder flämischen Meisterwerken der Malerei des 17. Jahrhunderts verglichen werden.

In der *Synode der Kirchendiener aus dem Hügelland (Synod klechów podgórskich)* kommen Ribaldi aus der Gegend südlich von Krakau und dem Vorgebirge der Hohen Tatra zu einer Standeskonferenz zusammen, um über ihre Nöte zu beraten, besonders über die niedrigen Löhne und die schlechte Behandlung. Das Stück hat die Form einer Parlamentsdebatte. Ein Teilnehmer erhebt sich, beschreibt eingehend sein elendes Leben und verlangt Kollektivaktion. Andere sind für radikale Lösungen, Arbeitsverweigerung und Übergang zum Soldaten- oder Handwerkerstand. Einer gibt seinen Entschluß bekannt, Protestant zu werden, weil man es damit bis zum Pastor bringen könne, wofür er von den anderen bespuckt und hinausgeworfen wird. Schließlich werden die Statuten der Gilde mit den Rechten und Pflichten der Mitglieder beschlossen. Solche Aufführungen waren beliebte Volksbelustigungen, besonders wenn sie von Küstern, Glöcknern, Volksschullehrern u. dgl. m. handelten.

Eine vierte Art der ribaldischen Komödie bedient sich der Maskerade, besonders während des Faschings *(Mięsopust)*. Gewöhnlich spielen diese Stücke in einem Wirtshaus, wobei Getränke, Krüge, Gläser und Flaschen aller Art eingehend und mit offenkundigem Vergnügen beschrieben werden. In einer solchen Komödie führt Bacchus mit seinem Satyrgefolge und zwei Teufeln die Karnevalsgesellschaft an. Er verspricht jedermann ebensoviel Kannen Bier, wie sein Name Buchstaben enthält, und natürlich entstehen da Namen wie *Kufo-beczko-barylo-cebr-bokłako-kuflowski* (Kufen-Faß-Bottich-Zuber-Flaschen-Krugowski). Ein Mann fällt betrunken unter den Tisch, und die anderen spielen ihm einen Streich: Sie setzen ihm Kuhhörner auf und bekleben Gesicht und Hände mit Haaren. Seine Erlebnisse in der Nachbarschaft, nachdem er wieder erwacht ist, nehmen dann einen großen Teil des Stückes ein. Die Szenen dieser Faschingskomödie laufen fast wie ein Film ab.

Die bestbekannte dieser Mummenschanzkomödien ist Piotr Barykas *Der Bauer als König (Z chłopa król),* die 1634 uraufgeführt und ins Repertoire des Hoftheaters aufgenommen wurde. Einige Soldaten stoßen auf einen Bauern, der seinen Rausch ausschläft. Sie kleiden ihn in einen kostbaren Mantel, setzen ihm eine Krone auf und huldigen ihm als König. Der Bauer versteht nicht, was ihm geschieht, geht aber auf den Ulk ein und treibt die Possenreißer mit seinem unersättlichen Appetit zur Verzweiflung. Im polnischen Heer dienten damals viele Kosaken, und die Soldaten sprechen daher nicht nur Polnisch, sondern auch Ukrainisch. Der Epilog gibt das Ende des Faschings bekannt; die jungen Leute, die keine Braut oder keinen Bräutigam gefunden haben, müssen nun bis Ostern warten. In seinem präzisen Aufbau und seiner realistisch-reinen Sprache ist das Stück noch heute eine unterhaltende Lektüre. Der Verfasser handhabt den 13silbigen Vers mit großer Fertigkeit. Das Genre der *komedia rybałtowska* erhielt sich bis zur Mitte des 17. Jahrhunderts, also fast hundert Jahre.

Moralitäten

Moralitäten waren im Mittelalter überall sehr beliebt und erreichten ihren Höhepunkt im 15. Jahrhundert mit der englischen Jedermann-Version *(Everyman)*. Sie handeln gewöhnlich von Sündern, die vor dem Gottesgericht stehen. Ich habe bereits in diesem Zusammenhang auf das Fragment *Wehklage eines Sterbenden* aus dem 15. Jahrhundert sowie auf Mikołaj Rejs *Kaufmann* hingewiesen. Die Vorliebe des Barock für Höllenszenen gab den Moralitäten im 17. Jahrhundert einen neuen Aufschwung. Ein Kuriosum dieser Übergangszeit ist das Stück des volkstümlichen Schriftstellers Jan Jurkowski aus dem Jahre 1604, *Die Tragödie des polnischen Scilurus*. Scilurus war der sagenhafte Skythenkönig, der seinen Söhnen die Macht der Einheit zeigen wollte, indem er sie zuerst ein Bündel von Pfeilen, dann jeden Pfeil einzeln zerbrechen ließ. In Jurkowskis Werk sind die drei Söhne der polnische Herkules, der polnische Paris und der polnische Diogenes. Herkules kämpft gegen die Türken und soll das aktive Leben darstellen, der in Frankreich und Deutschland erzogene Paris das Leben der Vergnügungen und Diogenes das der Weisheit und Tugend. Gleich seinem legendären Vorgänger zeigt der Vater ihnen die Macht der Einheit, da tritt der Tod herein (er trägt eine Krone auf dem Haupt), gefolgt vom Teufel, der sich die Seele des sterbenden Scilurus holen kommt. Da dieser aber zwei gute Söhne hat, wird der Böse von einem Engel vertrieben. Die Pause zwischen dem ersten und zweiten Akt füllt ein komisches Gespräch zweier Landstreicher, die zum Leichenschmaus eilen und sich in der Gaunersprache ihrer Zeit unterhalten.
Im zweiten Akt wird Herkules (der dem Personenverzeichnis nach ein Löwen- oder Leopardenfell tragen soll) von zwei Gestalten angesprochen, dem Vergnügen (»prächtig gekleidet, mit einer Kerze in der einen, einem Schwert oder Dolch in der anderen Hand«) und der Tugend (»einfach und schlicht gekleidet, einen Anker in der einen, einen grünen Kranz in der anderen Hand«). Herkules entscheidet sich für die Tugend und wird dafür vom Ruhm gelobt (»soll schwarz-weiße Flügel mit vielen Federn und vieler Augen haben, in der einen Hand einen grünen Kranz, in der anderen einen brennenden Docht oder zwei Trompeten«).
Im dritten Akt gibt Paris (»nach italienischer oder deutscher Art gekleidet, eine Zither im Arm«) Venus den Vorrang vor Juno und Pallas Athene, denen seine Brüder Herkules und Diogenes dienen. Er huldigt außerdem einer neuen Person, dem Großen Lob *(Wielki Chwał)*, dem Zeremonienmeister al-

ler Eitelkeiten der Welt. Der Ruhm verkündet das schmachvolle Ende des Paris, und der Akt schließt mit einem Tanz von Paris und Helena, vor denen das Große Lob einen Teppich ausbreitet. Drei Teufel namens Kostruban, Duliban und Mendrela werfen Würfel um die Seele des Paris. Auf diesen Akt folgt ein Zwischenspiel nach Art der *komedia rybałtowska,* in dem ein Gutsherr den Lehrer seiner Kinder, einen Studenten, schlecht behandelt.

Akt IV zeigt den polnischen Diogenes (»nach Priesterart gekleidet, mit Büchern im Arm«) auf der Suche nach einem tugendhaften Menschen. Alexander der Große taucht auf und verwickelt ihn in ein Gespräch. Das Stück endet mit einer Lobrede des Ruhms auf Diogenes.

Der Dialog

Der aus dem Mittelalter stammende Dialog nahm zur Zeit der religiösen Konflikte eine neue Form an. Noch Rejs *Auseinandersetzung zwischen einem Edelmann, Schulzen und Pfarrer* sollte nicht aufgeführt, sondern vorgelesen werden. Katholiken und Protestanten gaben aber diesen Dialogen eine mehr theatralische Form. So führt z. B. ein katholischer Priester in der aus der Mitte des 16. Jahrhunderts stammenden *Fastnachtskomödie* ein langes theologisches Gespräch mit seinem Gast, einem protestantischen Bürger. In die Enge getrieben, bedroht dieser seinen Gastgeber tätlich und wird daraufhin vom Hausgesinde verprügelt. Im nächsten Akt kommt er mit einem Wittenberger Studenten zurück, der in der Bibel gut bewandert ist. Diesem liegt aber viel mehr an einem guten Bissen, und als das Essen aufgetragen wird, beginnt er eine Diskussion über das Fasten und den Fasching. Nach der Mahlzeit, im dritten Akt, ruft der Student, der im Disput den kürzeren gezogen hat, nach Maschka, der Köchin, mit der er ein Tänzchen wagen möchte. Sie weigert sich zunächst: »Ich bin schwarz vom Ruß und rieche nach Rauch – wie kann ich zu den Gästen gehen, ohne mich zu waschen?«, läßt sich aber bewegen und beeindruckt den Studenten mit ihrer Schönheit. Sie erweist sich auch als gute Theologin und widerlegt die Einwände der Protestanten, die zum Schluß um Entschuldigung bitten.

Das Jesuiten-Theater

Das Theater als ständige Institution war in Polen bis zur Mitte des 18. Jahrhunderts unbekannt. Stücke wurden von wandernden Schauspielern oder Amateuren aufgeführt, von einem wohlhabenden Mann, einem Magnaten oder dem König, finanziert. Studenten waren schon immer gute Schauspieler, und so veranstalteten verschiedene Schulen Vorstellungen für ihre Schüler oder für die Bürger des Ortes. Die Jesuiten bedienten sich des Schultheaters in ihrem Kampf gegen die Reformation. Sie waren sich der theatralischen Effekte des katholischen Gottesdienstes wohl bewußt (denen die Protestanten an Pomp, Klang oder Bewegung nichts entgegenzustellen hatten) und bewiesen ihr schauspielerisches Talent auch im Theater. Die Geschichte des polnischen Jesuiten-Theaters wird von seinem Kenner Julian Lewański in vier Perioden eingeteilt, die sich über zweihundert Jahre hinziehen. Die erste reicht von der Gründung des ersten Jesuitenkollegs im Jahre 1564 bis zum Ende des 16. Jahrhunderts. Sie ist eine Experimentierzeit, die zwischen Dialog und Moralität einerseits und andererseits einer Schauspielform, die halb Drama, halb musikalisches Schaustück ist, schwankt. Die zweite Periode fällt in die erste Hälfte des 17. Jahrhunderts und ist die Blütezeit des Jesuiten-Theaters, das jetzt vortrefflich aufgebaute Stücke mit lebhaften Zwischenspielen produzierte, die Harmonie zwischen Wort, Klang, Musik und Szenerie aufwiesen. Die Stücke waren polnisch oder lateinisch geschrieben. Jetzt wurde auch eine interessante Neuheit, die *Laterna magica,* eingeführt. (Diese Form des Theaters war das Charakteristikum des polnischen Barock.) Die dritte Periode erstreckt sich von der Mitte des 17. bis zur Mitte des 18. Jahrhunderts und ist eine Zeit des Niedergangs. Pantomimen mit Klang- und Lichteffekten herrschen vor und stellen die anderen Elemente in den Schatten. Die Texte sind schwerfällig, oft albern. Meist wird lateinisch gesprochen, was Polemik und Diskussion von der Bühne verdrängt. Die vierte Periode ist eine Zeit langsamer Erholung von der Mitte des 18. Jahrhunderts bis zur Auflösung des Ordens durch den Papst im Jahre 1773, mit Rückkehr zur polnischen Sprache, allmählichem Übergang von Poesie zu Prosa und Übersetzungen aus fremden Sprachen.

Für den Slawisten ist das Jesuiten-Theater von Bedeutung, da es für den Übergang mancher Theaterformen von den West- zu den Ostslawen eine gewisse Rolle spielte. In den Ostprovinzen der polnisch-litauischen *Respublica* bis nach Mohilew, Polotzk, Smolensk und Witebsk hin gab es 23 höhere Jesuitenschulen, und in ihrer Anpassungsfähigkeit an lokale Bedingungen führten die Jesuiten dort auch Stücke in Alt-Weißrussisch oder Alt-Ukrainisch auf, wobei sie griechisch-orthodoxe Stoffe keineswegs verschmähten, wie z. B. die Geschichte der Märtyrer Boris und Gleb.

Das protestantische Theater

Die protestantischen Schulen in den vorwiegend lutherischen Städten Nordpolens führten Stücke in lateinischer oder deutscher Sprache auf. Das polnisch-protestantische Theater ist einem Dichter tschechischer Zunge, einem Glorreichen der europäischen Literatur im 17. Jahrhundert, besonders verpflichtet: Jan Amos Komenský (Comenius). Nach der Unterwerfung seines Heimatlandes durch die Habsburger im Jahre 1620 und der Einführung der römisch-katholischen Staatskirche zog Komenský zu seinen Glaubensgenossen, den Böhmischen Brüdern, die die hussitische Tradition lebendig erhielten, nach Polen. In Lissa (Leszno) gründete er eine Akademie zur Verbreitung seiner *Pansophia* (Universalwissenschaft) und wurde damit zum Vorläufer der Enzyklopädisten. Komenský sah im Theater ein ausgezeichnetes, den Bedürfnissen der Studenten angepaßtes Medium, besser als Bücher und Unterricht. Über seine Erfahrungen in Polen sagt er folgendes:

»Man riet mir, diese Spielereien den Jesuiten zu überlassen; ich sei zu Höherem berufen. Ich antwortete: Diese Spielereien haben einen guten Zweck. Wahrlich, die Jesuiten sind Kinder dieser Welt und wissen mit ihr umzugehen; wir dagegen sind Kinder des Lichtes, unerfahren in weltlichen Dingen. Ihre Methoden ziehen begabte Köpfe aus aller Welt an, die sie mit ihren Übungen auf die Aufgaben des Lebens vorbereiten; damit verglichen sind unsere Methoden jämmerlich. Und ich fügte hinzu: Ohne unsere Schulen wäre in Polen alles verloren. Nur sie halten unsere Brüder davon ab, ihre Söhne zu den Jesuiten zu schicken, und lassen uns hoffen, daß manche von den Jesuiten den Weg zu uns finden werden.«

Komenskýs Bewertung des Schultheaters kann in den folgenden Punkten zusammengefaßt werden:

1. Keine Schuldisziplin wird die Schüler dazu bringen können, sich besondere Mühe zu geben, wie die Teilnahme an einer Theatervorstellung es vermag.
2. Durch die Freude am Theater studieren sie mit größerem Eifer als mit den besten Lehrbüchern.
3. Die mitwirkenden Studenten sind von der Hoffnung auf Erfolg und der Furcht vor Mißerfolg erfüllt.
4. Auch die Lehrer strengen sich mehr an, denn sie müssen ihre Erfolge auf der Bühne beweisen.
5. Die Eltern freuen sich an den Erfolgen ihrer Söhne und geizen daher nicht mit Geld für Schule und Theater.
6. Begabte Individuen können ihr Talent zur Schau stellen, und die Erzieher sich ein besseres Bild davon machen, wer ein Stipendium verdient.
7. Die Schüler erhalten eine Ausbildung, die ihnen im Leben zugute kommen wird: sie lernen sich zu bewegen, zu sprechen und jede gesellschaftliche Rolle zu spielen.

Literatur in anderen Sprachen

Als mehrsprachiger Staat begünstigte die *Respublica* nicht nur das polnische und lateinische Schrifttum, sondern auch andere Sprachen, besonders dank der Reformation und den von ihr verursachten Meinungsverschiedenheiten. In Städten mit starker deutscher Bevölkerung wie an der Ostsee wetteiferte das Deutsche so erfolgreich mit dem Lateinischen, daß dort eine reiche Literatur in deutscher Sprache entstand. Von größerer Bedeutung ist für uns die Tatsache, daß die *Respublica* neben der polnischen Literatur zum Mutterland dreier anderer Literaturen wurde: der litauischen, weißrussischen und ukrainischen (und im 19. Jahrhundert auch zu dem der neuhebräischen und jiddischen). Litauen im ethnischen Sinne des Wortes lag innerhalb der Grenzen des Großfürstentums Litauen, ein kleiner Teil gehörte aber zu Ostpreußen, das damals ein polnischer Lehnsstaat war; und hier, in Königsberg, einem bedeutenden Buchdruckerzentrum, erschien im Jahre 1547 das erste in litauischer Sprache gedruckte Buch, der *Katechismus* von M. Mažvydas. Die Zahl der litauischen Druckwerke nahm beständig zu, bis zum 18. Jahrhundert waren es jedoch durchweg religiöse (protestantische oder katholische) Bücher, mit Ausnahme des ersten polnisch-lateinisch-litauischen Wörterbuches aus der Druckerei K. Širvidas in Wilna (litauisch Vilnius) im Jahre 1629.

Schon im Mittelalter umfaßte das Großfürstentum Litauen Völkerschaften verschiedener ostslawischer Dialekte, die in kyrillischer Schrift auch in offiziellen Dokumenten verwendet wurden. Der litauische Adel gab seine Sprache allmählich zugunsten des Slawischen in seiner polnischen oder ostslawischen Form auf. Schon im 16. Jahrhundert wurde das Litauische nur noch als Bauernsprache betrachtet, und dabei blieb es bis zum Ende des 19. Jahrhunderts. Die Amtssprache des Großfürstentums war das Ruthenische, das sich im 16. Jahrhundert in einen nördlichen (weißrussischen) und südlichen (ukrainischen) Zweig teilte. Die Sprachgrenzen überschnitten sich, das Ruthenische nahm viele polnische Ausdrücke an, und manche seiner Texte erscheinen fast wie ein (kyrillisch geschriebenes) Polnisch mit ostslawischen Endungen. Es läßt sich auch nicht sagen, welche Unterschiede zwischen der offiziellen und der Volkssprache bestanden. Beim Studium des Lebens und der Institutionen des Großfürstentums sowie der Geschichte der Reformation darf dieser Schatz an Edikten, Anweisungen, rechtlichen Satzungen und gelegentlichen religiösen Polemiken jedenfalls nicht unbeachtet bleiben. Die erste Bibelübersetzung, die in der *Respublica* erschien, war, wie bereits erwähnt, nicht in polnischer, sondern alt-weißrussischer Sprache abgefaßt (von Franziskus Skoryna).

Im Jahre 1529 erschienen in Wilna die *Litauischen Statuten,* ein juristisches Monumentalwerk in Alt-Weißrussisch. Die Protestanten des Großfürstentums vergaßen nicht, daß viele ihrer Landsleute des Polnischen nicht mächtig waren, und Simon Budny, der bedeutendste Arianer in Litauen, schrieb seine Polemiken in Polnisch und Alt-Weißrussisch. Die beiden Sprachen waren übrigens gleichberechtigt, und die adligen Herren des Großfürstentums bedienten sich in ihren offiziellen Ansprachen in Warschau des Weißrussischen, wie beispielsweise der Vizekanzler Lew Sapieha in einer Rede aus dem Jahre 1588. Auch Lobeshymnen auf lokale Magnaten sind oft in dieser Sprache abgefaßt, wie die Gedichte von Andrzej Rymsza, um nur ein Beispiel zu nennen.

Das interessanteste Werk in Alt-Weißrussisch sind die Memoiren eines Edelmanns aus der Gegend von Nowogrodek, auch heute noch eine gute Lektüre. Teodor Jewłaszewski (1564–1604), ein Calvinist, schickte seine Kinder in arianische Schulen und unterhielt dabei freundliche Beziehungen zum Wilnaer katholischen Klerus. In seinen Erinnerungen, die er am Lebensabend schrieb, blickt er wehmütig auf die Zeit absoluter Toleranz zwischen Menschen verschiedenen Glaubens und verschiedener Sprache zurück, eine Zeit, die unter dem Zugriff der Gegenreformation rasch verging. Jewłaszewskis Sprache enthält zahlreiche »Polonismen«; sie kommt aus einer Übergangszeit in der Geschichte des Großfürstentums, als die ruthenischen Herren ihre Sprache zugunsten des Polnischen und den protestantischen oder orthodoxen Glauben zugunsten des römisch-katholischen aufzugeben begannen.

Die ersten Vertreter der alt-ukrainischen Literatur waren Männer, die beim Streit um die Union mit Rom auf verschiedenen Seiten standen. Der bedeutendste Fürsprecher der Union war der hervorragende Polemiker Adam Ipatii Potij (polnisch Pociej), der seine Argumente in polnischer oder ruthenischer Sprache (in ihrer alt-ukrainischen Form) darlegte. Das Ziel seiner Angriffe war der Hauptgegner der Union, Fürst Ostrogski, der eine Bibelübersetzung in Alt-Slawisch anfertigen ließ, die sogenannte Ostroger Bibel.

Ein fanatischer Gegner jeder Annäherung an Rom war Ivan Višenskyj (geboren um die Mitte des 16. Jahrhunderts, gestorben etwa 1620), ein feuriger Prediger, der den größten Teil seines Lebens im Kloster am Berge Athos verbrachte. In seinen blütenreichen, hochtrabenden Sendschreiben greift er die weltliche und geistliche Aristokratie Polens und der Ukraine besonders scharf an. Man könnte ihn einen ukrainischen Piotr Skarga nennen, denn die Ähnlichkeit zwischen dem polnischen Jesuitenpater und seinem Zeitgenossen, dem orthodoxen Mönch vom Berge Athos, ist augenfällig. Es scheint, daß Višenskyj bei all seinem Haß gegen die römische Kirche ihre Rhetorik zur Verteidigung seiner eigenen Sache nicht verschmähte.

Es ist hier nicht der Ort, die Geschichte der weißrussischen oder ukrainischen Literatur zu verfolgen. Es sei nur darauf hingewiesen, daß die »ruthenische« Sprache ihren Platz im zeitgenössischen Schrifttum hatte und auch in rein polnischen Gebieten gut verstanden wurde.

Das 17. Jahrhundert:
Gegenreformation und Barock

4

Allgemeine Verhältnisse

Die politische und wirtschaftliche Stabilität Polens begann im 17. Jahrhundert ins Wanken zu geraten. Der Reichstag erließ eine Reihe von Gesetzen, die gegen die Städte gerichtet waren und zu ihrem Verfall beitrugen. Zunächst blieb ihnen noch ihr Wohlstand, und sie versuchten, die Tradition in Gelehrsamkeit und Literatur aufrechtzuerhalten, aber verheerende Kriege bereiteten um die Mitte des Jahrhunderts ihrer Entwicklung ein Ende. Das Land fiel in die Agrarwirtschaft zurück, zu einer Zeit, da das westeuropäische Bürgertum wirtschaftlich aufstieg. Der Großgrundbesitz wurde zum vorherrschenden System und mit ihm die Verelendung und Unterdrückung der Bauern. Die »goldene Freiheit« des Adels entartete zu Willkür und Anarchie. Kein Jahrzehnt verging ohne Adelsverschwörungen, sogenannte Konföderationen, wobei der Regierung verschiedene Freiheitsbegrenzungen vorgeworfen wurden und die gewöhnlich in einem Kompromiß endeten, der die Achtung vor dem Gesetz noch mehr untergrub. Der König fand sich trotz der symbolischen Ehrerbietung, die man ihm zollte, von Mißtrauen und Haß umgeben, obwohl seine Macht im Vergleich zu der der absoluten Monarchien Europas minimal war. Der Landadel war aus dem langen Kampf mit den Magnaten und Bischöfen siegreich hervorgegangen und mittels des Reichstags zum wahren Herrscher des Landes geworden, hatte aber wenig politischen Verstand und ließ sich von den Magnaten als williges Werkzeug benutzen. Der Kleinadel (die sogenannte *szlachta),* der etwa zehn Prozent der Bevölkerung ausmachte, verarmte immer mehr. Die Anhäufung riesiger Vermögen in der Hand der wenigen bedeutete zugleich die Verarmung der vielen, d. h. der mittleren Grundbesitzer. (In der Provinz Lublin sank der Landbesitz dieser Klasse von 44,9 Prozent um die Mitte des 15. auf 16,9 Prozent im 17. und 9,2 Prozent im 18. Jahrhundert; die Besitzungen der Magnaten, der Kirche und des Königs vergrößerten sich im umgekehrten Verhältnis.) Der Hochadel umgab sich mit einer »Klientel« verarmter Edelleute, deren Stimmen er bei Reichstagswahlen billig kaufen konnte. So wurde der Reichstag zum Spielfeld von Klüngeln im Dienst der großen Herren, die sich in offener Herausforderung des Königs riesige Latifundien buchstäblich aus dem Leib des Landes herausschnitten und die Bauern rücksichtslos ausbeuteten, besonders in der Ukraine. Das Prinzip der Einstimmigkeit im Reichstag war im 16. Jahrhundert äußerst selten angewandt worden, denn vor der Abstimmung war bereits alles hinter den Kulissen vereinbart. Nun aber wurde es zum *liberum veto,* dem freien Vetorecht, das jedem Reichstagsmitglied zustand und dessen Inanspruchnahme die Tagung automatisch abbrach und alle von ihr angenommenen Gesetze annullierte. Zum erstenmal wurde im Jahre 1652 davon Gebrauch gemacht.

In den dynastischen Wirren in Rußland unterstützten die Polen den Falschen Demetrius. Sie eroberten Smolensk, schlugen die russische Entsatzarmee in die Flucht und rückten gegen Moskau vor. Ihr Befehlshaber, der Hetman Stanislaus Żółkiewski, Diplomat, Feldherr und Schriftsteller in einer Person (er hinterließ einen interessanten Bericht über den Moskauer Feldzug), war mit den russischen Bojaren übereingekommen, dem Sohn des polnischen Königs Sigismund III. Wasa, Ladislaus, den Zarenthron anzubieten. Die Polen eroberten Moskau und besetzten den Kreml, Żółkiewski wurde aber vom Reichstag und dem König im Stich gelassen, der anscheinend den russischen Thron für sich haben wollte, und schlug das Verlangen der Bojaren, sein Sohn solle den griechisch-orthodoxen Glauben annehmen, rundweg ab. Die Russen hatten inzwischen starke Kräfte zusammengezogen und belagerten die polnische Garnison im Kreml, bis sie im Oktober 1612 halb verhungert kapitulierte. (Żółkiewski befehligte auch die polnischen Truppen in einem der Kriege mit der Türkei und fiel in der Schlacht von Cecora im Jahre 1620.)

Die ukrainische Frage

Das tyrannische Regime der polnischen Magnaten in der Ukraine lastete auf den Bauern um so schwerer, als sie im Gegensatz zu den Weißrussen zum größten Teil der orthodoxen Kirche treu geblieben waren. Die Situation wurde weiter verschärft durch die Kosaken, eine eigenartige soziale Gemeinschaft, die in Europa nicht ihresgleichen hatte. Sie bildeten eine Art militärischen Orden, lebten in ihren Siedlungen entlang des Dnjepr und anerkannten in einer nicht genau zu beschreibenden Weise den polnischen König als ihren Oberherrn. Als freie Männer, deren Beutezüge bis ans türkische Ufer des Schwarzen Meeres reichten, waren sie in den weiten Südsteppen der *Respublica* ein Bollwerk gegen die Bedrohung des Landes durch die moslemischen Tataren. Von national-religiösen Gefühlen getrieben, brach die Unzufriedenheit der Ukrainer im Jahre 1648 in einem Aufstand gegen Polen aus, der sich unter Teilnahme der Kosaken nach Westen ausbreitete und auch rein polnische Provinzen mit sich riß. In der Ukraine selbst wurde der Bauernaufstand unter Anführung des ukrainischen Hetmans Bogdan Chmielnicki zu einem nationalen Freiheitskrieg. Der König wollte einlenken, und Chmielnicki war zunächst nicht abgeneigt, seine Vermittlung anzunehmen. Die Magnaten ließen sich jedoch von ihrer Unterdrückungspolitik nicht abbringen, und so kam es zum Krieg, der von beiden Seiten mit äußerster Grausamkeit geführt wurde. Nach anfänglichen Erfolgen sah sich Chmielnicki in die Enge getrieben und stellte im Vertrag von Perejasslaw die Ukraine unter den Schutz des Zaren, der sie später annektierte. Nach Chmielnickis Tod versuchten Polen und Ukrainer zu einer Verständigung zu gelangen und die *Respublica* im Vertrag von Hadziacz (1658) zu einem Staatenbund von Polen, Litauen und der Ukraine zu machen. Die letztere sollte die Oberhoheit des polnischen Königs anerkennen, Abgeordnete in den polnischen Reichstag entsenden und sich zu gemeinsamer Außenpolitik verpflichten. Sie erhielt rechtliche Autonomie und besondere Privilegien für die orthodoxe Kirche mit Senatssitzen für den Metropoliten von Kiew und die Bischöfe. Die russische Diplomatie war daran natürlich nicht interessiert und verstand es, einen Teil des ukrainischen Adels auf ihre Seite zu bringen. Auch andere Faktoren trugen dazu bei, daß es schließlich zu einem lang andauernden Krieg zwischen Polen und Rußland kam, der im Jahre 1667 im Frieden von Andrussowo mit der Teilung der Ukraine endete. Polen behielt die Provinzen westlich des Dnjepr, die östlichen einschließlich Kiew fielen an Rußland.

Die Schwedenkriege

Seit der Zeit, als Polen einen Schweden aus dem Hause Wasa zum König gewählt hatte, war es dynastischer Rivalitäten wegen ständig in Kriege mit Schweden verwickelt, deren Schauplatz die Ostseeländer, vornehmlich Livland, waren. Im Jahre 1655 ging das Heer Karl Gustavs in Nordpolen an Land, ohne auf ernsten Widerstand zu stoßen. Der protestantische Adel war von der Gegenreformation in die Arme des Schwedenkönigs getrieben worden, aber auch zahlreiche Katholiken schlossen sich ihm an. Die Schweden besetzten den größten Teil des Landes, erlitten aber schwere Rückschläge nach der erfolglosen Belagerung des Klosters von Tschenstochau, des polnischen Nationalheiligtums. Dieses Ereignis wurde vom Volk als Wunder betrachtet. Unter seinem Eindruck entwickelte sich unter Führung katholischer Geistlicher ein Guerillakrieg fanatischer Bauern gegen die fremden Ketzer. Das inzwischen reorganisierte polnische Heer schlug die Schweden in mehreren Kämpfen und trieb sie schließlich aus dem Lande. Der Krieg hatte verheerende Folgen. Viele Städte waren zerstört worden, Mittel zum Wiederaufbau fehlten. Ihr Verfall bestimmte die kulturelle Entwicklung Polens über einen Zeitraum von zweihundert Jahren. Die protestantische Literatur endete im Jahre 1655/56. Der Umstand, daß die Protestanten die Schweden unterstützt hatten, rächte sich vor allem an den Arianern. Katholiken und Calvinisten suchten nach einem Sündenbock und klagten die Arianer der Kollaboration an. Diese wurden im Jahre 1658 vom Reichstag vor die Wahl gestellt, den katholischen Glauben anzunehmen oder aus dem Lande verbannt zu werden. So endete die *Ecclesia Minor* nach einer Lebensdauer von fast hundert Jahren. Die führenden Arianer wanderten nach Holland aus, wo sie die *Bibliotheca Fratrum Polonorum* herausgaben, eine monumentale Sammlung ihrer Schriften. Von Holland und über England kam die Bewegung nach Amerika, wo sie in der Kirche der Unitarier fortlebt. Calvinistische und lutherische Protestanten wurden nach 1655/56 bedeutungslose Minderheiten.

Das Erziehungswesen

Auch das Schulwesen verfiel zusehends. Die Jesuitenschulen paßten sich dem Geschmack des Landadels an und lehrten nichts weiter als pompöse Rhetorik in Polnisch und Latein. Einige von ihnen, besonders die Wilnaer Akademie, erreichten jedoch gerade in der ersten Hälfte des 17. Jahrhunderts eine Blütezeit im guten Sinne der »jesuitischen Tradition«. Aus dem allgemeinen Niedergang des Landes in Obskurantismus und Bildungshaß ragten einige protestantische Institutionen hervor, die selbst den geistigen Strömungen Europas weit voraus waren, allen voran die Schule der Arianer (Sozianer) in Raków, deren Schriften zu den bedeutendsten Beiträgen Polens zum europäischen Geistesleben gehören. Sie waren meist in lateinischer Sprache verfaßt und galten als die kühnste Deutung des Christentums in seiner Begegnung mit der Aufklärung. Die christlichen Kirchen stimmten in der Verurteilung der Sozinianer als Deisten überein (dieser Begriff ist jüngeren Datums). Um so mehr wurden indes ihre Schriften gelesen, obwohl sich niemand offen dazu bekennen wollte. Spinoza und Locke übernahmen manche Gedanken von den Sozinianern, als man es aber dem letzteren vorhielt, stritt er es ab. H. J. McLachlan sagt darüber in seinem *Socinianism in Seventeenth Century England* (Oxford 1951): »Er leugnete es, den Sozinianern Dank zu schulden, und ging darin so weit, daß er in seiner *Zweiten Rechtfertigung der Vernünftigkeit des Christentums (Second Vindication of the Reasonableness of Christianity)* erklärte, keine einzige Seite von Socinus oder Crell gelesen zu haben.« McLachlan weist darauf hin, daß Locke zahlreiche Rakower Bücher besaß, die mit vielen Randglossen von seiner Hand versehen waren. Die Rakówer Schule existierte von 1602 bis 1638 und wurde wegen eines Studentenstreiches, in dem die Katholiken eine Verspottung des Kreuzes sahen, trotz der Proteste vieler calvinistischer und katholischer Deputierter vom parlamentarischen Gerichtshof geschlossen. Ein anderes Zentrum der Gelehrsamkeit war die protestantische Akademie von Lissa, die von der Adelsfamilie Leszczyński unterhalten und von Komenský geleitet wurde, dessen (lateinisch geschriebenen) Werke eine große Rolle in der geistigen Vorbereitung der Cromwellschen Revolution in England spielten. Später, als Cromwell bereits an der Macht war, besuchte Komenský London, wo er sich ständig von Bewunderern umgeben sah und ihm die Stellung eines Rektors der Harvard-Universität angeboten wurde. Er lehnte das Angebot ab, denn nach der Schiffsfahrt von Danzig nach London fühlte er sich den Strapazen einer Seereise in die Neue Welt nicht gewachsen. Im Jahre 1656 wurde die Schule von Lissa von katholischen Truppen, welche den fliehenden Schweden nachsetzten, in Brand gesteckt und dem Erdboden gleichgemacht. Komenskýs reiche Bibliothek ging in Flammen auf. Er selbst kam mit dem nackten Leben davon und fand in Amsterdam Zuflucht.

Für das polnische Erziehungswesen bedeutete das Jahr 1655/56 ein Unglücksjahr. Die Jesuiten saßen im Sattel, hatten ein Schulmonopol und brauchten sich keine Mühe mehr zu geben. Die Krakauer Universität verfiel zusehends, und Krakau selbst büßte im Jahre 1596 mit der Verlegung des Königshofs nach Warschau seine Stellung als Hauptstadt ein.

Die Mentalität des Landadels

In der polnischen und allgemeineuropäischen Literatur wird der polnische Edelmann gewöhnlich im Rahmen eines Phänomens dargestellt, das im 17. Jahrhundert aufkam: der sogenannte Sarmatismus. Die Denkweise des Landadels entsprach seiner provinziellen Lebensweise auf dem Lande, jedoch mit einem viel engeren Horizont als im vorausgegangenen Jahrhundert. Studienreisen ins Ausland galten als überflüssig, denn Polen besaß ja in der »goldenen Freiheit« das beste politische System in der Welt – was konnte es da noch von anderen Völkern lernen? Die lärmend gastfreundlichen, zügellos streitsüchtigen Trunkenbolde fühlten sich bei der Lektüre von Cicero oder Seneca römischen Senatoren gleich. Sie liebten prunkvolle Tracht und bombastische Sprache. Die prahlerische Großtuerei mit luxuriösen Stoffen, glänzendem

Schmuck und reich verzierten Waffen war großenteils auf morgenländische Einflüsse zurückzuführen. In ständiger Berührung mit der Türkei, übernahm der Adel trotz Krieg und Feindseligkeiten Kleidung, Waffen und Pferdegeschirr der Türken mit den dazugehörigen Bezeichnungen. Aus dem Ideal des *gentleman farmer,* wie es Rej und Kochanowski vorschwebte, wurde eine egozentrische, jedem Wissensdrang feindliche Selbstgefälligkeit. Das religiöse Leben warf die Zweifel und Seelenqualen eines Sęp-Szarzyński ab und wurde zu leerer Konvention. Die Gegenreformation betonte den Pomp der Liturgie, und diese nahm eine barocke, opernartige Form an. All diese Interessen und Geschmacksverirrungen fanden ihr getreues Spiegelbild in der Literatur.

Türkenkriege

Die Nachbarschaft der Türkei weckte in Polen nicht nur orientalischen Geschmack, sondern auch das akute Bewußtsein, ein Vorposten der vom Islam bedrohten Christenwelt zu sein. Die Türken hatten die Wohngebiete der Südslawen, die Walachei und den größten Teil Ungarns unterworfen, und der Vatikan betrachtete den Kampf gegen den Islam als Hauptaufgabe der Christenheit. Treue zum Papst und dem verbündeten Ungarn verwickelte auch Polen in diesen Kampf. Seine südlichen Provinzen befanden sich bald direkt, bald indirekt in türkischer Hand und wurden oft von Kriegen heimgesucht.

Das Morgenland als literarisches Thema erschien in der westeuropäischen Literatur um die Wende des 18. zum 19. Jahrhundert, in Polen aber schon zur Zeit des Barock, und zwar mit Männern, welche die Levante als Diplomaten, Soldaten oder Kriegsgefangene aus erster Hand kennengelernt hatten. Zeitweilige Bündnisse mit Persien, dem alten Türkenfeind, blieben auch nicht ohne Einfluß. Vielleicht ist das der Grund dafür, daß Polen eine Übersetzung des Meisterwerkes der persischen Poesie, Saadis *Gulistan oder Rosengarten,* besitzt, die der ersten französischen Übersetzung um fünfzehn und der ersten deutschen um dreißig Jahre vorangeht. Samuel Otwinowski, polnischer Botschafter in Istanbul, arbeitete das Werk im Jahre 1620 in eine mit Versen durchsetzte Prosa um. Aus ähnlichen Gründen wurden auch verschiedene Kreuzzugsepen wie Tassos *Befreites Jerusalem,* wie zeitgenössische »Kriegsberichte« gelesen.

Die polnischen Feldzüge gegen die Türkei ließen die Südslawen neue Hoffnung schöpfen. Das kroatische Epos *Osman* von Iwan Gundulić verherrlichte den erfolgreichen Widerstand der Polen gegen die Türken in der Schlacht von Chotin (1621). Das Gefühl, daß Polen für die gesamte Christenheit kämpfe, durchdringt die Schriften der Zeit mit der Vorstellung, daß es als Bollwerk des Christentums, *antemuralis Christianitatis,* eine besondere Mission erfülle, ein Gedanke, der viel später in der romantischen Geschichtsauffassung wiederauferstand. Dieses Gefühl des Stolzes erreichte seinen Höhepunkt unter Johann Sobieski, dem letzten polnischen König, der einen Krieg gewann. Sobieski brachte den Türken im Südosten der *Respublica,* der Ukraine, eine Niederlage bei, schloß ein Bündnis mit Österreich und rückte in Eilmärschen auf das belagerte Wien vor, wo er 1683 die Türken vernichtend schlug und damit ihrem Traum von der Eroberung Europas ein Ende setzte.

Ein genaues Datum für den Sieg des Barock in der polnischen Literatur läßt sich nicht festlegen, doch kann das ausgehende 16. und die erste Hälfte des 17. Jahrhunderts als Übergangszeit angesehen werden. Der Barockdichter wollte den Leser durch ein Nebeneinander unvereinbarer Elemente überraschen, eine eigenartige Verknüpfung von Humor, Häßlichkeit und Schönheit, mit Vorliebe für Metaphern und verblüffende Einfälle. Dieser Stil fand seinen besten Ausdruck bei dem spanischen Dichter Góngora und dem Italiener Marino (oder Marini), die auch in Polen sehr bewundert wurden. Hinzu kam, daß eine neue Religiosität, ähnlich der des späten Mittelalters, die in Polen eine Folge des Sieges der Gegenreformation war, vieles in einem neuen Licht erscheinen ließ. Gedichte über Christus, die Heiligen, die Muttergottes holen Motive aus der Versenkung hervor, in die sie die Renaissance verbannt hatte. Asketische Weltverachtung paart sich mit vulgärer Sinnlichkeit und Vorliebe für das Makabre. Das Schrifttum des 17. Jahrhunderts wurde daher die längste Zeit über vom polnischen Publikum nicht nur ignoriert, sondern als groteske Barbarei verachtet, ein Urteil, das natürlich auf die Klassiker der Aufklärung zurückgeht, aber nicht der einzige Grund dafür, daß die Barockliteratur bis zum Beginn unseres Jahrhunderts unerforscht blieb.

Die Menschen des Barock waren von einer wahren Schreibbesessenheit. Das allgemeine Niveau der Jesuitenschulen war nicht hoch, doch bildeten sie die adlige Jugend in Massen zu Versemachern aus, und eine Flut von Gedichten ergoß sich über das Land, von denen jedoch nur die wenigsten den Weg zur Druckerpresse fanden. Die Buchdruckereien hatten zwar an Zahl zugenommen, die meisten aber die für das 16. Jahrhundert bezeichnende gute Qualität verloren; da man anderseits das Schreiben bloß als willkommene Beigabe zu gesellschaftlicher Unterhaltung betrachtete, wurden diese Dichtungen in Manuskriptform von Hand zu Hand weitergereicht und abgeschrieben. In den Wirren, die um diese Zeit in Polen herrschten, gingen viele von ihnen verloren, fielen der Vernichtung anheim oder wurden gestohlen. Einige jedoch erhielten sich dank des Brauchs, Notizbücher zu führen, sogenannte *silvae rerum (Dingwälder),* die neben Anekdoten, wichtigeren Ereignissen und Tagebucheintragungen auch Gedichte eigener oder fremder Herkunft enthalten.

Die Barockliteratur wurde von der Nachwelt auch wegen ihrer polnisch-lateinischen Sprachmischung, des ebenfalls im übrigen Europa verbreiteten sogenannten »Makkaronistils«, verlacht. Nach je zwei polnischen Sätzen einen lateinischen einzuschieben war das *Nonplusultra* an Kultiviertheit, abgesehen von solchen Geschmacklosigkeiten wie die Beugung polnischer Hauptwörter mit lateinischen Endungen und umgekehrt. (Als Kuriosum sei hier der volle Titel der »Flohiade« von Janus Caecilius Frey angeführt, des bekanntesten Werkes der deutschen Makkaroniliteratur aus dem 16. Jahrhundert: Floia, cortum versicale de flois schwartibus illis diriculis, quae omnes Minschos, Mannos, Weibras, Jungfras etc. behuppere et spitzibus suis schnaflis stekere et bitere solent, autore Gripholdo Knickknackio ex Floilandia.) Die Jesuiten brachten auch das Lateinische wieder zur Geltung, nicht das klassische, sondern das dekadente, sogenannte Silberlatein, und Werke dieser Sorte wurden imitiert und übersetzt. Allerdings gerieten die großen Dichter nicht völlig in Vergessenheit; Ovid z. B. wurde allen anderen vorgezogen, besonders seine *Metamorphosen.*

Wenn wir die erste Hälfte des 17. Jahrhunderts beiseite lassen, in der sich fast unmerklich die Abwendung von Humanismus und Reformation vollzieht, besteht die polnische Barockliteratur aus zwei Gruppen: einerseits kultivierte Dichter, meist am Königshof, die à la Góngora und Marino dichten, anderseits eine Menge unermüdlicher Schmierer, gewöhnlich aus dem Kleinadel, mit einem an Inhalt und Form sehr begrenzten Repertoire. Sie sind die Erzeuger des sogenannten Sarmatischen Barock, der manchmal anmutig, meist aber in seinem heillosen Durcheinander der unsinnigsten Einfälle geradezu haarsträubend ist. Das 20. Jahrhundert hat sich an eine große Freizügigkeit in literarischen Dingen gewöhnt, und so wird der Sarmatische Barock heute nicht mehr in Bausch und Bogen verdammt, zumindest nicht mit der Empörung der Klassizisten.

Die Presse

Die Geschichte des polnischen Zeitungswesens beginnt im Jahre 1661 mit dem Erscheinen des *Merkuriusz Polski,* der zuerst in Krakau, dann in Warschau gedruckt wurde. Die Zeitung war gut informiert, brachte zahlreiche Berichte aus dem Ausland, vor allem England, Frankreich, Schweden, Holland und der Türkei, sowie wirtschaftliche Nachrichten über Handelswege, Preisniveau usw. Des öfteren sind diplomatische Dokumente im Wortlaut abgedruckt, besonders der Briefwechsel von Regierungen und königlichen Kanzleien. Den Hauptteil der Zeitung nehmen politische Ereignisse ein, wie der spanisch-portugiesische Krieg oder die Verhältnisse in der Türkei. Dagegen werden Naturereignisse, Stürme, Überschwemmungen, Seuchen oder Erdbeben nur beiläufig erwähnt. Die Auswahl der Nachrichten läßt die Meinung der Redakteure durchblicken, die dem anarchischen Parlamentarismus gewöhnlich die Vorteile einer starken Herrscherhand entgegenhalten.

Werke in lateinischer Sprache

Maciej Kazimierz Sarbiewski (Casimire) (1595–1640)

Matthias Kasimir Sarbiewski gehörte einer nicht unbemittelten Landadelsfamilie an und trat als Knabe dem Jesuitenorden bei. Er wurde an der Jesuitenakademie von Wilna erzogen, wo er später als Professor für Poetik wirkte, desgleichen an der Jesuitenakademie von Polozk. Er verbrachte einige Jahre in Rom und wurde von Papst Urban VIII. zum Dichter gekrönt. Alle seine Werke sind lateinisch geschrieben, und die umfangreichen Abhandlungen *De perfecta poesia (Über die vollkommene Poesie)* und *De acuto et arguto (Über das Scharfe und Klare)* sind wertvolle Beiträge zur Aristotelischen Poetik seiner Zeit und den Auffassungen des Barock.
Mit Sarbiewski (Sarbievius) erreichte die Tradition der lateinischen Dichtkunst in Polen ihren Höhepunkt. Kein polnischer Dichter hat es zeit seines Lebens und darüber hinaus zu solchem Ruhm im Ausland gebracht. Sarbiewskis *Bücher der Lyrik (Lyricorum libri),* die 1625 in Köln mit einem Titelblatt

106

von Rubens erschienen, erlebten an die sechzig Auflagen. Die Werke dieses »christlichen Horaz« wurden allerorten übersetzt und nachgeahmt, besonders in Holland, England und Frankreich. Sie sind meist Oden, in welchen Themen des Horaz, den sich Sarbiewski zum Meister erwählt hatte, mit Motiven aus der Bibel, besonders dem Hohenlied, verknüpft werden, darunter auch einige nichtreligiösen Inhalts, die die Siege der Christen, vor allem der Polen, über die Türkei verherrlichen. Sarbiewskis bedeutendster Beitrag zur Weltliteratur ist jedoch seine religiöse Lyrik, der er u. a. seine Popularität in England verdankt. Wenn die metaphysische Dichtung Englands (wie ich glaube) einen Höhepunkt in der Poesie aller Völker darstellt, so ist das zum Teil ein Verdienst der Jesuiten, deren Mystik in Sarbiewski (oder Kasimir, wie er im Ausland genannt wurde) einen ihrer hervorragendsten Vertreter fand. Die norwegische Literaturhistorikerin Maren-Sofie Roestvig sagt darüber folgendes: »Die hohe lyrische Qualität von Sarbiewskis Dichtungen sowie der Umstand, daß er oft klassische mit christlichen Motiven verbindet, ließen einen Kritiker wie Hugo Grotius den ›göttlichen Kasimir‹ selbst einem Horaz vorziehen, und für seine Popularität unter den englischen Dichtern zeugt die lange Liste seiner Übersetzungen.« Die erste englische Ausgabe erschien 1646 unter dem Titel *The Odes of Casimire,* und in der Einleitung zu einer Neuausgabe *(Augustan Reprint Society, Nr. 44, University of California, Los Angeles 1953)* zählt Professor Roestvig eine eindrucksvolle Liste englischer Übersetzungen aus dem 17. und 18. Jahrhundert auf. Der deutsche Leser lernte Sarbiewski zunächst durch Herder kennen *(Stimmen der Völker in Liedern),* dann in den Übersetzungen von Rathsmann (1802), Rechfeld (1831) u. a. In England lebte Sarbiewskis Ruhm im 18. Jahrhundert zur Zeit der Romantik wieder auf. Professor Roestvig weist darauf hin, daß »der junge Coleridge eine englische Gesamtausgabe der Oden plante, es aber nur zu einer einzigen brachte: *Ad Lyram.* Er erklärte auch, daß er außer Lucretius und Statius keinen antiken oder modernen lateinischen Dichter kenne, der an Kühnheit der Auffassung, Reichtum der Phantasie und Schönheit des Versbaus Kasimir gleichkomme.« Professor Roestvig glaubt in den Schriften Kasimirs Spuren esoterischer Geheimwissenschaften zu finden, und das veranlaßt sie, eine interessante Parallele zwischen Kasimir und Henry Vaughan aufzuzeigen, dem englischen Dichter und Mystiker aus dem 17. Jahrhundert: »Da Vaughan Kasimirs Werke kannte, geht man in der Annahme nicht fehl, daß seine eigene Behandlung esoterischer Motive von diesem beeinflußt ist. Ein Vergleich von Vaughans religiöser Naturpoesie mit Kasimirs Oden bringt eine Anzahl gemeinsamer poetischer Motive an den Tag, die davon zeugen, daß gewisse, um die Mitte des 17. Jahrhunderts in England beliebte Themen von Kasimir vorweggenommen sind ... Seine Eigenartigkeit besteht in der neuplatonischen Auffassung der klassischen Landschaft ... unter Hinzufügung dreier Elemente: der Einsamkeit, des irdischen Paradieses und der Natur als göttlicher Hieroglyphe.« Die Zusammenziehung verschiedenartiger Gedanken aus der antiken und jüdisch-christlichen Tradition ist ein Kunstgriff, der schon Kochanowski bekannt war, Sarbiewski gibt ihm jedoch einen besonderen Zug, der ihm den Beifall seiner Zeitgenossen eintrug. Übergänge von biblischen Bildern zu christlicher Andacht sind für einen frommen Katholiken durchaus am Platz, hier aber kommen sie völlig unerwartet und sollen den Leser überraschen, z. B.:

Qualis est dilectus tuus?

»Wer ist dein Geliebter, dein Schönster, sprich!«
das Volk der Barbaren jüngst fragte mich.
Mit dem Griffel auf die Tafel ich schrieb,
was alles auf Christi Erden mir lieb:
Rosen und Gold, Juwelen und Wälder,
Wiesen, Sterne, Seen und Felder.
Willst wissen, wer mein Schönster ist?
Blick auf die Tafel – und du Ihn siehst!

(Epigrammatum Liber Unus/XXXVII)

In *Salomos heiligem Hochzeitslied* (Ode 19, Lib. 2) verfolgt der Dichter ein
Reh, das sich in Christus verwandelt, und wieder nimmt sein Lied einen sinnlichen Charakter an:

Gib endlich auf die vergebliche Flucht,
du kannst mir nicht entrinnen.
Der helle Abend dich mir verrät
im Glanz von Dianas goldener Sichel.
Am einsamen Ufer find ich dich,
im Walde, beim Seufzen des Abendwinds;
die Wächter der Nacht, die stummen Sterne
weisen den Weg mir in dein Versteck.

Dem Leser wird Sarbiewskis Hang zum Fliegen nicht entgehen: Vom Rücken
des Pegasus, den er in Wilna besteigt, sieht er Flüsse, Seen und Städte zusam-
menschrumpfen und in der Ferne entschwinden, während er nach Westen
fliegt, um seine Freunde in Brüssel und Antwerpen zu besuchen; oder es
wachsen ihm Flügel, und er erhebt sich über die von Kriegen und Naturkata-
strophen heimgesuchte Erde und den vergänglichen Ruhm von Völkern und
Königreichen. Der Flug symbolisiert den Gegensatz zwischen der Vergänglichkeit alles Irdischen und der unendlichen Macht des Geistigen. Sarbiewski
kann aber auch in echt barocker Art seinem getragenen Ton eine nüchterne
Bemerkung über die Wirklichkeit entgegensetzen, wie in der *Ode an Albertus
Turcius* (Turski), die sich an einen Freund wendet, der ihm das Los des Ikarus
vor Augen hielt:

Turscius, hast schon oft mich gemahnt,
nicht wie Ikarus einst in Arkadien
mit lautem Lärm in die Ostsee zu fallen.
Umsonst! Mit jenem im Sinn
schlag in den Wind ich die Warnung.
Denn im Schlafe ruhig im Bette ich lieg'
und beim Schreiben der Lehnstuhl mir Sicherheit gibt.

Sarbiewski war der letzte polnische Dichter, der sich ausschließlich des Lateinischen bediente. Natürlich gab es noch manche nach ihm, die das konnten,
und selbst die Romantiker des 19. Jahrhunderts erhielten eine Ausbildung,
die sie durchaus zum Verfassen lateinischer Gedichte befähigte.
(Die hier angeführten Lieder Sarbiewskis sind einer im Jahre 1634 in Antwerpen erschienenen Ausgabe entnommen und in einer deutschen Nachdich-
tung des neulateinischen Originals wiedergegeben. – Anm. d. Übers.)

Unter den lateinischen Prosaisten gebührt Simon Starowolski unbestritten der erste Platz. Er unternahm nach Abschluß seiner Universitätsstudien in Krakau mehrere lange Reisen ins Ausland als Hauslehrer adliger Familien, wurde schließlich Pfarrer und Stiftsherr, hinterließ etwa siebzig Werke in polnischer und lateinischer Sprache und wurde von seinen Zeitgenossen »Polyhistoriker« genannt. Sein Werk *Scriptorum Polonicorum Hekatontas* (1625) ist die erste Bibliographie der polnischen Literatur und führt etwa hundert Schriftsteller mit Biographie und Werken an. Er verfertigte auch ähnliche Verzeichnisse von Rednern und Kriegern. Seine lateinischen Schriften erschienen in Polen oder Venedig, Florenz, Köln und Amsterdam und machten den ausländischen Leser mit Polens politischen Institutionen bekannt. In polnischer Sprache schrieb er publizistische Abhandlungen und vertrat praktische politische Ideen wie die Befestigung der Ukraine gegen die Einfälle der Tataren sowie die Errichtung ständiger Garnisonen, die nicht aus den Reihen des Adels, sondern des Bürger- und Bauernstandes rekrutiert werden sollten. Seine Ansichten über die Notwendigkeit einer Reform sind offensichtlich von Renaissance-Autoren beeinflußt. Und das *Klagelied einer gequälten Mutter, der dahinscheidenden polnischen Krone, über ihre entarteten Söhne (Lament utrapionej matki, Korony Polskiej, już konającej, na syny wyrodne)* ist eine Brandmarkung öffentlicher Laster, die den Staat ins Verderben treiben. In seinem Ton steht das *Klagelied* den düsteren Voraussagen von Piotr Skarga nahe.

Werke in polnischer Sprache

Die Lyrik der ersten Hälfte des 17. Jahrhunderts

Die Lyrik steht weiterhin im Zeichen der Renaissance, deren Tradition von den meisten Dichtern fortgesetzt und ausgebaut wird, jedoch um die Mitte des Jahrhunderts etwas verschwommene Formen annimmt.

Lieder und Tänze

Es sind nicht die Werke bekannter Autoren, die das Durchschnittspublikum jener Zeit unterhalten, sondern anonyme Liebes- und Tanzlieder, die oft zu bereits bekannten Melodien geschrieben wurden und vielleicht den schönsten Teil der altpolnischen Poesie darstellen. Sie sind die Frucht des von der Renaissance kultivierten guten Geschmacks, der sich jetzt in volkstümlicher Weise äußert. Kindliche Zartheit und Diminutive stellen diese Dichtungen zwischen das Volkslied und eine mehr künstlerische Form. Die Notwendigkeit, sich an eine Melodie anzupassen, drängte ihnen oft komplizierte Versmaße auf, die in auffälligem Gegensatz zu der einfachen Sprache standen. Diese heiteren Madrigale verbreiteten sich auch in den nichtpolnischen Provinzen der *Respublica* und machten dort das Polnische zur Sprache der Höflichkeit und Eleganz. Aus der Ukraine und Weißrußland kamen sie nach Moskau, wo sie ihre Popularität bis ins 18. Jahrhundert bewahrten.

Die Entwicklung dieses anspruchslosen Genres begann zur Zeit von Kochanowski und erstreckte sich über hundert Jahre. Die Verfasser kamen meist aus den unteren Volksschichten und waren oft Bürger und Studenten, besonders in Lemberg und Krakau. Liedersammlungen dieser Art erfreuten sich großer Beliebtheit und erschienen ziemlich regelmäßig von 1614 bis in die zweite Jahrhunderthälfte. Die Herausgeber kümmerten sich nicht um Autorenrechte und nahmen in die Sammlungen oft Werke bekannter Dichter auf, ohne den Autor zu nennen oder indem sie ihm einen anderen Namen gaben, so daß es oft unmöglich ist, den Verfasser zu identifizieren. Die Schönheit dieser Lyrik ist ein Gegengewicht zu der Mißachtung, mit der die Literatur des von Kriegen verwüsteten Landes mit seinem verfallenden Erziehungswesen gewöhnlich behandelt wird.

Interessant sind die Ähnlichkeiten, die diese Liebeslieder mit ihren Gegenstücken aus dem Elisabethanischen England haben. Mit Ausnahme von Naturbeschreibungen, die im Polnischen fehlen, können folgende Berührungspunkte hervorgehoben werden: häufige Anwendung von Diminutiven, ein neckisch-verliebter Ton und häufige Zitate aus (in Polen oft ukrainischen) Volksliedern. Wenn wir die Melodie nur im Geiste mitsingen, nimmt uns die Sprache dieser Lieder gefangen. So z. B. singt ein Mädchen:

Leb wohl, mein Einziger, Getreuer,
dich nur hatt' ich lieb –
hätte alles dir erlaubt,
um mit dir zu sein,
hast die Freude mir geraubt,
Herzensliebster mein.

Bin dir zugetan, Geliebter,
lebe kaum vor Gram!
Willst dich freun an meinem Leid,
willst von mir du gehn?
Reuen wird's dich allezeit –
sag auf Wiedersehn!

Doch der Geliebte antwortet:
Es deucht mich gar, Geliebte,
's ist so weit nicht her –
wolltest mir nicht
Liebe schenken,
will ich deiner
nicht denken.

Weihnachtslieder

Die Weihnachtslieder *(kolędy)*, die heute noch in Polen gesungen werden, gehören zum selben Genre und sind ebenso schön. Sie stammen aus mehreren Jahrhunderten. Unter den Stilarten herrscht der Barock vor. Bei manchen kann der Autor festgestellt werden, bei den meisten nicht. Im Gegensatz zur sonstigen Barockliteratur, die nur für Kenner da war, wurden diese

110

Weihnachtslieder Volksgut. Leon Schiller, einer der bedeutendsten modernen polnischen Theaterdirektoren, verarbeitete eine Anzahl von ihnen zu einer Art von Mysterienspiel, einem entzückenden Schaustück mit Gesang und Tanz.

Die uns mit Namen bekannten Lyriker jener Zeit halten an der überkommenen Tradition fest und verfeinern und bereichern sie mit mythologischen Bildern. Weit davon, ihre anonymen Rivalen zu übertreffen, kommen sie ihnen bestenfalls gleich.

Jan Żabczyc (?–nach 1629)

Jan Żabczyc ist ein typisches Beispiel dafür, mit welcher Willkür man mit den Autoren umging. Seine Werke wurden derart geplündert, daß man lange Zeit nicht wußte, ob er je gelebt hatte. Er war ein Höfling der Magnatenfamilie Mniszek und mit den Intrigen gut vertraut, die den falschen Demetrius und seine polnische Frau, Maryna Mniszek, auf den russischen Thron brachten. Im Jahre 1605 veröffentlichte er ein Epos unter dem Titel *Der blutige Moskowitermars (Mars moskiewski krwawy),* das nur als Kuriosum erwähnt zu werden verdient: er verwendet darin ein Akrostichon, das den Namen Dimitrij Iwanowitsch mit allen seinen Titeln ergibt. Manchmal schreibt er ganz mittelalterlich, z. B. in einem langen Gedicht, das die Tugenden und Laster in Vierergruppen einteilt und in Vierzeilern vorstellt. Sein wertvollstes Werk sind die *Engelssymphonien (Symfonie anielskie,* 1630), die unter dem Namen Jan Karol Dachnowski erschienen, der lange Zeit als des Autors wahrer Name galt. Es sind Weihnachtslieder mit den typisch polnischen Motiven: die Gespräche der Hirten nach der Verkündung der Geburt zu Bethlehem; die Geschenke, die sie mitbringen: ein Stück Butter und ein Korb voll Birnen; ihr Streit mit dem alten Joseph, der sie nicht in den Stall einlassen will, da Mutter und Kind eben die drei Weisen aus dem Morgenland empfangen; die Mühe, die sie sich geben, das Kindlein mit Tanz und Flötenspiel zu erheitern; Öchslein und Esel, die beim Anblick des Kindes niederknien, usw. Eines dieser Lieder, »Die Schäfer kamen nach Bethlehem«, überdauerte den Streit um den Autor sowie mehrere Jahrhunderte stürmisch-tragischer polnischer Geschichte und wurde zu einem unentbehrlichen Teil der Weihnachtsfeier. Żabczyc gebraucht auch die sogenannte Kontrafaktur, die Anwendung weltlicher Melodien auf religiöse Themen, sowie bewußt aus Volksliedern entlehnte Motive. Seine Lieder enthalten auch Figuren aus der griechischen Mythologie, andere wieder sind im »Makkaronistil« verfaßt, dieser sonderbaren polnisch-lateinischen Mischung. Hier ein Beispiel:

Deus segne, *domi* beschere,
in Scheuer, Kammer, Stall vermehre;
im neuen Jahre *mittat tibi gaudia*
et prosperet reichlich *omnia.*

Kacper Twardowski (ca. 1592–vor 1641)

Kasper Twardowskis Dichterlaufbahn begann mit einem Band frivoler Liebeslieder, *Cupidos Lehrstunden (Lekcje Kupidynowe),* in denen er von schönen Mädchen singt und sich über die Hindernisse beklagt, die der Liebe im

Weg stehen; Jungfrauen, verheiratete Frauen, Witwen, Verwandte und Nonnen sind tabu. Nach einer schweren Krankheit, in der er eine Strafe Gottes sah, wandte er sich religiöser Dichtung zu. In der *Fackel der Gottesliebe mit fünf feurigen Pfeilen* (1628), einem Gegenstück zu *Cupidos Lehrstunden,* wird Venus zur Muttergottes und Cupido zum Jesuskind. Von diabolischen Mächten in Mädchengestalt verfolgt, rettet ihn ein Engel; zu Pferde (sein Körper) reitet er mit zwei Hunden (Charakter und schlechten Eigenschaften) zur Jagd, setzt einem Reh nach, das ein Kreuz trägt, und begegnet einem Rehkitz (Maria Magdalena), das ihm den Weg zur Erlösung zeigt. Twardowski schrieb auch eine Elegie auf das Unheil, das Polen mit den Tataren und der Pest heimsuchte, und verfaßte bilderreiche Weihnachtslieder. Eines davon erzählt, wie die Hirten zum Stall kommen und eine Gruppe kleiner Engel dabei beobachten, wie sie ein Stück trockenes Weidenholz glatthobeln, um eine Wiege für das Jesuskind zu zimmern; andere klauben Zweige fürs Feuer, hängen nasse Windeln zum Trocknen auf und wärmen Wasser fürs Bad, während der Mond ihnen lächelnd leuchtet und zum Dank dafür die Gnade von Mutter und Sohn erfleht.

Szymon Zimorowic (1608–1629)

Simon Zimorowic, Sohn eines Lemberger Maurermeisters, wurde lange Zeit mit seinem Bruder Bartłomiej (Bartholomäus) verwechselt, der ein hohes Alter erreichte und viele Ehrenämter bekleidete, darunter das des Bürgermeisters von Lemberg. Simon, der im Alter von zwanzig Jahren starb, verdankt seinem Bruder, daß er nicht in Vergessenheit geriet. In der Schule lernte er die lateinische und polnische Poesie kennen und begann seine dichterische Tätigkeit mit Übersetzungen. Er lebt als Verfasser eines einzigen Werkes fort, das er in Krakau schrieb, wo er bald darauf starb. Das Buch ist Ausdruck seiner Bruderliebe: Er konnte nicht zur Hochzeit seines Bruders nach Lemberg fahren und schickte ihm statt dessen einen Strauß der damals so beliebten Liebeslieder. In lateinischer Sprache hieß Ruthenien Roxolania (Rotrußland), der Liederkranz ist demnach auch *Roxolanki (Ruthenische Mädchen)* benannt; er wurde erst im Jahre 1654 von Simons Bruder veröffentlicht. Dieser war selbst Dichter und wollte seine eigenen Verse gedruckt sehen, tat es aber aus Rücksicht auf seine öffentliche Stellung unter dem Namen seines Bruders. Diese Tatsache blieb lange Zeit unbekannt, und noch heute sind manche Forscher der Meinung, daß Bartłomiej der wahre Autor der *Roxolanki* ist. Das Werk ist keine willkürliche Gedichtsammlung, sondern eine zusammenhängende Dichtung, die mit einer in Reimen verfaßten Ansprache des Hochzeitsgottes Hymen beginnt, worauf Mädchen und Knaben vortreten, um Liebeslieder zu rezitieren. Die Mädchen bilden zwei Chöre, die Knaben einen. Zimorowics Dichtergabe gibt diesen Liedern, etwa siebzig an der Zahl, mit ihren verschiedenen Rhythmen und ihrem heiteren, wehmütigen oder auch makabren Ton eine besondere Anmut. Eigentlich sind es Schäferlieder, die verschiedene mit der Liebe zusammenhängende Epitheta aufzählen: Feuer, Asche, Blumen, Kränze, Turteltauben usw. Zimorowic war in der Mythologie gut bewandert, und die Vielzahl der mythologischen Anspielungen stellt die Geduld des Lesers manchmal auf die Probe, versetzt den Dichter aber in die Lage, seltsam mehrstimmige Metaphern anzuwenden, z. B. im Lied des Knaben Serapion:

Mit vollen Segeln an Zypern vorbei,
der Göttin Tribut ich nicht zollte.
Der Bogen brach ihrem Schützen entzwei,
    dieweil sie mir grollte.

Wähnte mich um diesen Preis
enthoben der Maut,
wähnte mich der Steuer frei,
    entronnen mit heiler Haut,

als hinter mir aus den Wellen stieg
Marina, die Tochter der See,
die Locken segelgleich gelöst –
    zu meinem Ach und Weh.

Cupido, kaum daß er sie sah,
mit einem Satz war er ihr nah,
flocht kastanienbraune Strähne
    zu neuer Bogensehne.

Längsseits in behendem Flug
folgt' mir der diebische Knabe.
Um reiche Fracht er mich betrug,
    all meine Habe.

Auf Zypern ich weilen muß,
weiß nicht, wie lange,
und denk' ich an das Schmugglerlos –
    wird mir bange.

Viele dieser Bilder handeln vom Liebesfeuer; so singt ein anderer Junge, Hippolyt:

Einen Apfel mir reichte Rosina beim Tanz
versprach mir auch den Jungfernkranz,
und als ich sie hielt in fröhlichem Reigen,
sah aus der Goldfrucht Flammen ich steigen.
Hielt glühende Kohle in nackter Hand,
die Flamme hat mir das Herz verbrannt.
Dein Feuer, Rosina, ich mag's nicht im Scherz,
verzehrt mir den Leib, verzehrt mir das Herz.
Nun weiß ich, was Lieb' ist. Nicht Venus sie zeugte,
im Kaukasus brünstige Tig'rin sie säugte
mit heißwilder Milch ihrer Brüste,
ihr Vater der Leu, der Schrecken der Wüste.

Oder ein Mädchen, das zu einem jungen Mann in Liebe entflammt »wie eine Kerze, die einer andern im Kuß eine Flamme stiehlt«.
Die *Roxolanki* stehen in ihrer einfachen, aber innigen Sprache den besten der anonymen Lieder ihrer Art nicht nach. Der Dichter scheut sich nicht, gelegentlich die Lokalatmosphäre von Lemberg mit Ausdrücken aus der ruthenischen Umgangssprache einzuführen. Die jungen Leute, welche die Lieder deklamieren, haben manchmal lokale Namen wie Serapion, Ostapi, Filoret,

Alexi oder Simeon, die Mädchen jedoch sind fast alle phantasievoll benannt, anscheinend des Klanges wegen: Pomosia, Koronella, Antonilla, Amorella, Janella, Pawenzia. Das Werk ist durchaus heiter und spielt in der geordneten Szenerie eines Blumen- oder Rosengartens, oft von herber Melancholie und Trauer durchdrungen. Hier folgt eine Beschreibung des Reiches der Träume:

> Es gibt die Höhle Unzugänglich, wo das Lied
> der Meise den Menschen nicht weckt,
> wo die Sonne nicht scheint,
> Schwarzschatten alles bedeckt.
>
> Aus kühlem Grunde rieselt Vergessen,
> murmelt in den Traum,
> schwarzer Schwingen Nacht
> und schwebt im Sehnsuchtstraum.
>
> Auf trägem Lager ruht lässiger Schlaf,
> müden Mohn im Haar,
> schwarze Nester baut
> stumme Vogelschar.

Biblische Bilder geben den Liebesliedern einen Unterton von Vergänglichkeit und Todesahnung. Das letzte Lied spricht vom Leben als Eitelkeit der Eitelkeiten:

> Weise der Mann,
> der hinter sich blickt,
> wo blindlings der Tod
> seine Pfeile verschickt!
>
> Wie der Fels vor dem Sturm
> in den Abgrund stürzt,
> brechen ab unsre Jahre,
> von Unzeit verkürzt.
>
> Mühsam kämpft sich das Schiff
> durch die Wogen,
> und kaum ist's vorbei –
> keine Spur, wo's gezogen.

Bartłomiej Zimorowic (1597–1673)

Bartholomäus Zimorowic war nicht so begabt wie sein Bruder. Einige seiner Dichtungen handeln von der Geschichte der Stadt Lemberg, die sich zur Zeit, da er Bürgermeister war, gegen die Türken zu verteidigen hatte. Sie zeugen von der Dauerhaftigkeit der Idylle, denn in seinen *Idyllen (Sielanki)* versucht Zimorowic, es mit Szymonowic aufzunehmen, ohne an die Klarheit und Prägnanz des bedeutendsten Vertreters dieses Genres heranzukommen.

Jan Andrzej Morsztyn (1613–1693)

Johann Andreas Morsztyn war ein vornehmer Höfling, Diplomat und Meister höfischer Intrigen, königlicher Gesandter an mehreren ausländischen Höfen und eine der kultiviertesten Gestalten der polnischen Literatur. Als Führer der franzosenfreundlichen Partei, in Wahrheit ein französischer Agent, versuchte er die Staatspolitik zu beeinflussen, verlor aber sein politisches Schachspiel und ging nach Frankreich, wo er bis an sein Ende als Comte de Chateauvillain lebte. Die polnische Literatur bereicherte sich dank seiner Beziehungen zu Frankreich mit einer Übersetzung von Corneilles *Le Cid*. Das Stück wurde 1662 am Warschauer Königshof aufgeführt und steht in Morsztyns Übersetzung noch heute unübertroffen da, obwohl dieser ein reiner Barockdichter und kein Klassizist war. In seiner rassigen, sinnlichen, oft brutalen Sprache kommt es dem spanischen Original von Guillen de Castro (Corneilles Vorbild) viel näher als der strengeren französischen Fassung.

Morsztyn schrieb sein Leben lang kurze Scherzgedichte, die nicht zur Veröffentlichung bestimmt waren und nur seine Freunde, eine kleine Junggesellen- und Halbwelt, amüsieren sollten. Sie sind in zwei Bänden gesammelt, *Hundstage (Kanikula albo psia gwiazda,* 1647) und *Die Laute (Lutnia,* 1661), wurden jedoch erst im 19. Jahrhundert veröffentlicht und sicherten Morsztyn als einem Meister des höfischen Barock einen Platz in der polnischen Literatur. Er stand unter dem Einfluß des vielbewunderten Italieners Marino, den er auch übersetzte. Morsztyn spielt mit anakreontischen Einfällen, und selbst Lieder von Liebesleid werden zu Übungen in dichterischer Kunstfertigkeit. Er ist sich des sprachlichen Relativismus und des Abstands zwischen Sprache und Wirklichkeit sehr bewußt, was sich z. B. in der Gegenüberstellung der Metaphern in dem Gedicht *Niestatek (Unbeständigkeit)* zeigt:

Das Auge Feuer, gold'ne Locken das Haar,
die Zähne Perlen, die Stirn spiegelklar,
die Wangen Purpur, die Lippen Korallen –
schöne Frau, ich bin dir verfallen.
Doch bist du mir unhold – der Mund ein Verlies,
die Stirn ein Brett, Kleppergebiß,
Spinnweb das Haar und aschenfahl,
aus den Augen starrt das Totenmal.

Bis auf vereinzelte Gedichte, die von seiner Verzweiflung sprechen, scheint Morsztyn keine echten Gefühle zu kennen, in krassem Gegensatz zu den einfachen Liedern und Tänzen, die bei seinen weniger kultivierten Zeitgenossen solch lebhaftes Echo fanden. Hier ein zweites Beispiel für seine künstlerischen Gymnastikübungen:

Das Lächeln deiner Rosenwangen
    läßt mich untergehn,
doch deiner Augen Tränenschleier
    heißt mich auferstehn.
Ich schwöre, ich weiß nicht, schwör's beim Propheten,
    dein Lachen, dein Weinen – um was soll ich beten?

Morsztyns Dichtkunst, ein bewußtes Jonglieren mit literarischen Modeformen, hatte besondere Anziehungskraft auf einige Avantgardedichter des 20. Jahrhunderts, die sich von der autobiographischen Lyrik der Romantik ironisch abwandten. Morsztyn ist nicht der einzige polnische Dichter seines Namens, seine Familie scheint dichterisch begabt gewesen zu sein. Sein Neffe, Stanislaus Morsztyn, ein Berufssoldat, übersetzte Racines *Andromache* (1698) und trieb in seinen Gedichten die Manier seines Onkels, Metaphern in ihr Gegenteil zu verwandeln, auf die Spitze, beispielsweise in dem folgenden erotischen Spottlied:

Ihr Schönen, wenn ich euch schmeichle,
daß euer Auge das Herz mir erweiche,
daß das Feuer mich verzehrt
und zu Asche mich versehrt –
glaubt's nicht, ihr Damen,
glaubt mir nicht – Amen!

Das Gedicht besteht aus Verneinungen dessen, was Herz, Schönheit, Aussehen usw. dem Liebenden sind, und verspottet das abgedroschene Bild von den Tränen als Flüssen, in denen man ertrinkt: Flüsse strömen nicht aus Augen, sondern aus Quellen, sie münden nicht in einem Sacktuch, sondern im Meer, und Fische leben in Flüssen, nicht in Tränen.

Zbigniew Morsztyn (1624–1698)

Ein weiterer Morsztyn brachte eine Dichtung völlig anderer Art hervor. Zbigniew Morsztyn war Arianer, und seine Schriften sind ernst und wehmütig. Er kämpfte gegen die Kosaken und Schweden, aber statt Siegeshymnen zu singen, spricht er von Leid und Grausamkeit. In der religiösen Poesie der Arianer nehmen seine Werke, besonders die Sammlung *Emblemata*, einen hervorragenden Platz ein.

Die Geschichte von Prinzessin Banialuka

Die Dichter des ausgehenden 16. und des 17. Jahrhunderts standen auch unter dem Einfluß der italienischen Renaissance-Novelle, die ihnen viele, oft gereimte Vorlagen lieferte. Ein vierter Morsztyn, der weniger bekannte Hieronymus (starb ca. 1625), bediente sich solcher Stoffe. Seine Sammlung *Eheliche Vorspeisen (Antypasty małżeńskie),* die erst nach seinem Tode im Jahre 1650 erschien, enthält eine phantastische Verserzählung *Die unterhaltende Geschichte der ehrbaren Prinzessin Banialuka aus dem Ostland (Historia ucieszna o zacnej królewnie Banialuce ze wschodniej krainy),* die so populär wurde, daß das Wort »banialuka« in die polnische Sprache als »völliger Unsinn« einging.

Daniel Naborowski (1573–1640)

Daniel Naborowski, Sohn eines Krakauer Apothekers, studierte Medizin im Ausland und stand später als Arzt und Diplomat im Dienst verschiedener Magnaten. In seiner Freizeit schrieb er Gedichte von seltener Kunstfertigkeit, die von ausgezeichneter Kenntnis der westeuropäischen Literatur und Be-

116

wunderung für Kochanowski zeugen. Einige seiner frivolen Spottlieder waren so gut bekannt, daß sie zu Volksliedern wurden. Naborowskis Dichtung (s. im folgenden »Die Kürze des Lebens«) ist jedoch auch der beste Ausdruck der Vergänglichkeit alles Menschlichen, in deren Bann die Dichter des Barock standen:

Stunde um Stund' unwiderruflich vergeht,
da gab's noch den Ahn, schon der Enkel vor dir steht!
Wirst morgen nicht sein, was heut du gewesen,
kaum, daß du warst, bist du vergessen.
Schall, Schatten, Rauch – es hat dich gegeben,
Wind, Wahn, Hauch – Punkt hinters Leben!
Die Sonne sinkt und steigt nicht auf die gleiche,
du glaubst noch zu denken – und bist schon Leiche.
Kurzer Prozeß! Unaufhaltsam die Zeit räumt
so manchen hinweg, der vom Alter geträumt.
Von Geburt bis Tod auf Erden ist nur kurze Bleib' –
einem ward die Wieg' zum Grab, andern der Mutterleib.

Olbrycht Karmanowski (1. Hälfte des 17. Jh.)

Naborowskis Freund, Albrecht Karmanowski, übersetzte Ovid und mehrere anakreontische Dichter und schrieb nicht besonders erbauliche, aber sehr populäre Gedichte. Später erkrankte er schwer und verfaßte einen Zyklus tiefreligiöser *Bußlieder (Pieśni pokutne)*. Wie Zbigniew Morsztyn ist auch Karmanowski ein Vertreter des Arianismus in der polnischen Literatur. Mehrere seiner Gedichte sind seinem Glaubensbruder Christoph Arciszewski gewidmet, einem General der Artillerie, der, des Mordes beschuldigt, ins Ausland ging, wo er ein abenteuerliches Leben führte und es zum Admiral der holländischen Flotte brachte, die die Spanier an der Küste von Brasilien bekämpfte.

Moralisierende und satirische Dichtungen

Wacław Potocki (1625–1696)

Die Werke von Wacław (Wenzel) Potocki könnten ganze Bücherstände füllen. Manche von ihnen sind noch heute nicht gedruckt, zu seinen Lebzeiten aber war es keines. Sie kursierten alle als Manuskripte oder Abschriften. Als er im 19. Jahrhundert entdeckt wurde, wollte man in ihm die Hauptgestalt des polnischen Barock sehen. Ob er es war, bleibe dahingestellt, sein Leben und Werk bieten jedenfalls einen vorzüglichen Einblick in das Wesen seiner Zeit.
Potocki stammt aus dem südpolnischen Hügelland, einem Zentrum des Calvinismus und Arianismus, und verbrachte dort fast sein ganzes Leben. Er gehörte einer arianischen Adelsfamilie an, wurde in arianischen Schulen erzogen und heiratete Katharina Morsztyn, eine tiefreligiöse Frau, die mit dem arianischen Dichter Zbigniew Morsztyn verwandt war. Während des Schwedenkrieges stellte sich Potocki wie fast alle seine Nachbarn zunächst auf die Seite der Schweden, kämpfte aber später gegen sie. Als die Arianer im Jahre 1658 aus Polen vertrieben wurden, trat er zum Katholizismus über, seine Frau

blieb aber (anscheinend bis kurz vor ihrem Tode) dem Arianismus treu; ihr Haus war ein Zentrum geheimer Konventikel, und Potocki selbst wurde beschuldigt, den Antikatholizismus seiner Frau zu unterstützen. In diesen Unglücksjahren verlor das Ehepaar zwei Söhne im Krieg sowie eine Tochter.

Seine arianische Erziehung kommt in Potockis Schriften deutlich zum Ausdruck, obwohl er jede Beziehung zu dieser Lehre bestreitet, ebenso sein Haß gegen die Magnaten, die immer mehr Vermögen und Macht an sich rafften. Potocki träumte von einem patriarchalischen Leben mit höfischen Sitten. In mancher Hinsicht kann er dem Sarmatischen Barock zugerechnet werden, in seinem Streben nach sozialer Gerechtigkeit und menschlicher Behandlung der Bauern steht er jedoch abseits der Mehrheit seiner Standesgenossen. Genaugenommen war er ein poetischer Publizist und wollte wie Klonowic seinen Mitmenschen eine Botschaft bringen. Dem Brauch der Zeit folgend, entlieh auch Potocki ausgiebig bei anderen Dichtern und übersetzte zahlreiche Gedichte aus dem Lateinischen ins Polnische, ohne den Autor zu nennen. Die kräftige Umgangssprache, in die er seine vielseitigen sozialen und politischen Interessen kleidet, ist heute noch leicht zu lesen, und seine Kurzgedichte klingen auch in unseren Ohren gut, besonders wenn er seinem Zorn über Ungerechtigkeiten freien Lauf läßt. Es gehört große Kunstfertigkeit dazu, 300000 Verse zu schreiben, und es ist daher etwas belustigend, wenn Potocki in einem Gedicht darüber klagt, wie er oft tagelang dagesessen hätte, ohne eine Zeile hervorzubringen, bis dann endlich am Abend die Erleuchtung über ihn kam und er pausenlos bis in den Morgen hinein schrieb. Seine Gedichte füllen zwei Bände, *Moralia* und der *Scherzgarten (Ogród fraszek)*, beide mit langen Untertiteln, der des *Scherzgartens* z. B. (unvollständig zitiert): *Der ungejätete Garten; ein Heuschober, jede Garbe von anderem Getreide; ein Kramladen der verschiedensten Waren, mit Dingen, die es nie gab, aber geben kann,* usw., usf. – ein Allerlei von Erzählungen, Anekdoten, Satiren und bei anderen Autoren entlehnten Geschichten, die in einer Art nachbarlichen Klatsches wiedergegeben sind. Heute sprechen uns am meisten Potockis Schimpfreden an, besonders wenn seine moralische Empörung zu Worte kommt. Er vergleicht sich mit einem alten Wachhund, dessen Bellen ungehört verhallt, während die Welt, von Wein berauscht, im Schlafe liegt. Seine Angriffsobjekte sind die im Luxus schwelgenden Machthaber, die das Gesetz mißachten und das Volk bedrücken, sowie die Jesuiten mit ihren Zwangstaufen. Er nimmt sich des den Bauern angetanen Unrechts an und sieht sie (in einem Gedichtzyklus, den er *Grabsteine* nennt) wie Samen in der Erde auf das Erwachen des Frühlings warten, während oben Pferd und Pflug den Boden bestellen. Der Leser wird im Strom von Potockis Redeschwall so manche echte Perle finden.

Das bekannteste seiner größeren Werke ist der *Kampf um Chotin (Transakcja wojny chocimskiej)*, ein Epos, das er Jahrzehnte nach der Schlacht schrieb, in der Polen und Kosaken im Jahre 1621 dem Ansturm eines überlegenen türkischen Heeres standhielten. Der kapriziöse Aufbau des Werkes erinnert an mittelalterliche Chroniken und bestätigt, was ich oben vom Fortleben des Mittelalters im polnischen Barock sagte. Tatsachenberichte aus dem Tagebuch eines Soldaten, der an der Schlacht teilnahm, sind von moralisierenden und ironischen Abschweifungen durchzogen. Urwüchsig und gesprächig, steht Mikołaj Rej, Potockis Gegenstück aus dem 16. Jahrhundert, am Beginn einer aufsteigenden Linie in der altpolnischen Literatur, der Autor des

Scherzgartens dagegen an ihrem Ende mit einer Reihe von Männern, meist Autodidakten, die sich damit abgaben, ganze Wälzer mit ihrer Redseligkeit zu füllen.

Krzysztof Opaliński (1609–1655)

Christoph Opaliński lebt in der polnischen Geschichte weniger als Schriftsteller denn als Verräter fort. Als Woiwode von Posen war er vor allem dafür verantwortlich, daß sich die Provinz Großpolen im Jahre 1655 den Schweden unterwarf, was man ihm im 19. Jahrhundert besonders übelnahm. Opaliński war von der Richtigkeit seines Schrittes überzeugt: Der mächtige Schwedenkönig hätte den polnischen Mißständen Abhilfe schaffen können.

Adligen Standes, erhielt Opaliński zusammen mit seinem Bruder (der sich auch literarisch betätigte) eine Universitätserziehung in Löwen, Orléans und Padua. In Polen wurde er in den Reichstag gewählt und mit Ehren überhäuft, zog sich aber in einem Anflug von Enttäuschung auf seinen Landsitz zurück, wo er eine vorbildliche Schule nach dem Muster der Akademie Komenskýs in Lissa gründete. Im Jahre 1645 ging er im Auftrag König Ladislaus IV. nach Paris, um dessen Braut Prinzessin Marie Louise nach Polen zu geleiten. Opalińskis einziges Werk ist ein Band im Jahre 1650 veröffentlichter *Satiren (Satyry),* die Frucht der Jahre seiner Zurückgezogenheit. Die *Satiren* erfreuten sich zunächst eines großen Erfolges, wurden aber bald als ungehobelt und verleumderisch verurteilt. Sie zeugen jedoch von der intellektuellen Reife des Autors, der zu den Fragen der Zeit klar Stellung nimmt. Im Gegensatz zum Adelsstand, der sehnsüchtig auf die Vergangenheit mit ihren patriarchalischen Sitten zurückblickte, erstrebte Opaliński eine Reform des Staatswesens im Sinne einer absoluten Monarchie. Ungeachtet seiner Zugehörigkeit zum Hochadel, war er bereit, die Oligarchie seines Standes einer starken Zentralgewalt zu opfern, welche die Städte wieder aufbauen, das Heer reorganisieren und die Lage der Bauern verbessern sollte. Manche seiner sozialen und wirtschaftlichen Ideen sind seiner Zeit weit voraus, und Teile der *Satiren* klingen wie eine vernünftige volkswirtschaftliche Abhandlung. Seine Beschäftigung mit gesellschaftlichen Fragen ist das Resultat der Gefahren, die er in der Bedrückung der Bauern sah, und der ukrainische Bauernaufstand bestärkte ihn in seinen Befürchtungen. Der Wert der *Satiren* liegt aber nicht allein in ihrem sozialen und politischen Gehalt. Ihre Sprachgewalt ist in der altpolnischen Literatur einmalig. Wie Juvenal in seinen Satiren gibt auch Opaliński zu, daß die Empörung ihm die Feder führe *(»indignatio fecit versum«)* und ihn dazu veranlaßt habe, das Reimen aufzugeben, obwohl er es könne. Seine »ungereimten Wahrheiten« sind in einem 13silbigen Vers abgefaßt (7 + 6). Sie stellen öffentliche und private Laster an den Pranger, und eine von ihnen, »Von der Unterdrückung und Ausbeutung der Bauern in Polen«, beginnt folgendermaßen:

»Ich glaube, daß Gott Polen für nichts anderes straft als die grausame Behandlung der Bauern, die ärger als Sklaverei ist, als wäre der Bauer nicht unser Nachbar, sondern nicht einmal ein Mensch. Hält man sich diese Sklaverei vor Augen, wird einem angst und bange. Großer Gott, seid ihr wahnsinnig, Polen? Alles Gut auf Erden, euren Wohlstand, eure Nahrung, euren Erntesegen verdankt ihr euren Leibeigenen – warum behandelt ihr sie so schlecht? Es heißt, daß das Kamel keine Last tragen wird, die über seine Kraft geht, und wenn man ihm zuviel auflegt und es sich überladen fühlt, es sich auf den Boden legt und sich weigert aufzustehen. Bei uns hat man kein Verständnis dafür, denn entgegen jedem natürlichen oder göttlichen Gebot wird dem Bauern auf die Schultern geladen, was dem Herrn und Meister gefällt, selbst wenn er darunter zusammenbricht.«

Opaliński spricht dann von den Abgaben, die der Bauer zu leisten hat, von den Prügeln, die er bekommt, und den Hexenprozessen gegen Bäuerinnen, die für den Tod eines Ochsen oder die Krankheit des Meisters verantwortlich gemacht werden und unter der Folter ihre Nachbarinnen verleumden. Er berichtet sogar von einem Zwang zum Trinken:

Ich spreche es aus, denn man darf nicht schweigen. Auf der Fahrt durch ein Dorf bestellte ich bei den Leuten Bier. Sie brachten es mir aus der Schenke.

»Ist euer Bier immer so schlecht?« fragte ich.

»Hundertmal schlechter«, war die Antwort. »Und wir müssen es trinken, denn der Meister gibt dem Wirt jede Woche soundso viele Fässer, und er muß sie ihm bezahlen, ob wir es trinken oder nicht. Der Wirt hält sich an uns schadlos und berechnet, wieviel auf jeden Bauern fällt. Wer nicht zu ihm kommt, dem schickt er das Bier ins Haus. So trinkt man's, auch wenn's schlecht ist, oder gibt's den Schweinen, aber dem Wirt muß man zahlen.«

Und ebenso steht's mit der Gerste, dem Mehl, Salz und Hering, die den Bauern immer wieder aufgezwungen werden.

Opaliński beschwört das Bild der Bauernkriege und des ukrainischen Bauernaufstandes. Um so krasser erscheint die Faulheit, Trunksucht und Verschwendung des Adels (in der Satire »Von den polnischen Ausschweifungen im allgemeinen«):

Welches Land im Umkreis der Sonne, sagt es mir, bitte, gleicht Polen an Luxus und Verschwendung? Wir haben nie genug, außer wenn wir zuviel haben – zuviel Diener, zuviel Geschirr, zuviel Pferde und Hunde, zuviel Silber, zuviel Mäuler, zuviel gierige Wänste.

(oder »Von Säufern und unmäßiger Sauferei«):

Ich stelle fest, daß sich das Saufen in Polen eingebürgert hat. Hier vermehrt es sich, hier zieht es seine Brut hoch. Kaum daß dem Kind die Zähne wachsen, fällt ihm schon der Becher aus der zittrigen Hand, und es blickt sich nach einem Trunk um. Selbst die Meßkännchen sind nicht sicher, denn wenn der Meßdiener dem Priester (bei der Messe) eingegossen hat, trinkt er den Rest hinterm Altar aus und besteht so seine erste Probe. Polen ist betrunken: Die Bischöfe und Senatoren trinken sich steif, auch die Prälaten, Soldaten und Adeligen; man trinkt in der Stadt, man trinkt auf den Schlössern, man trinkt im Dorf.

Immer wieder kehrt Opaliński zu seinem Steckenpferd zurück, dem stehenden Heer, und die Satire »Von den ungeschützten Mauern« zieht den folgenden Vergleich:

Polen besteht dank seiner Regierungslosigkeit, sagte ein gewisser Jemand; Polen wird dank seiner Regierungslosigkeit fallen, sagte ein anderer. Wir sind die Narren Gottes, und das besagt so viel wie das Sprichwort: Gottes Spielball ist ein Pole. Würde die Hand des Allmächtigen uns nicht stützen, wir wären schon längst unseren Feinden und, ich betone es, völliger Zerstörung anheimgefallen ... Gott geht mit uns um wie ein Meister mit seinem Narren. Wenn eine Bande von Gassenjungen sich an einen Narren heranmacht – der eine zwickt ihn in den Hintern, der andere gibt ihm einen Stoß in die Rippen, und der Narr wehrt sich und schreit vor Schmerz, einmal, zweimal, und der liebe Gott sieht gelassen zu, wie die Buben den Narren mißhandeln, und der Narr schreit weiter und reißt das Maul auf, so weit er nur kann, bis es dem lieben Gott zuviel wird und er den Buben zuruft: »Ruhe dort unten! Schluß damit!«, und die Buben schlagen sich ins Gebüsch und lassen den armen Narren allein. So wartet Gott, bis unsere Feinde müde werden, unser unglückliches Land zu überschwemmen. Nur wenn sie es zu arg treiben und ihn damit erzürnen, ruft er aus: »Ruhe, ihr Türken! Ruhe, ihr Tataren!«, und die Türken schlagen sich in die Büsche, zusammen mit den anderen Ungläubigen.

Opalińskis Dichtungen sind im »Makkaronistil« geschrieben, mit lateinischen Ausdrücken, oft langen Zitaten gespickt. Er redet frei von der Leber weg, so daß es manche Verleger für angebracht hielten, die schärfsten Ausdrücke auszulassen. Zu Lebzeiten warf man ihm vor, daß er eine in Zeilen arrangierte Prosa schreibe, heute wird er wegen der Prägnanz und Klarheit seines Stils und als sozial engagierter Dichter geschätzt.

Sarmatische Dichtungen

Dem Geheiß der Mode folgend, ließ man sich keine Gelegenheit zum Dichten entgehen, und das ergab ein Durcheinander der verschiedensten Stoffe, darunter eine Topographie von Warschau in Versen, den Bericht einer Seefahrt nach Lübeck und die endlose *Gesamtbeschreibung eines Waisenlebens* von Anna Stanisławska. Am beliebtesten waren Themen aus den ständigen Kriegen, beginnend mit der Besetzung Moskaus durch die Polen über die Kosaken-, Türken- und Schwedenkriege bis zum Entsatz von Wien im Jahre 1683. Diese langatmigen Erzählungen mit ihren technischen Einzelheiten und ihrem chaotischen Aufbau sind Musterbeispiele des Sarmatischen Barock, oft voller Lobhudelei auf die Sippe des Magnaten, bei dem sich der Autor einschmeicheln wollte.

Samuel Twardowski (1600–1660)

Samuel Twardowski verdient gewiß nicht, ein bedeutender Dichter genannt zu werden, aber seine vierbändige Verserzählung, *Der zwölfjährige Bürgerkrieg mit den Kosaken, Tataren und Moskowitern, dann mit den Schweden und Ungarn* usw., war sehr beliebt (sie erschien erst nach dem Tode des Verfassers im Jahre 1681). Twardowski, ein verarmter Edelmann, zog von Hof zu Hof und begleitete einen seiner Herren auf einer diplomatischen Reise in die Türkei, über die er ein Tagebuch führte, natürlich in Versen. Er dichtete mit besonderer Vorliebe für Motive barocker Schäferspiele. Die heiter-schlüpfrige Liebesgeschichte *Daphne als Lorbeerbaum (Dafnis drzewem bobkowym,* 1638) erzählt (in Oktaven nach Art der Tasso-Übersetzung von Peter Kochanowski) davon, wie Apollo der keuschen Daphne nachstellte und sie sich in einen Lorbeerbaum verwandelte. Eine andere Verserzählung, *Die schöne Pasqualina (Nadobna Paskwalina,* 1655) ist wahrscheinlich einer spanischen Quelle entnommen und derart mit mythologischen Elementen und peinlich genauen Beschreibungen überladen, daß sie mit Ausnahme einiger Stellen unlesbar ist. Mit den Abenteuern der in einen galanten Kavalier hoffnungslos verliebten Pasqualina kann der Leser kaum Schritt halten. Auf der Suche nach dem Geliebten trifft sie Apollo, Juno, Diana und Cupido, wird schließlich Nonne und geht in ein Kloster, zur Verzweiflung Cupidos, der sich an einer Myrte erhängt. Twardowski beeindruckte mit seiner Scheingelehrsamkeit die Leser seiner Zeit, die sich auch durch sein Sammelsurium widersinniger Bilder nicht abschrecken ließen.

Die Belagerung von Jasnagóra

Das befestigte Jasnagórakloster von Tschenstochau, das polnische National-heiligtum mit dem wundertätigen Bild der Muttergottes, wurde im Jahre 1656 von einer schwedischen Heeresabteilung erfolglos belagert. Der Klerus er-blickte darin ein Wunder, das zum Wendepunkt im Krieg gegen die Schwe-den und zum Gegenstand einer langen Dichtung wurde, die sich großer Be-liebtheit erfreute. Das Werk hat die Form einer Chronik und ist an Berichten über Wunder reich: Die Muttergottes erscheint z. B. nicht nur dem tapferen Abt des Klosters, sondern auch dem schwedischen Kommandanten, Miller; übernatürliche Kräfte machen die feindlichen Artilleriegeschosse unschäd-lich u. dgl. m. Der anonyme Autor nimmt (wie Tasso) frei erfundene Begeben-heiten in sein Werk auf, meist Liebesverhältnisse zwischen den zahlreichen Flüchtlingen, die im Kloster Aufnahme fanden. Zu alledem wird noch die Geschichte einer Engländerin namens Lioba erzählt, die nach dem Tode ih-res Verlobten schwer erkrankt und im Fieberwahn ihren Bräutigam im Jen-seits trifft, wo er ihr mitteilt, daß das Kloster gerettet werde. Auf ähnliche Weise sagt dem jungen Schwedenoffizier Horn seine Braut im Traum sein na-hes Ende voraus.
Die Dichtung diente im 19. Jahrhundert als Vorlage für historische Romane und wurde auch von Sienkiewicz für seine *Trilogie* herangezogen.

Wespazjan Kochowski (1633–1700)

Kein Dichter vertritt den Geschmack der zweiten Jahrhunderthälfte besser als Vespasian Kochowski. Seine Werke wimmeln von verschrobenen Bildern, von denen manche jedoch für moderne Dichter anregend sein könnten. Ko-chowski erhielt die zeitgemäße oberflächliche Erziehung, kämpfte zehn Jahre lang gegen Kosaken und Schweden und ließ sich dann auf einem kleinen Landsitz nieder, wo er mit seiner Erfahrung und seinen guten Manieren die Achtung der Nachbarn gewann; er wurde mit verschiedenen lokalen Ehren-ämtern betraut, die ihm jedoch Zeit zum Schreiben ließen. Er war fromm in der Art seiner Zeit: ein eifernder Katholik, voller Aberglauben, Ritualismus und Fanatismus. Als er z. B. im Kampf verletzt wurde, sah er darin die Strafe dafür, daß er das Wunder eines bluttriefenden Kreuzes verleugnet hatte; und nach der Vertreibung der Arianer schrieb er in heftigem Protest gegen diese »Kinder Beelzebubs«. Seiner Frömmigkeit verdanken wir aber auch etwas Erfreuliches, einige tausend Epigramme auf die Beinamen der Muttergottes. Wie so oft ist der Titel sehr lang: *Ein jungfräulicher Garten, mit der Meßkette der Heiligen Schrift gemessen von den Doktoren der Kirche und den frommen Priestern, mit Blumen und Muttergottestiteln besteckt vom niedrigsten Diener dieser Mutter und Jungfrau* (1681). Zu barocken Einfällen und Wortspielen regen hier Beinamen an wie *Fulgetra Divinitatis, Pluvia Salutis, Aurora Con-*

122

surgens, Regina Mundi usw., usf. Kochowskis beste Gedichtsammlung, *Unmüßiger Müßiggang (Niepróżnujące próżnowanie,* 1674), enthält neben Epigrammen historische und lyrische Dichtungen ernster, oft religiöser Natur. Am besten ist er in seinen kurzen Liebesliedern. Eines davon handelt von dem beliebten Spiel »Grün«, bei dem man bekanntlich auf den Ruf »Grün« ein grünes Blatt vorzeigen muß. Hier überrascht der Dichter ein Mädchen am Morgen im Bett, und da sie ihr grünes Blatt im Kleid gelassen hat, verliert sie das Spiel. In einigen Gedichten versucht er, die bukolische Tradition Kochanowskis fortzusetzen, und in der »Apologie für Kochanowski« verteidigt er ihn gegen den Vorwurf, im Grunde seines Herzens ein Ketzer und kein guter Katholik gewesen zu sein. Andere Lieder besingen den Heldentod von Soldaten im Kampf gegen Kosaken und Tataren, und hier gelingt Kochowski ein in seiner Einfachheit erschütternder Ton. Im Versbau verwendet er die *ottava rima,* die von der Tasso-Übersetzung in Polen eingeführt und sehr bewundert wurde. Dichtungen in der Art des 16. Jahrhunderts stehen neben epigrammatischen *fraszki* mit Vorliebe für das Bizarre. Kochowski selbst betrachtete sich nicht als Dichter, sondern als Historiker. Er arbeitete lange Zeit an einem vierbändigen Werk über die polnischen Könige des 17. Jahrhunderts. Wie die alten Römer, die glaubten, daß der Staat alle sieben Jahre eine grundsätzliche politische Veränderung durchmache, teilte auch Kochowski die Zeit in siebenjährige »Klimakterien« ein. Da sein Urteil sehr subjektiv ist, kann er als historischer Memoirenschreiber klassifiziert werden.

Sein interessantestes dichterisches Werk schrieb er als alter Mann: *Polnische Psalmodie (Psalmodia polska,* 1695), verwendet Bibelverse zur Erzählung von persönlichen Erlebnissen und Ereignissen aus der jüngsten Geschichte Polens. Sie ist ein Danklied an Gott und nimmt alles demütig als Gottes Strafe oder Belohnung an. Der Dichter glaubt in Polens Geschichte Zeichen der Gnade Gottes zu sehen und wird daher als Vorläufer des polnischen Messianismus betrachtet. Nach Skarga war Kochowski der erste polnische Dichter, der den reimlosen Bibelvers mit seinem gedanklichen Parallelismus als poetische Form benutzte, etwas Ungewöhnliches für einen Barockdichter. Wie Davids Psalmen die Siege der Hebräer besingt die *Polnische Psalmodie* die Siege der Polen über die Türken. Kochowski verehrte Sobieski, und in einem Triumphgesang auf den Sieg von Wien ergeht er sich in überschwenglichen Lobpreisungen:

Die Morgensonne sah ihren Stolz, der Abend das schmähliche Ende.
Der Mond verhüllte die Sichel vor Scham, den Fliehenden wollt' er nicht leuchten.
Es half ihnen nicht der Lügenprophet, die Sünden nicht tilgte die Waschung.
Die räudigen Leiber, wie Ochsen gefällt, ließ der Sieger aus Mitleid begraben,
den Gefangenen schenkt' er das Leben; das Schwert nun ruht in der Scheide.
So wolltest du's, allmächtiger, wundertätiger Gott:
Wer um fremdes Leben kam, dem nahmst du das seine;
der Schwache entriß dem Starken das Brot, geraubt von unschuldigem Munde.
Drei Tage brauchten Mannen, Kinder und Volk, die verlassene Beute zu sammeln.

Sidons Gezelte, goldverbrämt, standen da wie einsame Hütten im Felde.
Den Reiter ereilte der fliegende Speer, die Kugel den fliehenden Rücken,
am Boden lag das mächtige Heer, und die Gottesstreiter saßen im Sattel.
Es fielen die purpurbeladenen Herren, die da prahlten: »Das Christenland
unser!«
Erdrosselt ward der Wesir, und dem Kirchenschänder trieb Jael den Stift in
die Schläfe.
So geschah's, wie's einst Midian geschah und Jabin am Kischonflusse:
Gott legte sie um, auf die Seite das Rad, und die Prahler zerstoben im
Winde.
Mit Kochowskis Tod neigt sich der Sarmatische Barock seinem Ende zu. Was
folgt, die sogenannte Sächsische Nacht, entbehrt selbst der wenigen positiven
Züge, die das Schrifttum der kriegerisch-frommen Autodidakten des Sarmatismus besaß. Kochowski war für lange Zeit der letzte Dichter, der den christlichen Ritter zum Ideal erhob, bis er zur Zeit der Verschwörung von Bar
(1768–1772) wieder auflebte.

Prosa

Jan Chryzostom Pasek (1636–1701)

Die polnische Prosa des 17. Jahrhunderts besteht vor allem aus Tagebüchern,
Memoiren und einer Menge politischer Literatur, die man heute zum Journalismus zählen würde. Der Roman kam über die vielversprechenden Anfänge
im 16. Jahrhundert nicht hinaus, wahrscheinlich wegen der Verarmung des
Bürgertums. Das interessanteste Prosawerk der Zeit ist ein Band Memoiren,
die bis ins 19. Jahrhundert ungedruckt blieben. Kein reineres Exemplar der
szlachta kann man sich vorstellen als ihren Autor: Johann Chrysostomus Pasek verfügt über alle Eigenschaften des Kleinadels seines heimatlichen Masowiens, Protestantenhaß, Streitsucht, Egoismus und Obskurantismus, dazu
Mut, Trunksucht und – Armut. Er war Zögling einer Jesuitenschule, d. h., er
lernte, bombastische Reden in Latein oder dem polnisch-lateinischen Sprach-
gemisch zu halten und schlechte Verse zu schreiben. Dies war sein Rüstzeug
fürs Leben. Nichts deutet darauf hin, daß er je ein Buch gelesen hat. Im Alter
von neunzehn Jahren zog er in den Krieg gegen die Schweden und wurde mit
seiner Division unter dem hervorragendsten Befehlshaber seiner Zeit, dem
Hetman Czarniecki, nach Dänemark abkommandiert, um den mit Polen verbündeten Dänen gegen die Schweden beizustehen. Nach einem Aufenthalt in
Dänemark fand Pasek den Weg zur Armee zurück, um gegen Moskau und die
Türkei sowie in den Wirren innerhalb Polens zu kämpfen. Schlachten, Duelle, Saufgelage, Raufereien, Prahlerei und Spaßmacherei füllten sein Leben
in den nächsten elf Jahren aus. Auch nach seinem Abschied von der Armee
und seiner Heirat mit einer reichen Witwe fand er keine Ruhe. Er haßte seine
Nachbarn, war in unzählige Rechtshändel verwickelt und wurde schließlich
wegen räuberischen Unwesens zur Verbannung verurteilt, eine Strafe, die nur
äußerst selten und nur für besonders schwere Vergehen verhängt wurde, von
deren Vollstreckung er jedoch infolge der anarchischen Zustände des Landes
verschont blieb.
Pasek begann als alter Mann seine berühmten *Denkwürdigkeiten* zu schreiben
– besser gesagt: zu notieren, denn es handelt sich meist um Plaudereien *(ga-*

wędy), die er wahrscheinlich schon unzählige Male zum besten gegeben hatte, ehe er sie zu Papier brachte. Die Erzählungen sind unbeholfen aneinandergereiht, wie er das bei den Jesuiten gelernt hatte, aber abgesehen davon äußerst lebendig, farbenreich, humorvoll und frei von konventionellen Regeln. Pasek spricht die Umgangssprache des Volkes mit den ihr eigentümlichen Wendungen und Ausrufen. Mickiewicz bemerkte in seinen Vorlesungen am Collège de France, daß man Paseks Erzählungen mit Zeichen für die dazugehörenden Gesten versehen sollte. Als Erzähler erscheint Pasek viel vorteilhafter als im Lichte dessen, was wir von ihm wissen. Er stellt sich als einfallsreichen Schlaumeier hin, der nie um eine Antwort verlegen ist. Alles wird mit den Augen des Kleinadels gesehen, und Pasek kennt keine Zurückhaltung. Er erzielt damit einen doppelten Effekt: Indem er versucht, uns zum Lachen zu bringen, wirkt er selbst unfreiwillig komisch. Abergläubisch, von begrenzter Intelligenz, ein Fremdenhasser, Säufer und Raufbold, hält er alles, was anderen Leuten gelinde gesagt seltsam erscheint, für selbstverständlich. So erzählt er mit Vergnügen von dem Auftritt einer ausländischen Truppe in Warschau, bei dem das adlige Publikum auf den grausamen König im Stück so böse wurde, daß es den unglücklichen Schauspieler mit einem Hagel von Pfeilen überschüttete und tötete. Pasek ist jedoch kein Freund des Krieges, er geht fatalistisch in den Kampf und brüstet sich nicht mit seinem Heldentum, betrachtet es aber als völlig natürlich, sich unter den Feinden die reichstgekleideten auszusuchen, sie zu erschlagen oder gefangenzunehmen und sich ihren Besitz anzueignen. Ohne seine Habgier zu beschönigen, berichtet er davon, wie er als Kommissar in Dänemark die Leute zur Verzweiflung trieb, indem er vorgab, kein Dänisch zu verstehen (dabei hätte er sich mit ihnen auf lateinisch verständigen können), bis sie ihn durchschauten und ihm ein Geschenk, d. h. eine Bestechungsgabe, brachten, die ihn zu aller Freude von seiner Ignoranz erlöste. Selbst in unsauberen Dingen bittet er Gott um Hilfe. Er hat allerdings auch einen sympathischen Zug: Er liebt Tiere, und wenn er von ihnen spricht, z. B. von seiner zahmen Otter, klingt das bezaubernd.

Paseks Erzählungen lesen sich wie Romane, und Mickiewicz sah in ihnen einen Vorläufer von Walter Scotts historischem Roman. Tatsächlich waren Paseks *Denkwürdigkeiten* (deutsche Auswahl: *Die goldene Freiheit der Polen,* 1967) mit ihren lebendigen, realistischen Beschreibungen und dem reichen Material – Kriege, Bürgerkriege, Landtage, Reichstagssitzungen, Anekdoten, Gerichtsverhandlungen, Jagdszenen, Reisen usw. – Vorläufer des historischen Romans in Polen.

Andere Memoirenschreiber

Die kriegerischen Ereignisse aus Paseks Zeit waren nicht die einzige Quelle für Memoirenschreiber, sie griffen auch auf ältere Stoffe zurück, wie die polnische Einmischung in die Affäre des Moskauer Thronprätendenten Dimitrij. Stanislaus Żółkiewski (1547–1620), dessen Truppen Moskau besetzten, ist wohl der glaubwürdigste von ihnen. Sein *Anfang und Verlauf des Moskauer Krieges (Początek i progres wojny moskiewskiej,* 1612) ist ein Musterbeispiel ernster, prägnanter Prosa, das Werk eines Kriegers und Staatsmannes. Die Affäre wurde auch von Stanislaus Niemojewski dargestellt, dem polnischen Botschafter am Hofe des neuen Zaren, der nach dessen Ermordung von den Russen gefangengenommen wurde und sich im Internierungslager im hohen

Norden die Zeit mit der Lektüre von Petrarca und der Übersetzung des Horaz vertrieb. Auch seine Erinnerungen könnten eine interessante Lektüre sein.

Ein anderer Vorläufer Paseks war Samuel Maskiewicz (ca. 1580–1640), ein ungebildeter Krieger litauischer Abstammung, für den der Krieg nur eine gute Gelegenheit zu Abenteuern und Bereicherung war. Sein Aufenthalt in Moskau ergab aber keinen anderen Reichtum als einen Schatz von Erinnerungen an unterhaltende und ungewöhnliche Skandalaffären, Duelle und Schlägereien. Er glich Pasek in seiner Unbekümmertheit (die sich u. a. in einer kurzen Bemerkung über einen Besuch ausdrückt, von dem er nichts weiter zu sagen hat als: »Wir tranken Met, brachen seiner Schwester das Bein – nicht ich, der Marschall – und gingen dann alle zusammen nach Białowicze«).

Die Türkenkriege hatten für manche ihrer Teilnehmer seltsame Folgen. Marek Jakimowski z. B. geriet in der Schlacht von Cecora (die Hetman Żółkiewski das Leben kostete) in Gefangenschaft und wurde als Sklave nach Ägypten verkauft. Auf der Reise organisierte er eine erfolgreiche Meuterei der Galeerensträflinge und erreichte mit der eroberten Galeere Italien, nicht ohne Gewinn, denn nach Polen kehrte er mit einer Frau zurück, die er als Sklavin an Bord des Schiffes gefunden hatte. Der anonyme Bericht, der davon erzählt, heißt *Kurze Beschreibung der Eroberung einer vorzüglichen alexandrinischen Galeere (Opis krótki zdobycia galery przedniejszej aleksandryjskiej)*.

Briefwechsel

Das 17. Jahrhundert ist nicht nur an Memoiren, sondern auch an Korrespondenzen reich. Einige dieser Briefsammlungen sind erst vor kurzem veröffentlicht worden. Unter den Briefschreibern befindet sich einer, der die übrigen wenn nicht an Kraft, so doch an Reichtum der Sprache übertrifft – ein Ergebnis unvergleichlich höherer Bildung –, der letzte polnische König des Jahrhunderts, Johann Sobieski. Die *Briefe an Marysieńka* (seine französische Frau Mariette), die er ihr zwischen 1665 und 1683 fast täglich schrieb, füllen einen umfangreichen Band. Er schreibt ihr wie einem Freund von politischen Intrigen, dem Verlauf des Krieges, höfischem Tratsch, aber auch, und sehr ausführlich, von seiner Liebe. Diese Briefe, die natürlich nicht für die Öffentlichkeit bestimmt waren, erinnern in ihrer überraschenden Intimität an *Pepys' Diary*, das Tagebuch des englischen Marinebeamten Samuel Pepys aus dem 17. Jahrhundert, haben aber daneben eine besondere Bedeutung: Sie künden eine neue literarische Form an, den Briefroman. Sobieski kannte den Roman *L'Astrée* von Honoré d'Urfé und entlehnte ihm viele Pseudonyme: Celadon, Sylvander und Phönix für sich selbst, Astrée, Diana, Clelia, Kassandra, Aurora, Rosa für seine Frau.

Predigten

Piotr Skargas Kanzelreden mit ihrer blütenreichen Sprache und ihren politischen Themen fanden einen Nachfolger in dem Dominikaner Fabian Birkowski (1566–1636), der als Armeegeistlicher den Soldaten in seinen Predigten feurig, aber auch herzlich zuredete. Seine *Predigten im Heerlager*, die er 1623 herausgab, zeigen auch auf diesem Gebiet eine Vorliebe für das Bizarre, zugleich eine Abwendung von Skargas strengem Renaissancestil.

126

Andrzej Maksymiljan Fredro (1620–1679), Lemberger Kastellan, war wie viele seiner Zeitgenossen ein ergiebiger politischer Schriftsteller. Seinen Ruf verdankt er aber nicht seinen polnischen *Sprichwörtern der Umgangssprache (Przysłowia mów potocznych,* 1658), einer Sammlung altpolnischer Sprichwörter und eigener Maximen, eine Art von Übung in der Kunst der Schlagfertigkeit. Als guter Beobachter, Skeptiker und Liebhaber von Paradoxen stand Fredro den Barockdichtern mit ihren in Bildern ausgedrückten Gedanken ziemlich fern, aber auch unendlich weit von seinem französischen Zeitgenossen La Rochefoucauld. Denn Fredro war ein sarmatischer Edelmann streng konservativer Gesinnung, der in der »goldenen Freiheit« und der anarchischen Regierungsform Polens die Säulen der *Republica* sah. Seine scharfsinnigen Bemerkungen über die menschliche Natur sind von einem tiefen Mißtrauen gegen alles Fremde überschattet, eine Denkweise, die gewiß zu dem Erfolg seiner *Sprichwörter* beitrug.

Das Theater

Neben dem Jesuiten- und Protestantentheater und der *komedia rybałtowska,* die sich bis in die zweite Hälfte des Jahrhunderts erhielt, erscheint das polnische Theater nun zum erstenmal, wenn auch nur für einige Jahre, als Institution, und zwar dank einer Laune König Ladislaus' IV., der in Italien großen Gefallen an der Musik, besonders der Oper, gefunden hatte. Er beauftragte seine Agenten, begabte Künstler mit hohen Gehältern nach Polen zu locken, und so kam seine Hofoper zustande, die von 1637 bis 1646 existierte. Das Personal bestand nicht nur aus Komponisten, Musikern, Sängern und Schauspielern der *Commedia dell'arte,* sondern auch aus Architekten, Malern und anderen Bühnenbildnern. Der König selbst betätigte sich gelegentlich als Regisseur. Wie in der italienischen Oper wurde auch hier eine komplizierte Bühnenmaschinerie verwendet, um Götter, Ungeheuer u. dgl. erscheinen zu lassen. In der Oper *Afrika* z. B. hält die Primadonna ihren Einzug auf dem Rücken eines mechanischen Elefanten mit beweglichem Rüssel, und das *Corps de ballet* trägt Negerkostüme. Die Barockoper liebte die Perspektive und stellte die Szene in einer tiefen Flucht von Räumen dar. Die Bühne war in zwei Teile geteilt, einen größeren für das Stück selbst mit den perspektivischen Effekten und einen kleineren für die *Commedia dell'arte* (die der päpstliche Nuntius in einem Bericht nach Rom für anstößig erklärte). Der starke italienische Einfluß reichte über die Renaissance ins 17. Jahrhundert hinein. Auch das Jesuitentheater blieb vom unmittelbaren Einfluß der italienischen Oper oder auch der Hofoper nicht unberührt. Dagegen konnte das französische tragische Theater trotz der Bemühungen Andrzej Morsztyns in Polen nicht festen Fuß fassen.

Ein gutes Beispiel für das Repertoire der Oper ist ein anonymes Mysterien- oder Passionsspiel aus dem Jahre 1663: *Ein Gefecht des blutig-kriegerischen Gottes und Herrn der Heerscharen vonwegen der Sünden des Menschengeschlechtes, in Karfreitagsszenen zum ewigen Angedenken und zur Erbauung des Zuschauers dargestellt (Utarczka krwawie-wojującego Boga i Pana zastępów za grzechy narodu ludzkiego na nieśmiertelną pamiatkę wielkopiątkowymi scenami i na zbudowanie audytora reprezentowana).* Mittelalterliche Gestalten und allegorische Figuren waren *en vogue,* und so klingt es nicht absonderlich, wenn es z. B. in den Regieanweisungen heißt, daß »die Liebe weißgekleidet, eine Krone auf der Perücke, die Beine in Strümpfen, dasitzen soll, ein brennendes Herz in der einen, ein Kreuz in der andern Hand«. Bosheit durchbohrt Liebe mit dem Schwert und soll »Panzer und Helm tragen, dazu metallene Armbänder«. Der Prolog wird von einem zwölfstimmigen Chor vorgetragen, und das Stück beginnt mit der Geschichte von Herodes, den Hohenpriestern und der Gefangennahme Jesu im Garten Gethsemane, geht aber bald vom Mysterienspiel zu einem anderen Genre über: Ein Sünder huldigt der Welt (»reichgekleidet, mit Perücke, goldenen Ketten, auf dem Haupt eine Krone, in der Hand Szepter und Mitra; soll prächtig geschmückt sein«), und diese verspricht ihm Reichtum und Macht, worauf das Schicksal (»nach Frauenart weißgekleidet, mit Flügeln, ein kreisendes Rad in den Händen, die Augen schwarz verbunden, auf dem Kopf eine Perücke, die Beine in Strümpfen«) den Sünder dem Glück zuführt . . .

Im nächsten Akt sieht man ihn in einem bequemen Stuhl dasitzen und Wein trinken. Zur Musik des Orchesters brüstet er sich: »Ich bin König, ich bin Herr! Wer kommt mir auf Erden gleich?« und versteigt sich immer mehr in seine Selbstsicherheit. Jetzt tritt eine *Laterna magica* in Aktion, und zwei Handlungen rollen gleichzeitig ab. In der einen schlägt der Sünder die Warnungen seines Schutzengels in den Wind, während hinter seinem Rücken in Schattenbildern *(per umbras)* die Leidensgeschichte Jesu gezeigt wird. Da kommt der Tod, alles rennt davon, und die Gerechtigkeit liefert ihm den Sünder aus. Das Erbarmen verteidigt ihn, findet aber kein Gehör. Nun tritt die Zeit auf, »eine Uhr in der einen, eine Posaune in der andern Hand; hinter der Szene hört man die Stunden schlagen. Die Zeit soll ein hochgewachsener alter Mann sein, mit Perücke und langem grauen Bart, weißgekleidet, mit Flügeln und Baßstimme«, die halb lateinisch, halb polnisch anhebt:

Vigilate quia nescitis diem necque horam.
So wisse, du Nichtswürdiger,
Daß du sterben mußt, da du auf die letzte Stunde nicht hörtest.
Vigilate serio quia nescitis diem necque horam.

Und während der Tod darangeht, den Sünder zu enthaupten, wendet sich die Zeit an das Publikum:

Mors ultima ratio rerum, ultima linia dierum.
Vigilate quia nescitis diem necque horam.

Im nächsten Akt sitzt der Sünder weißgekleidet am Höllentor, »den Kopf in ein Tuch gehüllt, und hält eine mit Schnaps und Salz gefüllte flammende Schüssel in den Händen. Er soll für die Zuschauer deutlich zu sehen sein und sich das Feuer vors Gesicht halten. Feurige Schwefelflammen züngeln aus der Hölle hoch. Hinter dem Verdammten stehen vier maskierte Teufel.« Sie singen einen *cantus daemonorum:*

O du miserable Seele,	Häßliche Winkel,
Wo wirst du Ruhe finden?	Ekelhaft,
In der finst'ren Hölle,	Finsternis und Pestilenz dein Fraß.
Im ewigen Feuer,	In der Hölle bleibst du
Das selbst mir zuwider ist.	Auf ewig, ewig, ewig.

Der Sünder wird von den Teufeln in den Abgrund der Hölle gezerrt, aus der man ihn rufen hört: »Wehe, wehe *in aeternum,* weh, auf ewig, ewig, ewig.« Die Regie vermerkt dazu: »Jetzt wird alles totenstill. Der Vorhang fällt unter Musikklängen.«

Der Schlußakt enthält einen *planctus,* das Klagelied des mittelalterlichen Passionsspiels. Die Muttergottes erkundigt sich beim Apostel Johannes, was ihrem Sohn geschehen sei, und als sie von der Kreuzigung erfährt, fällt sie in Ohnmacht. Ein Vorhang teilt sich, und man erblickt auf einem Felsen das Kreuz, von dem die Engel den Leichnam Jesu abnehmen und der Mutter bringen, die ihm zum Abschied singt:

Fahr hin, Phönix, mein einziger Sohn,
Verzeih in deiner Liebe den Henkern ihre Missetat.
Vergiß nicht deine tieftraurige Mutter,
Vergilt reichlich ihres Trostes Verlust.

Die Regie gibt dazu die folgenden Anweisungen: »Hier tragen Engelspaare mit Kerzen in den Händen die Bahre heran. Musik ertönt, und ein Chor singt ›Es weine heute jede Seele‹, während der Leichnam ins Grab gelegt wird. Alles steht stillschweigend da. Maria und die Engel knien am Grabe.«

Musik verbindet die Szenen. Das Werk ist das Libretto einer gut aufgebauten religiösen Oper: Von der Einführung (Liebe und Bosheit) geht die Handlung auf die Szenen über, die der Passion vorausgehen. Das Leben des Sünders wird gleichzeitig mit der Passion gezeigt, um anzudeuten, daß die Kreuzigung kein einmaliges Ereignis war, sondern sich jederzeit wiederhole. Das Stück endet mit den letzten Augenblicken der Leidensgeschichte und Marias Klagelied.

Das erste polnische Lustspiel ist ein Werk von Stanislaus Heraklius Lubomirski (1642–1702), einer etwas zweideutigen Gestalt. Lubomirski war einer der mächtigsten Männer in Polen und wurde wegen seiner Bildung »der polnische Salomo« genannt. Er versuchte sich erfolgreich in idyllischen und religiösen Dichtungen, arbeitete das Buch *Ecclesiastes* in Versform um und schrieb lateinische und polnische Prosa. Seine Schriften sprechen von Skepsis und Enttäuschung, die jedoch gar nicht zu seinem Leben passen, das von unbegrenzten, weltlich-persönlichen Ambitionen erfüllt war. Er verdient hier, wegen des Theaters erwähnt zu werden, das er auf seinem Schloß unterhielt und für das er auch Stücke schrieb. Ein solches Prosastück, *Die Komödie vom alten Lopez,* hat sich in Manuskriptform erhalten und muß sehr beliebt gewesen sein, denn es liegt in mehreren handschriftlichen Versionen vor. Obwohl der Titel auf Spanien hinweist, steht nicht fest, ob der Stoff Lubomirski direkt von dorther oder auf dem Umweg über Italien erreichte. Der Humor des Lustspiels besteht in der Gegenüberstellung lächerlicher alter Käuze und junger Menschen mit ihren diesseitigen Gelüsten, wie Melisa, die junge Frau des alten Lopez, der seinen ehelichen Pflichten nicht mehr nachkommen kann. Mit dem Auftritt des Hausgesindes wird das Stück zur obszönen Posse und endet mit der Vermählung Melisas mit dem jungen Piraten Spiridon, der vor ihrer Ehe mit Lopez ihr Liebhaber war. Lubomirski machte den für seine Zeit kühnen Versuch, Prosa ins Theater einzuführen, und bahnte damit einer neuen Form den Weg, deren Entwicklung ins nächste Jahrhundert fällt.

Die erste Hälfte des 18. Jahrhunderts: Die sächsische Nacht

5

Geschichtlicher Hintergrund

Der wirtschaftliche und politische Verfall Polens war um die Jahrhundertwende eine vollendete Tatsache. Ein starres Klassensystem von Herr und Knecht war stärker als je zuvor in dem verwüsteten Land. Manche Städte hatten an die neunzig Prozent ihrer Einwohner verloren, und die Gesamtbevölkerung war infolge der Kriege, Epidemien und der Verelendung des Bauernstandes um dreißig Prozent zurückgegangen. Die Konzentrierung des Grundbesitzes in einigen wenigen Händen hatte, wie schon erwähnt, zu großer Ungleichheit innerhalb des Adels geführt: einerseits eine Handvoll allmächtiger Magnaten, von denen ein jeder Dutzende von Städten und Tausende von Dörfern besaß, dazu seine eigene Armee, privates Gerichtswesen und selbst private diplomatische Vertretungen im Ausland unterhielt; andererseits die große Masse des Kleinadels, dessen Lebensstandard nicht viel höher als der der Bauern war. Diese Lumpenaristokratie führte jedoch weiterhin ihre stolzen Titel und fühlte sich ihren reichen »Brüdern« gleich, auch wenn sie in untergeordneten Stellungen in deren Dienste trat. Das Ergebnis war Kriecherei, Unterwürfigkeit und falsche Höflichkeit sowie ein Kult des Essens und Trinkens: Von einer Magnatenhochzeit wird berichtet, daß die Gäste 80 Rinder, 300 Kälber, 50 Schafe, 150 Schweine, 21 000 Stück Geflügel und 12 000 Fische verzehrten, dazu die entsprechende Menge an Wein und Schnaps.

Weiterer Niedergang des Schulwesens

Es gab zwar 51 höhere Jesuitenschulen im Lande, sie hatten sich aber vollkommen dem Gebot der Zeit angepaßt. Der Orden war zur Hochburg des Sarmatismus geworden. Auch die Universität von Krakau verfiel immer mehr. Der Lehrplan der Jesuitenschulen bestand aus einem einzigen Unterrichtsfach: Latein. (Polnisch zu sprechen war verboten.) Die Absolventen konnten lateinisch lesen und schreiben, waren aber völlig in der Tradition befangene, vom übrigen Europa isolierte Chauvinisten und unzugänglich für neue Ideen. Die reichen Aristokraten leisteten sich Reisen ins Ausland und entwickelten eine Vorliebe für alles Französische, nahmen es jedoch nur oberflächlich an. Sarmatismus und stumpfsinnige Nachahmung des Auslandes wurden daher zu Hauptangriffspunkten der polnischen Aufklärung.

Frömmelnder Obskurantismus

Auch die Situation der Protestanten und Anhänger anderer Bekenntnisse hatte sich verschlechtert. Anstelle der früheren Toleranz waren Religionsverfolgungen und Hinrichtungen von »Gotteslästerern« getreten. Religion bedeutete nicht viel mehr als Teufels- und Hexenangst. Fromme Bücher überschwemmten das Land, ein Blick auf die Titel genügt jedoch, um sich von ihrem Niveau zu überzeugen: *Die neurekrutierte Armee aufrichtiger Gefühle; Himmlische Kavallerie und Infanterie; Das schreckliche Echo der letzten Posaune; Der goldne Schlüssel zum Himmel; Ein vierrädriges Fahrzeug, das dich zum Himmel trägt.* Vom Geist der Zeit spricht der Erfolg des Buches eines Paters namens Benedikt Chmielowski aus dem Jahre 1745: *Das neue Athen oder die Akademie allen Wissens, unter vielen Titeln in Klassen eingeteilt und geschrieben zur Ermahnung der Klugen, Belehrung der Idioten, Beratung der Politiker und Erheiterung der Melancholiker,* ein Almanach praktischer Ratschläge wie: »Ein Schwalbenauge im Bettzeug wird den Faulenzern den Schlaf vertreiben« oder Informationen über das Ausland: »In Italien gibt es eine Stadt, in der sich die Kleider der Heiligen Jungfrau befinden, der Herd, auf dem sie für Jesus und Joseph kochte, und der irdene Topf, aus dem sie ihnen zu essen gab.«

Militärische Schwäche

Auch das außenpolitische Kräfteverhältnis hatte sich zuungunsten Polens verschoben. Ungeachtet ihrer Ausdehnung hatte die *Respublica* kein nennenswertes stehendes Heer und war infolge innerer Zwistigkeiten zum Spielball von Rußland und Preußen geworden. Kurfürst August II. von Sachsen, der unter ausländischem Druck zum König gewählt worden war, machte gemeinsame Sache mit Peter dem Großen gegen Karl XII. von Schweden, und Polen wurde abermals zum Kriegsschauplatz. Auch seinem Sohn und Nachfolger lag herzlich wenig am Wohlergehen seiner Untertanen. Aus diesen und den obenerwähnten Gründen wird die Regierungszeit von Vater und Sohn die »Sächsische Nacht« genannt.
Ein wirtschaftlicher, erzieherischer und literarischer Tiefpunkt war um 1750 erreicht, als sich neue Kräfte regten, die den Grundstein für die kurze, aber fruchtbare Zeit der polnischen Aufklärung legten.

Poesie

Versemacher gab es in der »Sächsischen Nacht« in Hülle und Fülle, ihre Produkte aber sind in einem hochtrabenden Ton gehalten, ein Erbe des Sarmatischen Barock, und unbeschreiblich langweilig. Die wenigen Dichtungen, die echt klingen, befassen sich mit dem religiösen Hauptthema des vorhergehenden Jahrhunderts, der Gegenüberstellung von menschlicher Vergänglichkeit und Tod, das sie um einige makabre Bilder erweitern. Der Jesuitenpater Joseph Baka (1707–1780) verdankt diesem Stil seine Nische im Pantheon der polnischen Literatur. Er wird hier als Beispiel der ärgsten Poesie erwähnt, die je in polnischer Sprache geschrieben wurde und höchstens für Kuriositätensammler von Interesse sein kann. Seine *Betrachtungen über den unvermeidlichen Tod (Uwagi o śmierci niechybnej,* 1766) sind eine in beschwingtem Tanzrhythmus gehaltene wüste Orgie gröbster Versemacherei (das Buch wurde im 19. Jahrhundert als humoristisches Werk herausgegeben). Für Menschen in jeder Lebenslage hält er düstere Drohungen bereit, und wenn er den Frauen in allen Einzelheiten ausmalt, wie sie im Grabe verfaulen werden, schwelgt er in wollüstigem Sadismus.

Einen gewissen Wert haben die Dichtungen von Elisabeth Drużbacka (ca. 1695–1765), die selbst bei Vertretern der Aufklärung Anerkennung fand. In ihrer Beschreibung der Jahreszeiten, ihrem Lob der Schöpfung und Tadel der Gottlosen beherrscht sie ihr Handwerk etwas besser als die Masse der zeitgenössischen Dichterlinge. Professor Wacław Borowy, ihr moderner Anwalt, weist mit Recht darauf hin, daß ihre Sinnlichkeit, die immer wieder durchbricht, wenn sie von Liebe spricht, sie als Dichterin rettet. Ihre *Sammlung geistlicher, panegyrischer, moralischer, weltlicher Verse (Zbiór rytmów duchownych, panegirycznych, moralnych i światowych)* erschien im Jahre 1752.

Es ist auch Professor Borowys Verdienst, Konstanzia Benisławska wiederentdeckt zu haben, deren *Sich selbst gesungene Lieder (Pieśni sobie śpiewane,* 1776) im Strom der Aufklärung unbemerkt untergingen. Sie knüpfen stilistisch an Kochanowskis *Psalter* an und stehen in ihrer frommen Inbrunst unter dem Einfluß spanischer Mystiker wie Teresa von Avila (die von den Jesuiten ins Polnische übersetzt und veröffentlicht wurde). Auch hier kommt die Vorliebe des Barock für das Paradoxe zum Vorschein:

Schaff die Hölle ab, o Gott, mir liegt auch nichts am Himmel:
Lieben will ich, wie ich liebe, um Deinetwillen.

Znieś, *Boże,* Piekło, nic mi i po niebie:
Będękochała, jak kocham, dla Ciebie.

Sonst wissen wir von Benisławska nur, daß sie eine Aristokratin aus dem fernen Livland war, die als Mutter vieler Kinder im »vorgerückten Alter« von achtundzwanzig Jahren zu dichten begann. Sie ist eine späte Nachfolgerin der guten Dichter des Barock.

Vorboten der Wandlung

Stanisław Konarski (1700–1773)

Aus dem allgemeinen Marasmus hebt sich eine Gruppe energischer Intellektueller hervor, darunter der Piaristenmönch Stanislaus Konarski. Er wurde der Zeit gemäß in Latein und pompöser Rhetorik ausgebildet, ragte aber mit seinem angeborenen Unabhängigkeitssinn und Wissensdrang weit über seine Zeitgenossen hinaus. Nach mehrjährigem Studium in Rom kehrte er nach Polen zurück und stürzte sich in die Politik. Er war von einem leidenschaftlichen Drang nach politischer Betätigung erfaßt, vergeudete aber seine Kräfte in kleinlichen Intrigen und Klüngelwesen. Bis an sein vierzigstes Lebensjahr war er ständig zwischen Polen und Frankreich unterwegs und hatte so Gelegenheit, sich zu betätigen und dabei sein Wissen zu bereichern. Politische Mißerfolge lenkten ihn auf andere Gebiete: Erziehung und Schriftstellerei. Er gründete in Warschau eine Schule, die die Piaristen zu Erneuerern des Schulwesens machte. Die Söhne des Hochadels, der einzigen Klasse, der noch etwas an guter Erziehung lag, waren Schüler dieses Collegium Nobilium. Die Piaristen führten neue Methoden ein: freundliche Beziehungen zwischen Lehrern und Schülern, Pflege des Gemeinschaftsgeistes unter den Studenten und einen Lehrplan, der die Naturwissenschaften, Mathematik, Physik, Geographie und Polnisch umfaßte. Die Schule war so erfolgreich, daß andere Orden sich gezwungen sahen, es ihr nachzutun. Für Konarski war das Collegium Nobilium ein politisches Instrument zur Erziehung einer Elite, von der er sich für Polen viel versprach.

Konarski war, gleich den Humanisten des 16. Jahrhunderts, vom Geist der polnischen Renaissance beseelt, kam aber zu spät dafür auf die Welt. Er bewunderte Montesquieu, der seinem lebhaften Interesse an staatlichen Einrichtungen reichlich Nahrung gab. Seine Schriften (in lateinischer und polnischer Sprache) kehren immer wieder zu dem Problem zurück, das den denkenden Menschen seiner Zeit keine Ruhe ließ: Wie läßt sich das *liberum veto*, die legale Grundlage der staatlichen Anarchie, abschaffen und die Staatsautorität festigen? Das ist kurzgefaßt der Inhalt seines vierbändigen Werkes *Von wirksamer Beratung (O skutecznym rad sposobie*, 1760–1763). Wie die meisten Neuerer fand auch Konarski zu Lebzeiten keine Anerkennung. Die fortschrittlichen Strömungen und rationalistischen Ideen, die zusammen mit dem klassischen Stil aus Frankreich ihren Weg nach Polen fanden, ließen ihn in zunehmendem Maße altmodisch erscheinen. König Stanislaus August verlieh dem alten Mann einen Orden mit der Inschrift *sapere auso* (dem, der es wagte, klug zu sein), bei den geistreichen Schriftstellern der neuen Zeit fand er jedoch keine Anerkennung, mit Ausnahme seiner *Tragödie des Epaminondas* (1756), in der sie den Ausgangspunkt des neuen klassischen Theaters in Polen sahen.

Stanisław Leszczyński (1677–1766)

Konarski ging in seinen Reformideen weiter über Stanislaus Leszczyński hinaus, der mit schwedischer Unterstützung von 1704 bis 1710 und dann wieder 1733 polnischer König war. Nach dem zweiten Thronverlust zog er sich nach Frankreich zurück, wo er eine politische Abhandlung über das *liberum veto* verfaßte: *Eine freiheitsichernde, freie Stimme (Głos wolny wolność ubezbieczą-jacy*, 1749), eigentlich ein Stück Wahlpropaganda, denn er hoffte noch immer, auf den polnischen Thron zurückzukehren. Er schlägt darin zaghaft einige Reformen vor, hütet sich aber, der »goldenen Freiheit« des Adels zu nahe zu treten.

Franciszek Bohomolec (1720–1784)

Die Reformer wollten die unerträglichen Zustände im Lande mit Hilfe von Erziehung, Literatur und Theater ändern. So ist es nicht verwunderlich, daß ein Pädagoge und Dramatiker an der Wiege des modernen polnischen Theaters stand. Was immer gegen die Jesuiten in Polen gesagt werden kann, eines muß man ihnen lassen: ihre Anpassungsfähigkeit. Die Endphase des Jesuitentheaters steht im Zeichen des Paters Franziskus Bohomolec, der die herkömmlichen Stücke und ihren mittelalterlichen Geist durch moderne Prosalustspiele (Umarbeitungen Molières und seiner Schule) ersetzte. Diese moralisierenden, an realistischen Einzelheiten reichen Schulkomödien, die Liebeshändel und Frauenrollen ausklammern (deutsche Auswahl 1923), leiteten eine neue Epoche im polnischen Theater ein und führten zu neuartigen Schauspielformen. Sie sind nur der erste Teil der langjährigen schriftstellerischen Tätigkeit von Bohomolec, der zu einer Hauptgestalt des Theaters der Aufklärung werden sollte.

Auch Andrzej Załuski war Geistlicher. Er verdankt seinen Ruf seiner Liebe zu Büchern. Als Bischof von Kiew legte er auf eigene Kosten eine Bibliothek von 300 000 Bänden und 10 000 Manuskripten an, die er der polnischen Regierung vermachte. Die Załuski-Bibliothek hatte eine eigenartige Geschichte. Nach der Teilung Polens hielt die russische Regierung es für angebracht, sie nach St. Petersburg zu schaffen; viel wertvolles Material ging dabei verloren oder kam in beschädigtem Zustand an. Nach der russischen Revolution gab die Sowjetregierung die Bibliothek (nicht vollständig) an Polen zurück, wo sie zu einem wichtigen Zentrum der Literaturforschung wurde. Im Jahre 1944 wurde sie von den Nazis restlos niedergebrannt.

Załuski gab neben altpolnischen Autoren auch die *Bibliographia Zalusciana* heraus, das erste systematische Werk seiner Art in Polen, das er von seinem Bibliothekar Janocki anlegen ließ. Er schrieb auch Satiren französischer Manier und übersetzte Boileau.

Geschichtlicher Hintergrund

Die Reformpartei

Die kurze, aber intensive Zeit der polnischen Aufklärung kann als Übergang von der Renaissance, dem sogenannten Goldenen Zeitalter der polnischen Literatur, zur modernen Literatur angesehen werden. Die kulturelle Erneuerung fällt in die Regierungszeit des letzten polnischen Königs, Stanisław August Poniatowski, und wird daher die »Stanislawische Periode« genannt. Die Männer der Aufklärung mit ihren kühnen Gedanken vermochten den Lauf der Dinge nicht zu ändern, bestimmten aber durch das Schulwesen und die Literatur, die sie als Werkzeuge ihres Programms benutzten, die kulturelle Zukunft Polens in entscheidender Weise. Der französische Einfluß, der zu Beginn des Jahrhunderts von der Aristokratie in einem launenhaften Anflug oberflächlich angenommen worden war, begann jetzt mit den Ideen Diderots, Voltaires, d'Alemberts und Rousseaus tiefere Wurzeln zu schlagen und sich auf das Geistesleben Polens auszuwirken. Die rationalistischen Strömungen waren mit der Vertreibung der Arianer unterbunden worden, aber wie der erasmische Humanismus im 16. Jahrhundert drang jetzt ein neuer Rationalismus über die Grenzen ins Land. Die Zahl der Aufklärer war nicht groß, die Hindernisse, gegen die sie anzukämpfen hatten, dafür um so größer. Besonders hartnäckig war natürlich der Widerstand der herrschenden Klasse, des Adels, dessen überwiegende Mehrheit dem Sarmatismus anhing und jeder Neuerung abhold war. Das zwang nicht nur den politischen, sondern auch den kulturellen Vorkämpfern der Reform oft Verschwörermethoden auf, die in den Augen der Öffentlichkeit dadurch noch eklatanter erschienen, als die meisten von ihnen Freimaurer waren. Was sie erreichten, ist angesichts der Schwierigkeiten, die ihnen nicht nur in der Innenpolitik im Wege standen, sehr beachtlich. Außenpolitisch befand sich Polen zwischen Rußland und Preußen in einer hoffnungslosen Lage. Die Russen wollten den *Status quo,* d. h. die Schwäche der *Respublica,* aufrechterhalten und spielten sich daher zu Verteidigern der »goldenen Freiheit« auf (eine Tugend, in der sie sich im eigenen Lande nicht gerade auszeichneten). Die polnischen Reformer traten wie die französischen Philosophen für die Gleichheit aller Menschen ein und für das Recht des einzelnen, die staatlichen Einrichtungen mit seinem Verstand zu prüfen, waren sich aber durchaus der Folgen des Umstandes bewußt, daß es in der Entwicklung Polens keine absolutistische, zentralistische Phase gab. Statt für die »goldene Freiheit« traten sie daher für die Errichtung einer erblichen, konstitutionellen Monarchie ein, und für ein Parlament, das seine Beschlüsse aufgrund von Stimmenmehrheit fassen sollte, was natürlich die Abschaffung des *liberum veto* bedeutete.

Die Freimaurer

Das Zeitalter des Rationalismus verlegte alle Autorität von Gott auf den Menschen. Zeichen göttlicher Offenbarung waren schon im 17. Jahrhundert unter die Lupe der Vernunft genommen und nur noch akzeptiert worden, wenn sie der Prüfung des angeblich angeborenen Menschenverstandes standhielten. Der Deismus, der Glaube, daß Gott, einem Uhrmacher gleich, dem von ihm konstruierten Mechanismus gleichmütig zuschaue, ohne in seinen Ablauf einzugreifen, bestärkte Klerus und Laien in ihrer wachsenden Skepsis. Die Säulen der polnischen Aufklärung waren elegante, skeptische, aufgeschlossene Geistliche mit allen Anzeichen französischen Schliffs. Sie bereicherten die polnische Sprache um ein neues Wort: *labuś* (von *l'abbé),* den Namen, den ihnen das Volk gab. Sie waren häufig Freimaurer, hochstehende Würdenträger nicht ausgenommen. Die Freimaurerlogen waren der Treffpunkt der verschiedensten Gesellschaftsschichten, nicht nur der Adligen und Geistlichen, sondern auch wohlhabender Bürger und selbst einiger Juden. In ihren Zusammenkünften wurden Programm und Strategie der Reform besprochen. Auch der König gehörte dem Orden an.

Der König

Stanislaus August Poniatowski (1732–1798) war nicht königlichen Geblüts, sondern Sohn einer begüterten Adelsfamilie. Er erhielt eine ausgezeichnete Erziehung in Polen und Paris, beherrschte mehrere Sprachen und gehörte unzweifelhaft zur kulturellen Elite Europas. Als Liebhaber von Katharina der Großen wurde er 1764 unter russischem Druck zum König von Polen gewählt und ist seither eine umstrittene Gestalt geblieben. Man hat ihm politischen Wankelmut, Zaghaftigkeit und Unterwürfigkeit Rußland gegenüber vorgeworfen, dazu eine allzugroße Vorliebe für Mätressen. Dennoch war er die treibende Kraft der Reform, die den Interessen Rußlands entgegengesetzt war. Er war sich des Machtunterschiedes zwischen Polen und Rußland voll bewußt und versuchte daher, mit dem mächtigen Nachbarn gut auszukommen; das setzte ihn jedoch einem unlösbaren Konflikt aus, in dem er oft gegen die extremen Neuerer Stellung nehmen mußte. Was seine Vergnügungssucht anbelangt, so stand er darin gewiß nicht allein da. Das 18. Jahrhundert war nicht nur in Polen eine Zeit allgemeiner Zügellosigkeit, in der (nach Venedig) Rom alle Metropolen schlug, und so manche junge Dame aus der Zeit der Romantik blickte mit Entsetzen auf die lockeren Sitten und frivolen Anschauungen ihrer Großmütter zurück.

Die erste Teilung Polens

In den internationalen Schachzügen, die dem russisch-türkischen Krieg von 1768 bis 1772 vorausgingen, kam es in Polen zu einer Adelsverschwörung, einer der sogenannten »Konföderationen«. In Bar, nicht weit der polnisch-türkischen Grenze, verbündeten sich die Adligen zum Kampf gegen den König und die in Polen stationierten russischen Truppen. Sie taten das aus rein patriotischen Gründen, die nichts mit den fortschrittlichen Ideen zu tun hatten. Mit der türkischen Niederlage verlief auch die Verschwörung im Sande. (Einer ihrer Führer, Kazimir Pułaski, wanderte nach Amerika aus und wurde ein Held des amerikanischen Freiheitskrieges.) Die Verschwörung wurde zum Vorwand für die erste Teilung Polens genommen (1772), die schon lange vorher von den Nachbarstaaten beschlossen worden war. Rußland annektierte die Provinzen östlich des Dnjepr und der Düna, Preußen nahm sich Pommern und Österreich Galizien (vom ukrainischen *Halitsch, Halitschina).* Dieser schwere Schlag erweckte in Polen das Verlangen nach Reformen und spielte den Vorkämpfern des Fortschritts in die Hand.

Im Jahre 1773 wurde eine Kommission für Volkserziehung ins Leben gerufen, die mit ihren weitgehenden Vollmachten als erstes Bildungsministerium Europas angesehen werden kann. Die Kommission setzte eine grundlegende Reform des Erziehungswesens von der Volksschule bis zur Universität durch und schuf ein einheitliches Schulwesen. Die Aufgabe der Kommission wurde durch die vom Papst im Jahre 1773 angeordnete Auflösung des Jesuitenordens erleichtert, gegen den in vielen Ländern schwere Beschuldigungen erhoben worden waren. Die riesigen Besitzungen des Ordens, seine Schulgebäude und Bibliotheken fielen an die Kommission. Die Jesuitenakademie von Wilna wurde von dem Astronomen und Geistlichen Poczobutt zu einer Universität umgestaltet, und Hugo Kołłątaj, der bedeutendste Führer der Reformpartei (auch er ein Geistlicher), brachte mit seinen Unterrichtsmethoden und einem Lehrplan, der die Naturwissenschaften hervorhob, neues Leben in die Universität von Krakau.

Die Kommission schrieb auch einen Wettbewerb für Lehrbücher aus, und auf ihre Veranlassung verfaßte der bekannte französische Philosoph Condillac ein Lehrbuch der Logik zum Gebrauch in polnischen Schulen. Verschiedene Wissenschaftler arbeiteten *Termini technici* für ihre Gebiete aus: der obenerwähnte Poczobutt für die Astronomie; Jundziłł, Autor der *Litauischen Flora,* für die Botanik; Jan Śniadecki für Mathematik und sein Bruder Jędrzej (Andreas) für Chemie.

Die Arbeiten der Kommission hatten weitreichende Nachwirkungen. Sie brachte auch eine neue Art von Schriftsteller hervor, der nicht mehr autodidaktischer Amateur war, sondern humanistische Gymnasial- und Hochschulbildung besaß. Die Aufklärung rief überhaupt eine neue polnische Klasse ins Leben: die Intelligenz.

Die Presse

Kurz nachdem die erste polnische Zeitung erschienen war (1661), setzte der allgemeine Niedergang ein, der sich natürlich auch auf das Zeitungswesen auswirkte. Das änderte sich mit einem Schlage in der Zeit der Aufklärung. Etwa neunzig (allerdings oft kurzlebige) Zeitschriften erschienen, sechzig davon in Warschau, an der Spitze der 1765 von Franz Bohomolec nach dem Vorbild des Londoner *Spectator* begründete *Monitor,* die erste und in den zwanzig Jahren ihrer Existenz führende literarische Zeitschrift Polens. Ein anderes hauptsächlich literarisches Magazin erschien von 1770 bis 1777 unter dem Titel *Angenehme und ersprießliche Unterhaltungen (Zabawy przyjemne i pożyteczne).* Den wohlhabenden Herren in der Provinz genügten die Zeitungsberichte nicht; sie hielten sich eigene Korrespondenten in Warschau, die sie über die letzten Neuigkeiten und den Klatsch der Hauptstadt unterrichteten. Eine neue Einrichtung, das Kaffeehaus, trug viel zur Verbreitung von Wissen und zur Beurteilung der Zeitereignisse bei. Am Ende der Stanislawischen Periode hatte Warschau eine gut informierte, politisch lebhaft interessierte Bevölkerung, die unter Führung der Reformisten und der polnischen Jakobiner einen starken politischen Faktor bildete.

140

Die Sprache der polnischen Literatur erfuhr um diese Zeit eine wahre Revolution. Das Ideal der Aufklärung war der klare, prägnante Stil der französischen Klassiker und der Antike. Boileau, der in Ablehnung des Barock die Gesetze des französischen Versbaus festgelegt hatte, wurde auch in Polen als Gesetzgeber der Dichtkunst anerkannt. Franz Xaver Dmochowski (1762–1808) polonisierte Boileaus *L'art poétique* und unterzog die Schriften seiner Landsleute einer kritischen Stiluntersuchung (1788). Reinheit der Sprache war oberstes Gesetz, und der »Makkaronistil« wurde aufgegeben. Zeitschriften und Flugblätter polemisierten über die Regeln guten Geschmacks. Das Überhandnehmen des Barock in Theater und Literatur wurde als barbarisch verdammt; die Dichter der polnischen Renaissance galten jetzt als Vorbilder für klaren ausgeglichenen Stil. Die Zeit war reich an guten Übersetzungen (darunter auch solchen Homers), und das Interesse für die Sprache führte zur Herausgabe des ersten Wörterbuches der polnischen Sprache (in sechs Bänden) von Samuel Bogumil Linde.

Das andere Gesicht des Zeitalters

Das 18. Jahrhundert war nicht nur das Zeitalter des Rationalismus, sondern auch das der Empfindsamkeit. Die sogenannte empfindsame Literatur, zu der auch manche Schriften Rousseaus gehören, war sehr beliebt. Richardsons und Fieldings Romane wurden ins Polnische übersetzt. Daneben verbreitete sich ein Hang zu Pietismus und Mystik, und in den »mystischen« Logen Frankreichs, die in der vorrevolutionären Zeit entstanden, spielten einige Polen führende Rollen. Französisch verdrängte Latein als Weltsprache, neue Ideen verbreiteten sich rasch über die Landesgrenzen hinaus, und das gebildete Europa nahm ein kosmopolitisches Aussehen an. Das Mysteriöse, Übernatürliche faszinierte das Publikum der Großstädte (Cagliostros unglaubliche Karriere zeugt davon), und der Marquis de Sade war bei weitem nicht der einzige Vertreter des Dämonischen. In diesem Licht ist auch der polnische Schriftsteller Jan Potocki, Autor der *Handschrift von Saragossa (Rękopis znaleziony w Saragossie),* besser zu verstehen.

Die Juden

Die polnischen Juden hatten jahrhundertelang völlig getrennt von ihren christlichen Nachbarn gelebt mit ihren eigenen religiösen und erzieherischen Einrichtungen, eigenem Gerichts- und Steuerwesen usw. Der Jüdische Gemeindeverband, der im 16. Jahrhundert zur Eintreibung der Kopfsteuer errichtet worden war und weitgehende Autonomie besaß, begann im darauffolgenden Jahrhundert schon zu verfallen, und seine Tagungen *(Zjazd Żydów koronnych)* boten ein ähnliches Bild wie der polnische Reichstag mit Intrigen und Korruption. Die Kosakenaufstände und Schwedenkriege hatten für die Juden katastrophale Folgen. Als Steuereinzieher, Pächter und Agenten ihrer polnischen Herren wurden sie in der Ukraine zu Tausenden hingemetzelt, und der Verfall der Städte traf sie besonders schwer. Diese Zustände schufen einen günstigen Boden für messianische Erwartungen, und als ein solcher Pseudomessias namens Sabbatai Zwi in Smyrna erschien, fand er auch in Po-

len viele Anhänger. Im Jahre 1701 machten 1200 polnische Juden eine Pilger-fahrt nach Palästina über Österreich und Italien. Sabbatai Zwis Übertritt zum Islam nahm seinen Anhängern trotz der Verfolgungen durch die Rabbiner nicht den Glauben an ihren Messias; die messianischen Erwartungen lebten fort, und aus ihnen erwuchsen im 18. Jahrhundert zwei Bewegungen: Chassi-dismus und Frankismus. Der Begründer des Chassidismus (vom hebräischen *chassid,* fromm) war Israel ben Elieser (1700–1760), genannt *Baal Schem* (he-bräisch, Meister des Gottesnamens), ein einfacher Dorfjude aus den Karpa-ten. In seinen Anfängen stand der Chassidismus im Zeichen seines Gründers, eines Träumers, der durch Wald und Feld streifte und von ukrainischer Folk-lore, vielleicht auch von der ekstatischen griechisch-orthodoxen Sekte der Chlysten (von *chlyst,* Peitsche) beeinflußt war. Im Gegensatz zur rabbini-schen Tradition schuf der *Baal Schem* eine frohmütig-mystische Religion, die den Weg zu Gott in Liedern, Tänzen, Getränken und täglicher Arbeit finden wollte, nicht in der Synagoge und dem Studium der Heiligen Schrift. Diese Volksbewegung, deren Lehre manchmal mit der des Franz von Assisi vergli-chen wird, artete bald in eine institutionelle Konfession aus, in deren Mittel-punkt der *Zaddik* oder Gerechte stand, der übermenschliche Macht besaß, als Fürsprecher seiner Gemeinde vor Gott erschien und praktisch jenseits von Gut und Böse stand. Die *Zaddikim* (Mehrzahl von *Zaddik)* häuften aus den Abgaben ihrer Anhänger großen Reichtum an und unterhielten ein zahlrei-ches Gefolge mit luxuriösen Höfen. Abtrünnige verfolgten sie rücksichtslos und schreckten vor Gewaltanwendung nicht zurück. Nichtsdestoweniger brachte der Chassidismus, besonders in seinen Anfängen, tiefreligiöse Den-ker hervor. Dank der Schriften Martin Bubers u. a. ist er heute allgemeines Kulturgut. Das offizielle Judentum suchte ihn zunächst mit allen Mitteln zu unterdrücken, und das 18. und beginnende 19. Jahrhundert ist von den Kämpfen der Chassidim und ihrer Gegner erfüllt, bis die feindlichen Brüder sich gemeinsam gegen einen Dritten wandten, die beginnende *Haskalah* (Aufklärung), die die Juden aus dem Getto holen wollte.
Der andere Zweig des Messianismus war der Frankismus, so genannt nach seinem Gründer Jakob Frank (?–1791). Franks Vater hatte als Anhänger Sab-batai Zwis Polen verlassen müssen und in Rumänien und Griechenland Zu-flucht gesucht. Sein Sohn fand in Saloniki Eingang in die Kreise der Anhän-ger Sabbatai Zwis, die ihrem Meister in den Islam gefolgt, innerlich aber Juden geblieben waren. Er wurde in die Geheimlehren der Sekte eingeführt und rief sich eines Tages zum Messias aus *(Santo Señor* im spaniolischen Idiom der Saloniker Juden). In einer Vision sah er Polen als das Land der Verheißung, kehrte dorthin zurück und wurde begeistert empfangen, beson-ders von den Armen, aber auch von manchem Gemeindevorsteher und Rab-biner. Der neue Messias verkündete das Ende nicht nur des jüdischen, son-dern eines jeden Gesetzes: »Ich bin gekommen, alle Gesetze und Religionen abzuschaffen und der Welt das Leben zu bringen.« Das Königreich der Frei-heit und des Wohlstandes sollte mit dem Abstieg in den Pfuhl der Sünde und Perversion herbeigeführt und das Böse durch Böses, die Sünde durch Sünd-haftigkeit aus der Welt geschafft werden können. (Hier zeigen sich Spuren der in den Balkanländern fortlebenden manichäischen Tradition, insbeson-dere des Gedankens, daß Gleiches mit Gleichem bekämpft werden müsse.) Wie bei den Chassidim bestand der Gottesdienst der Frankisten u. a. in eksta-tischen, von Gesang und Händeklatschen begleiteten Tänzen, die jedoch bei

ihnen in einem orgiastischen Ritual endeten, bei dem Männer und Frauen die Kleider abwarfen, »um die Wahrheit in ihrer Nacktheit zu sehen«, und sich wahllos paarten. Diese Riten riefen natürlich öffentliches Ärgernis hervor, und im Jahre 1756 wurden die Frankisten von den rabbinischen Gerichtshöfen mit dem Bann belegt. Sie suchten bei der katholischen Kirche Schutz, ein Teil trat zum Christentum über; mit der Taufe erhielten sie den Adelstitel. Die große Mehrheit unterwarf sich jedoch den Rabbinern, ohne die finanzielle Unterstützung Franks einzustellen. Dieser selbst wurde 1759 in Warschau getauft. Der König war Taufpate. Frank legte seinen Getreuen ein religiöses Doppelleben auf: Die Taufe sei die letzte Stufe ihrer selbstauferlegten Erniedrigung und die Voraussetzung für das Kommen seines Königreiches. Für den Endkampf, der diesem vorausgehen sollte, hatten sich die Sektierer militärisch auszubilden. Vielleicht ist das der Grund dafür, daß es unter den polnischen Offizieren Napoleons mehrere Frankisten gab, z. B. den General der Artillerie Alexander Matuszewski. Der Klerus kam Franks Schlichen bald auf die Spur und setzte ihn auf der Klosterfestung Tschenstochau gefangen, wo er zwölf Jahre blieb. Später ließ er sich in Offenbach am Main nieder, wo er als »Baron Franck« ein Schloß bewohnte, sich mit einer berittenen Leibgarde umgab und in einer fürstlichen Karosse fuhr. Die Französische Revolution schien die Prophezeiungen Franks zu bestätigen, und eine Anzahl von Frankisten eilte nach Paris, darunter Franks Neffe und Thronfolger, Franz Thomas Edler von Schönfeldt aus Wien, der im Jahre 1794 zusammen mit Danton unter der Guillotine endete. Die Frankisten blieben ein wichtiger Bestandteil auf dem polnischen Schauplatz, und mehrere Familien, die führende Rollen bei den Freimaurern und in den polnischen Aufständen von 1830 und 1863 spielten, stammen von ihnen ab. Eine Zeitlang bewahrten sie ihre Identität und heirateten nur untereinander, allmählich aber gingen sie in den höheren Klassen auf.

Der »Große Reichstag«

Der »Große Reichstag« (1788–1792) bot den Reformern eine gute Plattform zur Verteidigung ihrer Sache. Da sie hauptsächlich hinter den Kulissen tätig waren, wurden sie von den Konservativen der Geheimniskrämerei angeklagt, setzten aber eine Reihe neuer Gesetze durch, darunter die Aufstellung eines stehenden Heeres von 100 000 Mann (das aus Geldmangel diese Stärke nie erreichte). Mit Hilfe von Presse, Theater und der fortschrittlichen Bevölkerung von Warschau peitschten sie am 3. Mai 1791 eine neue Verfassung durch den Reichstag, die eine erbliche Monarchie einführte, das *liberum veto* abschaffte und den Bürgern und Bauern gewisse Rechte einräumte. In der Zeit, die den Teilungen Polens folgte, blickten die Polen zur Konstitution des 3. Mai als dem Symbol der Demokratie auf. Katharina die Große schlug sogleich zu: Auf ihr Betreiben taten sich einige Magnaten im Jahre 1792 zur Verschwörung von Targowica zusammen und riefen die Zarin gegen die »Tyrannei« des Reichstags und die Bedrohung der »goldenen Freiheit« zu Hilfe. Rußland beeilte sich auch, die neue Konstitution als Ausgeburt der »Jakobinerpest« hinzustellen. In dem darauffolgenden Krieg wurden die polnischen Truppen geschlagen. Es kam zur Zweiten Teilung Polens (1793). Da eine russische Besetzung des Landes den Widerstand Preußens hervorgerufen hätte, teilten sich Rußland und Preußen die Beute: Die preußische Grenze wurde bis nahe vor Warschau herangeschoben, und Rußland annektierte fast die ganze Ukraine und Weißrußland nördlich der Pripetsümpfe. Österreich war diesmal an dem Raub nicht beteiligt. Ein neuer Reichstag wurde nach Grodno einberufen, der unter russischen Bajonetten die Teilung ratifizierte und die Konstitution vom 3. Mai annullierte.

Der Kościuszko-Aufstand

Es blieb nicht dabei. Auf die Teilung folgte ein Ruf zu den Waffen. Man gab sich in Polen der Hoffnung hin, daß die Französische Revolution Nachfolger finden würde, eine Hoffnung, die zwar eilig, aber, wie die napoleonischen Siege bewiesen, nicht unbegründet war. Die Führung des Aufstandes übernahm Tadeusz Kościuszko, Sproß einer verarmten Adelsfamilie, der in Warschau und Frankreich Artilleriewesen und Festungsbau studiert hatte. In Polen fand er für seine Dienste keine Verwendung, und eine unglückliche Liebe (die aristokratischen Eltern des Mädchens widersetzten sich der Ehe) ließ ihn sein Glück in Amerika suchen. Im Amerikanischen Unabhängigkeitskrieg zeichnete er sich als Ingenieuroffizier aus und wurde zum General befördert. Er teilte die Ideen des mit ihm befreundeten Jefferson, sympathisierte mit der Französischen Revolution und gab, bevor er nach Polen zurückkehrte, die Sklaven frei, die er zusammen mit einem Gut von der Regierung geschenkt erhalten hatte. Im russisch-polnischen Krieg von 1792 befehligte er die polnischen Truppen in der Schlacht von Dubienka und mußte nach ihrer Niederlage das Land verlassen. Vom Ausland aus organisierte er den Widerstand gegen die Teilungsmächte und kehrte im Jahre 1794 in die Heimat zurück, um die Führung des Aufstands zu übernehmen. Aufgrund seiner amerikanischen Erfahrungen organisierte er die Bauern zu Milizeinheiten, die aus Mangel an Feuerwaffen mit Sensen bewaffnet waren und so gegen die russische Artillerie vorgingen. Der Sieg von Racławice bei Krakau ist zum großen Teil ihnen zu verdanken. Nun schlossen sich auch Warschau und Wilna dem Aufstand an; in Wilna ergab sich die russische Garnison den Truppen von Jakob Jasiński, einem Mitglied des Warschauer Jakobinerklubs. Mehrere Magnaten, darunter ein Bischof, wurden wegen Zusammenarbeit mit den Russen zum Tode verurteilt und gehenkt. Im Mai 1794 erließ Kościuszko ein Manifest, das die Leibeigenschaft aufhob und die Zahl der Tage, die die Bauern für ihren Herrn arbeiten mußten, stark herabsetzte. Die Aufständischen waren jedoch auf die Dauer zu schwach, um den vereinten Kräften der Interventionsmächte zu widerstehen. Preußische Truppen besetzten Krakau, konnten aber Warschau trotz einer zwei Monate langen Belagerung nicht erobern. Die Hauptstadt wurde von der Bevölkerung unter Führung der Jakobiner erfolgreich verteidigt.
Die Schlacht von Maciejowice, in der Polen und Russen ungefähr vierzig Prozent ihrer Truppen verloren, endete mit einer polnischen Niederlage und der Gefangennahme Kościuszkos. Der russische General Suworow besetzte die Warschauer Vorstadt Praga und erzwang mit einem Blutbad, dem 10 000 Männer, Frauen und Kinder zum Opfer fielen, die Kapitulation der Hauptstadt. Die drei Nachbarn Polens rechtfertigten sich vor der Welt damit, daß sie die Entstehung eines zweiten revolutionären Zentrums in Europa verhindern wollten. Im Jahre 1795 kam es zur Dritten Teilung (bei der auch Österreich nicht leer ausging), und die *Respublica* verschwand von der Landkarte.

Zwei Jahre später erstand ein neues polnisches Heer, und zwar in der von Napoleon befehligten französischen Revolutionsarmee. Die in Italien aufgestellte Polnische Legion zog viele Freiwillige an und nahm an zahlreichen Schlachten teil, darunter an der Kampagne, die zum Sturz des bourbonischen Königreiches Neapel führte. In der Legion diente eine Anzahl von Offizieren, die sich zu Logen zusammentaten und literarische Werke verfaßten, die ein Verbindungsglied zwischen Aufklärung und Romantik sind. Einer dieser Offiziere, Joseph Wybicki, schrieb ein Lied, das später zur polnischen Nationalhymne wurde: »Noch ist Polen nicht verloren.«

Das Theater

Der Monitor

Es scheint angebracht, jetzt vom Theater zu sprechen, dem Brennpunkt der neuerwachten Energien und der wirksamsten Waffe der Reformpartei. Das Schultheater der Piaristen und Jesuiten bot dem Publikum das klassische französische Repertoire; es war jedoch nicht die Tragödie, die den neuen Geist verkündete, sondern die Komödie. Franz Bohomolec geißelte in seinen realistischen, Molière nachgebildeten Komödien den Sarmatismus und die Nachäfferei alles Französischen. Er fand einen Verbündeten im König, der Englisch sprach, mit Vorliebe Samuel Johnson las und Shakespeare verehrte (er setzte ihm im Park seines Lustschlosses Łazienki in Warschau neben anderen Bühnendichtern ein Denkmal). Auch der *Monitor,* mit dessen Erscheinen 1765 die Zusammenarbeit von Theater und Presse beginnt und dessen Redakteur Bohomolec war, verdankt seine Entstehung einer Anregung Poniatowskis. Gleich seinen Vorgängern, den sächsischen Kurfürsten August II. und August III., unterhielt der König eine Oper mit französischen und italienischen Schauspielern, deren Vorstellungen allgemein zugänglich waren. Er ging aber einen Schritt weiter und gründete das erste polnische Berufstheater, das im Jahre 1765 sein Debüt vor einem zahlenden Publikum gab. Das Theater war königliches Privateigentum und wurde später vom Reichstag als Nationaltheater übernommen.

In seinen satirischen Artikeln im *Monitor* und in seinen Lustspielen ließ Bohomolec komische Figuren auftreten, welche die Personen, auf die er es abgesehen hatte, attackierten. Er bediente sich dabei einer besonderen (pirandelloartigen) Methode. In der Komödie *Der Monitor* versammeln sich einige seiner (dem Publikum gut bekannten) Gestalten in einem Wirtshaus und beschließen, sich am *Monitor,* den sie für eine Person halten, zu rächen. Die einen wollen ihm die Finger abhacken, andere sind nicht so grausam. Bohomolecs anderes Ich tritt auf, sehr geehrt, für den *Monitor* gehalten zu werden, obwohl er nur sein Mitarbeiter sei, und entwaffnet seine Gegner, indem er z. B. dem Säufer erklärt, daß seine Satiren die Trunksucht tadeln, aber nicht persönlich gemeint seien. Der Säufer stimmt ihm bei: »Gewiß, ich saufe, aber ich bin kein Säufer.« Ebenso leugnet der Abergläubische, daß er abergläubisch sei, usw., und der Autor ist damit gerettet.

Einige Artikel des *Monitor* über das Theater waren vom König direkt inspiriert, der sich nicht an die dogmatischen Regeln des französischen Theaters mit seiner Einheit von Handlung, Ort und Zeit halten wollte. Er stand damit allein da, und das polnische Theater nahm einen anderen Weg, den der prägnanten, unzweideutigen französischen Sittenkomödie, gewöhnlich in Versform (obwohl Bohomolec selbst Prosa schrieb). Einige komische Figuren, Schöpfungen verschiedenster Schriftsteller, wurden zu traditionellen Charakteren der polnischen Bühne; Alexander Fredro (1793–1876), der Erbe des Aufklärungstheaters, gab ihnen meisterhafte Gestalt.

Franciszek Zabłocki (1754–1821)

Der Satiriker Franz Zabłocki hatte es mit seinen bissigen Komödien, von denen es (in Prosa und Vers) etwa sechzig gibt, besonders auf den Sarmatismus abgesehen. Er entlehnte die Handlung verschiedenen ausländischen Dichtern – Beaumarchais, Diderot, Romagnesi –, zeichnete sich aber besonders in der Darstellung einheimischer Typen aus, vor allem in seinen Verskomödien wie *Sarmatismus* und *Der Geck auf Freiersfüßen (Fircyk w zalotach)*. Zabłockis Kunstfertigkeit zeigt sich in der Anwendung des 13silbigen Verses auf realistisch-humoristische Situationen. Er war nicht der einzige Bühnendichter, der dieses beliebteste Versmaß der polnischen Klassizisten anwandte, gab ihm jedoch mit seiner volkstümlichen Sprache eine Frische, die ihm die Gunst des Publikums gewann und ihn noch heute lesbar macht. Zabłockis Figuren und volkstümlichen Verse fanden in Mickiewiczs *Pan Tadeusz* einen Niederschlag.

Julian Ursyn Niemcewicz (1757–1841)

Es ist vielleicht etwas willkürlich, Niemcewicz in dem Kapitel über das Theater zu behandeln, denn er war auch ein Dichter, Erzähler, Übersetzer und Memoirenschreiber. Den Höhepunkt seiner Leistung erreichte er jedoch im Theater.

Julian Niemcewicz ist eine der farbenreichsten Gestalten der polnischen Literatur, schon allein deshalb, weil sich sein langes Leben über verschiedene Phasen der Geschichte erstreckte.

Er stammte aus einer mittelmäßig begüterten Adelsfamilie und studierte an der Warschauer Militärakademie, wo seine Begeisterung für die Literatur die Aufmerksamkeit der mächtigen Familie der Czartoryski erregte. Private Stipendien erlaubten ihm, ins Ausland zu reisen und Italien, Frankreich und England kennenzulernen. Seine Erinnerungen spiegeln den Zeitgeist seiner Jugend wider. Er scheut sich nicht, seine Liebesabenteuer zu enthüllen, und schildert Episoden wie ein Trinkgelage in Gesellschaft einiger junger Engländer in Syrakus, zu dessen Abschluß alle Teilnehmer in den Arethusabrunnen springen und triefendnaß in der Oper erscheinen.

Im »Großen Reichstag« war er einer der energischsten Vorkämpfer der Reform, ohne seinen unwiderstehlichen Hang zu Liebesabenteuern einzubüßen. Die Reformpartei wurde vom preußischen Gesandten Luchessini sehr ermutigt (ein hinterhältiges Manöver, wie sich herausstellte), und Niemcewicz, ein Hausfreund Luchessinis, dankte diesem für seine zweifelhaften Dienste, indem er dessen Frau verführte und mit ihr ein Kind hatte. Im Auftrag der Reformpartei schrieb er im Jahre 1790 in aller Eile eine Komödie, *Die Heimkehr des Landboten (Powrót posła,* deutsch 1792), die bei ihrer Aufführung im Jahre 1791 vom Warschauer Publikum dahingehend verstanden und ausgenutzt wurde, eine neue Konstitution zu fordern – wenige Theaterstücke hatten eine derart unmittelbare politische Wirkung. Das Werk ist in 13silbigen Reimpaaren verfaßt und hält sich streng an die Regeln der französischen Dramatik. Es spielt auf dem Landsitz des Ehepaares Podkomorzy (Unterkämmerer), das dem fortschrittlichen Adel angehört. Ihr Sohn Valerius, ein junger Reichstagsabgeordneter, ist in Theresa verliebt, die mit ihren Eltern, Herrn und Frau Gadulski (Schwätzer), bei den seinen zu Gast ist. Die Gadulskis werden von Niemcewicz heftig aufs Korn genommen. In Herrn Gadulski, einem sarmatischen Polen *par excellence,* kann man leicht einen jener Deputierten erkennen, die mit ihrer Verschleppungstaktik jede Neuerung zu vereiteln suchten. (Ein solcher Abgeordneter sah das Stück, zog dann im Reichstag mit einer Tirade gegen umstürzlerische Theaterstücke zu Felde und beantragte die Annullierung der Theaterkonzession – ohne Erfolg.) Gadulskis Wortschwall ergießt sich über alles, Außenpolitik, Rechtswesen, Strategie, obwohl er davon nichts versteht. Seine Frau dagegen lebt in einer rührseligen Welt und vergießt Tränen über Rousseaus *Nouvelle Héloïse* und (die polnische Übersetzung von) Edward Youngs *Nachtgedanken.* Sie wirft mit französischen Ausdrücken um sich, lacht über ihren Dummkopf von Mann und terrorisiert ihn mit Ohnmachtsanfällen. Tragisches Gehabe war modern, und sie ergeht sich darin, indem sie immer wieder ihren ersten Mann erwähnt, was den Zuschauer zur Verzweiflung treibt, bis er ihr am liebsten eine Tracht Prügel verabreichen möchte. Sie hat ihre Stieftochter Theresa einem Stutzer namens Szarmantcki (Charmeur) versprochen, der sich französisch kleidet, über Politik die Nase rümpft und nur für die Jagd, prunkvolle Karossen und Frauen Interesse hat. Er erwähnt beiläufig, daß er vor kurzem in Frankreich gewesen sei, und als Valerius, der junge Abgeordnete (zum stürmischen Applaus der Zuschauer), die Französische Revolution lobt, meint er gelangweilt, daß er Frankreich ihretwegen verlassen habe. Valerius spricht mit Bewunderung vom parlamentarischen System der Engländer, wozu Szarmantcki bemerkt, daß er ihre Pferde, nicht ihr System bewundere. Schließlich zeigt sich, was hinter seinen von Frau Gadulski so sehr bewunderten Allüren steckt: die Gier nach der Mitgift Theresas – und das öffnet dem jungen Paar endlich den Weg zum Traualtar.

Aufgrund seines guten Aussehens, angenehmen Wesens und literarischen Renommees fand Niemcewicz einen Gönner in Fürst Adam Czartoryski, einem der wenigen fortschrittlichen Magnaten, der in Puławy, dem Landsitz seiner Familie (in Polen schlechthin »die Familie« genannt), ein lebhaftes kulturelles Zentrum unterhielt. Nach der Zweiten Teilung Polens wurde Niemcewicz Adjutant Kościuszkos, machte an seiner Seite das Auf und Ab der Kämpfe mit und geriet mit ihm in russische Gefangenschaft. Er verbrachte zwei Jahre in Einzelhaft in der Petropawlowsk-Festung. Vor Gericht blieb er standhaft seiner Überzeugung treu; im Gefängnis hielt er sich durch Ballspiel körperlich in guter Form; den Ball hatte er aus seinem Haar hergestellt. Man gab ihm einige fremdsprachige Bücher, und er vertrieb sich die Zeit mit der Übersetzung von Alexander Popes *Lockenraub (The Rape of the Lock).*

Mit der Thronbesteigung von Paul I. wurden Kościuszko und Niemcewicz begnadigt und gingen nach Amerika, wo ihnen in Philadelphia ein begeisterter Empfang bereitet wurde. Kościuszko sah sich jedoch wegen seiner Sympathien für die Französische Revolution unter Polizeiaufsicht gestellt (die regierende Partei der Föderalisten war franzosenfeindlich), es gelang ihm aber mit Hilfe von Thomas Jefferson, der ihm eine Botschaft an das französische Revolutionsregime mitgab, nach Frankreich zu entkommen. Niemcewicz blieb in Amerika, heiratete die Witwe Kean und ließ sich in Elizabeth im Staate New Jersey nieder, wo er die amerikanische Staatsbürgerschaft erwarb. Er bereiste die Staaten und sammelte seine Eindrücke in einem interessanten Band, *Reisen in Amerika*. In Warschau hatte Niemcewicz der Freimaurerloge *Le Bouclier du Nord* angehört, und das öffnete ihm den Zutritt zur amerikanischen Gesellschaft, insbesondere zu Freimaurern und Rosenkreuzern. Er' wurde auch von George Washington in Mount Vernon empfangen, und seine Reiseberichte schildern das dortige Leben, die landwirtschaftlichen Methoden, Lebensbedingungen der Neger usw.

Mit Ausnahme einer Polenreise verbrachte Niemcewicz elf Jahre in Amerika. Er war ein ausgezeichneter Beobachter und stellte aufschlußreiche Betrachtungen über Amerika an, so z. B. wenn er von der Verzagtheit, ja Verzweiflung vieler Amerikaner spricht, die sehnsüchtig nach Europa und seinen Revolutionen schielen und über die Apathie im eigenen Lande jammern. Niemcewicz meint dazu:

>»Du bist verrückt, sagte ich mir, und weißt nicht, was du willst. Da hast du ein großes, komfortables Haus, viermal soviel Boden, als du brauchst, lebst unter freien, weisen Gesetzen und sehnst dich nach Rebellion und Blut. Du bist ein Fanatiker, mein Freund, krank im Kopf. Die Sicherheit und der Wohlstand, die dich umgeben, fallen dir zur Last und langweilen dich; du glaubst, Sensationen und Aufregungen nicht entbehren zu können, obwohl sie das Ende von Heim und Land bedeuten würden. Geh nach Frankreich, geh nach Europa und schau dich dort um; du wirst geheilt zurückkommen.«

Nichtsdestoweniger kehrte er, als Napoleon im Jahre 1807 das Herzogtum Polen errichtete, in die Alte Welt zurück. Seine Frau blieb in Amerika; sie gingen in gutem Einvernehmen auseinander. In Polen war Niemcewicz bis 1830 eine dominierende Figur in Geistesleben und Literatur. Seine Übersetzungen machten den polnischen Leser mit den englischen Balladen bekannt; er war der erste Übersetzer Byrons und von Thomas Grays *Elegie auf einem Dorfkirchhof* (1803). Im Jahre 1816 veröffentlichte er seine *Geschichtlichen Gesänge der Polen (Śpiewy historyczne,* deutsch 1833), balladenhafte Gedichte über bedeutende Gestalten aus Polens Vergangenheit. Die Lieder, eine Art Abc der polnischen Geschichte, wurden vertont und erfreuten sich großer Popularität. Sie erzogen das Volk im Geist der nationalen Romantik, und ihr Einfluß reichte weit über die Landesgrenzen hinaus. In Rußland gaben sie den Anstoß zur Entstehung einer neuartigen Dichtung. Kondratij Rylejew, der Held der Dekabristen-Verschwörung, übersetzte mehrere von ihnen ins Russische und schrieb selbst ähnliche Gedichte.

Niemcewicz verfaßte auch einige Erzählungen. Die erste – *Die beiden Herren Sieciech (Dwaj panowie Sieciechowie,* 1815), Lebenserinnerungen eines Mannes der Sächsischen und eines aus Niemcewiczs eigener Zeit – ist eine sozialpolitische Studie der verschiedenen Denkweisen zweier aufeinanderfolgender Generationen, des Gegensatzes von Obskurantismus und Fortschrittlichkeit. *Lejbe i Sióra* (1821, deutsch: *Lewi und Sara,* 1824) ist der sentimentale

Briefwechsel eines jüdischen Liebespaares und handelt von dem Problem der kulturellen Befreiung der jüdischen Jugend aus den Fesseln des Gettos, ein Erstlingswerk seiner Art in der polnischen Literatur. Ein solches ist auch *Johann von Tenczyn (Jan z Tęczyna*, 1825, deutsch 1828), der erste historische Roman nach der Art Walter Scotts in polnischer Sprache. Er spielt im 16. Jahrhundert in Polen und Schweden und ist in seiner Verherrlichung der glorreichen Zeit von König Stanislaus August bezeichnend für die Stimmung, die nach den Teilungen in Polen herrschte. Er ist auch ein Schlüsselroman, denn die Gestalt des wahnsinnigen Schwedenkönigs Erik XIV. ließ den Leser unwillkürlich an den halbwahnsinnigen Großfürsten Konstantin denken, der nach dem russischen Sieg über Napoleon Polens Herr war.

Später, schon als Siebziger, betätigte sich Niemcewicz in der Gesellschaft der Freunde der Wissenschaft (wie die polnische Akademie der Wissenschaften hieß) und erfreute sich als Literaturpatriarch allgemeiner Verehrung. Er kam auch im Alter nicht zur Ruhe. Die Unterdrückung des polnischen Aufstands von 1830 trieb ihn nochmals ins Exil, ohne seine Bücher und Manuskripte. Er ging nach Paris, wo er 1841 starb, nachdem er noch seine *Erinnerungen an meine Zeit (Pamiętniki czasów moich)* beendet hatte, das fesselnde Porträt eines Stückes Geschichte, mit zahlreichen Erlebnissen aus Polen, Italien, England, Rußland und Amerika.

Niemcewicz war kein großer Schriftsteller, dafür aber ein Mann mit weitem Herzen und Geist und von großer Mäßigung, die ihm über die Widersprüche seines Charakters hinweghalf. Religiös, aber antiklerikal; Lebemann und Mitglied der großen Gesellschaft, aber literarischer Schwerarbeiter; neuerungsbegierig, aber kein Extremist; progressiv, aber skeptisch gegenüber dem terrordiktierten Fortschritt der Französischen Revolution, ist er eine Verkörperung der geistigen Synthese von Aufklärung und Romantik. Der Höhepunkt seines vielseitigen Schaffens war unzweifelhaft die Aufführung der *Heimkehr des Landboten* zur Zeit des »Großen Reichstages«.

Wojciech Bogusławski (1757–1829)

Das Bogusławski-Denkmal in Warschau ehrt nicht nur einen Schriftsteller, Schauspieler und Regisseur, sondern auch den Vater des polnischen Theaters. Wojciech (Adalbert) Bogusławski entstammte wie Niemcewicz und Kościuszko dem verarmten Kleinadel. Als junger Mann meldete er sich zur Armee, die damals reorganisiert wurde, sattelte aber aus Verzweiflung darüber, daß er nicht befördert wurde, zum Theater um. Er verfiel dem Zauber der Bühne und arbeitete mit dämonischer Energie, spielte, inszenierte, übersetzte und adaptierte ausländische Stücke und schrieb eigene. Als erster Direktor des Nationaltheaters führte er 1791 Niemcewiczs *Heimkehr* auf (was deutlich von seinen politischen Sympathien zeugt). Zur Zeit der russischen Okkupation stellte er seinen *Heinrich VI. auf der Jagd* auf die Bühne, dessen Inhalt er einem englischen Roman entnahm und unter dessen exotischer Unschuld sich revolutionäre Töne verbargen. Bogusławski gehörte zu den Organisatoren des Aufstandes von 1794 und schrieb in diesem Jahr zur Musik von Johann Stefani das Libretto der komischen Oper *Das vermeintliche Wunder oder die Krakauer und die Goralen (Cud mniemany czyli Krakowiacy i Górale)*, die auch sogleich aufgeführt wurde, aus Gründen der Zensur aber in Buchform erst 1841 in Berlin erschien. Die Aufführung mit ihren Massenszenen war ein revolutionäres Ereignis. Die Handlung ist einfach: Dörfler aus der Gegend von Krakau liegen mit Goralen (Bergbauern aus dem Gebiet der Hohen Tatra) wegen einer Liebesaffäre in Streit, durch die sich die Goralen in ihrem Stolz verletzt fühlten. Ein »Wunder«, das ein armer Student mit Hilfe von Elektrizität vollbringt, versöhnt die beiden Lager. Die Zuschauer sahen in den Krakauer Bauern und den Goralen die Truppen der Sensenmiliz, die Kościuszko um diese Zeit organisierte. Das Stück klammert alle feudalen Elemente aus, kein Herrenhof ist zu sehen, alle Teilnehmer gehören der Bauernklasse an, und der einzige Intellektuelle ist der Student, der auch ein antireligiöses Moment einführt, denn das angebliche Wunder ist ja ein Triumph der Wissenschaft. Die Lieder fanden unter den Zuschauern ein begeistertes Echo, sie spielten mehr oder weniger offen auf die politischen Zustände an und ließen die Zuschauer ihre eigenen politischen Anschauungen in die Geschehnisse auf der Bühne projizieren. Ein deutscher Zeuge, Johann Gottfried Seume, der als preußischer Offizier in Warschau stationiert war und das Stück zweimal sah, sagt darüber in seinem Reisebrief *Einige Nachrichten über die Vorfälle in Polen im Jahre 1794* folgendes:

»Nie habe ich größere, tiefere, bleibendere Eindrücke wahrgenommen und selbst gefühlt. Einige der ersten Schauspieler waren höchstwahrscheinlich in dem Verständnisse; denn sie sangen sogleich zu den Arien Varianten, die denn freilich bald den eigentlichen Text verdrängten und mit Jubel wiederholt wurden. Diese Varianten kamen schnell vom Theater unter das Volk, und die Geschichte bei Krakau machte ganz Warschau zu Opernsängern.«

Russische Offiziere, die der Vorstellung beiwohnten, schüttelten sich vor Lachen, ohne die politischen Allusionen zu sehen; die russische Zensur aber setzte das Stück nach drei Abenden ab. Leon Schiller, der bereits erwähnte moderne Theaterregisseur, der sich besonders gut auf die Inszenierung von Massenszenen verstand, hob den revolutionären Gehalt des Stückes hervor und machte es zu einem Hauptstück des polnischen Theaterrepertoires.

Auch nach der Teilung Polens gelang es Bogusławski, sein Ensemble zusammenzuhalten. Er verlegte den Sitz des Theaters nach Lemberg, wo er einige Jahre blieb und u. a. einen *Hamlet* in der Umarbeitung einer deutschen Übersetzung aufführte. Im Jahre 1799 kehrte er nach Warschau zurück und gab zahlreiche Gastspiele in der Provinz. Auf sein Betreiben wurde allen Theatervorstellungen in Warschau eine Sondersteuer zugunsten des Nationaltheaters auferlegt sowie eine Theaterkommission ins Leben gerufen, welche die Statuten des Nationaltheaters ausarbeitete, in denen Rechte und Pflichten des Direktors, der Schauspieler, Musiker usw. festgelegt waren. Dieser Steuer zusammen mit den Statuten ist es zu verdanken, daß die Versuche der zaristischen Polizei, das Theater zu unterdrücken oder zu russifizieren, fehlschlugen. Im Jahre 1825 wurde – wiederum dank der Bemühungen Bogusławskis – ein eigenes Gebäude für das Nationaltheater errichtet, in dessen Grundstein seine gesammelten Werke eingemauert wurden. Ihm verdankt auch der polnische Schauspieler die Achtung der öffentlichen Meinung. Der Schauspielerstand galt vorher so wenig, daß es einer königlichen Intervention bedurfte, damit ein verstorbener Schauspieler auf einem Kirchhof begraben werden konnte. Im Gedenken an Bogusławski begann die Öffentlichkeit den Schauspielerberuf als ehrenwert zu betrachten.

Dichter und Schriftsteller

Ignacy Krasicki (1735–1801)

»Dichterfürst« wurde er genannt, und Ignaz Krasicki ist auch darin ein führender Repräsentant der Aufklärung, daß er nicht nur Dichter, sondern auch
Kirchenfürst war. Im Glauben an die Naturreligion fühlte er sich in völliger
Übereinstimmung mit der höchsten aller menschlichen Gaben, der Vernunft,
hatte über jede Religion etwas Gutes zu sagen und gab in seinen Schriften
nicht zu erkennen, daß er eine Soutane trug. Er kam seinen Pflichten als
Geistlicher gewissenhaft nach und brachte es zum Fürstbischof von Ermland,
verstand es aber, dank seines hohen Einkommens das Leben in vollen Zügen
zu genießen. Und diese Genüsse bestanden vor allem in einer Leidenschaft
für alte Bücher, Gartenbau und seltene Pflanzen, in einem erlesenen Weinkel-
ler und, besonders im Alter, in einer Vorliebe für Süßigkeiten und einge-
machte Früchte. Ein Mensch des goldenen Mittelweges, ein verstehend lä-
chelnder Skeptiker, predigte er Mäßigung, lehnte alle Extreme ab und entschied sich für die horazischen Ideale der Renaissance und ein Leben be-
schaulicher Zurückgezogenheit. Sein höfisches Talent kam dabei nicht zu
kurz: Er war ein Günstling des Königs Stanislaus August und, als seine Di-
özese an Preußen fiel, Friedrichs des Großen. Ganz im Geist seiner Zeit war
er Kosmopolit, dank seiner Sprachenkenntnis in der Weltliteratur gut bewandert, stand aber vor allem unter dem Einfluß des »Goldenen Zeitalters«
der polnischen Literatur. Seine Bewunderung für Erasmus von Rotterdam
gibt Zeugnis davon. Als Dichter ging er mit gutem Beispiel in der Säuberung
der Sprache voran, wandte sich vom Schwulst des Barock ab und kehrte zu
dem klaren, einfachen Stil eines Kochanowski zurück. In diesem Sinne kann
er mit Alexander Pope und dessen Bedeutung für die Entwicklung der englischen Sprache verglichen werden. Die Aufgabe des Schriftstellers bestand für
ihn darin, als Moralist in menschliche Angelegenheiten einzugreifen. Er war
nicht streitsüchtig wie sein Meister Voltaire, und sein Moralisieren ist eher
spielerisch und frei von ätzender Bosheit.
Krasickis komisch-heroisches Epos *Myszeida* (1775, deutsch *Die Mäuseade*,
1790) ist in der *ottava rima* geschrieben, die schon in den polnischen Tasso-
und Ariost-Übersetzungen angewandt worden war. In der Art von Voltaires
Henriade singt das Werk von Heldentaten in einem Katz-und-Maus-Krieg
zur Zeit des sagenhaften Königs Popiel, der wegen seiner Missetaten von den
Mäusen aufgefressen wurde. Das polnische Lokalkolorit läßt den Leser nach
politischen Anspielungen suchen, aber die Dichtung ist so spielerisch, daß sie
keine politischen Deutungen zuläßt, trotz der vielen dem öffentlichen Leben
Polens entnommenen Einzelheiten.
Ein anderes Epos dieser Art, *Monachomachia oder der Mönchekrieg (Monachomachia albo wojna mnichów,* 1778, deutsch 1782, 1870), gleichfalls in der
ottava rima, erinnert an Boileaus *Le Lutrin.* Er spielt in einer Kleinstadt, die
aus »drei Wirtshäusern, vier Torruinen, neun Klöstern und hie und da einigen Häusern« besteht. Die Mönche führen ein beschauliches, nicht allzu er-
bauliches Trink- und Schlafleben. Es kommt zu einem Streit zwischen den
Dominikanern und Karmelitern, in dem sich keines der beiden Lager in der

Theologie als besonders stark erweist und der in eine wüste, in homerischen Tönen geschilderte Schlägerei ausartet. Sie endet jedoch in dem Moment, da ein riesiger Pokal, *vitrium gloriosum,* hereingetragen wird, vor dem sich die wackeren Gottesstreiter in gemeinsamer Anbetung versöhnen. Für einen Geistlichen war das etwas gewagt, und Krasicki wurde deswegen auch heftig angegriffen. Er antwortete mit einer *Anti-Monachomachia* (1870), in der er seinen Spott scheinbar zurücknimmt, in seiner Ironie aber dafür um so boshafter ist.

Von seinen kürzeren Dichtungen seien hier zunächst die *Satiren (Satyry,* 1779) angeführt, in denen sich Krasicki als feiner psychologischer Beobachter menschlicher Schwächen: Trunkenbolde, Gecken, modesüchtige Frauen u. dgl., zeigt. Viele seiner dem Alltag entnommenen Dialoge grenzen ans Groteske und Parodistische. Eine der Satiren, »Glückwünsche« (»Powinszowania«), unterscheidet sich von den anderen darin, daß sie menschliche Laster mit überschwenglichem Lob überhäuft. Die *Satiren* zeigen Krasicki als Meister der schwierigen Kunst, lebendige Charaktere mit den einfachsten Worten zu zeichnen.

Seine dauerhaftesten Gedichte sind die *Fabeln und Parabeln (Bajki i przypowieści,* 1779, deutsch 1960), die ihn von seiner besten Seite zeigen. Wie ein Maler, der mit leichtem Pinsel tiefe Eindrücke festhält, will Krasicki als treuer Sohn der Aufklärung nicht das Unmögliche erzwingen, sondern mit Hilfe des gesunden Menschenverstandes allgemeinmenschliche Wahrheiten beweisen. Dichtung war für ihn eine verdichtete, elegante Prosa und brauchte nicht originell zu sein. Er schöpfte daher mit vollen Händen aus dem reichen Schatz der Fabelliteratur von Äsop bis zu seinen französischen Zeitgenossen, vor allem La Fontaine, den er besonders für seinen zweiten Band, *Neue Fabeln,* auswertete, der erst nach seinem Tode erschien. Was immer er in die Hand nahm, erhielt eine neue, äußerst knappe Form, die besonders augenfällig ist, wenn man die Zahl der Worte in Krasickis Dichtung mit dem Original vergleicht. Die Freude, die der Dichter offensichtlich daran hatte, eine ganze Geschichte in wenigen Zeilen zu erzählen, teilt sich auch dem Leser mit, und Krasickis beste Fabeln sind die Vierzeiler, in denen seine Feder in einem Zug der Pointe zueilt. Wie schon der Titel sagt, besteht das Werk aus zwei Teilen, von denen einer den Tieren und der andere den Menschen gewidmet ist. Krasickis Philosophie ist trocken-nüchtern. In seiner Welt gewinnt der Starke und verliert der Schwache, in einer unabänderlichen, widerspruchslos akzeptierten Ordnung der Dinge. Eine Dosis Zynik des 18. Jahrhunderts ist beigemischt, und manche Fabeln klingen einfach grausam. Was dem Tier die Stärke, ist dem Menschen der Verstand: Die Klugen überleben, die Dummen gehen unter. Die Denker der Aufklärung zogen eine Parallele zwischen den Regeln der Vernunft und den Gesetzen der Weltordnung, und das machte sie zu Optimisten. Hier einige von Krasickis Fabeln:

Fuhrmann und Falter

Festgefahren der Wagen, kommt nicht vom Fleck,
ratlos der Fuhrmann, die Pferde im Dreck.
Ein Falter auf der Fuhre rastet,
es dünkt ihn, daß er sie belastet –
und fliegt davon: »Mit Gott fahr an!«
Mitleid ist kein leerer Wahn.

Wolf und Lamm

Dem Gierigen – kein Grund zu schlecht:
»Willst fressen mich? Mit welchem Recht?«
das Lamm zum Wolfe sagt' im Walde.
»Bist klein und fein« – und fraß es balde.

Im Käfig

»Du weinst?« der Jungspecht frug den alten.
»Kannst besser dich hier als draußen erhalten!«
»Kamst im Käfig zur Welt«, dieser dem Wicht.
»Ich aber war frei – drum weine ich.«

Krasicki schrieb auch Prosa. Der polnische Roman hatte, wie wir sahen, noch keine Gelegenheit gehabt, sich zu entwickeln, und Krasicki kann als Verfasser des ersten polnischen Romans angesehen werden. *Die Begebenheiten des Nikolaus Doświadczyński (Mikołaja Doświadczyńskiego przypadki,* auch deutsch 1776) sind eine Mischung von Abenteuerroman à la *Robinson Crusoe,* satirisch-philosophischer Erzählung in der Art Voltaires, Erziehungsroman wie Rousseaus *Emile* und utopischer Erzählung im Geiste Jonathan Swifts. Der kleine Nikolaus wird nach einer Kindheit in sarmatischem Milieu einem französischen Erzieher übergeben, der ihn in die Kunst der Hochstapelei einführt. Nach einem ausgelassenen Leben in Paris nimmt er, um seinen Gläubigern zu entgehen, in Amsterdam ein Schiff nach Java. Das Schiff geht in einem Sturm unter, und Nikolaus wird von der See an das Gestade einer unbekannten Insel geworfen. Bis hierher ist die Erzählung ein satirischer Sittenroman, dann schildert sie ein utopisches Inselland namens Nipu, dessen Einwohner in Glück und Frieden auf ihren gleich großen Bauernhöfen leben, ohne Regierung, Armee, Polizei, geschriebene Gesetze oder Geld, unter der weisen Hand ihrer Ältesten. Nikolaus arbeitet auf dem Hof des guten Xaoo, der ihn in einfachen Tugenden unterweist und an die Bosheit der sogenannten zivilisierten Menschen nicht glauben will. Bei all ihrer Friedfertigkeit machen die Bewohner von Nipu kurzen Prozeß mit Aufrührern, die vom angeblichen Glanz der Gewerbe- und Handelsländer geblendet sind, und steinigen sie. Hier verbindet Krasicki den Rousseauschen Traum vom »edlen Wilden« mit der Erinnerung an das bäuerlich-patriarchalische, genügsame Leben seiner Vorfahren. Im dritten und letzten Teil des Buches entkommt Nikolaus von der Insel, wird von spanischen Piraten nach Südamerika verschleppt und als Sklave verkauft, von einem amerikanischen Quäker losgekauft und freigesetzt und erreicht endlich nach langen Irrfahrten wieder seine Heimat. Alles in allem reiches Material für einen Abenteuerroman.
Krasicki hatte an solchen literarischen Mischwerken besondere Freude. Im Jahre 1779 veröffentlichte er eine *Geschichte in zwei Bänden (Historia na dwie księgi podzielona),* deren Manuskript er zufällig gefunden haben will und als deren Verfasser er Grumdrypp nennt, einen der Unsterblichen, die Gulliver im Lande Luggnagg traf. Krasicki bezieht sich oft auf Swift und erzählt die Geschichte Grumdrypps, der ein Lebenselixier besaß, das ihm die Jugend erhielt. Grumdrypp berichtet von seinen Reisen in die Vergangenheit, ins Reich Alexanders des Großen, ins verfallende Rom, nach Gallien, China, ins mittelalterliche Polen, Byzanz usw. und revidiert die Geschichte. Er widerspricht

den Geschichtsschreibern, die manche Völker lobpreisen und andere als Barbaren verurteilen, während er auf seinen Reisen feststellen konnte, daß kein Grund dazu bestand. So hat er z. B. von den gallischen Druiden, die den Römern erlagen, nur Gutes zu berichten. Diese »Science-fiction« Krasickis ist vom Geist des Humanismus durchdrungen, denn er gibt den Vorkämpfern von Gerechtigkeit, Bildung, Philosophie und Wissenschaft den Vorrang über mächtige Herrscher und Gründer großer Reiche.

Ein anderes Prosawerk Krasickis, *Herr Truchsess (Pan Podstoli,* 1778), ist eigentlich keine Erzählung, sondern die Wiedergabe der Gespräche, die der Erzähler angeblich mit dem »Truchsess des Königs« hatte. Der Held ist ein tugendhafter, kluger Mann und guter Landwirt und der »Roman« eine Sammlung von Lebensmaximen und Anweisungen für die Landwirtschaft. Er gemahnt in vieler Beziehung an die Ideale der polnischen Renaissancedichter, weist aber auch in die Zukunft und stellt »wirtschaftliche Anstrengungen« höher als ideologische und politische Überlegungen. Er ist darin ein früher Vorläufer des »organischen Arbeitsprogramms« der Positivisten. Immer bereit, zu lernen und sich nützlich zu machen, betätigte sich Krasicki, wie es einem Menschen der Aufklärung ansteht, auch auf anderen literarischen Gebieten: Er schrieb Kritiken, übersetzte, sammelte Material über Schriftsteller früherer Zeiten und verfaßte Dichterbiographien. Überdies war er Theaterliebhaber und schrieb auch zwei Lustspiele.

Adam Naruszewicz (1733–1796)

Adam Naruszewicz, Bischof von Smolensk, war einer der engsten Freunde des Königs und regelmäßiger Gast an dessen Donnerstagabend-Tafel, zu der sich die Elite der polnischen Intelligenz traf. Er schrieb satirische Gedichte in der Art Boileaus, die trotz ihres etwas schwerfälligen Stils ein getreues, aber sarkastisches Bild des Lebens in Warschau entwerfen. Naruszewicz wollte jedoch vor allem Gelehrter sein und nahm auf Wunsch des Königs ein gewaltiges Werk in Angriff, die Darstellung der Geschichte Polens mit Hilfe moderner Forschungsmethoden sowie polnischer und ausländischer Archive. Das Resultat war *Die Geschichte des polnischen Volkes seit der Bekehrung zum Christentum (Historia narodu polskiego od przyjęcia chrześcijaństwa,* das erste Werk dieser Art seit der *Chronik* von Jan Długosz im 15. Jahrhundert. Von 1780 bis 1785 erschienen sechs Bände, die bis an die polnisch-litauische Personalunion vom Jahre 1386 heranreichen, ein Umstand, der von Naruszewiczs peinlicher Genauigkeit, aber auch Arbeitsamkeit zeugt. Die rationalistische, moralisch-didaktische Betrachtungsweise der Aufklärung ist in diesem Werk offenkundig, daneben – wahrscheinlich durch den Einfluß des Königs – die Ideen der Reformpartei, die bekanntlich für eine starke Zentralmacht und erbliche Monarchie eintrat.

Stanisław Trembecki (1735–1812)

Neben Krasicki verdient Stanislaus Trembecki als einer der begabtesten Dichter des polnischen Klassizismus erwähnt zu werden. Die Achtung, die ihm selbst Dichter zollten, die anscheinend nichts mit ihm gemein haben, ist um so auffallender, als sein Gesamtwerk einen nicht allzu umfangreichen Band füllt. Ihm selbst lag wenig an der Veröffentlichung seiner Werke, er betrachtete sie einzig als Schlüssel zur Huld mächtiger Gönner. Im Gegensatz zum »lächelnden Rationalismus« von Krasicki verkörpert Trembecki die andere Seite des 18. Jahrhunderts: blinde Vergnügungssucht. Er nannte sich »einen der ärgsten Streithähne, unmäßigsten Trinker, leidenschaftlichsten Liebhaber und besten Spieler«. Er verschwendete sein Vermögen in Paris an Frauen und im Kartenspiel, befriedigte aber auch, ganz im Geist der Zeit, seine philosophischen Neigungen in Gesprächen mit Diderot, d'Alembert und Holbach, mit denen er anscheinend bekannt war. Eine Zeitlang verdiente er sich sein Brot als Fechtmeister in Belgien und stand seinen Mann in vielen Duellen. Später lebte er von der Gunst des Königs und mancher Magnaten, in deren Wahl er nicht gerade heikel war. Sein Witz machte ihn zum gerngesehenen Gast an der Donnerstagabend-Tafel des Königs. Er verbrachte viele Jahre in der Ukraine am Hof eines der berüchtigtsten polnischen Magnaten, Szczęsny (Felix) Potocki, der zu den maßgeblichen Verschwörern von Targowica gehörte.

Aus jeder Zeile von der Hand Trembeckis wird seine materialistisch-sinnliche Weltanschauung erkennbar, die Philosophie eines Lcbcmannes, der die Welt als ein für ihn geschaffenes, farben- und gestaltenreiches Ding ansieht und sich auch dementsprechend benimmt. Er schrieb zumeist Gelegenheitsgedichte in der Form von Oden, Epigrammen und Versepisteln, daneben auch Fabeln, die hauptsächlich von La Fontaine stammen, ohne an die klassische Eleganz des Franzosen heranzureichen. Trembeckis Sprache wimmelt von vulgären Ausdrücken der Volkssprache. Seine Fabeln sind ausgezeichnete Beispiele für die Verwendung eines realistischen Stils in der Poesie und erwuchsen vielleicht aus dem Gegensatz zwischen dem sinnlichen Charakter der polnischen und dem Intellektualismus der französischen Dichtung, ein Merkmal, das wir auch in Morsztyns Corneille-Übersetzung fanden. Paul Cazin, der hervorragende französische Kenner der polnischen Literatur, nennt Trembeckis Fabeln »Meisterwerke, auf die Théophile Gautier neidisch sein könnte«. Die Bewunderung alles Üppigen, Kraftvollen, Überströmenden, Fruchtbaren ist auch der Grundton von Trembeckis längeren Dichtungen, vor allem der *Sofiówka,* wie der Landsitz Potockis hieß, ein ukrainisches Versailles, das zu Ehren von Sophie Potocki, einer der großen Damen der Zeit, erbaut worden war (einer Griechin, die, nebenbei, ihre Karriere in einem Bordell von Konstantinopel begann). Das Werk preist in 13silbigen Reimpaaren den fruchtbaren Boden der Ukraine, ihre üppige Vegetation, fetten Schafe und Rinder und ist eine Hymne auf den Willen des Menschen, der die Welt verändert und die Natur besiegt. Die *Sofiówka* erschien 1806 und wurde im Jahre 1822 mit dem Kommentar eines jungen Romantikers namens Adam Mickiewicz versehen, der zeit seines Lebens ein Verehrer Trembeckis blieb.

Einige der Dichtungen Trembeckis klingen ans Rokoko an, er war aber nichtsdestoweniger in seiner kraftvollen, urwüchsigen Sprache ein Klassizist. Seine ausgezeichneten Übersetzungen Voltaires bringen ihn diesem viel näher als Krasicki, denn Trembecki war ein erklärter Deist, wenn nicht Atheist. Seine Unbekümmertheit um das Schicksal seiner Dichtungen ist der Grund dafür, daß manche von ihnen anderen Autoren zugeschrieben wurden. Einmal verspielte er gar beim Schachspiel ein Fragment seiner Übersetzung des *Befreiten Jerusalem* an einen Freund, der es dann unter eigenem Namen veröffentlichte.

Kajetan Węgierski, der in jungen Jahren starb, hat nichts vom epikureischen Zynismus seines Freundes Trembecki an sich. Aufbrausend und in seinen Liebschaften ebenso leidenschaftlich wie in seinen Schriften, war er von Empörung und Zorn über die Mächtigen dieser Welt erfüllt, Freigeist, Deist, Kirchenfeind, Bewunderer der französischen Philosophenkultur und als bissiger Pamphletist gehaßt und gefürchtet. Seine satirischen Gedichte sind scharf wie Epigramme, seine kritischen Beschreibungen des Warschauer Lebens reich an realistischen Einzelheiten. Er übersetzte (noch vor Niemcewicz) Popes *Lockenraub*. Seine Schriften verletzten einflußreiche Persönlichkeiten, und er entkam dem Kerker nur durch die Flucht ins Ausland. 1783 landete er in Amerika, über das er begeistert schrieb. Auf dem Rückweg nach Polen hielt er sich lange genug in London auf, um eine Satire auf den Prinzen von Wales zu verfassen, was ihn abermals zur Flucht trieb. Er starb 1787 in Avignon an Schwindsucht und hinterließ den folgenden Nachruf auf sich selbst:
»Ich muß sterben, ohne jemandem eine Träne des Bedauerns zu entlokken . . . ohne meinem Lande, der Menschheit, meinen Verwandten einen Dienst erwiesen zu haben . . . Seit meiner Kindheit war ich daran gewöhnt, meinen Launen nachzugeben. Ich verlebte meine 31 Jahre ohne System, ohne Plan, einzig meinen Leidenschaften ergeben.«

Mickiewicz stellte Jakob Jasiński im *Pan Tadeusz* als einen »gut aussehenden, schwermütigen jungen Mann« vor. Sein Porträt in Generaluniform zeigt einen legendären Helden. Jasiński personifiziert vielleicht wie kein anderer die unerbittliche Logik der Aufklärung, die von einer kritischen Beurteilung der bestehenden Verhältnisse konsequent zu revolutionären Idealen fortschreitet. Nach einem frivolen Jugendgedicht wurde Jasiński ein Vorkämpfer der Tugend im jakobinischen Sinne und überzeugter Republikaner. Sein *Gedicht zur Zeit, da der polnische Hof den Tod Louis XVI. beweinte* ruft aus: »Während man dir Freiheit, Ehre, Reichtum nimmt, weinst du um einen König, der dreihundert Meilen weit getötet wurde«, und schließt mit den Worten: »Laßt uns in den Ruf einstimmen: Mögen die Könige verderben und die Welt frei sein!« Er setzte große Hoffnungen auf die Französische Revolution und sagte prophetisch voraus, daß »die Freiheit bald vom Tajo bis zur Newa reichen werde«:
Die Tore des Krieges werden auf ewig verschlossen sein,
Geschlecht wird Geschlecht ein friedliches Zeitalter hinterlassen.
Die Welt wird zu ihrer Urform zurückfinden,
Und alle Menschen werden Brüder sein.

Sein *Lied an das Volk,* das er 1794, am Vorabend des Kościuszko-Aufstandes, schrieb, ist ein Ruf zu den Waffen zum Kampf für die Republik:
Glaub nicht, daß du in schweren Ketten liegst.
Wann immer Menschen sagten: »Ich will frei sein«,

wurden sie frei!
Nimm dir am Westen ein Beispiel,
Denk daran, was Tyrannengestalt war und was des Volkes Macht.
Jasiński war einer der Befehlshaber des Aufstands von 1794, nahm die russische Garnison in Wilna gefangen und fiel bei der Verteidigung Warschaus.

Empfindsame Dichtung

Franciszek Karpiński (1741–1825)

Die Gefühlslyriker der Aufklärung waren die Erben der Schäferdichtung des Barock, und ihren Werken kam das allgemeine Verlangen nach Reinigung und Vereinfachung der Sprache sehr zugute. Sie hatten aber unverkennbar heimatliche Wurzeln, und das zeigt sich am besten in den Dichtungen Franz Karpińskis. Karpiński stammte aus den Karpaten südlich von Lemberg, wo die bürgerliche Poesie im 17. Jahrhundert eine Blütezeit erlebt hatte. Er erhielt die herkömmliche sarmatisch-jesuitische Erziehung und zeichnete sich schon in der Schule in theologischen Disputen in lateinischer Sprache so sehr aus, daß ihn seine Oberen zum Eintritt in den Orden bewegen wollten. Später lebte er wie Niemcewicz am Hof der Czartoryskis. In seinen Erinnerungen, die er in vorgerücktem Alter schrieb, klagt er darüber, daß er schlechter als andere Höflinge bezahlt wurde, da er kein Schmeichler war und immer die Wahrheit sagte. Tatsächlich legte er eine gewisse Unabhängigkeit an den Tag, z. B. darin, daß er, nachdem er sich vom Hofdienst auf sein Gut zurückgezogen hatte, gemeinsam mit den Bauern den Acker bestellte.

Seine Dichtungen sind in einem bewußt schlichten Ton gehalten. Der Name Justina kommt darin oft vor, und das trug ihm den Beinamen »Justinas Liebhaber« ein. Er lebt noch heute in seinen Liedern fort, die von Generation zu Generation überliefert wurden, ohne daß der Name des Dichters dabei eine Rolle gespielt hätte. Es sind meist andächtige Morgen- und Abendlieder:

Wenn früh erwacht das Morgenrot,
Dir die Erde, Dir das Meer,
Dir der Schöpfung Aufgebot
singt: Gelobt seist Du, o Herr!
Aller unser Tageskummer
sorglich bei Dir aufgehoben,
und selbst wenn wir tief im Schlummer,
Herr, laß unsern Schlaf Dich loben!

Eines seiner Weihnachtslieder löste sich vollkommen von seinem Verfasser und wurde zum Volkslied gleich den viel älteren Liedern dieser Art. Es trägt die Spuren jesuitischer Erziehung und der im Barock und Mittelalter so beliebten paradoxen Gegenüberstellungen:

Gott ist geboren – Mächte erzittern;
Herr der Himmel – splitternackt;
Feuer verlöscht; Glanz verblaßt;
Grenzen hat – der Unendliche,
ruhmbedeckt – der Verachtete,
sterblich – der König in Ewigkeit ...
Und das Wort ward Fleisch
und wohnte unter uns.

Von seinen weltlichen Liedern wurde das zur Gitarre gesungene »Laura und Philon« ein Lieblingsstück des kleinen Landadels (dem es nicht viel besser ging als den Bauern). Es ist ein Schäferlied im gekünstelten Stil des Rokoko, das Gespräch eines bäuerlichen Liebespaares, das griechische Namen trägt und sich in einer gewählten Sprache unterhält, die gar nicht zu seinem Stand paßt.

Karpiński war kein bedeutender Dichter, und seine Lieder sind qualitativ sehr unterschiedlich. Er wurde aber in der ersten Hälfte des 19. Jahrhunderts von den Romantikern sehr geschätzt, da sie in ihm und seinesgleichen den Übergang vom Barock zur Romantik sahen.

Dionizy Kniaźnin (1750–1807)

Viele weißrussische Familien wechselten ihre nationale Zugehörigkeit oder spalteten sich in einen polnischen und einen russischen Zweig, und daher erscheinen die gleichen Namen (wie Dostojewski oder Strawinski) oft auf beiden Seiten. So gibt es neben dem russischen Dramatiker Jakow Knjažnin (1742–1793) den mit ihm verwandten polnischen Dichter Dionisius Kniaźnin. Dieser wurde in den Jesuitenschulen von Polozk und Witebsk erzogen und trat dort dem Orden bei. Sein dichterisches Talent zeigte sich schon in lateinischen Schulversen. Im Jahre 1773, als der Jesuitenorden in Polen aufgelöst wurde, war er Lehrer am Jesuitenkolleg in Warschau und sah sich nun seines geistlichen Standes beraubt. Er mußte sich nach einer weltlichen Beschäftigung umsehen und fand sie an der Załuskibibliothek, später am Hof der Czartoryskis, deren Sekretär, Hauslehrer und Reisebegleiter er für den Rest seines Lebens blieb. Er lieferte auch einige Stücke für das Theater der »Familie« in Puławy und schrieb Gelegenheitsgedichte zu Familienereignissen. Die anderen Günstlinge der Czartoryskis wie Niemcewicz und Karpiński, mit denen er befreundet war, beschreiben ihn als einen kleingewachsenen, blassen Mann, nachlässig gekleidet, äußerst zurückhaltend und empfindlich, der ohne Übergang aus Frohsinn in Schwermut verfallen konnte. Zur Zeit, da die französische Mode auf ihrem Höhepunkt stand, kleidete er sich altpolnisch, trug nach sarmatischer Art einen langen Schnurrbart, ließ aber sein Haar in Locken auf die Schultern fallen. Seinen Dichtungen, meist Madrigale, setzte das Schicksal ein trauriges Ende: Er sah aus nächster Nähe die Folgen der Teilungen des Landes, nämlich die Zerstörung der Bibliothek und Bildergalerie und die Verwüstung der Gärten von Puławy durch die russische Soldateska, und verlor darüber den Verstand. Seine letzten elf Jahre verlebte er im Wahnsinn.

Für das Theater von Puławy, dessen Schauspieler Mitglieder der fürstlichen Familie und ihre Gäste waren, schrieb er Versstücke wie *Die spartanische Mutter (Matka Spartanka),* eine patriotische Oper in drei Akten, und das Opernlibretto *Die Zigeuner (Cyganie),* das erste polnische Stück, das Zigeuner wohlwollend behandelt.

Kniaźnins Jugendgedichte sind lateinisch geschrieben und in dem Band *Carmina* gesammelt (darunter eine lateinische Übersetzung von Kochanowskis *Klageliedern).* Er übersetzte auch aus dem Lateinischen ins Polnische, vor allem Horaz, und seine kunstgerechte Anwendung des Binnenreims und der verschiedensten Versmaße erinnert an die Meisterdichter des frühen 17. Jahrhunderts. Seine besten Lieder sind anakreontische Kurzgedichte von Liebesleid und »süßem Schmerz« und erinnern an seine eigene Biographie, denn in seiner Schüchternheit wagte er es nicht, Frauen nahezutreten, und bewunderte sie nur aus der Ferne. Graziös-lyrisch, manchmal leicht humoristisch, zeigt Kniaźnin sein ganzes Können, wenn er Venus, Cupido und die Nymphen aus seinen Gedichten bannt und schlichte menschliche Töne anschlägt. Seine Lieder sind schwer übersetzbar, denn ihres Versmaßes beraubt, verlieren sie an Schönheit. Kniaźnin war ein Perfektionist, der selbst seine veröffentlichten Werke noch umarbeitete. So gab er seine *Liebeslieder (Erotyki,* 2 Bände, 1799), *Gedichte (Wiersze,* 1783) u. a. im Jahre 1788 in einem Sammelband unter dem Titel *Poesie (Poezja)* neu heraus. Zu seinen Übersetzungen gehören nicht nur Horaz und Anakreon (oder dessen Nachahmer), sondern auch Ossian, der falsche »nordische Homer«, und Gessner. Er nahm sich politische Ereignisse wie die Konstitution des 3. Mai, den Einmarsch der Teilungsmächte und den Kościuszko-Aufstand sehr zu Herzen, und das erklärt wohl die Schwermut und geistige Umnachtung, in die er angesichts des tragischen Schicksals seiner Heimat verfiel.

Wie Karpiński nimmt auch Kniaźnin eine Übergangsstellung zwischen Barock und Romantik ein. Seine Lieder klingen wie die des Barock mit einer sentimentalen Note.

Die Neuerer

Hugo Kołłątaj (1750–1812)

»In meinem Leben hatte ich nur für zwei Dinge Interesse: die Reform des öffentlichen Erziehungswesens und das politische Regime meines Landes.« Dieses Bekenntnis stimmt nicht ganz, denn Hugo Kołłątaj war auch daran interessiert, ein Vermögen und eine öffentliche Anstellung zu erwerben. Das tut seinen Leistungen im Dienst des Volkes jedoch keinen Abbruch, denn mit seiner Energie und Arbeitskraft war er der wahre Führer der Reformbewegung. Er stammte aus einer alten, aber verarmten Adelsfamilie und studierte an einer kleinpolnischen Mittelschule, die unter Aufsicht der Krakauer Universität stand und etwas besser als die Jesuitenschulen war, dann an der Universität selbst, die sich zu jener Zeit keines besonderen Rufes erfreute. Schon damals fiel er durch seinen Ehrgeiz auf und erklärte sich für die Abschaffung des *liberum veto.* Er wurde Priester und ging zur weiteren Ausbildung nach Wien, Neapel und Rom, wo er den Titel eines Doktors der Rechte und der Theologie erhielt. Er war in Astronomie, Chemie und Mathematik gleich gut bewandert, interessierte sich aber vor allem für soziale Fragen und die »moralischen Wissenschaften«, deren Studium seiner Meinung nach zu einer den Naturrechten des Menschen entsprechenden Gesellschaftsform führen würde. In Rom erwarb er sich gute Kenntnis des Italienischen und kam mit den dortigen Juristen und Philosophen und deren freisinniger Betrachtung sozialer Veränderungen in Berührung. Durch die Italiener lernte er auch die Ideen der französischen Physiokraten kennen, die bekanntlich in der Landwirtschaft die Grundlage menschlichen Wohlergehens sahen. Nach Polen zurückgekehrt, arbeitete er für die Nationale Erziehungskommission, trat für die Rechte des Bürgerstandes und die Emanzipation der Juden ein und führte gegen den erbitterten Widerstand der Konservativen eine grundlegende Re-

159

form der Krakauer Universität durch, deren neuer Lehrplan die Naturwissenschaften betonte. Er entwarf auch einen Plan für die Reorganisierung des gesamten Erziehungswesens, wonach den Universitäten von Krakau und Wilna die Mittelschulen und diesen die Volksschulen unterstellt werden sollten. Man kann ohne Übertreibung sagen, daß die gegen Ende des Jahrhunderts geborenen Schriftsteller, die in Wilna oder Krakau studierten, ihre Bildung Kołłątaj verdanken.

Kołłątaj war hinter den Kulissen der *spiritus movens* des »Großen Reichstages«. In seinem Haus versammelte sich regelmäßig eine Gruppe politischer Schriftsteller, die sogenannte Kołłątaj-Schmiede *(Kuźnica Kołłątajowska),* um die Strategie der Reformpartei zu erörtern. Dort wurde auch der Entwurf zur Konstitution vom 3. Mai ausgearbeitet. Zur »Schmiede« gehörten u. a. Franz Xaver Dmochowski (der obenerwähnte Verfasser einer *Reimkunst* à la Boileau und Übersetzer Homers und Miltons) sowie die beiden radikal-rationalistischen Priester Franz Salesius Jezierski und Johann Dębowski, von denen der letzte, »Schmiededonner« genannt, später Offizier der polnischen Legion in Italien wurde. Zeitweise gehörten dem Zirkel auch der Dramatiker Franz Zabłocki, der junge Mathematiker und Astronom Jan Śniadecki und Julian Niemcewicz an.

Zur Zeit des »Großen Reichstags« veröffentlichte Kołłątaj zwei Werke mit konkreten Vorschlägen zur Einführung einer allgemeinen Besteuerung, Schaffung eines parlamentarischen Zweikammersystems (für Adel und Bürgerstand) und Aufstellung eines starken Heeres: *Briefe eines Anonymus an* (den Reichstagsvorsitzenden) *Stanislaus Małachowski (Do Stanisława Małachowskiego Anonima listów kilka,* 1788) und *Das Staatsrecht der polnischen Nation (Prawo polityczne narodu polskiego,* 1790), in denen er auch die französischen Begriffe der Gleichheit und Nation von der herrschenden auf alle Klassen ausdehnt. Man warf ihm vor, daß er dem Adel »Bauernäxte« ans Genick halte, tatsächlich aber war er recht gemäßigt und wollte ein Bündnis der kleinen Gutsbesitzer und Bürger gegen die aristokratische Oligarchie herbeiführen. Anderseits kann jedoch nicht geleugnet werden, daß die radikalsten Warschauer Jakobiner aus der Schule der »Kołłątaj-Schmiede« hervorgingen. Kołłątaj war Vizekanzler und Finanzminister des revolutionären Regimes Kościuszkos, nach dessen Zusammenbruch er nach Galizien floh, wo er auf russisches Verlangen von den österreichischen Behörden trotz französischer und persönlicher Demarchen Napoleon Bonapartes acht Jahre lang festgehalten wurde. Der russische Außenminister und polnische Fürst Adam Czartoryski, die rechte Hand des Zaren, setzte ihn schließlich frei, und Kołłątaj nahm seine Tätigkeit unverzüglich wieder auf. Er gründete eine ausgezeichnete Schule im wolhynischen Krzemieniec und schrieb ein sozialphilosophisches Werk gegen den Idealismus der deutschen Philosophie, insbesondere gegen Kant und Fichte: *Die physisch-moralische Ordnung oder Lehre von den aus ewigen, unabänderlichen, notwendigen Naturgesetzen abgeleiteten Rechten und Pflichten des Menschen (Porządek fizyczno-moralny, czyli nauka o należytościach i powinnościach człowieka, wydobytych z praw wiecznych, nieodmiennych i koniecznych przyrodzenia),* von dem nur der erste Band im Jahre 1810 erschien. Als die Truppen Napoleons im Jahre 1806 Warschau einnahmen, wurde Kołłątaj, der im russisch besetzten Teil des Landes lebte, auf Befehl des Zaren nach Moskau deportiert. Die Ehrungen, die ihm dort zuteil wurden, konnten ihn nicht über das Versäumnis hinwegtrösten, sich rechtzeitig nach Warschau begeben zu haben, wo er eine führende Rolle in der Politik zu spielen gehofft hatte.

Er kehrte schließlich nach Warschau zurück, mußte sich aber seiner vielen Feinde wegen mit seiner früheren Tätigkeit als Publizist und Reformpädagoge zufriedengeben. Man warf ihm, auch noch nach seinem Tode, seine Ambitionen, Habgier und wechselnde politische Haltung vor (er hatte eine Aussöhnung mit den Verschwörern von Targowica herbeizuführen versucht), muß ihm aber zugute halten, daß er als Politiker zu manövrieren verstand. Er überragte seine Zeitgenossen durch seine außerordentlichen Geistesgaben und unbändige Willenskraft. Er war ein Mensch, der Klarheit und Prägnanz im Denken und Tun über alles schätzte.

Stanisław Staszic (1755–1826)

Wie sein Vorgänger aus der Zeit der Renaissance, Andrzej Frycz Modrzewski, dem er in vielem ähnlich ist, war Stanislaus Staszic Nachkomme einer alteingesessenen Bürgerfamilie und stammte aus einer Kleinstadt (Schneidemühl in Großpolen, polnisch Piła). Auf Wunsch seiner Mutter wurde er Geistlicher, sein Vater vermachte ihm jedoch einen Teil des Familienvermögens, und das ermöglichte ihm, ins Ausland zu gehen und an den Universitäten Leipzig und Göttingen sowie am Collège de France in Paris Naturwissenschaften zu studieren. Er unternahm geologische Exkursionen in die Alpen und Apenninen. Die Geologie wurde seine Lieblingsbeschäftigung. Er war mit dem französischen Naturforscher Buffon bekannt und übersetzte dessen *Les époques de la nature* ins Polnische. Erbittert über die Schwierigkeiten, die einem Menschen nichtadliger Herkunft in Polen bereitet wurden, wandte er sich sozialen und politischen Studien zu und entwarf unter dem Einfluß der französischen Philosophen, besonders Rousseaus, ein radikales Reformprogramm. Er verdammte die ungleiche Behandlung der Bürger, und was er über das Elend der Bauern schrieb, gehört zum Erschütterndsten, was je darüber gesagt wurde. Seine *Betrachtungen über das Leben Johann Zamoyskis (Uwagi nad życiem Jana Zamoyskiego,* 1785) und *Warnungen an Polen (Przestrogi dla Polski,* 1790), in denen er aus praktischen Gründen seine Kritik am *Status quo* etwas milderte, gehörten zu den einflußreichsten Büchern der Reformbewegung. Staszic übernahm von den Ideologen der Französischen Revolution den Begriff der Nation, verstand aber wie Kołłątaj darunter die Einheitsfront des Kleinadels und Bürgerstandes gegen die Oligarchie der Magnaten. Er war dafür, den Bauern persönliche Freiheit zu gewähren und ihnen den Boden, den sie bearbeiteten, zu übereignen, wollte aber mit letzterem noch warten, um es sich mit den mittelgroßen Gutsbesitzern nicht zu verderben. Sein Programm entsprach mehr oder weniger den Prinzipien der Konstitution des 3. Mai. Staszic war viele Jahre lang Hauslehrer der fortschrittlichen Magnatenfamilie Zamoyski (in Zamość), deren ausgezeichnete Bibliothek ihm gute Dienste leistete. Später unternahm er geologische Forschungen in verschiedenen Teilen Polens, darunter in der Hohen Tatra. Im Jahre 1808 wurde er zum Vorsitzenden der Gesellschaft der Freunde der Wissenschaft (der polnischen Akademie der Wissenschaften) gewählt und bekleidete hohe Ämter im Erziehungswesen. Im Alter als Nationalpatriarch allseitig verehrt und im Besitz eines kleinen Vermögens, das er sich trotz seiner bürgerlichen Abstammung hatte zurücklegen können, ist er ein lebendiges Beispiel für den Beginn der sozialen Veränderungen, die er in seiner Jugend anstrebte. In Warschau errichtete er ein Gebäude für die Gesellschaft der Freunde der Wissenschaft sowie ein Kopernikus-Denkmal, die beide heute noch erhalten sind. Er begrüßte die Konstitution, die Napoleon im Jahre 1807 dem Herzogtum Warschau gab und die die Bauern befreite, und teilte ein Gut, das er inzwischen erworben hatte, unter den Bauern auf, die er in einer Genossenschaft mit Schulen, einer Bank und einem Krankenhaus organisierte. Seine Philosophie oder, um seine eigenen Worte zu gebrauchen, »Gedanken über die wichtigsten Veränderungen und den Auf- und Abstieg der Zivilisationen« faßte er in einem monumentalen, in Blankversen gehaltenen Werk zusammen, dem *Menschengeschlecht (Ród ludzki),* dem Versuch eines Sohnes der Aufklärung, zu verstehen, warum menschliche Gesellschaften vom Pfad der Gerechtigkeit und des Glücks abweichen. Die materialistische Analyse brachte das Buch in den Ruf eines irreligiösen, revolutionären Werkes, und seine erste Auflage (1819/20) ist daher heute eine Rarität. Großfürst Konstantin, der Bruder von Zar Alexander I., der nach dem Wiener Kongreß als Befehlshaber der polnischen Truppen in Warschau residierte, hatte seine Freude daran, die Blätter einer Prachtausgabe des Werkes einzeln herauszureißen und ins Feuer zu werfen. Staszic war kein Politiker wie Kołłątaj, sondern ein Gelehrter, Philanthrop und Anwalt der Unterdrückten, gleich seinen Vorgängern im 16. Jahrhundert. Und wie der Name Bogusławski mit dem polnischen Theater, so bleibt der Name Staszic mit der Polnischen Akademie der Wissenschaften verbunden.

Der unmögliche Potocki

Jan Potocki (1761–1815)

Das 18. Jahrhundert war nicht nur das Zeitalter der Vernunft, sondern beschäftigte sich auch mit mystischen, pseudomystischen und dämonischen Ideen. In Polen, einem Lande, das aus langem Schlaf erwachte und von seinen Nachbarn zerstört zu werden drohte, konnte diese Tendenz keinen fruchtbaren Boden finden. Ein einziger Mann verdient, erwähnt zu werden, ein französisch schreibender kosmopolitischer Aristokrat, der mit seinen bizarren Anwandlungen selbst die »mystischen Logen« Frankreichs in den Schatten stellte. Johann Potocki wuchs in der Ukraine und der Schweiz auf, sprach acht Sprachen, erhielt auf der Wiener Militärakademie den Offiziersrang und bestand seine Feuerprobe im Kampf gegen nordafrikanische Piraten vor Malta. In Warschau heiratete er eine Prinzessin Lubomirski und war in viele Hofintrigen verwickelt. Später finden wir ihn auf der Suche nach den Spuren arabischer Kultur in Süditalien. In der Türkei entdeckte er seine Vorliebe für den Orient, so daß er sich oft türkisch kleidete und einen türkischen Kammerdiener namens Osman mitbrachte, der nie von seiner Seite wich. In Griechenland trat er mit der antitürkischen Freiheitsbewegung in Verbindung, bereiste dann Ägypten und die slawischen Länder an der Adria sowie die slawischen Sprachinseln in Deutschland (die Lausitz). Das brachte ihn auf den Gedanken, die Vorzeit der Slawen und ihre gemeinsamen Sprachwurzeln zu erforschen. Er hielt sich oft in Paris auf und reiste auch nach Holland, das damals von politischer Aktivität pulsierte. Im Jahre 1788 unternahm er mit Blanchard, dem Pionier der Luftfahrt, dem treuen Osman und seinem Hund Lulu einen Ballonaufstieg über Warschau. Im »Großen Reichstag« gehörte er der Reformpartei an. Die Warschauer kannten ihn gut. Manche nahmen es ihm jedoch übel, daß er Französisch besser als Polnisch sprach, und warfen ihm vor, ein gottloser Jakobiner zu sein, obwohl Potocki, der zur Zeit der Machtübernahme durch die Jakobiner in Paris weilte, sich von den Fanatikern der »Tugend« enttäuscht abgewendet hatte. Nach Frankreich und seinen sozialen Umwälzungen nahmen Spanien und Marokko seine Phantasie gefangen. In diesen Ländern hielt er sich längere Zeit auf.

Im Jahre 1805 taucht er als wissenschaftlicher Berater einer russischen China-Expedition auf, eine Stellung, die er vermutlich seinem Freund, dem russischen Außenminister, Fürst Adam Czartoryski, verdankte. Die Expedition erreichte Ulan-Bator in der Mongolei, erhielt aber nicht die Erlaubnis zur Weiterreise.

Potockis umfangreiche Werke über die Urgeschichte der Slawen machen ihn zum Vorläufer der slawischen Archäologie. Die *Studie über Sarmatien* erschien von 1789 bis 1792 in Warschau, *Historische und geographische Fragmente über Skythien, Sarmatien und die Slawen* 1796 in Deutschland und *Die Urgeschichte der Völkerschaften Rußlands* 1802 in Petersburg, alle in französischer Sprache. Zur Unterhaltung seiner Freunde verfaßte er auch kurze Lustspiele, die auch heute in Polen aufgeführt werden. Im Jahre 1804 begann er die Niederschrift einer Erzählung, die ein seltsames Schicksal haben sollte. Er beendigte sie im Jahre 1815 und nahm sich kurz darauf das Leben, indem er sich mit einer silbernen Pistolenkugel erschoß. Der erste Teil des Werkes erschien anonym (in hundert Exemplaren) in Sankt Petersburg unter dem Titel *Die Handschrift von Saragossa,* fand großen Beifall und zirkulierte in Abschriften in ganz Europa. Der Rest erschien 1813/14 in Fortsetzungen in Paris, wahrscheinlich ohne Wissen des Autors. Zu den Bewunderern des Werkes gehörte auch Puschkin, der es zur Vorlage eines Gedichtes nahm, das aber nicht über die erste Strophe hinauskam. Die Erzählung wurde von dem polnischen Emigranten Edmund Chojecki (Pseudonym Charles Edmond) ins Polnische übersetzt und 1847 veröffentlicht. Das französische Original ging verloren, und nur die polnische Fassung blieb erhalten (deutsche Fassung 1961). Das Buch hat bis auf den heutigen Tag seine Anziehungskraft bewahrt. Eine größere Zahl unheimlicher, ans Übernatürliche grenzender Abenteuer kann wohl kaum in einem Band zusammengefaßt werden. Potockis Liebe zum Orient kommt in der Form zum Ausdruck, die er für sein Werk wählte, nämlich die dem Arabischen entlehnte Rahmenerzählung: Die erste Geschichte handelt von einer Person, die eine Geschichte erzählt, in der ein dritter Erzähler auftritt, usw. Das Werk beginnt mit dem Bericht über die Entdeckung eines alten Manuskripts in Saragossa zur Zeit der französisch-polnischen Besetzung im Jahre 1809. Es handelt von Geschehnissen, die bis zum Ende des 17. Jahrhunderts zurückreichen. Alphonse Van Worden, ein junger Offizier spanisch-flämischer Herkunft, macht sich trotz vieler Warnungen über die unheimliche Sierra Morena auf den Weg nach Madrid. Unterwegs wird er 66 Tage lang von gespenstischen Kräften festgehalten, darunter zwei schönen Tunesierinnen, die ihn wiederholt des Nachts besuchen. Die Kapitel des Buches sind nach den Tagen der Reise benannt: erster Tag, zweiter Tag usw.

Die europäische Literatur war nicht arm an Abenteuerromanen (man denke nur an die Werke des Franzosen Lesage), aber *Die Handschrift von Saragossa* ist daneben auch ein grotesker Gruselroman. In einer phantastischen Mischung von Humor, Spannung und plötzlicher Ortsveränderung – bald sind wir in Alexandrien und Jerusalem zur Zeit von Jesus Christus, bald in Spanien, Malta oder Marokko – macht uns der Autor mit seiner Weltanschauung bekannt, der Philosophie eines Skeptikers und Deisten aus dem 18. Jahrhundert, der auf der Suche nach einer Ethik ist, die eine bessere Grundlage als den Eigennutz hat, und der von den satanischen Mächten, die mit dem Menschen ihr Spiel treiben, fasziniert ist. Im Mittelpunkt des Werkes stehen Erzählungen von wahrheitsdurstigen Gelehrten, die Potockis Begeisterung für die Wissenschaft, aber auch seine Selbstironie ausdrücken. Jede Erzählung ist ein in sich geschlossenes Ganzes, und die Anonymität des Verfassers machte das Werk zur Fundgrube für zahlreiche Plagiatoren und Imitatoren verschiedener Sprachen.

In Polen galt Potocki als übersprudelnder Märchenerzähler und nicht ganz normaler Mensch. Mit zunehmendem Alter wurde er tatsächlich schwermütig.

Die Romantik

7

Allgemeine Verhältnisse

Mit der Dritten Teilung Polens verschwand die *Respublica* von der Landkarte Europas, im Herzen ihrer Bewohner aber lebte sie fort. Es gelang den Teilungsmächten nicht, die drei Provinzen des polnischen Staatswesens mit ihrer gemeinsamen Sprache und Geschichte völlig auseinanderzureißen. Und nicht nur Polen trat für die Erneuerung der *Respublica* ein. Im Jahre 1848 verlangte Karl Marx die Wiedererrichtung Polens mit den Grenzen von 1772 vor der Ersten Teilung. Polens Niedergang fiel in die Zeit des Aufstiegs Napoleons, und die Napoleonlegende machte auf die polnische Geisteshaltung einen derart nachhaltigen Eindruck, daß mehrere Jahrzehnte polnischer Geschichte in ihrem Zeichen stehen (und daher auch in diesem Kapitel zusammengefaßt sind).

Die polnische Legion, die im Jahre 1797 als Teil des französischen Heeres in Italien entstanden war, wurde von Napoleon rücksichtslos ausgenutzt (von den mehreren Tausenden ihrer Soldaten, die er zur Unterdrückung der Revolution von Toussaint L'Ouverture nach Haiti entsandt hatte, kehrten nur einige Hunderte zurück). Dennoch blieb die Legion dem Kaiser treu und sah sich belohnt, als Napoleon im Jahre 1806 Warschau einnahm, das mit der Dritten Teilung an Preußen gefallen war. Mit dem Vertrag von Tilsit wurde ein polnischer Rumpfstaat errichtet, das Herzogtum Warschau, das mit dem *Code Napoléon* auch eine – der französischen nachgebildete – Verfassung erhielt, welche die Bauern emanzipierte, ihnen jedoch den Grundbesitz vorenthielt. (Diese Maßnahme schuf einen grundsätzlichen Unterschied zwischen den polnischen Bauern in Rußland und Litauen und denen in Zentralpolen, wo sie zwar weiterhin für ihren Herrn arbeiteten, aber nicht mehr als Leibeigene.)

Das Herzogtum Warschau beteiligte sich an dem erfolgreichen Feldzug Napoleons gegen Österreich und erhielt einen Teil der von Österreich besetzten Gebiete zurück. Von den 600 000 Mann, mit denen Napoleon nach Rußland zog, waren ca. 100 000 Polen. Sie machten auch den Rückzug mit. Ihr Befehlshaber, Marschall Josef Poniatowski, fiel in der Schlacht von Leipzig. Als der Wiener Kongreß die neuen Grenzen Europas zog, wußte die Heilige Allianz zunächst nichts mit Polen anzufangen. Man einigte sich schließlich auf ein mit Rußland in einer Personalunion vereinigtes Königreich Polen, das sogenannte Kongreßpolen. Der Zar wurde zu dessen König gemacht und nahm es auf sich, die Landesgesetze und den polnischen Reichstag anzuerkennen, eine widerspruchsvolle Maßnahme, die einen autokratischen Herrscher zum Haupt einer konstitutionellen Monarchie machte und die sich auch tatsächlich als unhaltbar erwies. Die restlichen Teile der *Respublica* wurden Rußland, Preußen und Österreich einverleibt, mit Ausnahme von Krakau, das 1815 zum Freistaat erklärt wurde und es unter Kontrolle der drei Teilungsmächte bis 1846 blieb.

Das Königreich Polen mit Zar Alexander I. an der Spitze verfügte über eine stattliche Armee, die von früheren Offizieren Napoleons ausgebildet wurde, denen die Teilnahme am Feldzug gegen Rußland großmütig verziehen worden war. Der Bruder des Zaren, Großfürst Konstantin, der als Oberbefehls-haber der Armee in Warschau residierte, behandelte sie wie Zinnsoldaten, was zahlreiche Offiziere und Soldaten zum Selbstmord und anderen Ver-zweiflungsakten trieb. Konstantin (der oft in polnischen Werken erscheint) hatte eine kindische Freude an seinem Reich, doch das Überhandnehmen der Geheimpolizei kann nicht ihm zur Last gelegt werden, sondern den russi-schen Zivilkommissaren, vor allem dem berüchtigten Senator Nowosilzew. Die gespannte Beziehung zwischen den Okkupationsbehörden und dem pol-nischen Reichstag, von der öffentlichen Meinung ganz zu schweigen, ver-schärfte sich, als Alexander I. seine liberalen Ideen aufgab. Dennoch ließ das prekäre System, das der Wiener Kongreß errichtet hatte, den Polen andert-halb Jahrzehnte lang bedeutende Freiheiten kultureller und wirtschaftlicher Natur. Der Finanzminister des Königreiches, Lubecki, machte sich um die wirtschaftliche Entwicklung des Landes sehr verdient, und das von der Na-tionalen Erziehungskommission ins Leben gerufene Schulwesen konnte seine Wirksamkeit unbeeinträchtigt fortsetzen. Im Jahre 1816 wurde in War-schau eine neue Universität gegründet; das 1805 in Krzemieniec errichtete Lyzeum war weithin bekannt, und die Wilnaer Universität stand im Ruf, die beste Hochschule Rußlands zu sein. Krakau erfreute sich nach wie vor seiner Stellung als alte Hauptstadt Polens, und seine Universität profitierte von den durch die Vertreter der Aufklärung eingeführten Reformen. Im allgemeinen wurden dem Unterricht und Veröffentlichungen in polnischer Sprache im Königreich Polen und den russisch besetzten Gebieten keine Hindernisse in den Weg gelegt.

Um das Jahr 1820 entstand unter der polnischen Jugend eine Bewegung, die in ihrer literarischen Form als Romantik bekannt ist und ähnliche Züge an-nahm wie die revolutionären Burschenschaften in Deutschland. Auch mit Rußland wurden geheime Kontakte aufgenommen, besonders mit den Krei-sen der späteren Dekabristen, so genannt nach ihrem Versuch, im Dezember 1825 die Macht zu ergreifen. Der Polizeiterror des neuen Zaren Nikolaus I. entzündete den revolutionären Sprengstoff. In einer dramatischen Novem-bernacht des Jahres 1830 gelang es einer Gruppe junger polnischer Offiziere, Warschau in ihre Hand zu bekommen, und so begann der Aufstand von 1830, der sich in einen russisch-polnischen Krieg verwandelte. Der Reichstag setzte den Zaren als König von Polen ab. Es kam zu offenen Feindseligkeiten, die sich fast bis Ende 1831 hinzogen und mit einer polnischen Niederlage ende-ten. Tausende Offiziere und Soldaten, dazu die meisten Intellektuellen, die sogenannte Große Emigration, retteten sich über die deutsche Grenze und weiter nach Frankreich. Paris wurde zum Zentrum des polnischen politischen und kulturellen Lebens. Die polnischen Schriftsteller und Politiker sahen in der Heiligen Allianz eine diabolische Verschwörung gegen die Völker Euro-pas und setzten große Hoffnungen auf die revolutionären Bewegungen in Westeuropa, besonders die italienischen Karbonari und die utopischen So-zialisten in Frankreich. Die Emigration bestand aus zwei Gruppen, dem kon-servativen Flügel des »Hôtel Lambert« (der Pariser Residenz des Fürsten Adam Czartoryski, der auch ins Exil gegangen war), hauptsächlich monarchi-stische Aristokraten, und dem demokratischen Flügel, dessen bedeutendste Gruppe, die Demokratische Gesellschaft, mit einer allgemeineuropäischen Revolution rechnete. Auf der äußersten Linken standen die Polnischen Volks-kommunen *(Gromady ludu polskiego)*, meist in England und auf Jersey lebende frühere Soldaten, die für eine Revolution in Polen eintraten und den Boden im Geist des kommunistischen Urchristentums unter die Bauern aufteilen wollten. Die Ursachen der Niederlage des Aufstandes wurden zum Objekt lebhafter Polemiken unter den Emigranten. Die radikalen Demokraten waren der Meinung, daß der Sieg den Polen sicher gewesen wäre, wenn sie die befreiten Bauern bewaffnet und die Revolution nach Rußland getragen hätten. Die meisten polnischen Schriften jener Zeit beschwören den Napoleonmythos als eine Kraft, die Europa vom Druck der Tyrannen befreien könnte.

Nach dem mißglückten Aufstand blieb dem Königreich Polen kaum etwas von seiner Selbstverwaltung. Die Warschauer Universität wurde im Jahre 1832 geschlossen, und die Universität Wilna, die als Brutstätte revolutionärer Ideen galt, teilte bald danach ihr Los. Das zaristische Regime begann auch die griechisch-katholische Kirche des früheren Großfürstentums Litauen zu verfolgen, die Kirche der weißrussischen Bauern. Die bloße Existenz eines nichtorthodoxen Ostslawentums verletzte den für den Bestand der russischen Monarchie lebenswichtigen Grundsatz der Einheit von Zarenthron und orthodoxer Kirche.

Trotz des Mangels an führenden Persönlichkeiten kam es in den dreißiger Jahren zu einigen mißlungenen Aufständen, die sich mit der Zeit jedoch verschärften. Ein katholischer Priester aus der Gegend von Lublin, Piotr Ściegienny, organisierte eine kommunistisch-revolutionäre Verschwörung unter den Bauern mit Hilfe einer in der Form eines päpstlichen Sendschreibens verfaßten Broschüre, die die Bauern zur Vertreibung der Gutsbesitzer und Verbrüderung mit ihren Schicksalsgenossen, den russischen Bauern, aufrief. Die Verschwörung flog auf, und die Anführer wurden zur Zwangsarbeit nach Sibirien verschickt, wo einige von ihnen die Zelle mit Dostojewskij teilten, der sie in den *Aufzeichnungen aus einem Totenhaus* erwähnt. Mit dem Anbruch des Völkerfrühlings nahm auch die Unruhe in Polen zu. Eduard Dembowski, ein junger Philosoph adliger Herkunft und glänzender Vertreter der hegelianischen Linken in Wort und Schrift, gehörte zu den Organisatoren des kurzlebigen Aufstandes von Krakau im Jahre 1846 und fiel bei einem Zusammenstoß mit österreichischen Truppen. Er hatte sich vorher vergeblich einer südpolnischen Bauernrevolte in den Weg gestellt, die er als eine von den österreichischen Behörden eingefädelte Provokation durchschaut hatte. Die Herrenhöfe wurden von den erbitterten Bauern überrannt und die Besitzer niedergemetzelt (manche in zwei Hälften gesägt). Der Anführer des Aufstands, Jakob Szela (eine Lieblingsgestalt der polnischen Literatur des 20. Jahrhunderts), war angeblich ein Werkzeug in der Hand der Österreicher, die die Gelegenheit benutzten, um einen Keil zwischen die Bauern und den Landadel zu treiben, dem sie eine Todesangst vor den »finsteren Massen« einjagten.

Im Jahre 1848 kam es zu Zusammenstößen zwischen polnischen Freiheitskämpfern und preußischen Truppeneinheiten, und im März desselben Jahres sah sich Österreich unter dem Druck der Revolution in Wien (und Lemberg) gezwungen, den galizischen Bauern ihren Boden zu geben und die Leibeigenschaft abzuschaffen. Viele Polen eilten den aufständischen Ungarn zu Hilfe. An ihrer Spitze der Artilleriegeneral Joseph Bem, der ein Anführer der ungarischen Revolutionsarmee wurde und bis zum heutigen Tage unter dem Namen »Bem apó« (Großvater Bem) als ungarischer Nationalheld verehrt wird.

Adam Mickiewicz, der bedeutendste polnische Romantiker, organisierte in Italien eine Legion polnischer Künstler und Intellektueller, die in der Lombardei gegen die Österreicher kämpfte und später mit Garibaldi das republikanische Rom verteidigte. Im Jahre 1849 gründete Mickiewicz in Paris eine internationale sozialistische Zeitung, *La Tribune des Peuples.* Der Mißerfolg der europäischen Revolutionsbewegungen stürzte die Polen in Enttäuschung und Verzweiflung, die aber beim Ausbruch des Krimkrieges neuen Hoffnungen wichen, als sich die Türkei mit England und Frankreich gegen Rußland verbündete. In Konstantinopel bildeten die russischen Kriegsgefangenen polnischer Abstammung eine Legion, und Mickiewicz organisierte mit Hilfe seines Freundes Armand Lévy eine (kurzlebige) jüdische Legion, die erste moderne jüdische Militäreinheit. Der Tod des »Gendarmenzaren« Nikolaus und die russische Niederlage im Krimkrieg leiteten eine liberale Reformbewegung in Rußland ein. Im Jahre 1861 wurde die Bauernbefreiung proklamiert (Zentralpolen war davon ausgenommen, denn die Leibeigenschaft war dort, wie erwähnt, schon im Jahre 1807 mit Einführung der Napoleonischen Verfassung aufgehoben worden). Die Hoffnungen der polnischen Bevölkerung auf Wiederherstellung der nationalen Autonomie wurden jedoch nicht erfüllt, und das versetzte die Einwohnerschaft von Warschau in große Erregung. Ein geheimes Revolutionskomitee trat zusammen, das seine Entstehung vor allem dem Dichter Apollo Korzeniowski verdankte, dem Vater des englischen Schriftstellers Joseph Conrad. In Warschau kam es zu Kämpfen mit den russischen Truppen. Eine unbedachte Maßnahme des Zivilgouverneurs von Polen, Graf Alexander Wielopolski, eines Führers der polnischen Konservativen, gab den Anlaß zum Ausbruch eines neuen Aufstandes im Jahre 1863. Wielopolski hatte den russischen Behörden nahegelegt, alle jungen Männer, die im Verdacht politischer Betätigung standen, für zwanzig Jahre zum Militärdienst einzuziehen. Das geheime Revolutionskomitee proklamierte sich daraufhin zur Provisorischen Regierung und erklärte die wirtschaftliche Befreiung der Bauern. Die russischen Truppen hatten gegen Guerillaeinheiten zu kämpfen, die neben Polen aus Russen, Deutschen, Franzosen und italienischen Garibaldianern bestanden. Eine von Marx in London einberufene Arbeiterkundgebung, die sich mit Polen solidarisch erklärte, führte zur Gründung der Ersten Sozialistischen Internationale. Waffenmangel und die Apathie der Bauern führten schließlich zum Scheitern des Aufstands. Die Kampfeinheiten bestanden ausschließlich aus Angehörigen des Groß- und Kleinadels, Handwerkern und Fabrikarbeitern; nur in Litauen beteiligten sich auch die Bauern. Die nachfolgende Pazifizierung des Landes bedeutete für viele den Galgen oder die Deportation nach Sibirien sowie schwere Besteuerung der Grundbesitzer. In Anwendung gewisser panslawistischer Richtlinien russischer Provenienz stellte das Regime die oberen Schichten der polnischen Gesellschaft als »latinisierte« Verräter am Slawentum hin, im Gegensatz zu den »slawentreuen« Bauern, denen der Aufstand als Intrige des Adels gegen den »guten« Zaren dargestellt wurde, der den Bauern die Freiheit gegeben hatte. Tatsächlich war es die Provisorische Regierung, die mit ihrem Manifest der Bauernbefreiung der russischen Regierung keine andere Wahl gelassen hatte, als den polnischen Bauern die wirtschaftliche Freiheit zu gewähren, und zwar zu etwas besseren Bedingungen als in Rußland.

Das Jahr 1863 ist der Schlußpunkt der Romantik in Politik und Literatur. Anstelle des Mythos einer allgemeinen Völkererhebung in Europa trat der nüchterne Ruf zur Beschäftigung mit den wirtschaftlichen und kulturellen Aufgaben des Alltags.

Nationalismus, Romantik, Messianismus

Zu einer Zeit, da der moderne Nationalismus im Zeichen der Französischen Revolution und deutschen Philosophie Gestalt anzunehmen begann, formte sich die polnische Mentalität unter dem Eindruck heroischer Aufstände, Beteiligung an europäischen Revolutionen, Hinrichtung der Aufständischen oder Deportation nach Sibirien. In der alten *Respublica* machte man keinen krassen Unterschied zwischen Polentum und Nicht-Polentum. Skarga z. B. spricht in seinen *Kanzelreden* von einer messianischen Sendung Polens, allerdings aus Anhänglichkeit an die staatlichen Einrichtungen und nicht, weil er in der »Nation« eine geistige Einheit sah. Mit dem Verlust der Selbständigkeit wurde Polen mehr ein körperloser Begriff, dem man aber, ebenso wie dem Staat, Treue schuldete, und das erschwert es ungemein, sich ein objektives Bild von der polnischen Mentalität in der hier behandelten Zeit zu machen. Polnisches Geistesleben und polnische Literatur waren eben genauso »abnormal« wie die polnische Geschichte. Die alte Verherrlichung der »goldenen Freiheit«, die Polen von den absoluten Monarchien unterschied, machte einem Selbstmitleid Platz, das in Polen den Sündenbock der Menschheit sah, in das sich noch ein Schuß Napoleonkult und utopischer Sozialismus mischte. Für die Polen in ihrem Russenhaß war der Konflikt mit Moskau der Kampf zwischen Licht und Dunkel, Freiheit und Tyrannei. Rußland gehörte nicht zu Europa, sondern zu Asien, und war auf ewig unter das Joch der Tataren gezwungen. Allerdings waren solche Gedanken nicht ausschließlich polnischen Ursprungs. Auch Marx betrachtete die Slawen mit Ausnahme der Polen und Serben als geborene Sklaven.

Die Beurteilung der polnischen Literatur dieser Zeit ist noch lange nicht abgeschlossen. Ein Durcheinander widersprechender Strömungen, tollkühner Gedanken, von Selbstmitleid, nationaler Arroganz und höchstem Glanz in der Dichtkunst stellt den Forscher vor immer neue Aufgaben. Das Wort Romantik hat verschiedene Bedeutung, und es wäre irreführend, es in dem Sinne, in dem es anderswo gebraucht wird, auch auf Polen anzuwenden. Der Widerstand gegen die Regeln des klassischen Geschmacks begann in Polen (wie in Frankreich) um das Jahr 1820 und war von Anfang an politisch betont. Im Gegensatz zu anderen Ländern, in denen unter Romantik die Flucht des Menschen in sein Innenleben verstanden wurde, zeichnete sich die polnische Romantik in ihrem Betätigungsdrang aus und knüpfte darin unmittelbar an die Aufklärung an. Fürst Metternich, der böse Geist alles Fortschrittlichen seiner Zeit, gab vielleicht die beste Beschreibung der neuen Strömung in einer geheimen Denkschrift an Zar Alexander I. aus dem Jahre 1820, die er *Profession de foi* überschrieb, also als sein Glaubensbekenntnis betrachtete (die folgenden Auszüge sind aus dem französischen Original übersetzt):

»Der menschliche Geist hat in den letzten drei Jahrhunderten ungewöhnlich große Fortschritte gemacht. Diese Entwicklung vollzog sich viel schneller als die der Weisheit, des einzigen Gegengewichtes zu Leidenschaften und Fehlern, und so kam es schließlich zu einer Revolution von falschen Systemen und unheilvollen Irrtümern, denen selbst mehrere der erlauchtesten Landesherren in der zweiten Hälfte des 18. Jahrhunderts verfielen, und zwar vor allem in einem Lande, das in der Erziehung am weitesten fortgeschritten, von Vergnügungen am meisten geschwächt und von einem Volke bewohnt ist, das mit Leichtigkeit verstehen, aber nur schwer in Ruhe urteilen kann und frivoler als alle andern ist.

Das Übel kann mit einem einzigen Wort definiert werden: Anmaßung, diese natürliche Folge des rapiden Fortschritts des menschlichen Geistes in der Vervollkommnung so vieler Dinge. Sie ist es, die heute zahlreiche Menschen irreführt und beinahe zu einem Universalgefühl geworden ist.

Religion, Moral, Gesetzgebung, Wirtschaft, Politik, Verwaltung, alles scheint heute jedermann zugänglich zu sein. Das Wissen ist *dem Eingebildeten* angeboren; Erfahrung besagt ihm nichts, und der Glaube hat für ihn keinen Sinn, er setzt an seine Stelle eine angeblich individuelle Überzeugung, die zu erwerben es keiner Untersuchung und keines Studiums bedarf; denn diese erscheinen einem Geist, der das große Ganze der Probleme und Tatsachen mit einem Blick umfassen zu können glaubt, als überflüssig. Ihm gelten *die Gesetze* nicht, denn er hatte an ihrer Schaffung kein teil und betrachtet es eines Menschen seines Schlages für unwürdig, sich Schranken aufzuerlegen, die von rohen und ungebildeten Geschlechtern gezogen wurden. *Alle Macht* liegt in ihm – warum sollte er sich also einer Sache unterwerfen, die nur dummen und unwissenden Menschen von Nutzen sein kann? Was demzufolge vielleicht für ein Geschlecht der Machtlosigkeit angebracht war, paßt nicht auf das Zeitalter der Vernunft und allgemeinen Vervollkommnung, der die deutschen Erneuerer den Namen der an sich absurden Idee der *Völkerbefreiung* geben! Nur *die Moral* greift er nicht offen an, denn ohne sie wäre er nicht einen einzigen Augenblick seiner eigenen Existenz gewiß; er interpretiert sie aber unaufhörlich nach eigenem Gutdünken und erlaubt jedermann dasselbe, solange er ihn nicht erschlägt oder beraubt.

Mit dieser Darstellung des anmaßenden Menschen glauben wir, das Bild der heutigen Gesellschaft entworfen zu haben, die sich aus solchen Menschen zusammensetzt, vorausgesetzt, daß der Name Gesellschaft auf eine Ordnung der Dinge paßt, die grundsätzlich ihre Bestandteile individualisiert und jeden Menschen zum Herrn seines eigenen Dogmas macht, zum Beurteiler der Gesetze, denen er sich zu unterwerfen bereit ist oder denen entsprechend er andern erlaubt, ihn zu beherrschen, ihn und seinen Nächsten, einer Gesellschaft, die ihn zum alleinigen Richter seines Glaubens, seiner Handlungen und der Prinzipien erhebt, nach denen er zu leben gedenkt.«

Wie man sieht, eignet sich Metternichs Denkschrift vorzüglich als Polizeihandbuch für Rebellenpsychologie. Sie enthält aber auch konkrete Vorstellungen und trägt dem vielseitigen philosophischen, politischen und literarischen Charakter der Romantik Rechnung:

»Das wahre Ziel der Idealisten dieser Partei ist die Verschmelzung von Religion und Politik, und das bedeutet letzten Endes, jedem Menschen ein Leben zu ermöglichen, das unabhängig von jeder Autorität oder dem Willen anderer Menschen ist, eine absurde Idee, die der Menschennatur widerspricht und mit den Bedürfnissen der menschlichen Gesellschaft unvereinbar ist … Diesem Krebsschaden sind vor allem die Mittelklassen der Gesellschaft verfallen, aus deren Reihen auch die wahren Rädelsführer hervorgehen.«

Fügt man hinzu, daß die von Metternich so gepriesene Autorität für die vaterländischen Gefühle der polnischen Rebellen eine fremde Feindesmacht war, so haben wir ein zutreffendes Bild der polnischen Romantik.

Die unablässige Beschäftigung mit politischen Fragen erklärt auch das Interesse der polnischen Literatur für die Geschichtsphilosophie. Für oder gegen Hegel, die polnische Romantik war ausgesprochen geschichtsphilosophisch. Hinzu kommt noch etwas: Shelley nannte den Dichter den Gesetzgeber der Menschheit. Er fand damit zwar in England nicht viel Anklang, die polnischen Leser jedoch erhoben unter dem Eindruck der nationalen Katastrophe derartige Ansprüche an ihre Poeten. Der Dichter war ein gottbegnadeter Volksheld, Verkörperung der nationalen Kollektivbestrebungen, und nicht nur sein Werk, auch sein Leben und seine Person wurden verehrt. Die napoleonische Idee vom »Mann der Vorsehung« wurde auf die Literatur übertragen. Niemand entsprach diesem Bild mehr als Byron, Dichter und Mann der Tat, der von den Slawen viel mehr als von den Engländern verehrt wurde. Die drei großen polnischen Romantiker, Mickiewicz, Słowacki und Krasiński, wurden im Laufe der Zeit zu nationalen Barden, ein etwas willkürlich zusammengesetztes Dreigestirn, denn als Dichter waren sie unterschiedlichen Ranges, drückten aber nichtsdestoweniger mehreren Schriftstellergenerationen ihr Siegel auf.

Klassizismus und Frühromantik

In den ersten zwanzig Jahren des 19. Jahrhunderts war Warschau tonangebend in der Literatur. Wie in Frankreich wurden auch hier die Gesetze des klassischen Stils in der Literatur, den schönen Künsten und dem Theater streng eingehalten. Man zog eine scharfe Grenze zwischen »guter« und »schlechter« Literatur. Zur ersten gehörten Dichtungen und Versdramen, die sich an die angenommenen Regeln hielten, zur letzteren der empfindsame Roman und das bürgerliche Trauerspiel, das sich von Deutschland aus zu verbreiten begann. So kam es, daß Werke sehr verschiedener Qualität in einen Topf geworfen wurden, z. B. Schillers *Räuber,* »diese Ausgeburt einer kranken Einbildungskraft«, mit Kotzebues seichter Massenproduktion. Die Warschauer Literaten verhinderten die Einfuhr von Werken, die sie der Verletzung ihres rationalistisch-klassischen Geschmacks verdächtigten. Sie schlossen sich in der »Gesellschaft der Ixe« *(Towarzystwo Iksów)* zusammen, deren Mitglieder Neuerscheinungen und Erstaufführungen besprachen und ihre Artikel durchweg mit einem X zeichneten, um ihren Ideen mehr Nachdruck zu verleihen. Das bedeutendste der Xe war Kajetan Koźmian (1771–1856), ein reicher Gutsbesitzer, Senator, Dichter und Übersetzer und, gleich seinen Kollegen, eifriges Mitglied der Gesellschaft der Freunde der Wissenschaft. Koźmian verstand das klassische (oder wie es herabsetzend genannt wurde, pseudoklassische) Versmaß gut zu handhaben, so daß er sich noch heute leicht lesen läßt. Er ist jedoch das beste Beispiel dafür, was einem widerfahren kann, wenn man in einem Stil schreibt, der nicht mehr zeitgemäß ist. Fünfundzwanzig Jahre lang arbeitete er an einem großen Epos, *Der polnische Landadel (Ziemiaństwo polskie),* das in der Art der Delilleschen Imitationen von Vergils *Georgica* in tadellosen Reimpaaren gehalten ist; als er damit fertig war, gehörten solche Werke zum literarischen Abfall. Außerdem machte sich Koźmian mit seinem starren Konservatismus und seiner Verurteilung der Romantik im Metternichschen Sinne viele Feinde unter der Jugend; Mickiewicz nannte ihn »einen Mann, der tausend Zeilen über das Pflanzen von Erbsen schrieb«.

Eine weitere hervorragende Persönlichkeit der X-Gesellschaft war Ludwig Osiński (1775–1838), Verfasser feinsinniger Oden, Kritiker und Literaturprofessor an der Universität Warschau, vorübergehend auch Direktor des Warschauer Theaters. Er war toleranter und aufgeschlossener als Koźmian, gestand dem deutschen Sturm und Drang gewisse gute Seiten zu und hatte sogar etwas Lob für die Brüder Schlegel und Shakespeare übrig. Einer der heftigsten Verteidiger des Klassizismus war Franz Salezy Dmochowski (1801–1871), Sohn des im vorhergehenden Kapitel erwähnten Mitglieds der Kołłątaj-Schmiede, Franz Xaver Dmochowski, und Übersetzer von Walter Scott und Balzac. Besondere Erwähnung verdient Stanislaus Kostka Potocki (1752–1821). Die Warschauer Literaten wurden von der Jugend einer übertriebenen Achtung vor der bestehenden Ordnung angeklagt, waren aber in Wirklichkeit getreue Gefolgsmänner Voltaires, die ihre bissigen Angriffe auf Aberglauben, Vorurteile und menschliche Torheit richteten, ganz wie ihre Vorgänger aus der Zeit der Aufklärung, von denen sie sich nur im Verzicht auf weitgehende politische Forderungen unterschieden. Potocki war Erziehungsminister des Königreiches Polen, führender Freimaurer, Mitglied der Gesellschaft der Freunde der Wissenschaft und des X-Klubs. Seine satirische Erzählung *Reise nach Dunkelburg (Podróż do Ciemnogrodu,* 1820) mußte wegen ihres extremen Antiklerikalismus anonym veröffentlicht werden, aber *ciemnogród* ist im Polnischen bis auf den heutigen Tag das Synonym für verstockten Konservatismus geblieben.

In ihrem Interesse für das Theater träumten die Warschauer Literaten von Verstragödien à la Voltaire, und französische Autoritäten wie Jean François La Harpe (1739–1803) waren für sie darin maßgebend. Ein Blick auf die Werke von Louis David, dem größten Maler der napoleonischen Zeit, genügt, um zu verstehen, was sie wollten. In Davids Bildern erscheinen die Franzosen in der Kleidung und Haltung der alten Römer oder (wie in »Marats Tod«) als Gestalten aus antiken Tragödien. Die polnischen Klassizisten glaubten, mit der Darstellung von Themen aus der eigenen Geschichte in der strengen, französisch inspirierten Form ein neues literarisches Genre zu schaffen: die nationale Tragödie. Und das war auch der Grund, warum Alojzy Feliński (1771–1820), Dichter und Übersetzer, Mitkämpfer im Kościuszko-Aufstand und Literaturprofessor am Lyzeum von Krzemieniec, ihren vorbehaltlosen Beifall fand. Feliński ist der Autor der Verstragödie *Barbara Radziwiłł,* die 1817 aufgeführt und ins Französische und Deutsche übersetzt wurde. Er zeigt sich darin als Meister des 13silbigen Reimpaar-Verses, das er in verschiedenen Variationen anwendet, z. B. einem Parallelismus von Vers und Syntax, oder aber einer Antiklimax mittels eines von einer Zäsur unterbrochenen Satzes u. ä. Das Werk handelt von einem Vorfall im 16. Jahrhundert, dem goldenen Zeitalter der polnischen Geschichte, dem sich die Polen jetzt trostsuchend zuwandten. Die Affäre erregte seinerzeit großes Aufsehen und hat gewisse Ähnlichkeiten mit der Beziehung Edwards VIII. zu Mrs. Simpson in den dreißiger Jahren unseres Jahrhunderts. Der polnische Kronprinz, Sohn König Sigismunds I. und der italienischen Prinzessin Bona Sforza, hatte sich heimlich mit Barbara Radziwiłł vermählt, der Tochter eines litauischen Magnaten. Als er nach dem Tode seines Vaters den Thron besteigen sollte, erhob sich auf Betreiben seiner Mutter im Senat lebhafter Widerstand gegen seine Frau, die nicht königlichen Geblütes war. Der junge König wurde vor die Wahl gestellt, sich von seiner Frau scheiden zu lassen oder abzudanken, setzte aber schließlich seinen Willen gegen alle Hindernisse durch und erhielt vom Reichstag die Erlaubnis zur Krönung seiner Frau, als diese plötzlich starb. Der Volksmund behauptete, daß Bona, die als Italienerin im Rufe stand, mit Gift und Dolch gut umgehen zu können, Barbara vergiftet hätte. Der unglückliche König nahm die Dienste eines Zauberers in Anspruch, um die Gestalt seiner Geliebten heraufzubeschwören, und die Erzählung von Königslieb' und -leid nahm die Herzen des Volkes gefangen. Feliński studierte das Tatsachenmaterial und schuf eine kondensierte Fassung des Dramas, welche, um die dramatische Einheit zu wahren, ein wenig von den Tatsachen und Daten abweicht. Im Widerstreit zwischen Gefühl und Herrscherpflicht sieht sich der König vor drei Möglichkeiten gestellt: Bürgerkrieg (seine Feinde wollen das Königsschloß in Krakau stürmen), Abdankung (die ihn zum Feigling machen würde) und Scheidung. Er kommt zu einem eigenartigen, typisch polnischen Entschluß: Um dem Druck der Magnaten im Senat zu entgehen und einen Bürgerkrieg zu vermeiden, verbrüdert er sich mit dem aus dem Kleinadel gewählten Reichstag und erklärt sich bereit, dessen Entscheidung anzunehmen. Er gewinnt den Reichstag für sich, Barbaras Tod jedoch raubt ihm die Frucht seines Sieges. Im Vordergrund der fünf Akte stehen nicht so sehr die Gefühle des Königs oder seiner Braut, sondern die böse Bona, die lebendigste Gestalt des Stückes. Die unterschiedliche Haltung der Magnaten – einer unterstützt den König, ein anderer stellt sich an die Spitze der Rebellen, ein dritter will das Interesse des Staatswesens wahren – erinnert an Kochanowskis *Abfertigung der griechischen Gesandten.*

Felińskis Stück hatte gleichzeitig mit den *Historischen Gesängen* von Niemcewicz großen Erfolg, und so wurde die nationale Vergangenheit zum beliebten Stoff in Poesie und Theater. Auch in Rußland versuchte der Übersetzer von Niemcewicz, Kondratij Rylejew, eine Geschichte Rußlands vom 10. bis 19. Jahrhundert in Liedern (sogenannten *dumy*) zu schreiben, und besang historische Gestalten wie Oleg, den ersten Großfürsten von Kiew, Swjatoslaw, Dmitrij Donskoj und Iwan Susanin. Er nahm seinen Stoff aus Karamzins *Geschichte des russischen Staates,* gab aber seinen Helden oft den Charakter von Rebellen, wenn er z. B. Dmitrij Donskojs Truppen im 14. Jahrhundert »für Freiheit, Wahrheit und Recht« kämpfen läßt.

Die Romantik setzte sich nur langsam durch, und zwar zunächst in der sogenannten »schlechten« Literatur. Ihre Schrittmacher waren einige angesehene Franzosen, vor allem Le Tourneur, der erste Übersetzer Shakespeares (in Prosa). In seiner Einleitung kommt das Wort *romantique* zum erstenmal vor:

> »Wer Shakespeare sehen will, soll den Blick über die weite See oder das ätherische und romantische Landschaftsbild schweifen lassen.«

Was ist also romantisch? Bilder von Salvador Rosa, Alpenlandschaften, unbeschnittene englische Gartenhecken, Shakespeare – »alles, was in einer zartbesaiteten Seele rührende Gefühle und melancholische Gedanken hervorruft«. Jean-François Dulcis gab Le Tourneurs Fassung Versform, versüßte Shakespeare mit melancholischer Sentimentalität und säuberte ihn von Derbheiten und »Unsinn« (sein *Othello* hat keinen Jago, das Publikum hätte soviel Bosheit nicht ertragen können, und die Namen sind angeordnet: Desdemona und Brabancio heißen Hedelmona und Odalbert). In Polen wurde Shakespeare in Bearbeitungen der Dulcis-Fassung und der deutschen Übersetzung Schröders aufgeführt (in der *Hamlet* nicht stirbt). August Wilhelm Schlegel machte aber das polnische Publikum bald mit dem wahren Shakespeare bekannt, und seine Wiener *Vorlesungen über die dramatische Kunst und Literatur* (1809–1811) gaben den Warschauer Neuerern eine mächtige Waffe gegen das pseudoklassische Drama in die Hand. Die in Deutschland entwickelten Prinzipien der Romantik wurden von Madame de Staël in *De l'Allemagne* anderen Ländern vermittelt. Die erste Auflage des Buches (1810) wurde im Auftrag Napoleons vernichtet, der in der Autorin einen erklärten Feind sah. Als 1813 die zweite Auflage erschien, fand sie in Polen weite Zustimmung.

Zu den Schriftstellern, die an der Grenze zwischen Klassik und Romantik standen, gehört vor allem Julian Niemcewicz, der mit seiner Kenntnis der englischen Sprache nicht nur zu den Werken von Pope und Samuel Johnson Zugang hatte, sondern auch zu denen von Gray und Byron sowie zu den englischen und schottischen Balladen. Neben ihm ist Kasimir Brodziński (1791–1835) zu nennen, ein Warschauer Universitätsprofessor, der im Jahre 1818 eine umfangreiche Abhandlung *Über Klassik und Romantik sowie den Geist der polnischen Poesie (O klasyczności i romantyczności tudzież o duchu poezji polskiej)* herausgab. Als guter Kenner der deutschen Philosophie übernahm Brodziński von Herder die Idee, daß der Charakter eines Volkes sich in seiner Dichtung ausdrücke. Er wollte Klassik und Romantik vereinen, ohne »dem Geist der polnischen Poesie« Abbruch zu tun. In der Überzeugung, daß die Idylle der wahre Ausdruck des polnischen Nationalcharakters sei, versuchte er, seine Theorie mit der Idylle *Wiesław* (1820, deutsch 1883) praktisch zu beweisen, deren Bauerngestalten jedoch etwas allzu glücklich erscheinen. Brodzińskis Vermittlungsversuche wurden keinem gerecht. Der bereits erwähnte Krakauer Universitätsprofessor, Mathematiker, Astronom und Rationalist Jan Śniadecki griff ihn in einem Aufsatz *Über klassisches und romantisches Schrifttum* (1819) scharf an und nannte die Romantik »eine Schule von Verrat und Pest« und eine Bedrohung der Erziehung und der sprachlichen Reinheit. Śniadecki war einer der klügsten Köpfe seiner Zeit, und seine Gedanken sind nicht ohne weiteres von der Hand zu weisen; aber er stand auf verlorenem Posten. Ausländische Werke wie die Gesänge Ossians (die damals noch als echt galten) und empfindsame Erzählungen leiteten eine Wandlung des Empfindungsvermögens ein und fanden auch polnische Adepten wie Maria Württemberg-Czartoryski, die mit ihrem Roman *Malwine oder Ahnungen des Herzens (Malwina czyli domyślność serca*, 1816) Furore machte. Das stärkste Element der neuen Strömung war jedoch der Napoleonkult, der eine Menge neuartiger Gefühle und Gedanken hervorrief und in dessen Licht die polnische Romantik jener Richtung in der französischen Romantik nahesteht, die mit dem Namen Stendhal verbunden ist. Die

Schriften der Mitkämpfer Napoleons sind viel kräftiger und weitsichtiger als die beschaulichen Werke der Warschauer Schule. Das zeigt sich u. a. in dem Gedicht *An die polnische Legion in Italien* von Cyprian Godebski und in seiner Erzählung *Der Grenadierphilosoph (Grenadier filozof,* beide 1805), letztere eine Schilderung der Fahrten einer Gruppe französischer und polnischer Soldaten durch Italien und Frankreich und ihrer wachsenden Enttäuschung über den Mißerfolg der Französischen Revolution und ihrer Ideale. Allmählich kam man zur Überzeugung, daß die Dichtkunst nicht bloße Sache der gebildeten Klassen und ihres Geschmacks sei. Deutsche Theoretiker entdeckten den »nordischen« Geist und slawische Schriftsteller ihre eigene Volkskunst, beides im Gegensatz zum Geist des französischen Klassizismus. In diesem Zusammenhang verdient Zorian Dołęga-Chodakowski (Pseudonym Adam Czarnocki, 1784–1825) erwähnt zu werden, ein autodidaktischer Ethnograph und Archäologe, der Sammlungen polnischer, weißrussischer und ukrainischer Volkslieder anlegte.

Adam Mickiewicz (1798–1855)

Adam Mickiewicz kam am Weihnachtsabend 1798 in Nowogródek (oder dem nahe gelegenen Dorf Zaosie) im Großfürstentum Litauen zur Welt. Seine Eltern gehörten dem verarmten Kleinadel an, der Vater war kleinstädtischer Advokat, die Mutter bis zur Heirat Hausmädchen auf einem benachbarten Gutshof. Die Gegend war ursprünglich von litauischen, nun Weißrussisch sprechenden Bauern bewohnt, deren Folklore auf Mickiewicz einen unauslöschlichen Eindruck machte. Seine Kindheit und frühe Jugend verbrachte er in der gemütvollen Atmosphäre der örtlichen römisch- und griechisch-katholischen Tradition. Er besuchte eine Dominikanerschule in Nowogródek, deren Lehrplan den Vorschriften der Nationalen Erziehungskommission gemäß reformiert worden war und die unter Aufsicht der Wilnaer Universität stand. Mickiewicz war ein mittelmäßiger Schüler, beteiligte sich aber gern an den Spielen, Aufführungen und nach altpolnischer Art inszenierten Gerichtsverhandlungen in der Schule. Schon damals trat sein starkes Freundschafts- und Gemeinschaftsgefühl hervor, das ihn sein Leben lang nicht verließ. Er war vierzehn Jahre alt, als die französische Armee auf ihrem Vormarsch nach Rußland in Nowogródek einzog und Napoleons Bruder Jérôme, König von Westfalen, in seinem Elternhaus Quartier nahm – ein Ereignis, das sich mit dem heimatlichen Landschaftsbild und seinen Menschen in Mickiewiczs Versepos *Pan Tadeusz (Herr Thaddeus)* widerspiegelt. Ein Stipendium ermöglichte ihm, an der Universität Wilna Literatur zu studieren. Im Jahre 1819, nach Abschluß der Studien, nahm er in Erfüllung der Bedingungen des Stipendiums eine Lehrerstelle in Kowno an. Die Studienjahre gehören zu den glücklichsten seines Lebens. Seine Lieblingslehrer waren der deutsche Philologe Groddeck und der Literaturprofessor Borowski. Seine gründliche Kenntnis des Lateinischen ermöglichte ihm später, an der Universität Lausanne lateinische Literatur zu lesen. Mit seinen Freunden gründete Mickiewicz geheime oder geduldete Studentenbünde, darunter die Philomathen, die sich regelmäßig zur Lektüre oder Besprechung ihrer und anderer Schriften zusammenfanden. Sie hatten keinen politischen Charakter, standen aber unter dem Einfluß des Universitätsbibliothekars Kontrym, eines Freimaurers und Mitkämpfers von Kościuszko, und beeinflußten ihrerseits die anderen

Studenten in liberalpatriotischem Sinne. Sie bedienten sich dazu einer geschickten Taktik, indem sie größere Burschenschaften (wie die Philareten) infiltrierten oder organisierten. Ausflüge in die bewaldete Umgebung, Gesang und Schabernack waren an der Tagesordnung, und aus ihren Briefen und Schriften leuchtet der Frohsinn, der ihnen den Namen der »Sterner« eintrug, nach Laurence Sterne, ihrem Lieblingsdichter.

Die Erstlingswerke von Mickiewicz sind Spottgedichte in der Art Voltaires zur Belustigung seiner Kameraden, darunter eine Bearbeitung der *Pucelle d'Orléans*. Für das polnische Versmaß nahm er sich Stanislaus Trembecki zum Vorbild (s. vorhergehendes Kapitel), und schon diese ersten Versuche zeigen seine Fertigkeit in der Anwendung des klassischen Stils. Das erste Gedicht, das er veröffentlichte, »Stadtwinter« (»Zima miejska«, 1818), ist in einem kräftigen, halbhumoristischen Ton gehalten. Der Satzbau hat lateinische Form und ist von Inversionen durchsetzt. Auch die männlich-konkrete Sprechweise, der hervorstechende Zug des Mickiewicz-Stils, ist schon spürbar.

Mickiewicz und seine Freunde waren geistig und stilistisch direkte Nachfolger des 18. Jahrhunderts, kannten aber nicht nur Voltaire, Diderot und Rousseau, sondern auch Condillac und Helvétius. Mickiewicz' »Ode an die Jugend« (»Oda do młodości«, 1820), die handschriftlich die Runde machte und von der Jugend begeistert aufgenommen wurde, ruft nach Freimaurer-Art die Menschen dazu auf, den »Klumpen Erde« in neue Bahnen zu lenken, sich in Bruderliebe zu vereinen, »die Zitadelle des Ruhms« zu stürmen und der Freiheit den Weg zu bereiten. Sie enthält zahlreiche Bilder aus der klassischen Mythologie. Interessanterweise schrieb Mickiewicz im selben Jahr eine »Ode auf die Himmelfahrt der Heiligen Jungfrau«, und dieses Zusammentreffen zeugt von dem politisch-mystischen Charakter der Romantik. Ein anderes Frühgedicht, »Die Kartoffel« (»Kartofla«, 1819), ist eine humoristische Schilderung der Entdeckung Amerikas und erzählt in klassischen Reimpaaren, wie Kolumbus auf hoher See von den aus Europa vertriebenen griechischen Göttern aufgehalten wird, die ihr neues Heim in Amerika ungestört für sich behalten wollen. Die Entscheidung wird aber im christlichen Himmel getroffen. Einige der Heiligen widersetzen sich der Expedition, denn sie sehen die Vernichtung der Indianer voraus. Der heilige Dominikus, der als abstoßender Mörder der Albigenser dargestellt wird, ist dafür, Kolumbus die Weiterfahrt zu gestatten, und setzt seinen Willen durch, indem er eine Kartoffel hochhält und in die Waagschale wirft: Der Segen, den sie den Hungrigen der Welt bringen wird, wiegt die Tränen der Indianer auf. Der Erzengel Raphael schließt sich ihm mit einer Prophezeiung über die Zukunft Amerikas an:

Wenn aus Neuer Welt die Freiheit winkt,
Klosterzwang, Tyrannenmacht in Staub versinkt.
Im Reiche der Tugend und der Weisheit
wird herrschen das Volk in Recht und Gleichheit.
Bezopfte Despoten auf die Knie wird es zwingen –
und der Freiheit Funke das Meer überspringen!

Die Lehrerjahre in Kowno waren keine gute Zeit für Mickiewicz. Er konnte seine Freunde in Wilna nur selten besuchen, und eine unglückliche Liebe (die zu einem romantischen Archetypus der polnischen Literatur wurde) bedrückte ihn sehr. Maryla Wereszczaka, Tochter eines wohlhabenden Gutsbesitzers, erwiderte zwar die Gefühle des Dichters, zog aber schließlich einen Grafen dem armen Lehrer vor (sie soll es später bereut haben). In Kowno lernte Mickiewicz die Werke Schillers, Goethes und Byrons kennen und begann Balladen zu schreiben. Sein erster Gedichtband, *Balladen und Romanzen (Ballady i romanse,* 1822, deutsch 1874, 1919), verhalf der Romantik in der polnischen Literatur zum Durchbruch. Das Vorwort ist ein Manifest der neuen Strömung, aber die Gedichte selbst sprechen noch deutlicher:

Romantik

»Laß dir's gesagt sein, Mädchen,
's ist heller Tag im Städtchen,
keine Seele weit und breit,
bist allein und nicht zu zweit!«

Hat keinen Sinn –
sie hört nicht hin.
Ihre Augen lachen, weinen,
sehen kann sie nur den einen.

»Bist du's, mein heißgeliebter Hans?
Sag, liebst du mich auch noch?
Hierher, hierher, leise doch!
Stiefmutter noch hören kann's!«

Laß sie hören, bist nicht mehr,
bist ja tot – ich fürcht' mich sehr –
hier – deine Augen, deine Wangen –
soll mir denn vor ihnen bangen?

»Bist weiß wie die Wand,
wie kalt deine Hand!
Leg sie hier an meine Brust,
herz mich, küß mich – welche Lust!«

»Ist's im Grabe dir nicht kalt?
Bist schon dort zwei Jahre bald.
Nimm mich mit, will sein bei dir –
die ganze Welt zuwider mir!«

»Die Leut' sind schlecht,
mach's keinem recht,
ich rede – sie verstehen's nicht,
ich sehe und sie sehen's nicht.«

»Hans, geh nicht fort! So bleib doch hier!
Hast du's denn nicht gut bei mir?
Nicht so schnelle – sachte, sacht!
Ringsherum noch tiefe Nacht!«

»Mein Gott, ist's der Hahn, der da kräht?
Ins Kämmerlein der Morgen späht?
Wo bist du, Hans, wo bist du – sprich!
Ich seh' dich nicht, sag, siehst du mich –?«

Läuft wie blind im Kreis herum,
fällt, steht auf, fällt wieder um,
und auf ihren Schreckensschrei
eilt das ganze Dorf herbei:

»Der Hans ist's! Hat nicht Ruh im Grabe,
sein Liebchen will er bei sich haben!
Muttergottes, hab Erbarmen
mit uns allen und dem Armen!«

Ich stehe dabei, unter vielen allein,
ins Vaterunser stimm' ich mit ein.

»Seid ihr von Sinnen?« ruft's in der Menge,
ein alter Mann ist's im Gedränge.
»Wo sind eure Augen, wo eure Ohren?
Das Mädchen hat den Verstand verloren!«

Auf der Nase die Brille, das Volk er belehrt:
»Kinderschreck hat euch betört!
Ammenmärchen im Kopf euch geistern,
Hirngespinste alter Weibsen!«

»Sie liebte«, sag ich von ungefähr,
»und die Leut' es ihr glauben.«
Liebe und Glaube sind bess're Gewähr
als ein Paar Altmänneraugen.

»Kennst nur den Plunder,
siehst nicht das Wunder!
Verstandesmensch, du kannst nur unken,
hast Staub im Herzen, keine Funken!«

(Mit dem alten Mann ist wohl der schon wiederholt erwähnte rationalistische Denker Jan Śniadecki gemeint.)

Der Sieg der Romantik über den Rationalismus bedeutete zunächst eine wahre Revolution auf sprachlichem Gebiete. Die klassizistische Dichtung war von Gebildeten für Gebildete geschrieben. Jetzt aber gab es mit einemmal eine Literatur, welche Dienstmädchen, Kammerdienern und überhaupt Leuten, die kaum lesen konnten, nicht nur zugänglich, sondern auch aus dem Herzen gesprochen war und ohne Vorbildung verstanden werden konnte. Und das erklärt die weite Aufnahme, welche die *Balladen und Romanzen* fanden. Mickiewicz nahm volkstümliche Motive und kleidete sie in phantasievolle Dichterworte, manchmal (wenn auch nicht oft) zum Rhythmus eines

Volksliedes. Die Mischung von Wunderbarem und Humoristischem in diesen Liedern läßt oft an Ovid denken. Sie spielen gewöhnlich in der Landschaft, in welcher der Dichter seine Kindheit verlebte, dem Litauen der nymphenbewohnten Seen und Tannenwälder.

Ein weiterer Gedichtband aus dem Jahre 1823 enthält zwei größere Werke: *Grażyna. Eine litauische Erzählung,* und die *Ahnenfeier* (Teil II und IV). Grażyna ist ein litauischer Mädchenname und bedeutet anmutig. Die Dichtung vereint einen metallisch hellen Klang und strengen Satzbau mit einem Reichtum an romantischen Motiven: Nacht, Waffenblitzen, Wolkenhimmel, Mondschein, Burgtore u. dgl. m. Mickiewicz verlegt die Handlung wiederum in sein Heimatland, diesmal ins Schloß von Nowogródek, gegen Ausgang des 14. Jahrhunderts, also ins Mittelalter. Der litauische Fürst Litawor hat sich mit dem Deutschen Ritterorden verbündet, um den Großfürsten von Litauen, mit dem er in Streit liegt, zu stürzen. Seine Frau Grażyna erfährt von dem Vorhaben ihres Mannes, und während er schläft, legt sie seinen Panzer an und zieht an der Spitze seiner Truppen gegen die Deutschritter ins Feld. Sie wird im Kampf tödlich verletzt, die Ritter aber werden geschlagen. Ihr Mann stürzt sich reumütig in die Flammen, die seine Frau verzehren. Die unerotische Heldin, in einer Person Gattin und Befehlshaberin, hatte die Phantasie allgemein gefangengenommen und war schon in den Romanen des französischen Dichters Jean-Pierre Florian (1755–1794) sowie in den *Balladen* und anderen Jugendwerken von Mickiewicz aufgetaucht. Dieser ging dem Ereignis in alten Chroniken nach, gab aber dem historischen Tatbestand einen dem Mittelalter fremden Sinn, der das Werk zu einer allgemeinen Anprangerung der Zusammenarbeit mit dem Feinde macht. Der Selbstmord des Fürsten ist nichts weiter als ein romantischer Kunstgriff. Es ist auch bezeichnend, daß Mickiewicz während der Arbeit an der *Grażyna* die Übersetzung von Byrons *Giaour* begann.

Der Gedichtband enthält ferner zwei Teile der *Ahnenfeier (Dziady,* deutsch 1887), die erst viel später, eigentlich nie, beendet wurde, denn der Dichter betrachtete sie bis an sein Ende als »Werk im Werden«. Die *Ahnenfeier* ist Mickiewiczs bedeutendstes und das für die polnische Romantik charakteristischste Bühnenwerk. Seine Form, in Traumbildern verbundene Fragmente, erschwert es besonders dem nichtpolnischen Leser, dem Sinn der Handlung zu folgen. Es sei deshalb darauf hingewiesen, daß Mickiewicz in Kowno und Wilna neben dem zweiten und vierten Teil (die in dem Band aus dem Jahre 1823 enthalten sind) in knappen Zügen auch einen ersten Teil entwarf. Der dritte Teil, der in der Handlung ans Ende gehört, also nach Teil IV, entstand erst viel später in Dresden. Man spricht daher von einer Wilnaer und einer Dresdner *Ahnenfeier.* Nur ein äußerst feinfühliger Mensch wie Mickiewicz konnte es wagen, auf uralte Volksbräuche zurückzugreifen, um das Theater neu zu beleben. Noch zu seinen Lebzeiten pflegten litauische Bauern zu Allerseelen sich in abgelegenen Kapellen zu einer heidnischen Zeremonie zu versammeln, um die Toten zu beschwören und ihnen Speis' und Trank zu bringen, gewöhnlich mit einem alten Mann oder gar dem Dorfpfarrer an der Spitze. Diesen Brauch, *dziady* genannt, nahm Mickiewicz zum Rahmen seines Versdramas. In der Nacht stimmen Bauern Beschwörungsformeln an, und zuerst erscheinen auch zwei »leichte« Geister, Rokoko-Engelchen, die nicht in den Himmel kommen können, weil sie es sich auf Erden gutgehen ließen. Sie bitten um ein Senfkorn und entfernen sich mit der Mahnung:

Hört, ihr Leute, hört mit an
Gottes Wort an jedermann:
Wer nie in bitt'rer Not geklagt,
des Himmels Trost bleibt ihm versagt.

Dann erscheint der »schwere« Geist eines bösen Gutsherrn und popularisier-
ten Tantalus. Ihm kann nicht geholfen werden, denn er mißhandelte seine
Knechte, die ihn jetzt in Gestalt von Raubvögeln umschwärmen und jeden
Bissen wegschnappen, der ihm angeboten wird:
Es ist ein göttlicher Beschluß,
daß ewig ich mich plagen muß.
Wer nie hienieden Mensch gewesen,
am Menschen kann er nicht genesen.

Der nächste Geist ist eines jener Wesen, »die weder für die Menschen noch
für die Welt lebten«, eine junge Schäferin, wieder eine Rokokofigur, die alle
Bewerber hochmütig abwies. Jetzt lehnt sie auch die Speisen ab, die man ihr
anbietet, und will nur von den jungen Bauern in die Arme genommen und zu
Boden gezogen werden, läßt sich aber als Geist nicht fassen:
Hört, ihr Leut', und gut versteht,
Gottes Wort an euch ergeht:
Wer nie die Erde hat berührt,
des Weg nicht in den Himmel führt.

Die Moral dieser Szenen ist dem Volksmund und der Aufklärungsphiloso-
phie entnommen, die Einteilung der Geister in Gruppen möglicherweise Popes *Lockenraub.* Zuletzt erscheint ein ungebetener Gast, ein junger Mann
(der tote Werther?), der nichts sagt und nur unablässig auf ein Mädchen der
Gruppe starrt. Diese Gestalt leitet zum nächsten Teil des Stückes über. Die
Geisterzeremonie ist eigentlich das Vorspiel der Handlung und opernartig
mit Bauernchören, Geisterarien, Duetten und Rezitativen ausgestattet. Das
Versmaß ist ein durch eine Zäsur geteilter trochäischer Tetrameter. Mit seiner
geheimnisvollen Stimmung ist die *Ahnenfeier* das erste dramatische Werk seiner Art in der polnischen Literatur.
Der nächste (vierte) Teil beruht noch viel stärker auf der Schaffung einer bestimmten Atmosphäre. Es ist Abend. Ein griechisch-katholischer Dorfpfarrer
sitzt mit seinen Kindern allein da (seine Frau lebt nicht mehr), als er einen
sonderbaren Besuch bekommt, dessen wirre Rede ihn glauben läßt, es mit einem Irren oder einem Gespenst zu tun zu haben, bis er in ihm seinen früheren
Schüler Gustav erkennt. Was folgt, ist fast nichts als ein Monolog Gustavs,
die Geschichte einer unglücklichen Liebe, wie von jenseits des Grabes von einem Wesen erzählt, das sowohl zu den Lebenden wie den Toten gehören
kann. Gustavs Monolog ist eine Selbstanklage: wie er »böse Bücher« las, die
ihn auf die Suche nach der wahren Liebe schickten; wie er *sie* fand und abge-
wiesen wurde, weil *sie* weltlichen Reichtum vorzog. Die Erzählung ist von
den Schlägen einer Uhr begleitet, die zuerst die Stunde der Liebe, dann die
der Verzweiflung und schließlich die der Warnung schlägt. Gustav ersticht
sich beim zweiten Schlag, fällt aber nicht um; beim dritten Schlag entschwin-
det er. In all seiner Wirrheit ist dieser Teil poetisch und dramatisch sehr eindrucksvoll, und zwar dank der Mickiewicz eigenen »objektiven Lyrik«, der

Fähigkeit, leidenschaftliche Ausbrüche in konkrete Bilder zu kleiden. Wir haben das realistische Tagebuch eines liebenden Herzens vor uns, dazu ein Manifest des Individualismus als einer revolutionären Kraft, welche eine Gesellschaftsordnung bekämpft, die Liebe an Klassenzugehörigkeit bindet. Der mutmaßliche Wahnsinn Gustavs gibt dem Monolog die Form freier Assoziationen, eine expressionistische Technik, die modernen Theaterregisseuren große Möglichkeiten bietet.

Bevor wir zum letzten, Dresdner Teil der *Ahnenfeier* übergehen, sind einige biographische Angaben am Platz. Im Jahre 1823 begann das Zarenregime, die Jugendbewegung in Litauen zu verfolgen. Diese Maßnahme fiel zeitlich mit der Abkehr Alexanders I. von seiner liberalen Politik und einer von Nowosilzew gegen den Kurator des Wilnaer Schuldistrikts, Fürst Adam Czartoryski, eingefädelten Aktion zusammen. Mehrere Gymnasiasten im Alter von zwölf bis sechzehn Jahren wurden zu lebenslänglichem Militärdienst ins Innere Rußlands verschickt. Die Polizei hob die Philomathen aus (ein Agent in Frankfurt am Main hatte ihre Beziehungen zu deutschen Burschenschaften aufgedeckt). Im Oktober 1823 wurden Mickiewicz und eine Anzahl seiner Freunde verhaftet und ein halbes Jahr lang in einem früheren Basilianerkloster festgehalten. Die Gerichtsstrafen waren verhältnismäßig leicht: Mickiewicz wurde der Aufenthalt in Litauen und den westlichen Gouvernements verboten. Ihm wurde eine Lehrerstelle in Rußland angewiesen. Im November 1824 kam er im Triumph in St. Petersburg an: Die Philomathen hatten auch mit russischen Studenten Verbindung gehabt, und Mickiewicz wurde von ihnen als einer der ihren begrüßt. Auch seine Beziehungen zu den Freimaurern kamen ihm zugute, möglicherweise trat er ihnen jetzt bei, jedenfalls lernte er in Petersburg die Schriften Louis Claude Saint-Martins kennen, des französischen Mystikers aus dem 18. Jahrhundert, der von den russischen Freimaurern sehr verehrt wurde und dessen Einfluß in vielen Werken Mickiewiczs zu spüren ist.

Mickiewiczs literarischer Ruf war ihm in Rußland vorangeeilt. Sein einfaches Wesen, seine Intelligenz und Bildung, dazu die damals hochgeschätzte Improvisationsgabe (in französischer Sprache, sein Russisch war nicht gut) verliehen ihm besondere Anziehungskraft. In Petersburg standen ihm Kondratij Rylejew und Alexander Bestuschew am nächsten, und wäre er dort geblieben, er hätte wahrscheinlich das Schicksal dieser beiden Dekabristenführer geteilt. Er wurde aber an ein Lyzeum in Odessa versetzt, wohin er sich im Winter 1824/25 begab; die lange Reise legte er im Postschlitten zurück. Odessa war eine lebhafte Hafenstadt, Zentrum des Getreidehandels, in der sich eine internationale Kolonie zusammengefunden hatte, mit italienischer Oper, Bällen und gesellschaftlichen Veranstaltungen. Sein Amt beanspruchte Mickiewicz nur wenig, und er sagte selbst, daß er »wie ein Pascha« lebte, von Frauen umgeben, von denen eine, Karolina Sobański, in seinen Dichtungen erscheint. Sie war die Schwester des polnischen Schriftstellers Henryk Rzewuski und Geliebte von General Witt, dem Oberkommandierenden des südrussischen Armeebezirks (und Sohn der obenerwähnten Sophia Potocki aus ihrer ersten Ehe). Karolina stand mit dem russischen Geheimdienst in Verbindung, und Mickiewicz hat es anscheinend ihr zu verdanken, daß ihm einige Jahre später die Reise ins Ausland erlaubt wurde. Ein Ausflug auf die Krim in Gesellschaft von General Witt und Karolina gab den Anlaß zur Entstehung der *Krim-Sonette,* die 1826 in Moskau erschienen und mehrere Male ins Russische übersetzt wurden (deutsch 1833, 1919). Das Sonett war als Gedichtform von den deutschen Romantikern wiederbelebt worden, die Mickiewicz sich neben Petrarca zum Vorbild nahmen. In Odessa hatte er bereits 22 Liebeslieder verfaßt, und die *Krim-Sonette* sind ihre Fortsetzung; zusammen bilden sie eine Art von Tagebuch eines Liebeslebens, dargestellt in »objektiven Entsprechungen«, wie man heute sagen würde. Mickiewicz steht in mancher Hinsicht auf der Scheidelinie zwischen Klassik und Romantik, hier jedoch hebt er sich dank des ruhigen Stils und der völligen Beherrschung des Themas hoch über diese Klassifikationen hinaus. Die *Sonette* reichen von der Zeit seiner Jugendliebe Maryla bis zu seinem Aufenthalt in Odessa. Sie enden mit einer bitteren Verurteilung seiner flüchtigen Beziehungen zu Frauen, ohne jedoch etwas von der vergeistigten Atmosphäre an sich zu haben, die für die Liebeslieder der Romantik sonst so charakteristisch ist. Die Gefühle des Dichters erscheinen in der Form von zwei symbolischen Landschaftsbildern, dem Meer als Lebensweite, Brücke zu einem entlegenen, fremden Strand und Ort leidenschaftlicher Stürme, und dem Berg, der hoch über dem Alltag des Menschen ruht, Erhöhung und Erhebung. Mickiewicz ist ein »Dichter der Wandlungen« genannt worden, und durch den ganzen Sonettzyklus zieht sich in gewagten Gleichnissen und kraftvollen Bildern das Streben nach einer höheren Stufe innerer Wandlung. Ein Galopp zu Pferde wird z. B. folgendermaßen beschrieben (der polnische Text ist hier mit angeführt):

Wie im zerbrochenen Spiegel am glühenden Auge vorbei
ziehen Geisterwälder, Felsen, Täler.
Jak w rozbitym źwierciedle, tak w mym spiekłym oku
snują się mary lasów i dolin, i głazów.

(»Bajdary«)

Er blickt hinab auf die See:
In ihren Wellen blitzen Tigeraugen.
W jego szumach gra światło jak wo oczach tygrysa.

(»Aljuschta bei Tag«)

In der Brandung baden Boote und Schwäne, und ein Walfischheer stürmt das Ufer:
A na głębinie fala lekko się kołysa
i kapią się w niej floty i stada łabędzi ...
jak wojsko wielorybów zalegając brzegi.
Die ganze Krim ist ein Schiff, sein Mast der höchste Berg:
Maszcie krymskiego statku, wielki Czatyrdahu!

(»Czatyrdah«)

Anspielungen auf die islamische Poesie geben den *Sonetten* ein orientalisches Lokalkolorit, und das verärgerte die Warschauer Literaten, denn sie konnten die vielen türkischen Ausdrücke in keinem Wörterbuch finden. Gleich Goethe und Byron (oder Delacroix in der Malerei) verwendet Mickiewicz hier orientalische Motive. Der Atem des Orients weht aus den Überbleibseln der mohammedanischen Vergangenheit der Krim, aus den Gräbern, den mahnenden Zeugen der Vergänglichkeit menschlicher Leidenschaften, wo die Nacht die sinnlichen Betrachtungen arabischer Dichter hervorzaubert.

Blütenaroma, Blumenmusik –
Powietrze tchnące wonią, tą muzyką kwiatów –

(»Aljuschta des Nachts«)

Mit den später in Rom und Lausanne entstandenen Gedichten gehören die *Krim-Sonette* zu den Spitzenleistungen der polnischen Lyrik.

Von Odessa wurde Mickiewicz nach Moskau versetzt, wo er Anfang 1826 eintraf, einer Zeit allgemeiner Niedergeschlagenheit nach der Unterdrückung des Dekabristen-Aufstandes. In den literarischen Salons fand er neue Freunde: Jewgenij Baratynskij, den Historiker Michail Pogodin, die Gruppe der *Ljubomudry* (»Freunde des Wissens«): Wenewitinow, Chomjakow, den Religionsphilosophen Iwan Kirejewskij, Puschkins Freund Sergej Sobolewskij und schließlich diesen selbst, als er im Herbst 1826 nach Moskau kam. Dieses Zusammentreffen leitet ein neues Kapitel in der polnischen und russischen Literatur ein, und manche ihrer späteren Werke muten wie ein Zwiegespräch zwischen den beiden Dichtern an. Zu den Freunden von Mickiewicz gehörte auch die junge Karoline Jänisch, welche die ersten Übersetzungen seiner (und Puschkins) Gedichte ins Deutsche vornahm und auch in der russischen Literatur unter dem Namen ihres Mannes, des Romanschriftstellers Pawlow, bekannt ist.

Im Jahre 1828 brachte Mickiewicz in Petersburg eine längere Dichtung heraus, *Konrad Wallenrod,* eine Verserzählung, deren Stoff wie der von *Grażyna* anscheinend altlitauischen Chroniken entnommen ist. Diese Dichtung Mickiewiczs ist grundverschieden von den *Sonetten* und steht von allen seinen Werken Byron am nächsten. Sie erinnert an die romantischen Erzählungen, in denen Indianer von Weißen aufgezogen werden, dann aber dem Ruf der Wildnis folgen, zu ihrem Stamm zurückfinden und sich an den Bleichgesichtern rächen. Konrad, ein litauischer Heidenknabe, wird von Deutschrittern auf einem ihrer Züge nach Litauen geraubt und als Christ erzogen. Er macht sich um den Orden sehr verdient, steigt in dessen Hierarchie auf und wird zum Großmeister gewählt. Eines Tages erscheint ein alter Spielmann vor den Rittern, und seine den anderen unverständlichen litauischen Lieder wecken in Konrad die Erinnerung an seine Kindheit. Um die Leiden seines Volkes zu rächen, führt er die Ritter in eine Schlacht, in der sie vernichtet werden. Motto des Werkes ist das Machiavelliwort, zugleich Fuchs und Löwe zu sein. Die politische Tendenz der Dichtung war jedermann klar erkennbar, nur anscheinend dem russischen Zensor nicht, denn es erhielt sein Plazet. So kam es nach Warschau und in die Hand von Nowosilzew, der einen Alarmruf nach Petersburg schickte mit einer Besprechung, die jedem Literaturkritiker Ehre machen würde. Da aber der Chef der politischen Polizei, Benckendorff, mit Nowosilzew verfeindet war, durfte auch die zweite Auflage im Jahre 1829 erscheinen (deutsch 1834, 1956), allerdings mit einer Huldigung des Autors an den »Vater der Völker«, Nikolaus I. *Konrad Wallenrod* ist das am stärksten politisch inspirierte Werk Mickiewiczs und beeindruckte die Jugend sehr nachhaltig. Verschiedentlich wurde an ihm jedoch ausgesetzt, daß es den Verrat rechtfertige.

Zu einer in Petersburg im Jahre 1829 erschienenen Sammlung seiner *Gedichte* schrieb Mickiewicz unter dem Titel *» Über Warschauer Kritiker und Rezensenten«* ein Vorwort, in welchem er als Sprecher der siegreichen Romantik seine Gegner in den »feinen« Warschauer Zeitschriften mit unverhohlener Freude in Grund und Boden stampft.

Nach langen Bemühungen und mit Hilfe von Freunden erhielt Mickiewicz endlich einen Reisepaß, angeblich zu einem Kuraufenthalt. Kurz vor der Ausreise wurde die Erlaubnis zurückgezogen, aber es gelang ihm doch noch im letzten Moment, das Schiff in Kronstadt zu besteigen und abzusegeln. Er nahm ein Gedicht mit, das von seinem Interesse für die arabische Poesie zeugt, die er aus Übersetzungen kannte. *Faris* (geschrieben 1828, gedruckt 1829) ist in der arabischen Lobhymnenform der »Kassida« gehalten und singt von einem mutigen Beduinen, der einsam auf seinem Falben durch die Wüste sprengt. Die Idee soll Mickiewicz auf einer wilden Troikafahrt durch die Straßen von Petersburg gekommen sein. Der vorwärts stürmende Ritter ist symbolisch zu verstehen als das Streben nach einer mystischen Vereinigung mit Gott. Die letzten zwei Verse lauten:

Wie die Biene den Stachel ins eigene Herz senkt,
hab' im Himmel Gedanken und Seel' ich ertränkt.

In Begleitung seines Freundes Eduard Odyniec, eines unbedeutenden Dichters, reiste Mickiewicz nach Deutschland. In Weimar machte er Goethe seine Aufwartung und wurde freundlich empfangen. Dann ging es über die Alpen nach Rom. Dort fand Mickiewicz eine internationale Kolonie vor, nicht unähnlich jener in Moskau. Zu ihr gehörten seine russischen Freunde Wolkonskij und Sobolewskij, einige Polen (mit der jugendlichen Henriette Eva Ankwicz, die seine platonische Liebe wurde) und der Amerikaner James Fenimore Cooper, mit dem er gern durch die Vorstädte Roms streifte. Der römische Aufenthalt war für Mickiewicz eine Zeit aufrichtiger Zuwendung zur Religion, und die Tiefgründigkeit seiner »Römischen Gedichte« gemahnt an die metaphysischen Dichter Englands. Gleich anderen, unmittelbar nach der Abreise aus Rom entstandenen Liedern berühren sie den Kern seines seelischen Widerspruches: Ein Sproß der Aufklärung wendet sich gewaltsam gegen die Herrschaft der Vernunft und hält ihr die Demut des Glaubens entgegen. Mickiewicz war dem Temperament nach Intiutionist, und es ist daher kein Zufall, daß er die Franzosen mit Emerson bekannt machte. Sein persönlicher Stolz verbot ihm aber trotz seines Glaubens an die Aufrichtigkeit des Herzens, sich der von der Religion verlangten Demut zu beugen, und dieser Konflikt taucht in seinen religiösen Dichtungen immer wieder auf.

Die Nachricht vom Ausbruch des polnischen Aufstandes erreichte Mickiewicz in Rom, er zögerte jedoch eine Weile, bis er sich entschloß, nach Polen zu gehen. Einen Teil der Reisespesen erhielt er von seinem Freund Sobolewskij. Aus unbekannten Gründen begab er sich nicht direkt nach Warschau, sondern zuerst nach Paris, vielleicht mit einer Botschaft der italienischen Karbonari. Die französischen Politiker enttäuschten ihn, und er setzte die Reise über Deutschland in den preußisch besetzten Teil Polens fort bis an die russische Grenze. Jetzt war es schon Mitte August 1831, Polen so gut wie geschlagen, und Mickiewicz konnte oder wollte nicht weiterreisen. Später machte er sich bittere Vorwürfe, weil er, während Polen am Boden lag, seine Zeit mit einer Liebesaffäre mit einem Blaustrumpf (Konstancja Łubieńska, die ihn mit ihrem Heiratsverlangen noch lange verfolgte) und auf Empfängen und Jagdgesellschaften vertändelt hatte. Vielleicht waren es aber gerade diese Gewissensbisse, die ihm neue Kräfte gaben, denn die Jahre 1832 bis 1834 sahen ihn auf dem Höhepunkt seiner Schaffenskraft. In Dresden, einem Zentrum polnischer Flüchtlinge, schrieb er die Fortsetzung der *Ahnenfeier* (Teil III), der er noch weitere Teile folgen lassen wollte. In der vorliegenden Form kann das Werk ebensogut als neuartiges Mysterienspiel wie als prometheisches Poem angesehen werden. Es ist das Drama eines Menschen, der gegen übernatürliche Mächte um seine Erlösung ringt. Der autobiographische Tenor und die aufgelockerte, fragmentarische Form des Werkes machen es zu einem typischen Erzeugnis der Romantik. Gustav, der unglückliche Liebhaber aus dem vorhergehenden Teil, befindet sich jetzt in einem russischen Gefängnis, wie Mickiewicz selbst während seiner halbjährigen Haft in Wilna. Einmal, in der Nacht, wird aus dem mit seinen persönlichen Problemen beschäftigten Häftling ein Mann, der seinem Volk dienen will und zum Zeichen dafür sich Konrad nennt, wie Wallenrod, Mickiewiczs litauischer Held. Politische Fragen, die in realistischer Form in die Handlung einbezogen werden, erschweren die Klassifizierung des Werkes. Konrad fragt sich, warum Gott seinem Unglück gleichmütig zusehe. Daß dieser gleichgültig ist, er selbst aber nicht, beweist ihm, daß er moralisch höher stehe als Gott. (Diese Herausforderung Gottes, ein Stück großartiger Poesie, ist in der polnischen Literatur als »die große Improvisation« bekannt.) Von bösen Geistern getrieben, will Konrad Gott beschimpfen: »Du bist nicht der Vater der Welt, du bist ein –«, an der Aussprache des Wortes »Zar« hindern ihn gute Geister. Und nun kommt eine neue Wandlung: Der stolze Rebell wird zum demütigen Kämpfer für die Sache der Gemeinschaft, ohne gegen die Vorsehung zu revoltieren – ein erstes Anzeichen von Mickiewiczs religiösem Sozialismus. Wie jedes Mysterienspiel spielt sich die *Ahnenfeier* auf Erden, im Himmel und in der Hölle ab. Das Gute wird vom Schutzengel des Häftlings vertreten, dazu von nächtlichen Geisterchören auf der rechten Seite der Bühne, von Engeln, dem demütigen Geistlichen Peter, dem unschuldigen Mädchen Eva und jungen polnischen und russischen Revolutionären; das Böse von Teufeln, Geistern auf der linken Seite, russischen Agenten mit Nowosilzew an der Spitze und der »feinen« polnischen Gesellschaft, lauter Kollaborateuren und Opportunisten. Die *Ahnenfeier* ist ein Nachtgedicht. Im Traum fällt der Schleier von einer tieferen, übernatürlichen Wirklichkeit, und der Mensch kommt mit geheimnisvollen Mächten in Berührung. Die stärksten Erlebnisse der Hauptpersonen – Konrad, Peter, Eva – sind Visionen. In die des Priesters schaltet Mickiewicz eine messianische Prophezeiung von einem großen Mann ein, der Polen und die Menschheit einer glücklicheren Zukunft entgegenführen und dessen Name Vierundvierzig sein werde, der Zahlenwert der hebräischen Buchstaben DM. Ob damit Adam, also Mickiewicz, gemeint ist, weiß niemand, und der Dichter selbst sagte, daß er nur wußte, was es bedeute, als er es niederschrieb. Wie dem auch sei, wir haben es hier mit einem aus dem vorhergehenden Jahrhundert in der Romantik nachklingenden Echo der französischen Illuminaten (einer Geistesbewegung »innerer Erleuchtung«) sowie der jüdischen Kabbala zu tun. In aller Eile geschrieben (manche Teile klingen wie von einem Medium hervorgestoßen) und noch im selben Jahr (1832) in Paris veröffentlicht, behielt die *Ahnenfeier* (deutsch 1887, alle vier Teile) bis in unser Jahrhundert die Form eines dramatischen Gedichts, und erst moderne Regisseure wagten es, sie aufzuführen. In seiner 16. Vorlesung am Collège de France, die zur Bibel des modernen polnischen Theaters wurde, spricht Mickiewicz vom Wesen des slawischen Schauspiels als einer Resultante natürlicher und übernatürlicher Kräfte, als Erbe der griechischen Tragödie und des mittelalterlichen Kirchendramas. Er sagte eine Blüte der Architektur, Musik und Malerei voraus, welche die Inszenierung solcher Werke möglich machen werde, glaubte aber, daß sich zu seiner Zeit nur ein einziges Gebäude dazu eigne: der Olympische Zirkus in Paris. Die *Ahnenfeier* wurde zum erstenmal im Jahre 1901 in Warschau von Stanislaus Wyspiański, dem

Erneuerer des polnischen Theaters, aufgeführt und blieb seither für die Polen eine Art Heiligtum, das wegen seiner aufwühlenden Wirkung öfter von der Zensur abgesetzt wurde, zum letztenmal im Jahre 1968. Das Nebeneinander von Traumszenen und brutal-realistischer Satire macht das Stück zum kompliziertesten und reichsten Werk der polnischen Romantik und zum Prüfstein höchster Regiekunst.

Die erste Auflage der *Ahnenfeier* war von einer langen Dichtung begleitet, der *Abschweifung (Ustęp),* die kurz vor dem dritten Teil geschrieben wurde und in der Mickiewicz die Bilanz seines Aufenthaltes in Rußland zieht. Mit der *Ahnenfeier* ist sie durch die Darstellung des Landes verbunden, in das Gustav-Konrad (Mickiewicz) verschickt wurde; die Titel der einzelnen Abschnitte folgen den Reisestationen: »Der Weg nach Rußland«, »Die Umgebung der Hauptstadt«, »Petersburg«, »Das Denkmal Peters des Großen«, »Militärparade«, »Petersburg am Tag vor der Überschwemmung von 1824«.

Wie so viele von Mickiewiczs Schriften bewegt sich auch diese zwischen einem ultraromantisch-dramatischen und klassisch-ironischen Stil, um den ihn die Satiriker des 18. Jahrhunderts beneidet hätten. Der Dichter stellt Rußland als ein einziges Gefängnis dar, ist von Mitleid für das unterdrückte Volk erfüllt und stellt Betrachtungen über die Zukunft dieser Despotie an. Das Land liegt in tiefem Winter, und die Einwohner warten wie Larven unter dem Schnee auf den Frühling:

Und wenn der Freiheit Sonn' erleucht',
welch Falter aus der Hülle kreucht?
Wird ein Schmetterling bunt am Lichte sich laben
oder kriechen im Staub die schmutzigen Schaben?

Petersburg ist der Sitz der Tyrannei. Auf Sumpfboden errichtet, ruht es auf den Gebeinen Tausender Arbeiter, die beim Bau umkamen. Das langsame, organische Wachstum der westeuropäischen Städte wird diesem Monument der Willkür eines Menschen entgegengehalten. Am Fuß des Denkmals Peters des Großen treffen sich zwei Dichter, Mickiewicz und Puschkin. Der Pole läßt den Russen sagen, was er selbst denkt, und Puschkin vergleicht die Reitergestalt des Zaren mit einem zu Eis erstarrten Wasserfall über einem tiefen Abgrund:

Wenn der Freiheit warme Sonne strahlt,
wenn im Westwind all die Länder baden –
was wird aus des Tyrannen Kaskaden?

Die »Militärparade« spricht mit Abscheu von den militärischen Aufmärschen, die stundenlang dauerten und auf den riesigen leeren Plätzen von Petersburg die Körper erfrorener Soldaten zurückließen. Das Kapitel von der Überschwemmung trägt den Untertitel »Oleszkiewicz«, den Namen eines Malers, Freimaurers und Mystikers, der Mickiewicz mit den Schriften Saint-Martins und der Kabbala bekannt machte. Oleszkiewicz sagt den Untergang des Zarenreiches voraus, der Hochburg des personifizierten Bösen. Die große Überschwemmung entfesselt Elementarkräfte, die den symbolischen Winter, der sich durch die Dichtung zieht, zum Ende bringen. Der Frühling wird eine Unglückszeit sein, voll unendlichen Leides. Die *Abschweifung* faßt die polnischen Gefühle für Rußland im 19. Jahrhundert zusammen; Joseph Conrad scheint oft wörtlich auf sie zurückzukommen, besonders in seiner Erzählung

Mit den Augen des Westens. Puschkin sah sich zu einer Erwiderung veranlaßt, und so entstand das Meisterwerk *Der eherne Reiter,* das gleichfalls zur Zeit der Überschwemmung spielt und die Statue Peters des Großen zum Mittelpunkt hat. Puschkin wollte darin seine Liebe für Petersburg und seine zwischen Bewunderung und Angst schwankenden Gefühle für den Zaren ausdrücken. Zum Dialog der Dichter trug auch ein Gedicht bei, das Mickiewicz ganz ans Ende der *Ahnenfeier* hinter die *Abschweifung* stellte: »An meine Moskauer Freunde«. Er beweint darin das Los der Dekabristen – Rylejew hingerichtet, Bestuschew zur Zwangsarbeit verurteilt – und geißelt alle, die mit der Annahme von »Ehrenämtern« aus der Hand des Zaren nur Schande auf sich laden oder mit käuflicher Feder seine Triumphe besingen:

> Dem Knurren des Hundes gleicht euer Klagen,
> der am Halse die Fessel so lang schon getragen,
> daß er die Hand beißt,
> die sie zerreißt.

In aller Offenheit bekennt er sich auch dazu, daß er vor dem Despoten »wie eine Schlange auf dem Boden kroch«, um ihm etwas vorzumachen, seinen Freunden gegenüber aber immer »sanft wie eine Taube« war.

Ende 1832, nach Veröffentlichung der *Ahnenfeier,* ging Mickiewicz nach Paris und sah sich bald in die Streitigkeiten und Intrigen der beiden Lager der polnischen Emigration, der Demokraten und Monarchisten, verstrickt. An der Spitze der ersteren standen der bedeutende Historiker und frühere Professor der Wilnaer Universität, Joachim Lelewel, dem Mickiewicz als Student ein Gedicht gewidmet hatte, und Moritz Mochnacki, der führende Kritiker der Romantik und Autor eines Werkes *Über die polnische Literatur im 19. Jahrhundert (O literaturze polskiej w wieku dziewiętnastym,* 1830), der als erster den Mißerfolg der polnischen Revolution mit dem Widerstand der bürgerlichen Klassen gegen die Bewaffnung des Volkes erklärte. Den rechten Flügel bildeten die Konservativen, die sich im Hôtel Lambert trafen, der Residenz des früheren Außenministers Alexanders I., Fürst Adam Czartoryski. Mickiewicz stand der Linken näher, nahm aber nicht weiter Stellung als in der Erklärung: »Der Pole ist von Natur aus ein Demokrat und Republikaner.« Neben einer Reihe von Artikeln verfaßte er noch im Jahre 1832 *Die Bücher des polnischen Volkes und der polnischen Pilgerschaft (Księgi narodu polskiego i pielgrzymstwa polskiego)* und gab sie sofort zum Druck. Er war davon überzeugt, daß die Wahrheit nicht den klugen Männern dieser Welt, sondern den einfachen Leuten intuitiv zugänglich sei, und gebrauchte daher eine möglichst leicht verständliche Sprache. Hier ahmt er in der Art Skargas die biblischen Parabeln nach, möglicherweise auch Saint-Martins rhythmisch modulierte Aussprüche. *Die Bücher* nehmen die messianische Idee der *Ahnenfeier* auf und bauen sie aus. Polen ist auserwählt, mit seinen Leiden die Welt zu erlösen, und die polnischen Emigranten-Pilger haben die Aufgabe, den Völkern des Westens das Kommen einer neuen, geistig transformierten Menschheit zu verkünden. Wie Rußland von den Slawophilen, so wird das agrarisch-patriarchalische Polen von Mickiewicz dem der teuflischen Macht des Geldes verfallenen Okzident gegenübergestellt. Der Dichter spricht mit der Autorität eines Propheten. Als Pole ist er dazu berufen, Franzosen und Engländer vor einem Despotismus zu warnen, der ganz Europa verschlingen wird, wenn man ihm, wo immer er das Haupt erhebt, nicht sofort Einhalt gebietet:

».. . ihr Händler und Kaufleute mit eurer Gier nach Geld und geldwerti-
gem Papier, die ihr Geld gabt, um die Freiheit zu unterdrücken – der Tag
wird kommen, da ihr euer Geld lecken und euer Papier kauen werdet, und
da wird niemand sein, euch Brot und Wasser zu reichen.

Dem Franzosen und Engländer sagt der Pole: Wenn ihr, Freiheitskinder,
nicht auf mich hört, wird Gott euch verwerfen und Freiheitskämpfer aus
Steinen machen, aus Moskowitern und Asiaten.«

Der Klerus verurteilte die *Bücher,* den Demokraten waren sie zu mystisch, bei
anderen Völkern aber fanden sie Zustimmung. Sie klingen deutlich in Lam-
menais' *Paroles d'un croyant* an, eines mit Mickiewicz befreundeten katholischen Geistlichen, der mit seinen sozialistischen Ideen in Konflikt mit dem
Vatikan geriet.

Die Jahre 1832–1834 waren, wie gesagt, Höhepunkte in Mickiewiczs dichterischer Tätigkeit. Neben seiner Arbeit als Redakteur der Zeitschrift *Der polnische Pilger* fand er noch Zeit für ein rein poetisches Werk, *Pan Tadeusz (Herr
Thaddäus,* deutsch 1836, 1882, 1956, 1963, auch englische, französische und
anderssprachige Übersetzungen), das nichts mit den ideologischen Fragen
seiner Zeit zu tun hat, eine Insel, auf welcher der Dichter »vor dem Lärm Europas die Tür hinter sich zuziehen« konnte. Das Werk sollte eine Idylle in der
Art von *Hermann und Dorothea* sein, wurde aber unterderhand zu einem
Epos, das in zwölf Büchern den Polnischen Alexandriner (13silbige Reimpaare) in einer Weise anwendet, die sich seine Meister aus dem 18. Jahrhundert nicht hätten träumen lassen. *Pan Tadeusz* steht in der Weltliteratur einzigartig da. Was ist er? Versnovelle? Epos? Märchenerzählung? Die Frage
harrt noch immer der Antwort. Mickiewicz kehrt hier ins Land seiner Kindheit zurück, dem Litauen von 1811/12, das unwiederbringlich vergangen war
und ihm daher erlaubte, Distanz zu nehmen und es sogar mit Humor zu betrachten. Das Bild dieses provinziellen Mikrokosmos mußte einfach jeden
polnischen Emigranten ansprechen, der »in der Erinnerung vergangener
Tage« Trost suchte. Der amerikanische Professor George R. Noyes kommt
der Wahrheit nahe, wenn er von der »kindlichen Frische« spricht, welche
Pan Tadeusz ausstrahlt, einer Frische, die sich vielleicht nur noch bei dem
englischen Metaphysiker Thomas Traherne finden läßt. Ein Brief aus der
Türkei, den Mickiewicz kurz vor seinem Tode schrieb, zeugt ebenfalls von
seiner Fähigkeit, das Ungewöhnliche in den trivialsten Dingen zu sehen:

»Ich hatte gehört, daß es in Smyrna eine Homergrotte gebe, aber ich bin
nicht neugierig! Ich sah mir etwas anderes an. Dort lag ein Müllhaufen, alles durcheinander, Schmutz, Abfälle, Fetzen, Knochen, Scherben, die
halbe Sohle eines alten Pantoffels, Federn – das gefiel mir! Lange stand ich
da – es sah genau so aus wie im Hof eines polnischen Gasthauses!«

In Prosa würde *Pan Tadeusz* wie ein Roman von Walter Scott klingen, in
Versform überrascht das Werk mit seiner Unmenge getreu wiedergegebener
Einzelheiten aus dem Alltag, die – so unglaublich es erscheint – sich plötzlich
zum Stoff einer Dichtung eignen. Selbst die vorkommenden Rechtshändel
entsprechen genau den damaligen Rechtsstreitigkeiten. *Pan Tadeusz* ist jedoch nicht die Geschichte eines problematischen Helden, der in Konflikt mit
seiner Umwelt liegt, also kein Roman in der Art des 19. Jahrhunderts. Die Gestalten sind Durchschnittsmenschen, die mit ihrer Umgebung verwachsen

sind und an keiner Entfremdung leiden. Die Welt-Mensch-Harmonie war ein Charakteristikum des alten Epos, *Pan Tadeusz* ist daher »das letzte Epos« der Weltliteratur genannt worden. Die *Ilias* und das *Befreite Jerusalem* beginnen mit einer Anrufung der Gottheit, *Pan Tadeusz* mit der des personifizierten Litauen, das mit seinen Morgenstunden und Sonnenuntergängen, seinem wolkenbedeckten oder klaren Himmelsgewölbe die kleinen Angelegenheiten der Menschen mit einem milden Licht bestrahlt. *Pan Tadeusz* ist ein komisch-heroisches Epos, in dem sich die Verwurzelung des Verfassers im Geist des 18. Jahrhunderts in seiner Neigung zur Parodie zeigt. Ein Streit zwischen polnischen Gutsherren und russischen Soldaten wird in homerischen Versen geschildert, ein prächtiger Tafelaufsatz in den Worten, die Homer gebrauchte, um den Schild des Achilles zu beschreiben. Dann kommen wieder reine Idyllen, die Mickiewicz als Erben der bukolischen Tradition zeigen, welche auf Rej zurückgeht. Der moderne Leser kann sich im *Pan Tadeusz* wie in einem Märchenwald verlieren, so entlegen ist die Atmosphäre und so ungekünstelt die psychologische Motivierung. Der Kenner der polnischen Aufklärungsliteratur wird im *Pan Tadeusz* Spuren der Komödie des 18. Jahrhunderts entdecken; manche Gestalten scheinen leibhaftig aus den Lustspielen von Zabłocki oder Niemcewicz herauszutreten. Der Romantiker Mickiewicz nimmt hier seine klassischen Anfänge wieder auf, nur auf einer unvergleichlich höheren Ebene. In dem ganzen Werk gibt es nur eine einzige Byron-Figur, Vater Robak, einen Mönch mit tragischer Vergangenheit. Andere »empfindsame« Gestalten wie der Graf und Telimena sind leicht ironisch gesehen. Auch Laurence Sterne leistet einen Beitrag: Die Steckenpferde mancher Personen sind nicht minder ungewöhnlich als Onkel Tobys Hobby in *Tristram Shandy,* und wie bei Sterne werden die Bemerkungen über diese Steckenpferde zu einer Art Leitmotiv, das regelmäßig wiederkehrt, wenn die betreffende Person auftritt.

Pan Tadeusz ist ein Panorama der in ihren letzten Zügen liegenden Adelsgesellschaft. Stanislaus Worcell, ein Altersgenosse Mickiewiczs und Führer der Polnischen Volkskommunen, nannte das Werk »den Grabstein des alten Polen, von der Hand eines Genies gesetzt«. Die Fülle menschlicher Charaktere, die ohne Bitterkeit oder Mordpredigten, so wie sie sind, hingenommen werden, läßt den Leser den engen Ausschnitt des Blickfeldes der Handlung vergessen, der sich auf einen Gutshof, ein Dorf adliger Landleute und ein halbzerstörtes Schloß beschränkt, während die Bauern sich im Hintergrund bewegen und der Kaufmannstand mit einer einzigen Person vertreten ist, dem jüdischen Gastwirt Jankel, einem Meister des Zimbelspiels. Es fehlt auch nicht an politischen Momenten: Das Werk beginnt am Vorabend von Napoleons Rußlandfeldzug und endet mit ihm. Es ist jedoch eine unkomplizierte Art von Politik, die wir zu sehen bekommen. Zum Schluß zieht die Jugend die Uniform der polnischen Legion Napoleons an und macht im Geiste der Zeit die Bauern zu freien Bürgern.

Die einfachen Menschen, die sich Mickiewicz als Leser wünschte, nahmen sein Werk nicht sehr freundlich auf. Sie zogen ihm die feierlich klingenden *Bücher des polnischen Volkes* vor. Einige Schriftsteller nannten *Pan Tadeusz* ein Meisterwerk, Mickiewicz selbst war anderer Meinung. Als er letzte Hand an das Werk legte, sagte er: »Ich hoffe, meine Feder nie wieder für solche Lappalien gebrauchen zu müssen.« Langsam jedoch stieg *Pan Tadeusz* zum Meisterwerk der polnischen Literatur auf. Es hatte aus einem Stoff Poesie gemacht, der dazu völlig ungeeignet erschien. Mickiewicz erreichte darin mühelos eine künstlerische Präzision, die jedes Wort an den rechten Platz stellt, als sei er ihm von der jahrhundertealten Geschichte der polnischen Sprache zugewiesen.

Nach dem *Pan Tadeusz* schrieb Mickiewicz nur noch wenige Gedichte. Sein Schweigen ist unterschiedlich interpretiert worden. Als Lehrer, Prophet, Publizist und Organisator soll er ein Leben der Tat gewählt haben. Vielleicht wollte er beweisen, was er einst in Umschreibung eines Mystikerwortes gesagt hatte: »Es ist schwerer, einen Tag ehrlich zu leben, als ein Buch zu schreiben.« Er wollte persönlich in die Geschichte eingreifen, und das Dichten schien ihm nicht der richtige Weg dazu; im Kampf mit der Wirklichkeit zog es den kürzeren. Andere erklärten sein Schweigen damit, daß sein Talent sich einfach erschöpft hätte. Die literarische Szene Frankreichs wandelte sich schnell, schon blühte der Roman auf – und nichts ist bezeichnender für die polnische Literatur, als daß Mickiewicz ungleich Puschkin nie versuchte, einen Roman zu schreiben. Vielleicht kam er unter diesen Umständen zur Überzeugung, daß er mit seiner Art zu schreiben nicht weiterkomme. Er sagte einmal, daß er das verheißene Land zukünftiger Poesie sehe, es aber nie betreten werde.

Er richtete sich, so gut es ging, in der Emigration ein. Seine Bücher wurden nach Polen geschmuggelt, aber seinen Namen zu nennen war verboten. Er heiratete eine junge Frau, die er als Mädchen in Moskau kennengelernt hatte, Celina Szymanowski (der nicht gerade glücklichen Ehe entstammten mehrere Kinder). An der Universität Lausanne las er lateinische Literatur, und am Collège de France besetzte er den ersten Lehrstuhl für slawische Literatur von 1840 bis 1844. Seine Vorlesungen füllen mehrere Bände und enthalten viele (damals neue, heute veraltete) Gedanken. Er huldigte darin auch seinen russischen Freunden, vor allem Puschkin, und durch ihn erfuhren die Pariser von einem amerikanischen Schriftsteller namens Ralph Waldo Emerson, der eine überraschende Geistesverwandtschaft mit ihm hat und von dessen Gedichten er einige übersetzte. Vor allem aber wartete er auf das Kommen eines Napoleon ebenbürtigen »Mannes der Vorsehung«, und vielleicht sah er sich selbst als solchen. In Paris schloß er sich dem Sektierer Andreas Towiański an, der die Ideen der mystischen Logen des 18. Jahrhunderts in seine Lehre aufnahm. Mickiewicz hing unter dem Einfluß von Saint-Martin ähnlichen Gedanken nach und unterwarf sich der faszinierenden Persönlichkeit Towiańskis als seinem Meister. Voller Begeisterung sprach er von ihm in seinen Vorlesungen und benutzte sein Katheder als Kanzel zur Verkündigung der neuen politischen Religion, bis die französische Regierung die Geduld verlor und ihn seiner Stellung enthob. Die obenerwähnten Dichtungen, die auf den *Pan Tadeusz* folgten, beschränken sich auf einige wenige aphoristische Verse von ungewöhnlicher Vollkommenheit, mystische Gedanken, äußerst kurz und knapp, von Jakob Böhme, Angelus Silesius und Saint-Martin übernommen. Aus Lausanne stammen auch einige Gedichte, die sogenannte Lausanner Lyrik, unübersetzbare Meisterstücke metaphysischer Vertiefung, die in der polnischen Literatur als Beispiele jener reinsten Poesie dastehen, die ans Schweigen grenzt.

Das Jahr 1848 gab Mickiewicz endlich die ersehnte Gelegenheit zu politischer Betätigung. Er ging nach Italien und organisierte dort eine polnische Legion zur Teilnahme am Kampf der Befreiung Norditaliens von Österreich.

Er hoffte, die Legion werde österreichische Soldaten slawischer Abstammung anziehen und mit dem Appell an das slawische Nationalgefühl den Zusammenbruch der Habsburger Monarchie in die Wege leiten – ein Gedanke, der im Ersten Weltkrieg reale Gestalt annahm. Mickiewicz formulierte die Ziele der Legion in einem politischen Manifest *(Skład zasad)* über die Struktur der unabhängigen slawischen Staaten der Zukunft. In dieser religiös-fortschrittlichen Erklärung der Freiheit, Gleichheit und Brüderlichkeit heißt es u. a.:

> »Jedermann in der Nation ist ein Bürger. Alle Bürger sind vor dem Recht und den Behörden gleich ... Dem Juden, unserem älteren Bruder, (zollen wir) Ehrerbietung und Beistand auf seinem Weg zu ewigem Wohlergehen sowie gleiches Recht in allen Dingen ... Jeder Familie ein Stück Land unter Aufsicht der Gemeinde. Jeder Gemeinde ein Stück Gemeinschaftsland unter Obhut der Nation.«

Das Programm verlangt auch die Gleichberechtigung der Frau, reicht den Tschechen und Russen brüderlich die Hand und enthält daneben einige utopisch-sozialistische Postulate. In Rom, Florenz und anderen Städten Italiens wurde Mickiewicz mit seiner Legion begeistert empfangen, er setzte sich jedoch heftigen Angriffen des rechten Flügels der Emigration aus, als er bei einer Audienz Papst Pius IX. beim Ärmel ergriff und ihm ins Gesicht schrie: »Lassen Sie es sich gesagt sein: Der Heilige Geist lebt heute unter den Hemden der Pariser Arbeiter!« Nach dem Mißerfolg der 48er Revolutionen gab Mickiewicz in Paris eine (von der Zensur bald verbotene) sozialistische Zeitung heraus, *La Tribune des Peuples,* an der französische Fourieristen und Anhänger Proudhons, russische Anhänger Bakunins, italienische Mitkämpfer Mazzinis, ein Deutscher (Ewerbeck, Freund von Marx und Engels) und mehrere Polen der demokratischen Linken mitarbeiteten. In den nächsten Jahren hatte er eine bescheidene Anstellung an der *Bibliothèque de l'Arsenal* in Paris, bis der Krimkrieg ihn wieder zu aktiver Betätigung rief. In Konstantinopel hatten Polen und Kosaken Legionen für den Kampf gegen Rußland gebildet, und Mickiewicz eilte im Jahr 1855 dorthin. Mit Armand Lévy, der unter seinem Einfluß zum Judentum zurückfand, gründete er eine jüdische Legion, für die er mit Erlaubnis der Pforte auch russisch-jüdische Kriegsgefangene und palästinensische Juden rekrutieren wollte. Mickiewiczs Sympathie für die Juden und sein auf der Ähnlichkeit der jüdischen und polnischen Geschichte beruhender Messianismus ließen verschiedene Historiker annehmen, daß er jüdischer Abstammung war. Der Mädchenname seiner Mutter, Majewski, war unter den Frankisten sehr verbreitet, es liegt jedoch kein Zeugnis dafür vor, daß sie Frankistin war. Das Interesse ihres Sohnes an der Bibel und Kabbala ist eher auf seine Sympathie für die französischen Illuminaten zurückzuführen, die unter dem starken Einfluß jüdischer Schriften standen.
In einem Militärlager bei Konstantinopel erkrankte Mickiewicz an Cholera und starb in den Armen seines Freundes Armand Lévy. Sein Leichnam wurde nach Frankreich und im Jahre 1890 nach Krakau überführt und in der Königsgruft des Wawel beigesetzt.
Mickiewicz ist den Polen, was Goethe den Deutschen und Puschkin den Russen ist. Wie Byron nach seinem Tod in Griechenland die Romantiker, und Mickiewicz mit ihnen, inspirierte, wurde Mickiewicz dank seines der Sache Polens geweihten Lebens zum »Barden der Nation« und geistigen Führer

kommender Geschlechter. Seine Tätigkeit erscheint vielleicht modernen Augen etwas bizarr, war es aber ganz und gar nicht in einer Zeit lebhafter Bewegungen des europäischen Geistes. Seine Poesie ist jedoch von einer bewundernswerten Ruhe. Im Geist der Aufklärung aufgewachsen, stellt ihn die dichterische Disziplin, die er von seinen klassischen Vorbildern übernahm, sprachlich und inhaltlich in eine Richtung der Romantik, die Shelley, Musset und Alfred de Vigny oder auch Brentano und Novalis völlig entgegengesetzt ist. Wie einst der griechische Parnaß oder Kochanowskis Czarnolas wurde nun Litauen für einen Polen zum Sitz der Musen. Ist es nicht sonderbar, daß Polens größter Dichter nie Warschau oder Krakau betrat?! Er war ein postumes Kind der alten *Respublica.*

Juliusz Słowacki (1809–1849)

Julius Słowacki kam in Krzemieniec zur Welt. Sein Vater Eusebius war Literaturprofessor am dortigen Lyzeum und später an der Universität Wilna, wohin auch die Familie übersiedelte. Nach dem Tode ihres Mannes heiratete Frau Słowacki einen anderen Professor, den Mediziner Bécu, und ihr Sohn aus erster Ehe wuchs in Gesellschaft zweier Stiefschwestern in einer weiblichen Atmosphäre auf. Die Mutter war eine überempfindliche, dichterisch veranlagte Frau, die französische Romane geradezu verschlang. Der junge Słowacki war ein zartes, kränkelndes Kind, hochbegabt, arrogant, sehr ambitiös und in der polnischen, französischen und englischen Literatur gut belesen. Er blieb sein Leben lang ein einsamer, in sich gekehrter Mensch, der Prototyp des melancholischen Romantikers. In jungen Jahren promovierte er an der Wilnaer Universität zum Doktor der Rechte. Seine Jugend ist von der unglücklichen Liebe zu Ludwika Śniadecki beschattet, der Tochter des Chemieprofessors Andreas Śniadecki, einem eigenwilligen, etwas männlich veranlagten Mädchen, das in einen russischen Offizier namens Rimskij-Korsakow verliebt war, der in einer Schlacht im Kaukasus fiel. Sie heiratete daraufhin den polnischen Romanschriftsteller Czajkowski, einen Abenteurer, der in Konstantinopel zum Islam übertrat und mit Hilfe seiner Frau unter dem Namen Sadik Pascha ein Meister diplomatischer Drahtzieherei wurde. Er war es auch, der im Jahre 1855 die im Zusammenhang mit Mickiewicz erwähnte polnische Legion in der Türkei gründete. Słowackis Jugendliebe erscheint in fast allen seinen (an Shelley gemahnenden) Liedern. Seine andere Leidenschaft war der Wunsch, es Mickiewicz gleichzutun und ihm die Stellung des »Nationaldichters« streitig zu machen. Von 1829 bis 1830 arbeitete er im Finanzministerium in Warschau. Seine ersten Gedichte veröffentlichte er zur Zeit des polnischen Aufstandes gegen Rußland. Im Auftrag der revolutionären Regierung reiste er nach London und schloß sich nach der polnischen Niederlage der Großen Emigration in Paris an, wo er 1832 zwei Gedichtbände, 1833 einen dritten herausgab. Mickiewicz äußerte sich abfällig über die Werke des jungen Dichters: Sie seien ganz gut, aber »leer wie eine Kirche ohne Gott«. Nichtsdestoweniger kann zumindest eines dieser Gedichte als Maßstab für Słowackis Talent dienen: *Gedankenstunde (Godzina myśli)* ist das beste Beispiel für den wehmütig-meditativen Ton der polnischen Frühromantik, den jugendlichen Schmerz über die Unfähigkeit, dem Leben in die Augen zu schauen. In dem milden Abendlicht von Wilna schweben die Gestalten von Ludwika und Słowackis Jugendfreund Ludwig Spitznagel vorbei, der am Anfang einer glänzenden Karriere Selbstmord beging. Das Lied hält sich streng an die klassische Form, deutet aber schon auf Słowackis spätere Entwicklung hin. Seine Poesie näherte sich immer mehr einem Überschwang an Klang und Farbe, als wollte sie zum Barock zurückkehren. Es ist oft schwierig zu sagen, warum, aber Słowackis Dichtungen scheinen visuell stark von dem Bild Polens aus dem farbenfrohen 17. Jahrhundert beherrscht zu sein. Sein Leben verlief ohne besondere Zwischenfälle, und als er im Alter von vierzig Jahren starb, hinterließ er ein Werk monumentalen Ausmaßes. In seinen letzten Lebensjahren entwickelte er sich vom Romantiker zum Symbolisten mit einer eigenen mystischen Theorie seiner Poesie, die das Unsagbare in Vers- und Bildmusik einfängt.

Słowackis Versdramen gehören zum Grundstock des polnischen romantischen Theaters und zeigen seine dichterischen Stärken und Schwächen. Ungleich Mickiewicz schöpfte er nicht so sehr aus dem Leben als vielmehr aus Büchern und Träumen. Seine Dichtungen sind nach einem Wort von Professor Backvis »erstaunliche literarische Cocktails« aus Shakespeare, Calderón, Lope de Vega und altpolnischen Dichtern. Im Bestreben, die Mängel des polnischen Theaters wettzumachen, führte er auch folkloristische Motive ein, und in diesem Zusammenhang ist eine Kindheitserinnerung charakteristisch: »Ich glaube, daß meine Begeisterung für Shakespeare vom *Wertep* (einem ukrainischen Weihnachts-Puppenspiel) stammt.« In Paris besuchte er häufig das Theater und die Oper, die damals die gewagten Neuerungen der Romantik in der Kunst der *mise en scène* ausprobierten. Die Handlung rollte z. B. vor einer naturgetreuen Alpenlandschaft ab, Feen und Geister flogen, von Apparaten bewegt, durch die Luft, und überall trat das Phantastische und Bizarre hervor. Angeregt von dem, was er im Theater sah, verfaßte Słowacki im Jahre 1834 das Drama *Kordian,* mit dem er Mickiewiczs *Ahnenfeier* den Rang ablaufen wollte. Das Stück sollte der erste Teil einer (nie vollendeten) Trilogie sein und besteht aus einer Reihe fragmentarischer Phasen der Entwicklung des Helden. Der junge Kordian kennt sich in einem plötzlichen Angstanfall im Leben nicht mehr aus und will sich, da er auch in der Liebe kein Glück hat, das Leben nehmen. Das nächste Bild zeigt ihn, in Gedanken versunken, auf den Klippen von Dover und im St.-James-Park in London, dann in Italien in den Armen einer Kurtisane und bei einer Audienz beim Papst (dessen Haltung zu Polen kritisiert wird), schließlich auf dem Gipfel des Montblanc, wo er seine Berufung entdeckt: der Nation zu dienen (und sich so seine Handlungskraft zu beweisen?). Die Szene wechselt über in die stickige Atmosphäre von Warschau zur Zeit des Großfürsten Konstantin. Kordian gehört einer Verschwörung an, die ein Attentat auf den Zaren bei seinem Einzug in Warschau verüben will; er kann aber keine Helfershelfer finden und nimmt die Aufgabe allein auf sich. Dazu bietet sich eine günstige Gelegenheit: Als polnischer Offizier hat er Wachdienst an der Tür zum Schlafzimmer des Zaren. Sein Gewissen hält ihn jedoch zurück, und im Widerstreit von Angst und Verlangen fällt er in Ohnmacht. Er wird in eine Irrenanstalt gebracht und zum Tode verurteilt. Der Großfürst verschiebt die Hinrichtung, als Kordian zum Beweis seines Mutes auf dem Rücken seines Pferdes über hochgehaltene Bajonette springt, doch der Zar will davon nichts wissen und gibt einen Hinrichtungsbefehl. Das Stück endet in Ungewißheit: Ein Bote nähert sich mit dem Dokument der Begnadigung. Der Zuschauer erfährt aber nicht, ob er noch rechtzeitig eintrifft.

Gleich Mickiewiczs *Ahnenfeier* und Krasińskis *Ungöttlicher Komödie* ist *Kordian* ein typisches Erzeugnis der polnischen Romantik. Wie jene handelt es vom Werden der Geschichte. Im Mittelpunkt steht immer die Frage nach dem Verhältnis zwischen Leben und Poesie sowie die geistige Wandlung des Helden. Im Gegensatz zu Mickiewiczs Erwartung eines individuellen Erlösers, glaubte Słowacki nicht an den »Mann der Vorsehung«. Kordian ist ein Neurotiker, ein Hamlet (wie sich die Romantiker ihn vorstellten), aber kein Volkstribun. Allerdings wissen wir nicht, was aus ihm im Verlauf der Trilogie geworden wäre, deren Fortsetzung den polnischen Aufstand von 1830/31 zum Thema haben sollte. Słowacki überschätzte die revolutionäre Stimmung der Warschauer Massen, unterzog aber ihre politische Unreife und die Beschränktheit der Anführer einer scharfen Kritik. In bezug auf die Ursachen der Niederlage war er derselben Meinung wie die Radikaldemokraten: Die Führung hatte nie an einen Sieg geglaubt, sondern mit einem Kompromiß gerechnet und so die Massen verraten. *Kordian* gehört heute zum Repertoire des polnischen Theaters, kommt aber trotz seiner der Romantik treuen fragmentarischen Struktur und Problemstellung und trotz seines ausgezeichneten Versmaßes nicht an das nationale Mysterienspiel der *Ahnenfeier* heran.

Ein anderes Stück Słowackis, *Balladyna* (geschrieben 1834, veröffentlicht 1839), wendet alle Kunstgriffe an, die er vom Pariser Theater und von Shakespeare gelernt hatte. *(Les balladines* wurden in Paris die unheimlichen Tänzerinnen aus Meyerbeers *Robert, der Teufel* genannt.) Słowacki erfindet ein prähistorisches Polen, wirft die Zeiten mutwillig durcheinander und spielt mit diversen Anachronismen. Im Vorwort erklärt er, das Stück sei in der Art von Ariost geschrieben, also in einem leichtbewegten, etwas spöttischen Ton. Es ist eine dramatisierte Märchenerzählung oder Ballade, mit frei erfundenen folkloristischen Zugaben. Da gibt es eine Feenkönigin, die in einen Trunkenbold verliebt ist, den sie in eine Weide verwandelt, worauf er Wodkatränen vergießt. Die Heldin, ein Bauernmädchen, kämpft mit ihrer Schwester um die Liebe des Gutsherrn und bringt ihre Rivalin aus Eifersucht um. Als Schloßherrin begeht sie mit Hilfe des finsteren Von-Kostryn (ein germanisierter Slawe?) eine Reihe von Mordtaten. Und dann ist da noch ein Bauer, den seine enttäuschte Liebhaberin, wiederum die Feenkönigin, in einen Diamantenkönig verwandelt (kein Plagiat aus *Alice im Wunderland,* denn Lewis Carroll war damals erst zwei Jahre alt). *Balladyna* ist ein echter Słowacki-Cocktail aus polnischen Balladen, dem *Sommernachtstraum, Macbeth* und *König Lear.*

Ein Werk ganz anderer Art ist die Verskomödie *Fantazy* (1841). Bei all seiner Feinfühligkeit konnte Słowacki auch eine scharfe Feder führen. Dieses realistischste seiner Stücke ist eine bissige Satire auf die polnische Gesellschaft seiner Zeit. Ort der Handlung ist ein Herrensitz in der Ukraine. Der theatralische Graf Fantazy besucht nach der Rückkehr aus Italien seine Nachbarn, Graf und Gräfin Respekt und ihre Töchter Diana und Stella. Fantazy, der Byron nachäfft, ist ein hinterlistiger Poseur, der weiß, daß Diana ihn verabscheut; das macht sie für ihn um so begehrenswerter, und er beschließt, sie zu kaufen. Er ist reich, die Nachbarn arm, also anscheinend ein gewonnenes Spiel. Die Respekts sind angesehene Mitglieder der Gesellschaft, aber auch nicht so edel wie die Worte, die sie im Munde führen, und ebenso gewissenlos wie Fantazy. Sie gehen auf seinen Vorschlag ein, das Geschäft wird aber von einem alten russischen Major vereitelt, der die Respekts aus der sibirischen

Verbannung kennt und unerwartet zu Besuch erscheint. In Sibirien hatte sich Diana mit dem jungen Revolutionär Johann verlobt, den sie immer noch liebt und der sich als einfacher Soldat in der Begleitung des Majors befindet. Die unnatürlichen, anmaßenden Manieren der polnischen Aristokraten lassen die Gestalt des schlichten, überaus menschlichen Majors in um so besserem Lichte erscheinen. Um dem jungen Liebespaar zu helfen, fädelt er ein Spiel ein, das in seinen Einzelheiten hier wiederzugeben jedoch zu weit führen würde. Es endet mit einem Duell in Form eines Kartenspiels zwischen dem Major und Fantazy. Wer verliert, hat sich das Leben zu nehmen. Fantazy verliert und sieht sich zum erstenmal vor den Ernst des Lebens gestellt. Es ist jedoch der lebensmüde Major, der sich unerwarteterweise erschießt. Ein neuer *deus ex machina* rettet die Situation: Ein reiches Familienmitglied der Respekts stirbt und hinterläßt ihnen sein Vermögen, und so willigen sie in die Heirat ihrer Tochter mit Johann ein. Słowacki hat es hier offensichtlich nicht nur auf alle »rechtdenkenden« Mitglieder der polnischen Gesellschaft abgesehen, sondern vor allem auch auf Heuchler wie Fantazy mit seinem Byron-Gehabe. Der Major, ein früherer Dekabrist und »liberaler alter Narr«, wie er sich nennt, ist eine der erschütterndsten Gestalten, die Słowacki je schuf. Er spricht eine Mischung von Russisch, Polnisch und Ukrainisch, und seine in Versform gehaltene Sprache ist eine Glanzleistung.

Zu Słowackis Jugendwerken gehören auch das nach Shakespeare-Art verfaßte Schauspiel *Maria Stuart* und die erfolgreiche Tragödie *Mazeppa* (1839). Mazeppa ist eine historische Gestalt, ein europäischer Volksheld, der schon bei Voltaire, später bei Byron, Victor Hugo u. a. vorkommt und allgemein durch das Bild bekannt war, auf dem er nackt auf ein dahinrasendes wildes Pferd gefesselt ist. Auch Johann Chrysostomus Pasek (vgl. Kap. IV), dessen *Memoiren* 1836 ungekürzt erschienen, erzählt von ihm. Mazeppa war ein ukrainischer Edelmann, der von den Jesuiten erzogen und von König Johann Kasimir nach Holland zum Studium der Artillerie geschickt wurde. Nach seiner Rückkehr lebte er am Hof in Warschau. Er schloß sich dem Aufstand der ukrainischen Bauern an, trat nach dem Tod von Chmielnitzki als Hetman an ihre Spitze, verbündete sich mit den Schweden gegen Peter den Großen und sah seine ehrgeizigen Pläne in der Schlacht von Poltawa scheitern. Als junger Mann war er wegen seiner Liebesaffären weit und breit bekannt und wurde einst von einem wütenden Ehemann nackt auf den Rücken seines Pferdes gebunden und dieses mit Peitschenhieben davongejagt. Słowackis Mazeppa ist weder der wilde Kosak der westeuropäischen Dichter noch der Bösewicht aus Puschkins *Poltawa,* sondern ein edler, junger Vertrauensmann des Königs. Dieser macht der schönen Amelia den Hof, der Frau eines alten Woiwoden, in dessen Schloß das Stück spielt. Um seinen Herrn zu schützen, nimmt Mazeppa alle Schuld auf sich und soll von der Hand des eifersüchtigen Ehemanns sterben, als sich herausstellt, daß Amelia die Geliebte von Zbigniew ist, einem Sohn des Woiwoden aus erster Ehe. Der Knoten wird mit dem Tod des Trios gelöst. Słowackis Werk ist ein Sittendrama aus dem 17. Jahrhundert, mit den Augen der Romantik gesehen.

Aus demselben Jahr stammt die Tragödie *Lilla Weneda,* in der sich Słowacki dem vorgeschichtlichen Polen zuwendet. In der Annahme, daß die polnische Geschichte mit der Eroberung des Landes durch einen fremden Kriegerstamm beginnt, erfindet der Dichter einen Verzweiflungskampf der friedlichen Wenden gegen die bösen Lechiten. Jene sind Polens »Engelsseele«, diese verkörpern alle Laster des Adels (einschließlich seiner »Liebe für saure Gurken und Lärm«). Das Werk ist ein shakespearischer Cocktail minderen Wertes, besonders wegen der vielen überflüssigen Gruselszenen.

Słowacki war sein Leben lang von seiner Mutter abhängig. Die Briefe zwischen Mutter und Sohn geben aufschlußreiche Einblicke in sein Schaffen und sind Meisterstücke romantischer Prosa. Salomea oder Sally, wie er sie nannte, war seine wahre Liebe; seine Beziehungen zu anderen Frauen sind meist erfunden. Die Mutter unterstützte ihn ab und zu mit kleinen Geldbeträgen, die er geschickt anlegte; das ermöglichte ihm, sich ganz dem Schreiben zu widmen.

Von 1833 bis 1836 lebte Słowacki in Genf und Vevey. Er war dorthin gezogen, weil er bei den polnischen Emigranten keine Anerkennung finden konnte. Auch ein Streit mit Mickiewicz hatte dazu beigetragen: In einer Gestalt der *Ahnenfeier* hatte Słowacki seinen Stiefvater Dr. Bécu erkannt, der dort sehr negativ als serviler Kollaborateur dargestellt ist. Der Schweizer Aufenthalt war sehr fruchtbar; hier entstanden *Kordian* und *Balladyna* sowie die Liebesidylle *In der Schweiz (W Szwajcarii)*, in der die Alpenlandschaft mit des Dichters »innerem Landschaftsbild« verschmilzt.

Im Jahre 1836 hält sich Słowacki in Rom auf, von wo er sich mit Freunden nach Griechenland, Ägypten und Palästina begab. Die Reise stillte sein Verlangen nach ewig wechselnder Szenerie und neuen Eindrücken. In einem Brief an seine Mutter heißt es: »Eine Reise gibt uns viele, viele Eindrücke; schade nur, daß sie nichts so schön erscheinen läßt, wie wir es uns vorstellten; dann tragen wir zwei Bilder davon – eines, wie es *sein sollte,* mit den Augen gemalt; das andere, schönere, wie wir es vorher in unserer Phantasie sahen. Manchmal kommt noch ein drittes hinzu, das allerschönste; von unserer Vorstellungskraft und träumerischen Erinnerungen geschaffen, vereint es in sich alles, was an jenen besonders schön war. Ich kann nicht begreifen, wie Byron an einem Ort schreiben konnte.« Und in einem anderen Brief: »Wenn es keine Poesie auf der Welt gäbe, sie müßte von dem bloßen Gedanken geschaffen werden, daß der Mensch derart viel strahlende, bezaubernde Bilder auf Erden sammelt, die er mit sich ins Grab nehmen muß.« In einem längeren Gedicht, das in seinem Nachlaß gefunden und »Eine Reise von Neapel ins Heilige Land« benannt wurde, zeigt sich Słowacki als Künstler besonderer Art. Er spielt mit völlig unerwarteten Reimen, seine Verse atmen Geist und Gemüt und sprühen von ironischen und witzigen Bemerkungen – alles in einem ungezwungenen Ton, der dem Leser das Gefühl völliger Freiheit und eines mühelosen Dahinströmens der Sprache vermittelt. Eine seiner populärsten Dichtungen, »Der Vater der Pestkranken« (»Ojciec zadżumionych«), handelt von Słowackis Kamelreise von Ägypten nach Palästina: In der Quarantänestation El Arisch erzählt ein Araber, wie seine Frau und sieben Kinder nacheinander in dieser Station vor seinen Augen an der Pest starben.

Słowacki gab seinen Traum, zum Dichter der Nation zu werden und es Mickiewicz auch in der Behandlung polnisch-nationaler Fragen gleichzutun, nie auf. In dem Gedicht »Agamemnons Grab« kommt er auf die griechischen Eindrücke zurück und stellt Betrachtungen über das Los Griechenlands und Polens an. Manche seiner aggressiven Ausdrücke über Polen sind zu gebräuchlichen Redewendungen geworden. Er hielt es für seine patriotische Pflicht, Polen vorzuwerfen, daß es der »Pfau und Papagei anderer Nationen« sei und seine »Engelsseele« aus dem Schädel eines besoffenen, grölenden

Adligen zu befreien. In einem libanesischen Kloster schrieb er den ersten Entwurf zu der 1838 veröffentlichten Prosadichtung *Anhelli*. Wie *Kordian* das Gegenstück zur *Ahnenfeier* ist, sollte *Anhelli* das zu Mickiewiczs *Buch des polnischen Volkes und der polnischen Pilgerschaft* sein. Es spielt in den Wäldern und Einöden Sibiriens, dem Exil vieler Polen, nicht dem wahren Sibirien, sondern dem Exil an sich mit symbolischem Schnee und Frost und dem Glanz des Nordlichts. Mit den Verbannten sind die polnischen Emigranten gemeint, die zwar Märtyrer, aber keineswegs edel oder sympathisch sind. Sie zerfallen in drei Lager, aristokratische Monarchisten, radikale Demokraten und religiöse Sektierer, die sich haßerfüllt befehden. Mickiewicz sah in den Emigranten Apostel, Słowacki spricht ihnen jede Bedeutung ab und läßt sie eines nutzlosen Todes im Exil sterben. Ein sibirischer Schamane weiht Anhelli, den Helden des Werkes, in das Mysterium des Aufsichnehmens von Leid und Tod ein und macht ihn so gewissermaßen zum leidenden Erlöser. In der Endszene verkündet ein vom Glanz des Nordlichtes umstrahlter Reiter den Anbruch der Weltrevolution, aber Anhelli hört ihn nicht mehr, er ist tot. Słowacki wollte damit sagen, daß ein Opfer, auch wenn es nicht sofort Früchte trägt, deshalb doch nicht seinen Sinn verliert, sondern auf unergründliche Weise zur geistigen Vorbedingung kommender Erneuerung wird. Słowackis Streben nach Anerkennung blieb erfolglos, er wurde ignoriert. Sein einziger Trost war die Freundschaft eines anderen Dichters, der ihn verstand: Krasiński. Słowacki gab seine Werke auf eigene Kosten heraus, sie wurden aber nicht beachtet oder höchstens kurz abgetan. Mit einer ironischen Dichtung, die ihm sehr übel genommen wurde, weil viele Polen sich persönlich getroffen fühlten, erntete er zwar nicht den Beifall, wohl aber die Aufmerksamkeit der Öffentlichkeit. Gemeint ist die Dichtung *Beniowski,* deren erste fünf Gesänge im Jahre 1841, die anderen nach dem Tode des Autors erschienen. Sie ist in der *ottava rima* verfaßt, einem Versmaß, das in der polnischen Literatur sehr beliebt war und auf Krasickis komisch-heroische Epen und Peter Kochanowskis Übersetzung des *Befreiten Jerusalem* zurückgeht. *Beniowski* ist ein Werk der »Abschweifungen« und wetteifert darin offensichtlich mit Byrons *Don Juan*. Es handelt von einem ungarisch-polnischen Edelmann, der *de facto* an der antirussischen Verschwörung von Bar (1768–1772) teilnahm und nach Kamtschatka verschickt wurde. In einem selbstgebauten Boot entkam er von dort über Japan nach Frankreich und endete auf Madagaskar als Führer der Eingeborenen im Kampf gegen die Franzosen. Słowacki geht nicht über die Erlebnisse des jungen Beniowski in der Ukraine hinaus, er nimmt ihn lediglich zum Anlaß, um Tagesereignisse zu besprechen und mit seinen Gegnern abzurechnen, wobei er eine unglaubliche Akrobatik im Übergang von Lyrik zum Sarkasmus und von diesem zu Feuerwerken der Phantasie zeigt. Słowacki liebte die Ukraine, sie ist der Schauplatz vieler seiner Stücke und wird in ihren blau-goldenen und zinnoberroten Farben nirgends so lebendig dargestellt wie hier. Das Werk wurde gepriesen und verdammt, der Verfasser sogar zu einem Duell herausgefordert, und Słowacki sah sich mit einemmal im Mittelpunkt der öffentlichen Aufmerksamkeit.
Eine neue Wendung seines Lebens lenkte ihn auf Pfade, für die seine Zeitgenossen wenig übrig hatten. Im Jahre 1839 ließ er sich in Paris nieder und begann tiefe mystische Neigungen zu entwickeln. Er lernte Towiański kennen, und dieser überzeugte ihn von seiner poetischen Mission und bewog ihn (1842) zum Eintritt in die Sekte, an deren Spitze neben Towiański auch Mic-

kiewicz stand, eine Demütigung, die Słowacki ergeben auf sich nahm. Bald aber erkannte er, daß die Sekte keine geistige Unabhängigkcit ihrer Mitglieder duldete, und trat nach einem Jahr wieder aus. Aus dieser Zeit stammen Werke, die weder zu Lebzeiten des Dichters noch lange danach Anerkennung fanden, so sehr widersprachen sie dem Geschmack der Zeit. Sie lassen den französischen Symbolismus ahnen und gehen manchmal über ihn hinaus, so daß sie für den Durchschnittsleser oft schwerer zu verstehen sind als die Werke der *poètes maudits.* Erst als in den neunziger Jahren eine neue Generation zu Worte kam, die für den Zusammenhang von seelischen Zuständen und Landschaftsgemälden, von Klang und Farbe Verständnis hatte, wurde auch Słowacki »entdeckt«. Seine Kunst erreicht ihren Höhepunkt in den kurzen, mystischen Liedern dieser Zeit. Sie allein hätten ausgereicht, ihn zu einem der größten polnischen Dichter zu machen. Die letzten Lebensjahre verbrachte er mit dem Aufbau eines mystischen Systems, das nicht leichter zu verstehen ist als das von William Blake und verschieden interpretiert werden kann. Wie alle polnischen Mystiker erhob Słowacki historische Ereignisse in kosmische Dimensionen und sah in der Geschichte geheimnisvolle, übermenschliche Kräfte am Werk, die das Los der Menschheit bestimmen.
In einer ganz ungewöhnlichen Prosadichtung, *Aus dem Geist (Genezis z Ducha),* die 1844 in Pornic an der atlantischen Küste entstand, legte Słowacki sein philosophisches Credo nieder. Sein Spiritualismus vereint sich hier mit seinen naturwissenschaftlichen Kenntnissen, besonders der Abstammungslehre Lamarcks, und seinen radikaldemokratischen Anschauungen zu einem harmonischen Ganzen. Am Meer, der Wiege allen Lebens, erscheint ihm die Entstehung der Lebensformen als das Werk des Geistes im Laufe von Jahrmillionen:

Auf die Felsen des Ozeans hast du mich gesetzt, o Herr, damit ich mich auf die jahrhundertealten Werke meines Geistes besinne, und plötzlich fühlte ich mich als Gottes Sohn, unsterblicher Schöpfer aller sichtbaren Dinge, der dir willig Gaben der Liebe darbringt auf Girlanden von Sonnen und Sternen.

* * *

Du alter Ozean, sag an, wie die ersten Mysterien des Organismus deinen Tiefen entblühten, die ersten Knospen der Nervenblumen, denen der Geist erwuchs . . .

* * *

Heute lächle ich, o Herr, beim Anblick eines unbegrabenen Gerippes, das keinen Namen in der Sprache des Heute hat (denn ausgelöscht ist es aus der Mitte der lebendigen Formen), lächle beim Anblick der ersten Eidechse mit ihrem Vogelkopf, wie sie sich, Flügel an den Füßen, in die Luft schwingt, um die Welt zu erkunden und jenen Ungeheuern einen Platz zu finden, die ganze Wiesen, ganze Wälder verschlingen sollten.

»Alles ist aus dem Geist und für den Geist geschaffen; nichts besteht für körperliche Zwecke.« Aus eigener Kraft steigt der Geist von niederen zu immer höheren Formen empor, »deinem Schöpfungsbuch hat er das Siegel der Dauerhaftigkeit aufgeprägt«, und sein Werk ist nicht vollendet, wenn er den Menschen erreicht. Als »ewiger Revolutionär« formt der Geist die Geschichtc in Umwälzungen, Geburtswehen der Menschheit, bis diese sich, neu gestaltet, Christus zuwendet. Hier klingen messianische Töne an: Der Geist nimmt in hervorragenden Individuen oder ganzen Nationen Gestalt an, z. B. in dem durch sein Leid geläuterten Polen. Słowackis Vision der kosmischen Entwicklung kommt in ihren großen Zügen der 100 Jahre jüngeren These von Teilhard de Chardin sehr nahe.

Unvollendet blieb die großangelegte Dichtung *König Geist (Król Duch)*, deren erster Teil 1847 erschien; die anderen haben störende Lücken. Die abendländische Literatur hat nichts dergleichen aufzuweisen. Das Werk handelt von der Geschichte Polens und zeigt den Geist auf seinen Wanderungen, wie er Führer, Könige und Heilige im Lauf der Jahrhunderte europäischer Zivilisation beseelt. Es beginnt mit Platos heldenmütigem Krieger Her, der bei Słowacki die Gestalt Popiels annimmt, des sagenhaften Urherrn Polens, hier ein rücksichtsloser Herrscher, der die Menschen für alles Leid unempfindlich machen will, indem er ihnen ein Regime bewußter Grausamkeit auferlegt. Die Handlung ist in ein Mittelalter verlegt, das gleich Blakes Albion keinen Anspruch auf historische Echtheit erhebt. *König Geist* (ebenfalls in *ottava rima)* geht über die gewagtesten Ideen der späteren Symbolisten hinaus. Kosmisches und Geschichtliches sind hier eins. Nur ein im Bann der Geschichtsphilosophie stehender Pole konnte ein solches Werk schreiben. Sich selbst setzte Słowacki eine besondere Aufgabe: Einem göttlichen Weltschöpfer gleich Polen und seine Geschichte aus den Tiefen seiner Phantasie mit dem Logos *(Słowo,* das Wort) heraufzubeschwören.

Die letzten Dramen Słowackis lehnen sich an den von ihm übersetzten Calderón an und bilden mit ihrer Verschmelzung des Natürlichen und Übernatürlichen ein grandioses Barockchaos. *Pfarrer Marek (Ksiądz Marek)* und *Salomes Silbertraum (Sen srebrny Salomei),* beide aus dem Jahre 1843, nehmen das Thema der Ukraine wieder auf (die Verschwörung von Bar und das Gemetzel der ukrainischen Bauern unter den polnischen Edelleuten). Die Personen und ihr Schicksal sind überlebensgroß und haben nichts von Erdenwirklichkeit an sich. Auch das unvollendete historische Drama *Samuel Zborowski* ist weit entfernt von dem traditionellen Realismus solcher Stücke wie *Boris Godunow* und spielt in kosmischen Dimensionen, jenseits von Zeit und Raum. Zborowski, ein Magnat aus dem 16. Jahrhundert, erscheint vor dem himmlischen Gericht und verlangt die Wiederaufnahme seines Prozesses. Beim erstenmal, auf Erden, war er wegen seiner gesetzlosen Taten zum Tode verurteilt und geköpft worden. Für Słowacki ist Zborowski die Gestalt des Geistes im Kampf gegen alle Mächte, die ihm Zwang antun wollen, und der Kanzler Zamoyski (der ihn in den Tod schickte) die Macht der bestehenden Ordnung. In Liedern werden die Erlebnisse des Geistes in einer Folge von Verkörperungen (angefangen mit dem alten Ägypten) besungen, Lieder, die ebenso eindringlich schön und vollkommen sind wie die mystischen Gedichte Słowackis aus dieser Zeit.

Im Jahre 1848 begab sich Słowacki in den preußisch besetzten Teil Polens, wo ein kurzlebiger Aufstand ausgebrochen war. In Dresden sah er nach 18jähriger Trennung seine Mutter wieder. Ein Jahr später starb er in Paris an Tuberkulose inmitten einer fieberhaften poetischen Tätigkeit. Er wurde auf dem Friedhof von Montmorency beerdigt, wohin ihm sechs Jahre später sein Rivale Mickiewicz folgen sollte. Im Jahre 1927 wurden Słowackis Gebeine nach Polen übergeführt und in der Königsgruft des Wawel beigesetzt.

Die auffallendste Eigenschaft des Dichters Słowacki ist die Liebe für reine Farben, Silber, Gold, Rot und Blau, sowie für schillerndes Perlmuttlicht. Man hat ihn daher mit Malern wie Turner verglichen. Er wurde auch ein »zentrifugaler« Dichter genannt, im Gegensatz zum »zentripetalen« Mickiewicz. Dieser neigt auch auf dem Höhepunkt seiner Romantik zum Greifbar-Konkreten hin, bei Słowacki hingegen löst sich alles in ein Farben- und Klanggemälde auf. Słowackis Werke sind zahlreich, aber sehr unterschiedlich in ihrem Wert, sublim in der Tiefe ihrer Gedanken, atemberaubend in ihrer Virtuosität, aber auch irritierend in dem fast automatischen Fluß der Sprache. Sein Dichterruhm wuchs nach dem Tode, ohne jedoch den von Mickiewicz je zu erreichen. Erst die Symbolisten erklärten den Vorläufer des französischen Symbolismus und in gewissem Sinne auch Nietzsches zu ihrem Meister. Heute, da wir nüchterner denken, sind wir nicht mehr so ohne weiteres bereit, die Größe Słowackis oder überhaupt eines Dichters in bloßer »Versmusik« zu sehen.

Zygmunt Krasiński (1812–1859)

Mickiewicz kam aus ärmlichen Verhältnissen, Słowacki aus dem gebildeten Mittelstand, Sigmund Krasiński aus einer begüterten Adelsfamilie. Sein Vater, General in der napoleonischen Armee und nach dem Wiener Kongreß im Königreich Polen, war ein Erzreaktionär, dem Zaren grenzenlos ergeben und von den Radikalen gehaßt. In einer satirischen Szene der *Ahnenfeier* nimmt Mickiewicz die Warschauer Salons aufs Korn und spielt dabei direkt auf die Empfänge im Hause des Grafen Krasiński an. Słowacki hatte einen Mutterkomplex, Krasiński zitterte vor seinem Vater und unterwarf sich widerspruchslos dessen Anordnungen. Das ging so weit, daß er als erwachsener Mann die Frau heiratete, die ihm sein Vater ausgesucht hatte, allerdings gleichzeitig einer anderen ewige Liebe schwor. Als Student verteidigte er den Vater vor seinen Kommilitonen, und als er sich einst bei einer Demonstration als einziger ausschloß, wurde er von einem anderen Studenten geohrfeigt. An der Universität Genf fand er Freunde, darunter den englischen Journalisten Henry Reeve – eine Beziehung, die sich für beide als außerordentlich fruchtbar erwies. Als der polnische Aufstand von 1830 ausbrach, stellte sich General Krasiński natürlich auf die Seite der Russen und verbot seinem Sohn, nach Polen zurückzukehren: Das Ganze sei ein Wahnsinnsakt des Pöbels, der nach dem Blut des Adels dürste. Nach dem Zusammenbruch des Aufstands holte er Sigmund zu dessen Schande und Verzweiflung nach Petersburg und führte ihn beim Zaren ein. Krasiński ging aber bald ins Ausland zurück und lebte seither meist in Frankreich und Italien. Da er sich politisch nicht exponiert hatte, konnte er unbehelligt reisen, und daß er sich mehr im Ausland als in Polen aufhielt, hat auch seinen Grund darin, daß Polens literarisches Zentrum in der Pariser Emigration lag. Um seine Besitzungen vor der Beschlagnahme durch die Russen zu schützen, veröffentlichte er seine Werke anonym und war als Polens »anonymer Dichter« bekannt. Krasiński verfügte über eine hohe Intelligenz und eine ausgezeichnete Bildung. Er las mehrere Sprachen und schrieb Polnisch und Französisch mit gleicher Leichtigkeit. Sein Scharfsinn und seine Vertrautheit mit den kompliziertesten politischen Problemen kommen in seinen Werken und Briefen deutlich zum Ausdruck. Letztere allein sind an Umfang und Inhalt eine beachtenswerte literarische Leistung. Er war ein leidenschaftlicher Briefeschreiber, zu jener Zeit etwas nicht Ungewöhnliches, und wurde darin von den intelligenten Frauen bestärkt, mit denen er in Beziehung stand, vor allem der von ihrem Mann geschiedenen Delfina Potocki, die auch ein Verhältnis mit Chopin hatte. Sie war viele Jahre Krasińskis Geliebte und Vertraute, die seine Schriften als erste zu sehen bekam. Er schrieb ihr fast täglich und nahm in seinen Briefen auch zu geistigen und politischen Fragen Stellung. Im Jahre 1843 heiratete Krasiński Elisa Branicki, Tochter reicher Aristokraten. Braut und Hochzeitstag hatte der Vater gewählt. Elisa war für ihren Mann eine Fremde; er setzte seine Korrespondenz mit Delfina ungehindert fort (deutsche Auswahl 1967).

In seiner Jugend schrieb Krasiński historische Erzählungen in der Art Walter Scotts, die das mittelalterliche Rittertum verherrlichen, sowie zwei Prosadramen, von denen das eine ein Meisterstück der polnischen und Weltliteratur ist. *Die ungöttliche Komödie (Nieboska komedia,* begonnen in Wien, beendet 1833 in Venedig, deutsch 1841, 1917) ist das Werk eines Einundzwanzigjährigen. Selbst wenn man Krasińskis Intelligenz berücksichtigt, ist es erstaunlich, daß ein junger Aristokrat das einzige europäische Werk jener Epoche schreiben konnte, in dem der Klassenkampf in beinahe marxistischer Weise dargestellt wird. (Marx selbst war damals fünfzehn Jahre alt!) Vielleicht kann das mit einem unbewußten Angstkomplex erklärt werden: Die 1830er Revolution und die Straßenkämpfe in Lyon, dazu die Verurteilung des polnischen Aufstandes durch seinen Vater hatten Krasiński sehr beeindruckt, und zusammen mit seinen eigenen Gedanken über die Französische Revolution von 1789 war er zu dem Schluß gekommen, daß eine Revolution in Europa ihn und seinesgleichen hinwegfegen werde. Die Problemstellung der *Ungöttlichen Komödie* ist nicht polnisch, sondern universell; sie spielt in einem unbestimmten Land mit symbolischen Figuren. In seinen Vorlesungen am Collège de France nannte Mickiewicz sie das größte Werk des slawischen Theaters. Wie die *Ahnenfeier* beginnt auch sie mit dem Leben des Helden, Graf Heinrich, der an der Spitze reaktionärer Kräfte die Festung der Heiligen Dreifaltigkeit gegen revolutionäre Atheisten verteidigt, die unter Führung des Berufsrevolutionärs Pankraz stehen. Mickiewiczs Vorstellung von menschlicher Wandlung ist grundsätzlich optimistisch: Über zeitweilige Rückfälle kämpft sich der Held zu einem höheren Bewußtsein vom Platz des Individuums in der Gesellschaft durch. Auch Krasińskis Held versucht ein anderer Mensch zu werden – vergebens –, seine unglückliche Ehe, seine Suche nach dem schönen Mädchen Kunst und die Art seiner politischen Betätigung verraten eine innere Haltlosigkeit. Es ist eine seltsame Romantik, die in diesem Drama waltet: Heinrich findet im Rahmen der Gesellschaft keine Ruhe, er vernachlässigt seine Frau und treibt sie mit seiner Leidenschaft für Kunst zum Wahnsinn. Sein Sohn Orcio ist mit Blindheit geschlagen (seit Homer das Merkmal des Sehers), und das Mädchen Kunst lockt ihn an den Rand einer Felsenklippe am Meer und enthüllt sich ihm – als halbverfaulter Körper. Das Dämonische an der Poesie wird in Worten geschildert, die an Thomas Manns *Doktor Faustus* erinnern, wo Esmeralda Adrian Leverkühn mit einer tödlichen Krankheit infiziert und so sein musikalisches Genie freisetzt. Heinrich verachtet seine Untergebenen, er weiß, daß sie durch und durch korrupt sind und zugrunde gehen müssen, und er mit ihnen. Der feindliche Pöbel mit seinem haßerfüllten Rachedurst ist aber auch nur ein blindes Werkzeug in der Hand des gewissenlosen Pankraz. Die Auseinandersetzung zwischen Heinrich und Pankraz (der eine unerklärliche Zuneigung zu dem Grafen hat) ist der Höhepunkt des Dramas, und was Pankraz sagt, klingt wie dialektischer

Materialismus. Krasiński läßt das 19. Jahrhundert mit seiner Idee der spontanen Revolution weit hinter sich und tut den Sprung ins 20. Jahrhundert mit seinen professionell organisierten und von oben her geleiteten Revolutionen. Pankraz ist ein Mann eiserner Willenskraft, ein scharf denkender Fanatiker, der eine neuartige Disziplin einführt, um direkt auf sein Ziel, die Befreiung der Unterdrückten, loszugehen. Daß er sich dessen vollkommen bewußt ist, umgibt ihn mit einem Hauch von Melancholie. Die Festung fällt, Heinrich nimmt sich das Leben (wiederum eine Verleugnung seiner Rolle als Verteidiger des Christentums), und Pankraz sieht ein Kreuz am Himmel stehen und ruft aus: »Galilaee vicisti!« (»Galiläer, du hast gesiegt!«). Das sind seine letzten Worte (und angeblich auch die von Julian Apostata, der im Kampf gegen die Perser tödlich verletzt wurde). Ob Krasiński dieses Ende wählte, weil ihm kein anderer Ausweg blieb, ist nebensächlich. Er war von Hegel beeinflußt, und dieses Ende besagt mehr als etwa ein Posaunenstoß, der post mortem die Rehabilitierung des Adels verkünden würde. Mit der christlich-aristokratischen Gesellschaftsordnung als These und dem atheistischen Materialismus als Antithese kann die Synthese nur in der Zukunft, jenseits der Zerstörung des reaktionären Regimes liegen. Ähnliche Gedanken tauchen viel später in der russischen Literatur auf, z. B. in Alexander Bloks *Die Zwölf,* wo Christus an der Spitze von Rotarmisten marschiert. Krasiński hatte jedoch keine Sympathien für Massenbewegungen. *Die ungöttliche Komödie* scheint eher neurotischen Ängsten entsprungen zu sein, und dafür spricht besonders die Gestalt des blinden Orcio. Er lebt in den unterirdischen Kammern der Dreifaltigkeitsfestung und soll wohl Heinrichs Schuldgefühl verkörpern. Mit ihrem Reichtum an visuellen Elementen und der Art, in der sie einen ungewöhnlichen Stoff behandelt, ist die *Ungöttliche Komödie* ein wahrlich bahnbrechendes Werk. Der Klassenkampf ist dargestellt als Krieg der Dreifaltigkeitsfestung, die ein weites Tal überblickt, gegen das von Massen wimmelnde Flachland. Die Massenszenen bestätigen die Feststellung von Mickiewicz, daß solche Werke slawischer Phantasie mit den Mitteln des damaligen Theaters nicht aufgeführt werden konnten. Tatsächlich bekam das Publikum die *Ungöttliche Komödie* wie die *Ahnenfeier* erst im 20. Jahrhundert zu sehen. Sie würde sich auch vorzüglich für einen Film eignen.

Die Idee zu dem anderen Drama, *Iridion,* hatte Krasiński noch vor der *Ungöttlichen Komödie,* führte sie aber erst später aus (deutsche Fassung 1847). Auch hier geht es um den Niedergang einer Gesellschaft. Iridion lebt in Rom zur Zeit des Verfalls unter Heliogabalus. Er ist von Haß gegen die Römer erfüllt, die sein Volk unterdrücken, und bereitet eine Revolution der Barbaren (von denen es damals viele in Rom gab), Gladiatoren, der Plebs und der Christen vor. Sein Berater ist der dämonische Massinissa, welcher der Ansicht ist, daß der Zweck die Mittel heilige. Die Christen folgen jedoch im entscheidenden Augenblick ihrem Bischof, der sie nicht mit Waffen, sondern mit Demut und freiwilligem Martyrium kämpfen heißt. Iridion verliert den Kampf und muß nun viele Jahrhunderte im Schlaf liegen, bis es zu einem neuen Krieg gegen das Reich des Bösen kommt. Dann wird er aufwachen und im polnischen Volk neuerstehen, welches den Kampf gegen das Zarenreich mit anderen Waffen als denen Massinissas führen wird. Hier kommt Krasińskis Ablehnung demokratischer Massenbewegungen zum Ausdruck, die in seinen Augen die Methoden Massinissas anwenden. *Iridion* und Krasińskis spätere Dichtungen trugen viel zu der morbiden Beschäftigung der Polen mit ihrem

Martyrium bei, das sie dem der ersten Christen gleichstellten. Wie die *Ungöttliche Komödie* ist auch *Irydion* ein Prosawerk, nur in einer viel pompöseren Sprache, die heute irritierend wirkt. Auch hier zeigt sich Krasińskis Begabung, besonders in den Szenen aus dem dekadenten Rom, das Werk bleibt aber künstlerisch weit hinter der *Ungöttlichen Komödie* zurück.

Später wandte sich Krasiński der Poesie zu, beklagte aber seinen Mangel an den »engelgleichen Eigenschaften, die den wahren Dichter auszeichnen«. Seine Gedichte sind gereimte Abhandlungen über den Sinn der Geschichte in Anlehnung an Hegel, Schelling und die polnischen Philosophen Cieszkowski und Trentowski, die von Hegel ausgingen, ihm jedoch in mancher Beziehung widersprachen und von denen noch die Rede sein wird (der erstere hatte auch einen gewissen Einfluß auf die Junghegelianer). Krasińskis *Morgendämmerung (Przedświt,* 1843) sieht die Teilung der Menschheit in Nationen wie die eines riesigen Chores in Stimmen als notwendig und gottgewollt an. Die Teilungen Polens sind dementsprechend ein Vergehen gegen die Menschheit. Polen wird wiederauferstehen. Es trägt an seinem Untergang keine Schuld, denn der war von der Vorsehung als Opfer für die Erlösung vorherbestimmt. Auch in den *Psalmen der Zukunft (Psalmy przyszłości,* 1845, erweiterte Ausgabe 1849, deutsch 1874) klingen diese Ideen an. Słowacki war über die *Psalmen* sehr verstimmt, besonders wegen Krasińskis Ruf nach Klassenharmonie und seiner Warnung vor demokratischen Losungen, welche die Massen zu blutigen Ausschreitungen verleiten, wie im Bauernaufstand von 1846. In seinem Ärger sah er sich zu einem gereimten Angriff auf den Freund veranlaßt. Polens »anonymer Dichter« erfreute sich großer Popularität in der Endphase der Romantik, die mit dem Aufstand von 1863 ein abruptes Ende nahm. Heute können wir ihn nicht mehr auf eine Stufe mit Słowacki stellen, und schon gar nicht mit Mickiewicz.

Die ukrainische Schule

Antoni Malczewski (1793–1826)

Als »ukrainische Schule« wird eine Gruppe von drei polnischen Dichtern bezeichnet, die in der Ukraine ihre Heimat und den Nährboden ihrer romantischen Eingebungen hatten: Malczewski, Zaleski und Goszczyński. Anton Malczewski stammte aus einer reichen Familie, war ein glänzender Schüler am Lyzeum in Krzemieniec, diente in der napoleonischen Armee des Herzogtums Warschau und verbrachte dann mehrere Jahre im Ausland. Er war ein begeisterter Bergsteiger, der u. a. den Montblanc bestieg, und bewunderte Byron, den er (wahrscheinlich 1816) kennenlernte. Im Jahre 1820 kehrte er nach Polen zurück und verliebte sich in eine Frau, die an einer Nervenkrankheit litt und die er mit »Mesmerismus« heilen wollte. Diese unheilvolle Beziehung trug wahrscheinlich zu seinem frühen Tod im Alter von 33 Jahren bei. Sein einziges Werk, *Maria: Eine ukrainische Geschichte* (1826, deutsch 1845, 1878), nimmt in der polnischen Literatur einen Ehrenplatz ein. Ihr klassischer Stil steht in deutlichem Gegensatz zu dem sehnsüchtig-traurigen Inhalt. Neben Mickiewicz verhalf Malczewski mit seinem komplizierten, äußerst origi nellen Versbau der Romantik in Polen zum Sieg. Die Handlung der Dichtung spielt im Zeitraum von 24 Stunden und geht auf ein wahres Ereignis aus dem 18. Jahrhundert zurück. Graf Potocki, ein in der Ukraine ansässiger polnischer Magnat, war über die Mesalliance seines Sohnes mit der aus dem Kleinadel stammenden Gertrud Komorowski derart aufgebracht, daß er diese in einem Teich ertränken ließ. Malczewski verlegt die Handlung ins 17. Jahrhundert, die Zeit der Tatareneinfälle in die Ukraine. Der Sohn des Grafen zieht ins Feld und findet bei der Rückkehr seine Frau, die hier Maria heißt, tot. Die wehmütige Stimmung der ukrainischen Steppe, der kleine Landsitz, auf dem Maria und ihr Vater in althergebrachter Weise leben, die kampflustigen polnischen Soldaten – sie alle bilden den Hintergrund des Verhängnisses. Eine übermütige Bande vermummter Gesellen zieht mit venezianischen Karnevalsliedern zur Sonnenwendfeier in den Gutshof ein – Marias gedungene Mörder in Henkerstracht. Abwechslungsreicher Rhythmus, sorgfältig gewählte Reime und resignierter Tonfall machen das Werk dem polnischen Leser unvergeßlich. Vielleicht klingt dieser Ton auch in den Werken Josef Conrads nach, der die polnische romantische Literatur von Jugend her kannte.

Józef Bohdan Zaleski (1802–1886)

Josef Bohdan Zaleski ist als Dichter nur wegen seiner frühen Lyrik erwähnenswert, Idyllen (er nannte sie *dumki* oder *szumki*) aus dem Leben der ukrainischen Bauern, unter denen er aufwuchs. Sie gehen jedoch völlig an der traurigen Wirklichkeit vorbei. Die Menschen sind eine Art Wundertäter, und die Mädchen sind kleine Gottheiten, die in Hainen und Quellen zu Hause sind. Diese reizvollen Gedichte sprechen den Leser mit ihrer melodiösen Eintönigkeit, dem Kennzeichen der polnischen Spätromantik, sehr an und sind weit entfernt von Słowackis anspruchsvoller Musikalität. Zaleski gehörte zu den besseren Vertretern dieses Genres; selbst Mickiewicz fand an ihm Gefallen und nannte ihn gar eine Nachtigall.

Seweryn Goszczyński (1801–1876)

Severin Goszczyński war zu seinen Lebzeiten mehr aus politischen als aus literarischen Gründen bekannt. Er entstammte einer unbemittelten Familie, und seine Kindheit war grundverschieden von der Zaleskis. Als ein geborener Rebell gehörte er einer revolutionären Geheimorganisation an, den sogenannten Belvederiern, die den Aufstand von 1830 mit einem Angriff auf das Warschauer Belvedere, den Wohnsitz des Großfürsten Konstantin, einleiteten. Später betätigte er sich als Publizist und politischer Aktivist in Galizien und Paris, wo er sich den Radikaldemokraten anschloß. Sein Hauptwerk, *Das Schloß von Kaniów (Zamek kaniowski,* 1828), ist ein Lobgesang auf den Aufstand der ukrainischen Bauern und besonders das Massaker von Uman, das sie unter ihren Herren und Bedrückern anrichteten. Der chaotische Aufbau und die Anhäufung grausiger Szenen in der ärgsten Art der Romantik machen das Werk schwer lesbar. Goszczyński versuchte sich auch als Kritiker und kann sich rühmen, den größten polnischen Lustspieldichter des 19. Jahrhunderts, Alexander Fredro, mit der Anklage der Gleichgültigkeit gegenüber der Sache seines Volkes in ein lange währendes Schweigen geschreckt zu haben.

Inmitten von Verfolgungen, Revolten und Phantasiegebilden wurde die polnische Literatur um einige Werke reicher, die als reinste Verkörperung des polnischen Humors gelten können – Mickiewiczs *Pan Tadeusz* und Alexander Fredros Lustspiele. Fredro war der Sohn einer wohlhabenden Adelsfamilie aus der Gegend von Lemberg, die in der polnischen Literatur schon im 17. Jahrhundert mit Maximilian Fredro vertreten ist. In seiner Jugend verriet er keinerlei Neigung zum Schreiben, er war ein Junge von unbändigem Temperament, der sich im Alter von sechzehn Jahren der napoleonischen Armee des Herzogtums Warschau anschloß und dem Kaiser bis ans Ende treu blieb. Er geriet vorübergehend in russische Gefangenschaft und war später Meldereiter des Generalstabs, immer in nächster Nähe Napoleons. Tapfer und ausdauernd, oft ausgezeichnet, hatte er sein Schicksal mit dem des Kaisers weniger aus Bewunderung als aus Pflichtgefühl verbunden. Auf dem Rücken seines Pferdes lernte er ganz Europa kennen und kehrte nach Napoleons Fall in sein heimatliches Galizien zurück, um das Familienvermögen zu verwalten und sich die Zeit mit Schreiben zu vertreiben. Fredros Weisheit ist bittersüß und nicht aus Büchern, sondern aus dem Leben selbst geschöpft. Er besaß nur eine rudimentäre Schulbildung, und in seinen Erinnerungen *(Trzy po trzy,* wörtlich drei mal drei, eine polnische Redewendung, etwa gleichbedeutend mit dies und jenes) erzählt er, wie er einmal einen Freund bat, ihm zu erklären, was eine Zäsur ist. Dabei ist gerade die Verskomödie seine starke Seite. Fredro ist kein Romantiker. Man hat ihn zwar mit Goldoni verglichen, aber seine Stücke stammen unmittelbar von der polnischen Komödie des 18. Jahrhunderts. Polens Lustspieldichtung, die auf die ribaldische Komödie zurückgeht, erreicht mit Fredro ihren Höhepunkt. Er kannte anscheinend auch einige Werke aus der Barockzeit, kann also nicht lediglich als Erbe der Aufklärung und ihrer didaktischen Tendenz betrachtet werden. Unbekümmert um jede Theorie, ließ er einfach seiner Lachlust freien Lauf. Die Lustspieldichter des 18. Jahrhunderts wollten in ihren Gestalten allgemeinmenschliche Typen darstellen, Fredro hingegen lebendige Menschen aus Fleisch und Blut, und das ermöglicht es dem Schauspieler, ihnen auf der Bühne mit Gesten, Kopfbewegungen und Gebärden Leben zu geben. Im Lemberger Theater konnte Fredro an Ort und Stelle sehen, wie das Publikum ihn aufnahm. Seine Sprache ist klassisch klar und präzis. Er paßte den Versbau der Komödie des 18. Jahrhunderts der Umgangssprache an, und viele seiner Redewendungen sind derart gebräuchlich geworden, daß ihr Ursprung oft völlig vergessen ist.

Fredro ist der letzte Vertreter der alten *Respublica* in der Literatur. Seine Gestalten gehören dem Milieu des polnischen Kleinadels an, das er gut kannte, und die Handlung liegt manchmal vor der Zeit der polnischen Teilungen. Inmitten des Stromes politischer Veränderungen suchte er vielleicht einen festen Grund in der Vergangenheit.

Von den dreißig Lustspielen Fredros sind etwa zwanzig vor dem Jahre 1835 geschrieben, als Severin Goszczyński ihn einen Possenreißer nannte. Fredro fühlte sich davon so tief getroffen, daß er zehn Jahre lang nicht zur Feder griff. Seine bekanntesten Werke sind: *Damen und Husaren (Damy i huzary,* 1826), ein harmloses, von Theaterdirektoren sehr bevorzugtes Lustspiel, *Mädchenschwüre (Śluby panieńskie,* 1827), *Die Rache (Zemsta,* 1833) und das Prosastück *Herr Jowialski (Pan Jowialski,* 1832).

Mädchenschwüre oder Herzensmagnetismus (deutsch 1861, 1955) handelt von zwei Mädchen, Klara und Aniela, die geschworen haben, nie zu heiraten. Ein junger Mann, Gustav, bringt sie mit seinen Machinationen und mit »Magnetismus« ins Wanken, und nach vielen Quidproquos brechen sie ihr Gelübde – alles in allem eine gutmütige Verspottung romantischer Liebesbegriffe.

Die Rache (deutsch 1877) zu sehen oder zu lesen ist ein wahres Vergnügen. Ein gereimter trochäischer Tetrameter gibt dem Stück ein munteres Tempo. Fredros Themen und Personen sind selten erfunden, sondern künstlerische Gestaltungen dessen, was er sah und hörte. Einige Jahre, bevor er die *Rache* zu schreiben begann, kam er in den Besitz einer Schloßruine, die seine Frau als Teil der Mitgift in die Ehe mitgebracht hatte. Aus dem Familienarchiv erfuhr er, daß das Schloß schon im 17. Jahrhundert verlassen war und auf der Grenzlinie zweier Besitzungen lag, deren Herren ewig darum stritten, wem es gehörte, ihr Geld für Rechtshändel ausgaben und einander arg zusetzten. Fredro gab nicht viel auf geschichtliche Genauigkeit, er wollte auch kein literarisches Stück schreiben und verlegte die Handlung ins 18. Jahrhundert, für das es damals noch viele lebende Zeugen gab. Die handelnden Personen gehören seinem eigenen Milieu an, das sich seit der Zeit des Streites um das Schloß nicht allzusehr verändert hatte. Der Rest ist Bühnenkunst. Die Szenen folgen einander so rasch, daß ein Kritiker meinte, es ginge wie im Marionettentheater zu.

Das Stück hat zwei Hauptfiguren. Die eine ist Raptusiewicz, der königliche Mundschenk (Cześnik) – jeder Edelmann muß ja einen Titel haben! –, ein ungehobelter, aufbrausender, lärmender Charakter, der die Hand immer am Griff des Säbels hält, seines Allheilmittels, mit dem er schon so manches Gesicht entstellte. Der andere ist Milczek, der Notar (Rejent), ein lammfrommer, geriebener, immer beherrschter Winkeladvokat und Pharisäer, dessen fromme Worte nie mit seinen nicht gerade edlen Taten übereinstimmen. Sein Lieblingswort ist: »Möge der Wille des Himmels geschehen, wir müssen uns ihm fügen«, und er glaubt wohl, den »Willen des Himmels« zu erfüllen, wenn er seinen Sohn Wenzel (Wacław) mit der reichen Witwe Podstolina (wieder ein Titel: Frau Truchseß) verheiraten will, deren bloße Erscheinung Lachsalven auslöst. Sie hat schon drei Männer begraben und sucht einen vierten, denn »keinen Mann zu haben, tut sehr weh«. Auch der alte Raptusiewicz hat es auf sie abgesehen. Dazu kommt noch die Gestalt eines gewissen Papkin, in dem wir unseren alten Freund, den *miles gloriosus* (Albertus) aus der ribaldischen Komödie, wiedererkennen. Papkin ist aber mehr als das. Zwischen den realistisch geschilderten Personen des Stücks bewegt sich dieser blutarme Kerl (sein ganzes Vermögen besteht aus einer englischen Gitarre und einer Schmetterlingssammlung) wie ein Clown, ein Hampelmann, den man aufziehen kann und der dann einen Wortschwall über seine Heldentaten von sich gibt, sein Glück bei Frauen und seine hochstehenden Beziehungen, hinter denen sich nur seine Armseligkeit verbirgt. Das unvermeidliche Liebespaar, Wenzel und Klara, ist auch vorhanden, es ist aber kein romantisch schmachtendes Pärchen, denn Klara, Raptusiewiczs Nichte, ist eine kluge kleine Person. Die Handlung ist auf einige Stunden begrenzt und findet teils in Raptusiewiczs, teils in Milczeks Haus statt, durch deren Fenster eine halbvollendete Mauer zu sehen ist, welche die beiden Höfe voneinander trennt. Raptusiewicz befiehlt seinen Leuten, die Maurer, die der Notar bestellt hat, fortzujagen, worüber dieser eine amtliche Beschwerde aufsetzt. Währenddessen stiehlt sich Wenzel in Raptusiewiczs Haus, findet aber dort zu seinem Entsetzen statt seiner Klara die Podstolina vor, eine seiner »alten Flammen«. Dem Notar kommt das wie gerufen. Er zwingt Wenzel, in die Heirat mit der Witwe einzuwilligen, sehr zum Verdruß von Raptusiewicz. Um das Vermögen der Podstolina nicht in die Hände des Notars oder seines Sohnes fallen zu lassen, nimmt er diesen fest und traut ihn seiner Nichte an, was sich das junge Paar nur allzu gern gefallen läßt. Alles endet gut. Die feindlichen Nachbarn kommen zu einer Verständigung, und das Problem der Mitgift wird nach allerhand Komplikationen zugunsten der Neuvermählten gelöst. Das Stück ist von den zwischenspielartigen Auftritten des Hanswurstes Papkin beherrscht, dessen komplizierter Charakter auf Fredros Interesse für etwas krankhafte Personen hindeutet, z. B. den Helden aus *Herr Jowialski*.

Herr Jowialski ist ein Prosastück, das den alterprobten Einfall der Verkleidung in ähnlicher Weise anwendet wie die ribaldische Komödie und an Peter Barykas *Der Bauer als König* erinnert. Der Dichter Ludmir und der Maler Viktor ziehen romantisch gestimmt über Land. Ludmir legt sich zum Schlafen unter einen Baum und wird dort von den Einwohnern eines nahen Gutshofs gefunden, die einen Dorfnarren vor sich zu haben glauben. Sie beschließen, ihn zu verulken, legen ihm exotische Königskleider an und treiben ihr Spiel mit ihm. Der Streich ist von dem Gutsherrn Jowialski ausgedacht, einem senilen Dummkopf, der seine Begleiter ständig lachen heißt. Er geht geschickt jedem Ernst aus dem Weg, macht aus allem einen Witz und redet in Sprichwörtern und gereimten kleinen Fabeln. Sein Humor ist anstößig und zynisch und grenzt ans Makabre. Der Hof ist auch von anderen Exemplaren dieser Art bewohnt. Jowialskis Sohn, nur Herr Kämmerer genannt, ist ein Schwachkopf. Sein Vater ist ein triebhafter Spaßvogel, er selbst hat nur für eines auf der Welt Interesse: die Vögel, denen er unzählige Käfige baut. Auch seine Frau kennt nur ein Thema, ihren verstorbenen ersten Mann, General Tuz, der bei einer Überschwemmung in der Weichsel ertrank. Die Nichte des verblödeten Vogelfreundes, die romantische Helene, hat den Kopf voll erhabener Romane und spricht nur eine Sprache, die der Seele. (Hier macht sich Fredro über die romantische Modesprache der »Metaphysik« lustig.) Helene wird von einem korpulenten, pausbäckigen Herrn umworben, der sie leider nicht versteht. Um das Spiel nicht zu verderben, geht Ludmir auf die Rolle des orientalischen Königs und Dorftölpels ein und nimmt die Gelegenheit wahr, Helene den Hof zu machen. Als Dichter weiß er, wie man das tut. Er weiß auch, daß die Vorliebe für die Dichtersprache eine vorübergehende Mädchenkrankheit ist, aber Helene gefällt ihm, dazu ist sie reich und er arm. Nach längerem Hin und Her stellt sich heraus, daß Ludmir der Sohn der Frau Kämmerer aus erster Ehe ist, von dem man annahm, daß er mit seinem Vater, dem General, umkam. So kommt es zu Helenes und Ludmirs Verlobung.

Herr Jowialski ist bei allem Unsinn ein rätselvolles Werk, besonders wenn man bedenkt, daß es kurz nach den verhängnisvollen Ereignissen des Jahres 1831 entstand. Man wollte darin eine Anklage Fredros gegen den dekadenten Adel sehen. Der alte Jowialski gibt uns aber ein Rätsel auf: Sollte etwa hinter der Maske des Clowns ein Weiser stecken? Der Kritiker Jerzy (Georg) Stempowski widmete ihm eine lange philosophische Abhandlung und sieht in ihm die Personifizierung des »Rückzugs in Schwachsinn und Dummheit«. Jowialski unterscheidet sich von einem Irrsinnigen durch seine Aktivität und zwingt den Menschen eine Sicht der Welt auf, die keinen Raum für Trauer läßt. »Die negative Beurteilung der Dinge dieser Welt bewahrt ihn davor, in sie verwickelt zu werden, selbst wenn sie ihn betreffen. Er erwartet offensichtlich nichts Gutes von der Welt und hat beschlossen, unter ihren Phänomenen eine Auswahl zu treffen, alles andere beiseite zu schieben und nur dem seine Aufmerksamkeit zu schenken, was Anlaß zu Spott und Spaß gibt.« Jowialski ist immer zu einem Spiel bereit und gleicht Prospero mit der Zauberwand, nur daß Prospero nicht lacht, wie auch Götter nicht lachen. »Systematisches Lachen«, meint Stempowski, »drückt u. a. die Hilflosigkeit des Lachenden aus, der sich von Dingen umgeben sieht, die dem Verstand unzugänglich sind und keinen Sinn haben. So gesehen kommt das Lachen in gewisser Hinsicht an das heran, was O. W. Holmes ›das schreckliche Lächeln‹ nennt, welches das Bewußtsein des Lächelnden von seiner Schwäche und seinem Unbehagen verrät ... Herrn Jowialskis Lachen will besagen, daß seine in eine Welt unangenehmer und unverständlicher Dinge geworfene Kaste sich ihrer Ohnmacht bewußt ist.«

Fredro ist unbestritten einer der größten, vielleicht der größte polnische Lustspieldichter, und seine Stücke sind aus dem Spielplan des polnischen Theaters nicht wegzudenken.

Die Prosa im Zeitalter der Romantik

Die bloßen Namen der polnischen Schriftsteller anzuführen, die in den drei Teilen Polens, im Exil und in den Steppen und Kohlengruben der sibirischen Verbannung ihre Gedanken zu Papier brachten, würde viele Seiten füllen. In Polen selbst hatte die Literatur mit großen Schwierigkeiten zu kämpfen. Besonders schwer lastete die Hand der Zensur auf der Prosa, und das Schulwesen hatte unter dem russischen Regime sehr zu leiden. Auf die Schließung der Universitäten von Warschau und Wilna folgte die des Lyzeums von Krzemieniec. Angehörigen der unbemittelten Klassen wurde der Besuch einer höheren Schule immer mehr erschwert und im Jahre 1847 unmöglich gemacht. Preußen und Österreich begannen eine offene Germanisierungspolitik. Unter diesen Umständen hatte die Literatur die Aufgaben der verbotenen Publizistik und geschichtlichen Lehrbücher zu übernehmen, und dies stand einer unvoreingenommenen Beurteilung des Zeitgeschehens im Weg. Unter dem Eindruck der schweren Schläge, die Polen getroffen hatten, suchte man sich kollektiv mit der Vergangenheit zu identifizieren und verkroch sich sozusagen in den Schoß der Tradition. Hier liegt auch der Grund für das Wiederaufleben der Plauderei *(gawęda)* der Memoirenschreiber des 18. Jahrhunderts, bei welcher der Autor durch den Mund eines Erzählers oder in eigener Person in ungezwungen unterhaltender, höchst persönlicher Weise etwas zum besten gibt, wobei Sprache und geistiges Niveau gewöhnlich die des durchschnittlichen, altmodischen Gutsbesitzers sind.

Henryk Rzewuski (1791–1866)

In diesem Genre tat sich besonders Heinrich Rzewuski hervor (Bruder der im Zusammenhang mit Mickiewicz genannten Karoline Sobański), der das alte Polen und seinen sarmatischen Obskurantismus anbetete und jeder Aufklärung abhold war. Launenhaft, sich selbst oft widersprechend, trat er in der polnischen *Petersburger Wochenschrift (Tygodnik Petersburski)* für eine Verschmelzung Polens mit Rußland ein und lehnte als treuer Diener des Zaren den Gedanken einer politischen Unabhängigkeit strikt ab. Sein erstes Werk, *Die Denkwürdigkeiten des Herrn Severin Soplica (Pamiątki imć pana Seweryna Soplicy*, Paris 1839, deutsch 1876), nennt sich ein Roman, ist aber eine Plauderei. Humoristische Episoden und Anekdoten werden von der Person und der farbigen Sprache des Erzählers zusammengehalten. Der lebhafte Stil fand viele Bewunderer, darunter auch Mickiewicz, der das Werk lange vor der Veröffentlichung kannte. Ein anderes Buch Rzewuskis, *November (Listopad*, 1845/46), handelt von politischen und sozialen Begebenheiten des 18. Jahrhunderts. Die Sympathie des Autors für den Sarmatismus und seine Ablehnung französischen Gedankenguts sind hier einigermaßen durch das Bemühen gemildert, ein künstlerisches Gleichgewicht zwischen beiden zu bewahren. Die geschwätzige Form mit ihrem Barockhumor und der Fülle von Ausdrücken aus der Umgangssprache stellt das Buch in eine Reihe mit den *Denkwürdigkeiten,* es hat allerdings etwas mehr von einem historischen Roman an sich. Die Vorliebe für die Possenreißerei zieht sich durch alle Werke Rzewuskis und ähnlicher Schriftsteller. Man kann nicht sagen, daß sie etwas zur Entstehung einer disziplinierten, sparsamen Romansprache beitrugen.

Ignacy Chodźko (1794–1861)

Ein anderer Plauderer ist Ignaz Chodźko, der in seinen *Litauischen Bildern (Obrazy litewskie)* und *Erinnerungen eines Almosensammlers (Pamiętniki kwestarza)* vom Leben des litauischen Kleinadels an der Wilia und am Njemen erzählt.

Zygmunt Kaczkowski (1825–1896)

An Rzewuski erinnert auch Sigmund Kaczkowski, ein ergiebiger Schriftsteller, dessen *Erzählungen des letzten der Nieczujas (Powieści ostatniego z Nieczujów*, 1853–1855) im 18. Jahrhundert spielen. Die Plauderei erhielt sich bis in die Mitte des 19. Jahrhunderts und beschränkte sich nicht bloß auf Prosawerke, sondern fand auch in die Poesie Eingang.

Władysław Syrokomla (1823–1863)

Ladislaus Syrokomla (Pseudonym für Ludwig Kondratowicz) stammte aus Litauen und verbrachte fast sein ganzes Leben in Wilna. Obgleich dichterisch sehr begabt, litt er bis zu seinem Tode Armut. Auch bedrückte ihn seine mangelhafte Erziehung. Er übersetzte Sarbiewskis Oden aus dem Lateinischen und nahm sich in mehreren volkstümlichen Gedichten der weißrussischen Bauern an, deren Not er in ihrer eigenen Sprache darstellte. Seine gereimten Plaudereien schildern mit humoristischem Feingefühl das Leben des Kleinadels in der tiefen Provinz.

Hauptvertreter des historischen Romans war Josef Ignaz Kraszewski, dessen Gesamtwerk 700 Bände zählt, selbst im Weltmaßstab eine Höchstleistung. Er wird auch heute noch viel gelesen. Kraszewski war geborener Warschauer und studierte in Wilna, wo er einen Teil seiner Studentenzeit im Gefängnis verbrachte. Er begeisterte sich für Litauen, begann Material über seine Geschichte und Überlieferungen zu sammeln und trug so erheblich zum Aufleben des litauischen Nationalbewußtseins bei, was auch von anderen polnischen Schriftstellern gesagt werden kann, z. B. dem Verfasser der ersten *Geschichte Litauens,* Theodor Narbutt. Das war jedoch nur die erste Phase von Kraszewskis vielseitiger Tätigkeit. Er lebte als Pächter und Grundbesitzer in Wolhynien, schrieb für die *Petersburger Wochenschrift* und gab seine eigene literarische Revue, *Athenäum,* in Wilna heraus (elf Jahrgänge, sechzig Folgen). Später wurde er zum Schulinspektor ernannt und war gleichzeitig Direktor des polnischen Theaters in Žitomir und Redakteur einer Warschauer Zeitung. Von den russischen Behörden seiner Stellung enthoben und auf die schwarze Liste gesetzt, ging er nach Dresden, wo er längere Zeit in Ruhe leben konnte, bis die Aufmerksamkeit Bismarcks auf ihn fiel. Er wurde der Spionage für Frankreich angeklagt und 1883 zu dreieinhalb Jahren Gefängnis verurteilt, von denen er etwas mehr als ein Jahr abbüßte. Alt und krank, ließ er sich in San Remo nieder, verlor sein Hab und Gut bei einem Erdbeben und starb in Genf.

Kraszewski war ein engagierter Schriftsteller im wahrsten Sinne des Wortes. Er hatte es sich zur Aufgabe gemacht, in seinen Artikeln, geschichtlichen Studien, Abhandlungen und Erzählungen »dem Leser sein täglich Brot zu geben«, und beschränkte sich dabei nicht auf historische Themen. Die Dorfromane *Ulana* (1843), *Ostap Bondarczuk* (1847) und *Die Hütte jenseits des Dorfes (Chata za wsią,* 1854) handeln von den sozialen Bedingungen der Bauern in Wolhynien, die er aus persönlicher Erfahrung kannte. Sie waren sehr populär und bahnten zweifellos der Bauernbefreiung den Weg, obwohl Kraszewski keineswegs ein Radikaler war. Er befaßte sich auch mit den Problemen der gebildeten Klassen, sein Hauptverdienst liegt aber auf dem Gebiet des historischen Romans. Für die polnische Literatur war das insofern ein neues Genre, als Kraszewski mit Hilfe von Urkunden und anderem Quellenmaterial eine gewisse Zeit getreu darstellen will und Handlung und Personen nur als Köder für den Leser benutzt. So ist z. B. *Rom unter Nero (Rzym za Nerona,* 1866) die genaue Rekonstruktion eines Teils antiker Geschichte. Kraszewski faßte den gigantischen Plan, eine Romanfolge über die polnische Geschichte zu schreiben. Das Werk beginnt in vorgeschichtlicher und vorchristlicher Zeit mit dem Band *Eine alte Fabel (Stara baśń,* 1876) und endet mit der Sachsendynastie im 18. Jahrhundert. Die »sächsischen« Romane *Gräfin Kosel* (1874) und *Brühl* (1875), die früher als die anderen Teile dieser Folge geschrieben wurden, sind ihre besten. Ein historischer Romanschriftsteller läuft immer Gefahr, die Quellen rückblickend vom Standpunkt seiner Zeit zu interpretieren. Kraszewski fühlte sich jedoch in erster Linie als Geschichtsschreiber und wertete sein Material mit großer Sorgfalt aus. Seine Werke sollten »tägliches Brot« sein; sie haben daher nichts von der hochfliegenden Romantik seiner Zeit an sich und sind noch heute Schullektüre. Bei dieser Gelegenheit sei auch auf die historische Malerei hingewiesen, besonders die riesigen Gemälde von Jan Matejko (1838–1893), der gleichzeitig mit Kraszewski großen Erfolg hatte. Viele ihrer Werke behandeln denselben Stoff.

Józef Korzeniowski (1797–1863)

Mit Josef Korzeniowski setzte sich der realistische Roman unter dem Einfluß Balzacs durch. Korzeniowski stammte aus Galizien, studierte am Lyzeum in Krzemieniec, wo er später Rhetorik und Poetik lehrte, war Lateinprofessor in Kiew, Gymnasialdirektor in Charkow und schließlich Vorsitzender der Nationalen Erziehungskommission in Warschau. Er war ein erfolgreicher Bühnendichter, seine Stücke wurden in Lemberg aufgeführt. Das beste von ihnen, *Karpatenbauern (Karpaccy górale,* 1843), hat einen jungen ukrainischen Bauern zum Helden, der sich dem österreichischen Militärdienst entzieht und zu einer der Räuberbanden in den Karpaten stößt, die zusammen mit denen aus der Tatra bis Mitte des 19. Jahrhunderts in Volksliedern und Legenden verherrlicht wurden. Korzeniowskis Sittenromane, *Der Spekulant* (1846, deutsch 1880), *Kollokation* (1847) und *Die Verwandten (Krewni,* 1857), sind gute Beobachtungen sozialer Zustände mit besonderer Berücksichtigung der wirtschaftlichen Seite. Sie zeigen den Verfall des alten »Adelsdorfes« und die Versuche des Kleinadels, in die Bourgeoisie Eingang zu finden und sich so eine neue Stellung in der Gesellschaft zu schaffen. Korzeniowskis Realismus kündet den polnischen »Sozialroman« der letzten Jahrzehnte des 19. Jahrhunderts an.

Teodor Tomasz Jeż (1824–1915)

Am Beispiel Theodor Thomas Jeż' (Pseudonym für Sigmund Miłkowski) läßt sich in gewisser Weise erklären, warum es im geteilten Polen keine »normale« Literatur gab. Als Student gehörte er einer radikaldemokratischen Geheimorganisation in Kiew an. Im Jahre 1848 ging er als Soldat der Revolutionsarmee nach Ungarn, lebte dann in der Türkei, später als Arbeiter und Journalist in London und als Emissär der aus Emigranten bestehenden »Demokratischen Gesellschaft« auf dem Balkan. Im Krimkrieg war er Agent der Türkei und der Westmächte, blieb dann einige Jahre in Konstantinopel, kehrte nach London zurück, ging nach Rumänien und tauchte in Polen unter den Organisatoren des Aufstands von 1863 auf. Nach einer kurzen Zeit österreichischer Gefangenschaft war er bis zu seinem Tod unter den polnischen Emigranten in Belgrad, Brüssel und Genf tätig. Erst in hohem Alter begann er zu schreiben. Seine Romane bemühen sich vor allem darum, den Kampf der Südslawen gegen die Türken den Polen verständlich zu machen.

Maurycy Mochnacki (1804–1834)

Unter den Schriftstellern des geteilten Polen gab es einige glänzende Essayisten, besonders in der Zeit vor 1830. Zu ihnen gehört vor allem Moritz Mochnacki, dessen (im Abschnitt über Mickiewicz genannte) Abhandlung *Über die polnische Literatur im 19. Jahrhundert* den Ideen der Romantik eine vollendete Form gab. Mochnacki wurde als der kühnste Kritiker seiner Zeit betrachtet. Er war politischer Berichterstatter im polnisch-russischen Krieg von 1831 und geistiger Führer der Radikaldemokraten. Sein bedeutendstes Werk ist eine im Jahre 1834 in Frankreich verfaßte politische und soziale Bewertung des *Aufstands des polnischen Volkes im Jahre 1830/31 (Powstanie narodu polskiego w r. 1830–31)*. Er starb früh an Tuberkulose.

Edward Dembowski (1822–1846)

Nach dem Fiasko von 1830/31 blieb Warschau ein Jahrzehnt lang eine kulturelle Einöde, bis sich die gebildete Jugend wieder zu regen begann. Sie scharte sich um die fortschrittliche, kryptorevolutionäre Zeitschrift *Wissenschaftliche Rundschau (Przegląd Naukowy)* und stand unter dem Einfluß der Philosophie Hegels. Ihr Hauptvertreter war Eduard Dembowski, der einer reichen Aristokratenfamilie angehörte und revolutionäre Ideen im Sinne der Junghegelianer nicht nur entwickelte, sondern auch, sehr zum Leidwesen der Nachwelt, in die Tat umzusetzen versuchte. Bei einem Zusammenstoß mit österreichischen Truppen in der Nähe von Krakau verlor er mit 24 Jahren sein Leben. Diese jungen Männer und Frauen, die ein gemeinsamer Glaube an neue Ideen, platonische Liebe und Freundschaft verbanden, wurden in Warschau die Enthusiasten genannt *(entuzjaści,* weiblich *entuzjastki)*.

Narcyza Żmichowska (1819–1876)

Unter ihnen verdient Narzisse Żmichowska erwähnt zu werden, eine emanzipierte Frau, die zeit ihres Lebens Gouvernante in reichen Familien war. In ihrem Liebesleben enttäuscht, wegen politischer Betätigung zwei Jahre lang eingekerkert, fand sie einen Halt an ekstatischen Freundschaften mit gleichgesinnten Frauen. Ihr romantisch-lyrischer Roman *Die Heidin (Poganka,* 1846) ist ein etwas phantastisches und boshaftes Porträt einer Dame der großen Gesellschaft, mit der sie eine intime Beziehung hatte.
Ein anderes Anzeichen neuen Lebens waren die jungen Dichter und Maler der vierziger Jahre, die in den Warschauer Cafés und Salons verkehrten und als *Cyganeria* (Bohème) bekannt waren. Zwei von ihnen, Norwid und Lenartowicz, wurden bekannte Literaten.

Historiker und Philosophen

Joachim Lelewel (1786–1861)

Auch das Leben der polnischen Geschichtsschreiber und Philosophen war zum großen Teil eine Wanderung durch ganz Europa. Joachim Lelewel, Nachkomme einer polonisierten deutschen Familie (Lölhöffel von Löwenburg), ist der bedeutendste polnische Historiker seit Jan Długosz. Er war in Warschau geboren und studierte in Wilna, wo er von 1815 bis 1824 europäische Geschichte las. Die Studenten verehrten den überzeugten Demokraten, und Mickiewicz huldigte ihm in einem Gedicht. Nach dem Philomathenprozeß wurde Lelewel seiner Stellung enthoben, zog nach Warschau und setzte seine politische Tätigkeit dort fort. Politik war aber nicht seine starke Seite.

Das zeigte sich besonders im Krieg gegen Rußland im Jahre 1831, als er Mitglied der revolutionären Regierung war. Nach der Niederlage wanderte er zu Fuß durch Deutschland nach Frankreich, wo er dank seines Rufes als Wissenschaftler und radikaler Demokrat zum geistigen Führer des demokratischen Flügels der Emigration aufrückte. Von der russischen Polizei als gefährlicher Revolutionär denunziert, wurde er des Landes verwiesen und floh, wiederum zu Fuß, aus Frankreich. Im Jahre 1833 erreichte er Brüssel, wo er bis an sein Ende blieb. Er lebte zurückgezogen von seinen Honoraren und schrieb zunächst in polnischer, dann in französischer Sprache. Lelewel hinterließ ein imposantes Werk, das zwanzig Bände europäischer und polnischer Geschichte umfaßt. *Historyka (Geschichtswissenschaft,* 1815) ist das erste Werk in polnischer Sprache über die Methodik in geschichtlichen Studien. *Die Numismatik des Mittelalters* (1835) und *Geographie des Mittelalters* (1852–57), beide französisch, zeugen von seinem Streben nach Objektivität, aber auch von seinem romantischen Geist. Wie Michelet und Ranke suchte er das Ursprüngliche und Eigenartige an den Einrichtungen der Völker. In Polen fand er es in der von Adel und Kirche unterdrückten primitiven Gemeinschaftsform der Slawen. In der polnischen Geschichte sah er einen Kampf republikanisch-demokratisch-heidnischer Elemente gegen monarchistisch-christlich-feudale. Die ersteren lebten im Adelsparlament fort, und das Mißgeschick Polens lag demnach nicht so sehr an seiner vom Prinzip der parlamentarischen Einstimmigkeit verursachten Schwäche als am Mißbrauch eines grundsätzlich gesunden Systems. Diese Ideen blieben nicht auf dem Papier, denn Lelewel rief mit seiner gewissenhaften Quellenforschung, Anwendung der Münzkunde und Betonung der materialistischen Gesellschaftsformen eine wahre Revolution in der polnischen Geschichtswissenschaft hervor. Mit Lelewel hört die Geschichte Polens auf, eine Folge von Herrschern zu sein; für ihn war sie eine Folge von Entwicklungsphasen.

Julian Klaczko (1825–1906)

Julian Klaczko ging einen anderen Weg. Er entstammte einer jüdischen Familie in Wilna, schloß sich in seiner Jugend der jüdischen Aufklärungsbewegung *(Haskalah)* an und schrieb zunächst hebräisch, dann polnisch und während seiner Philosophiestudien in Königsberg deutsch. Wegen seiner Teilnahme am Posener Aufstand vom Jahre 1848 wurde er aus Preußen ausgewiesen und ging nach Paris, wo er bald einen Ruf als Publizist und Polemiker gewann. Er war jahrelang Mitarbeiter der einflußreichsten Pariser Zeitschrift, *Revue des deux mondes,* und seine in ausgezeichnetem Französisch verfaßten Artikel wurden viel gelesen. Von seinen Studien über Poesie, Kunst und Politik aus dieser Zeit sind die bedeutendsten: *Causeries florentines* – über Dante, *Rome et la Renaissance* – über Michelangelo und *Les deux chanceliers* – über die preußisch-russische Zusammenarbeit unter Bismarck – Gortschakow (alle in französischer Sprache). Er befaßte sich auch weiterhin mit der polnischen Frage und unterstützte die monarchistisch-konservative Fraktion der Emigranten (Hôtel Lambert). Später nahm er eine austrophile Haltung ein, lebte viele Jahre in Wien (er war Reichsratsmitglied) und ließ sich schließlich in Krakau nieder.

August Cieszkowski (1814–1894)

Der Messianismus fand nicht nur in der Poesie, sondern auch in der Philosophie großen Widerhall. August Cieszkowski, ein wohlhabender Gutsbesitzer aus dem Posenschen, studierte Philosophie in Berlin und übernahm viele Ideen Hegels, versuchte ihnen aber im Sinne Fichtes eine andere Richtung zu geben und setzte an Hegel aus, daß er dem Willen des Menschen nicht genügend Rechnung trage. Seine *Prologomena zur Historiosophie* (Berlin 1838) hatten einen gewissen Einfluß auf die deutschen und russischen Hegelianer. *Vater Unser (Ojcze nasz)* ist ein mehrbändiges Werk, dessen erster Teil 1848 in Posen erschien, eine nachdenkliche, eingehende Betrachtung des Vaterunser, in der Cieszkowski eine Philosophie der Tat entwickelt und übereinstimmend mit seinem Freund Krasiński eine Zeit voraussagt, in der die Menschen unter Führung der Slawen und besonders der dazu berufenen Polen mit eigener Hand die Freiheit in der Welt errichten werden.

Bronisław Trentowski (1808–1896)

Bronisław Trentowski vertrat ähnliche Anschauungen. Er stammte aus einer kleinadligen Familie in Masowien, war Lehrer von Beruf und nahm aktiv am Aufstand von 1831 teil, nach dessen Mißerfolg er nach Deutschland auswanderte. In Freiburg hielt er philosophische Vorlesungen und veröffentlichte einige deutschsprachige Abhandlungen. Später ließ er sich in Posen nieder, wo er seine Schriften in polnischer Sprache herausgeben konnte. Auch er entwickelte eine Philosophie der Tat: »All mein Lehren, all meine Politik ist eine Lehre der Tat.« Das Endstadium der Geschichte wird den Sieg der Slawen sehen. Die Polen haben die Aufgabe, den vom Westen verworfenen Gott in ihrem Herzen zu bewahren. Trentowskis bedeutendste Schrift, *Erziehung oder ein System nationaler Pädagogie (Chowanna, czyli system pedagogiki narodowej,* 1842), ist ein Plan zur Reform der Erziehung im Sinne der Vorbereitung der Polen auf ihre historische Aufgabe. Die polnische Psychologie müsse geändert werden, denn sie stehe unter der Herrschaft einer mächtigen, geradezu orientalischen Einbildungskraft, welche die im Westen vorherrschenden rein intellektuellen Fähigkeiten beeinträchtige.

J. M. Hoene-Wroński (1778–1853)

Josef Maria Hoene-Wroński hat noch immer Anhänger in Polen und auch anderswo. Er war Artillerieoffizier unter Kościuszko im Jahre 1794, dann in der russischen Armee. Nach einer kurzen Studienzeit in Deutschland schloß er sich im Jahre 1800 der napoleonisch-polnischen Legion in Marseille an und lebte seitdem in Frankreich, wo auch alle seine Werke erschienen (er schrieb ausschließlich französisch). Als Mathematiker, Physiker, Jurist und Volkswirtschaftler versuchte er, die Regeln menschlichen Verhaltens mathematisch von einem grundlegenden Prinzip abzuleiten, das als undefinierbare Ursache alles Seins und Wissens dem Verstand unzugänglich ist und das er das Absolute nannte. Er war davon überzeugt, daß alle religiösen und metaphysischen Wahrheiten logisch bewiesen und wie mathematische Gleichungen allgemein akzeptiert werden können. Die Menschheit brauche »nur« eine Lehre anzunehmen, welche »die absolute Wahrheit verkörpert, die Religion erfüllt, die Wissenschaften reformiert, die Geschichte erklärt und das Ziel der Völker aufdeckt«, um von der Stufe chaotischer Konflikte zur reinsten Vernunft auf-zusteigen. Im Schöpfungsgegensatz sah er eine vom Kampf der Gegensätze verursachte Bewegung des Absoluten auf eine immer größere Mannigfaltig-keit des Seienden hin. Anstelle der Hegelschen Triade setzte er als *spiritus mo-vens* eine Zweiheit. Die Geschichte der Menschheit bestehe aus vier Perioden, je nach dem Ziel der vorherrschenden Zivilisation: eine materialistische (der Orient), eine moralische (Athen, Rom), eine religiöse (das Mittelalter) und eine intellektuelle (das moderne Europa). Die Endzeit wird das Gute und Wahre, Wissenschaft und Religion vereinen und von den slawischen Völkern herbeigeführt werden, welche die geistige Führung von den romanischen und germanischen Nationen übernehmen werden. Wroński nannte sein System der Erfüllung der slawischen Mission in der Welt »messianisch«. Die Philo-sophie zerfällt nach ihm in einen Zweig der Erkenntnis und einen der Aufstel-lung von Richtlinien für Politik, Recht und Wirtschaft in Übereinstimmung mit den vom Absoluten abgeleiteten Anforderungen der Gerechtigkeit und des Fortschritts. Der Nachdruck, den er auf diese beiden Disziplinen legt, reiht ihn unter die romantischen Aktivisten ein. Wroński wurde ein mathema-tisches Genie genannt, fand aber wenig Anerkennung, denn seine Philoso-phie ist so kompliziert, daß seine Schüler zu ihrer Erklärung ein ebenso schwerverständliches Idiom anwenden mußten. Wrońskis Œuvre besteht aus etwa hundert Bänden; die wichtigsten sind *Introduction à la philosophie des mathématiques* (1811), *Prodrome du messianisme, révélation des destinées de l'humanité* (1831), *Métapolitique messianique* (1839, deutsch 1930), *Messia-nisme ou réforme absolue du savoir humain* (1847, deutsch 1931), *Philosophie absolue de l'histoire* (1852).

Geschichte einer Familie

Apollo Korzeniowski (1820–1869) war einer von drei Söhnen einer Soldaten- und Abenteurerfamilie in der Ukraine (und nicht mit dem obenerwähnten Jo-sef gleichen Namens verwandt). Sein Vater hatte unter Napoleon und im Auf-stand von 1830 gekämpft, sein älterer Bruder war wegen Teilnahme an einer Verschwörung nach Sibirien verbannt worden, der jüngere fiel im Aufstand von 1863. Er selbst wurde mehrere Male als »Freigeist« vom Besuch des Gymnasiums suspendiert. Apollo Korzeniowski wird als häßlich und witzig beschrieben. Er hatte eine scharfe Zunge, die so mancher zu spüren bekam – auch in seinen Theaterstücken. Fast krankhaft litt er unter dem Zwiespalt zwischen seinen Idealen und der gemeinen Welt, die ihn umgab. Ein unver-söhnlicher Haß gegen die Gesellschaft verband sich in ihm mit einem etwas verschwommenen Radikalismus und einer religiösen Denkweise zu aktiver politischer Betätigung. Er sympathisierte mit den ukrainischen Bauern, die sich 1855 dem im Krimkrieg geschwächten Zarenregime passiv widersetzten, und sah mit eigenen Augen, wie sie von Artilleriegeschossen zerrissen wur-den. In Petersburg studierte er orientalische Sprachen und lebte dann als Landpächter in der Ukraine, ohne sein Interesse an Literatur und Politik, die für ihn untrennbar waren, aufzugeben. Im Jahre 1861 übersiedelte er nach Warschau und gehörte dem geheimen Magistrat an, welcher später den Kern der Provisorischen Regierung von 1863 bildete.

Er heiratete Eveline Bobrowski, eine Frau von großen Geistesgaben und starkem Charakter, deren Familie sich jahrelang der Heirat mit dem armen Poeten und unsteten Menschen widersetzt hatte. Die Bobrowskis waren praktische Menschen, aber von Evelines Brüdern entsprach nur einer, Thaddäus, ihren nüchternen Ideen. Er interessierte sich nicht für Politik, verwaltete die Familienbesitzungen in geschäftstüchtiger, dabei aufgeklärter und fortschrittlicher Weise und hinterließ eines der interessantesten Memoirenwerke des 19. Jahrhunderts. Ein anderer Bruder Evelines war sein genaues Gegenteil: Leidenschaftlich, romantisch und radikal, zeichnete er sich im Guerillakrieg während des Aufstands von 1863 als Führer der sogenannten Roten aus und verlor sein Leben in einem Duell, zu dem ihn seine konservativen Gegner provoziert hatten. Die Ehe mit Apollo Korzeniowski führte Eveline, die ihrem Mann durch dick und dünn folgte, auf ähnliche Wege. Der Ehe entsproß ein Sohn im Jahre 1857, der Josef Konrad genannt wurde (sein Vater verehrte Mickiewicz), der spätere englische Schriftsteller Joseph Conrad.

Im Jahre 1861 wurde Korzeniowski verhaftet und nach einer Gefangenschaft von neun Monaten in einer Warschauer Festung nach Wologda verbannt, wohin er unter Polizeieskorte auf einer Britschka deportiert wurde. Frau und Kind begleiteten ihn ins Exil. Unterwegs erkrankte das Kind an Meningitis. Daß es unter diesen Bedingungen am Leben blieb, grenzt an ein Wunder. Das Klima in Wologda war so hart, daß Korzeniowski schrieb, es gebe dort nur zwei Jahreszeiten, einen weißen und einen grünen Winter. Es hielt ihn jedoch nicht davon ab, eine politische Abhandlung, *Polen und Rußland,* zu schreiben, die ins Ausland geschmuggelt und 1864 in einer Leipziger Emigrantenzeitschrift veröffentlicht wurde. Korzeniowski stellt darin Rußland als ein Ungeheuer dar, das von Sklaverei lebt und von einem Tyrannen regiert wird, der in einer Person Befehlshaber, Gesetzgeber und Priester einer gottlosen Staatsreligion ist, die Fatalismus und Fanatismus verbreitet. Westeuropa versuche einer Auseinandersetzung mit Rußland aus dem Wege zu gehen, bereite aber damit seinen eigenen Untergang vor: »Befreit von der Angst vor Napoleon, dem Mann der Vorsehung, zitterten die Regierungen Europas schon beim Wiener Kongreß vor dem Zarenreich, dieser unerbittlichen Vernichtungsmaschinerie. Von zwanzig Jahren Krieg erschöpft, wollte Europa die ärgsten Gewalttaten und Verbrechen hinnehmen, um ja nicht den Frieden zu gefährden. Die Losung seiner Staatsmänner war *Friede!,* ihre versteckte Sorge jedoch der quälende Gedanke, wie sie Moskau zufriedenstellen könnten.« England trage die Hauptverantwortung für Rußlands Aufstieg, denn um des politischen Gleichgewichts willen glaube es, keine Revolte in Polen oder der Ukraine dulden zu dürfen, damit das Übergewicht nicht an Frankreich falle.

Das harte Klima untergrub die Gesundheit von Frau Korzeniowski so sehr, daß es der Familie schließlich erlaubt wurde, nach Tschernigow überzusiedeln, wo Eveline jedoch an Tuberkulose starb. Eine Kindheit in Gesellschaft des trübsinnigen, verzweifelten Vaters erklärt so manches in den Werken des Sohnes. Auch Korzeniowskis Gesundheitszustand verschlechterte sich zusehends, und er erhielt schließlich die Reiseerlaubnis nach Galizien. Als er 1869 in Krakau starb, erwiesen ihm viele Tausende die letzte Ehre, und das Leichenbegängnis wurde zu einer nationalen Manifestation. Zum Vormund des Sohnes wurde sein Onkel Thaddäus Bobrowski ernannt. Noch viele Jahre später, als Joseph Conrad schon die Meere der Welt befuhr, stand er mit seinem Onkel und väterlichen Berater in freundschaftlichem Briefwechsel. Korzeniowskis Gedichte wurden anonym verbreitet und galten daher oft als die Krasińskis, des »anonymen Dichters«. Sie sind in ihrer Form für die Spätromantik nicht weniger bezeichnend als in der Hervorhebung des Martyriums als Los des Menschen, der sich nicht an der Jagd nach Geld und Vergnügen beteiligt. Seinen Platz in der Literatur verdankt Korzeniowski jedoch vor allem zwei Versdramen: *Komödie (Komedia,* Wilna 1856) und *Um des lieben Groschens willen (Dla miłego grosza,* Petersburg 1859). Dem ersteren wurde neben einer allzugroßen Ähnlichkeit mit Gribojedows *Verstand schafft Leiden* auch die Brutalität vorgeworfen, mit der es die »höhere« Gesellschaft verspottete. Ein Kritiker erklärte, Korzeniowskis Witz gehe durch Mark und Bein, seine Ironie töte, und sein Lachen gleiche dem Knurren eines bösen Hundes. Das Stück wurde erst im Jahre 1952 aufgeführt und dann »das fortschrittlichste, wildeste, bissigste Werk der fünfziger Jahre des vergangenen Jahrhunderts« genannt. *Um des lieben Groschens willen* erschien mit vielen Streichungen des Zensors, wurde aber immerhin noch zu Lebzeiten des Autors von den polnischen Theatern in Kiew und Żitomir aufgeführt. Beide Stücke spielen in den Getreidehauptstädten der Ukraine, Odessa und Kiew, beide handeln von der verderblichen Rolle des Geldes, in beiden scheitert eine Liebesbeziehung daran, daß der junge Mann ein proletarischer Intellektueller und Revolutionär ist, während das Mädchen ganz unter der Gewalt ihrer Familie steht, die von ihr verlangt, sich an denjenigen zu verkaufen, der das Geld hat. Die Ehe ist somit eine Art legalisierte Prostitution. Die menschlichen Ungeheuer dieser beiden Stücke finden selbst bei Balzac nicht ihresgleichen. In beiden ist der Held ein junger Mann namens Heinrich, im ersten Stück wird seine Vermählung vereitelt, im zweiten die seines Freundes. Heinrich ist ein verbitterter, enttäuschter Mensch, der in einem Milieu leben muß, das er haßt und in dem er seine wahren Gefühle nicht zeigen kann. Josef, ein aus der Verbannung zurückgekehrter Revolutionär, bewirbt sich um die Hand eines jungen Mädchens, verwickelt sich aber in einen unentwirrbaren Knäuel von Mißverständnissen, denn man hält ihn für reich. Heinrich versucht, ihn von seinen Illusionen über die »höheren Töchter« zu heilen. Ein drittes Stück, die Kurztragödie *Erster Akt (Akt pierwszy),* ist nicht so gut wie die beiden ersten. Korzeniowski schrieb sie gegen Ende seines Lebens. Er sieht darin den Fluch des Menschen in einer angeborenen Neigung zum Verrat; politischer Verrat und Betrug in der Ehe werden quasi gleichgestellt.

Apollo Korzeniowski nimmt in der polnischen Literatur einen Ehrenplatz ein. Seine Rolle als ironischer Realist und unbeugsamer Kämpfer darf nicht übersehen werden, will man die Werke von Joseph Conrad verstehen.

Cyprian Kamil Norwid (1821-1883)

Das sonderbare Los von Zyprian Camille Norwid, der bis ans Ende des 19. Jahrhunderts fast völlig unbekannt blieb, dessen Einfluß aber seither ständig zunahm, kann nur unter Berücksichtigung der Bedingungen verstanden werden, die für die polnische Literatur zur Zeit seines Debüts bestanden. Die Poesie stand im Zeichen der großen Dichter der Emigration, die alle Neulinge an die Wand drängten. Die Werke von Mickiewicz und Słowacki waren schwer erhältlich, in Kongreßpolen überhaupt verboten, doch einzelne Exemplare fanden immer wieder ihren Weg aus dem Ausland in polnische Hände. Die Epigonen der großen Romantiker ahmten sie nach und verfielen dabei (wie bereits erwähnt) in eine plätschernde Melodik. Die polnische Metrik ist grundsätzlich syllabisch und doch sehr geschmeidig, sie eignet sich vorzüglich für Versfüße mit betonten und unbetonten Silben, was den syllabischen Vers zum »syllabotonischen« macht (s. Anhang). Wenn Mickiewicz und Słowacki Trochäen, Daktylen oder Jamben anwendeten, so hielten sie sich nicht streng daran und klingen daher nie monoton. Ihre Nachfolger entwickelten jedoch eine Vorliebe für einen stampfenden Rhythmus, in dem sich besonders die um die Mitte und in der zweiten Hälfte des 19. Jahrhunderts populären Dichter hervortaten. Einer der meistgelesenen von ihnen war Wincenty (Vinzenz) Pol (1807–1872), der darin so weit ging, daß seine Dichtungen oft wie Kinderlieder klingen. Pol (eigentlich Pohl, der polonisierte Sohn eines österreichischen Staatsbeamten in Galizien) verfaßte eine recht reizvolle gereimte »Abhandlung« über die Geographie und die Bräuche verschiedener Teile Polens: *Lied von unserem Lande (Pieśń o ziemi naszej,* 1835, deutsch 1876). Als Geographielehrer unternahm er mehrere Forschungsreisen durch Polen (darunter eine in die Hohe Tatra) und beschrieb seine Eindrücke in malerischen Prosaberichten. Bis zum Aufstand von 1830 lebte er in Lemberg und Krakau, ging dann für kurze Zeit nach Paris und kehrte nach Galizien zurück. Seine *Lieder des Janusz (Pieśni Janusza,* 1831–1833) handeln von Krieg und Exil. Zu seinen Werken gehört auch die Verserzählung *Mohort* (1852) aus den Tagen der alten *Respublica.* Mohort ist der Name eines tapferen, doch bescheidenen Adligen, der gegen die räuberischen Tataren an der Südostgrenze des Landes in den Kampf zieht.

Viel begabter als Pol war Theophil Lenartowicz (1822–1893), Sohn eines Warschauer Maurermeisters, der als junger Mann in der Warschauer Boheme verkehrte, obwohl er nicht in diese Kreise paßte. Er stand schon mehrere Jahre im Staatsdienst, als er erfuhr, daß ein Haftbefehl wegen politischer Betätigung gegen ihn erlassen worden war, und er ging rechtzeitig über die Grenze. Er lebte in Krakau, Brüssel, Paris und von 1856 an in Florenz als Dichter und Bildhauer und unterrichtete vorübergehend slawische Literaturgeschichte an der Universität Bologna. Er starb in Florenz. Seine Leiche wurde nach Krakau übergeführt und dort feierlich beigesetzt. Lenartowicz wuchs in einem Dorf bei Warschau auf, und durch alle seine Werke schimmert die Landschaft seiner Kindheit, die Ebenen Masowiens, wie ein Kind sie wahrnimmt. Diese naiven, idyllischen, volkstümlich klingenden Lieder füllen zwei Bände: *Lirenka (Die kleine Leier,* 1855) und *Nowa lirenka (Neue kleine Leier,* 1859). Sie gehören zum Besten der polnischen Lyrik. Zwei längere Dichtungen aus dem Jahre 1855, *Zachwycenie (Im Letharg)* und *Błogosławiona (Die Gebenedeite),* sind religiösen Inhalts, wobei das Jenseits einer polnischen Dorflandschaft gleicht. Unter Lenartowiczs sonstigen Werken gibt es auch einen Gedichtband über Italien, *Album włoskie (Italienisches Album,* 1870), sowie die historische Dichtung *Ze starych zbroic (Altes Rüstzeug,* 1870). Für die polnischen Leser wird er jedoch immer der »masowische Leierspieler« *(lirnik mazowiecki)* bleiben.

Kornel Ujejski (1823–1897) kommt der romantischen Vorstellung von einem Barden ziemlich nahe. Er stammte aus Podolien, studierte ein Jahr lang in

Lemberg und ging im Jahre 1847 an die Sorbonne und das Collège de France in Paris, wo er Mickiewicz, Słowacki und Chopin kennenlernte. Später lebte er als Gutsbesitzer in Galizien und war Mitglied des Österreichischen Reichsrats. Ujejskis Dichtungen befassen sich in verschiedener Form mit dem Unglück seines Volkes. Das Gedicht »Marathon« (1845) handelt z. B. von den griechischen Perserkriegen, in Wirklichkeit aber vom Kampf der Polen gegen die Teilungsmächte. Die *Klagelieder des Jeremias (Skargi Jeremiego,* 1847) beweinen in Anlehnung an die Bibel und an Krasińskis messianische Dichtungen den Brudermord des Aufstandes von 1846, in dem die Österreicher die polnischen Bauern gegen ihre polnischen Herren aufhetzten. Eines dieser Lieder, *Choral,* wurde vertont und wäre fast zur polnischen Nationalhymne geworden. Daß der polnische Messianismus sich vom Alten Testament ableitete, war nicht der einzige Grund dafür, daß sich Ujejski von diesem angezogen fühlte. Er veröffentlichte auch eine Umarbeitung des Hohenliedes in polnischer Sprache sowie einen Band *Biblischer Melodien (Melodie biblijne,* 1852). Seine *Chopin-Auslegungen (Tłumaczenia Szopena)* aus den späten fünfziger Jahren versuchen, Chopins Musik in Versen wiederzugeben. Ujejski war zu Lebzeiten sehr geschätzt, ist aber ein unbedeutender Dichter und mehr Leidtragender als Barde. Nur selten kommt er an die Schönheit eines Lenartowicz heran.

Norwid bewunderte die großen Romantiker, kannte Mickiewicz und war mit Słowacki, Krasiński und Lenartowicz befreundet. Seine Gedankenwelt und literarische Technik gehen jedoch weit über die Romantik hinaus. Anfänglich versprach man sich viel von ihm, später aber lehnten ihn die Kritiker wegen der undurchdringlichen Dunkelheit seiner Sprache und seines verworrenen Satzbaus ab, bis ihn niemand mehr veröffentlichen wollte. Gemessen an der öffentlichen Meinung, war er ein Mißerfolg, und erst die größere Feinfühligkeit der Nachwelt erkannte in ihm den Vorläufer der modernen polnischen Poesie.

Auch Norwids Leben trug zur Entfremdung von seiner Umwelt bei. Er kam als Sohn einer verarmten Adelsfamilie in Warschau zur Welt, verlor schon als Kind seine Eltern und wuchs im Hause von Verwandten auf. Seine Ausbildung bestand aus einigen Jahren höherer Schule und Kursen in Malerei und Bildhauerei. Später erwarb er sich gute Kenntnisse in Geschichte und Archäologie. Seine ersten Gedichte führten ihn in die Kreise der Warschauer Boheme ein, und die aufkommende Mode der Volkskunde nahm ihn schon früh gefangen. In Begleitung eines Freundes wanderte er kreuz und quer durch Polen, sammelte Volkslieder und skizzierte Menschen, Gebäude und Landschaften. Mit Hilfe eines privaten Stipendiums ging er im Alter von 21 Jahren nach Deutschland und Italien, um Bildhauerei zu studieren. Er sollte Polen nie wiedersehen. Er hatte seinen Reisepaß einem politisch verdächtigen Mann geborgt, wurde deswegen verhaftet, die russische Botschaft entzog ihm den Paß, und Norwid sah sich plötzlich in der Emigration. Er hielt sich mehrere Jahre in Florenz und Rom auf, reiste durch Italien, einmal entlang der Mittelmeerküste. Die italienischen Eindrücke, verbunden mit seinem Interesse für Kunstgeschichte, drängten ihn auf den Pfad der Dichtung. Norwid ist in gewissem Sinne ein Dichter des Mittelmeeres und seiner vielschichtigen, ägyptisch-jüdisch-griechisch-römischen Vergangenheit. Er verkehrte im Café Greco in Rom, wo auch Gogol oft zu sehen war, und interessierte sich im Jahre 1848 für Mickiewicz, der damals in Italien politisch tätig war, unterstützte ihn aber nicht. Eine unerwiderte Liebe zu Maria Kalergis, der russisch-polnischen Frau eines griechischen Reeders, hatte verhängnisvolle Folgen für sein Leben. Der junge Norwid hatte etwas von einem zierlichen Dandy an sich. Er war ein schüchterner, introvertierter Mensch, der seine Gefühle hinter Ironie verbarg. Keinen Pfennig in der Tasche, schlug er sich als Zeichner und Bildhauer durch, war aber zu stolz, um seine Armut zu bekennen. Von Italien ging er nach Paris, wo er häufig als Handlanger arbeitete. Um der Armut und den Erinnerungen an seine unglückliche Liebe zu entrinnen, wanderte er Ende 1852 im Zwischendeck einer von Auswanderern überfüllten Fregatte nach Amerika aus. Die Reise dauerte 63 Tage. In New York fand er Arbeit als Illustrator am Katalog der Weltausstellung im Kristallpalast (1853/54). Seine Einsamkeit in der Neuen Welt und das, was er als Mangel an Geschichte empfand, dieser Geschichte, die zum Menschen durch Spuren menschlicher Hand spricht, und seien es Ruinen, machten ihm seinen Aufenthalt dort unerträglich, und er kehrte nach Europa zurück, zunächst nach London, dann nach Paris, wo er bis zu seinem Ende blieb. Seine Eindrücke von Amerika waren uneinheitlich, negativ und positiv; zwei seiner Gedichte zeugen von Sympathie für die Sklavenbefreiung. Einsamkeit blieb sein Los auch in der Alten Welt. Er sah sich mehr und mehr als Exzentriker gemieden und von den Literaturkritikern als ein Mann abgeschrieben, der sein Talent mit dem Verfassen unverständlicher Texte vergeudet. Alt und taub, ohne Angehörige, ohne Kontakt mit polnischen Emigranten, veröffentlichte er zu Lebzeiten nur einen einzigen Band seiner Werke: *Ausgewählte Gedichte* (Brockhaus-Sammlung polnischer Literatur, Leipzig 1863). Völlig mittellos, verbrachte er die letzten Jahre seines Lebens in dem von polnischen Nonnen geleiteten St.-Kasimir-Altersheim in Paris. Als er starb, reichte sein Nachlaß nicht einmal für ein eigenes Grab. Er hinterließ einen Koffer voller Manuskripte und Zeichnungen, die zum Teil von den Nonnen vernichtet wurden (obwohl kaum anzunehmen ist, daß sie anstößiges Material enthielten, denn Norwid war ein gläubiger Katholik). Erst zwanzig Jahre später begann Zenon Przesmycki-Miriam, einer der ersten polnischen Modernisten und Übersetzer Rimbauds, den künstlerischen Nachlaß Norwids zu sammeln und in seiner Zeitschrift *Chimera* zu veröffentlichen.

Das Schicksal ließ Norwid ein Außenseiter inmitten seiner polnischen Zeitgenossen und der industriellen Zivilisation des Westens sein, des Leviathans der Großstadt, in dessen Bauch er viele Jahre zubrachte. Sein Verhältnis zu den Größen der polnischen Literatur umschrieb er folgendermaßen:

Nahm von euch kein Lorbeerblatt,
nicht ein winzig Eckchen
(höchstens mir die Stirn zu kühlen,
der Sonne, nicht euretwegen).
Nahm nichts von euch, ihr Übermenschen,
durchs Tollkraut
eurer fluchbelad'nen, öden Erde
irr' ich allein bis ans Ende.

Bei aller Belesenheit in der westeuropäischen Literatur bewahrte Norwid seine Unabhängigkeit von den literarischen Zeitströmungen. Obwohl mehrere seiner Gedichte an Théophile Gautier und die französischen Symbolisten in ihrer Blütezeit erinnern, war er grundsätzlich jeder Schöngeisterei abhold. Er wollte als Mensch und Dichter ein Don Quichotte sein, ein Kämpe der Wahrheit (sein Don-Quichotte-Gedicht gehört zu seinen besten). Seine Lanze war eine hinter Sinnbildern und Gleichnissen verborgene feine Ironie, die dem Auge seiner ersten Leser gewöhnlich entging. Um die Eintönigkeit des syllabischen Versbaus zu unterbrechen, ließ er seine Gedichte absichtlich im Rohzustand oder ersetzte den syllabischen Versbau oft durch den freien Vers. Ein Brief an Bronisław Zaleski vom November 1867 zeigt, daß er sich dessen vollkommen bewußt war:

Was Karl von der Silbenzählung sagt, ist *abscheulichste Barbarei und verrät eine völlige Unkenntnis von Horaz.*

Wenn erst mein *Vade-Mecum* herauskommt, wird man die wahre Lyrik der polnischen Sprache sehen und erkennen, denn vorläufig weiß man nichts davon, hat keine blasse Ahnung.

Es gibt keine Prosa, hat sie nie gegeben – all das ist kompletter Unsinn. *Was ist ein Absatz???* Eine Prosa hat es nie gegeben – und die Silbenzahl, die sich hinter langen, abgerundeten Wörtern verbergen will, verdirbt nur die Natur des *Rhythmus.*

Die vollkommene lyrische Poesie gleicht einem Gipsabguß: *Die Stellen, an denen sich die Formen treffen und Rillen hinterlassen, müssen erhalten und dürfen nicht mit dem Spachtel verschmiert werden.* Nur ein Barbare wird sie abkratzen und so das Ganze verderben. Ich kann drauf schwören, daß das, was die Polen Lyrik nennen, nichts ist als *Gestampfe mit Masurka!*

Norwids Bildersprache setzte ihn in diametralen Gegensatz zum Zeitgeschmack. Als Bildhauer und Zeichner mied er auch in der Dichtung das Bunte und Malerische und verwendete, ein Verehrer Rembrandts, gedämpfte Farben für ein von Lichtsäulen durchströmtes Chiaroscuro. Seine Kunst ist aber nicht *l'art pour l'art.* Jede Zeile will dem Leser den philosophischen Gehalt des Gedichtes eröffnen, und das macht Norwid unbestritten zum »intellektuellsten« Dichter der polnischen Sprache.

Norwids Zusammenstoß mit der industriellen Zivilisation erinnert in gewisser Weise an die amerikanischen Schriftsteller ländlicher Herkunft. Wenn Emerson im Programm der Transzendentalisten erklärt: »Es ist besser, allein zu sein als in Gesellschaft anderer« oder »Was heute offenbar vonnöten ist, ist nicht zu lügen« oder »Dies ist keine Zeit für Frohsinn und Anmut; er (der Transzendentalist) vergeudet nur seine Kräfte und Lebensgeister mit der Ablehnung« – so könnte dies Norwid aus dem Herzen gesprochen sein. Noch auffallender ist seine Ähnlichkeit mit Hermann Melville, gleich ihm ein Meister der Ironie. In der Welt, die sich der emsige weiße Mann geschaffen hat und die er die christliche nennt, sah Melville nichts als rohe Gewalt, Gefühllosigkeit, Gier und Elend. Er betrachtete sich als ein über die Erde irrender Ismael auf der Suche nach der vorzeitlichen Unschuld und glaubte, sie jenseits der materialistischen Zivilisation des 19. Jahrhunderts zu sehen. Aus einer präindustriellen Gesellschaft in den Dschungel Westeuropas geworfen, stand Norwid all der Geschäftigkeit befremdet gegenüber. Seine abschreckenden Straßenbilder von London und Paris gleichen denen des Amerikaners. Norwid hat wahrscheinlich nie Melville gelesen, aber in der Kurzgeschichte *Zivilisation* verwendet er – wie Melville im *Confidence Man* – ein Schiff als Symbol. Doch seine Antwort ist nicht die Melvilles. Fragt man sich nach dem Grund, so könnte man Mutmaßungen über die gemeinschaftsbetonte Tradition Polens und die Vereinsamung des Menschen in Amerika oder den Gegensatz zwischen Katholizismus und Protestantismus anstellen. Jedenfalls konnte Norwid eine Zivilisation, wie scheinheilig und pharisäisch sie auch war, nicht einfach im Namen eines naiven, vorchristlichen Naturmenschen von der Hand weisen. Melville beschäftigte vor allem das Problem Mensch – Natur (eine Obsession vieler amerikanischer Schriftsteller), Norwid das von Mensch und Geschichte. Man hat ihn einen »Ruinendichter« genannt, denn er ging den Quellen der europäischen Geschichte im Mittelmeerraum nach und lauschte den Stimmen der Vergangenheit. Geschichte – das war für ihn ein ununterbrochener Strom, ein in eine bestimmte Richtung weisender Prozeß, Gottes unerforschlichen Ratschlusses ewige Erfüllung durch den Menschen. Jede Zivilisation ist ein Übergang von Vergangenheit zu Zukunft; die Gegenwart kann nicht verworfen werden, denn sie ist die Schmiede der Zukunft. Der Materialismus des 19. Jahrhunderts vergöttert Geld und Macht und verdammt alle, die ihrem Gewissen einzeln oder gemeinsam treu bleiben wollen, zum Martyrium. Das Ziel der Geschichte ist, »das Leid auf Erden unnötig zu machen«, und wie gut ihr das gelingt, daran wird der Fortschritt gemessen. In Norwids Worten:

>»Der Mensch kommt auf diesem Planeten zur Welt, um für die Wahrheit einzustehen. Er soll daher wissen und dessen eingedenk sein, daß die Zivilisation Mittel und nicht Zweck ist. Seine Seele an die Zivilisation verkaufen und gleichzeitig in die Kirche gehen tut nur ein Pharisäer.«

Norwid war davon überzeugt, daß Christus den Menschen aus dem Reich der Verdammnis in das der Freiheit geführt hatte. Das Urchristentum erscheint daher immer wieder in seinen Werken. (Die Dichtung *Quidam* z. B. ist eine Vision Roms im 2. Jahrhundert.) Der Geschichte nachzusinnen ist das Hauptanliegen seiner Dichtung, sozusagen ihr Herz. Manche seiner Ideen sind auch geradezu verblüffend, z. B. die historische Rolle, die er der »Peripherie« zuschreibt: die Rolle Samarias für Judäa, Galliens für das römische Reich, Amerikas für Europa, wobei das Zentrum sich allmählich zur Peripherie hinbewegt. Oder die Theorie von den »Steinen des Anstoßes«: für Amerika – die Neger, für England – Irland, für die polnische *Respublica* – die Ukraine, für Rußland, Preußen und Österreich – Polen, für Frankreich – die Revolutionen. Oder die Idee der »stillschweigend übergangenen Dinge«: Jede Zeit geht über etwas stillschweigend hinweg, und was unter der Oberfläche bleibt, unannehmbar für das Bewußtsein einer Zeit, wird zur treibenden Kraft der nächsten.
Norwid war kein Politiker und hielt sich von den Emigrantenkreisen fern. Er glaubte, daß der Künstler mit seiner Kunst zur Geschichte beitrage, und seine eigene Auffassung von Kunst ist mit Achtung vor der Arbeit des Menschen eng verbunden. Er steht darin Ruskin und Morris nahe, entwickelte aber seine Arbeits- und Kunstanschauung unabhängig von ihnen. Die Schriften der französischen Sozialisten (er selbst war keiner) und seine eigenen Erfahrungen als Arbeiter waren gewiß für seine Verehrung der Arbeit mitbestimmend. Seine Kunsttheorie ist in der Dichtung *Promethidion* (Paris 1851) enthalten, welche die Form einer Unterhaltung zwischen mehreren Personen hat und mit zahlreichen Fußnoten versehen ist. Ihr Titel bedeutet »Kind des Prometheus«.
Norwid sah in Prometheus nicht so sehr den Rebellen als vielmehr den Geber der Handfertigkeit. Die Arbeit des Bauern, des Seefahrers, des Künstler –

»dieses Gedicht hier« –, sie alle sind Kinder des Prometheus. Für den Christen Norwid war die Arbeit natürlich eine Folge des Sündenfalls, vor dem der Mensch in Harmonie mit Gott und der Welt gelebt hatte. Die Sünde ließ ihn den Pfad der Geschichte betreten, und um Erlösung zu finden, muß er nun unzählige Jahrtausende lang arbeiten. Arbeit hat aber nur Erlöserkraft, wenn sie nicht als Fluch betrachtet, sondern mit Liebe getan wird, nicht aus Hunger oder Angst vor Strafe. Dann ist sie höchste Offenbarung menschlicher Freiheit. Körperliche Arbeit ist in unserer Zeit zum Fluch geworden, nur in der Kunst gibt es noch Liebe und Freude. Zwischen der Arbeit »des Volkes« und der des gebildeten und schöpferischen Menschen hat sich ein tiefer Abgrund aufgetan, und nur wenn diese beiden Arten von Arbeit wieder zueinanderfinden, wird das einfache Volk sich an seinem Werk ebenso freuen können wie der Künstler. Die Vereinigung der höchsten Kunst mit den einfachsten Dingen des Lebens wird die Kluft zwischen denen, »die *durch den Geist allein* leben, und jenen, die sich *durch ihrer Hände Arbeit* ernähren«, schließen. Der Künstler hat der »Organisator der nationalen Schöpfungskraft« zu sein.

»Ein Volk, das keine Kunst, kein Handwerk und Gewerbe hervorzubringen versteht, büßt sein wahres Wesen ein; *die Arbeit* hat bei ihm keine Beziehung zur *Geistesarbeit,* ist nur Schicksal und Buße einer gewissen Volksschicht, die sich zwar *in der Handarbeit* einen inneren Halt schafft, aber logischerweise sich immer von jener anderen, höheren Schicht entfernt, die *nur geistig* arbeitet. Denn das *durch Handarbeit erworbene* Gedankengut ist grundverschieden von dem *des reinen Denkens.* So kommt es schließlich dazu, daß der allmählich der Arbeit entfremdete Geist sich in schweren Zeiten (hier hat Norwid sicherlich Polen im Sinn) der Volksweisheit, dem *Bauernverstand, volkstümlichen Motiven, Sprichwörtern, Legenden und Liedern* zuwendet und selbst nach technischen Überlieferungen Umschau hält. Häufig ist es dafür zu spät! Dann zerfällt die Wirbelsäule mit ihrem die gesamte Volksarbeit zusammenhaltenden Rückenmark in eine Erinnerung an die *Vergangenheit* und eine Sehnsucht nach der *Zukunft!*

Kunst ist der Dialog der Volksphantasie mit der »erlernten« Phantasie des Künstlers: »Der beste Musiker ist das Volk, und seine feurige Zunge der Komponist«, der aus der Volksmusik eine Kunst macht, die mehr als national, die universell ist. Chopin war für Norwid das Ideal des Komponisten, seine Ablehnung der »Masurkapoesie« ist daher die Ablehnung einer seichten Auslegung der volkstümlichen Tradition wie auch von *l'art pour l'art,* denn »Kunst ist das Banner auf dem Turm der Menschenarbeit«.
Wegen seiner in die Zukunft weisenden Anwendung der polnischen Sprache hat man Norwids Rolle in der polnischen mit der Mallarmés in der französischen Dichtung vergleichen wollen. Solche Analogien sind irreführend. Denn Norwid stand im Bann der Geschichte, und seine Vereinsamung konnte er mit dem Verständnis für die komplizierten Beziehungen zwischen Kunstwerk und Allgemeinheit überwinden. Ungleich Mallarmé begnügte er sich nicht damit, »die Sprache des Stammes zu säubern«, sondern wollte eine Botschaft verkünden. Man könnte fast sagen, daß die soziale Ausrichtung der polnischen Literatur, die mit Kochanowski ihren Anfang nahm, in Norwid ihren Höhepunkt erreichte und im 20. Jahrhundert ein Gegengewicht zum überwältigenden Einfluß der französischen Symbolisten bildete.

Norwid war kein Dichter ohne Fehl und Tadel. Der fast absolute Mangel einer Leserschaft beraubte ihn jeder objektiven Kontrolle über seine Sprache und ließ ihn diese in einer Weise mißhandeln, die sie oft völlig unverständlich macht. Seine Dichtungen sind aber keine bloßen Wiedergaben seines Denkens. Norwids Philosophie wuchs organisch, allerdings drohte die Masse des geistigen Inhalts manchmal den künstlerischen Rahmen zu sprengen. Mehrere seiner Gedichte stellen ihn auf dieselbe Stufe wie Mickiewicz und sind geistiges Erbgut Polens. Dazu gehört vor allem die *»Trauerrhapsodie auf Bem« (»Bema pamięci żałobny« rapsod,* 1851), eine Ehrung des polnischen Helden von 1830 und ungarischen Revolutionärs von 1848. Bems Leichenbegängnis nimmt hier die Form eines altslawischen, vorchristlichen Ritus an, und der Trauerzug wird zum Marsch der Menschheit in die Zukunft, allen Tyrannen zum Trotz. Von größter Bedeutung für die moderne polnische Poesie ist ein Gedichtband Norwids mit dem Titel *Vade-Mecum,* der wahrscheinlich aus dem Jahre 1866 stammt und erst nach seinem Tode veröffentlicht wurde. Norwid ist seiner eigenwilligen Form wegen sehr schwer zu übersetzen, dennoch – hier zwei Proben seiner Ironie (deutsche Auswahl 1907):

Marionetten

Langweilig zum Auswachsen! Am Himmel
leuchten Millionen Sterne,
jeder Stern auf seine Art,
rührt sich nicht – fliegt in die Ferne . . .

Zeit und Erde stillestehn,
und was heute noch am Leben,
hm, kein Hahn wird nach ihm krähn,
doch Menschen wird es immer geben.

Hereinspaziert! Hereinspaziert!
Auf stümperhafter Bretterwelt
werden Ideale aufgeführt –
Leben heißt das Eintrittsgeld.

Ich langweile mich zu Tod,
kann mir nicht die Zeit vertreiben.
Was, meine Damen, tut heut' not –
Prosa oder Verse schreiben?

Nichts davon! In der Sonne liegen,
spannende Romane lesen,
von der Sintflut in den Sand geschrieben
zum Gaudium der Lebewesen (!) –

Noch besser! Gegen die Öde
hab' ein Mittel ich gefunden:
Vergiß die *Menschen* und bei *Leuten*
trag die Krawatte fein gebunden . . .!

Nerven

War gestern, wo vor Hunger man stirbt,
blickte durch Todestore,
stolperte im Stiegenhaus
durch finstre Korridore.

Es war ein Wunder, ja, ein Wunder war's,
daß ein Balken mir Halt bot –
(ein Nagel steckte dort wie der im *Kreuz!*) –
ich kam davon mit knapper Not.

Mit halbem Herzen nur,
von Freude keine Spur.
Umging die Menschen wie das Vieh,
am liebsten hätt' ich sie angespien.

Der Frau Baronin wart' heute ich auf.
Glaubst du, daß ich's ihr sagen muß,
wenn von der seidenen Chaiselongue
die Hand sie reicht zu höflichem Kuß?

Die Hängeleuchter werden sich biegen,
die Spiegel platzen vor *Realismus,*
und die Papageienbilder am Plafond
den Schnabel wetzen: »*Sozialismus!*«

Will lieber Platz nehmen, dicht an der Wand,
wie sich's gehört, Hut in der Hand,
und dann manierlich fein und ungesehn,
pharisäerstumm – nach Hause gehn.

Norwid irrte sich nicht, wenn er dem *Vade-Mecum* solche Bedeutung beimaß (vgl. den angeführten Brief an Zaleski). Es zeigt ihn von seiner besten Seite, und der heutige Leser wird in Norwids beherrschter Ironie eine Vorahnung der Poesie eines Jules Laforgue und T. S. Eliot spüren.
Die bereits erwähnte Dichtung *Quidam* analysiert die Wechselwirkung dreier Faktoren im hadrianischen Rom – der Juden, Griechen und Römer – und reiht sich Norwids Versdramen an, die im alten Ägypten *(Kleopatra)* oder im vorchristlichen Polen *(Krakus, Wanda, Zwolon)* spielen, dessen Mythen zur Betrachtung zeitgenössischer Ereignisse herangezogen werden. Das Fragment *Hinter den Kulissen: Tirteus (Za kulisami: Tyrtej)* ist Theaterstück in einem Theaterstück: Bei einem Maskenball plappert die Gesellschaft in einem Salon, während in einem anderen eine griechische Heldentragödie aufgeführt wird. Die Tragödie fällt durch, die Gesellschaft hat kein Verständnis für Helden. Norwid wollte hier den Verfall des 19. Jahrhunderts zeigen und dem prahlenden Helden den stillen, heimlichen gegenüberstellen. Das wollen auch die satirischen Komödien *Der Ring der großen Dame (Pierścień wielkiej damy)* und *Reine Liebe im Strandbad (Miłość czysta u kąpieli morskich).* Der Held des *Rings* ist Mak-Yks, ein unbemittelter junger Mann, der in einer

Dachkammer haust, die ihm eine verwandte Gräfin zur Verfügung stellt. Er gleicht Norwid, ist stolz, leicht verletzbar, reinen Herzens und lebt inmitten von Büchern. Seine Wohltäterin kann ihn nicht leiden, er ist aber das einzige menschliche Wesen in einer Schau von Eitelkeit und Frivolität.

Norwids Stücke werden gelegentlich in Polen gespielt, sind aber schwer aufzuführen, da sie auf versteckten Anspielungen beruhen und jede Effekthascherei vermeiden. Sie sollten daher eher als dramatische Dichtungen betrachtet werden.

Norwid hinterließ auch einige Kunststudien sowie Kurzgeschichten, die nicht den realistischen Erzählungen aus dem 19. Jahrhundert gleichen und eigentlich moderne Parabeln sind. In *Lord Singleworths Geheimnis (Tajemnica Lorda Singleworth)* z. B. reist ein reicher Engländer durch Europa, nichts Ungewöhnliches bis auf den Umstand, daß er in jeder Stadt in einem Ballon aufsteigt. Er leidet an einem Reinlichkeitskomplex, der durch das, was er in den europäischen Hauptstädten zu sehen bekommt, noch verstärkt wird. *Das Stigma* handelt von dem Mangel der Menschen an Unabhängigkeit, denn Konvention, Zivilisation oder einfach die Verhältnisse haben ihnen ein Stigma aufgeprägt, das sie eine Rolle spielen und nicht sie selbst sein läßt. In der Erzählung *Zivilisation* liegt die Grenze zwischen Wirklichkeit und Traum im dunkeln: Eine Schiffahrt auf dem Ozean wird allmählich zur Expedition einer zivilisierten, halbverrückten Menschheit ins Unbekannte und endet im Schiffbruch. Vielleicht die beste von Norwids Erzählungen ist *Ad Leones* (1881), die Geschichte eines angesehenen, lebensfrohen, begabten Bildhauers in Rom, der jeden Abend ins Café Greco kommt und mit seiner nachlässigen Eleganz, seinem Bart und seinem prachtvollen Windspiel alle Blicke auf sich lenkt. Er arbeitet an einer Gruppenplastik, die den Löwen zum Fraß vorgeworfene Christen darstellt (daher der Name der Erzählung). Ein amerikanischer Bankier will das Werk kaufen, verlangt aber, daß etwas daran geändert und das Ganze »Kapitalisation« genannt wird. Der Künstler erklärt sich damit einverstanden und macht mit einigen Meißelschlägen aus der Hauptfigur, einem Löwen, eine Geldtruhe. Die bissige Satire soll Norwids Reaktion auf die Pariser Kunstausstellungen sein.

Was sich von Norwids Korrespondenz erhalten hat (es wurde mit großer Mühe zu Beginn dieses Jahrhunderts von Zenon Przesmycki gesammelt), beleuchtet nicht nur sein Werk, sondern ist auch eine Art philosophisches Tagebuch. Die Zeit hat Norwids Urteil über manches bestätigt, besonders seine Meinung von der polnischen Mentalität, die er als Folge der politischen Unterdrückung für verschroben hielt, und heute klingt er erstaunlich aktuell.

Norwids Historismus ließ ihn alle zweckbetonte Poesie, aber auch alle *l'art pour l'art* ablehnen und öffnete einer Literatur den Weg, die in ihrer Betrachtung von Kunst und Geschichte vielleicht nur in Polen zu Hause ist. Seine Gedanken über die Arbeit beeinflußten einen der originellsten polnischen Denker des 20. Jahrhunderts, Stanislaus Brzozowski. Mit Norwid macht auch die Gestalt des Schriftstellers und Künstlers als ätherisches Wesen dem guten Handwerker Platz, den die Gesellschaft zu entlohnen hat. Norwid, der Dichter und Denker, prägte der modernen polnischen Literatur sein Siegel auf, doch in der Einleitung zu Norwids *Gesammelten Gedichten* (Warschau 1949) sagt Mieczysław Jastruń mit Recht:

»Es heißt, Norwid sei vor allem ein Denker, ein Philosoph gewesen. Das stimmt nicht. Norwid war vor allem ein Künstler, aber einer, dessen Material aus den Gedanken, Überlegungen und kulturellen Erfahrungen der Menschheit besteht.«

Oder mit den Worten des bekannten Literaturkritikers Kasimir Wyka: »Die natürliche Welt des Dichters Norwid war die objektive Welt der Kultur.«

Der Positivismus

8

Allgemeine Verhältnisse

Der Aufstand von 1863 führte zu einer Spannung zwischen Rußland und den Westmächten, deren diplomatische Vorstellungen bei den Polen falsche Hoffnungen erweckt und die russische Regierung verärgert hatten. Die westeuropäischen und russischen Revolutionäre begrüßten den Aufstand, und Italiener (Garibaldianer), Franzosen, Ungarn, Deutsche, Serben und Tschechen schlossen sich den polnischen Kämpfern an. Selbst russische Offiziere und Soldaten liefen zu Hunderten zu ihnen über. Ein junger russischer Intellektueller, Andrej Potebnja, eilte aus London an die Seite der Polen und fiel in einem der Kämpfe. Marx und Engels sahen schon den Beginn einer neuen revolutionären Ära, und eine Sympathiekundgebung der Londoner Arbeiter mit Marx als Hauptredner gab, wie erwähnt, den Anstoß zur Gründung der Ersten Internationale. Die Folgen des Aufstandes machten sich aber vor allem in Rußland selbst bemerkbar. Die diplomatischen Schritte Englands und Frankreichs hatten auch die russische Intelligenz verstimmt und schwächten den Einfluß der Liberalen. Polenfreundliche Stimmen wurden zum Schweigen gebracht und Alexander Herzen als »Verräter« und »Agent des Westens« verschrien, mit solchem Erfolg, daß seine Zeitschrift *Kolokol (Die Glocke),* die bis dahin heimlich ihren Weg aus London nach Rußland gefunden hatte, die meisten Leser verlor. Andererseits sahen sich die russischen Panslawisten in eine heikle Situation gedrängt. Sie hatten Rußland zum Schirmherrn aller Slawen erhoben, und nun strafte sie der Aufstand Lügen. Um sich selbst und die nichtpolnischen Slawen, vor allem die Tschechen und Südslawen, zu beschwichtigen, führten sie einen intellektuellen Seiltanz auf und erklärten das »verwestlichte und latinisierte« Polen zum schwarzen Schaf der slawischen Völkerfamilie. Ihr Oberhaupt, Jurij Samarin, nannte Polen »eine scharfe Klinge, die Rom ins Herz der Slawenwelt gestoßen hat, um es zu zerreißen«. Zusammen mit Aksakow und Pogodin, zwei anderen führenden Panslawisten, entwarf er ein Programm zur Lösung der polnischen Frage: Die Stärke Polens beruhe auf drei Elementen, einem nationalen (dem polnischen Volk), einem politischen (dem polnischen Staat) und einem geistigen (dem Polentum). Von diesen sei nur das erste anzuerkennen, das heißt, den Polen sei das Recht auf ihr nationales Leben zu lassen, ein polnischer Staat dürfe aber auf keinen Fall geduldet und das dem slawischen Geist fremde Polentum müsse vernichtet werden. Dabei unterschied Samarin zwischen Polentum als Volk und Polentum als Gesellschaft. Das Volk seien die Bauern, die einzigen wahren Slawen in Polen; die Gesellschaft sei der Adel, die katholische Geistlichkeit, die Intelligenz und der städtische Mittelstand, die alle wie Feinde zu behandeln seien. Das Zarenregime nahm dieses Programm im wesentlichen an. Die Bauern wurden begünstigt und erhielten Land (im Sinne der Richtlinien der polnischen Revolutionsregierung), die anderen Klassen unterlagen Massenverschickungen, hoher Besteuerung und der Beschlagnahme des Vermögens derjenigen, die im Verdacht standen, am Aufstand teilgenommen oder mit ihm sympathisiert zu haben. Dem Königreich Polen wurden die letzten Reste der Selbstverwaltung und selbst sein Name genommen, es hieß von nun an nur noch Weichselland *(Priwisljanskij kraj).* Russisch wurde in allen Schulen zur Unterrichtssprache, die Schüler wurden bestraft, wenn sie untereinander Polnisch sprachen. Die Abschaffung der Leibeigenschaft und der Übergang zur Lohnarbeit bereiteten den Gutsbesitzern große Schwierigkeiten und bedeuteten, verbunden mit den hohen Steuern, für viele den Ruin. Eine allgemeine Landflucht begann. Die Nachkommen des Kleinadels verstärkten die Reihen der städtischen Intelligenz und des Industrieproletariats, dem sie viele Führer stellten. Kongreßpolen begann sich zu industrialisieren. Sein Eisenbahnnetz wurde zum dichtesten in Rußland ausgebaut, allerdings auf Kosten der Landstraßen und Wasserwege. Das Jahrzehnt 1870–1880 erlebte ein sprunghaftes Ansteigen der industriellen Produktion. Der riesige russische Markt zog ausländisches Kapital an, vor allem aus Deutschland und Frankreich. Die Stadt Lodz verdankt der Baumwollindustrie ihren schnellen Aufschwung, das benachbarte Żyrardów wurde zum Zentrum einer französisch finanzierten Leinenindustrie, und im Südwesten entwickelte sich eine bedeutende Kohlen- und Eisenproduktion. Wie überall ging diese Entwicklung mit einer unmenschlichen Ausbeutung der Arbeiter vor sich: Der Arbeitstag dauerte elf, dreizehn oder gar fünfzehn, für Kinder acht Stunden.

Die Positivisten

Der mißlungene Aufstand zog nicht nur den Zerfall der Adelsklasse nach sich, sondern bedeutete auch in vieler Hinsicht einen Bruch mit der Vergangenheit. Unter dem erschütternden Eindruck der vielen Opfer, die im Kampf oder am Galgen umkamen, wurde der ganze Komplex der politischen Romantik einer drastischen Revision unterzogen, vor allem von einer Gruppe junger Leute in Warschau, die sich Positivisten nannten nach Auguste Comtes *Positive Philosophie,* dem Hauptwerk des Wissenschaftskultes des 19. Jahrhunderts; sie standen aber dem Utilitarismus Herbert Spencers und John Stuart Mills näher und verschlangen geradezu die Werke Darwins, besonders seine *Entstehung der Arten.* In der Annahme, daß die Gesellschaft ähnlichen Gesetzen unterliege wie die Natur, setzten sie den organischen Wuchs anstelle der revolutionären Veränderung. Das Axiom von Comtes optimistischer Philosophie war der Glaube an den unbegrenzten Fortschritt der Bourgeoisie und die Segnungen der Industriellen Revolution. Sein Dreistadiengesetz teilte die Geschichte in eine theologische, eine metaphysische und eine wissenschaftliche Phase, wobei die Menschheit bereits die Schwelle des dritten Zeitalters glücklich überschritten habe. Comte hielt sich für den Gründer einer wissenschaftlichen Kirche, die alle bestehenden Glaubensbekenntnisse ablösen werde. Die polnischen Positivisten blickten zwar zu den englischen Utilitaristen als ihren Meistern auf, waren aber in ihrem Optimismus Schüler Comtes. Sie revoltierten gegen eine Vergangenheit, die so viel Unheil über ihr Land gebracht hatte. Der Möglichkeit beraubt, ihren politischen Anschauungen offen Ausdruck zu verleihen, setzten sie ihre Hoffnung auf den Fortschritt von Wissenschaft und Wirtschaft. Wegen der Zensur konnten sie ihre Kritik nur andeutungsweise vorbringen und kleideten sie in literarische Formen. Die Blüte des Positivismus fällt in die Jahre 1868 bis 1873, und ihr folgte eine

»ideologische Phase«, die sich bis 1881 erstreckte. Geradezu erstaunlich an
Zahl und Qualität sind die Veröffentlichungen und literarischen und wissenschaftlichen Übersetzungen aus dieser Zeit. In ihren Organen, *Wöchentliche
Rundschau (Przegląd Tygodniowy)* und *Die Wahrheit (Prawda)*, lehnten die
Positivisten alle Träume von einer Revolution ab. Der Wert eines Volkes sei
keine Funktion seiner Unabhängigkeit, sondern eine Funktion seiner Beiträge zu Wirtschaft und Kultur. Die Förderung von Industrie, Gewerbe und
Erziehung sei Bürgerpflicht – daher die positivistischen Losungen der »organischen« oder »grundlegenden« Arbeit. Die Gesellschaft gleiche einem biologischen Organismus, dessen Einzelteile in harmonischer Wechselwirkung
miteinander stehen. Das Streben des einzelnen nach Reichtum wirke sich, ungeachtet der Motive, letzten Endes zum Nutzen der Allgemeinheit aus. Polens veraltete Feudalmentalität, eine Hinterlassenschaft des Adels, stehe seiner Umwandlung in eine moderne kapitalistische Gesellschaft im Wege. Die
Schriften der Positivisten sind von einem moralisierenden Ton getragen, gegen Obskurantismus, Klerikalismus und Klassenunterschiede gerichtet und
treten für die Gleichberechtigung aller Entrechteten ein, nicht nur der Bauern, sondern auch der Juden und der Frauen. Sie nahmen den Rationalismus
des 18. Jahrhunderts wieder auf und verlangten – in der Überzeugung, daß
die fortschreitende Volksbildung auch das moralische Niveau der Massen heben werde – die Beseitigung des Analphabetentums und die Popularisierung
der Wissenschaft, eine Herkulesaufgabe, wenn man bedenkt, daß neunzig
Prozent der polnischen Bevölkerung Analphabeten waren (daß der Prozent-
satz in Rußland noch höher lag, war ein schwacher Trost). Die Positivisten
betrachteten die Vergangenheit mit kritischen Augen und machten den Adel
für das Unglück ihres Landes verantwortlich, und zwar im Gegensatz zu den
Romantikern, für die Polen das unschuldige Opfer böser Nachbarn war. Die
Romantik wurde einer scharfen Kritik unterzogen. Mickiewicz, Słowacki und
Krasiński wurden nicht bekrittelt, die zweite Welle der Romantik und die
messianische Manie um so mehr. Besonders streng ging man mit der Poesie
und ihrer Geringschätzung der Logik ins Gericht. Die ersten Romantiker
seien trotz ihrer gelegentlichen Undurchsichtigkeit große Dichter gewesen,
ihre Nachfolger aber hätten die Unverständlichkeit zum Prinzip erhoben. Die
Positivisten machten aus der Literatur eine Erkenntnislehre, die zwar der
Wissenschaft nachstand, aber nicht minder wichtig war. Die Kunst sollte die
Errungenschaften des Geistes auf lebendige Weise darstellen. Ein Gedicht sei
nur zu akzeptieren, wenn es klar, verständlich, logisch einwandfrei und erzieherisch wäre. Allerdings sahen manche Positivisten in der Poesie ein wertvolles Korrektiv, denn ohne Hervorhebung des Sublimen könne der Utilitarismus zum Egoismus ausarten. Die literarische Gattung, welche den Bedürfnissen des staatsbürgerlich gesonnenen Literaten und der Größe von Industrie
und Technologie am besten entspreche, sei der Roman, allerdings nicht der
historische. Elisa Orzeszkowa, eine der bedeutendsten Gestalten der Zeit, erklärt, warum: »Ein historischer Roman, der nicht untadelig ist, ist nicht nur
zwecklos, sondern geradezu schädlich, denn er vermittelt unverdorbenen Ge-
mütern ein falsches Bild von Dingen, die lieber ungesagt bleiben, als in ent-
stellter Form breitgetreten werden sollen.« Der Roman hat nicht das Leben
des Adels, sondern das des neuen Mittelstandes und der einfachen Leute zu
schildern und »den Bürger, Bankier, Fabrikanten, Kaufmann, Frack und Zy-
linderhut, Maschinen, anatomische Instrumente, Lokomotiven« einzufüh-

ren. Der Leser soll ein besseres Verständnis für die sozialen Gesetze erhalten und der Roman zum Diener der Wissenschaft werden. Das Schicksal der Personen soll nicht, wie in der romantischen Literatur, dem blinden Zufall oder dem Eingreifen übermenschlicher Kräfte überlassen werden, denn dies flöße dem Leser ein Gefühl der Ohnmacht gegenüber der Vorsehung ein und nehme ihm sein Selbstvertrauen. Der Roman habe realistisch zu sein und eine mit der Form kunstvoll verbundene »Idee« (lies »Tendenz«) zu enthalten. Heute fällt es nicht schwer, den inneren Widerspruch eines solchen Verlangens zu erkennen, aber für die Positivisten war »Wahrheit« die Enthüllung des harmonischen Prozesses des menschlichen Fortschrittes, und zwischen Tendenz und realistischer Kunst gab es daher für sie keinen Widerspruch. Eine Literatur, die sich nach dem feudalen Polen sehnte, war ihnen natürlich zuwider. Die nüchterne Betrachtung der Wirklichkeit, die sie in den Stücken Fredros und den Romanen Korzeniowskis fanden, sagte ihnen viel mehr zu. Der russischen Literatur gegenüber verhielten sie sich ablehnend, denn sie wurde vom Zarenregime als Russifizierungsfaktor eingesetzt. Wie die meisten Polen zogen sie die westeuropäischen Autoren vor, besonders Dickens, Mark Twain und Alphonse Daudet. Zolas Werke erregten großes Aufsehen, ihre Brutalität wirkte jedoch abstoßend.

Die liberale Ideologie der Positivisten stützte sich auf die Überzeugung, daß der freie wirtschaftliche Wettbewerb den unaufhaltsamen, harmonischen Fortschritt der Menschheit garantiere. Vor dem gewaltsamen Kampf innerhalb der kapitalistischen Gesellschaftsordnung schlossen sie die Augen. Mit der Zeit wurden sie aber skeptischer und pessimistischer, besonders in den achtziger Jahren. Die sozialen Gegensätze hatten sich so sehr verschärft, daß sich sozialistische Geheimorganisationen mit revolutionären Zielen zu bilden begannen, als erste die marxistische Gruppe »Proletariat«. Im Jahre 1892 wurde die Polnische Sozialistische Partei (PPS) und ein Jahr darauf die Sozialdemokratische Partei des Königreiches Polen (SDKP) gegründet, die sich seit 1900 Sozialdemokratische Partei des Königreiches Polen und Litauens (SDKPiL) nannte. Die beiden Parteien unterschieden sich voneinander in bezug auf die Frage der nationalen Unabhängigkeit. Die PPS wollte gleichzeitig für Sozialismus und Unabhängigkeit kämpfen, die SDKP vertrat den Standpunkt, daß das Proletariat keine Heimat habe, und war für eine allrussische Revolution, die die nationalen Probleme automatisch lösen werde. Im 20. Jahrhundert entwickelte sich die PPS zu einer parlamentarischen Partei, während ihr linker Flügel sich mit der SDKPiL zur Polnischen Kommunistischen Partei zusammenschloß. Die Positivisten widersetzten sich jedem Gedanken an eine Revolution. In ihrem Widerstand gegen die Sozialisten näherten sich manche von ihnen paradoxerweise der politischen Rechten, vor allem den Nationaldemokraten (ND), die einen Modus vivendi mit Rußland für möglich hielten, dem angeblichen Beschützer des freien Wettbewerbs; paradoxerweise, denn die Positivisten waren keineswegs Vertreter der »Interessen der Bourgeoisie«, sondern Verteidiger der Benachteiligten und fortschrittliche Moralisten. Das Dilemma, in dem sie sich befanden, zeugt von der nicht unehrenhaften Schwäche, die jeder moralisierenden Haltung innewohnt.

Der bedeutendste Vertreter der Positivisten war Aleksander Świętochowski, Publizist, Romancier, Dramatiker, der in seiner schöpferischen Kraft an Kraszewski heranreicht. Wie fast alle prominenten Positivsten war auch er ein Absolvent der »Hauptschule« *(Szkoła Główna),* wie die Warschauer Universität nach ihrer Wiedereröffnung im Jahre 1862 genannt wurde, bis 1869 eine russische Schule an ihre Stelle trat. Świętochowski war ein glänzender, oft gewaltsamer Polemiker, den seine konservativen Gegner für hochmütig und anmaßend hielten. Er war Redakteur der *Prawda* und unterschrieb seine Artikel mit »Ein Sprecher der Wahrheit«. Er trat unentwegt für die Erziehung ein: »Alle im Schoß der Menschheit verborgenen Probleme können durch Bildung gelöst werden. Diese hat daher obligatorisch zu sein.« Vom Kapitalismus war er nicht gerade begeistert: »Der Kapitalismus ist ein wildes Tier, das noch immer die Menschen verschlingt, aber mit der Zeit wird ihm ein immer besserer Maulkorb angelegt.« Dennoch sei er dem Sozialismus vorzuziehen, denn dieser bedeute allgemeine Sklaverei: »Jedermann wird sich in seinem Tun und Denken den vorgeschriebenen Normen fügen müssen, wird keine eigenen Ideen haben und keinen eigenen Weg gehen dürfen. Die Originalität des Menschen wird mehr oder weniger in seiner Fähigkeit bestehen, dem Wunsch der Gemeinschaft nachzukommen, und Freiheit wird physische Arbeit und den Konsum ihrer Früchte bedeuten.« In einer Polemik mit der konservativen russischen Presse, die den Polen ihren revolutionären Geist vorhielt, sagt er:

»Wenn wir zum Entstehen des russischen Nihilismus beigetragen haben sollen, so erhebt sich die Frage: Wer hat uns das sozialistische Baby auf die Schwelle gelegt? Vor kurzem – so in der Petersburger Tagespresse nachzulesen – verwickelten sich mehrere unserer jungen Leute, die an russischen Schulen studierten, in die Propaganda revolutionärer Ideen, und ihre Karrieren endeten in mehr oder minder entlegenen Orten Sibiriens. Polnische Institutionen wie die verblichene *Szkoła Główna* haben dagegen dem Sozialismus keinen einzigen Vorkämpfer geliefert.«

Seine allgemeinen politischen Ansichten faßte er im Jahre 1883 zusammen:
»Zwei Gespenster lassen das Blut in den Adern Europas gerinnen, lähmen alle Tätigkeit und zerstören die Hoffnung auf bessere Zeiten: das ausgedehnte System politischer Bündnisse, das Bismarck für seine dunklen Zwecke errichtet hat, und das ebenso mächtige und geheimnisvolle System von Marx gegründeter sozialistischer Vereine – zwei Minen unter den Grundlagen der Welt, die zu explodieren drohen und Schrecken verbreiten.«

Die radikalen Positivisten sahen in Świętochowski ihren Führer, aber er hielt sich von ihnen fern. Später unterstützte er die Nationaldemokraten in ihrem Kampf gegen die Sozialisten, ohne ihre chauvinistische Rassenpolitik zu übernehmen. Deswegen zählten die ND-Leute ihn nie zu den Ihren. Świętochowskis literarische Leistung steht qualitativ nicht sehr hoch. Er war für seine Zeit zu intellektuell. Seine Dramen sind kaltes Feuer. Das bedeutendste seiner Werke ist die dreibändige *Geschichte der polnischen Bauern (Historia chłopów polskich,* 1925–1928).

Piotr Chmielowski (1848–1904)

Die Positivisten nahmen es mit der Erziehung sehr ernst. Ihr führender Literaturkritiker, Peter Chmielowski, war ein Musterbeispiel hoher Bildung, harter Arbeit und moralischer Integrität. Er veröffentlichte zahlreiche literaturwissenschaftliche Studien, redigierte literarische Zeitschriften und stand auch bei seinen Gegnern in hohem Ansehen. Er lehnte eine Berufung nach Warschau ab, weil man dort nur in russischer Sprache vortragen durfte. Auch an der Universität Lemberg hatte er als Freidenker große Schwierigkeiten. Chmielowski trat für eine »wissenschaftliche« Untersuchung der Literatur ein und folgte darin dem bedeutendsten Literaturhistoriker seiner Zeit, Hippolyt Taine. Als Rationalist oder rationalistischer Moralist wollte er, daß die Literatur den Menschen befreie, ihn mit der Welt konfrontiere, seinen Charakter stärke und ihn zu gemeinnütziger Arbeit und zu selbstlosem Dienst für seine Mitmenschen befähige. Während Świętochowski gegen den Sozialismus wetterte, lief Chmielowski gegen die Dekadenz Sturm. All die Anklagen, der Haß auf die Gesellschaft, die Zurschaustellung gefallener Engel – sie stießen ihn wie auch andere Positivisten ab. Ein Angehöriger der nächsten, antipositivistischen Generation, Stanislaus Brzozowski, sagte dazu: »Wenn die jungen Leute ›Wir können nicht leben!‹ rufen, sagt ihnen Chmielowski: ›So ändert eure Art zu denken!‹« Dennoch zollte er ihm hohes Lob:

»Die Literatur war für ihn kein ästhetisches Vergnügen, sondern eine Pflicht. Manchmal läßt er einen glauben, daß er ein Baumeister sei, der die Steinblöcke prüft, aus denen das Haus der polnischen Kultur gebaut werden soll. Er nahm sie einzeln vor und untersuchte sie mit der Picke. Er arbeitete pausenlos und merkte oft nicht, daß er keine Steinplatte, sondern ein Relief, keine Säule zum Stützen eines Gewölbes, sondern eine Statue auf ihre Härte prüfte.

Er diente dem, was er an Literatur liebte, und das nicht mit rhetorischem Gehabe, sondern mit Selbstverleugnung, Eifer und Beharrlichkeit.«

Włodzimierz Spasowicz (1829–1906)

Es wäre falsch, Wladimir Spasowicz, einen bedeutenden Verbündeten der Positivisten, unerwähnt zu lassen, der Polen und Russen einander näherzubringen suchte. Spasowicz war Jurist und in Rußland als begabter Redner und ausgezeichneter Verteidiger bekannt (Dostojewski karikierte ihn in den *Brüdern Karamasow*). Seine zahlreichen Schriften in polnischer und russischer Sprache räumten gründlich mit den Überresten der messianischen Denkweise auf. Als nüchterner Kritiker und liberaler Politiker bedauerte er die Schwächung der fortschrittlichen Strömungen in Rußland durch den polnischen Aufstand von 1863. Zwischen den Russen, die ihm vorwarfen, daß er ein Fremdling und Demokrat unter ihnen sei, und den Polen, die ihn als Fürsprecher einer Verständigung mit Rußland anklagten, verstand er es, seinen eigenen Kurs zu steuern. In der Literatur verwarf er die Verallgemeinerungen gewisser Schriftsteller, besonders Vinzenz Pols Sehnsucht nach dem alten Adel mit all seinen Tugenden und Lastern. Spasowicz läßt sich nicht einfach einreihen; in mancher Beziehung steht er der sogenannten »Krakauer Schule« nahe, als liberaler Politiker den Warschauer Positivisten.

Die Krakauer Schule

Dank seiner Universität und der verhältnismäßig liberalen österreichischen Verwaltung fiel es Krakau zu, die polnische Tradition aufrechtzuerhalten. Im Jahre 1866 stellte Österreich seine polnischen Landesteile unter Selbstverwaltung, und Krakau rückte zum geistigen Zentrum auf. Im russisch besetzten Teil Polens wurde die antiromantische Strömung von den naturwissenschaftlich beeinflußten Positivisten getragen, in Krakau von Vertretern der Geisteswissenschaften, vor allem Geschichtsschreibern. Konservativ und austrophil, verdammten sie die Aufstände als Zeugnis der typischen Verantwortungslosigkeit revolutionärer Fanatiker. Sie untersuchten Polens Vergangenheit und unterbauten ihre Thesen mit sorgfältigen wissenschaftlichen Analysen. Den Grund für den Untergang der alten *Respublica* fanden sie in der Schwäche des Königtums und in der vom Adelsparlament verursachten politischen Anarchie, zu der einige von ihnen auch die religiöse Toleranz rechneten. Ihre gemeinsam verfaßte Spalte, *Stańczyks Mappe (Teka Stańczyka)*, rief in der Presse einen wahren Sturm hervor (Stańczyk war ein Hofnarr aus dem 16. Jahrhundert) und trug ihnen den Namen »Stańczyks« ein, Hanswürste, die heilige Nationalgefühle verletzten. Den Aufstand von 1863 lehnten sie ohne Ausnahme ab, ebenso die führende Rolle der Pariser Emigranten; sie warnten davor, sich der Illusion einer westeuropäischen Intervention hinzugeben. Innenpolitisch standen sie auf seiten der von den Großgrundbesitzern unterstützten Konservativen Partei, die ihre Vertreter ins österreichische Herrenhaus entsandte. An der Spitze der Krakauer Schule stand der Universitätsprofessor Josef Szujski (1835–1883), Generalsekretär der Krakauer Akademie der Wissenschaften und Autor zahlreicher Studien, sowie Michał Bobrzyński (1849–1935), Professor der Rechte und zeitweiliger Statthalter von Galizien, dessen *Geschichte Polens* (1879) trotz mancher Vorurteile noch immer eines der besten Werke seiner Art ist.

Der Naturalismus

Der literarische Naturalismus begann zuerst in Frankreich als Folge der Bedeutung, welche den Naturwissenschaften beigemessen wurde. Er verlangte eine eingehende Beobachtung des menschlichen Verhaltens, das von elementaren Instinkten bestimmt sei und sich daher von dem anderer Lebewesen nicht unterscheide. Als polnische Schriftsteller in den achtziger Jahren eine Romantheorie auszuarbeiten begannen, wandten sie sich zunächst Zola zu, dessen *Le roman expérimental* (1880) die Grundlagen zum »wissenschaftlichen Roman« als objektiven »Lebensspiegel« gelegt hatte. Die konservative (»alte«) Presse bekämpfte Zolas unbedenkliche Verehrung der Naturwissenschaften. Man muß zugeben, daß ihre Argumente etwas für sich hatten. Die »junge« Presse der Positivisten interessierte sich sehr für Zolas Theorien, konnte sich aber nicht zur Annahme seiner radikalen Ideen entschließen. Der bedeutendste polnische Romancier dieser Zeit, Bolcslaus Prus, sagte dazu: »Poesie und Ästhetik haben bisher nur dem Geschmack der begüterten Klassen gedient. Jetzt tritt aber eine Klasse auf die Bühne, die in Armut lebt und deren Los viel zu wünschen übrig läßt, nicht zuletzt in ästhetischer Hinsicht.«

Prus beurteilte die französische Literatur, die damals oft »obszön« genannt wurde, positiv, wenn auch etwas herablassend:
»Ihr Stoff ist gewöhnlich dem Leben entnommen, und ihre Sprache ist die der unteren Klassen, die in ihrer Art dem ehrenwerten Publikum schon immer einen reichen Vorrat unziemlicher Worte anzubieten hatten. Bücher in dieser Sprache hatten schon immer eine gewisse Anziehungskraft für Jugendliche, aber auch für wohlerzogene Kreise, und das nicht, weil solcherlei in adligen oder bürgerlichen Salons nicht vorkommt, sondern weil die gebildeten Klassen erkannt haben, daß zum Wohlergehen nicht nur Seife, Kamm und Zahnbürste gehören, sondern auch die Gabe, über gewisse Dinge zu schweigen.«

Die polnischen Literaturkritiker fanden an Flaubert viel mehr Gefallen als an Zola. Anton Sygietyński z.B. sah in ihm den idealen Romancier, der seine Gestalten aufgrund sorgfältiger Beobachtung von Temperament und Leidenschaften entwickelt und nicht in bezug auf die gute oder böse Rolle, die sie in der Gesellschaft spielen, also einen Romancier, der eine objektive Studie, einen »Lebensspiegel« entwerfen will.
Naturalistische Strömungen machten sich in Polen gegen Ende des 19. Jahrhunderts bemerkbar. Der Roman als kühle, leidenschaftslose Untersuchung setzte sich aber nicht durch. Naturalismus – das war etwas für »das reiche, glückliche Frankreich«, nicht für ein Volk, dessen Existenz auf dem Spiel stand. Auch die beginnende Dekadenz und subjektive Kunst sowie die revolutionären Bestrebungen der Sozialisten stellten sich ihm in den Weg. Der Naturalismus Zolas fand daher in Polen nur wenig Anklang.

Bolesław Prus (1845–1912)

Der bedeutendste Romanschriftsteller der Zeit war Boleslaus Prus (Pseudonym für Alexander Głowacki). Er kam 1845 auf einem Gutshof in der Gegend von Lublin zur Welt, wo sein Vater – vielen verarmten Adligen gleich – eine kleine Anstellung hatte. Prus war der Wappenname der Familie und geht auf den Urahnen, einen altpreußischen Ritter, zurück, der nach Polen kam und das Christentum annahm. Prus hatte eine unglückliche Kindheit, die Eltern starben früh, und er wuchs im Hause von Verwandten auf. Im Jahre 1863 zog er mit seinen Mitschülern in den Kampf gegen die Russen. Aus dieser Zeit seines Lebens ist wenig bekannt, er sprach nicht gern über sie, wahrscheinlich wegen eines inneren Konfliktes zwischen Pflichtgefühl und Überzeugung. Er wurde verletzt, verbrachte mehrere Monate im Lazarett und Gefängnis und wurde als Minderjähriger entlassen (die Familie hatte anscheinend den Geburtsschein gefälscht). Diese Erfahrungen ließen ihn früh reifen; er war verschlossen und neigte dazu, sich zu verstellen. Nach der Entlassung aus dem Gefängnis kehrte er in die Schule zurück, wo er als ein zu Streichen

aufgelegter Witzbold bekannt wurde. Er interessierte sich für Naturwissenschaften und wollte an einer russischen Universität studieren, folgte aber dem Rat seiner Freunde und belegte Mathematik und Physik an der *Szkoła Główna* in Warschau. Dort stand die Naturwissenschaft in hohem Ansehen, der Positivismus jedoch ließ Prus kalt. Aus Geldmangel mußte er das Studium aufgeben und sich als Fabrikarbeiter den Lebensunterhalt verdienen. Er kam damit auch der Aufforderung nach, die an die gebildeten Klassen gerichtet wurde, das Leben der Massen am eigenen Leibe kennenzulernen. In seiner Freizeit las er viel und geriet unter den Einfluß Herbert Spencers, den er den »Aristoteles des 19. Jahrhunderts« nannte: »Ich wuchs unter dem Einfluß von Spencers Entwicklungstheorie auf und folgte ihm und nicht Comte oder der idealistischen Philosophie.« Zum Lernen brauchte er Geld und Zeit, die Fabrikarbeit gab ihm aber weder das eine noch ließ sie ihm das andere. In einem seiner Notizbücher heißt es: »Zum Lernen braucht man Geld. Ich muß daher eine Arbeit finden, die mir so viel Geld wie möglich gibt und mir so viel Zeit wie möglich zum Lernen läßt.« Er gab Nachhilfestunden und fand schließlich, was er suchte, als Mitarbeiter an Witzblättern. Seine Beiträge gefielen den Lesern, und man verstand nicht, warum er sich später dem Roman zuwandte. Er selbst sah sich als Versager: »Humor ist eine Distel, die aus den Ruinen blüht. Sie verletzt einen empfindlichen Gaumen und schmeckt den Eseln.« Mit seiner mathematischen Veranlagung und seinem Sinn für Präzision und Gründlichkeit nahm er seine Rolle als Humorist sehr ernst. Er führte sieben Notizbücher: eines zur Sammlung des Materials, eines für die Beziehungen zwischen den Tatsachen, ein drittes für allgemeine Bemerkungen, ein viertes für Witze, ein fünftes für wissenschaftliche Notizen, ein sechstes für Beobachtungen und wie sie zu machen sind, ein siebentes für geschichtliche Daten. Allmählich wandte er sich ernsteren Themen zu, die über den Rahmen eines Witzblattes hinausgingen, und begann unter dem Titel *Chronik der Woche (Kroniki tygodniowe)* Feuilletons zu schreiben, die vierzig Jahre lang in der Warschauer Presse erschienen und die fortschrittliche Intelligenz entscheidend beeinflußten. Diese Art von Journalismus stammt aus Frankreich, wo die Pariser *chroniques* von Skandalaffären, Theatertratsch, dem Künstlerleben usw. berichteten und alles mit spöttischem Humor betrachteten. Die polnische *kronika* nahm auch Überreste der *gawęda*-Plauderei auf (vgl. Kapitel VII) und paßte sie den veränderten Verhältnissen an. Da die Erwähnung gewisser Fragen von der Zensur verboten war, nahm man zu trivialen Alltäglichkeiten und ästhetischen Anspielungen und Andeutungen Zuflucht, um Politik zu machen. Prus setzte seinen Humor für kämpferische und erzieherische Zwecke ein. Das Publikum, sagte er, sei ein Fisch, der sich nur mit einem Witzköder fangen lasse, und jede Woche bereite er eine nahrhafte Suppe zu, für die er wie jeder gute Koch eine Würze gebrauche, seinen Humor.
Prus war politisch unabhängig und kein kämpferischer Positivist wie Świętochowski. Im Gegenteil, er warf den Positivisten vor, daß sie zu sehr an Worten und Theorien hingen und das Leben nicht kannten. Seine *Wochenchronik* verdankte ihren Erfolg dem urwüchsigen Humor, der einen gutmütigen Menschen spüren ließ, einen, der Verständnis für die Opfer seines Witzes hatte, einen, der immer bereit war, die Schwachen zu verteidigen, und der niemanden haßte. Diese Mischung von Humor und Mitgefühl, von wehmütig-skeptischem Lächeln und Glauben an das Gute im Menschen, gewann Prus alle Herzen. Seine Feuilletons beginnen gewöhnlich mit einer kleinen Begeben-

heit, z. B. einem Botaniker, der beim Kräutersammeln von Bauern umringt wird, die von ihm Geld verlangen, denn wenn Kräuter einen Wert für ihn haben, soll er für sie zahlen. Zur Bereicherung des Themas führt Prus verschiedene Personen ein, kleine Szenen, deren Zeuge er gewesen war, Dialoge und seine eigenen humorvollen Bemerkungen. Die *Wochenchronik* entwarf ein getreues Bild des Warschauer Alltags, zeugte von der Liebe, die Prus für diese Stadt empfand, und beeindruckte die fortschrittliche Intelligenz so stark, daß einer ihrer späteren Angehörigen, in vieler Hinsicht ein philosophischer Erbe von Prus, der Dichter Antoni Słonimski, seinen Feuilletons, die wöchentlich von 1918 bis 1939 erschienen, denselben Titel gab.

Allmählich ging Prus zur erzählenden Prosa über. Die begrenzte Wirksamkeit des Journalismus befriedigte ihn nicht. Er nahm sich Kraszewski, Dickens und Mark Twain zu Vorbildern und begann mit Kurzgeschichten aus den Warschauer Mietskasernen und ihren dunklen Höfen. Die Menschen, die er schildert, sind Hungerleider: im »Ballkleid« (»Sukienka balowa«) eine Näherin, in der »Dachkammer« (»Lokator poddasza«) ein arbeitsloser Maurer, im »Leierkasten« (»Katarynka«) ein blindes Mädchen, das kein Geld für eine Augenoperation hat, in der »Weste« (»Kamizelką«) ein armer Kopist. Die letzte Geschichte ist bezeichnend für Prus' Feingefühl. Ein Altkleiderhändler kauft eine Weste nach dem Tod ihres Eigentümers. Dieser starb an Tuberkulose und hatte zeitlebens nur eines im Sinn: seiner Frau keinen Kummer zu bereiten. So erklärte er ihr, daß ihm seine Weste zu eng geworden sei, während sie selbst hinter seinem Rücken sie immer enger gemacht hatte. Prus stellt die Reichen nicht in schlechtem Lichte dar. Der Hauswirt, dem die Näherin die Miete schuldet, entpuppt sich als guter Mensch; der Besitzer einer Mietskaserne, ein Rabbiner, macht sich auf die Suche nach Arbeit für den arbeitslosen Maurer; ein alter Junggeselle ist zunächst bitterböse über die Drehorgel im Hof, als er aber sieht, welche Freude sie dem blinden Mädchen bereitet, gibt er dem Hausmeister Geld für alle Leierkastenmänner in der Nachbarschaft und bezahlt die Operation des Mädchens. Die Erzählung »Michałko« handelt von einem jungen Bauern, einer Steinbeck-Gestalt, der in die große Stadt kommt und wegen seiner Einfalt für einen Idioten gehalten wird. Er arbeitet auf dem Bau und rettet einem Menschen, der von einer einstürzenden Mauer erdrückt zu werden droht, das Leben, ohne sich seiner Heldentat bewußt zu werden.

Auf die Kurzgeschichten folgten Romane. Prus formulierte sein Programm als Realist im Gegensatz zu Romantik und Naturalismus, obgleich Flaubert und Zola nicht ohne Einfluß auf ihn blieben. »Die Literatur«, sagte er im Jahre 1885, »soll dem Individuum und der Gesellschaft in ihrer geistigen Entwicklung Beistand leisten. Die Naturwissenschaft hilft dem Geist, die Sozialwissenschaft dem Geist und dem Willen, die Literatur dient indirekt dem Geist, dem Willen und den Gefühlen.« Zwischen Wissenschaft und Literatur bestehe eine gewisse Ähnlichkeit: »Die Gestalten von Hamlet, Macbeth, Falstaff, Don Quichotte sind als Entdeckungen für die Psychologie ebenso bedeutsam wie die Gesetze der Bewegung der Himmelskörper für die Astronomie. Shakespeare ist nicht weniger wichtig als Kepler.«

Zu Prus' Meisterwerken gehört zunächst der Dorfroman *Der Vorposten (Placówka,* 1866, deutsch 1947). Der Held, ein Bauer namens Ślimak (Schnecke), steht für das ganze Dorf, dessen Einwohner fast ausnahmslos Analphabeten sind. Sie haben keine Schule, und ihre Religion gründet sich vornehmlich auf

Magie. Wenn einem von ihnen zufällig ein Bild von »Leda mit dem Schwan« in die Hand fällt, beten sie es ebenso andächtig an wie die zwei alten Gemälde der adligen Stifter der Dorfkirche. Die Dörfler werden aus ihrem keineswegs malerischen Leben in den Strom der Veränderungen gezogen, die im Lande vor sich gehen. In der Nähe wird eine Eisenbahnlinie gebaut, und der Gutsherr verkauft sein Land an deutsche Siedler. Prus bezieht sich hier auf Bismarcks Expansionspolitik, die ihn sehr beunruhigte. Die deutsche Regierung versuchte, die Bauern mit Anleihen zur Umsiedlung in den Osten zu bewegen. Die deutschen Bauern waren den polnischen finanziell und wirtschaftlich überlegen, und die Gutsbesitzer vergaßen ihren vaterländischen Geist beim Anblick des Geldes. Sie sprechen bei Prus lieber Französisch als Polnisch und tauschen das langweilige Landleben gern gegen ein Leben in der Stadt oder im Ausland ein. Ślimak will sein Land den deutschen Siedlern, die es zur Errichtung einer Windmühle brauchen, nicht verkaufen. Er handelt nicht aus Eigennutz, denn mit dem Erlös könnte er sich anderswo günstiger ankaufen, sondern aus Trägheit und Anhänglichkeit an die Scholle. Vater und Großvater haben ihm eingeprägt: Wenn der Bauer sein Land aufgibt, erwartet ihn das größte Unglück, die Lohnarbeit. Er zögert, aber sein Weib ist stärker als er (eine gute Beobachtung des polnischen Bauern) und läßt ihn an ihrem Totenbett schwören, daß er das Land nie verkaufen werde. Der Roman ist alles andere als ein Loblied auf die Kraft des Bauern, dessen Konservatismus der einzige Schutz gegen den Einbruch einer feindlichen Macht ist.
Die düstere Atmosphäre wird von der Freundlichkeit und der Wärme des Autors ein wenig erhellt. So ist der Dorfpfarrer zwar hauptsächlich dem Essen und Trinken ergeben und an der Treibjagd interessiert, aber doch nicht bar aller Eigenschaften eines guten Christen. Die zwei Gestalten, die in den Augen der Bauern am niedrigsten stehen, sind Sinnbilder höchster Selbstlosigkeit. Der stumpfsinnige Knecht Ślimaks trägt ein Findelkind in seine Hütte und nimmt sich seiner an. Ein armseliger jüdischer Hausierer ist der einzige Mensch, der Ślimak nach dem Tode seiner Frau und nach der Feuersbrunst, die seinen Hof zerstört, beisteht. In der Hervorhebung ethischer Motive unterscheidet sich *Der Vorposten* von den üblichen realistischen Romanen, die das Leben als blinden Existenzkampf darstellen. Sie ist ein bemerkenswertes, etwas tendenziöses Beispiel dieses Genres.
Als Anhänger Spencers betrachtete Prus den Menschen als Teil der Natur, doch Darwins Theorie vom Überleben der Stärkeren half ihm nicht, die soziale Dynamik zu verstehen. Gewiß, Kampf muß sein, um minderwertige Individuen auszuschalten, aber gegenseitige Hilfe, die es gleichfalls in der Natur gibt, sei viel wichtiger. Die Gesellschaft ist für Prus ein Organismus, dessen Gesundheit vom Gleichgewicht seiner Bestandteile und ihrem harmonischen Funktionieren abhängt. Sie kann für ihn nicht ohne gewisse Ideale existieren, z. B. das Ideal, Gelehrter, Techniker oder Kaufmann zu werden. Die polnische Gesellschaft ist für Prus krank. Der Adel hat vergessen, daß er seine Existenz der harten Arbeit des Volkes verdankt, und sich ihm als Vorbild aufgedrängt, mit dem Festhalten an einem überlebten Ehrenkodex, leeren Phrasen und falschem Idealismus. Der Mittelstand hat seine Schwäche nie überwunden, und der Bauer – wie er im *Vorposten* erscheint – kommt gewiß nicht als Faktor des Fortschritts in Frage.
Dieser Pessimismus zieht sich durch das soziologische Panorama des Romans *Die Puppe (Lalka,* deutsch 1954). Der Titel ist belanglos, er bezieht sich

auf eine gestohlene Puppe, in der das Publikum allerdings eine Verurteilung der Frauen sehen wollte. Prus nannte das Werk ursprünglich *Drei Generationen;* es erschien ab 1887 in Fortsetzungen und 1890 in Buchform. Wegen des Reichtums an realistischen Einzelheiten und der ruhigen, sachlichen Sprache gilt es vielen als der beste polnische Roman. Es gibt in der Weltliteratur wenige Fälle, in denen der Held eines Buches zur lebendigen Gestalt wird. Das geschah dem Helden der *Puppe,* Stanislaus Wokulski. Nach dem Ersten Weltkrieg brachten Prus' Bewunderer an einem Haus in Warschau, das der Beschreibung des Romans entsprach, eine Tafel an mit der Inschrift: »Hier lebte Stanisław Wokulski, der Held der *Puppe* von Bolesław Prus.«

Die Puppe hat eine Doppelhandlung, die eine spielt in den siebziger Jahren, die andere ist in einem Tagebuch enthalten mit Rückblicken auf den Völkerfrühling von 1848/49. Die zahlreichen Personen gehören verschiedenen Klassen an und sind alle mit den beiden Hauptfiguren verbunden, die zwei aufeinanderfolgende Generationen verkörpern. Wokulski, ein schlecht bezahlter Kellner in einem Warschauer Restaurant, ist (wie Prus) adliger Abstammung und träumt von wissenschaftlichen Entdeckungen. Wegen Teilnahme am Aufstand von 1863 auf mehrere Jahre nach Sibirien verbannt, wird er nach seiner Rückkehr Verkäufer im Laden eines Deutschen namens Minzel. Die liebevolle Beschreibung des Ladens gehört zum Schönsten des Buches. Wokulski heiratet (nicht ganz freiwillig) die Witwe des Geschäftsinhabers und kommt so zu Geld. Mit einem Russen, den er aus Sibirien kennt, als Partner gründet er eine Handelsgesellschaft und gewinnt im Krimkrieg ein Vermögen als russischer Kriegslieferant sowie mittels nicht ganz einwandfreier Machenschaften mit Geld und Waffenlieferungen. Dennoch nennt ihn Prus einen »positiven Kapitalisten«, einen arbeitsamen, überlegten Mann, ein nützliches Mitglied der Gesellschaft. Die Sache hat aber einen Haken. Im Grunde genommen ist er romantisch veranlagt und träumt vom »wahren Leben«. Dieser seelische Konflikt macht ihn auch blind für die Fehler der Frau, die er liebt. Prus zeigt an Wokulski, wie schwer es ist, sich des Stigmas von Polens adliger Vergangenheit zu entledigen. Wokulskis Freund und Leiter seiner Firma, Ignatz Rzecki, vertritt das alte Polen. Prus stellt diese Gestalt mit großer Liebe dar, ein Beweis dafür, daß er keine Klischees anwandte oder voreingenommen war. Rzecki stammt aus dem Warschauer Volk der Handwerker, kleinen Angestellten und Kleinbürger. Er lebt in der Vergangenheit, einem heroischen Kapitel seines eigenen und Europas Lebens. Sein Tagebuch macht den Leser mit manchem Erlebnis Wokulskis bekannt, gesehen mit den Augen eines Bewunderers, und mit dem jungen Rzecki, der mit seinem Freund Katz im Jahre 1848 nach Ungarn zog, um mitzukämpfen. In poetischen Ergüssen erzählt er von den Kämpfen, der schönsten Zeit seines Lebens, die für ihn ewig mit dem Namen Napoleons verbunden bleibt. Der ungarische Aufstand ließ ihn hoffen, daß das reaktionäre System, das auf Napoleon folgte, zusammenbrechen werde, eine Hoffnung, die er nie aufgab. Später vertraute er auf Napoleon III. und selbst auf dessen Sohn, Prinz Loulou; als dieser jedoch auf seiten der Engländer im Kampf gegen einen afrikanischen Negerstamm fällt, ergreift ihn die Resignation des alten Mannes. Hinter seiner Bedürfnislosigkeit und Pünktlichkeit, hinter seiner trockenen, pedantischen Erscheinung lebt Rzecki in ständiger Spannung und Erregung über gewisse Dinge, die er in seinem Tagebuch mit dem Buchstaben P bezeichnet: Politik. Als eifriger Zeitungsleser glaubt er überall Anzeichen zu erkennen, daß »es« losgehe. Prus verwandte an keine Gestalt so viel Sorgfalt und überschüttete Rzecki buchstäblich mit dem ganzen Schatz seiner Gefühle und seines Humors. Als Bewunderer der großen Dinge dieser Welt, ein stiller, schüchterner Anbeter der Frauen, ist Rzecki eine komisch-rührende Figur. Neben ihm und Wokulski tritt in der *Puppe* auch eine dritte Generation auf: der vielversprechende Naturwissenschaftler Ochocki, mehrere Studenten und die jungen Verkäufer in Wokulskis Geschäft. Hier wird Prus etwas undurchsichtig und beschränkt sich mehr auf Fragen als auf Antworten. Die Studenten leben auf dem Dachboden eines Wohnhauses, in ständigem Zank mit dem Hausherrn, dem sie die Miete schuldig bleiben, tolle Burschen, die gegen die bestehende Ordnung revoltieren und anscheinend Sozialisten sind. Auch einer der Verkäufer ist es, die anderen sind Karrieristen und nehmen es im Gegensatz zu Wokulski und Rzecki im Geschäft nicht so genau.

Der Roman selbst handelt von der unglücklichen Liebe Wokulskis zu Isabella Łęcki. Man könnte vielleicht mit Hilfe der Tiefenpsychologie erklären, warum Wokulski ausgerechnet einer Aristokratin seine Liebe zuwenden muß, für die er ein ordinärer Mensch ist, der die großen, roten Hände eines Fleischers hat. Isabella lebt in einer idealen Welt, unberührt vom »Schmutz des Lebens«; wer kein Aristokrat ist, ist für sie kein Mensch. Sie ist noch Jungfrau und gibt sich in ihren Träumen berühmten Schauspielern und Sängern, aber auch einem steinernen Apollo hin. Manchmal stiehlt sich ein beunruhigendes Element in den Traum: Dann sieht sie Riesenfiguren schmutziger Arbeiter in rauch- und rußgeschwärzten Hallen feuriges Eisen hämmern und einen von ihnen, er sieht wie Wokulski aus, nach ihr greifen. Um sie zu erobern, gibt Wokulski seine Lebensweise auf, beginnt ins Theater zu gehen, Salons zu besuchen und verschwendet sein Geld mit Kaleschen und Blumen. Isabellas Vater ist ein heruntergekommener Aristokrat, der mühsam den Schein seines Standes aufrechterhält. Um ihm zu helfen, gründet Wokulski eine Handelsfirma und macht ihn zu ihrem Leiter. Isabellas Milieu ist stark karikiert, schärfer, als man es von einem gemäßigten Geist wie Prus erwartet hätte. Hinter der Fassade strenger Würde und höflich-ernster Manieren verbergen sich unsaubere Eheaffären, offenkundige Dummheit und die größte Sünde der Bourgeoisie: geschäftliche Unfähigkeit. Wokulskis Ende – Prus deutet an, daß er sich das Leben nimmt – ist symbolisch für die Trägheit der polnischen Gesellschaft, das Leitmotiv der *Puppe*. Der einzige energische und erfolgreiche Mensch kommt aus persönlichen Gründen um, vielleicht aber, weil auch er vom aristokratischen Virus infiziert ist. Er macht aus Liebe und Ehre etwas Absolutes und versagt daher in einem kritischen Augenblick. Wokulski und Rzecki sind in vieler Hinsicht Doppelgänger von Prus und stehen wie er auf der Scheidelinie zweier Welten. Wokulski, der verhinderte Wissenschaftler, ist jedenfalls ein Ebenbild des Dichters. Auf einer Reise nach Paris enthüllt er seine »osteuropäischen Komplexe«: Er beneidet den Westen um seine Technologie und Industrie, den Fortschritt und die Arbeitsamkeit. In Paris trifft er einen alten Physiker namens Geist, der ein Metall erfunden hat, das leichter als Luft ist und der Menschheit ewigen Frieden und ewiges Glück bringen kann. Wokulski schwankt bis zum Ende des Romans zwischen seiner Liebe zu Isabella und dem Wunsch, in Paris zu bleiben und Geists Erfindung zu finanzieren.

Die Puppe mit der Unzahl ihrer Gestalten und Details aus dem Warschauer Leben ist bester Realismus und erfüllt das grundsätzliche Postulat dieses

Genres: den Helden vom Unterschied zwischen Ideal und Wirklichkeit zu überzeugen oder ihn daran scheitern zu lassen.

Nach der *Puppe* schrieb Prus eine längere Erzählung über die Gleichberechtigung der Frau: *Die emanzipierten Frauen (Emancypantki,* 1894), ein Mißerfolg, vielleicht, weil Prus (wie sein Rzecki in der *Puppe*) wenig von Frauen verstand. Jedenfalls gelang es ihm nie, eine Frau überzeugend darzustellen. (Isabellas Porträt ist eine Satire.)

Er erreichte den Höhepunkt seiner Kunst wieder in dem nächsten seiner Romane, *Pharao (Faraon,* 1896, deutsch 1944), einer Erzählung von der Staatsmaschinerie, wohl einzigartig in der Weltliteratur des 19. Jahrhunderts. Seitdem Champollion auf dem napoleonischen Feldzug die Hieroglyphen entziffert hatte, übte das alte Ägypten mit seiner malerischen Exotik eine große Anziehungskraft auf Europa aus. Prus erfand einen Ramses XIII. aus dem elften vorchristlichen Jahrhundert und ging damit der Forderung nach Aktualität und der Zensur aus dem Weg. In der Entwicklung des alten Ägypten sah er das Urbild des Kampfes um die Macht im Staate. Er studierte das einschlägige Material äußerst sorgfältig; etwaige Irrtümer sind im Hinblick auf seine Absicht belanglos (und dem damaligen Stand der Ägyptologie zuzuschreiben). Als Journalist interessierte er sich sehr für den Aufstand von Arabi Pascha (1881–1883), der die Losung »Ägypten den Ägyptern« ausgegeben hatte, bis er von den Engländern geschlagen und nach Ceylon verbannt wurde. Anscheinend waren es Gedanken über diese Ereignisse, die Prus halfen, die Brücke von der alten zur neuen Welt zu schlagen. Das Alte diente ihm auch sonst oft als Metapher für das Neue.

Prus leitete das Werk mit einer Abhandlung über die ägyptische Zivilisation ein, die überraschenderweise die These Arnold Toynbees, wonach Zivilisationen als Antwort auf eine Bedrohung entstehen, vorwegnimmt. Die Bewohner des Niltales mußten die Überschwemmungen unter Kontrolle halten, wenn sie nicht untergehen wollten. Die Flußregulierung erforderte großes mathematisches und astronomisches Wissen, und das besaßen nur die Priester, die höchste Kaste der ägyptischen Theokratie. Prus befaßt sich mit dem Niedergang Ägyptens. In seinem elften Jahrhundert ist die Bevölkerung von acht auf sechs Millionen zurückgegangen, der Wüstensand begräbt die Felder, das Land ist in finanziellen Schwierigkeiten und hat gegen seine mächtigen Feinde, die Assyrer, nur eine kleine Armee griechischer und asiatischer Söldner. Ägyptens heikle Lage ist hauptsächlich ein Resultat gestörten sozialen Gleichgewichtes (nach der Prusschen Theorie von der Gesellschaft als einem Organismus, dessen Teile mit dem Ziel der Gemeinschaft in Einklang stehen müssen). Der junge Ramses, dessen politischer Reifeprozeß das Thema des Romans ist, gelangt zu der Überzeugung, daß die Priester alle Macht an sich gerissen haben. Als Tempelhierarchie und politische Partei (deren innere Zirkel nur Eingeweihten zugänglich sind) haben sie riesige Schätze angehäuft, und mit ihrem Wissenschaftsmonopol hindern sie den Herrscher an der Einführung von Reformen, während die Bauern, die Ernährer der Bevölkerung, unter schweren Steuern im Elend versinken. Die Priesterpartei ist aber nicht ganz unabhängig, sie unterliegt den Priestern von Chaldäa. Daneben gibt es in Ägypten eine internationale Finanzkaste: die Phönizier, die die Staatsmaschinerie weitgehend kontrollieren. Ramses entwirft ein dreifaches Programm: Beschränkung der Priestermacht, Krieg mit Assyrien (die Priester sind dagegen) und radikale Maßnahmen zugunsten der Bauern. Er gewinnt die Phönizier für sich, desgleichen die Armee und die Volksmasse. Die Macht seiner Gegner ist jedoch zu groß. Sein Plan mißlingt. Die Priesterpartei ist zwar hinter ihrer monolithischen Fassade von einem Machtkampf zerrissen, ihre Führer sind aber kluge, disziplinierte Männer, die das Interesse der Partei mit dem des Staates gleichsetzen und denen jedes Mittel recht ist, ihre Macht zu erhalten. So lassen sie, um Ramses zu kompromittieren, tausend libysche Kriegsgefangene, denen er das Leben geschenkt hat, hinrichten. Ihre allgegenwärtigen Geheimagenten sind unter der käuflichen Beamtenschaft, einem Krebsschaden am ägyptischen Organismus, zahlreich vertreten. Offiziere und Staatsbeamte kommen meist aus der Aristokratie, die Ramses nie völlig für sich gewinnen konnte. Verglichen mit Herhor, dem Hohenpriester, ist er ein dummer Junge von schwankendem, widerspruchsvollem Charakter, seinen Leidenschaften ergeben und von Größenwahn erfüllt, obwohl er es gut meint. Er träumt davon, als Ramses der Große Assyrien zu erobern und die Kriegsgefangenen in der ägyptischen Landwirtschaft zu beschäftigen. Seine Denkweise ist militärisch-feudal (gleich der eines polnischen Edelmannes). Seine impulsive Art kann sich nicht gegen die kühl-berechnenden, erfahrenen Priester durchsetzen, und zahlreiche Liebesaffären, in denen die Frauen von Leuten, die seine Gunst gewinnen wollen, als Köder eingesetzt werden, halten ihn von den Staatsgeschäften ab.

Der erste Band des Romans beschreibt den Kronprinzen Ramses, das langsame Erwachen seines Gewissens, seine Liebesabenteuer, Trinkgelage und Heldentaten, der zweite Band seinen Kampf gegen die Priester, der mit seiner Ermordung endet. Der unmittelbare Grund seines Falls ist die Verachtung der Wissenschaft. Er ist gewarnt worden, daß eine Sonnenfinsternis bevorstehe, die den Priestern aufgrund ihrer astronomischen Berechnungen bekannt ist, schlägt aber die Warnung in den Wind. Den Priestern gelingt es, dem angsterfüllten Volk einzureden, daß die Finsternis die Strafe dafür sei, daß der König die bestehende Ordnung ändern wolle. Nach seinem Tod wird der Hohepriester zum Pharao gekrönt und führt einige von Ramses geplante Reformen ein (z. B. alle sieben Tage einen Ruhetag), schließt ein vorteilhaftes Abkommen mit Assyrien und führt große Beträge aus dem Tempelschatz dem Staatswesen zu.

Der Pharao wurde von Kritik und Publikum kühl aufgenommen, denn man betrachtete ihn als einen Angriff auf die Kirche. Prus hatte aber mehr als Polen im Sinn. Er nahm alt- und neuägyptische, polnische und europäische Motive, um seine Ansichten über den Gesundheitszustand einer Zivilisation auszudrücken. In der Geschichte sah er Kräfte am Werk, die stärker sind als der Wille des Menschen und jeden zermalmen, der sich ihnen entgegenstellt. Ramses hält mit den Kräften, die das Los seines Landes bestimmen, nicht Schritt. Er steckt zu tief in der militärisch-aristokratischen Tradition, um den Mechanismus der Macht zu verstehen, und ist (wie Wokulski) romantisch veranlagt. Dennoch scheint der Roman auszusagen, daß es eines Wahnsinnigen bedürfe, um Änderungen hervorzurufen. Ramses schuf mit seinen Reformen eine revolutionäre Situation und stärkte die Opposition gegen das Abkommen mit Assyrien, das in seiner ursprünglichen Form Ägypten geschadet hätte. Der neue Pharao mußte die von Ramses geschaffene Situation in Kauf nehmen. Prus wollte anscheinend auch zeigen, daß die Abhängigkeit vom Ausland das Symptom einer schweren Erkrankung des sozialen Organismus sei. In seinem Ägypten ist es die Abhängigkeit der Priester von dem Heiligen

Kollegium in Chaldäa sowie das krankhafte Anwachsen des ausländischen Kapitals, das Phönizien und nicht Ägypten zugute kam. Analogien dazu konnte man in Polen, Westeuropa und dem Ägypten zu Prus' Zeit finden. Seine angeborene Freundlichkeit und sein Humor halfen ihm, ein Meisterwerk zu schaffen. Die Gegner sind nicht schwarz-weiß gemalt, sondern komplexe, vielgestaltige Verkörperungen historischer Faktoren, nicht gut und schlecht an sich, sondern im Verhältnis zueinander. In gewisser Hinsicht kann *Der Pharao* mit dem Erziehungsroman des 17. und 18. Jahrhunderts verglichen werden, besonders Fénelons *Télémaque,* einem Werk, das auch von der Erziehung eines Kronprinzen handelt. Andere Eigenschaften machen *Pharao* zu einem ausgesprochen realistischen Roman des 19. Jahrhunderts, und in der Betonung sozialer Umstände kommt er Balzac, Flaubert und selbst Zola nahe. Er ist aber einzig in seiner Art, denn bis dahin hatte noch niemand versucht, den Staat zum Thema eines Romans zu machen. *Der Pharao* enthält keine unmittelbaren Einzelbeobachtungen wie *Die Puppe,* ist aber dennoch einer der besten polnischen Romane.

Zur Zeit der Arbeit am *Pharao* und später gelangte Prus zu immer pessimistischeren Ansichten über Polen als Gesellschaft. Er sah es von entgegengesetzten Interessen zerrissen, die ein harmonisches Funktionieren des Ganzen verhinderten, und schrieb darüber in einem seiner Artikel: »Unsere Gesellschaft gleicht heute keinem Organismus mehr, keinem Netz, von dem jede Schlinge mit tausend anderen eng verknüpft ist, sondern dem Sand, der einem durch die Finger rinnt.« Er verwarf alle Hoffnung auf Veränderung durch Krieg oder Revolution. Der Burenkrieg sollte den kleinen Völkern als Warnung dienen. Die Zukunft gehöre den Großmächten, die sich vielleicht vereinigen, einen Teil ihrer Souveränität aufgeben und Völkergemeinschaften bilden werden, mit Autonomie für die kleinen Länder. Prus hielt eine Verständigung zwischen Rußland und Polen nicht für ausgeschlossen, mißtraute aber dem deutschen Nationalismus und glaubte nicht an eine deutsch-polnische Koexistenz. Einige Zitate aus seinen Artikeln beweisen, daß er schon um die Jahrhundertwende Dinge voraussah, von denen sich damals niemand träumen ließ:

»Wir leben in einer Zeit, da die Wissenschaft ihren Charakter als Universalwahrheit zu verlieren beginnt und zum Lügengespinst und Werkzeug einer Raubpolitik wird ... Der Dank dafür gebührt den Deutschen. Es ist noch kein Jahr her, daß ein Philosoph namens Hartmann seinen Landsleuten nahelegte, die Polen auszurotten ... Nur so weiter, und die einst so glorreiche deutsche Wissenschaft wird eine ›neue Chemie‹ hervorbringen zur Vergiftung unangenehmer Völker, eine ›neue Medizin‹ zur Verbreitung von Epidemien unter ihnen.«

Manchmal klingen panslawistische Töne an:

»Und wenn ein Krieg einen Boden für die Slawenfrage schaffen sollte, die heute in Wirklichkeit gar nicht existiert? Und wenn alle Slawen in ihren Ländern frei sein wollen, um nach Kräften für eine neue Zivilisation zu arbeiten und sich nicht mehr mit römisch-deutschen Krumen abfüttern zu lassen?«

An diesem Pessimismus trug hauptsächlich sein Konflikt mit der jungen Generation die Schuld. Um das Jahr 1900 erreichte die antipositivistische Moderne in Literatur und Kunst ihren Höhepunkt, und in der Politik hatten die revolutionären Sozialisten die Oberhand über die ältere Generation mit ihrer leisetretenden Realpolitik gewonnen. Das Polen des Jahres 1905 war viel mehr als Rußland von Streiks, Barrikadenkämpfen und von Todesurteilen gezeichnet, die die Sozialisten an Fabrikdirektoren und zaristischen Polizeioffizieren vollstreckten. Aus dieser Zeit stammt Prus' Roman *Die Kinder (Dzieci)*. Der Titel verrät den Inhalt. Das Buch gehört zu seinen schwächsten Werken. Es soll eine Warnung sein, klingt journalistisch und entbehrt jeden Humors. Auch seine restlichen Werke waren eher publizistische Betrachtungen als schöne Literatur.

In seiner absoluten Integrität und seiner hohen Intelligenz ist Bolesław Prus als Schriftsteller über jeglichen Zweifel erhaben. In jüngster Zeit hat auch seine publizistische Tätigkeit erneutes Interesse gefunden.

Eliza Orzeszkowa (1841–1910)

Wenn man die Literatur mit den Augen der meisten Kritiker und Literaten des 20. Jahrhunderts betrachten wollte, nämlich als die Stimme des verbitterten, enttäuschten, verzweifelten Menschen, dann müßte man Elisa Orzeszkowa als das genaue Gegenteil eines rebellischen Genies von vornherein als völlig uninteressant ausklammern. Aber vielleicht hatte Beethoven recht, als er sagte, daß Güte wertvoller sei als Begabung. Orzeszkowa war eine Provinzlerin, sie verbrachte ihr ganzes Leben auf dem Lande oder in der Kleinstadt. Sie bestritt ihren Lebensunterhalt als Schriftstellerin zu einer Zeit, da Frauen der Zutritt zum Berufsleben sehr erschwert wurde. Ihre Schriften sind von Menschenliebe erfüllt. Ihre Art zu schreiben ist altmodisch und verrät nichts von der ungewöhnlichen Intelligenz, die aus ihrem Briefwechsel mit den bedeutendsten Geistern ihrer Zeit spricht.

Elisa Pawłowski kam auf dem Familiensitz Milkowszczyzna bei Grodno im früheren Großfürstentum Litauen zur Welt. Sie wurde von Gouvernanten erzogen, lebte später fünf Jahre lang in einem Mädchenpensionat in Warschau und wurde, kaum sechzehn Jahre alt, mit Peter Orzeszko verheiratet, der fast doppelt so alt war wie sie, nach damaligen Begriffen also schon alterte, aber wohlhabend und ein guter Tänzer war. Auf seinem Landsitz in Polesien, nicht weit von den Pripetsümpfen, nahm Elisa an den Vorbereitungen des Aufstands von 1863 teil, den sie nicht nur als nationalen Freiheitskrieg, sondern auch als Kampf für die Demokratie und die Bauernbefreiung betrachtete. Dies führte zum Bruch mit ihrem Mann, der konservativ war und ihre Ansichten nicht teilte, dennoch verhaftet und nach Sibirien verschickt wurde, während Elisa unbehelligt blieb. Sie begleitete ihn nicht in die Verbannung und verlangte nach seiner Rückkehr die Scheidung, deren Formalitäten sich jahrelang hinzogen. Orzeszkos Gut wurde wie so viele andere beschlagnahmt, und Elisa mußte das ihre unter der schweren Steuerlast, die ihr das Zarenregime auferlegte, aufgeben. Sie stand allein in der Welt, auf sich selbst angewiesen. Die Frauenfrage wurde später zu einem ihrer Hauptthemen. In Grodno, wo sie den größten Teil ihres Lebens verbrachte, wurde sie unter Polizeiaufsicht gestellt, denn sie hatte im Sinne der »organischen Arbeit« der Positivisten polnische Schulen sowie einen Verlag in Wilna gegründet. Die Lektüre der französischen, polnischen und russischen Literatur öffnete ihr weite Horizonte, und die Zahl der Bücher, die sie las, ist erstaunlich groß. Sie wird als Positivistin bezeichnet, obwohl sie strenggenommen keine war, nur ähnliche Gedanken vertrat. Neben ihrer schriftstellerischen Arbeit betätigte sie sich auch publizistisch, und eine ihrer Veröffentlichungen trug ihr von Joseph Conrad den Namen »dieses Weibsstück« ein, unverdienterweise, denn in ihrer Verzweiflung darüber, daß Polen die Blüte seiner Intelligenz im Aufstand von 1863 verloren hatte und die Überlebenden ins Ausland abwanderten, hatte sie Conrad Verrat an der Muttersprache vorgeworfen. Dabei zeichnete sie sich vor allem durch ihr Verständnis für neue Ideen aus, Ideen, die von den Positivisten als reiner Wahnsinn verschrien wurden. Eine langwährende Freundschaft mit einem Arzt in Grodno führte schließlich in späten Jahren zur Ehe.

Orzeszkowas Werk ist Volksbildung im besten Sinne des Wortes (obwohl es die polnische Kritik nicht als solche ansah). Prus war der Dichter der Großstadt, Orzeszkowa bezog ihr Material aus der Kleinstadt, vom Kleinadel, aus jüdischen Familien, von Landwirten, Bauern. Ihre Kurzgeschichten und Romane wollen erzieherisch wirken und betonen die ethischen Werte. Ihre Helden versuchen, sich gegen eine Gesellschaft durchzusetzen, die aus der Frau ein Spielzeug des Mannes, aus dem Juden einen Gefangenen der Gettovorurteile, aus dem Bauern einen Sklaven des Aberglaubens und aus dem Gutsbesitzer einen solchen der herkömmlichen Sitten macht. Ihre »guten« Gestalten bemühen sich leidenschaftlich um das Wohlergehen der Gemeinschaft und heben sich gefühlsmäßig über die Grenzen ihres eigenen Ich hinaus. Orzeszkowas Einfluß ist nicht auf Polen beschränkt, in Übersetzungen, vor allem ins Russische, Deutsche und Tschechische, trugen ihre Werke auch in anderen Ländern zur Emanzipation der Frauen und Juden bei. Typisch für ihre Kurzgeschichten ist »Der starke Samson« (»Silny Samson«, 1877), eine treffende psychologische Studie: Ein kleiner jüdischer Schneider spielt in einer Amateurveranstaltung den Samson, und das macht ihn für sein restliches Leben zu einem anderen Menschen. Der Roman *Meir Ezofowicz* (1878, deutsch 1885) ist ein Bild der Judenstadt, die sich seit der Zeit von Niemcewiczs *Levi und Sara* nicht geändert hatte, die Saga einer Familie, die Generationen hindurch für den Fortschritt unter den Juden eintrat. Meir, ihr jüngster Sproß, kämpft gegen den Obskurantismus seiner Umgebung und wird von dem fanatischen Rabbi Todros, einem Nachkommen spanischer Juden, in den Bann getan und aus der Stadt gewiesen. Das Wort »Saga« ist angebracht, denn die (etwas lyrische) Erzählung beruht auf einem Familienmythos, demzufolge in der Familie Esofowicz jeweils nach mehreren Generationen ein Gerechter zur Welt kommt, dessen Herz von Menschenliebe überströmt. Meir vertraut etwas naiv auf die Segnungen der Erziehung und folgt darin seinem Ahn aus dem 16. Jahrhundert, den der polnische König zum Vorsteher der Juden des Großfürstentums Litauen ernannte, sowie einem anderen Vorfahren, der mit der Reformpartei im 18. Jahrhundert verbündet war. Mit seiner altmodischen Syntax klingt der Roman wie ein melodramatischer Ausläufer der empfindsamen Literatur. Dasselbe gilt auch von *Eli Makower* (1875, deutsch 1888), einem anderen Roman aus dem Leben der Juden.

Zu den Dorfromanen Orzeszkowas gehören vor allem *Dziurdziowie* (1885, der Name einer Bauernfamilie, deutsch *Die Hexe,* 1954) und *Der Njemenfischer* (eigentlich Der Tölpel, *Cham,* 1888, deutsch 1964). Im ersteren wird die junge Frau eines Dorfschmiedes von den Bauern der Zauberei verdächtigt und erschlagen. Der Held des anderen ist ein einfältiger Bauer, der aus Mitleid eine Dirne heiratet und sie auch wieder zu sich nimmt, als sie ihm davonläuft und schwanger zurückkehrt. Sie kann sich nicht ändern und begeht schließlich Selbstmord.

Besser als das Leben der Juden und Bauern kannte Orzeszkowa das des Landadels, ihr bester Roman ist daher auch *Am Njemen (Nad Niemnem,* 1888, deutsch 1953). Die Gegend des Njemen hat große Ähnlichkeit mit der Landschaft des *Pan Tadeusz,* und Orzeszkowa verstand es, die Atmosphäre ihrer Heimat meisterhaft wiederzugeben. Die Erzählung spielt in einem fruchtbaren Tal weit von den Zentren der Zivilisation, dessen Einwohner seit Jahrhunderten ihr abgeschlossenes Leben führen. Die Dichterin erfindet einen (amerikanisch anmutenden) Mythos von den Gründern des Dorfes, einem geächteten Paar, er ein Bauernsohn, sie ein Mädchen aus adligem Hause, die im 16. Jahrhundert dorthin kamen, ein Stück Urwald rodeten und ihre Hütte bauten. Die heutigen Einwohner des Dorfes sind ihre Nachkommen, heißen alle Bohatyrowicz und rufen einander mit Spitznamen. Sie tragen stolze Titel, die ihnen der König verliehen hat, arbeiten aber wie gewöhnliche Bauern und führen das Leben ihrer Vorfahren ungestört weiter. Die Heldin des Romans, Justine, lebt bei reichen Verwandten auf einem nahe gelegenen Gutshof. Sie liebt einen jungen Mann aus dem Dorf, Johann Bohatyrowicz, und gerät in einen Konflikt zwischen Liebe und Klassenzugehörigkeit. Als Johanns Frau würde sie ihre bevorzugte Stellung verlieren und Handarbeit auf dem Lande verrichten müssen. Um wiederum ihre Adelsprivilegien zu behalten, müßte sie Johann aufgeben. Das Dilemma ist streng positivistisch gehalten, mit einem zusätzlichen Element, das einem Positivisten fernliegen würde: Tief im Walde, jenseits des Njemen, gibt es ein Aufständischengrab aus dem Jahre 1863, in dem auch Johanns Vater und der Bruder des Gutsherrn, bei dem Justine lebt, ruhen. Das Grab hat symbolische Bedeutung, es geht auf eine Zeit zurück, als das Volk sich über Klassenunterschiede hinweg im Namen der Demokratie vereinigte. Die höheren Klassen kommen bei Orzeszkowa nicht gut weg. Sie halten krampfhaft an ihren Positionen fest, interessieren sich nicht für das Los ihres Landes und träumen vom Ausland. Die Heirat mit Johann würde Justine ihre Würde wiedergeben, denn so, wie sie lebt, ist sie weder Fisch noch Fleisch. Sie hat Kost und Quartier, sonst nichts. Die Heirat würde sie zum Mitglied einer Gemeinschaft machen, die eine echte Tradition pflegt. Kurz gesagt: Der Roman handelt von Justines Entfremdung und ihrer Eingliederung in eine andere Gesellschaft. Keine Wurzeln zu haben, das war für Orzeszkowa ein großes Übel. Der Mensch hat nicht nur in der Gemeinschaft, sondern auch – wie das Dorf – in Vergangenheit und Geschichte verwurzelt zu sein. Justine und Johann nehmen daran teil, wie ein neues Kreuz auf das Grab der ersten Siedler gesetzt wird, und hören Geschichten von den Kämpfen ihrer Vorfahren in den napoleonischen Kriegen und den beiden polnischen Aufständen. Der Roman soll auch eine Lehre sein: Marta, eine alte, vertrocknete Jungfrau, die gleichfalls als arme Verwandte auf dem Gutshof lebt, ist ein Beispiel dafür, was aus einer Frau wird, die die Fesseln ihrer sozialen Stellung nicht abzuwerfen vermag. Auch sie liebte einen Burschen aus dem Dorfe, hatte aber nicht den Mut, das Vorurteil zu brechen und mit ihm zu gehen.

Am Njemen ist nicht so düster wie Prus' *Vorposten,* es spielt nicht unter stumpfen Analphabeten, sondern unter arbeitsamen Landwirten, von denen es im früheren Großfürstentum Litauen nicht wenige gab. Orzeszkowa fühlte sich zu Mutter Natur hingezogen, und die Feldarbeit erscheint bei ihr in poetischem Licht, ohne je den falschen Schein anzunehmen, der Dorfromanen häufig eigen ist. Ihre Welt ist gütig und freundlich und läßt uns, Menschen einer industriellen Zivilisation, ein wenig neidisch werden.

Religiöse Gedanken, wie sie auch Prus nicht fernlagen, ziehen sich gleichfalls durch Orzeszkowas Werke, ohne je dogmatisch zu werden. Von der »metaphysischen Krise« der Moderne blieb sie daher nicht unberührt, obwohl die junge Generation sie mit ihrem »unmoralischen« Benehmen und ihrer Verneinung aller Ideale abstieß. Im Dialog *Ad Astra* (1904) nimmt sie zum Agnostizismus Stellung:

> »Wenn ihr behauptet, daß es in den fernen, fernen Tiefen des Universums, jenseits des undurchdringlichen Gewebes der Sonnen und Sterne, nichts gibt als ein X, ein ungewisses Etwas, fremd und unzugänglich in seiner absoluten Einsamkeit, grausam in seinen ein für allemal gefällten Urteilen, ein Etwas, das von seinen Kreaturen nichts verlangt, durch kein Gemeinschafts- oder Liebesband mit ihnen verbunden ist und aus Geburt, Tod, Leid und Leidenschaft ein geheimnisvolles Theater macht mit ihm selbst als Autor und einzigem Zuschauer – wo bleibt dann die Hoffnung auf Wiedergeburt, wo gibt es dann noch (geistige) Riesen? Was ist dann gut und was schlecht? Ihr habt recht. Wo es keinen höchsten Willen gibt, kann es auch keinen Widerstand gegen ihn geben, keine Aufgabe zu erfüllen. Ohne Ziel und Zweck gibt es auch keine Strafe und Belohnung, nichts . . . Jawohl. Aber was fange ich dann mit meinem Schmerz an, und nicht nur meinem, sondern auch jenem, der mich umgibt wie das Meer?«

Der soziale und literarische Utilitarismus der Positivisten war ein Vorhang, hinter dem sich tiefere ethische und selbst metaphysische Gedanken verbargen. Orzeszkowa fügte ihnen ihre innige Verbundenheit mit der Volkstradition hinzu und ging sogar so weit, von dem »verrückten« Aufstand des Jahres 1863 wiederholt mit Sympathie zu sprechen. Und das stellt sie etwas abseits von den anderen Positivisten.

Henryk Sienkiewicz (1846–1916)

Sienkiewicz reichte vielleicht geistig nicht an seine positivistischen Zeitgenossen heran, wurde auch von ihnen oft aufs Korn genommen, gewann aber Weltberühmtheit und erhielt den Nobelpreis. Er ist nicht leicht zu beurteilen, denn er vereinte eine ungewöhnliche Erzählergabe mit gewissen Unzulänglichkeiten, die es unmöglich machen, ihn einen wahrhaft großen Schriftsteller zu nennen. Er stammte aus der Provinz Podlachien (Podlasie), ging in Warschau zur Schule und studierte Geschichte und Literatur an der *Szkoła Główna*. Sein besonderes Interesse galt der Wappenkunde und ist wohl Ausdruck eines etwas snobistischen Stolzes auf seine adlige Herkunft: Er stammte väterlicherseits von Tataren ab, die erst im 18. Jahrhundert das Christentum angenommen hatten und in den Adelsstand erhoben wurden. Die Familie war unbemittelt, und Sienkiewicz mußte sich schon früh selbst unterhalten. Er wurde Hauslehrer, dann Journalist, und zwar ein guter. Seine Beobachtungsgabe, Abenteuerlust und Aufmerksamkeit für Kleinigkeiten, verbunden mit der Freude an der Jagd, die ihn mit Zoologie und Botanik vertraut werden ließ, paßten zu seiner ungezwungenen, geselligen Art und seiner natürlichen Eleganz. Er schrieb zuerst für die fortschrittliche Presse, wechselte dann zu den Konservativen über und wurde von den Positivisten als Abtrünniger betrachtet. Auch seine ersten literarischen Versuche – satirische Szenen aus dem Schmarotzerleben des Kleinadels – stehen dem Journalismus nahe. Im Alter von dreißig Jahren wurde er von seiner Zeitung, der *Gazeta Polska,* nach Amerika geschickt, um über die Jahrhundertausstellung des Jahres 1876 in Philadelphia zu berichten. Die Reise verfolgte daneben noch einen anderen Zweck: Einige Warschauer Literaten und Künstler hatten beschlossen, nach Amerika zu gehen und in Kalifornien eine genossenschaftliche Siedlung im Sinne von Fouriers *Phalanstère* zu errichten. Sie beauftragten Sienkiewicz, einen geeigneten Platz für ihr Projekt zu finden, das von Graf Chłapowski finanziert wurde, dem Mann der bekannten Schauspielerin Helena Modrzejewska. Sienkiewicz bereiste die Vereinigten Staaten, beobachtete und sammelte Material. Die reichen Jagdgründe Kaliforniens, die Riesenbäume und die Sierra Nevada begeisterten ihn. Die Siedlung wurde in Annaheim gegründet (wo heute Disneyland ist). Modrzejewska führte die Küche, und die Mitglieder der kleinen Kommune arbeiteten in den Apfelsinenplantagen. Bald hatten sie jedoch davon genug, ihr Geld war ausgegeben, und Modrzejewska wandte sich wieder der Bühne zu, lernte Englisch und hatte ihr amerikanisches Debüt in der Hauptrolle der *Kameliendame* in San Francisco. So begann ihre glänzende Karriere am amerikanischen Theater, in dessen Annalen sie als Helena Modjeska fortlebt. Sienkiewicz nahm Jagd und Schreiben wieder auf und wurde durch seine »Briefe aus Amerika« bekannt, die sich noch heute gut lesen und ein interessantes Bild des Amerika jener Zeit geben, mit Schilderungen von New York, der Prärie zur Zeit des Feldzuges gegen den Indianerhäuptling Sitting Bull, einer Jagd in Wyoming, vor allem aber von Kalifornien.

Von einigen Kurzgeschichten und einem schwachen Roman abgesehen, ist das erste bemerkenswerte Werk von Sienkiewicz die *Kohlenstiftzeichnungen (Szkice węglem),* das in Los Angeles entstand, aber nicht von Amerika, sondern einem gottverlassenen polnischen Nest handelt, dessen Name für sich spricht: Schafskopf bei Eselsstadt. Der Held ist der Gemeindeschreiber, der einzige Mann im Dorf, der lesen und schreiben kann. Er beutet die Bauern aus, erpreßt Geld von ihnen und bringt mit seinen Don-Juan-Eskapaden Unglück über eine Familie im Ort. Wie es sich für eine realistische Erzählung geziemt, endet das Ganze mit einer sozialen Lehre: Schuld an allem sind die Gutsbesitzer, die sich nicht um die Bauern kümmern und sie der Willkür von Dorftyrannen überlassen.

Während seines zweijährigen Aufenthaltes in Kalifornien lernte Sienkiewicz mehrere Polen kennen, die ihm später als Modelle für seine Gestalten dienten. Einer von ihnen war Hauptmann Korwin-Piotrowski, amerikanischer Einwanderungsinspektor in San Francisco, ein Hüne an Gestalt und Kraft, Aufschneider, Lügner und Säufer, der aber von seinen Erlebnissen im polnisch-russischen Krieg von 1831, seinen Fahrten durch die amerikanische Prärie und seinen Kämpfen mit den Indianern interessant zu erzählen wußte. Sienkiewicz hatte ein gutes Sprachgefühl, und sein Herr Zagłoba, ein polnischer Falstaff, ist ein Ebenbild des Inspektors. Die Prärie und die kalifornischen Wälder machten auf Sienkiewicz einen unvergeßlichen Eindruck und schwebten ihm gewiß bei der Beschreibung der ukrainischen Steppe und der polnischen Urwälder des 15. Jahrhunderts vor.

In Polen entstanden die *Amerikanischen Erzählungen.* Sie handeln von Dingen und Menschen, die er in Kalifornien kennengelernt hatte, und lassen den Leser ziemlich kalt. Sienkiewicz war ein guter Reporter, literarisch konnte er aber sentimental werden bis zum Kitsch. Die bekannteste dieser Geschichten, *Der Leuchtturmwärter,* zeigt, wie er die Wirklichkeit retuschierte, um melodramatische Effekte zu erzielen. Der Held der Erzählung ist ein alter Pole, der viele Kriege und Revolutionen mitmachte, in Australien Goldgräber, in Südafrika Diamantensucher, in Kalifornien Farmer war, im brasilianischen Dschungel Handel trieb und sich von einem verhängnisvollen Schicksal verfolgt fühlt, bis er als Leuchtturmwärter am Panamakanal Ruhe findet. Eines Tages erhält er aus New York einen Stoß von Büchern, darunter auch Mickiewiczs *Pan Tadeusz.* Das Buch versetzt ihn zurück in seine Heimat und nimmt ihn so gefangen, daß er vergißt, das Leuchtfeuer anzuzünden, und entlassen wird. Man hat den Mann gefunden, der Sienkiewicz als Modell für diese Gestalt diente. Er hatte tatsächlich ähnliche Abenteuer wie der Leuchtturmwärter hinter sich, fühlte sich aber nicht von einer verhängnisvollen Macht, sondern von der russischen Polizei verfolgt. Und das Buch, das ihm so gefiel, war ein spannender Roman, der nichts mit patriotischen Gefühlen zu tun hatte. Hätte sich Sienkiewicz mehr an die Tatsachen gehalten, das Werk wäre viel ergreifender ausgefallen. Allerdings konnte er mit Rücksicht auf die Zensur nicht die Ursache des Verfolgungswahns angeben.

Im Jahre 1878 begab sich Sienkiewicz für mehrere Monate nach Paris, dann nach Galizien und schließlich – nach vierjähriger Abwesenheit – wieder nach Warschau. Die Positivisten hatten ihn damals schon aus ihren Listen gestrichen. Er hatte sich im Namen der Freiheit des Künstlers die Wahl des Stoffes und dessen Behandlung vorbehalten. Regeln und Prinzipien waren ihm zuwider. Politisch näherte er sich den polnischen Tories, und in seiner Zeitung *Das Wort (Słowo)* vertrat er einen »aufgeklärten Konservatismus«.

Er war der Meinung, daß die Literatur zum Herzen sprechen und dem Leser geben solle, was er sich wünsche, und nicht, was andere für gut hielten. Und was eignete sich dazu besser als die Vergangenheit, für die das polnische Publikum schon immer sehr empfänglich war? So machte sich Sienkiewicz daran, eine historische Trilogie zu verfassen, die zuerst in Zeitungsfortsetzungen, dann in Buchform erschien: *Mit Feuer und Schwert (Ogniem i mieczem,* 1884), *Die Sintflut (Potop,* 1886) und *Herr Wołodyjowski* (1887/88). Die Leser waren begeistert und flehten den Verfasser an, ihrem Helden ja nichts Schlechtes widerfahren zu lassen. Die Trilogie war jedem zugänglich, der lesen konnte, und wurde so zu einem Buch, das man gelesen haben mußte und das in zahlreichen Übersetzungen sich überall großer Beliebtheit erfreute, besonders in den slawischen Ländern. Sienkiewicz arbeitete unter starkem Druck. Er hatte die Fortsetzungen pünktlich zu liefern, ohne Rücksicht auf persönliche Umstände. Kurz nach der Heimkehr hatte er geheiratet, seine Frau litt an Tuberkulose, und er brauchte Geld für Kuren in ausländischen Sanatorien. Dabei fand er noch Zeit zum Studium des einschlägigen Materials, und wenn er mit ihm auch nicht immer gewissenhaft umging, Unkenntnis kann man ihm nicht vorwerfen. Er wollte den Leser »in den Schoß der Dinge« zurückführen und wählte dafür das 17. Jahrhundert, eine Zeit, in der die alte *Respublica* in verhängnisvolle Kriege verwickelt war, die sich aber ausgezeichnet für Abenteuergeschichten eignete. Sienkiewicz versuchte auch, die Sprache der Zeit nachzuahmen, wie er sie in der Memoirenliteratur des

17. Jahrhunderts, vor allem bei Johann Chrysostomos Pasek, fand, und das gelang ihm so gut, daß das altmodische Polnisch der Trilogie zur Schülersprache wurde.

Das Werk selbst handelt von den Erlebnissen einer Gruppe von Personen im Krieg gegen die Kosaken (Band I), die Schweden (Band II) und die Türken (Band III). Im zweiten und dritten Band wird die Gruppe um einige Personen erweitert, Hauptpersonen des vorhergehenden Bandes treten zurück und unbedeutende Gestalten in den Vordergrund. Die Trilogie erinnert an *Die drei Musketiere,* und Sienkiewicz bekennt sich auch offen zu seinem Vorbild Dumas. Seine historische Sicht geht jedoch über die des Franzosen hinaus. Im allgemeinen handelt die Trilogie von militärischen Heldentaten mit einem Schuß Liebe. Die Helden sind Idealgestalten, mit denen sich der Durchschnittsleser gern identifiziert. Dramatische Szenen wechseln mit humoristischen ab, und die Spannung läßt nicht nach.

Die beste Gestalt ist Herr Zagłoba, ein dickbäuchiger Edelmann, der ein Auge verloren hat und unzählige Witze kennt, ein Großtuer, Schlaumeier und alter Haudegen. Neben ihm steht der zwei Meter lange litauische Don Quichotte, Longinus Podbipięta, der geschworen hat, keine Frau zu berühren, solange er nicht drei Tataren mit einem Hieb die Köpfe abgehauen hat. So lebendig sind diese Gestalten, daß die Leser oft vergaßen, daß sie es mit fiktiven Personen zu tun hatten, und manchmal zum Andenken des einen oder anderen Helden, den Sienkiewicz endlich in die ewigen Jagdgründe hatte eingehen lassen, eine Messe lesen ließen. Die ukrainische Steppe erinnert an den Wilden Westen zur Zeit, da jedermann noch auf sich selbst gestellt war. Schon in den »Briefen aus Amerika« hatte Sienkiewicz die Prärie mit den östlichen Randgebieten der *Respublica* verglichen, und die Trilogie liest sich oft wie eine Indianergeschichte von Karl May.

Die leidigen Positivisten nahmen aber alles ernst, und die Trilogie bestärkte sie nur in ihrem Mißtrauen gegen den historischen Roman. Sienkiewicz hatte das 17. Jahrhundert nach seinem und seiner Leser Geschmack dargestellt. Die Kosaken lagen im Klassenkampf mit den polnischen Magnaten, und Sienkiewicz stellt das auch so dar; und wenn die Interessen der letzteren denen des Staates zuwiderliefen, kann man dem König keinen Strick daraus drehen, daß er sie nicht unterstützte. Fürst Jeremia Wiśniowiecki, der Befehlshaber der polnischen Truppen, war nach Ansicht mancher Historiker ein grausamer und völlig unfähiger Feldherr. Sienkiewicz macht ihn zum frommen Kämpfer für die Christenheit, wird dagegen der Rolle Bogdan Chmielnitzkis, des Kosakenhetmans, nicht ganz gerecht. Mit Ausnahme eines einzigen tapferen Kosaken (Bohun) sind alle Ukrainer »schlecht« und alle Polen »gut«, was ja sehr nett ist, aber nur als Mittel zum literarischen Erfolg. In der *Sintflut* kommen die gebildeten Schichten der Bevölkerung entweder überhaupt nicht vor oder höchstens, wie die Protestanten, als Verräter und Helfershelfer der Schweden. Sienkiewiczs Helden sind fromme Katholiken, die nicht viel denken, dafür um so besser fechten, trinken und lieben. Bolesław Prus wies in einer bissigen Kritik auf all dies hin und bemerkte, daß es bei Sienkiewicz im Krieg, der Hauptbeschäftigung seiner Gestalten, wie in einer Idylle zugehe: Köpfe fliegen, Leichen häufen sich auf Leichen, aber das Blut ist nicht Blut, sondern Himbeersaft, und der wackere Kämpe Podbipięta läuft mittendrin umher, den frommen Blick zum Himmel erhoben. Es scheint aber, daß die Kritiker der Trilogie mit Kanonen nach Spatzen schossen, den

Sienkiewicz hatte erreicht, was er wollte: ein abenteuerliches Garn zu spinnen und dem Leser »das Herz zu erwärmen«. Noch lange Zeit danach wurde man in Polen politisch mit der Frage geprüft, was man von Sienkiewicz halte. Die Konservativen bewunderten ihn natürlich, aber seinem Zauber verfielen Leser aller Richtungen, man denke nur an die Untergrundkämpfer im Zweiten Weltkrieg, die die Namen seiner Helden als Decknamen gebrauchten.

Seinen Ruhm im Westen verdankt Sienkiewicz vor allem dem Roman *Quo vadis?* (1896), der in Frankreich einer der größten Bestseller aller Zeiten war. Das dekadente, aber von Leben pulsierende Rom Neros wird hier der tugendhaften, aber etwas blassen Christengemeinde der Katakomben und der Märtyrer gegenübergestellt. Der wahnsinnige Kaiser und der verweichlichte Petronius mit seinem Relativismus und seiner Skeptik müssen abtreten zugunsten »der Peterskirche, die noch immer die Welt beherrscht«. Wie in der Trilogie gelingt es Sienkiewicz auch hier, dem geschichtlichen Klischee Leben einzuhauchen. Stanisław Brzozowski allerdings, der schon erwähnte Kritiker, meinte, ein Blick auf Norwids *Quidam* genüge, um zu sehen, wie oberflächlich *Quo vadis?* sei, der Roman, für den Sienkiewicz den Nobelpreis erhielt.

Die Kreuzritter (Krzyżacy, 1900) spielt wieder in Polen, und zwar noch früher als die Trilogie, im 15. Jahrhundert, zur Zeit, da Polen und Litauen vom Deutschen Ritterorden bedroht waren. Prus stand mit seiner Besorgnis über den deutschen Nationalismus und seine slawenfeindlichen Absichten nicht allein da. Auch Sienkiewicz hatte schon darüber geschrieben, und *Die Kreuzritter* verstärkten den jahrhundertealten Alptraum der Polen. In der Darstellung des Rassenhasses und der Grausamkeit der teutonischen Ordensritter, die sich ihr Reich aus dem Leib Osteuropas schnitten, stimmt Sienkiewicz mit dem historischen Sachverhalt im allgemeinen überein. Die Erzählung gipfelt in der Schilderung der Schlacht von Tannenberg und Grunwald im Jahre 1410, der größten, die die Polen und Litauer je zu bestehen hatten. Sienkiewicz hält sich an die historischen Quellen, und seine Interpretation klingt hier glaubwürdiger als in der Trilogie. Die Wälder, in denen seine Helden leben, jagen und kämpfen, sind anscheinend wiederum eine Collage aus den litauischen Forsten und den Rottannenwäldern der amerikanischen Westküste.

Sienkiewicz beschränkte sich nicht auf geschichtliche Themen. In Tagebuchform versuchte er in *Ohne Dogma (Bez dogmatu,* 1891), die Atmosphäre des *Fin de siècle* wiederzugeben, das an nichts glaubte und alles für sinnlos hielt. Seinem Helden, dem kultivierten Aristokraten, Literatur- und Kunstliebhaber Płoszowski, fehlt der Wille zum Leben, denn er ist davon überzeugt, daß seine Welt des geistigen Schliffs und der Schöngeisterei dem Untergang entgegengehe. Sienkiewicz folgt hier Paul Bourget, der zu seiner Zeit Balzac und Flaubert gleichgestellt wurde und besonders in seinem *Disciple* die traditionellen Werte der Bourgeoisie gegen die Jugend in Schutz nahm, in deren Unglauben er die Ursache aller moralischen Verderbtheit sah. Bourget erkannte in Sienkiewicz eine verwandte Seele und schrieb das Vorwort zur französischen Ausgabe von *Ohne Dogma.* Sienkiewicz stellt seinen Helden gewiß nicht nachahmenswert dar, was jedoch manche Vertreter der polnischen »Dekadenz« am Ausgang des 19. Jahrhunderts nicht davon abhalten konnte, sich mit Płoszowski zu identifizieren. Im allgemeinen hatte *Ohne Dogma* keine anhaltende Bedeutung. Das gilt auch von der *Familie Polaniecki (Ro-*

dzina Połanieckich, 1895), einem Loblied auf den Philister. Polaniecki ist ein Bourgeois adliger Herkunft, der sich durch unsaubere Geschäfte bereichert, aber darauf schwört, daß er nur Gott und Vaterland im Sinn habe. Ungleich den progressiven Kapitalisten der positivistischen Schule ist er gegen jede Änderung des *Status quo.* Die fortschrittliche Intelligenz nahm Sienkiewicz dieses Werk sehr übel, es zeugt von seiner Annäherung an die Nationaldemokratische Partei und ihrem Programm einer kapitalistischen Prosperität unter den Fittichen Rußlands.

Sienkiewicz verdankt seinen Rang in der polnischen Literatur vor allem seinem hervorragendem Sprachgefühl. Viele seiner Redewendungen werden als Beispiele vollendeter Prosa angeführt. Vielleicht stellte Elisa Orzeszkowa seine Schwächen am besten dar, wenn sie schrieb:

»Ich kam mit einer mittelmäßigen schriftstellerischen Begabung zur Welt, einem Funken, der von ansehnlichen Geistesgaben einigermaßen angefacht wurde sowie von einer starken Sensitivität, vielleicht zu stark für ein einziges Herz. Bei Sienkiewicz ist es umgekehrt. Ich denke mir oft, hätten sich unsere Veranlagungen vereinigt – welch ein Talent hätte das ergeben!«

Andere Prosaisten

Adolf Dygasiński (1839–1902)

Adolf Dygasiński verehrte als Leser und Positivist die Naturwissenschaften und war für den Naturalismus als Philosophie und literarische Form sehr eingenommen. Seine Romane und Novellen verraten große Vertrautheit mit dem polnischen Landleben, seinen Dörfern und Schlössern. Der beliebte Zeitvertreib des Adels, die Jagd mit ihren Gebräuchen und Gesetzen, nimmt bei ihm großen Raum ein. Als Naturalist neigte Dygasiński dazu, Mensch und Tier gleichzustellen, seine Kreaturen aus Wald und Feld haben ein menschliches Seelenleben, und die Perspektive der Erzählung wechselt oft vom Menschlichen zum Tierischen. Man hat ihn daher mit Kipling verglichen. Sein Spätwerk, *Das Lebensfest (Gody życia,* 1902) ist eine längere Prosadichtung auf die unbezwingliche Kraft der Natur. Er verwendet darin eine stark stilisierte, rhythmische Sprache, die der Moderne sehr gefiel.

Jan Lam (1838–1886)

Johann Lam (Lamm) gehörte einer polonisierten Familie aus Österreich an und war in Lemberg als Journalist und humoristischer Chronist gut bekannt. Er war für Ostgalizien, was Prus für Warschau war. Neben Feuilletons schrieb er auch zwei Romane, die die österreichische, tschechische und polnische Bürokratie zur Zielscheibe ihres Witzes nahmen: *Fräulein Emilie oder die große Welt von Zapowitz (Panna Emilia, czyli wielki świat Capowic,* 1869) und *Köpfe zum Vergolden (Głowy do pozłoty,* 1873). Ein eigenartiger Charakter, sehr begabt und mutig (er schlüpfte durch die Grenzsicherungen, um am

254

Aufstand von 1863 teilzunehmen), ist Lam besonders ergreifend in seinem Bemühen, sich der erstickenden Provinzatmosphäre anzupassen, in der sein Talent zugrunde ging und er selbst der Trunksucht und schweren Depressionen verfiel.

Die häufigen Deportationen brachten viele Polen nach Sibirien, darunter auch geschulte Naturwissenschaftler, die sich um die Erforschung Sibiriens sehr verdient machten. Benedikt Dybowski, der als junger Zoologieprofessor nach Sibirien verbannt wurde, studierte die Wasserfauna des Baikalsees (bis auf tausend Meter Tiefe) und entdeckte viele unbekannte Arten, wofür ihm die Russische Geographische Gesellschaft ihre Goldmedaille verlieh. Er stellte auch wertvolle Beobachtungen ethnographischer und sprachlicher Natur unter den Einwohnern von Kamtschatka an. Der Geologe Alexander Czekanowski, der nach dem 1863er Aufstand in die Verbannung ging, schrieb über Gebiete, die vor ihm noch niemand betreten hatte. Er organisierte eine Expedition zum nördlichen Polarkreis und erhielt für seine paläobotanischen Forschungen am Angarafluß die Goldmedaille der Russischen Geographischen Gesellschaft. Er legte überdies auch das erste Wörterbuch der tungusischen Sprache an. Johann Czerski besuchte noch die höhere Schule in Wilna, als der Aufstand ausbrach und er sich ihm anschloß. Als wissenschaftlicher Autodidakt verfaßte er eine aufschlußreiche geologische Studie über den Baikalsee, drang als erster in das Flußgebiet des Jena, Indygirka und Kolyma ein und entdeckte eine Gebirgskette, die nach ihm benannt ist. Er wurde dreimal mit der Medaille der Russischen Geographischen Gesellschaft ausgezeichnet. Bronisław Grąbczewski, der Sohn eines Verbannten aus dem Jahre 1863, brachte es in der russischen Armee zum General und organisierte wissenschaftliche Expeditionen nach Turkestan, Pamir, dem Hindukusch und nach Nordtibet.

Adam Szymański (1852–1916)

Die *Sibirischen Skizzen* Adam Szymańskis aus dem Jahre 1887 erregten allgemeines Aufsehen. Sie erzählen vom Leben der Verbannten, heimweherfüllte Bilder aus dem harten Klima inmitten der primitiven Volksstämme Nordsibiriens.

Wacław Sieroszewski (1860–1945)

Viel gründlicher wurde das Thema Sibirien von dem Vertreter einer späteren Generation behandelt, dem Nachkommen einer im Aufstand von 1863 ruinierten Adelsfamilie. Wacław Sieroszewski lebte als einfacher Arbeiter in Warschau und trat als Siebzehnjähriger der Sozialistischen Partei bei. Er wurde deswegen verhaftet und nach zweijähriger Haft in die kälteste Gegend Sibiriens, Jakutsk, verschickt. Energisch und erfinderisch, versuchte er zweimal zu entkommen, gewann aber schließlich seine Freiheit und eine Goldmedaille dazu für sein in russischer Sprache abgefaßtes Buch *Die Jakuten* (1896). Später schrieb er seine Erlebnisse nieder, und seine sachlichen Romane und Novellen wurden besonders von der Jugend gern gelesen. Von seinen zahlreichen Werken seien hier drei aus der Zeit seiner intensivsten literarischen Tätigkeit stammende Romane genannt: *Am Waldesrand (Na kresach lasów,* 1894), *Rischtau* (1899) und *Die Flucht (Ucieczka,* 1904). Sieroszewski kämpfte in der sozialistischen Revolution von 1905 und in den Legionen Pił-sudskis im Ersten Weltkrieg. Von 1918 bis 1939 spielte er eine führende Rolle im literarischen Leben Polens und wurde als »alter Mann der polnischen Literatur« sehr verehrt. Seine wertvollsten Werke sind die Reportagen aus der Verbannung. Sie schildern das Los der Verbannten und sind daneben ein aufschlußreiches Bild von Leben und Sitten der Eingeborenen sowie gute Naturbeschreibungen. Seine Memoiren *Jenseits des Polarkreises (Za kręgiem polarnym,* 1926) erzählen davon, wie er aus Werchojansk entfloh und nach 1200 Kilometer Irrfahrten am Eismeer gefangengenommen und zur Strafe nach Kolyma verschickt wurde.

Józef Weyssenhoff (1860–1932)

Das Leben von Josef Weyssenhoff, einem Nachkommen adliger deutscher Siedler in Litauen, bestand hauptsächlich aus gesellschaftlichen Empfängen, Jagdpartien und Reisen zu den Treffpunkten der eleganten Gesellschaft Westeuropas. Seine ersten Gedichte besingen den blauen Himmel Griechenlands und seine weißen Tempel. Der Roman *Leben und Gedanken des Sigmund Podfilipski (Żywot i myśli Zygmunta Podfilipskiego,* 1898, deutsch 1902) ist eine gelungene Satire auf die polnische »gute« Gesellschaft, ihre Anbetung Westeuropas und ihre Verachtung alles Polnischen. Podfilipski ist ein Dummkopf mit guten Manieren und voll skeptischer Maximen über den Menschen. Er weiß genau, welche Krawatte zu welchem Anlaß zu tragen und wie sich dabei zu benehmen ist, hat aber für die Menschheit immerhin so viel übrig, daß er ihr seine Philosophie von der Nichtigkeit alles menschlichen Strebens hinterlassen möchte. Weyssenhoff wußte wahrscheinlich nicht, was er hier schuf, jedenfalls ist dieses Werk – vielleicht gerade dank seiner Unsicherheit – sein bestes; die anderen klingen, als wären sie von Podfilipski geschrieben, es fehlt ihnen u. a. die nötige Distanz zur Beschreibung der polnischen Landsitze. Weyssenhoff ist am besten, wenn er von seiner großen Leidenschaft, der Jagd, erzählt. Später versuchte er, den politischen Konservatismus der Großgrundbesitzer zu rechtfertigen, und verfiel mehr und mehr ins Ideologisieren.

Die Dichter

Zwischen den Epigonen und Imitatoren der großen Romantiker und den Positivisten mit ihrer Ablehnung der Romantik fristete die Poesie in der zweiten Hälfte des 19. Jahrhunderts ein etwas kümmerliches Dasein. Kleine Szenen aus dem Leben, kurze Verserzählungen – das war alles, was das Publikum annahm. Der Dichter paßte sich der Zeit an, seine Sprache näherte sich der gereimten Prosa und wurde ermüdend melodisch mit ihren ewigen Folgen von Trochäen, Jamben usw. Begabte Dichter fühlten sich unbehaglich und klagten darüber, daß sie dazu verurteilt seien, in einer »unpoetischen Welt« zu leben.

Als führender Dichter der Zeit galt Adam Asnyk, Nachkomme einer klein-adligen Familie und Sohn eines Aufständischen, der nach zwei Jahren Ver-bannung in Sibirien ein wohlhabender Kaufmann wurde. Adam studierte Medizin in Warschau, wurde wegen politischer Betätigung zu Beginn der sechziger Jahre festgenommen, entkam aber ins Ausland. Da ihm die Rück-kehr in die Heimat verwehrt war, studierte er Philosophie in Heidelberg und ließ sich dann in Galizien nieder, zuerst in Lemberg, dann in Krakau. Er rei-ste viel, nicht nur in Europa, sondern auch nach Nordafrika, Indien und Cey-lon. Asnyk ist ein Schüler der Romantiker, vor allem Słowackis, allerdings auf einem weniger ambitiösen Niveau, und seine Dichtungen sind eigentlich gereimte philosophische oder wissenschaftliche Abhandlungen, die oft sehr trocken klingen. Die besten handeln von den Bergen. Die Hohe Tatra war in den siebziger Jahren zugänglich gemacht worden, viele ihrer Gipfel wurden zum erstenmal bestiegen, und ein neues Thema fand Eingang in Dichtung und Literatur. Asnyk war ein begeisterter Bergsteiger und eines der ersten Mitglieder des »Tatravereins«. Er betätigte sich auch als Journalist, Redak-teur und Mitglied verschiedener Gesellschaften. Sein Ruf als Dichter festigte sich zusehends, und manche seiner Liebes- und Naturlieder wurden sogar vertont.

Über den Tiefen (Nad głębiami) ist ein Zyklus von dreißig Sonetten, der von 1880 bis 1894 entstand und Bilder von Berglandschaften mit den Gedanken des Dichters verbindet, Gedanken, die im Zeichen der wissenschaftlichen Entwicklungstheorien des 19. Jahrhunderts, des deutschen philosophischen Idealismus und vielleicht auch Słowackis Ideenwelt stehen. Danach bewegt sich die aus Atomen zusammengesetzte Welt nach ewig unabänderlichen Ge-setzen, hinter denen jedoch eine geistige Kraft steht, die alle Phänomene zur Vervollkommnung treibt und dem blinden Wirbel der Elemente einen Sinn gibt; eine Philosophie, die stark an Prus erinnert. Seine fortschrittlichen Ideen trugen Asnyk die Hochachtung der Positivisten ein, die sich oft auf ei-nes seiner Lieder beriefen, in dem er sagt, man müsse »mit dem Leben gehen, die Hand nach einem neuen Leben ausstrecken und sich nicht engstirnig mit einem Strauß verwelkten Lorbeers schmücken«. Asnyk war gewiß der beste polnische Verseschmied seiner Zeit und steht den französischen »Parnas-siens« nahe, die gleichfalls der wissenschaftlichen Weltanschauung huldig-ten. Mit dem Entstehen der Moderne gegen Ende des Jahrhunderts verlor er jedoch seinen Einfluß und erlangte ihn auch nicht wieder.

Man bot ihr einen Ehrenplatz auf dem Parnaß an, der seit den großen Ro-mantikern leerstand, aber Maria Konopnicka war viel interessanter als Typus der emanzipierten Frau denn als Dichterin, und das, obwohl ihre Dichtungen – und mit Recht – in keiner Anthologie fehlen. Sie war die Tochter des Rechtsanwalts Josef Wasiłowski aus Suwałki und wuchs in der Atmosphäre des kleinstädtischen Adels auf. In Warschau lernte sie in einem von Nonnen geleiteten Mädchenpensionat Elisa Pawłowski-Orzeszkowa kennen. Aus die-ser Begegnung erwuchs eine Freundschaft, die beiden viel bedeutete. Sie standen auch später noch brieflich miteinander in Verbindung, und

Orzeszkowa unterstützte die Freundin, wenn diese sich in Not befand. Maria wurde in jungen Jahren mit einem viel älteren Gutsbesitzer verheiratet, dem sie sechs Kinder gebar. Dann rebellierte sie und ging nach Warschau, einem neuen Leben entgegen. Sie studierte Montaigne, John Stuart Mill, Buckle, Ribot u. a. sowie die Schriften der polnischen Positivisten. Ihre Entwicklung als Dichterin fällt in eine Zeit, da der Optimismus der Positivisten bereits zu erlöschen begann und der Klassenkampf sich immer mehr zuspitzte. Konopnicka wies auf die beschämenden Lebensbedingungen der arbeitenden Klassen hin und nahm eine radikale antiklerikale Haltung ein, wodurch sie als Dichterin auf große Schwierigkeiten stieß: Die Konservativen klagten sie an, die Bauern aufzuhetzen, die Kirche warf ihr Gottlosigkeit vor, und selbst liberale Kreise meinten, daß sie zu weit ginge. Auch die russische Zensur interessierte sich sehr für sie, und das machte ihr das Leben gewiß nicht leichter.

Viele der Gedichte Konopnickas sind genaugenommen Verserzählungen aus dem elenden Leben der Unterdrückten, ein Thema, das sie auch in Kurzgeschichten eindrucksvoll behandelte. An ihren Liedern stört jedoch der monotone Singsang. Man hat sie daher oft als Beispiel für den unerwünschten Effekt monotoner Versfüße im Polnischen zitiert. Einigen ihrer wehmütig schlichten Gedichte gebührt allerdings ein Platz neben dem echten Volkslied. Konopnicka war eine Dichterin des Volkes, eines Polens, das sich sehr unterschied von dem der höheren und gebildeten Klassen. Ihre ergreifenden Geschichten aus dem Leben der Bauern, Arbeiter und Juden gehören auch heute noch zum Lehrstoff der unteren Gymnasialklassen. Die Kindergeschichte *Von den Heinzelmännchen und Mariechen, dem Waisenkind (O krasnoludkach i sierotce Marysi)* ist ein Märchen mit einer naiv-sozialen Tendenz. Zwanzig Jahre lang, bis ins vorgeschrittene Alter, arbeitete sie an einem großen Epos, *Herr Balzer in Brasilien (Pan Balcer w Brazylii,* 1910), das in der Form der *ottava rima* die Tradition Krasickis und Słowackis wiederaufnimmt. Der Held der Handlung ist ein einfacher Dorfschmied. Das Thema war sehr aktuell, denn Massen polnischer Bauern wanderten damals nach Amerika aus, und jene, die in die Dschungelwälder Brasiliens zogen, waren am schlechtesten dran. Maria Konopnicka reiste mehrere Male nach Westeuropa. Die brutalen Auswanderungsbedingungen waren ihr unmittelbar bekannt. Sie wollte die *ottava rima,* in der Tasso von Ritterkämpfen gesungen hatte, zur Darstellung der viel grausameren Kämpfe unserer Zeit verwenden. Das Werk ist jedoch mit Ausnahme einiger eindrucksvoller Teile mehr Ausdruck ihres lebhaften Mitgefühls als eine literarische Leistung. In der polnischen Poesie nimmt sie in mancher Beziehung eine ähnliche Stellung ein wie Orzeszkowa in der Prosa. Ihre Gedichte und Novellen sind selbst für ungebildete Leute leicht verständlich und erschienen nach ihrem Tode in Millionenauflagen (deutsche Auswahl, *Geschichten aus Polen,* 1917).

Felicjan Faleński (1825–1910)

Im Gegensatz zu Asnyk und Konopnicka blieb Felicjan Faleński fast sein Leben lang verkannt. Das Schicksal wollte es, daß seine Frau Maria, eine geborene Trębicka, die Busenfreundin von Maria Kalergis war, Norwids großer Liebe, und das stellte seine dichterische Begabung in den Schatten. Norwid war ein Mitschüler Faleńskis in Warschau und korrespondierte später mit dessen Frau. Faleńskis Versdramen sind von einem ungewöhnlich weiten intellektuellen Horizont. Er wandte Jahre an die sorgfältige Übersetzung von Edgar Allan Poe, Hans Christian Andersen und E. T. A. Hoffmann ins Polnische sowie an die Umarbeitung des Alten Testaments in Versform. Sein Vater unterstützte das russische Regime, was den Sohn veranlaßte, sich frühzeitig von der Gesellschaft zurückzuziehen. Faleński ist am besten in seinen Gedichten über die Hohe Tatra, die in einer Bildersprache gehalten sind, welche seiner Zeit weit vorauseilt, daneben auch in seinen Epigrammen, die 1892 unter dem Titel *Meander* erschienen. Seinem Schauspiel *Althäa* liegt (gleich dem Werk Swinburnes) die Sage von Meleager und Atalante zugrunde. Voller Ironie und Enttäuschung hielt Faleński mit dem literarischen Leben seiner Zeit nicht mehr Schritt. Er machte seinem Ärger oft Luft, indem er ganze Bände seiner Dichtungen, die er übrigens auf eigene Kosten herausgab, vor den Augen des Publikums verbrannte.

Wiktor Gomulicki (1848–1919)

Viktor Gomulicki war der Sohn eines wohlhabenden Feldmessers aus Ostrolenka, besuchte in Warschau die Schule und studierte Jura an der *Szkoła Główna*. Dort begann auch seine erfolgreiche dichterische Laufbahn. Er schrieb Gedichte, Romane, Novellen, Essays und Kritiken und übersetzte Puschkin, Nekrassow, Victor Hugo und Musset, um nur einige zu nennen. Formell steht er mit der in sich geschlossenen Klarheit seiner Dichtungen den französischen »Parnassiens« nahe, vor allem aber war er Dichter des Warschauer Alltags, besonders seiner geliebten Altstadt. In der herkömmlichen Form des Satzbaus, in einer Sprache, die ebenso klar verständlich ist wie Prosa, hielt er fast fotografisch treu kleine Szenen fest, deren Zeuge er wurde, alte, weißhaarige Frauen, die mit ihren Krügen Wasser oder Milch holen, ein Kaffeehaus, in dem eine alte französische Dame in ihre Zeitung vertieft dasitzt, Singvögel in ihren Käfigen am Dachgiebel, ein alter Flickschuster, pensionierte Angestellte u. dgl. Seine melancholische Zartheit und sein feines Lächeln verleihen den banalsten Dingen Größe und Erhabenheit. Eines seiner schönsten Gedichte, »El mole rachmim«, beschreibt eine jüdische Trauungszeremonie in einem düsteren, schmutzigen Hinterhof, der sich vor den Augen des Dichters in ein blühendes Tal verwandelt, mit den Bergen des Libanon im Hintergrund; die armseligen Teilnehmer der Zeremonie werden zu Bewohnern des Tales zur Zeit der Propheten, »und die Sterne leuchteten in der Höhe wie eine goldene Menora«.

Die Dichter, die hier erwähnt werden, sind nur ein Teil jener, die zu ihrer Zeit geehrt, gedruckt und studiert wurden, die Namen der anderen gehören heute in ein Gebiet, in dem nur noch Spezialisten zu Hause sind.

Das junge Polen

9

Allgemeine Bemerkungen

Je mehr wir uns der Gegenwart nähern, desto schwieriger wird es, die verschiedenen Strömungen darzustellen, die das Leben Europas in einer Zeit beeinflußten, die in mancher Beziehung noch nicht zu Ende ist. Die Jahrhundertwende war für den Kontinent eine Zeit des Friedens und der Prosperität. Unter der blühenden Oberfläche des Kapitalismus waren jedoch zerstörerische Kräfte am Werk, die die feinfühligeren Geister beunruhigten. Wie es damals in mehreren Ländern Europas von sehr verschiedenem wirtschaftlichen und sozialen Niveau gleichzeitig zu einer neuen Lebens- und Kunstanschauung kam, ist fast ein Rätsel. Ob man das nun als »geistige Übertragung« oder »natürlichen Wuchs« bezeichnet oder einem nicht näher umschriebenen »Zeitgeist« zugute hält, es bleibt dabei, daß in Frankreich, Deutschland, Polen und Rußland um die gleiche Zeit geistige Strömungen von großer Ähnlichkeit aufkamen. Das geteilte Polen war drei solchen Strömungen ausgesetzt, die ihren Ursprung in je einer Hauptstadt hatten: Wien, Petersburg und Berlin. Es gelang ihm jedoch, diese verschiedenen kosmopolitischen Einflüsse in seiner Literatur mit der eigenen Vergangenheit zu einem originellen Ganzen zu vereinen. Das Wort »kosmopolitisch« ist hier angebracht, denn zu einer Zeit, da man ohne Auslandspaß reisen konnte, wurde die europäische Kultur als Einheit empfunden; junge Franzosen, Polen und Russen saßen über dieselben lateinischen und griechischen Klassiker gebeugt, lasen dieselben deutschen Philosophen, dieselben französischen Dichter.
Die moderne polnische Literatur beginnt mit der Generation, die um das Jahr 1890 an die Öffentlichkeit trat. Der Name »Junges Polen« entstand erst 1899, vorher hieß es »Dekadenz« oder »Moderne«. Man stimmt jedoch darin überein, daß der Ausdruck »Junges Polen« – eine Nachbildung von »Junges Deutschland« – gerade wegen seiner Verschwommenheit das neue Phänomen besser beschreibt als irgendein Ismus.

Die Anfänge der modernen polnischen Literatur liegen – wie die vieler anderer – in den neunziger Jahren. Die Krise der Wissenschaftlichkeit des 19. Jahrhunderts begann in Frankreich mit dem Jahr 1885 und führte, nach Jahrzehnten eines naiven Glaubens an den unbegrenzten Fortschritt der Bourgeoisie, zu einem Wiederaufleben der romantischen Revolte, und zwar zunächst in kleinen Gruppen von Bohemiens, die gegen das Establishment rebellierten und nichts anderes auf ihre Fahnen schrieben als dessen Vernichtung. Sie bekämpften die anerkannte Literatur und Kunstrichtung, verkündeten das Ende der »Parnassus«-Poesie und der naturalistischen Prosa, verbanden sich in der Politik mit den Anarchisten und sahen die moderne Zivilisation im Absterben begriffen. Die Pariser Zeitschrift *Le Décadent* erklärte im Jahre 1886:

> »Geboren in der hyperblasierten Zivilisation des Schopenhauerismus, sind die Dekadenten keine literarische Schule. Sie haben nicht die Absicht, etwas zu schaffen. Ihre Aufgabe ist, zu zerstören, alles Alte zu beseitigen ...
> Es wäre Unsinn, den Zustand der Dekadenz zu leugnen, an den wir gelangt sind. Religion, Moral, Recht, alles ist im Verfall begriffen.«

In Polen ahmte man alles nach, was in Frankreich geschah, und die polnische Rebellion gegen das utilitaristische Ideal der Positivisten wurde zunächst gleichfalls »Dekadenz« genannt. Der Begriff war jedoch zu verschwommen, um die unvorhergesehenen Veränderungen des Gefühlslebens zu bezeichnen. Auch »Symbolismus« ist unzulänglich. Baudelaire, Rimbaud, Verlaine und Laforgue wurden schon lange Symbolisten genannt, als Jean Moréas und Gustave Kahn im Jahre 1886 ihre Zeitschrift *Le Symboliste* herauszugeben begannen. Strenggenommen gehören nicht die Meister der französischen Poesie, sondern eine Reihe zweitrangiger Dichter zum Symbolismus, und dieser endete – französischen Literaturhistorikern zufolge – im Jahre 1900. In einem weiteren Sinne sind aber auch viele andere Dichter des 19. und 20. Jahrhunderts Symbolisten. Die neue Auffassung von der Rolle der Symbole *(correspondances)* beginnt mit Baudelaire, der den Begriff von Emanuel Swedenborg entlehnte. In diesem Sinne gab es auch in Polen Symbolisten; da sie aber keine »Manifeste« veröffentlichten, wäre es falsch, das Wort zum Titel dieses Kapitels zu machen. Was Arthur Symons von den französischen Symbolisten sagt, trifft auch auf die polnischen zu:

»Hier also, in dieser Auflehnung gegen Äußerlichkeit, gegen Rhetorik, gegen eine materialistische Tradition; in diesem Bemühen, die Quintessenz, die Seele all dessen herauszuschälen, das besteht und vom Bewußtsein aufgenommen werden kann; in diesem beharrlichen Warten auf ein Anzeichen, das die Seele der Dinge sichtbar macht; hier könnte die Literatur sich endlich von dem Gewicht ihrer Bürden befreien und eine echte Sprache finden. Diese Freiheit legt ihr aber eine um so schwerere Bürde auf: denn indem sie zu uns so innig, so feierlich spricht wie die Religion, wird sie selbst zu einer Art von Religion mit der Aufgabe und Verpflichtung eines geheiligten Ritus.«

Dekadenz und Symbolismus waren nicht die einzigen Bezeichnungen dieser chaotischen Bewegung, auch andere Ismen, wie Naturalismus und Impressionismus, erhoben ihre Ansprüche. Der Naturalismus, wie er in Zolas Werken erscheint, nämlich als die pessimistische Betrachtung des Menschen als eines Wesens, das biologischen und sozialen Faktoren ausgesetzt ist – Übeln, die das Gegenstück zum biologischen Lebenskampf darstellen –, dieser Naturalismus erzeugte in der kurzen Zeit seiner Existenz eine Literatur der Grausamkeit und des Mitleids, die erst um die Jahrhundertwende ihren Einzug in Polen hielt. Als literarische Technik ging sie oft Hand in Hand mit dem Impressionismus, denn das Verlagern des naturalistischen Schriftstellers auf genaue Beobachtung ließ ihn sich auf sein Auge verlassen, um die Flucht der Eindrücke festzuhalten und so subjektive Sinneswahrnehmungen an die Stelle einer verstandesmäßig geordneten Welt zu setzen.

Das »Junge Polen« geht auf eine kleine Gruppe energischer Neuerer zurück, die sich vor allem für Poesie und Philosophie interessierten. Schon 1887 gab der bereits erwähnte Zenon Przesmycki-Miriam in Warschau eine literarische Zeitschrift heraus, *Das Leben (Życie),* die zwar noch gemäßigt war, aber schon Übersetzungen von Edgar Allan Poe, Baudelaire, Verlaine, Swinburne und anderen »wilden« Dichtern veröffentlichte. Przesmyckis Übersetzung von Rimbauds *Le bateau ivre* (1892) war ein literarisches Ereignis und schuf neben dem Baudelairemythos einen ebensolchen von Rimbaud. Eduard Porębowicz, ein Philologe und Spezialist für romanische Sprachen, veröffent-

lichte ausgezeichnete Übersetzungen der provenzalischen Poesie sowie kelti-
scher, germanischer und skandinavischer Volkslieder, die manchen polnischen Dichtern (z. B. Bolesław Leśmian) reiches Material lieferten. Anton
Lange machte Polen zu Beginn der neunziger Jahre mit Baudelaires *Les fleurs
du mal* bekannt. Viel Gefallen fanden die neuen, aus einem Gespinst von
Symbolen bestehenden Dramen, insbesondere die von Maurice Maeterlinck
(den der Kritiker Ignaz Matuszewski den »Shakespeare des *Fin de siècle*«
nannte). Auch Ibsen hatte zahlreiche Bewunderer.
Das »Junge Polen« scharte sich um ein literarisches Magazin, das von 1897
bis 1900 in Krakau herausgegeben wurde und sich wie sein Warschauer Vorgänger *Das Leben (Życie)* nannte; hier erschien auch die Bezeichnung »Junges Polen« zum erstenmal. Später, zwischen 1901 und 1908, wurde die reich
ausgestattete Zeitschrift *Chimera* unter der Redaktion von Zenon Przesmycki
zum Sprachrohr der siegreichen Neuerer.
Die neue Bewegung war mehr als eine literarische Mode. Sie bedeutete eine
wahre Krise der wissenschaftlichen Weltanschauung, deren Anhänger nun
nach einem Ausweg suchten und ihn bei den Philosophen zu finden glaubten,
die dem Menschen noch eine Hoffnung ließen: Schopenhauer und Nietzsche. Bei ersterem, weil er den Menschen dazu anhielt, sich dem *Circulus vi-
tiosus* eines angeblich unabänderlichen Determinismus zu entziehen; bei letzterem, weil er im Menschen ein selbstherrliches Wesen sah, das in einer Welt
ohne metaphysische Bedeutung Werte schafft. Polen lernte Nietzsche durch
Georg Brandes kennen, dessen Werke in den neunziger Jahren ins Polnische
übersetzt wurden, ferner durch die begeisterten Hinweise in Ola Hanssons
Das junge Skandinavien (polnisch 1893), schließlich durch Stanisław Przybyszewski, der 1892 zum polnischen Nietzsche-Propheten wurde. Das erste
Nietzsche-Buch in polnischer Sprache war ein Werk von Maria Przewóska
(1894), und von 1900 an erschienen seine Werke fortlaufend in polnischen
Übersetzungen. Auch Max Stirners individueller Anarchismus und Eduard
von Hartmanns sich an Schopenhauer und Schelling anlehnende *Philosophie
des Unbewußten* waren von Einfluß. In dem Jahrzehnt, das dem Ersten Weltkrieg vorausging, wurden Henri Bergson und Kierkegaard ins Polnische
übersetzt und viel gelesen. Berücksichtigt man noch die sozialistische Bewegung und die (manchmal etwas oberflächliche) Kenntnis der Werke von
Feuerbach, Marx und Engels, die ihr zu verdanken ist, so ergibt sich fast das
ganze Spektrum geistiger Anregungen, die auf die polnische Jugend einwirk-
ten. Schwerer zu beurteilen ist der russische Einfluß. Er war auf Kongreßpolen beschränkt, denn die Polen in den deutschen und österreichischen Gebieten konnten nicht Russisch und lasen z. B. Dostojewski in deutscher Übersetzung. Etwaige Berührungspunkte mit Rußland wurden selbstverständlich –
einem ungeschriebenen Gesetz folgend – geleugnet. Es gab aber Ausnahmen.
Stanisław Brzozowski, der bereits erwähnte Literaturkritiker, war mit der russischen Literatur gut vertraut und verfolgte sie bis zu seinem Lebensende im
Jahre 1911 mit großer Aufmerksamkeit. Der Schopenhaurianer Marian
Zdziechowski hielt den Pessimismus für eine unerläßliche Voraussetzung der
Erneuerung des Christentums und stand darin dem von ihm bewunderten
russischen Philosophen Wladimir Solowjew nahe. Der Modernismus innerhalb der katholischen Kirche, der das persönliche Glaubenserlebnis hervorhob
und dessen Hauptvertreter Alfred Loisy war, fand in Zdziechowski auch dann
noch einen Verteidiger, als er schon von Rom verdammt worden war (1907).

Neben diesen literarischen und philosophischen »Auslandsanleihen« übten natürlich die Verhältnisse in Polen selbst und die nationale Tradition ihren Einfluß aus. Gerade um jene Zeit erschienen die wichtigsten Werke der Positivisten. Die junge Generation sah in ihnen jedoch nur die Nachwehen der Niederlage und hielt den Positivisten vor, daß sie sich mit ihrem zaghaften Utilitarismus und ihrem Glauben an einen harmonischen Fortschritt kompromittiert hätten und daß der gewaltsame Klassenkampf sie Lügen strafe. Bolesław Prus hatte zwar die polnische Gesellschaft mit einem Sandhaufen verglichen, aber noch auf eine allmähliche Besserung gehofft – eine Hoffnung, die die Jugend nicht teilte. Das Pendel schlug zum romantischen Traum von Unabhängigkeit und Revolution zurück. Und dann kam das Jahr 1905, ein bedeutsames Datum in der Geschichte des »Jungen Polen«: Das Zarenreich schwankte unter den Schlägen des russisch-japanischen Krieges, seine Schwächen traten offen zutage, die Zensur wurde milder, und die Idee der nationalen Unabhängigkeit war kein leerer Wahn mehr.

Die großen Romantiker wurden neu interpretiert und ihre Rangordnung geändert: Słowacki, der Mystiker, rückte an die Spitze. Es sei hier nicht bloß anekdotisch erwähnt, daß Felix Dsherschinskij (Dzierzyński), Führer der SDKPiL, rechte Hand Lenins und Organisator der Tscheka, des mächtigsten Polizeiapparates der Neuzeit, es liebte, ganze Stücke aus Słowackis *König Geist* auswendig zu rezitieren; desgleichen ein anderer Sozialist, Führer der PPS und Begründer des neuen polnischen Staates, Josef Piłsudski. Selbst der Messianismus lebte wieder auf. Daß man auf die Romantik zurückgriff, ist verständlich, wenn man an den Reichtum ihrer Dichtungen denkt und sie mit den etwas dürr anmutenden Gedanken der Positivisten vergleicht. Manche Forscher sprechen daher lieber von einer Neuromantik als von einem »Jungen Polen«, obwohl der Ausdruck dem neuen Kampf zwischen Klassik und Romantik nicht ganz gerecht wird.

Im Grunde genommen stand im Mittelpunkt der Problematik des »Jungen Polen« eine religiöse Krise. Hier waren junge Menschen, deren Revolte gegen die wissenschaftliche Weltanschauung nicht recht erkennen ließ, daß sie deren Prinzipien grundsätzlich ablehnten. Die Wissenschaft bot ihnen keinen Anhaltspunkt dafür, was Wert hatte. In ihren religiösen Gefühlen zutiefst erschüttert, gaben sie daher die Suche nach dem Sinn von Leben und Tod nicht auf. Das Universum war ein sich selbst verewigender, mitleids- und erbarmungsloser Mechanismus. Irgend jemand trug daran die Schuld, und so klagten sie mit manichäischer Heftigkeit Gott an (und erinnern darin manchmal an Byron). Einige trieben es bis zur Teufelsanbetung und identifizierten sich mit den gefallenen Engeln. In Dichtung und Malerei wiederholt sich das Bild des *dies irae* und des Gotteszornes. Arthur Górski, ein Sprecher des »Jungen Polen«, schrieb:

»Über allen Seelen liegt eine schreckliche Finsternis, in der es selbst für Zweifel keinen Raum mehr gibt. Nichts ist gewiß als Schrecken und Schmerz. Die Mauern zwischen dem Wahren und dem Unverständlichen fallen. Nichts bleibt als ein Seelenstaub, Seelen, die vom Schicksal durcheinandergeworfen werden und über den Abgründen zusammenprallen.«

Wie in Frankreich wurde auch hier die Dekadenz der europäischen Gesellschaft bitter beklagt und zum Aufstand gegen das banale, sinnlose Leben eines Wesens aufgerufen, dem man den Namen »Philister« oder »Bourgeois«

gab (heute sagt man »Organisationsmensch« und »Bürokrat«). Um wieder mit Górski zu reden:

»Je mehr die Enttäuschung über das Leben der Gesellschaft und ihr charakteristisches Erzeugnis, den modernen Philister, wuchs, desto mehr lockerten sich die Bande zwischen Individuum und Gemeinschaft, desto mehr nahm die Abscheu vor der banalen, seelenlosen Existenz der organisierten Masse zu, und mit ihr der Protest gegen sie . . . Feinfühligere, tiefer denkende Menschen verloren allen Respekt vor dem Philister, alle Sympathie mit sozialen Bewegungen; sie begannen sich zurückzuziehen und nach anderen, dauerhaften Werten Umschau zu halten.«

Was waren das für Werte? Im Zentrum des Mythos des »Jungen Polen« steht der Künstler, der in unmittelbare Berührung mit dem unauslöschlichen Wesen der Wirklichkeit kommt und so gewissermaßen all die anderen erlöst, die es nicht wagen, unter die Oberfläche der tagtäglichen Plackerei zu tauchen. Die Kunst schafft Werte in einer aller Werte beraubten Welt. Vor allem die Musik wurde so zum Objekt der Anbetung des »Jungen Polen«, da sie dem Ausdruck des Unausdrücklichen am nächsten kommt. Zum Leben selbst hatte, besonders in der Zeit von 1890 bis 1900, das »Junge Polen« die Beziehung eines verzweifelten Hedonismus, verbunden mit Nirwanaträumen. Viele Dichter wenden sich an »Frau Tod« (»Tod« – śmierć – ist im Polnischen weiblichen Geschlechts), die den Sterblichen vom Lebensschmerz erlöst.

Die Positivisten waren über die neuen Ideen empört und begegneten ihnen mit bissiger Ironie. Einer von ihnen sagte:

»Vor allem, alles daran ist falsch: falsches Leid, falscher oder billiger Pessimismus, gemachter Zorn, künstliche Ungeheuerlichkeiten in Geist und Instinkt. Junge Leute, frisch wie ein Fisch im Wasser, und sie schlafen nicht, sondern trinken sich voll mit schwarzem Kaffee, um einen besseren, das heißt modernistischen Eindruck zu machen und Loblieder auf den Absinth zu singen, den sie nicht einmal schlucken können. Schwächlinge im Kostüm von Übermenschen, das ihre Schwäche verhüllt. Philister, die als Nero oder Marquis de Sade posieren.

Wenn ein Prometheus aufschreit: Ich leide! – erzittern wir vor Mitgefühl. Wenn es aber ein Student tut, dem ein Mädchen beim Tanz einen Korb gibt, schlägt unser Herz nicht schneller.«

Solche Bemerkungen waren angesichts der Durchschnittlichkeit der jungen Dichter nicht unberechtigt. Einer von ihnen brachte folgendes zustande:

In einem Ozean schwarzen Kaffees
Segle ich auf die Insel der Glückseligkeit zu.
Ein Clown voller Langeweile und voller Träume,
Halte ich das schwere Ruder meines Narrenschiffes.

Oder:

Meine Seele ist ein Dornenkranz.
Ans weiße Kreuz deines Leibes
Genagelt mit den Nägeln meines Verlangens,
Senkt sie langsam ihr Haupt und verlöscht.

Die Positivisten leugneten nicht ihre eigenen Unzulänglichkeiten, fühlten sich aber im Recht und warfen der Jugend vor, daß sie kein Gefühl für die Vergangenheit ihres Volkes habe. Orzeszkowa schrieb in einem ihrer Briefe: »In den Kämpfen des Aufstandes [von 1863] wurden Ströme besten Blutes vergossen. Hier [in Litauen] war der Aufstand viel heftiger und hartnäckiger als im Königreich [Polen]. Die Besten, die Edelsten, die Liebenswertesten fielen einer Kugel, der Deportation oder dem Exil zum Opfer . . . Unzählige edeldenkende Demokraten kamen im Feuerhagel, in den Steppen oder am Galgen um – Geistesbrüder meiner Jugend, ich weiß nur zu gut, wie viele ihrer waren, wie vielversprechend, beseelt von heiligem Geist.«

Andere Richtungen mischten sich in den Streit. In den neunziger Jahren traten marxistische Literaturkritiker auf und protestierten gegen die Darstellung des Künstlers als Übermensch. Sie sahen darin einen Ausdruck der Furcht vor den Massen, diesen Massen, die bald die Zügel in die Hand nehmen und dem Künstler neue Aufgaben stellen würden. Aus dem Streit der verschiedenen Strömungen ging das »Junge Polen« siegreich hervor. Das ergab Konsequenzen für die Literatur, die niemand vorausgesehen hatte. Die neue Sensibilität und ihr Stil führten nicht dazu, daß man sich in einen Elfenbeinturm zurückzog, sondern brachten eine Neubewertung des nationalen Erbgutes hervor, eine neuartige Verpflichtung der Gemeinschaft gegenüber, weit entfernt von dem unbeschwerten Utilitarismus der Positivisten.
Sprachlich war es eine chaotische Zeit. Der Subjektivismus verschwommener Gefühle nahm in Poesie und Prosa überhand, um so mehr, als das Polnische nie so diszipliniert war wie z. B. das Französische und immer wieder von Rückfällen ins Barock bedroht war. Das ging so weit, daß die normale Syntax oft der Ausschmückung und der Rhythmik zum Opfer fiel, bis die Zeit kam, da der Stil des »Jungen Polen« als geschmacklos galt, ein Stigma, das die meisten seiner Vertreter in ihrer Dichtkunst beeinträchtigte. Dennoch gab es manche unter ihnen, die – vielleicht gerade wegen dieser Freiheit im Experimentieren – große Dichter wurden.

Die Vorläufer

Stanisław Przybyszewski (1868–1927)

Mit seinem intellektuellen Wagemut und seiner faszinierenden Persönlichkeit kann Przybyszewski in seiner Bedeutung für die polnische Literatur kaum überschätzt werden. Aus zeitgenössischen Memoiren und Tagebüchern leuchtet die Macht hervor, mit der dieser Zeremonienmeister der Boheme, dieser Trinker, Causeur, Klavierspieler und Verkünder »satanischer« Wahrheiten alle Welt bezauberte. Er war der Sohn eines Lehrers in Großpolen, besuchte ein deutsches Gymnasium und studierte anschließend Architektur und danach Psychologie in Berlin. Dort redigierte er auch eine polnische sozialistische Zeitung. Seine Verbindung mit den Sozialisten dauerte aber nicht lange. Er schrieb zunächst deutsch und kam mit seinen Werken – *Zur Psycho-*

logie des Individuums, Chopin und Nietzsche, Die Totenmesse, Homo sapiens
u.a. – bei der Berliner Boheme in den Ruf eines Genies. Auch mit der Dich-
terwelt Skandinaviens, Strindberg an der Spitze, stand er in persönlicher Beziehung (seine Frau, Dagny Juel, war Norwegerin). Im Jahre 1898 kehrte
Przybyszewski nach Polen zurück und ließ sich in Krakau nieder, wo er die
Leitung der Zeitschrift *Das Leben (Życie)* übernahm, die aus Geldmangel vor
dem Eingehen stand. Mit seiner Dynamik vereinte er sofort alle bis dahin na-
menlosen Strömungen um sich, und das »Junge Polen« war, bevor es so genannt wurde, als Przybyszewskis *Moderne* bekannt. Heute wird damit die erste Phase des »Jungen Polen« bezeichnet, die ihren Höhepunkt um das Jahr
1900 erreichte. Am 1. Januar 1899 veröffentlichte Przybyszewski im *Leben* ein
Manifest unter dem Titel »Confiteor«, das den Positivismus offen heraus-
forderte und bei all seiner Verschwommenheit nicht an Interesse verloren
hat. Es heißt dort u.a.:

»Kunst hat kein Ziel, sondern ist Ziel an sich. Sie ist absolut, denn sie ist
ein Spiegelbild des Absoluten – der Seele. Und da sie absolut ist, kann sie
in keinen Rahmen gespannt werden, kann sie keiner Idee dienen, sondern
ist Herrscher, Quelle allen Lebens.
Kunst steht über dem Leben. Sie durchdringt das Wesen der Welt; sie liest
dem einfachen Mann aus einer geheimen Runenschrift etwas vor; erklärt
alles, was von Ewigkeit zu Ewigkeit besteht; kennt keine Grenzen und Gesetze; kennt bloß Dauer und Kraft der Seele; verknüpft die Menschensee-
len mit der Seele der Universalnatur und sieht in der Seele des Individuums
eine Erscheinung jener anderen.
Tendenziöse Kunst, unterhaltende Kunst, patriotische Kunst, Kunst mit einer Moral oder einem sozialen Zweck ist keine Kunst, sondern eine *biblia
pauperum* für alle, die nicht denken können oder zu ungebildet sind, um die
einschlägigen Lehrbücher zu lesen. Solche Leute brauchen Wanderlehrer,
keine Kunst.
Die Gesellschaft mittels der Kunst erzieherisch oder moralisch beeinflussen zu wollen oder mit ihrer Hilfe patriotische und soziale Gefühle zu pfle-
gen, bedeutet eine Erniedrigung der Kunst, die sie von den Höhen des Absoluten in die elenden Zufälligkeiten des Lebens schleudert. Noch niedri-
ger steht eine demokratische Kunst, eine Kunst für das Volk. Kunst für das
Volk ist eine verabscheuungswürdige, seichte Banalisierung der Mittel, die
der Künstler verwendet, ein plebejischer Akt, der etwas zugänglich macht,
was seiner Natur nach nur schwer zugänglich ist. Das Volk braucht Brot,
nicht Kunst. Wenn es Brot bekommt, wird es schon seinen Weg finden.
Wahre Kunst ist höchste Religion, und der Künstler ihr Priester. Er ist, was
er ist, ausschließlich dank einer inneren Kraft, die es ihm erlaubt, Seelenzu-
stände darzustellen. Er ist die kosmische, metaphysische Macht, in der sich
das Absolute und Ewige Ausdruck verschafft. Er ist heilig und rein, ob er
nun die schrecklichsten Verbrechen darstellt und den abstoßendsten
Schmutz zeigt oder sein Auge zum Himmel richtet und Gottes Licht durchdringt.«

Diese hochfliegenden Worte wurden von Freund und Feind als Aufruf zum
zügellosen Leben der Boheme aufgefaßt. Przybyszewski selbst war nicht vom
Gewissen geplagt, auch nicht in bezug auf seine beruflichen Verpflichtungen.
Jedem Besucher wurden, bevor er ein »ernstes« Gespräch beginnen konnte,

ein, zwei Seiten des Buches vorgesetzt, an dem Przybyszewski gerade arbeitete, dazu eine Flasche Kognak. Diese Gewohnheit sowie seine gewaltsame Art zu argumentieren, sein sarkastisches Lachen und seine Philosophie trugen ihm den Ruf eines Teufelsanbeters ein. Er war jedoch ein tiefschürfender Geist, viel ernster, als sein wildes Leben und seine Schriften vermuten lassen. Er zwang seine Umgebung zu den radikalsten, kompromißlosen Schlüssen, und viele seiner Zeitgenossen waren ihm für seinen befreienden Einfluß dankbar. Bei aller Bewunderung für Nietzsche ging er seinen eigenen Weg.

Das Manifest spricht von der »nackten Seele«, und dieser Ausdruck kommt bei Przybyszewski häufig vor. Der Mensch sei ein Glied in der Entwicklungskette der Amöben, Fische und Vögel, und was er denke und begehre, vom blinden Instinkt bestimmt. Selbst die Liebe sei ein Trick des Selbsterhaltungstriebes, denn das Ideal sei die Androgynie. Der wahre Mensch liege unter der Oberfläche seines Bewußtseins, in jenen Elementen, die auf seine tierischen Vorfahren zurückgingen:

»Das arme, arme Bewußtsein – . . . was weiß es von jener Macht, die ewig Unheil gebiert, diesem Dämon in uns, der – einem mittelalterlichen Fürsten der Finsternis gleich – in der ewigen Nacht unseres Selbst haust und dessen hilflose, somnambule Werkzeuge wir sind?
Es gibt keinen freien Willen, folglich auch keine Verantwortung. Unsere Taten sind gewollt, aber nicht von uns, sondern von einem fleischlichen Wesen in uns, über das wir keine Macht haben. Es gibt kein Gut und Böse, denn im Grunde genommen schreiben wir diese Eigenschaften der Natur zu, und diese zu loben oder zu tadeln ist Unsinn.«

Die »nackte Seele« ist ein in vieler Hinsicht von äußeren Umständen unabhängiges Substrat und mit einem physiologischen Gedächtnis ausgestattet. Sie drückt sich nicht mittels des Bewußtseins aus, denn dieses ist dem Zufall, dem Milieu und der Zeit ausgesetzt, sondern

»in seelischen Handlungen, die auf der Scheidelinie zwischen Sinneswahrnehmung und Gedanken liegen, den Bruchteil einer Sekunde dauern und in der Sprache der Menschen keinen Namen haben«.

Die »nackte Seele« macht sich in den sogenannten »abnormen« Seelenzuständen Luft wie Hysterie, Halluzination und Besessenheit. Przybyszewski sehnt sich nach den Zeiten, da sie alle Hemmungen durchbrach, wie im Mittelalter mit seinen Teufeln, Massenpsychosen und Hexensabbaten. Er war insofern ein Teufelsanbeter, als Satan für ihn die Bezeichnung der im Menschen verborgenen Urkräfte war. Der Mensch sei vom Dämon der Sexualität besessen: »Am Anfang war die Begierde.« Heute, wo uns Freud mit der Libido vertraut gemacht hat, klingt das nicht neu, aber wer wußte damals etwas von Freud (der zwölf Jahre älter als Przybyszewski war) außerhalb des kleinen Kreises seiner Vertrauten? Przybyszewski fing gewissermaßen das Fluidum auf, dem der Begründer der Psychoanalyse feste Formen verlieh.

Przybyszewskis Gedanken verbinden die materialistische Auffassung des 19. Jahrhunderts mit der Verherrlichung der Kunst. Der Mensch liege in der Hand von Mächten, über die er keine Gewalt hat, es gebe daher keine wahren Werte außerhalb der Kunst, dem einzig Absoluten, das dem Menschen zugänglich sei. Auf welche Weise die »nackte Seele« sich in der Kunst Ausdruck verschafft – darüber schweigt sich Przybyszewski aus. Er betet aber die Kunst wie eine Göttin an:

»Dein Name ist geheiligt, ich habe ihn nie mißbraucht – so erhöre mich, Herrin! Ohne Widerspruch habe ich die größte Schmerzenslast auf meine Schultern geladen und in unsäglicher Müh' das Leidenskreuz den Hügel von Tod und Verdammung hinaufgeschleppt – so erlöse mich, Herrin! Eleison, eleison!«

Sein Extremismus, dem selbst Nietzsche zu »literarisch« war, gab zu vielen Mißverständnissen Anlaß, denn seine Schüler faßten seine Erklärungen als Aufforderung zu einem hemmungslosen Spiritualismus und Individualismus auf. Er selbst wollte – im Geist seiner psychiatrischen Studien in Berlin – ein »Naturforscher seelischer Phänomene« sein, und folgendes Bekenntnis könnte auch von Freud stammen:

»Naive Kritiker suchen den Ursprung meiner ›nackten Seele‹ in den wunderbaren Träumen von Novalis oder bei Maeterlinck und d'Annunzio. Keineswegs! Meine ›nackte Seele‹ ist das Phänomen einer streng wissenschaftlichen Naturkunde, von einer Art, die die Erscheinungen, die angeblich außerhalb der anerkannten Naturgesetze vor sich gehen, nicht als störend empfindet, sondern sie im Gegenteil als Tatsachen bejaht, die der Theorie widersprechen, aber unser Wissen um ein Jahrhundert vorwärtsbringen. Es ist einfach so, daß ich in allem, dem bisher jeder Funken Seele abgesprochen wurde, gerade ihre mächtigsten Zeichen sehe. Ich verkündete das mit jugendlichem Mut, allen Gesetzen, Regeln und zweifelverbietenden Gewißheiten zum Trotz. Ich erklärte, daß die ›nackte Seele‹ außerhalb der oberflächlichen Handlungen der Normalseele liegt, außerhalb unseres armseligen, unendlich armseligen Bewußtseins.«

Als fruchtbarer deutsch-polnischer Schriftsteller war Przybyszewski über Polen hinaus gut bekannt, besonders in Rußland. Heute neigen wir dazu, in ihm eher den Medizinmann der Moderne zu sehen als den Autor künstlerisch bedeutsamer Prosadichtungen, Romane und Theaterstücke. Seine psychologischen Dramen – *Um des Glückes willen* (*Dla szczęścia*, 1900), *Das Goldene Vlies* (*Złote runo*, 1901), *Der Schnee* (*Śnieg*, 1903) u. a. – philosophieren zuviel. Die Personen schlagen in den Fängen des Schicksals (der Libido) um sich und gehen unter, ohne unser Mitgefühl zu erwecken, nicht wie in der wahren Tragödie, die in einem Konflikt zwischen Wille und Schicksal besteht. Die an den Haaren herbeigezogenen Morde und Selbstmorde erscheinen oft wie gewollte Parodien und wurden in den zwanziger Jahren auch tatsächlich so dargestellt (z. B. von Witkiewicz, von dem noch die Rede sein wird). Przybyszewskis Romanen fehlt ein einheitlicher Stil, und sie interessieren eher vom philosophischen als vom literarischen Standpunkt. Das beste an ihnen sind einige Seiten über die mittelalterliche Dämonologie. Seine gegen Lebensende verfaßte Autobiographie *Meine Zeitgenossen* (*Moi współcześni*, 1. Band 1926, 2. Band 1930, deutsche Fassung *Erinnerungen an das literarische Berlin*, 1965) enthält mehr Aufschlüsse über den Geist seiner Zeit als über seine Zeitgenossen, denn Przybyszewski neigte immer dazu, die Tatsachen auf seine eigene Art zu entstellen.

Man fragt sich mit Recht, warum Przybyszewski und nicht Zenon Przesmycki (Pseudonym Miriam) zum Führer der Moderne ausgerufen wurde, obwohl die dichterischen Verdienste des letzteren sehr bedeutend sind. Er übersetzte Dichter, deren Namen zu Parolen des »Jungen Polen« wurden, wie Maeterlinck und Rimbaud, und verwandte sein nicht unbedeutendes Vermögen auf die Herausgabe eines reich ausgestatteten Magazins namens *Chimera,* das neben literarischen Werken auch Zeichnungen und Reproduktionen von Malereien veröffentlichte. Aber Miriam hatte nicht die Faust eines Przybyszewski. Sein ruhiges, nachdenkliches Wesen trug ihm den Vorwurf ein, daß er die Kunst in einen Elfenbeinturm einschließe und sich einer übermäßigen Schöngeisterei ergebe. Dabei rang er mit dem metaphysischen Gehalt der Literatur und suchte vergeblich das Etikett abzuschütteln, das man ihm aufgeprägt hatte. Als Dichter war er ein Parnassien, und das bestärkte nur seine Gegner in ihrem Vorwurf einer buddhagleichen Teilnahmslosigkeit. Przesmyckis Name wird aber für immer mit der Entdeckung von Norwid verbunden bleiben, dessen vergessene oder unveröffentlichte Werke er in der *Chimera* herausbrachte. Auch die erste Ausgabe der gesammelten Schriften Norwids stammt von ihm; sie ist mit zahlreichen Fußnoten versehen, ein wahres Lebenswerk. Miriam war kein einseitiger Fanatiker, sondern für die verschiedensten Literaturgattungen empfänglich, aber die von ihm entdeckten Werke Norwids entsprachen dem Gefühl des »Jungen Polen« nur in beschränktem Maße und kamen erst nach dem Ersten Weltkrieg zu voller Geltung.

Die Poésie

Die Poesie befreite sich nur langsam von den Einschränkungen des Positivismus, ein Bemühen, das die neunziger Jahre ausfüllte und um das Jahr 1900 zu einer wahren Flut von Dichtungen führte, die die Poesie wieder an die Spitze der Literatur stellte. Die Namen der neuen Dichter geben uns einen Einblick in die veränderte Struktur der Gesellschaft. Nach den fast ausschließlich adligen Intelligenzlern des 19. Jahrhunderts sind es jetzt auch Bauernsöhne, Juden und Frauen. Im allgemeinen ist das Bild noch zu verschwommen, um eindeutig sagen zu können, wer besonders hervorzuheben sei. Maßstäbe ändern sich, und die Bewertung des »Jungen Polen« ist noch immer nicht abgeschlossen. Es wäre jedoch irreführend, Analogien zu dem zu suchen, was damals in Frankreich oder selbst Rußland vorging, obwohl jene Zeit kosmopolitisch ausgerichtet war. Vom Ausland wurden nur solche Elemente übernommen, die den durch die polnische Tradition gegebenen Bedürfnissen entsprachen, vor allem war jedoch die polnische Moderne – wie bereits erwähnt – vom Geist der polnischen Romantik durchdrungen.

Die Rolle des Vorläufers ist immer etwas prekär. Anton Lange war schon Jahre vor Przybyszewskis Manifest als Dichter und Übersetzer tätig, blieb aber zunächst unbeachtet. Er stammte aus Warschau und studierte von 1886 bis 1890 Philologie, Philosophie und Literatur in Paris, wo er auch für polnische Zeitungen schrieb und an einer in polnischer Sprache erscheinenden sozialistischen Zeitschrift, *Der Weckruf (Pobudka),* mitarbeitete. Später in Polen wurde er zu einer führenden Gestalt der Warschauer Literatenwelt.

Langes Dichtungen halten sich an den logischen Aufbau der Rede, obwohl er in der Theorie für die reine Kunst eintrat. Seine virtuose Reimkunst gibt seinen Dichtungen etwas Kaltes, Durchdachtes, in der Art der französischen Parnassiens. Seine literarischen Interessen kannten keine Grenzen. Er war ein Pionier in der Verbreitung der Kenntnis der indischen Philosophie und Literatur, schrieb zahlreiche Artikel darüber und übersetzte die *Bhagawatgītā* und Teile der *Mahābhārata* (die Geschichte von Nala und Damajanti) aus dem Sanskrit. Er war sehr an der Naturwissenschaft interessiert, verfaßte mehrere *Science-fiction*-Erzählungen, die unter dem Titel *In der vierten Dimension (W czwartym wymiarze,* 1912) erschienen, und gab auch Anthologien der Weltliteratur heraus. Als schöpferischer Dichter wurde er jedoch von der Unzahl junger Talente in den Schatten gestellt. Heute wird er vor allem als Übersetzer geschätzt. Er war immer dabei, neue Sprachen zu lernen, um seinen Bereich als Übersetzer zu erweitern, und machte Polen mit dem Tschechen Jaroslav Vrchlický sowie mit ungarischen und neugriechischen Dichtern bekannt. Kein polnischer Herausgeber von Théophile Gautier, Stéphane Mallarmé und Edgar Allan Poe kann seine Übersetzungen übersehen.

Wacław Rolicz-Lieder (1866–1912)

Lange erfreute sich wenigstens noch zu Lebzeiten einer gewissen Anerkennung, von Rolicz-Lieder kann man das nicht sagen. Noch lange nach seinem Tode war er in Polen ein Unbekannter und wurde erst in den dreißiger Jahren entdeckt. Seitdem nimmt er in der polnischen Literatur einen angesehenen Platz ein. Als Sohn eines wohlhabenden Warschauer Bankangestellten besuchte er gegen seinen Willen ein russisches Gymnasium, von dem er wegen seines aufrührerischen Geistes ausgeschlossen wurde. Er beendete die höhere Schule in Krakau, wo er auch an der Jagellonischen Universität studierte. Von 1888 bis 1897 lebte er zunächst in Paris, absolvierte die École des Langues Orientales, ging dann nach Wien als Student der Rechte, und schließlich wieder nach Paris. Als guter Kenner orientalischer Sprachen veröffentlichte er eine arabische Grammatik sowie Übersetzungen aus der persischen Poesie. Er verkehrte mit den Pariser Literaten, kannte Verlaine und war Stammgast im Café François I (heute steht dort die Gare de Luxembourg). Er war auch mit dem tschechischen Dichter Julius Zeyer befreundet und besuchte ihn in Böhmen. Von ausschlaggebender Bedeutung war jedoch seine Beziehung zu Stefan George, der 1892 die *Blätter für die Kunst* herauszugeben begann. George übersetzte viele von Lieders Gedichten ins Deutsche *(Zeitgenössische Dichter,* Band II). Von der deutschen Avantgarde wurde er sehr geschätzt, blieb jedoch in Polen völlig unbekannt. Daran war das polnische Lesepublikum allerdings nicht allein schuld. Lieder war ein stolzer, äußerst empfindlicher Mensch. Er nahm es den Kritikern übel, wenn sie seine Werke nicht freundlich aufnahmen, und veröffentlichte schließlich nur noch in ganz kleinen unverkäuflichen Auflagen, manchmal nicht mehr als zwanzig Exemplare, wobei er sich Rezensionen verbat. Überdies ging er als Dichter einen für Polen ungewöhnlichen Weg. Der polnische Leser hatte sich schon einigermaßen an den Stil der Moderne gewöhnt und stand der strengen Sprache Rolicz-Lieders verständnislos gegenüber. Dieser war von drei Seiten her beeinflußt: 1. den französischen Symbolisten und Parnassiens und natürlich Stefan George (auf den er auch seinerseits einen gewissen Einfluß hatte); 2. der Poesie des Nahen Ostens; 3. den altpolnischen Dichtern, besonders Kochanowski, dem er einige seiner besten Gedichte widmete. Rolicz-Lieders Prosadichtungen, die offenbar an Rimbaud orientiert sind, greifen den Neuerern der zwanziger Jahre weit voraus. Der polnischen Dekadenz gefiel er auch aus einem anderen Grunde nicht: Er war kein apokalyptischer Eiferer, sondern eher ein feierlich-zurückhaltender Stoiker, und gerade diese Eigenschaft war es, die ihn mit Stefan George verband. Sein herrisch-aristokratischer Individualismus und seine Verachtung alles Trivialen rücken ihn in die Nähe des »Jungen Polen«. Mit seiner Rückkehr nach Warschau wandte er sich von der Literatur ab und verwandte all seine Energie und sein Geld auf das Sammeln von Material zum Studium des Altpolnischen (ohne bei der Akademie der Wissenschaften Anerkennung zu finden). Stefan Georges Gedichte, die er an Rolicz-Lieder richtete, und Rolicz-Lieders Gedichte an Stefan George sowie ihre gegenseitigen Übersetzungen sind ein eindrucksvolles Beispiel deutschpolnischer literarischer Zusammenarbeit. Im Kreis von George wurde Lieder Callimachus genannt, nach dem alexandrinischen Dichter, dessen Namen sich schon der im 15. Jahrhundert in Polen lebende italienische Humanist Filippo Buonacorsi beigelegt hatte.

Kazimierz Przerwa-Tetmajer (1865–1940)

Mit dem ersten Band seiner Gedichte wurde Kasimir Tetmajer im Jahre 1891 über Nacht zum führenden Dichter der Dekadenz. Man muß zugeben, daß er sie in jeder Beziehung getreu widerspiegelte. Seine Eltern waren Gutsbesitzer in der Gegend südlich von Krakau, am Fuß der Hohen Tatra. Der Sohn studierte Philosophie in Krakau und Heidelberg und schloß sich später den Kreisen der Boheme in Krakau, Warschau und Zakopane an. Dieses Dorf in der Tatra entwickelte sich damals nicht nur zu einer gesuchten Sommerfrische, sondern auch zu einer Art kultureller Hauptstadt Polens und zum Treffpunkt führender Persönlichkeiten aus den drei Landesteilen. Tetmajer fand die Anregung zu seinen Dichtungen aus der Berglandschaft der Tatra; die allgemeine Anerkennung, die ihm zuteil wurde, rührte aber daher, daß er es verstand, den Hauptmotiven des *Fin-de-siècle* Ausdruck zu verleihen, nämlich der dekadenten Schwermut und der Flucht ins Sinnliche (u. a. durch gewagte Beschreibungen des Frauenkörpers). Als Übergangspoet stellt er keine besonderen Ansprüche an Logik und Verstand. Das Gedicht »Jahrhundertende« (»Koniec wieku«) klingt z. B. wie ein gereimter Artikel:
Fluchen? Nur der Wilde, wenn er sich weh tut,
  flucht dem verborgenen Gott.
Ironie? An den Witz der alltäglichsten Dinge
  reicht nicht der bitterste Spott.

Ideen? Jahrtausende kommen und gehn,
und Ideen bleiben Ideen.
Beten? Wer glaubt noch in dieser Zeit
an Allmacht und Allwissenheit?
Verachtung? Nur der Herr wird sauer nennen,
die Trauben, die zu hoch ihm hängen.
Verzweiflung? Sollen wir tun, was der Skorpion tut,
wenn er sich ersticht in feuriger Glut?
Kampf? Kann denn der Wurm mit grimmiger Miene
Halt gebieten der Dampfmaschine?
Verzicht? Schmerzt es weniger, still und ergeben
den Kopf unter die Guillotine zu legen?
Jenseits? Wer zählt die Sterne am Himmelszelt,
nennt die Sonnen, weiß das Ende der Welt?
Genuß? Am Seelengrunde etwas liegt,
das genießend begehrt, dem die Lust nicht genügt.
Wem die alten Lehren kein Rätsel mehr lösen,
was schützt ihn vor der Hand des Bösen?
Besserwisser der Jahrhundertwende,
was hast du zu sagen? – Das Lied ist zu Ende.

Tetmajer klingt aber nicht immer so rhetorisch. Seine Lieder sind in traditionellen Versmaßen gehalten und wurden wegen ihrer Melodik und des Reichtums an sinnlichen Details gelobt. Dem Verlangen der Zeit, optische Eindrücke akustisch wiederzugeben (und umgekehrt), kam er dadurch nach, daß er verschiedene Sinneswahrnehmungen miteinander verband, um dem Leser einen bestimmten Seelenzustand darzustellen – eine durchaus impressionistische Methode. Der wesentliche Bestandteil seiner Gedichte sind Berglandschaften, die im Spiel von Licht und Nebel Gestalt annehmen. Vielleicht war das nur seine Art, der Mode zu huldigen, denn hinter den Worten ist eine leidenschaftliche Lebenslust zu spüren. Der Sohn der Berge fühlte sich von den Volksliedern und Berghütten angezogen, die damals von Dichtern und Malern entdeckt wurden (in den schönen Künsten kam es zu einem eigenen »Zakopanestil«). Er kannte alte Bauern, die Geschichten aus der Zeit der edlen Bergbanditen zu erzählen wußten, und im Gegensatz zur Schwäche seiner zeitgenössischen oder historischen Romane sind diese Dialekterzählungen mit ihren Schafhirten, Wilderern und Banditen von homerischer Heldenstatur sehr eindrucksvoll. Die Sammlung *Im felsigen Podhale (Na skalnym Podhalu),* die von 1903 bis 1911 erschien, enthält eine große Zahl solcher Geschichten.
Tetmajers Dichterruhm verblaßte allmählich, er selbst verfiel einer Geisteskrankheit. Seine Dichtungen leiden unter der plätschernden Melodik des Positivismus. Heute hat er seinen Rang als bedeutender Dichter eingebüßt.

Jan Kasprowicz (1860–1926)

Als Bauernsohn aus dem preußisch besetzten Teil Polens, derselben Gegend, die den Humanisten Janitius (Klemens Janicki) – auch einen Bauernsohn – hervorbrachte, hatte Johann Kasprowicz viele Hindernisse zu überwinden, um sich durchzusetzen. Er studierte Philosophie und Philologie in Leipzig und Breslau und verbrachte wegen politischer Betätigung ein halbes Jahr im Gefängnis. Im Jahre 1899 ging er nach Lemberg, wo er als Journalist tätig war und an der dortigen Universität studierte. 1909 erhielt er eine Professur für vergleichende Literaturgeschichte. Er war ein aufbrausender Charakter im Privatleben wie im Beruf. Wissensdurst und Energie ließen ihn die Nachteile seiner Herkunft überwinden. Seine frühen Gedichte waren von geringem Wert. Erst ziemlich spät machte er sich einen Namen, zunächst als Übersetzer. Seine Übersetzungen sind sehr ungleichmäßig, übertreibend und – wie seine Werke – oft geschmacklos, die von Keats und Shelley jedoch teilweise unübertroffen. Er übersetzte auch Goethe, Schiller, Gerhart Hauptmann, Sudermann und Rosegger. Seine frühen Gedichte, die von der Not der Bauern handeln, haben trotz des positivistischen Einschlags einen echten Ton, wohl wegen seiner bäuerlichen Herkunft, aber auch wegen der religiösen Motive, die er hier einführt und die für seine späteren Werke kennzeichnend sind. Er stammte aus dem Flachland, teilte aber die Bewunderung seiner Zeit für die Hohe Tatra und verbrachte seine Freizeit gewöhnlich in Zakopane. Die Liebe zum Gebirge kommt auch in seinen Gedichten zum Ausdruck.

Kasprowicz machte sich den Stil des Symbolismus derart zu eigen, daß seine ersten Gedichtbände *Die Liebe (Miłość,* 1895) und *Heckenrosenbusch (Krzak dzikiej róży,* 1898) vom Przybyszewski-Kreis als Werke eines großen Dichters angesehen wurden. Seine Eigenart, die sich literarisch nur schwer einordnen läßt, fand ihren besten Ausdruck in zwei Bänden freier Verse aus dem Jahre 1902: *An die untergehende Welt (Ginącemu światu)* und *Salve Regina.* Aufschreie über das Leid auf Erden und Anklagen gegen Gott, den Schöpfer alles Bösen, waren damals nichts Ungewöhnliches; Kasprowiczs Originalität besteht jedoch darin, daß er die volkstümlichen religiösen Klagelieder mit seinen eigenen Gedanken zu verbinden verstand. Das Drama des Lebens vollzieht sich bei ihm vor dem Hintergrund polnischer Wiesen und Felder und spiegelt sich in den Schicksalsschlägen, von denen die Bauern heimgesucht werden. Etwas Mittelalterliches zieht sich durch diese Hymnen – wie ein Orgelklang, der Bauernprozessionen über eine unfruchtbare Erde begleitet. An der Natur, wie sie hier erscheint, könnte der Mensch verzweifeln, und vielleicht ist das der Grund, weshalb Kasprowicz ein Pantheist genannt wurde. Seine Hymnen sind expressionistisch, wenn man darunter den Drang nach künstlerischer Darstellung heftiger Gefühlsregungen versteht, wurzeln jedoch in der Religiosität des polnischen Bauern. Die Hymne »Dies irae« ist voll apokalyptischen Grauens. »O du heiliger Gott« übernimmt Titel und Inhalt einer alten Litanei über die Pest. »Mein Abendlied« (von Przybyszewski 1905 ins Deutsche übertragen) und »Salve Regina« künden wieder vom kindlichen Glauben an die Muttergottes, die – anscheinend in Gestalt von Mutter Erde – den Zorn Gottes abwendet. Wegen seiner heftigen Revolte gegen Gott und gleichzeitig seiner zerknirschten Unterwerfung unter ihn wurde Kasprowicz in katholischen Kreisen sehr verehrt und von den Nationalisten als »wahrer polnischer Dichter« gepriesen. Heute können wir solche Klassifikationen übergehen, denn Kasprowicz war vor allem eigenwillig, oft widerspruchsvoll und zwischen Pathos und Ironie schwankend.

Ein Aufenthalt in Paris und London ergab einen Band poetischer Prosa mit dem überraschenden Titel *Vom heldenmütigen Pferd und vom einstürzenden Haus (O bohaterskim koniu i walącym się domu,* 1906, deutsch 1922). Das heldenmütige Pferd nahm einst an glorreichen Attacken der englischen Kavalle-

rie teil, kam dann zum Zirkus und endete als Klepper eines Lumpensamm-
lers. Das einstürzende Haus soll die Zivilisation der modernen Bourgeoisie
darstellen. Der ironische Ton und die avantgardistische Form machen dieses
Buch heute viel populärer als zu Lebzeiten des Dichters.

Später schlug Kasprowicz wieder einen versöhnlichen Ton an. Im *Armenbuch*
(Księga ubogich, 1916) bekundet er auf seine Art die Ehrfurcht vor der Schöpfung. Das Werk ist eines der wenigen, die im polnischen Vierzeiler gehalten
sind, der nicht auf der einfachen Silbenzählung, sondern auf der Zahl der betonten Silben beruht. Im Krieg geschrieben, ist es eine nachdenkliche Dichtung, deren Gestalten – Holzfäller, Hirten, Bettelmusikanten – inmitten der
Berglandschaft ihr Leid als unabwendbar annehmen. In seinem schlichten
Ton ist Kasprowiczs letztes Werk vielleicht noch ergreifender. *Meine Welt*
(Mój świat, 1926) besteht – wie der Untertitel, *Lieder zur Fiedel und kleine*
Glasmalereien, besagt – aus Variationen auf volkstümliche Themen. Kasprowicz schrieb auch Versdramen, die jedoch eher dramatische Dichtungen genannt werden können, denn sie eignen sich nicht fürs Theater. Er versuchte
auch, das mittelalterliche Mysterienspiel neu zu beleben, und sein *Marcholt,*
dick und zotig (Marchołt gruby a sprośny, 1920) hat die populäre Gestalt der
Volksliteratur des 15. Jahrhunderts zum Helden.

Kasprowicz nimmt in der polnischen Literatur nicht den hohen Rang ein, den
seine Verehrer ihm einräumten. Sein positivistisches Erbe und die sprachliche Freizügigkeit der Moderne standen ihm im Weg, und bei all seiner Kühnheit mangelt es ihm an Schliff. Aber seine Ungeschliffenheit und die gelegentlichen Geschmacklosigkeiten wirken dennoch überzeugender als die pedanti-
sche Eleganz eines Tetmajer.

Tadeusz Miciński (1873–1918)

Das »Junge Polen« nahm die mystischen Begriffe der polnischen Romantik
wieder auf, insbesondere Słowackis okkulte Symbolik. Eigentlich hatte das
nie aufgehört, denn viele Polen gaben sich seit den Tagen der Romantik über-
spannten philosophisch-poetischen Vorstellungen hin, allen voran Tadeusz
Miciński, dessen Werk auf den ersten Blick wie ein Hexenkessel wirkt, in dem
die verschiedensten Geschichtsperioden wie Kraut und Rüben durcheinandergeworfen sind, ohne Rücksicht auf Zeit und Raum.

Miciński stammte aus Lodz und studierte Philosophie in Krakau und in
Deutschland. Er reiste viel, hielt sich mit Vorliebe in Zakopane auf und
wurde in den Wirren des Jahres 1918 von russischen Bauern, die ihn seines
Bartes und seiner Glatze wegen für einen General hielten, getötet. Eine
gründliche Untersuchung seiner Werke ist noch immer ein Desideratum; ihr
religiös-mystischer Synkretismus schreckt von einem solchen Unternehmen
ab. Es herrscht in ihnen dieselbe Aura wie in Słowackis *König Geist,* mit Zutaten aus dem Hinduismus, der Gnosis, Kabbala und den okkulten Wissenschaften, gekrönt von Luzifer, der als Verkörperung der göttlichen Weisheit
in das Chaos der Welt Ordnung zu bringen sucht. Als Gegenspieler von Christus, der die göttliche Liebe darstellt, ist er gewissermaßen mit ihm identisch.
Das wird hier nicht erwähnt, um Micińskis Gedanken in ihrer Spitzfindigkeit
nachzugehen, sondern um die Sphären anzudeuten, in denen er sich bewegte.
Er nahm die metaphysische Geschichtsschreibung wieder auf und verwarf
den Katholizismus als Entstellung der wahren Religiosität. Diese fand er zu-

nächst in Indien, dann in seiner eigenen synkretistischen Religion. In seinem Wunsch, die katholische Kirche zu verdrängen – sie sei eine Schande für das polnische Volk –, setzte er die Tradition des polnischen Antiklerikalismus fort, die von den ersten Protestanten zu Słowacki reichte.

Seine kurzen Gedichte – sie sind in dem Band *Im Sternendämmer (W mroku gwiazd,* 1902) zusammengefaßt – stellen ihn in eine Reihe mit den Dichtern der Angst vor dem Unendlichen. Er verfaßte auch einige surrealistisch formlose Werke, die Romane oder Dramen sein können, jedenfalls gewaltige Prosadichtungen sind. *Fürst Potemkin, ein Drama in vier Akten* (1906) behandelt den Aufstand der Matrosen des Panzerkreuzers Potemkin aus dem Jahre 1905 als den Kampf von Luzifer und Christus um die Seele Rußlands. Konstantinopel ist der Schauplatz von *Im Dunkel des goldenen Palastes oder Basilissa Teofanu, eine Tragödie aus der Geschichte von Byzanz im zehnten Jahrhundert (W mrokach złotego pałacu, czyli Bazylissa Teofanu,* 1909). *Bärentatze, das Geheimbuch der Tatra* (1910) spielt in einem kosmischen Zakopane, in dem dämonische Mächte um die Seele Polens ringen. In dem Roman *Pfarrer Faust (Ksiądz Faust,* 1913) predigt ein Priester aus der Provinz – dessen stürmisches Leben in Rückblenden gezeigt wird – einer Gemeinde von Katholiken, Orthodoxen und Juden eine synkretistische Religion. Er tritt als Zeremonienmeister der mystischen Einführung eines politischen Gefangenen auf und sagt eine polnisch-russische Verbrüderung durch Revolution voraus. Ohne auf Micińskis Gedanken näher einzugehen, sei hier gesagt, daß die Struktur seiner Werke mit ihrer phantastischen, ans Groteske grenzenden Symbolik nicht ohne Reiz ist und zur Zerstörung des naturgetreuen Realismus der Zeit beitrug. Auch seine byzantinischen Übertreibungen, sein hemmungsloser Redeschwall und die völlige Mißachtung jeder literarischen Konvention blieben nicht ohne Nachwirkung: Stanisław Witkiewicz verdankt so manches der historischen *opera buffa* Micińskis.

Jerzy Żuławski (1874–1915)

Jerzy (Georg) Żuławski stammte aus dem südpolnischen Bergland und studierte Philosophie in der Schweiz. Als ausgezeichneter Bergsteiger hielt er sich häufig in Zakopane auf, bereiste Europa und trat 1914 der von Piłsudski gegründeten ersten polnischen Militäreinheit bei. Er war ein nachdenklicher Dichter und Übersetzer von altindischen Dichtungen und Teilen des Alten Testaments, vor allem aber ein glänzender Essayist und Dramatiker. Sein bedeutendstes Werk ist *Eros und Psyche* (1904), die Geschichte der Liebe eines Menschenpaares, das in vielen Reinkarnationen immer wieder auf die Welt kommt. Żuławski war auch der erste polnische *Science-fiction*-Schriftsteller im Sinne von Jules Verne und H. G. Wells. Seine Romantragödien *Auf dem silbernen Globus (Na srebrnym globie,* 1903), *Der Sieger (Zwycięzca,* 1910) und *Die alte Erde (Stara ziemia,* 1911) handeln vom Los der ersten Mondbewohner.

Maria Komornicka (1876–1948)

Die weibliche Invasion in die Literatur brachte nur wenig bedeutende Werke, trug aber zur Verfeinerung des Geschmacks bei. Frauen waren auch als Übersetzer in der Verbreitung neuer Ideen sehr aktiv. Maria Komornicka war eine leidenschaftliche Vorkämpferin für Nietzsche. Sie stammte aus der Umgebung von Warschau, erhielt eine gute Bildung und studierte vier Jahre lang in England. Ihre Gedichte, die oft in freien Versen oder auch Prosa gehalten sind, treten geradezu fanatisch für die totale Freiheit des Individuums und für den weiblichen Übermenschen ein. Ihr Leben nahm eine ähnliche Wendung wie das Nietzsches: Im Jahre 1907 wurde sie geisteskrank und mußte das Schreiben aufgeben. Sie hatte keine Zeit, ihre Gaben zu entwickeln, und wenn sie hier unter – oft ungerechter – Umgehung anderer Namen genannt wird, so nur, weil sie für die moralischen Anschauungen ihrer Zeit sehr charakteristisch war.

Bronisława Ostrowska (1881–1928)

Paris mit seiner großen Dichter- und Malerkolonie war noch um die Jahrhundertwende ein bedeutendes Zentrum der polnischen Kultur. Die Warschauerin Bronisława Brzezicka heiratete den Bildhauer Stanisław Ostrowski und zog zu ihm nach Paris ins Quartier Latin. Zur Dichterin reifte sie erst spät heran, kurz vor ihrem Tod, aber als Übersetzerin französischer Poesie und Prosa zeichnete sie sich schon lange vorher aus. Sie war mit den letzten literarischen Neuerscheinungen vertraut, selbst wenn sie auf kleine Kreise in Paris beschränkt waren. So übersetzte sie 1911 Marcel Schwobs *Le livre de Monelle*, das heute als Wendepunkt in der Geschichte des poetischen Romans angesehen wird. Die Übersetzung von Oscar V. de L. Miloszs Mysterienspiel *Miguel Mañara* gehört zu ihren besten Leistungen und stammt aus einer Zeit, da dieser Dichter außerhalb seines engen Freundeskreises unbekannt war. Oscar Miłosz (ein Verwandter von Czesław Miłosz – Anm. d. Übers.) stammt aus Litauen und gilt heute als einer der besten französischen Dichter unseres Jahrhunderts.

Leopold Staff (1878–1957)

Das »Junge Polen« kann als Krisenerscheinung betrachtet werden, als Wasserscheide, von der aus sich mehrere Ströme in verschiedene Richtung ergossen, oder auch als Ergebnis der Verzagtheit und Verzweiflung, die in Przybyszewskis Moderne gipfelten und erst überwunden wurden, als sich ein Ausweg aus der Sackgasse öffnete. Leopold Staff lehnte den pessimistischen Wahn seiner Zeitgenossen entschieden ab, sie erschienen ihm, der seinem Wesen nach ein Mensch der Renaissance war, von der klassischen Tradition des Okzidents zu weit entfernt.

Staff stammte aus einer österreichischen Familie in Lemberg, besuchte das dortige Gymnasium (wo ihn besonders die klassischen Sprachen interessierten) und studierte Philosophie und Romanistik an der Lemberger Universität. Sein Professor war der obenerwähnte Übersetzer romanischer Poesie, Eduard Porębowicz. Staffs wissenschaftliche Ausbildung erlaubte ihm, sein humanistisches Ideal eines ausschließlich dem Schrifttum gewidmeten Lebens zu verwirklichen. Er war ungewöhnlich arbeitsam und veröffentlichte Band um Band seiner Dichtungen neben Übersetzungen aus Prosa und Poesie. Von 1909 bis 1914 arbeitete er in einem Lemberger Verlagshaus als Herausgeber der *Sympozjon*-Serie bedeutender Philosophen, darunter Kardinal Newman und Kierkegaard. Allein seine Verdienste als Herausgeber und Übersetzer sichern ihm einen angesehenen Platz in der polnischen Literatur. Er übersetzte Nietzsche (u. a. auch *Die fröhliche Wissenschaft,* 1906), Franz von Assisi, die lateinischen Gedichte Kochanowskis, Heraklit, die griechischen Sophisten und (aus dem Französischen) mehrere altchinesische Dichtungen. Die katholische Kirche Polens bedient sich heute in ihrer Liturgie mehrerer Psalmen und Hymnen in der Übersetzung von Staff.

Dieser nannte sich einen »fröhlichen Pilger«, und sein erster Gedichtband, *Träume von der Macht (Sny o potędze,* 1901), liegt schon mit seinem Titel weitab von der Stimmung der Moderne. Die Poesie war für Staff die Suche nach Weisheit, und die Weisheit lag in der Freude am Suchen. Man hat die Quellen seines Denkens verschiedentlich bei Nietzsche, den Stoikern und Franz von Assisi zu finden geglaubt. Er selbst, ein echter Humanist, nahm von seinen Meistern lächelnd alles an, was ihm zusagte, wie eine Biene, die den süßen Stoff aus Blumen aller Art sammelt. Von Nietzsche nahm er die *gaia scienza,* die Lebenskraft und die frische Luft der Bergeshöhen; von der Stoa die Anerkennung der menschlichen Begrenztheiten; von Franz von Assisi ein Christentum, das den Menschen als Bruder aller Lebewesen bejaht. Staffs Dichtungen gemahnen in den reinen Farben an die horazische Poesie der Renaissance, stehen auch gewissen Geistesströmungen der Jahrhundertwende nicht fern, aus allen aber geht ein Echo von Bergsons *élan vital* hervor, daß nämlich das Leben viel gescheiter sei als alle Theorie.

Tageslicht, Mittagszeit, im Sonnenlicht liegende Felder sind häufige Motive seiner Gedichte. Staffs Dichtkunst kann nicht mit wenigen Worten charakterisiert werden. Mit überraschender Anpassungsfähigkeit stand er fast immer an der Spitze der Entwicklung, und an seinem Lebensende, nach dem Zweiten Weltkrieg, geriet er unter den Einfluß der jüngsten Dichtergeneration. Die Gedichte Staffs aus der Zeit vor dem Ersten Weltkrieg unterscheiden sich zwar in ihrem Ton von denen des »Jungen Polen«, verwenden aber dasselbe Vokabular und dieselbe Metrik. Dazu gehören die Bände *Tag der Seele (Dzień duszy,* 1903), *An die himmlischen Vögel (Ptakom niebieskim,* 1905), *Blütenzweig (Gałąź kwitnąca,* 1908),, *Lächeln der Stunden (Uśmiechy godzin,* 1910) und *Schwan und Leier (Łabędź i lira,* 1913). Die unter dem Namen »Skamander« gegen das »Junge Polen« revoltierende Dichtergruppe proklamierte Staff zu ihrem Meister, und dieser paßte sich ihr so sehr an, daß sie im Stil kaum voneinander zu unterscheiden sind: *Hohe Bäume (Wysokie drzewa,* 1931) und *Honigfarbe (Barwa miodu,* 1936). Im nazibesetzten Warschau arbeitete Staff an Übersetzungen aus dem Lateinischen und schrieb Gedichte für Untergrund-Zeitschriften. Das Nachkriegspolen sah in ihm den Altmeister der polnischen Poesie, und er erlebte eine neue Metamorphose: Unter völligem Verzicht auf Versmaß und Reim erreichte er eine Prägnanz, die seinen Gedichten den Charakter chinesischer Schriftzeichen gibt, vornehmlich in dem Bändchen *Korbweide (Wiklina,* 1954) – vielleicht seinem besten Werk. Dabei blieb er stets sich selbst und seiner »fröhlichen Pilgerschaft« treu, hatte aber immer das Glück, anerkannt zu werden, mit und ohne Vorbehalte. Seit seinem Tode im Jahre 1957 sind viele Abhandlungen über ihn und sein Werk erschienen, die seine Stellung in der polnischen Literatur unterschiedlich beurteilen. Allem Anschein nach wird er als vorbildlicher Humanist, hervorragender Verskünstler und als eine der einflußreichsten Gestalten der polnischen Literatur bezeichnet werden, nicht aber als großer Dichter, es sei denn, man betrachtet die Unmenge seiner Werke als notwendige Voraussetzung für die kleine Zahl der Gedichte aus seiner Feder, die in keiner Anthologie der polnischen Dichtkunst fehlen. Die folgenden zwei Spätgedichte verraten, was ihm sein Leben lang am Herzen lag:

Die Brücke

Glaubte nicht,
als am Flusse ich stand,
dem weiten, reißenden,
die Brücke beschreiten zu können,
das dünne, spröde Schilfgeflecht,
bastverknotet.
Schritt falterleicht,
elefantenschwer,
tänzergleich sicher,
blind tastend einher.
Glaubte nicht,
die Brücke beschreiten zu können,
und am andern Ufer schon,
glaube ich nicht,
sie je betreten zu haben.

Am Teich

In einem altverlaßnen Park
stand ich nachdenklich
am laichbedeckten Teich.
Einst war das Wasser hell und klar –
sollt' auch heute so sein!
Ein trockenes Zweiglein nahm ich
vom Boden und trieb das grüne Zeug
dem Abfluß zu.

Ein Weiser mit gerunzelter Stirn
wies spöttisch lächelnd
mich zurecht:
»Nicht schad' um die Zeit?
Das Leben – ein winziger Augenblick,
jede Stunde ein Tropfen Ewigkeit!
Hast nichts Besseres zu tun?«

Beschämt ging ich fort,
dachte an Leben und Tod,
an Sokrates,
die Unsterblichkeit,
an Pyramiden, ägyptischen Weizen,
an den Mond, das Forum von Rom,
ans Mammut und den Eiffelturm –
umsonst! Nichts kam dabei heraus!

Am nächsten Tag
kam ich wieder dorthin
und sah
am laichbedeckten Teich
den Weisen, die Stirne geglättet,
mit meinem Zweiglein
das grüne Zeug
beschaulich
dem Abfluß zuführen.

Leise rauschten die Bäume,
in den Zweigen sangen die Vögel.

Bolesław Leśmian (1878–1937)

Bolesław Leśmian ist für viele Polen der größte polnische Dichter des zwanzigsten Jahrhunderts. Auch in der Weltliteratur steht er in mancher Beziehung einzigartig da. Zu Lebzeiten fand er jedoch nur wenig Bewunderung und wurde bestenfalls als Außenseiter und Verfasser reizvoller Balladen betrachtet.

Er stammte aus dem Warschauer jüdischen Mittelstand, studierte Jura in Kiew und führte, von einigen Jahren in Paris abgesehen, das Leben eines bescheidenen Staatsbeamten. Nach 1918 hatte er eine einträgliche Stellung als Notar in der Provinz. Kurz vor seinem Tode im Jahre 1937 wurde er zusammen mit seinem Freund und Rivalen Leopold Staff in die Polnische Literaturakademie gewählt.

Leśmians Erstlingsverse erschienen um das Jahr 1900, manche in russischer Sprache, und zwar in den ausgezeichneten Zeitschriften der russischen Symbolisten *Das Goldene Vlies (Zolotoe runo)* und *Die Waage (Vesy)*. Die polnischen Dichtungen erschienen in Zenon Przesmyckis *Chimera*. Bei aller Manieriertheit war der junge Leśmian ein Dichter des »Jungen Polen«. Man kann nicht sagen, daß er diesen Stil je aufgab, glücklicherweise beeilte er sich aber nicht damit, seine Werke an den Mann zu bringen, sondern entwickelte allmählich in sprachlichen Experimenten seinen eigenen Stil. Mit dem *Obstgarten am Kreuzweg (Sad rozstajny,* 1912) und der *Wiese (Łąka,* 1920) stellte er sich als Dichter vor, der sich nur schwer einreihen läßt. Noch als der *Schattentrank (Napój cienisty,* 1936) und – erst nach seinem Tode – das *Waldgeschehen (Dziejba leśna)* erschienen, wurde er als Relikt des »Jungen Polen« angesehen. Wahre Anerkennung wurde ihm erst in den späten fünfziger Jahren zuteil.

Leśmians Sprachexperimente machen ihn unübersetzbar. In Rhythmik und Reim unterscheidet sich für ihn die »lyrische« von der »wissenschaftlichen« und der Umgangssprache und von der Prosa überhaupt, und so entnahm er sein Versmaß Volksliedern und Balladen. Dem Leser öffnet sich hier eine Welt, die nichts mit den Menschen und Landschaften zu tun hat, die sein Auge erblickt. Die phantastischen Gestalten, die Leśmians Landschaften bevölkern, ja diese selbst sind Metaphern für sein höchstpersönliches, tragisches Weltbild. Leśmian besaß eine vorzügliche Kenntnis der Philosophie und der primitiven Religionen. Im Zentrum seines Denkens steht der *Homo adorans,* der seiner Natur nach anbetende Mensch, der den Kontakt mit Gott sucht, einem Gott, der so schwach ist, daß er ohne den Anbeter nicht leben kann. Mit anderen Worten: Mensch, Natur und Gott hängen voneinander ab, sind aber an und für sich Illusionen. Nur dem Dichtermenschen ist es gegeben, sie in seiner Kunst miteinander in Berührung zu bringen. Leśmian ist ein Symbolist im reinsten Sinn des Wortes, seine Symbole sind aber keine Entsprechungen, sondern selbständige, mythosgebärende Bilder. Man fragt sich z. B. vergeblich nach dem »Unaussprechlichen«, von dem er in dem Gedicht gleichen Namens spricht, wo »Gott mit dem Tau auf die Erde fällt und im Gras, unter den geschlossenen Fensterläden eines Haselstrauches, im Schatten schlummert«. Oberflächlich gesehen steht Leśmian im Zauber der Natur. Er übernahm vieles von Bergson, so den Begriff der schöpferischen Entwicklung und des *élan vital*. Natur bedeutet ihm ständige Veränderung, Übergang von Form zu Form, vom Sein zum Nichtsein. Bukolische Bilder werden sinnwidrig angewandt, aber dahinter spürt man das Zittern einer Seele, die ihren Glauben verloren hat und nun ohne ihn leben muß, ein Mythos, der an William Yeats erinnert. In dem Lied »Die Seele ging auf Wanderschaft« (»Wyruszyła dusza w drogę«) begibt sich die Seele in ihrem Schmerz darüber, daß der Tod sie der schönen Welt entreißt, in den Himmel, findet aber bei Gott kein Verständnis und wünscht ihm den Tod. In einem anderen Gedicht wandern zwei Märchengestalten durch den Wald auf der Suche nach dem Kraut der Unsterblichkeit. Sie bezwingen den Drachen, der es bewacht, treffen aber auf dem Rückweg den weinenden Gott *(Płaczybóg* – eine von Leśmians Wortbildungen, etwa Jammergott) und geben ihm aus Mitleid das Kraut, denn – zwei Unsterblichkeiten sind besser als eine. Sie selbst finden sich mit ihrer Sterblichkeit ab.

In seiner Verbundenheit mit der Natur wurde Leśmian ein Pantheist genannt, aber damit ist wenig gesagt. Seine tragischen Spätdichtungen enthalten den Schlüssel zu seinem Gesamtwerk. In dem Gedicht »Gott im Himmel voller Ruhm« (»Boże pełen w niebie chwały«) fragt sich der Dichter, ob Gott über seinen Tod heimlich eine Träne verliert oder mit ihm untergeht. Mit seinen Landschaftsbildern webte Leśmian ein semantisches Gewebe, eine Welt des »Als-Ob«, des Menschen letzte Zuflucht. Im Gegensatz zu so vielen, die im Tod ein ersehntes Nirwana sehen, betont er die Unbestimmtheit eines jeden Zustandes, selbst des Todes, denn alles ist Bewegung. Das folgende Gedicht drückt das aus:

Der Friedhof

Ein Wanderer, schiefen Blicks fürs Dasein,
betrat einen Friedhof: Tod, Gras, Vergessen, Tau.
Es war der Friedhof der Schiffe. Unter der Erde
flatterten schlaff die Segel im Totenwind.
Der Wanderer sah aus den Gräsern Ewigkeit steigen,
schloß an des Friedhofs Stille die seine,
ließ hinter sich die Bienen, zwei Sträucher,
und auf dem ersten Grabstein war's zu lesen:
»Nicht blindlings starb ich, der Sturm wollt' es haben –
und glaubte schon, nur einmal sterben zu müssen,
im Hafen den Tod, im Tod den Hafen zu finden.
Doch der Tod hinterging mich! Nicht tot bin ich ihm!

Weiter gibt's den Gegenwind und das Grauen des Scheiterns
und die Angst und das Dunkel und all das, was nicht Leben.
Meine Reste unterm Rasen, gelangweilt vom Nichts,
noch seetüchtig sind sie, noch wert eines Sturms?
Wer nennt mir den Wind, der die Segel mir schwellt?
Wer einmal in See sticht, nie kommt er ans End'.
Die Tiefe kenn' ich, wo leblos das Wrack ringt,
in Ewigkeit wach, elender Leichnam!
Auf daß meine Segel, die todesgesetzten, nicht reißen,
sag, Wand'rer, drei Ave Maria!«
Der Wanderer pflückte – für wen? – grünes Laub,
kniete hin und sprach das Gebet – wie geheißen.

Charakteristisch für Leśmian ist sein tief in der Überlieferung der altpolnischen Volksdichtung wurzelndes Wesen. Seine Beschäftigung mit der Philosophie ließ ihn jedoch den Motiven, die er aus dieser Quelle schöpfte, einen
neuen Ton geben. Auch Volksliedern und Balladen anderer Völker verdankt
er viel, und eine gewisse Ähnlichkeit mit den von Eduard Porębowicz übersetzten keltischen, skandinavischen, deutschen und französischen Balladen
ist nicht zu leugnen. Eine Betrachtung darüber, wie zwei um dieselbe Zeit geborene Dichter – Yeats und Leśmian – jeder auf seine Art mit dem Gottespro-
blem fertig wurden, würde eine faszinierende Studie abgeben.
In seinen theoretischen Abhandlungen, besonders dem *Traktat über die Poesie* (1937), klagt Leśmian über die »Unreinheit« dieser Kunst. Ungleich Farbe
und Ton, »ist das Wort zu einem Leben schmerzvoll-tragischer Dualität verurteilt, denn es hat zwei entgegengesetzte Aufgaben zu erfüllen. In den höchsten Werken der Poesie ist es ›Wort an sich‹, in der alltäglichen Umgangssprache aber ein farb- und klangloses Ding.« In Zeiten, die der Dichtung
freundlich gesinnt sind, ist das Wort frei, ist es reiner Rhythmus, Tanz. Wenn
die Menschen aber Verbindliches und Gehalt von der Poesie erwarten, wird
das Wort zum Begriff. In solchen Zeiten trägt das Dichterwort eine Tarn-
kappe. Die Dichter schämen sich des heiligen Tanzes und wollen vernünftige,
nützliche Teile der Gesellschaft sein. Der Dichter gleicht dem Mimen, der zu
einem unsichtbaren Instrument in seinen Händen ein Lied singt. Dieses Instrument, ob nun Laute, Flöte, Zither usw., symbolisiert eine literarische
Schule und ist je nach der Zeit – Klassik oder Romantik – unterschiedlicher
Art. Die Tragödie der Dichter, die in eine »böse« Zeit hineingeboren sind
(wie die des Positivismus), besteht darin, daß sie zu einem Instrument singen
wollen, das ihrem poetischen Temperament nicht entspricht.
Zur Avantgarde, die in den zwanziger und dreißiger Jahren immer mehr Anhang gewann, verhielt sich Leśmian ablehnend, obwohl gerade hier das Ge-
fühl für die mythenschaffende Kraft der Sprache entstand, ein Gefühl, dem
Leśmian zum großen Teil seinen postumen Ruhm verdankt. Liest man seine
theoretischen Erklärungen, so glaubt man, einen Vorkämpfer der »reinen
Poesie« vor sich zu haben, wie sie Henri Brémond 1925 in Paris verkündete.
Aber Leśmians Lied ist mehr als das. Es ist eine Geheimschrift, und wenn
man sie entziffert, enthüllt sie sich in einem vielfältigen Bedeutungsreichtum.
Kein Dichter des »Jungen Polen« reicht an Leśmian heran. Er kommt den
größten Gestalten der modernen europäischen Literatur gleich.

Das Theater

Stanisław Wyspiański (1869–1907)

Stanisław Wyspiański, der Vater des modernen polnischen Theaters, kam als Sohn eines Bildhauers zur Welt, dessen Atelier im Schatten des polnischen Königsschlosses, des Wawel in Krakau, lag. Wyspiański schildert die Werkstatt seines Vaters als

> einen großen, weißgetünchten Raum,
> bevölkert von vielen Gestalten ohne Leben.
> Als Knabe ging ich oft dorthin, und dem, was ich fühlte,
> suchte ich in meiner Kunst Form zu geben.

Er studierte in Krakau an der Universität und der Akademie der schönen Künste unter Jan Matejko, dem Schöpfer historischer Monumentalgemälde, der seinen Schülern die peinliche Beobachtung jeder Einzelheit in Kleidung, Schuhwerk, Waffen usw. einschärfte. Mehrere Stipendien ermöglichten es ihm, nach Italien und Deutschland zu gehen, wo er ein Verehrer Richard Wagners wurde. In Paris rückte er von seinen früheren Lehrern ab und nahm einen mehr dekorativen Stil an, der an Gauguin erinnert.

Als Mann des Theaters kann er nur im Licht seiner Leidenschaft verstanden werden, alles, was er sah, Gebäude und Menschen, zu zeichnen. Er war ständig dabei, neue Entwürfe für die Bühne zu skizzieren. »Wyspiański äußerte sich nicht in Worten; er dachte nicht in Worten, sondern in Willensanspannungen und Gefühlsanwandlungen in Farbe, Bewegung und Klang. Er dachte Theater« (Stanisław Brzozowski). In einer Lebensspanne von kaum 38 Jahren vollbrachte er eine wahre Revolution des polnischen Theaters. Die Faktoren, die dazu beitrugen, können folgendermaßen umschrieben werden:

1. Seine Heimatstadt Krakau war ein wahres Museum der Vergangenheit Polens, dabei eine in ihrer Trägheit typische Provinzstadt der Donaumonarchie. Wyspiański liebte das Museum und lehnte sich gleichzeitig dagegen auf.

2. Der Kontrast zwischen der polnischen Provinz und Westeuropa, den er auf seinen Reisen kennenlernte, rief in ihm – nicht ganz bewußt – den Wunsch hervor, die trübe Gegenwart mit dem Glanz der Kunst zu erhellen.

3. Zur Museumsatmosphäre von Krakau gesellte sich der Lehrplan des Gymnasiums, in dem Latein und Griechisch vorherrschten. Von der Gegenwart abgestoßen, wandte sich Wyspiański den alten Griechen und der antiken Tragödie zu.

4. Wagners Bayreuther Bühne überzeugte ihn davon, daß das Theater ein Gesamtkunstwerk von Wort, Farbe, Musik und Bewegung sein müsse.

5. Dazu kam Nietzsches Idee vom dionysischen Ursprung der Tragödie und seine Lebensbejahung.

6. Wyspiański war überzeugt, daß das Wesen der Tragödie in ihrer Macht liege, Furcht und Mitleid zu erregen:

> Es gibt nur eine ewige Wahrheit:
> Kein Leben ohne Sünde.
> Nur ein Menschenlos:
> Gemeinsamer Frevel Last zu tragen.

7. Er bewunderte Corneille (seine *Cid*-Übersetzung zeugt davon) und sah wie dieser die Triebkraft der Tragödie im Willen des Menschen:
Du gehst durch die Welt und gibst ihr Form mit deinem Tun.
Blick auf die Welt, auf ihre Form, und du siehst deine Schuld.
8. Nachhaltig beeindruckte ihn die Vision Mickiewiczs von der Zukunft des slawischen Dramas, wie sie in der 16. Vorlesung am Collège de France formuliert ist: »Im Drama verwandelt sich die Poesie vor den Augen des Zuschauers zur Handlung ... Die Aufgabe der [dramatischen] Kunst ist es, die Menschen anzuregen oder, wenn man so sagen darf, faule Geister zur Tat zu zwingen.« Mickiewicz hielt das slawische Drama für berufen, Nachfolger der griechischen Tragödie und des mittelalterlichen Mysterienspiels zu sein, den einzigen – seiner Meinung nach – wahren Theatergattungen. Es sollte die verschiedenen Zweige der nationalen Poesie – Lyrik, Behandlung aktueller Probleme, historische Bilder – zu einer harmonischen Einheit verbinden und den hehren Gestalten von Heiligen und Helden Leben einflößen. Mickiewicz sah eine völlig neue Art der Bühnengestaltung voraus, wie sie sich im Theater des zwanzigsten Jahrhunderts herausbildete, und Wyspiański glaubte, die ersten Anfänge davon bei Richard Wagner zu erkennen. Er trat gegen das Theater an, wie es damals allgemein verstanden wurde, und gleicht darin dem englischen Bühnenreformer Gordon Craig.
Wyspiański war mehr als nur ein Autor von – meist in Versform gehaltenen – Theaterstücken. Seine Werke tragen Spuren der sprachlichen Manieriertheit des »Jungen Polen« und sind eigentlich Libretti zur Verwendung für Regisseure; seine wahren Nachfolger waren auch keine Schriftsteller, sondern Theaterleute. Leon Schiller, der Wyspiańskis »Monumentaltheater« in der Zeit zwischen den beiden Weltkriegen auf die Bühne brachte, sagt über ihn:

»... Das Theater war sein einziges Ausdrucksmittel; auf der Bühne fand er die Antwort für die meisten seiner persönlichen Probleme, die auch immer nationaler Art waren. In seinem Kampf gegen das von der Literatur zerstörte und im Schauspielerkult versunkene Theater, das sich mit pseudo-malerischen Aufführungen zu retten suchte, ging er weiter als Craig. Er schuf die Idee des autonomen ›reinen Theaters‹ mit eigener Ästhetik und Technik, in dem die Literatur nicht mehr Rechte besitzt als der Schauspieler und dieser ebenso Bestandteil der Bühne ist wie die Dekorationen. Einziger Meister eines solchen Theaters ist der mit allen Gaben der Kunst und Technik ausgestattete Bühnenkünstler.«

Schiller meinte – und darin stimmt man ihm heute allgemein zu –, daß Wyspiański dort einsetzte, wo die Romantik das polnische Theater mit Meisterwerken wie Mickiewiczs *Ahnenfeier* (deren Uraufführung im Jahre 1901 Wyspiańskis Verdienst war), Słowackis *Kordian* und Krasińskis *Ungöttlicher Komödie* sich selbst überlassen hatte: »Er erfüllte Mickiewiczs Testament.« Schiller war Sozialist und sah in Wyspiański den Vorläufer des »kämpfenden« oder sozialistischen Theaters, lange vor Piscator und der deutschen Avantgarde.
Wyspiańskis Stücke erscheinen hier nicht chronologisch, sondern thematisch geordnet, und zwar zunächst seine griechischen, *Meleager, Protesilaos und Laodamia, Achilleis* und *Die Heimkehr des Odysseus,* die für den Literaturforscher von Interesse sind, sonst aber keine Bedeutung haben.

Seine beiden zeitgenössischen Tragödien sind einem finsteren Milieu entnommen. *Der Fluch (Klątwa)* spielt in einem abgelegenen polnischen Dorf, das von einer verheerenden Dürre heimgesucht wird und dessen Einwohner den Sünder, für dessen Vergehen sie leiden müssen, in ihrer Mitte suchen. Schließlich stoßen sie auf die Geliebte des Pfarrers, die in ihrer Verzweiflung ihr Kind ins Feuer wirft. Sie wird gesteinigt. Aus dem frommen Krakau verbannt, konnte das Stück auch in Warschau erst aufgeführt werden, nachdem man der Zensur versichert hatte, daß auf den Plakaten der Ankündigung die Handlung ausdrücklich ins Mittelalter verlegt würde. Im gleichen Milieu spielen *Die Richter (Sędziowie)*. Die Personen gehören der Familie eines jüdischen Schankwirtes an. Thema ist ein Mord, der begangen und vom Schicksal gerächt wird.

In seinen Stücken über slawische Themen kehrt Wyspiański zur fernen Vergangenheit seiner Heimatstadt zurück, in dem phantastischen Drama *Die Legende (Legenda)* sogar zur vorchristlichen Zeit, in *Boleslaus dem Kühnen* und *Skałka* (dem »kleinen Felsen«, auf dem das Krakauer Königsschloß steht) ins Mittelalter und zur Ermordung des Bischofs Stanislaus.

Eine Gruppe von drei Stücken ist dem Aufstand von 1830 gewidmet. *Novembernacht (Noc listopadowa)* ist ein besonders gutes Beispiel für Wyspiańskis Kunst. Warschau am Vorabend der Revolte ist keine gewöhnliche Stadt, sondern Tummelplatz mystischer Kräfte. Griechische Götterstatuen steigen herab, und der Ruf zu den Waffen wird von der auf die Erde zurückkehrenden Persephone aufgenommen – eine symbolistische Technik, die sonst nur auf Individuen, hier aber auf ein Kollektiv angewandt wird. *La Varsovienne (Warszawianka)* trägt den Titel des bekannten revolutionären Liedes und handelt von zwei Mädchen, deren Liebsten in der Nähe mitten im Kampf stehen – ein Stimmungsbild, vergleichbar den Werken Eugene O'Neills. Das dritte Stück, *Lelewel,* hat den politisch schwankenden Historiker dieses Namens zum Helden und ist künstlerisch weniger befriedigend.

Voll zur Geltung kommt Wyspiański in seinen Stücken über nationale Probleme: *Die Hochzeit (Wesele), Befreiung (Wyzwolenie), Die Legion* und *Akropolis,* von denen das erste auch das beste ist. Im Herbst 1900 heiratete ein Freund Wyspiańskis, der Dichter Luzian Rydel, ein Bauernmädchen aus Bronowice (heute ein Teil von Krakau). Wyspiański nahm an der Feier teil, gemeinsam mit einer kunterbunten Gesellschaft von Journalisten, Malern, Dichtern, Bauern, Aristokraten und geistreichen Frauen. Daraus entstand *Die Hochzeit.* Das Werk war im Februar 1901 abgeschlossen und wurde im März aufgeführt, nachdem die Zensur Streichungen vorgenommen hatte, die ihm jedoch weiter keinen Abbruch taten. (Krakau war in dieser Beziehung ziemlich tolerant. Der Zensor saß im Zuschauerraum und verließ ihn unauffällig, sobald die Schauspieler an die zensierten Stellen kamen.) *Die Hochzeit* leitete eine neue Ära des polnischen Theaters ein. Um die Form des Stückes zu verstehen, muß man – neben den erwähnten Bestandteilen von Wyspiańskis Kunst – auch an das polnische Weihnachts-Puppenspiel *(szopka)* denken, in dem die an Stäben befestigten Marionetten aus der Versenkung auftauchen, ihre Worte sagen und verschwinden. Bei Wyspiański ist die Szene ein Bauernzimmer, das von den Personen einzeln oder zu zweit und zu dritt betreten wird. Sie sagen, was sie zu sagen haben, und treten ab. Hinter den Kulissen hört man Tanzmusik. Kurze Dialoge, Gegenüberstellungen sozialer Klassen und verschiedener Denkweisen lösen einander in schneller Folge ab, und die Figuren kommen und gehen wie im Puppenspiel. Das Stück hat keinen Helden. Im Zentrum steht die Hochzeitsfeier, die vom Abend bis zum Morgengrauen dauert. Die ständige Begleitmusik schafft eine eigenartige Stimmung, die sich schwer in Worte kleiden läßt. Phantastische Gestalten treten auf – Personifikationen dessen, was die Personen der Handlung denken. Ein Journalist interviewt Stańczyk, den Hofnarren aus dem sechzehnten Jahrhundert, ein Adliger begegnet dem Geist eines stolzen Magnaten, der sein Volk verriet, und ein Strohmann, der durchs Fenster im Garten zu sehen ist, wird von einem romantisch gestimmten Mädchen namens Rachel unbeabsichtigt ins Zimmer gerufen, wo er Menschengestalt annimmt und den Anwesenden auf der Geige zum Tanz aufspielt. Diese sind teils »lebendige«, teils »dramatische« Personen, die letzteren die personifizierten Träume und Wünsche der Hochzeitsgäste. Das Ganze ist eine unnachsichtige Kritik der polnischen Gesellschaft. »Sie wollen nicht wollen«, sagt ein Bauer. Er meint damit die gebildeten Klassen, aber auch die Bauern schneiden nicht gut ab. Durch das ganze Stück zieht sich die Erwartung eines großen, außergewöhnlichen Ereignisses, das nicht mit Namen genannt wird (ein Aufstand? Die wunderbare Wiedergewinnung der Unabhängigkeit?). Ein fahrender Lautenspieler namens Wernyhora (eine legendäre Gestalt) reicht einem Bauernjungen ein goldenes Horn, bei dessen Klang »der Geist sich stärken und das Los sich erfüllen wird«. Er soll damit aus der Ferne das große Geschehen ankünden, und die Anwesenden haben sich bereitzuhalten und in die Richtung von Krakau zu lauschen. Der Junge kehrt zurück und hat, seine Aufgabe vergessend, das goldene Horn verloren. Das große Ereignis tritt nicht ein, und die Feier klingt in einem geisterhaften Tanz »hohler Menschen« aus, der polnischen Gesellschaft in ihrer seelischen Lähmung.

Das Stück machte solchen Eindruck, daß manche Worte ihren Weg in die Zeitungssprache fanden und ganze Verse zu gebräuchlichen Redewendungen wurden, z. B.:

Mag die Welt in Krieg versinken,
wenn Polen nur in Ruh' gelassen,
wenn Friede herrscht in Polens Gassen!

Auch einige Personen wurden zu Typen, das Mädchen Rachel z. B., das den Strohmann aus dem Garten rief, zum Typ des weiblichen Anbeters der Moderne (der jüdische Name soll den Aufstieg neuer sozialer Gruppen andeuten). In ihrem scharlachroten Schal, ihrer dunklen Schönheit und ätherischen Zartheit wurde diese Gestalt in vielen Dichtungen des zwanzigsten Jahrhunderts wieder beschworen.

Die Befreiung ist ein Musterbeispiel für die Stärken und Schwächen des symbolistischen Theaters in der Behandlung nationaler Fragen. Das Stück soll ein Dialog mit dem romantischen Schauspiel sein, setzt gute Literaturkenntnis voraus und ist bald Parodie, bald Travestie, bald literarische Collage – ein Bild der Intelligenz und ihres esoterisch-ideologischen Zeremoniells. Der Held ist auch tatsächlich der Konrad aus der *Ahnenfeier,* der seinen Schöpfer in Gestalt einer Mickiewicz-Statue, die den Namen Genius trägt, zum Kampf herausfordert – eine Anspielung auf den morbiden Hang der Polen zum Messianismus und zur Verherrlichung ihrer Leiden. Das Werk ruft mit seinem Titel zum Bruch mit der Märtyrervergangenheit und zu einem Leben der Tat auf, und das macht es – trotz der vielen sublimen Stellen – zu einem Zeitstück. Die Leidenschaft, mit der Wyspiański polemisiert, läßt ihn aber auch hier künstlerische Höchstleistungen vollbringen. Der Vorhang hebt sich, und auf der leeren Bühne sind Schauspieler und Arbeiter damit beschäftigt, die Aufführung vorzubereiten. Der Darsteller des Helden, schon als Konrad kostümiert, ergreift die Initiative und inszeniert ein Stück, das nicht im Programm vorgesehen ist. Man weiß nicht mehr, wer Schauspieler und wer handelnde Person ist, und die Bühne wird zu einer »Wirklichkeit«, in die übernatürliche Gestalten wie Genius, Muse und die Göttin Hestia eintreten – ein Stück in einem Stück, das in ein drittes Stück eingeschachtelt ist, mit einer Handlung, die von einem zum anderen hin und her schwingt.

Die Legion ist eine dramatisierte Auseinandersetzung mit der polnischen Romantik und selbst für viele Polen unverständlich. In keinem Werk überbietet sich Wyspiański im Phantastischen so sehr wie in der *Akropolis,* einem Titanenschrei nach Tat und Leben, einer Parabel von Macht und Morgen, Tod und Auferstehung, einem Traum von Nachtbildern im Königsschloß zu Krakau, in dem die Personen aus den alten Gobelins hervortreten, Statuen in Bewegung geraten und verschiedene Zeiten der Geschichte, Göttergestalten, griechische Helden, Figuren aus der polnischen Vergangenheit einander begegnen, bis die ersten Strahlen der Sonne den triumphalen Einzug von Christus verkünden, der auf einem Streitwagen steht und eigentlich Apollo ist. Die Weichsel mit dem Wawelschloß wird zum Skamander, an dem Troja lag (und das veranlaßte die bedeutendste Dichtergruppe der zwanziger Jahre, ihrer Zeitschrift den Namen *Skamander* zu geben).

Zu Wyspiańskis Lebzeiten fand man, was seine Bedeutung für das Theater betraf, nicht seinesgleichen. Das »Junge Polen« verdankt ihm aber auch die Überwindung der Kunst als etwas Absolutes sowie eine neue Art von *Engagement.* Besonders hervorgehoben wurde diese Rolle Wyspiańskis von dem bedeutendsten Literaturkritiker der Zeit, Stanisław Brzozowski, der die Moderne mit Urteilen abtat wie: »Wer vor dem Leben in die Kunst flüchtet, befindet sich im Seelenzustand eines Menschen, der sich für wertlos hält, der fühlt, daß sein Leben keinen Wert hat.« Wyspiański betrachtete das Theater als einen geschichtlichen Faktor, und darin allein sah Brzozowski schon »eine Revolte gegen den Verfall, ein Verlangen nach Gesundheit, Leben, Energie«. Man muß sich davor hüten, bei Wyspiański eine klar formulierte Philosophie oder ein »Programm« zu suchen. Nichts lag ihm ferner. Er wollte reine Energie und überwand – in Brzozowskis Worten – »die Welt, der er angehörte, ohne sie aufzugeben ... Wyspiański weiß nicht, wie das neue Polen aussehen wird, er weiß aber, daß das alte Polen endgültig tot ist ... Sein Werk bedeutet vor allem, daß die Welt, wie er sie sieht, *sich selbst verneint* und ihre eigenen Grundlagen untergräbt. Ein Gedankengerüst wird errichtet, um zerstört zu werden. Doch Wyspiański kann diese Welt der Ruinen und des Schutts nicht aufgeben, denn sie ist alles, was er besitzt.« Im Sinne Hegels meint Brzozowski, daß Wyspiański »auf gute Weise vergessen werden sollte«, das heißt erhalten, um von neuen Ideen abgelöst zu werden. Wie dem auch sei, das moderne polnische Theater ist ohne Wyspiański undenkbar.

Das Theaterrepertoire zur Zeit des »Jungen Polen« bestand zum großen Teil aus ausländischen Stücken, vor allem von Ibsen, Strindberg, Knut Hamsun, Gerhart Hauptmann und Sudermann. Die populärsten Autoren französischer Sprache waren Maeterlinck und Edmond Rostand. England war mit Oscar Wilde, Bernard Shaw und William Butler Yeats vertreten. Auch viele Polen schrieben symbolistische Stücke (Kasprowicz, Żuławski, Staff), ohne indes an Wyspiański heranzureichen. Daneben hinterließ diese Zeit dem polnischen Theater noch ein anderes Erbe: das naturalistische Schauspiel.

Gabriela Zapolska (1857–1921), eine selbstbewußte, exzentrische Frau, war Schauspielerin, Theater- und Romanschriftstellerin in einer Person und ihr Leben lang Zielscheibe übler Nachrede. Sie haßte die Männer, weil sie die Frau als ihre Beute betrachteten, und die Frauen, weil sie sich um die Männer rissen. Ihre publizistisch anmutenden Romane (deutsche Auswahl 1924) stellen die scheinheilige Moral der Bourgeoisie an den Pranger und nehmen Partei für deren Opfer. Grell und sensationell, bald naturalistisch brutal, bald melodramatisch, klingen sie heute manchmal beinahe kitschig. Ihr Mangel an intellektueller Schulung verleitete die Zapolska oft zu groben Verallgemeinerungen, ihre scharfe Beobachtungsgabe verhalf ihr aber auch dazu, Werke von mehr als zeitbedingtem Wert zu schaffen. *Die Moral der Frau Dulska (Moralność Pani Dulskiej,* 1907) demaskiert eine Dame der Gesellschaft, ähnlich wie Bernard Shaws *Frau Warrens Gewerbe.* Der Name »Pani Dulska« wurde in Polen sprichwörtlich. Das Stück gehört zum eisernen Bestand des polnischen Repertoires. *Fräulein Maliczewska* (1912), die Geschichte einer Mätresse, ist eine leidenschaftliche Anklage gegen die Männer. Diesen beiden Stücken verdankt die Zapolska, daß sie – einst eine führende Vertreterin des polnischen Naturalismus – heute nicht vergessen ist.

Johann August Kisielewski (1876–1918) war ein vielversprechendes Talent, versagte aber bald. Sein Erstlingswerk, das Drama *Im Netz (W sieci,* 1899), war eine Sensation. Es handelt von der Revolte eines jungen Mädchens, »der verrückten Julietta«, gegen die stickige Atmosphäre des Elternhauses, ein typisches Bild des damals im Vordergrund stehenden Konfliktes zwischen Jugendträumen und Philistertum. Es muß dem Autor zugute gehalten werden, daß er die Kaffeehauswelt der Krakauer Boheme, zu der auch er gehörte, nicht gerade wohlwollend behandelte. Sein naturalistisches Lustspiel *Karikaturen* (1899) macht sich über die Snobs und die guten Bürger von Krakau lustig.

Tadeusz Rittner (1873–1921) war Ministerialrat in Wien und schrieb für das polnische und Wiener Theater. Seine Stücke sind spröde und undramatisch, aber gut aufgebaut. Sie haben fast alle den Gegensatz Ethik–Erotik zum Thema und sind naturalistische Werke mit einem Schuß Symbolik und Sentimentalität. *In einem kleinen Haus (W małym domku,* 1904) und *Der dumme Jakob (Głupi Jakub,* 1910) werden noch heute aufgeführt.

Karl Hubert Rostworowski (1877–1938) verbrachte fast sein ganzes Leben in Krakau und verfaßte langatmige Versdramen, deren Helden gewöhnlich Gestalten wie Judas Ischariot und Kaiser Caligula sind. Sein bekanntestes Werk ist *Die Überraschung (Niespodzianka,* 1928)*, ein wahres Begebnis in vier Akten.* Es handelt von der Ermordung eines Fremdlings, dem eine Bäuerin in der Nacht Obdach gewährt. Als sie erfährt, daß er aus Amerika zurückgekehrt ist, tötet sie ihn, um sein Geld für die Erziehung ihres Sohnes zu nehmen. Es stellt sich heraus, daß der Fremdling ihr ältester Sohn war, den sie in der Dunkelheit nicht erkannt hatte.

Andere Dramatiker schufen interessante Lebensausschnitte. Wladimir Perzyński (1877–1930) verstand es, paradoxe Situationen elegant zu schildern, und hatte eine Vorliebe für poetische Epigramme, die in der prägnanten Sprache seiner Romane und Novellen häufig zu finden sind, einer Sprache, die ihn vom »Jungen Polen« und dessen lyrischem Stil unterscheidet. Seine Lustspiele, *Die leichtsinnige Schwester (Lekkomyślna siostra,* 1904), *Aschanti (Aszantka,* 1906) und *Hans im Glück (Szczęście Frania,* 1909), gehören zum Besten des polnischen psychologischen Theaters und nehmen – viel besser als Zapolska – die Scheinheiligkeit des Mittelstandes unter die Lupe.

Das psychologische Imbroglio von Mann und Frau, das dem »Jungen Polen« bis in die Zeit nach dem Ersten Weltkrieg keine Ruhe ließ, wurde jetzt auch ironisch behandelt. Wacław Grubiński (geb. 1883) steht in seiner Verspieltheit manchen polnischen Klassikern des 18. Jahrhunderts sowie Oscar Wilde und Anatole France nahe. Auch er liebt Paradoxe, sie beherrschen seine Novellen und Lustspiele. *Die unschuldige Sünderin (Niewinna grzesznica,* 1925), die Komödie zweier Liebespaare, gab ihm reichlich Gelegenheit, sich im Jonglieren mit den überraschendsten Verwicklungen, in denen sich die betrogenen Betrüger finden, zu produzieren.

Wie man sieht, hielt sich das polnische Theater im allgemeinen an die überlieferten Formen. Wyspiańskis Neuerungen setzten sich erst später durch.

Neue Gegner der Moderne

Tadeusz Boy-Żeleński (1874–1941)

Tadeusz Żeleński (Boy ist ein humoristischer Beiname) war der Sohn eines Warschauer Komponisten. Er studierte Medizin in Krakau und hatte eine glänzende Laufbahn vor sich, als er Przybyszewski und andere Mitglieder der Moderne kennenlernte und sein Leben damit eine Wendung nahm. Literarische Kabarette, wie sie damals in Frankreich entstanden, waren auch in Polen sehr beliebt. Żeleński schrieb geistreiche Beiträge für den »Grünen Ballon«, ein von Dichtern und Malern begründetes Krakauer Kabarett, das von 1905 bis 1912 existierte. Aus dieser Zeit stammen seine satirischen Gedichte und Lieder, *Kleine Worte (Słówka,* 1913). Diese Spielereien wurden zu einem wichtigen Markstein in der Geschichte der polnischen Poesie, denn nach dem hochtrabenden, oft rührseligen Stil der Moderne ließ ihre einfache Sprache den Leser geradezu aufatmen. Żeleńskis Epigramme wurden zu gebräuchlichen Redewendungen, sein Humor bereitete den Weg zu einem radikalen Umschwung in der Dichtung, und die banalsten Worte – die zu gebrauchen die Sucher des Absoluten natürlich ablehnten – hielten Einzug in die gute Literatur.

Im Ersten Weltkrieg diente Żeleński als Militärarzt in Krakau und begann aus Langeweile eine andere Seite seines Talentes zu entwickeln. Schon vor dem Krieg hatte er Übersetzungen aus dem Französischen gemacht, und aus diesem Zeitvertreib entstand die Idee, den polnischen Leser mit den besten Werken der französischen Literatur bekannt zu machen – eine Aufgabe, die für Żeleński beinahe zur Berufung wurde. Er bewunderte die Franzosen ihrer Sachlichkeit wegen, mit der sie die Triebkräfte des Menschen, Sex und Geld, nie aus dem Auge verloren, ganz im Gegensatz zu der übertriebenen Vergeistigung der polnischen Literatur. Im Laufe weniger Jahrzehnte übersetzte er etwa hundert Werke. Die Franzosen fanden in ihm einen hervorragenden Übersetzer, der sich den verschiedensten Autoren anzupassen verstand. Für Villon, Rabelais und Brantôme verwandte er die Sprache der altpolnischen Dichter, besonders die von Mikołaj Rej, für Montaigne die der polnischen Memoirenschreiber und Kochanowskis. Mit gleicher Leichtigkeit handhabte er die klassische Sprache von Racine, Molière, Voltaire, Diderot und Rousseau. Balzacs *Comédie humaine* übersetzte er fast ganz, dazu die bedeutendsten Werke von Stendhal. Als der Tod nahte (er wurde 1941 von den Nazis in Lemberg hingerichtet), war er gerade dabei, die Übersetzung von Marcel Proust zu beenden.

Boy (wie man ihn allgemein nannte) gehört zu den führenden Theaterkritikern, Essayisten und Publizisten im Polen der Zwischenkriegszeit. Ein unermüdlicher Arbeiter, geistreich, hochbegabt, sehr belesen, wurde er zum radikalen Vorkämpfer des Liberalismus und Antiklerikalismus und sagte aller Wichtigtuerei und Aufgeblasenheit den Kampf an. Mit seinen Studien über französische Schriftsteller verfolgte er einen besonderen Zweck. Polnische Literaturhistoriker hatten die Gewohnheit, alles Anstößige im Leben ihrer Helden zu unterschlagen und aus ihnen Heilige zu machen, was ihnen von Żeleński den Namen »Vergolder« *(brązownicy)* eintrug. In seiner leidenschaftlichen Sucht, allem, was er für falsch hielt, die Maske vom Gesicht zu reißen, leitete er manchmal ganze Kreuzzüge ein, so z. B. in den dreißiger Jahren für freie Liebe und »bewußte Mutterschaft«. Neben dem tiefschürfenden Brzozowski nimmt er sich jedoch oft oberflächlich aus. Die Ideologie des Liberalismus hat nämlich gerade dort ihre Schwächen, wo sie sich realistisch gebärdet, und hier verwickelte sich Żeleński in Widersprüche. Er war jedoch unbestritten am Platz in einem Land, in dem es – mit den Worten eines Zeitgenossen – »zuviel Weihwasser und zuwenig Seife gab«. Seine Verdienste als Übersetzer werden jedenfalls nie in Vergessenheit geraten.

Karol Irzykowski (1873–1944)

Karl Irzykowski stammte aus Lemberg, studierte an der dortigen Universität deutsche Literatur und war der Inbegriff des sarkastischen Intellektuellen. Er wollte Schriftsteller werden, es blieb aber beim Kritiker, allerdings mit Ausnahme seines großen Romans *Die Plane (Pałuba),* den er 1891 begann und 1903 abschloß – ein ungewöhnliches Werk, das sich ebenso gegen die Moderne wie gegen Realismus und Naturalismus auflehnt. Es ist die psychologische Studie einiger Personen, in der die Handlung belanglos ist, und hat an sich weniger Bedeutung als das, was der Autor dort über das Schreiben eines Romans sagt, sowie eine in den Text eingebaute Abhandlung über den Menschen in der Literatur. Im Gegensatz zu den Positivisten behauptet Irzykowski nicht, daß er wisse, was sich im Kopf seiner Helden abspielt. Er stellt darüber Mutmaßungen an und gibt manchmal offen zu, daß er sie nicht verstehe.

In Anlehnung an den Empiriokritizismus von Ernst Mach und Richard Avenarius begibt er sich auf eine semantische Expedition. Der Mensch ist für ihn
ein Poseur, dem die gebrauchsfertigen Schablonen, die jede Beziehung zwischen den Menschen bestimmen, eine Falle stellen. Die Personen des Romans wirken unecht: Gefangene von Liebe, Treue, Poesie, Schönheit und dgl.
– alles Masken des Unterbewußtseins, denn das, was tief in ihnen liegt und
sie sich selbst nicht eingestehen können, kommt in Kostümen, die sie sich von
der Gesellschaft ausleihen, an die Oberfläche. In der erwähnten Abhandlung
katalogisiert Irzykowski diese Kostüme als »Garderobe der Seele«, in der
kompromittierende Gedanken »anständige« Kleider anlegen. Ein Beispiel:
Ein verführtes Mädchen redet sich ein, daß dies die Liebe sei, und kann nun
ihrem Verführer nichts mehr versagen. Da sind die »wunden Punkte«,
belanglose Vorgänge im Leben des Menschen, zu denen er sich jedoch nicht
bekennen kann, da sie seinen hohen Anforderungen an sich selbst nicht
genügen. Oder die »blinden Flecke«, die entstehen, wenn wir unser seelisches
Wohlbefinden aufrechtzuerhalten suchen, indem wir unsere »dunkle« Seite
nicht zur Kenntnis nehmen. Der Titel des Buches spielt auf
die Decke an, die wir über alle Momente des Lebens ziehen, »in denen wir
den Boden unter den Füßen zu verlieren glauben, die besten, kostbarsten
Momente unseres Lebens, Momente heftigsten Ärgers und höchster Konzen-
tration, wenn der Horizont sich plötzlich vor uns öffnet«, anders gesagt,
wenn das Unechte für einen Augenblick dem Echten weicht. Irzykowski
seziert seine Personen mit sachverständiger Gelassenheit, sie sind für ihn
keine Ausnahmen, sondern Beispiele menschlichen Verhaltens im allgemeinen. Auch sich selbst hält er für unfähig, das Unechte abzuwerfen, und meint,
daß er sich derselben Prüfung unterziehen sollte, die er seinen Gestalten auferlegt.
Irzykowski setzte sich über alle Schibboleths der Moderne hinweg. Die Kunst
als etwas Absolutes, der Konflikt der Geschlechter, die lyrischen Ergüsse, die
Bekenntnisse seelischer Tragödien – alles Masken! Seine Waffen sind Parodie (z. B. auf den Stil eines gewissen Dichters) und offener Angriff (wie in der
Abhandlung über den Menschen in der Literatur). Das Außerordentliche an
diesem Werk ist der Umstand, daß der Autor seine Probleme analysiert, indem er ein Buch schreibt – ein Rückgriff auf Laurence Sterne und Vorweg-
nahme des experimentellen Romans der zwanziger Jahre. Die Hervorhebung
des Unterbewußten ließ viele Kritiker in Irzykowski einen »intuitiven Vorläufer von Freud« sehen oder ihn mit Alfred Adlers Individualpsychologie in
Verbindung setzen. Gewiß, Freuds erste Arbeit über die Psychoanalyse erschien 1900, aber solche Ideen lagen damals sozusagen »in der Luft«. Die
knappe, trockene, dabei durchgeistigte Sprache machte Irzykowski zu einem
Einzelgänger und verschaffte dem Buch keine gute Aufnahme. Es hatte aber
später einen gewissen Einfluß auf mehrere Schriftsteller, die zwar nicht über
den Scharfblick Irzykowskis, aber über mehr Begabung verfügten und ihn
verdrängten.
Von 1918 bis 1939 betätigte sich Irzykowski mit geradezu todernster Pedante-
rie als Kritiker. Er schlug nach allen Richtungen und war der Ansicht, daß die
Literatur etwas Künstliches sei und daher jeder Theorie eines »Lebensspie-
gels« zuwiderlaufe. Auch Realismus und Naturalismus waren für ihn nichts
als Masken. In diesem Zusammenhang ist das, was er über Zola sagte, bezeichnend:

»Der Realismus fällt Zola nicht schwer, denn er versucht es nicht, den Menschen zu ergründen, sondern betrachtet ihn als Naturprodukt, wie eine Blume oder Frucht. Dagegen ist nichts einzuwenden, wäre Zola kein Mensch, sondern Gott. Der Mensch kann objektiv über Pflanzen schreiben, nicht über sich selbst.«

Irzykowski griff auch den »Lebenskult« an oder, wie er ihn nannte: Vitalismus. Das »Prinzip der Komplikation« liege jedem kulturellen Phänomen zugrunde, während die Anbeter des Lebens vor ihm auf die Knie fallen, verzückt von seinem Chaos. In einem Band seiner Kritiken unter dem Titel *Der Kampf um den Inhalt (Walka o treść,* 1929) tritt er für die Befreiung der Literatur von allen Masken und Ausflüchten ein, selbst wenn dies hoffnungslos erscheine. »Inhalt« bedeutet für ihn, über herkömmliche Begriffe hinwegzugehen. Er nahm sich auch Boy-Żeleński vor, dessen Verallgemeinerungen er auch nicht akzeptierte. Der asketische, selbstquälerische Irzykowski, der sich weniger für Begriffe und Gedanken interessierte als für die Art, wie sie in der Literatur behandelt wurden, fand natürlich beim Publikum nicht den Gefallen seines in allen Farben schillernden Widersachers.
Im Warschauer Aufstand von 1944 wurde Irzykowski tödlich verwundet. Sein Tagebuch erschien im Jahre 1964 unter dem Titel *Notizen aus dem Leben, Beobachtungen und Motive (Notatki z życia, obserwacje i motywy).*

Eine satirische Note

Das literarische Kabarett und Boy-Żeleńskis *Kleine Worte* leiten den Neubeginn der humoristischen Literatur in Polen ein, die seither viele erfolgreiche Vertreter gefunden hat. Schon im Jahre 1902 trat Adolf Nowaczyński (1876–1944) mit seinem *Affenspiegel (Małpie zwierciadło)* hervor, einem Zerrbild der Moderne mit ihren »akademischen Propheten« und »Alkoholikern«. Als geschickter Prosaist und Versemacher tat sich Nowaczyński in der Nachahmung des Altpolnischen hervor, mit dem er wahre Akrobatenstückchen vollführte. Es ist kein Zufall, daß er den altpolnischen Humor bis zur Zotenreißerei nachahmte, denn er sah darin ein Gegengift zu den Ausbrüchen der »leidenden Seelen«. Sein Spott war sehr gefürchtet und machte ihn verhaßt, ohne aber seinen Stücken zu schaden. Er ging in ihnen mit der ihm eigenen Bravour an umstrittene historische Gestalten heran; dazu gehören *Der falsche Zar (Car samozwaniec,* 1908), *Der Große Fritz (Wielki Fryderyk,* 1910), *Pułaski in Amerika (Pułaski w Ameryce,* 1917), *Der Kommandant von Paris (Komendant Paryża,* 1926, über Jarosław Dąbrowski, einen Führer der Pariser Kommune), *Völkerfrühling in Krähwinkel (Wiosna narodów w cichym zakątku,* 1929, eine Parodie über das Krakau von 1848). Nowaczyńskis Stücke sind gut geschrieben, jedoch eher schreiende Pamphlete und dramatisierte Feuilletons als Werke von bleibender Bedeutung. Nach dem Ersten Weltkrieg trat Nowaczyński in den Dienst der reaktionären, antisemitischen Nationaldemokratischen Partei, die ihm ihre Presse für seine ungestümen Eskapaden zur Verfügung stellte, in denen er sich wie ein geifernder Fanatiker der polnischen Gegenreformation aufführt.

Der Satiriker Jan Lemański (1866–1933) wandte die alte Form der gereimten Fabel auf moderne Themen an. In seinen Tieren sind oft Stammgäste aus den Literatencafés zu erkennen. Das Liebesverhältnis einer von Idealen, Kunst und Poesie schmachtenden Gans mit einem die Macht der Vererbung beklagenden Fuchs endet damit, daß der Fuchs die Gans verspeist und dabei nachdenkliche Betrachtungen über das schreckliche Los des Fleischfressers und den unerbittlichen Mechanismus der Natur anstellt. Er empfiehlt sich mit den Worten: »Ha, unsere Existenz ist ein Rätsel.« Solche Gedichte zeugen natürlich davon, daß die Hochachtung vor der – nicht ganz zutreffenden – Tiefgründigkeit der Moderne im Absterben begriffen war.

Der Roman

Stefan Żeromski (1864–1925)

Stefan Żeromski – »das Gewissen der polnischen Literatur« – kam bei Kielce als Sohn eines verarmten Edelmannes zur Welt. Seine Heimat, die Gegend am Fuß der Heiligenkreuzberge, war ein Schlachtfeld im Aufstand von 1863, den Żeromski in einem neuen Licht zeigen sollte. Sein Leben ist ebenso charakteristisch für den in die Stadt abgewanderten Landadel wie für die fortschrittliche Intelligenz und ihre politischen Ansichten. Żeromski studierte Veterinärmedizin in Warschau und bestritt seinen Unterhalt durch Nachhilfestunden. In der ersten Zeit seiner schriftstellerischen Tätigkeit litt er große Not. Zeitweilig fand er an der polnischen Bibliothek von Rapperswil Arbeit, wo er viel lernte, was ihm bei seinen historischen Romanen sehr zustatten kam. Von 1904 an konnte er sich dank der öffentlichen Anerkennung, die ihm endlich zuteil wurde, ganz dem Schreiben widmen. Seine Frühwerke zeigen ihn als Schüler des Positivismus mit einem realistischen, manchmal naturalistischen Stil, im Grunde genommen war er jedoch ein Neuromantiker, den der Haß auf das Unrecht und die Erinnerung an die bewaffneten Aufstände zu revolutionären Ausbrüchen trieben.

Sein erster Roman, *Sisyphusarbeiten (Syzyfowe prace,* 1898), ist eine autobiographische Studie und handelt von den polnischen Schülern eines russischen Gymnasiums in einer Provinzstadt (Kielce) zu einer Zeit, als das Zarenregime alles daransetzte, das polnische Nationalgefühl auszulöschen. Die Schüler sind von den großen Werken der russischen Literatur sehr beeindruckt; da diese aber auch zu Russifizierungszwecken verwandt werden, schließen sie sich zu kleinen Widerstandsgruppen zusammen. Einer von ihnen, Andreas Radek, der Sohn eines Landarbeiters, sieht im Kampf um die Erhaltung der nationalen Identität und in der Revolte gegen das Gesellschaftssystem ein untrennbares Ganzes.

Żeromskis Frühzeit, aus der die meisten seiner Erzählungen stammen, gipfelte in dem Roman *Die Obdachlosen (Ludzie bezdomni,* 1900), dessen Held, Dr. Judym, der Sohn eines Warschauer Schuhmachers, von dem Elend der polnischen Massen tief bedrückt ist. Sein Gewissen läßt ihm keine Ruhe:

»Ich bin für alles, was hier geschieht, verantwortlich! Ich habe meinem Gewissen Rechenschaft zu geben, denn es ruft aus meinem Innern: Ich protestiere! Wenn ich als Arzt es nicht tun werde, wer sonst? Ich habe alles bekommen, was ich brauche, und muß alles rückerstatten. Diese verdammte Schuld!... Ich darf nicht Vater und Mutter haben, keine Frau, nichts, das man liebend ans Herz drückt, solange es diesen Alptraum gibt [die Slums von Warschau und die Elendsquartiere der Grubenarbeiter]. Ich habe auf das Glück zu verzichten und muß allein bleiben.«

Dr. Judym gehört den gebildeten Schichten der Bevölkerung an, die ihre privilegierte Stellung der Bildung verdanken und sich deswegen schuldig fühlen. Statt seinem Beruf nachzugehen, setzt er seine Stellung aufs Spiel und verliert sie auch, denn er wagt es, die Wahrheit zu sagen. Er lehnt die Liebe einer geliebten Frau ab, denn die Sorge um die Familie würde seinem Kampf um soziale Gerechtigkeit im Wege stehen. Dieser Idealismus wurde von Żeromskis Gegnern, die überwiegend konservativ-reaktionär dachten, ironisch *»Żeromszczyzna«* (etwa Żeromskismus) genannt. Die Sozialisten und ihnen nahestehende Kreise – zu denen auch Żeromski gehörte – fanden dagegen an seiner – etwas sentimentalen – Darstellung sozialer Probleme nichts auszusetzen. *Obdachlose Menschen* ist ein mutiges Buch, das vor keinem Elend, keiner Verworfenheit die Augen schließt. Diesem Umstand sowie der naturalistischen Sprache verdankte Żeromski, daß seine Gegner ihn einen »von den Russen angesteckten Sadomasochisten« nannten.

Er reagierte mit der Feinheit eines Seismographen auf die Veränderungen in der Stimmung Polens, und aus seiner Reaktion auf die beginnende Neuromantik entstand der große historische Roman *Zu Schutt und Asche (Popioły*, auch deutsch, 1904). Die Wahl der Zeit, in der der Roman spielt, ist – wie gewöhnlich bei polnischen Schriftstellern – sehr bezeichnend. Sienkiewicz wollte in seiner Trilogie die *Respublica* der Gegenreformation heraufbeschwören, Żeromski die napoleonische Zeit, die für jeden Polen mit der Aufklärung, dem Radikalismus, dem Kampf für die Unabhängigkeit und dem Glauben an die Französische Revolution verbunden war. Die Helden des Romans verlassen Polen, um sich Napoleon anzuschließen, kämpfen auf allen Schlachtfeldern Europas bis nach Spanien hin und kehren gebrochen, Schutt und Asche im Herzen, zurück. Der leidenschaftliche Ton des Buches will aber sagen, daß ihr Kampf nicht umsonst war, denn die Legende, die sich um ihn bildet, wird die Hoffnung im Volk lebendig erhalten. Unter diesen Kämpfern gibt es edel denkende Intellektuelle, die ihren Freimaurereid sehr ernst nehmen und von den *desastres de la guerra* in schwere Gewissenskonflikte geworfen werden. Das Buch hat auch sein gerüttelt Maß davon, besonders in den Szenen aus dem spanischen Guerillakrieg und der Belagerung von Saragossa. Żeromski zeigt sich hier in all seinen Stärken und Schwächen: ein mitfühlender, menschenfreundlicher, kluger Mann von weiter historischer Sicht, aber auch von einer lyrischen Überspanntheit (die sich gewiß nicht für einen Roman eignet) und Rührseligkeit. Die Lockerung der Schreibdisziplin war in der vom Positivismus geknebelten Poesie ohne weiteres am Platz, nicht aber in der Prosa, und sie tat Żeromski nicht gut. Seine Sprache wurde immer mehr zu einer Poesie im Gewand von Erzählungen.

Zu Żeromskis Hauptthemen gehört die Vereinsamung des Kämpfers, sei er ein feinfühliger Intellektueller, Soldat oder Berufsrevolutionär. In der Gegenüberstellung des vorwärtsstürmenden »Erlösers« und der trägen Masse, die ihm kaum zu folgen vermag, ist er ein Neuromantiker. Dies zeigt sich nicht nur in den Werken über die napoleonische Zeit *(Zu Schutt und Asche* und dem Schauspiel *Sułkowski),* sondern auch in der Art, wie er den Aufstand von 1863 und die Revolution von 1905 behandelt, die letztere im Stück *Die Rose (Róża),* das 1909 unter einem Decknamen in Krakau erschien. Der Kontrast zwischen den tapferen Guerillas und den apathischen, ja feindseligen Bauern war besonders im Aufstand von 1863 sehr entmutigend. Von diesem handeln mehrere Kurzgeschichten sowie der Roman *Der getreue Strom (Wierna rzeka,* 1913, deutsch 1915), ein Faulkner *avant la lettre,* die Geschichte eines verwundeten Revolutionärs, den die junge Herrin eines Landsitzes bei sich versteckt, ihrer gegenseitigen Liebe und ihrer Trennung. Klerikale Kreise beschuldigten Żeromski, er verderbe mit seiner »Schamlosigkeit« die Jugend. Besonders schockierend fanden sie die Szene, als die Kosaken bei der Haussuchung ein blutbeflecktes Leinentuch finden. Es ist das Blut des Verwundeten, der schnell in Sicherheit gebracht worden war; auf die Frage, wessen Blut das sei, antwortet die junge Frau, ohne zu überlegen: »Meines.« Heute würden wir dabei lediglich an den Einfluß des Naturalismus auf den Autor denken ...

Żeromskis letzter Roman erschien 1925, ein Jahr vor seinem Tode, und ist vielleicht sein bester. *Vorfrühling (Przedwiośnie)* setzt sich mit dem Dilemma auseinander, vor dem die fortschrittliche Intelligenz in der Zeit nach 1918 stand, als Polen seine Unabhängigkeit wiedergewann. Die Begeisterung über das von Generationen erträumte und endlich verwirklichte Ziel konnte über die traurige Wirklichkeit nicht hinwegtäuschen. Die alten Übel bestanden nach wie vor. Das Land war so rückständig, daß die Nöte des Volkes nicht auf eine allmähliche Lösung warten konnten. War es die Revolution? Rußland hatte die seine gehabt. Ihr Vormarsch war aber von polnischen Truppen vor den Toren Warschaus aufgehalten worden. Cäsar Baryka, der Held des Romans, hatte in Polen viele seinesgleichen. Er ist der Sohn eines polnischen Ingenieurs, der auf den Ölfeldern von Baku arbeitet, und sieht die Revolution mit eigenen Augen. Obwohl er sie bejaht, kehrt er mit seinem patriotischen Vater nach Polen zurück und nimmt sogar als Offizier am russisch-polnischen Krieg von 1920 teil. Ein reicher Freund aus dem Regiment lädt ihn auf sein Gut ein, und hier lernt Baryka das »ewige Polen« des Landadels kennen, der es sich auf Kosten der Bauern gutgehen läßt. Er sucht nach einer Lösung: Der destruktive Fanatismus der Kommunisten stößt ihn ab, aber auch die liberalen Ideen des alten Gajowiec – der an Żeromski erinnert – sprechen ihn nicht an. Das Buch endet mit einer Arbeitslosendemonstration vor dem Palais des Staatspräsidenten, mit Baryka an der Spitze.

Żeromski betätigte sich auch als Publizist und nahm hier die fortschrittliche Linie wieder auf, die sich von den Arianern und Frycz Modrzewski zu den Schriftstellern der Aufklärung, Staszic und Kołłątaj, hinzieht. Er schrieb auch Theaterstücke, darunter das erfolgreiche *Es entkam mir die Wachtel (Uciekła mi przepióreczka,* 1924, die Anfangsworte eines beliebten Volksliedes). Das Stück ist echte »Żeromszczyzna«. Ein Schloß soll als Zentrum zur Verbreitung des Theaters und der schönen Künste umgebaut werden, nach der Idee eines Mannes, der die Schloßherrin und auch andere Leute für seinen Plan gewann. Es wird aber nichts daraus, denn er verliebt sich in die Frau des Dorflehrers. »Die Wachtel entkommt«, und mit ihr treten die wahren Motive ans Licht: Hinter der Uneigennützigkeit der Schloßherrin steckt ihre Leidenschaft für den Mann. Seine Idee aber wird Nachfolger finden.

Im ersten Viertel unseres Jahrhunderts wurde Żeromskis Stellung als bedeutendster polnischer Schriftsteller von niemandem bestritten, auch von seinen

Feinden nicht. Er war »das unersättliche Herz«, »das Gewissen der polnischen Literatur«, und ganz Polen war aufgebracht, daß nicht ihm, sondern Reymont der Nobelpreis verliehen wurde. Wegen seiner Menschenliebe und Aufgeschlossenheit wurde er ebenso verehrt wie seine Werke. Heute werden seine Jugendwerke noch über seine späteren Romane gestellt. Sie stehen der Prosa des 19. Jahrhunderts näher und sind nicht von den Gefühlsausbrüchen der Moderne und des Symbolismus überflutet. Er beschränkte sich in ihnen darauf, das soziale Elend aufzuzeigen, ohne jedoch Lösungen anzubieten (er hatte keine). Żeromski ist aber vor allem eine hehre Gestalt im Leben Polens. Und das, verbunden mit seinem Gefühl für die ungehobenen Schätze der polnischen Sprache – sein Wortschatz ist unerschöpflich –, sichert ihm einen Ehrenplatz in der polnischen Literatur.

Władysław Reymont (1867–1925)

Reymonts Werk hat seinen Ursprung in den Fahrten und Beschäftigungen des jugendlichen Autors. Sein Vater spielte die Orgel in der Dorfkirche und wollte, daß sein Sohn Pfarrer werde, dieser aber weigerte sich, in die Schule zu gehen. In ihrer Verzweiflung gaben ihn die Eltern zu einem Schneider in die Lehre, er schloß sich aber eines Tages einer Vagantentruppe an, in deren Gesellschaft er das Leben in der finstersten Provinz kennenlernte. Dann arbeitete er bei der Eisenbahn, als Fabrikarbeiter in Lodz und schließlich als Weichensteller an einer abgelegenen Bahnlinie. In diesem Dorf begann er zu schreiben. Seine ersten Erzählungen schildern mit naturalistischer Härte das Leben der Bauern und Landarbeiter und machten Publikum und Kritiker auf ihn aufmerksam. Ihre Erwartungen wurden von seinem ersten Roman, *Die Komödiantin (Komediantka,* 1896, deutsch 1967) bestätigt, der das hoffnungslose Milieu der Wandertruppen schildert, ein Milieu, das dem Durchschnittsleser exotisch vorkommen mußte. *Das gelobte Land (Ziemia obiecana,* 1899, deutsch 1916) ist eine Romanstudie von Lodz, dem polnischen Industriezentrum. In den letzten Jahren des vergangenen Jahrhunderts hatte sich diese Kleinstadt – dank großer Investitionen in die Textilindustrie – zum Manchester Osteuropas entwickelt, das seine Erzeugnisse in die entferntesten Winkel Rußlands schickte. Es war eine Stadt von Spekulanten, über Nacht reich gewordenen Krämern, Bankrotteuren und unmenschlich ausgebeuteten Arbeitern, für Reymont ein gewaltiges Geschwür, an das er mit dem Mißtrauen eines Dörflers heranging.

Diese Werke waren aber nur Vorspiel zu dem großen, vierbändigen Roman *Die Bauern (Chłopi,* 1904–1909, deutsch 1912), keiner realistischen Darstellung, sondern einem großangelegten Epos. Der Naturalismus sah im Menschen ein biologisches Wesen, und von hier war es nur ein Schritt zur Verherrlichung der Eigenschaften, die ihn zum Prachttier machten: Impulsivität, Leidenschaftlichkeit, Vitalität, Ausdauer. Polen hatte um die Jahrhundertwende eine wahre »Bauernmanie« *(chłopomania),* die eines politischen Untertons nicht entbehrte. Im Dorf lagen die ungehobenen Schätze der Nation, lag ihre Zukunft. Die Intelligenz glaubte in den von der kulturellen »Dekadenz« unberührten Analphabeten das zu finden, was ihr selbst abging, und Reymont gleicht darin manchen skandinavischen Romanciers, die gleichfalls das Primitive idealisierten. Die vier Bände der *Bauern (Herbst, Winter, Frühling, Sommer)* handeln von einer Dorfgemeinschaft, die ihre Kirchenfeste feiert und im Rhythmus der Natur trinkt, tanzt und arbeitet. Die Hauptgestalten (denen Reymont homerische Statur verleiht) personifizieren die Tugenden und Laster des Dorfes. Die Handlung (die Liebesaffäre von Antek Boryna und seiner jungen, schönen Stiefmutter Jagna sowie die Rache des alten Boryna) könnte aber ebensogut in der Stadt spielen. Die Leser waren von der Verherrlichung primitiver Leidenschaften und bäuerlicher Kraft ebenso fasziniert wie von der Sprache des Werkes, die als hochpoetisch galt, vor allem in den vielen Naturbeschreibungen und den Bildern aus dem bäuerlichen Leben. Wie Żeromski hielt sich Reymont zunächst an den zurückhaltenden Stil der Positivisten, begann dann aber unter dem Einfluß des »Jungen Polen« mit Gefühlen zu experimentieren, die sich in verschiedenen Landschaftsbildern, Jahreszeiten, Begegnungen mit Menschen mitteilen. Sein Redeschwall paßt zwar vorzüglich zu seinem überschwenglichen Temperament, beeinträchtigt aber den Wert des ambitiösen Werkes. Im Jahre 1924 erhielt Reymont für die *Bauern* den Nobelpreis. Damit scheint sich sein Talent erschöpft zu haben. Er versuchte sich u. a. noch an einer historischen Trilogie über die letzten Atemzüge des alten Polen, *Das Jahr 1794 (Rok 1794,* 1913–1918), war aber dem Stoff nicht gewachsen.

Wacław Berent (1873–1940)

Wacław Berent stammte aus Warschau. Er studierte in Zürich und promovierte zum Doktor der Ichthyologie. Sein Interesse galt indes vor allem der Philosophie, besonders Schopenhauer und Nietzsche, dessen Werke er ins Polnische übersetzte. Er stellte seine Weltanschauung und ihre Wandlungen in einigen Romanen dar, von denen der erste, *Der Fachmann (Fachowiec,* 1895, deutsch 1898), seine Antwort auf die Ratschläge ist, die die Positivisten der Jugend gaben. Der Held der Erzählung ist ein junger Mann, der in die Fabrik geht und es zum Facharbeiter bringt. Dabei erkennt er, daß die physische Arbeit, wie die Fabrik sie verlangt, den Arbeiter entmenschlicht und daß die wirtschaftliche Funktion, die er erfüllt, ihn nicht vor Geringschätzung bewahrt – ein indirekter Angriff auf den positivistischen Glauben an die Segnungen der Technologie.
Berents nächster Roman, *Edelfäule (Próchno,* 1903, deutsch 1908), schildert die Boheme von München und Berlin oder einer beliebigen europäischen Großstadt. Die Personen – ein Dichter, ein Schauspieler, ein Dramatiker, ein Journalist, ein Maler und ein Musiker – sind von der Verzweiflung des *Fin-de-siècle* erfüllt, halten sich für dekadent und klammern sich hoffnungslos an den Glauben an die Zivilisation oder verlieren sich in endlosen Haarspaltereien über Schopenhauer, das Nirwana und den Buddhismus. Sie alle sind in persönliche Probleme verstrickt, aus denen es anscheinend nur einen Ausweg gibt: den Selbstmord. Das Buch war als Protest gegen die »Edelfäule« der Boheme und als Nietzsche-Ruf zur Tat gedacht. Es gehört jedoch seinem Stil nach zur Moderne und wurde auch inhaltlich von dieser so aufgenommen, zu Unrecht: Die Identifizierung des Autors mit seinen Gestalten ist aber so überzeugend, die Sprache der Mode der Zeit so angepaßt, daß dieses Mißverständnis darauf zurückzuführen ist.
Wintersaat (Ozimina, auch deutsch 1911) spielt in Warschau am Vorabend des russisch-japanischen Krieges. Sein Schauplatz, die unnachsichtige Verurteilung sozialer Trägheit, und auch der Umstand, daß die Handlung den Zeit-

raum einer Nacht erfaßt, erinnert an Wyspiańskis *Hochzeit.* Im Hause eines Warschauer Bankiers kommen Leute verschiedener Herkunft und Vergangenheit zusammen, erzählen ihr Leben und sprechen von ihren Problemen – das Bild einer Gesellschaft, die von politischer Unterdrückung, Hoffnungslosigkeit, der Jagd nach Geld und seichten Vergnügungen völlig demoralisiert ist. Die einzige positive Gestalt ist ein alter russischer Oberst, der die Polen mit einer Mischung von Verachtung und Staunen betrachtet. Die Nacht von Wyspiańskis *Hochzeit* ist von der Erwartung eines großen Ereignisses erfüllt, bei Berent tritt das Ereignis auch ein: Um Mitternacht wird die allgemeine Mobilmachung ausgerufen. Im Morgengrauen gehen einige der Gäste im Arbeiterviertel von Warschau spazieren und geraten in eine Demonstration. Es kommt zu einem Zusammenstoß mit der Polizei, in dessen Verlauf einer der Anführer getötet wird. Wie die *Edelfäule* ist auch dieses Werk ein Ruf zur Tat und Selbstbesinnung. Der Titel ist natürlich symbolisch zu verstehen: Die Wintersaat schläft unter dem Schnee und wird mit dem Kommen des Frühlings erwachen. Wegen seines vorzüglichen Aufbaus und des klaren Einblicks, den es in die sozialen Verhältnisse bietet, verdiente dieses Werk, ein großer Roman genannt zu werden, trüge es nicht das Stigma der Sprache seiner Zeit. Berent versucht z. B. eine gewisse Stimmung wiederzugeben, indem er den Blick von schweren Draperien zu Gesichtern schweifen und Stimmen durch den Zigarrenrauch hören läßt – eine komplizierte, beinahe expressionistische Technik, die oft gegen den natürlichen Fluß der polnischen Sprache verstößt.

Übertrieben ausgeschmückt sind auch *Die lebenden Steine (Żywe kamienie,* 1918), eine Ballade aus dem Mittelalter in Romanform. Der Leser betritt eine mittelalterliche Stadt und sieht mancherlei Gestalten: ordnungsliebende Bürger, Mönche (die zwischen Furcht vor der Hölle und Liebe zur lateinischen Dichtung hin- und hergerissen werden), Possenreißer, Schauspieler, fahrende Gesellen, sorglos, übermütig, frei von der Schinderei des Alltags. Auch hier bleibt Berent seinem Nietzsche treu. Die Sprache ist stark stilisiert, um den mittelalterlichen Ton zu wahren. Gerade dieses Bemühen enthüllt die Schwäche des Werkes: die Kluft, die zwischen Berents Absicht und den künstlerischen Mitteln liegt, die ihm zur Verfügung stehen. Seine Prosa ist wie die des »Jungen Polen« von der Poesie angesteckt. Das Werk verrät kein besonderes Verständnis für das Mittelalter. Es steht am Endpunkt einer Phase von Berents Gesamtwerk. In das Jahr seiner Veröffentlichung, 1918, fällt auch das Ende der Vorherrschaft des »Jungen Polen«.

Berents Romane sind im Grunde geschichtliche Studien, obwohl die Geschichte, mit der sie sich befassen, die der Gegenwart ist. Unter diesen Umständen nimmt es nicht wunder, daß er sich im Alter biographischen Essays zuwandte, in einem einfachen, strengen Stil, und zwar aus der Zeit der polnischen Auklärung mit ihren energischen Vorkämpfern aus dem Lager der Reformer und deren Nachfolgern, den Offizieren Napoleons. *Die Strömung (Nurt,* 1934), *Diogenes im altpolnischen Kostüm (Diogenes w kontuszu,* 1937) und *Führerdämmerung (Zmierzch wodzów,* 1939) sind Gemäldegalerien von Schriftstellern, Gelehrten und napoleonischen Generälen, Porträts auf der Scheidelinie von Belletristik und Biographie. Berent war Mitglied der Polnischen Literaturakademie, lebte zurückgezogen und hielt sich von politischen und literarischen Kämpfen fern. Er ist auch heute noch als Denker sehr geschätzt und konnte sich als Autor der Elite behaupten.

Kritik und Philosophie

Stanisław Brzozowski (1878–1911)

Das »Junge Polen« verdankt seinen Sieg zum großen Teil den guten Kritikern, die es hervorbrachte, wie Ignaz Matuszewski und Wilhelm Feldmann. Sie stehen jedoch in den Augen der Nachwelt weit hinter Stanisław Brzozowski. Brzozowski schuf in einem kurzen Leben von 33 Jahren ein großes Werk, das immer wieder Anlaß zu neuen Deutungen gibt. Sein Vater war ein ruinierter Großgrundbesitzer, der Sohn besuchte das russische Gymnasium von Lublin, später Niemirow, wo er einem Studienkreis über zeitgenössische Probleme angehörte. Die Literatur entdeckte er in den Werken der großen Russen, vor allem Turgenjews, Uspenkijs und Bielinskis. Er lehnte sich gegen die katholische Kirche auf und wurde Darwinist. Wegen seiner rhetorischen Fähigkeiten zum Führer der Warschauer Studenten gewählt, wurde er auf ein Jahr vom Universitätsbesuch suspendiert. Ein Vergehen aus dieser Zeit (er »borgte« sich einen Betrag aus der Studentenkasse) sollte verhängnisvolle Folgen für sein Leben haben. Als er im Alter von neunzehn Jahren wegen politischer Betätigung verhaftet wurde, benutzte die Polizei diesen Vorfall, um Druck auf ihn auszuüben. Das führte zu Gerüchten, er sei in den Dienst der Ochrana, der russischen Geheimpolizei, getreten. Aus dem vorliegenden Material geht nichts dergleichen hervor, aber die Ochrana und die Feinde, die sich Brzozowski unter den Konservativen gemacht hatte, setzten die Verleumdungskampagne fort. Brzozowski war ein parteiloser Sozialist, ein kluger, komplizierter, seiner Zeit vorauseilender Mensch, der es einem schwermacht, seinen ideologischen Sprüngen zu folgen. Außer polnischen und russischen Werken verschlang er geradezu unzählige Bücher in deutscher und französischer, später auch italienischer und englischer Sprache. Nietzsche befreite ihn vom Darwinismus und vom Kult der Wissenschaft, und auch Przybyszewski trug dazu bei, obwohl Brzozowski dessen Schwächen nicht übersah. Schließlich warf er sich Marx in die Arme, ohne jemals ein strenggläubiger Marxist zu werden, denn er war der Ansicht, daß die Gedanken von Marx vom alten Marx und noch mehr von Engels entstellt worden waren. Es klingt unglaublich, aber Brzozowski kam selbständig zu denselben Schlüssen wie der junge Marx, zu Schlüssen, die in den Jugendschriften von Marx (wie den erst 1933 veröffentlichten ökonomisch-philosophischen Manuskripten) enthalten sind und damals unbekannt waren. Seine unorthodoxe Haltung machte es ihm schwer, auf der Linken Bundesgenossen gegen die Angriffe der Rechten zu finden, und er blieb ein Einzelgänger. Im Frühjahr 1905 ging er von Kongreßpolen nach Galizien. Die Lungenkrankheit, die er sich im Warschauer Gefängnis zugezogen hatte, zwang ihn weiterzuziehen, zuerst nach Nervi, dann nach Florenz. In seiner Abwesenheit tauchten die alten Verleumdungen wieder auf. Er kehrte freiwillig zweimal nach Krakau zurück, um sich einer öffentlichen Untersuchung durch die Sozialistische Partei zu stellen, die aber nichts Neues ergab. Krankheit und Verleumdung taten seiner fieberhaften literarischen Tätigkeit keinen Abbruch, trugen aber in Verbindung mit der Armut, in der er lebte, dazu bei, sein Leben zu verkürzen. Er ist in Florenz beerdigt.

Als Denker blieb Brzozowski sein Leben lang unverstanden. Die Probleme, die ihn beschäftigten, traten erst nach dem Zweiten Weltkrieg – mit der Existentialphilosophie und der Hinwendung zum jungen Marx – ins Blickfeld der polnischen und allgemein-europäischen Geisteswelt. Mit seinen Romanen hoffte er, ein größeres Publikum zu erreichen.

Der erste von ihnen – wenn man von dem Jugendwerk *Wirbel (Wiry)* absieht – erschien 1908 unter dem Titel *Flammen (Płomienie)* und behandelt ein etwas abseitiges Thema: den moralischen Konflikt der russischen Revolutionäre, die der Netschajewgruppe angehörten, Konflikte, die erst in den Werken von Malraux und Camus wiederauftauchen. Der Autor führt seinen Helden, einen Polen, durch mehrere Zellen russischer Revolutionäre, die Pariser Kommune und das umstürzlerische Milieu Italiens. Das Werk wurde als unpatriotisch und russenfreundlich verschrien. In aller Eile geschrieben, wirkt es publizistisch, zeugt aber von der Begabung des Autors.

Sie wurde mit seinem nächsten Roman bestätigt, *Allein unter Menschen (Sam wśród ludzi,* 1911), einem der interessantesten Werke der polnischen Literatur. Es sollte der erste Band einer Reihe sein, von der »politisch-philosophischen Wandlung der europäischen Kultur« zwischen 1830 und 1878 handeln und das Paris Heines, der Saint-Simonisten, Fourieristen und polnischen Emigranten zum Schauplatz haben. Der Autor sagt darüber:

> »Ich verstehe nicht, warum die Schriftsteller so wenig Interesse für die Veränderungen der historischen Führergestalt haben. Selbst in Westeuropa weiß man kaum etwas von dem Bruch zwischen den Generationen aus der Zeit vor und nach 1830, einer Zeit hochdramatischer Spannung, mit Gestalten wie Filippo Buonarotti, Blanqui und Mazzini, die haushoch über den Figuren von Balzac und Stendhal stehen.«

Das Werk handelt vom geistigen Reifeprozeß eines jungen Mannes aus den frühen dreißiger Jahren, eines polnischen Aristokraten namens Roman Ołucki, der aus der Ukraine nach Berlin geht und sich den Junghegelianern anschließt. Die folgenden Bände sollten sich mit den Personen befassen, die der Autor für die Gärung der europäischen Geisteswelt des 19. Jahrhunderts verantwortlich hielt. Aber schon der erste Band enthält unvergeßliche Gestalten, wie Pater Rotuła, einen Anhänger Voltaires und Jakobiner, der im Herzen den kindlichen Glauben seiner Vorfahren bewahrt, während Pater Giava, ein dämonischer Jesuit, die Dogmen der Kirche mit dem Verstand, nicht aber mit dem Herzen annimmt. Er bewegt sich unter den Berliner Revolutionären als selbstbestallter Provokateur, denn je früher es zur Revolution komme, desto früher werde die Linke bankrottieren und die Kirche triumphieren. (Zehn Jahre später sollte Thomas Mann im Jesuitenpater Naphta im *Zauberberg* eine ähnliche Gestalt schaffen.) Dieses am meisten an Dostojewski anklingende Werk der polnischen Literatur nimmt auch den geistigen Gegensatz zwischen Russen und Polen auf. Brzozowski sieht die Tragödie des russischen Liberalismus darin, daß er dazu verurteilt sei, unter einem autokratischen Regime zu vegetieren, während die Polen sich weigern, das Böse als einen integralen Teil des Lebens anzunehmen. Eine von Brzozowskis Gestalten, der russische Offizier Reitern, der auch einmal liberal dachte, ruft aus:

> »Gäbe es keine Russen – wie schön wäre die Welt! Ihr, Polen, steht jetzt hinter uns wie im Schatten eines Berges. Verstellt uns nicht die Sonne, ruft ihr, aber sie ist da! Dazu sind wir ja Russen, um die Sonne zu verstellen. Ach, ich hasse euch, ihr Lämmerbrut Abels!«

Auch die deutsche Mentalität war Brzozowski nicht fremd. In der Person eines Philosophen, dem er ironisch das englische Wort für Wahrheit *(Truth)* als Namen gibt, wollte er Hegel darstellen (über den er einige Charakterstudien entwarf). Man fragt sich, warum ein solches Buch nicht als literarisches Ereignis aufgenommen wurde. Die Antwort ist: Brzozowski stand im Schatten der Verleumdung, und seine Werke wurden allgemein (das Häuflein seiner Bewunderer ausgenommen) totgeschwiegen.

Ein dritter (unvollendeter) Roman, *Das Buch von der alten Frau (Książka o starej kobiecie,* 1914), handelt von einem Teilnehmer der Revolution von 1905, den seine eigene Partei, die Sozialistische Partei, ermorden läßt.

Als Literaturkritiker hatte Brzozowski die Jugend bald für, bald gegen sich. Aus einem Bejaher der Moderne wurde er ein Verneiner, und zwar in der aufsehenerregenden *Legende des Jungen Polen (Legenda Młodej Polski,* 1909). Brzozowskis *volte face* ist nur im Lichte seiner Philosophie zu verstehen, die in den Bänden *Ideen (Idee,* 1910), *Stimmen inmitten der Nacht, Studien zur romantischen Krise der europäischen Kultur (Głosy wśród nocy,* aus dem Nachlaß, 1912) und in seinen *Memoiren (Pamiętnik,* gleichfalls postum) zu finden ist, einem einzigen Ruf zur Tat und zum Glauben an die unbegrenzten Möglichkeiten des Menschen. Der Gedanke stammt wohl von Nietzsche, die Form ist reiner Brzozowski. Er war der Ansicht, daß der Rationalismus, der mit der Renaissance begann, mit Hegel an ein Ende gelangte. Was seither in den Hörsälen der Universitäten an Philosophie geboten werde, sei ein Kadaver. Die Italiener, vor allem Giambattista Vico, hätten in neue Richtungen gewiesen, und Proudhon und Marx seien ihre Erben. Die Zukunft gehöre einer philosophischen Disziplin, die endlich im Ringen des Menschen mit der Natur die Grundlage aller Freiheit erkennen werde. Das Weltbild des Menschen spiegele sich in der Technologie seiner Zeit wider. Brzozowski spottet der Professoren, die sich den Kopf zerbrechen über die Theorie der Erkenntnis und wissen möchten, »in welchem Klima Lokomotiven entstehen und an welchen Bäumen Galoschen wachsen«. Der Gegensatz zwischen Subjekt und Objekt sei nur *in praxi* zu lösen.

Man kann, ohne fehlzugehen, sagen, daß im Zentrum von Brzozowskis Werk die dialektische Beurteilung der Romantik steht einschließlich ihrer polnischen Abart. Diese sei tat- und willensbetont und unterscheide sich darin von dem, was gewöhnlich unter Romantik verstanden werde – also eine Rehabilitierung gewisser Erklärungen von Mickiewicz und Norwid, die dem herkömmlichen Begriff der Romantik zuwiderlaufen. Brzozowski hielt die wissenschaftliche Weltanschauung, die in der zweiten Hälfte des 19. Jahrhunderts dominierte, für das Resultat des Dualismus, den der Mensch der Romantik in sich trug. Er meinte, daß »die Welt Darwins nur eine der Metamorphosen der Welt Rousseaus« sei. Die Romantik sei die Spaltung der Innenwelt, ihrer Gefühle und Werte, von der Außenwelt, die kalt, gleichgültig und grausam sei und dem eisernen Gesetz der Notwendigkeit unterliege. Die Anbeter der Wissenschaft hätten diesen Gegensatz nicht überbrückt, sondern nur die eine Seite unterstrichen: »Der naturalistische, intellektuelle, positivistische oder sonstige Aberglaube beraubt die Welt der Romantik ihrer Werte, verwirft aber auch das Innenleben, die geistige Wirklichkeit, die nicht von dieser Welt ist.« Wie sei die Spaltung zu überwinden? Indem man die angeblich unabänderlichen, für menschliche Werte unempfindlichen Gesetze der Geschichte verneint, aber auch einen schmachvollen Rückzug in die Subjektivität ablehnt. Der Mensch ist ein Schöpfer; er schafft Werte und gibt ihnen Formen: »Der Maßstab eines jeden Wertes ist der Wert an sich; die einzige Wirklichkeit ist die spontane, sich von selbst ergebende Tat.« Das widersprach dem von der Naturwissenschaft angesteckten Marxismus, der am Ende eines notwendigen, gewissermaßen metaphysisch vorherbestimmten Prozesses das Kommen der sozialistischen Gesellschaft erwartete: »Wer Werte schafft oder erfindet, wer die Zukunft nicht als reißenden Strom sieht, der kraftlose Menschenpuppen mit sich trägt, sondern als Aufgabe – für den hat alles eine Wertbeziehung.« Der Sinn der Geschichte ist es, die Freiheit des Menschen zu erweitern, denn nur in Freiheit können neue Werte entstehen. Und so kommt Brzozowski zu seiner Philosophie der Arbeit: »Einzige Grundlage menschlicher Freiheit ist die Macht der Menschenhand über die Materie; in dem Maße, in dem sie sich verringert, steigt der Druck, den die kosmische Notwendigkeit auf uns ausübt.« Nachdrücklicher als orthodoxe Marxisten betont Brzozowski den Gegensatz von Mensch und Natur. Seine Überzeugung, daß das Wesen des Menschen darin bestehe, die blinde Natur, die keine Werte kennt, schöpferisch zu durchdringen, wurde bei ihm beinahe zur fixen Idee. Bei dieser anthropozentrischen Anschauung ist es nicht verwunderlich, daß er sich in seinen letzten Jahren dem katholischen Glauben näherte – der ja mit seinem Gottmenschen auch anthropozentrisch ist – und zum Verehrer Kardinal Newmans wurde (was ihm neue Feinde, diesmal auf der Linken, einbrachte). Es lag ihm aber fern, ein »System« aufzustellen. Seine Gedanken sind ein *Perpetuum mobile* und können wegen ihrer dialektischen Sprünge nicht fein säuberlich zu einer Kette von Voraussetzungen und Folgerungen aufgereiht werden. Viele seiner widerspruchsvoll anmutenden Worte haben in den tragischen Jahrzehnten, die uns von seinem Tode trennen, an Schärfe verloren. Für ihn war der niedrigste Mensch mit dem höchststehenden, ungeachtet seiner Stellung und Begabung, innig verbunden, und er wollte mit seinem Leser die Verantwortung für alles tragen, was der Menschheit geschah: »Unser Leben ist ein Posten; wenn wir ihn aufgeben, geht er auf ewig der Menschheit verloren.« Und diese war für ihn eine Gemeinschaft der Lebenden und Toten, eine Kirche auf dem Vormarsch zur Freiheit durch die Millennien.

Brzozowskis Philosophie ist hier natürlich nur in knappen Umrissen wiedergegeben. [Czeslaw Miłosz veröffentlichte 1962 eine aufschlußreiche Studie über Brzozowski: *Mensch unter Skorpionen (Człowiek wśród skorpionów),* d. Ü.] Sein Angriff auf die Moderne – sie füllt die 600 Seiten der *Legende des Jungen Polen* – verdient jedoch, eingehend behandelt zu werden. Brzozowski haßte Dekadenz und Schöngeisterei und sah in der Moderne einen Rückfall in die »Krankheit« der Romantik. Die Anhänger der Moderne fühlten sich von den positivistischen Plattheiten abgestoßen, glaubten aber, daß der Mensch stärker sei als der von der Wissenschaft entdeckte Determinismus, und nahmen Zuflucht zur Seele. Brzozowski sah die bittere Ironie, die in dieser Auflehnung gegen die Gesellschaftsordnung der Bourgeoisie und die von ihr erfundenen »wissenschaftlichen« Gesetze lag. Er nannte sie »die Revolte der Blume gegen ihre Wurzeln« und hielt der Kraftlosigkeit der Moderne die Willensstärke der polnischen Romantiker entgegen. Das »Junge Polen« hatte sich mit seiner Trägheit und seiner Verachtung von Leben, Liebe und menschlicher Schöpfungskraft einer Profanierung schuldig gemacht. Die Literatur sollte im Menschen den Wunsch erwecken, die Welt zu verändern; auf den polnischen Leser angewandt, Polen in ein Land »freier Arbeiter« zu verwandeln. (Brzozowski stand den französischen Syndikalisten nahe.) Er war jedoch gegen jede Tendenzliteratur und suchte nach einem tieferen Zusammenhang zwischen Gesellschaft und Kunst:

> »Die soziale Analyse der Erfahrungen, die sich in der Kunst ausdrücken, operiert noch immer mit primitiven Mitteln. Sie sucht nach einer Tendenz und vergißt, daß es das soziale Leben ist, welches formt, was an uns höchstpersönlich ist, unsere körperliche und geistige Physiognomie, und daß diese die Struktur unserer Gesellschaft, ihr geheimes Leben widerspiegelt.«

Eine tendenziöse Literatur lehnte er kategorisch ab:

> »Byron und Shelley haben für die Freiheit weit weniger getan als Browning oder Balzac. Die wahren Erzieher eines Volkes lassen sich nicht vom Standpunkt politischer Auseinandersetzungen her erkennen. Sie dienen dem Leben und keiner Fata morgana, keinem Aberglauben, keiner politischen Fiktion.«

Die Legende des Jungen Polen schlug wie ein Blitz ein. Die anderen Werke Brzozowskis waren selbst dem belesenen Publikum so gut wie unbekannt, hier aber kanzelte er angesehene Gestalten ab, und das ist stets ein literarischer Leckerbissen. Zusammen mit Wyspiańskis spontaner Rebellion und dem Spott von Boy-Żeleński und Nowaczyński versetzte er dem Brauch, über das grausame Leben zu jammern, den Todesstoß.

Inmitten aller Verleumdungen war Brzozowski kühn und freimütig, in den Augen seiner Zeit eine rätselhafte, ja unangenehme Gestalt. Nur die Jugend stimmte ihm zu. Beim Verhör in Krakau kam es sogar zu einer Schlägerei. Noch Jahrzehnte nach seinem Tod hielt man ihn für gefährlich, und die alten Verleumdungen hefteten sich an seinen Nachruf. Seine unorthodoxen Ansichten machten ihn zum Marxistenschreck, den man totalitärer, präfaschistischer Sympathien verdächtigte. Die Ausgabe seiner Werke wurde vom Zweiten Weltkrieg unterbrochen, und danach war er mit seiner Losung »Revisionisten aller Kirchen, vereinigt euch!« im linientreuen Polen tabu. Sein Einfluß hielt aber an, und seit 1956 gilt er als einer der bedeutendsten Geister der polnischen Literatur des zwanzigsten Jahrhunderts.

10

Allgemeines

Die polnischen Emigranten aus der Zeit der Romantik hofften – nach einem Mickiewicz-Wort – auf einen »Völkerkrieg«, der Polen die Unabhängigkeit wiedergeben werde. Im Ersten Weltkrieg kämpften Polen auf beiden Seiten, er war gewiß kein »Völkerkrieg«, brachte aber einigen Völkern die Freiheit. Rußland lag in den Fängen der Revolution, Deutschland war geschlagen, Österreich fiel auseinander. Im Jahre 1914 hatte Josef Piłsudski in Krakau eine polnische Militäreinheit organisiert, die auf österreichischer Seite kämpfte und nun die von den Teilungsmächten geräumten Gebiete besetzte. Piłsudski war Redakteur des illegalen Organs der Polnischen Sozialistischen Partei (PPS), *Der Arbeiter (Robotnik)*. Er hatte sich an Überfällen auf Eisenbahnzüge mit zaristischen Geldsendungen beteiligt und war für mehrere Jahre nach Sibirien verschickt worden, nach deren Ablauf er seine revolutionäre Tätigkeit wiederaufnahm. Im Jahre 1905 begab er sich nach Tokio, um die Japaner zu einem antirussischen Bündnis zu bewegen. Auf dem Landgut seiner Eltern in Litauen im Geist der Kämpfer von 1863 erzogen, wurde er ein revolutionärer Sozialist, aber kein Marxist, und machte sich die Befreiung seiner Heimat zur Hauptaufgabe. Als geborener Befehlshaber scharte er mit magnetischer Anziehungskraft alle Energien der Nation um sich, die sich bis dahin nur in der Literatur Luft machen konnten, stampfte eine Armee aus dem Boden und wurde zum Symbol der nationalen Unabhängigkeit. Polen war in zwei Lager gespalten, die Linke, die Piłsudski als ihren Führer betrachtete, und die Rechte, die ihm mißtrauisch und gehässig begegnete. Das gemeinsame Ziel aber verband die feindlichen Lager, und Roman Dmowski, der Führer der konservativen Nationaldemokraten, setzte auf der Friedenskonferenz von Versailles die Anerkennung eines unabhängigen Polen durch. Die »polnische Frage« wurde als eine der ersten im Sinne der vierzehn Punkte Wilsons gelöst, die Grenzfrage blieb jedoch Gegenstand diplomatischer Intrigen und internationaler Streitigkeiten.
Der deutsche Rückzug hatte in Weißrußland und der Ukraine ein Vakuum hinterlassen, in das die Polen aus dem Westen und die Russen aus dem Osten eindrangen. Piłsudski hatte nicht die Absicht, mit Denikin und Wrangel zusammenzuarbeiten. Als treuer Sohn des Großfürstentums Litauen träumte er von einem Staatenbund, und diesem stand die Idee eines »einzigen, unteilbaren« Rußlands in den Grenzen des Zarenreiches, wie es die konterrevolutionären Generäle wollten, im Wege. Er nutzte die Schwäche Rußlands aus, um die östlichen Randgebiete der alten *Res publica* an sich zu reißen, und drang bis nach Kiew vor. Den Bolschewiken lag nichts an territorialen Erweiterungen, die Revolution würde sich ja ohnehin über ganz Europa ausbreiten und der Krieg mit Polen es ihnen ermöglichen, die Verbindung mit Berlin herzustellen. Trotzkis Rotarmisten trieben die Polen aus Kiew, rückten schnell auf Warschau vor und entfalteten sich auf einer langen Front vom Dnjepr bis an die Weichsel. Im August 1920 kam es zum Kampf. Unter Ausnutzung eines strategischen Fehlers der Russen umging Piłsudski ihre Front und warf sie in wenigen Tagen Hunderte von Kilometern zurück. Die Grenze wurde 1921 im

Frieden von Riga gezogen, sie ging mitten durch Weißrußland und die Ukraine.

Die erste (frei gewählte) Nationalversammlung rief Polen zur Republik aus mit Piłsudski als provisorischem Staatsoberhaupt und klarer Trennung der Gewalten in eine gesetzgebende, richterliche und ausführende. Die Verfassung war der französischen Konstitution nachgebildet und ließ Raum für ein überhandnehmendes Parteienwesen. Nach Regelung der Grenzfragen zog sich Piłsudski ins Privatleben zurück. Der erste, mit den Stimmen der Sozialisten, Liberalen und nationalen Minderheiten gewählte Staatspräsident, Gabriel Narutowicz, Piłsudskis Vertrauensmann, wurde im Laufe einer Hetzkampagne von einem nationalistischen Fanatiker ermordet.

Das Zweikammersystem und die unaufhörlich wechselnden Regierungen sahen sich vor gewaltige Aufgaben gestellt. Die Teilung hatte dem Land drei verschiedene Gesetzgebungen und Verwaltungssysteme hinterlassen. Weite Teile lagen, vom Krieg verwüstet, da, und Polen erlebte eine verheerende Nachkriegsinflation. Trotz des Parteienhaders konnten die meisten Probleme gelöst werden, mit Ausnahme der wirtschaftlichen. Die Industrie war nicht groß genug, den Bevölkerungsüberschuß auf dem Lande aufzunehmen, und Auslandskapital, das bereits viele Schlüsselindustrien kontrollierte, konnte nur noch mit hohen Zinsen angelockt werden. Die Preisschere zwischen Agrar- und Industrieprodukten stand weit offen, das Gros der Bevölkerung, die zu achtzig Prozent in der Landwirtschaft beschäftigt war, verdiente gerade genug, um den Tag zu überleben. Eine Massenauswanderung, vornehmlich nach Frankreich, begann. Mehr als ein Drittel der Bevölkerung bestand aus nationalen Minderheiten jiddischer, weißrussischer, ukrainischer und deutscher Sprache, und das gab Anlaß zu Konflikten, die von der fanatisch-intoleranten Nationaldemokratischen Partei auf die Spitze getrieben wurden. Auch die Beziehungen zu den Nachbarstaaten waren gespannt. Der Frieden von Versailles hatte Danzig zur Freien Stadt gemacht, und Polen sah sich genötigt, auf dem schmalen Streifen der Ostseeküste, der ihm gehörte, seinen eigenen Hafen in Gdingen zu errichten. Die »Danziger Frage« und der Korridor, der Ostpreußen vom übrigen Deutschland trennte, dienten später Hitler als Vorwand zur Entfesselung des Zweiten Weltkrieges. Oberschlesien war Schauplatz von Freischärlerkämpfen zwischen Polen und Deutschen und wurde in einer Volksabstimmung, deren Bedingungen Polen benachteiligten, zweigeteilt. Die Tschechoslowakei annektierte im Jahre 1920 einen Teil von Teschnerschlesien, den sich Polen im Jahre 1938, als die Tschechen dem Vorstoß Hitlers erlagen, auf wenig ehrenhafte Weise zurückholte. Im Norden erhob das neuerstandene Litauen Anspruch auf seine alte Hauptstadt Wilna, dessen Bevölkerung zum größten Teil Polnisch sprach – eine heikle Frage, die zum Abbruch der diplomatischen Beziehungen zwischen den beiden Staaten führte. Die Nachbarschaft der Sowjetunion war nicht dazu angetan, die Lage der polnischen Regierung zu erleichtern. Die aus der Sozialdemokratischen Partei des Königreiches Polen und Litauens (SDKPiL) hervorgegangene Kommunistische Partei wurde als Vertreter der russischen Interessen angesehen und erfreute sich keiner großen Sympathie. Sie führte eine halblegale, später illegale Existenz und hatte nur in den östlichen Randgebieten größere Bedeutung, wo sie von jenseits der Grenze unterstützt wurde und im neuerwachten Nationalismus der Weißrussen und Ukrainer einen Verbündeten fand. Bei den letzteren hatte sie einen Konkurrenten in einer starken deutsch orientierten nationalistischen Bewegung. Unter diesen Umständen ist es erstaunlich, daß das neue Polen einige Jahre verhältnismäßig ruhig existieren konnte.

Piłsudskis Putsch

Der Parteienzwist und die Unbeständigkeit der Regierung (die sich höchstens Monate, manchmal nur Wochen halten konnte) riefen Piłsudski ins öffentliche Leben zurück. Ein Teil der Armee ergriff im Jahre 1926 nach einem kurzen Kugelwechsel mit regierungstreuen Truppen in seinem Namen die Macht. Piłsudski wollte jedoch nicht Diktator, sondern eine Art Vater des Volkes sein. Sozialisten, Liberale und selbst Kommunisten hatten seinen Putsch als Damm gegen eine Machtergreifung der Nationaldemokraten begrüßt. Piłsudski entpuppte sich aber bald als launenhafter, mürrischer Mensch, der sich mehr von momentaner Eingebung als von einem politischen Programm leiten ließ. Er errichtete ein Konzentrationslager, warf eine Anzahl von Parlamentsabgeordneten ins Gefängnis und besetzte die Regierungsposten mit ihm nahestehenden Offizieren aus der sogenannten »Oberstenclique«, die später die bürgerlichen Freiheiten begrenzte und mit Hilfe einer eigens dazu geschaffenen »Nationalen Front« die Wahlen im eigenen Interesse manipulierte. Solange Piłsudski noch am Leben war, erlegten sie sich Mäßigung auf, nach seinem Tode, im Jahre 1935, schwenkten sie aber immer weiter nach rechts auf ein faschistisches Regime zu und führten in Nachahmung Hitlerdeutschlands antisemitische Einschränkungen, vor allem an den Universitäten, ein. Trotz alledem war Polen von 1935 bis 1939 kein totalitärer Staat. Die Opposition konnte in ihrer Presse den Mißbrauch der Macht durch die Oberstenclique offen anprangern.

Erziehungswesen und Sozialreform

Eine tüchtige Lehrerschaft ging energisch an die Vereinheitlichung des Schulsystems. Der Analphabetismus wurde erfolgreich bekämpft, die Armut der Bauern und Arbeiter aber hielt deren Kinder vom Besuch der höheren Schule ab, und diese Tatsache konnte auch nicht durch das hohe Niveau der Forschungsinstitute und Universitäten kompensiert werden. Neben den polnischen gab es auch zahlreiche Schulen mit jiddischer, hebräischer und deutscher, aber nur wenige mit ukrainischer oder weißrussischer Unterrichtssprache.
Den Lehrern stand von alters her das Theater kräftig zur Seite. Eine Reihe von Repertoirebühnen wurde ins Leben gerufen, dazu das Staatliche Institut für Schauspielkunst in Warschau, eine Hochschule, die von allen absolviert werden mußte, die einen Theaterberuf ergreifen wollten.
Der Sejm hatte im Jahre 1920 eine Agrarreform beschlossen, die den Großgrundbesitz (bei Entschädigung der Eigentümer) unter die Bauern aufteilen sollte. Sie machte aber nur langsam Fortschritte, überdies gab es nicht genug Land, um die Masse der Bauern zu versorgen, die in den schwach industrialisierten Städten keine Arbeit fand und im Dorfe hungerte. Die Gewerkschaften hatten eine liberale Gesetzgebung auf dem Gebiet der Sozial- und Krankenversicherung durchgesetzt, die landwirtschaftlichen Arbeiter aber waren von ihr so gut wie ausgeschlossen. Der polnische Lebensstandard lag im

Durchschnitt tiefer als in der höher industrialisierten Tschechoslowakei, die niedrigen Lebensmittelpreise machten ihn jedoch einigermaßen erträglich. Die amerikanische Wirtschaftskrise von 1929 riß auch Polen mit sich, und die Zahl der Arbeitslosen schoß in die Höhe. Das Hauptproblem aber blieb nach wie vor »die unsichtbare Arbeitslosigkeit« auf dem Lande.

Der Umschwung

Der Freudentaumel, der auf die Wiedergewinnung der Unabhängigkeit folgte, hatte sich auch der Literatur mitgeteilt. Der Ton änderte sich aber mit dem Jahre 1930. Die Wirtschaftskrise und die Verletzung der Konstitution durch die Oberstenclique fielen zeitlich mit der Machtergreifung Hitlers zusammen, und auch in Polen machten sich faschistisch-antisemitische Gruppen bemerkbar und kündigten eine »Nacht der langen Messer« an. Viele Schriftsteller neigten dem Marxismus zu, aber nur wenige hatten zu Stalin Vertrauen. Die Kommunistische Partei, die als ausländischer Agent betrachtet und verfolgt wurde, fand in Moskau für ihr Bemühen, sich den lokalen Bedingungen anzupassen, kein Verständnis. Ihre Führer wurden im Jahre 1938 zu Stalin berufen und auf seinen Befehl erschossen, die Partei unter dem Vorwand, daß sie von »Verrätern« durchsetzt sei, aufgelöst. Im Vorgefühl der herannahenden Katastrophe stand die Literatur der dreißiger Jahre im Zeichen apokalyptischer Visionen und eines makabren Galgenhumors.

Die Dichtung

»Skamander«

Als der Erste Weltkrieg zu Ende ging, waren noch viele Vertreter des »Jungen Polen« am Leben und sehr aktiv, z. B. Kasprowicz, Leśmian, Żeromski und Reymont. Boy-Żeleński und Irzykowski blieben bis zum Zweiten Weltkrieg die bedeutendsten Literaturkritiker. Aber schon 1918 wurden neue Stimmen hörbar, Stimmen junger Dichter, die ihren Treffpunkt im Warschauer Café »Zum Pikador« hatten und ihre Arbeiten in der Zeitschrift *Pro Arte et Studio,* später in ihrer eigenen Zeitschrift veröffentlichten, der sie den Namen *Skamander* gaben (nach Wyspiańskis *Akropolis,* in der der Fluß dieses Namens, an dem Troja lag, »wie die Weichselwelle glitzerte«). Die jungen Dichter jubelten: Sie waren die erste Generation des unabhängigen Polen und unterlagen keiner Verpflichtung mehr. Die Poesie, die so lange in den Dienst der Nation gestellt war, konnte endlich aufatmen und unbeschwerte Sprünge machen, ohne sich rechtfertigen zu müssen. In den Worten eines dieser Dichter, Jan Lechoń (im Gedicht »Herostrates«),
  »im Frühling laßt mich Frühling sehen, nicht Polen«.
Nicht minder überschwenglich und triumphierend klingt das Manifest, das in der ersten Nummer des *Skamander* erschien:
  Wir glauben zutiefst an die Gegenwart, wir fühlen uns als ihre Kinder. Wir
  verstehen, daß nichts so leicht ist, als dieses unser »Heute«, dessen sich

niemand annimmt, zu hassen. Wir behaupten nicht, daß es kein Böses gäbe, aber unsere Liebe ist stärker als alles Böse. Wir lieben die Gegenwart mit der Inbrunst erster Liebe, wir sind ihre Kinder und wollen es sein. Das Heute ist nicht nur der Tag der sieben Sünden, sondern auch der Tag, an dem die Welt neu geboren wird. Diese neue Welt ist noch nicht aus der Erde gestiegen, niemand weiß, wie sie aussehen wird, das Beben unter den Füßen aber sagt uns, daß sie im Aufsteigen begriffen ist ...

Wir können die Welt nicht hassen, sie ist uns teuer, wir würden uns selbst verleugnen, verleugneten wir sie. Wir sind allzusehr mit diesem blutgetränkten Erdball verbunden, als daß wir ins Reich »schöner Illusionen« entfliehen könnten. Wir glauben, daß das Königreich des Geistes von dieser Welt ist und von dieser Welt bleiben wird, bleiben muß.

Wenn wir die alten Losungen wiederaufnehmen, so tun wir es im Bewußtsein, daß seither hundert Jahre vergangen sind und daß unsere Worte nicht dasselbe besagen wie damals, obwohl sie so klingen. Eine neue Zeit ist angebrochen, die in den alten Symbolen einen neuen Inhalt sieht, sehen muß. Wir sind uns dessen bewußt, daß es an uns liegt, das zu verwirklichen, was jene [die polnischen Romantiker] wollten ...

Wir wollen Dichter des Heute sein, das ist unser Glaube, unser ganzes »Programm«. Es lockt uns kein Predigeramt, wir wollen niemanden bekehren, wir wollen erobern, mitreißen, Herzen entflammen, die Menschen lachen und weinen machen ...

Wir wissen, daß die Größe der Kunst nicht in ihrem Stoff liegt, sondern in den Gestalten, die sie schafft, in dem leichtfüßigen, unfaßlichen Farben- und Wortspiel, das ein gewöhnliches Erlebnis zum Kunstwerk macht. An diesem Spiel wollen wir in ehrlichem, launische Formen annehmendem Bemühen aufrichtig mittun ...

Wir glauben fest und unerschütterlich an die Heiligkeit des guten Reimes, an seine göttliche Abkunft, an eine Offenbarung in Bildern und Formen, die in Ekstase geboren und in harter Arbeit gemeißelt sind.

Der Glaube an die »Heiligkeit des guten Reimes« zeugt von einer traditionsbewußten Neigung der »Skamandriten«. Sie schlugen daher auch andere Richtungen aus dem Feld. Das »Junge Polen«, das sich jetzt um die Zeitschrift *Die Quelle (Zdrój)* scharte, klang fremdartig und komplex wie die deutschen Expressionisten, und die Futuristen (eigentlich Dadaisten) wie Alexander Wat und Anatol Stern waren unverständlich. Die »Skamandriten« entsprachen den Erwartungen des Publikums auch darin, daß sie – im Unterschied zum getragenen Ton des »Jungen Polen« – die städtische Umgangssprache benutzten und mit sich selbst lyrisch-zärtlich, aber auch spöttisch umgehen konnten. Vergleiche mit Westeuropa und Amerika könnten irreführen, denn die »Skamandriten« wurzelten in der polnischen Tradition, besonders der Romantik, waren dennoch Kosmopoliten, die sich französischen und russischen Einflüssen nicht verschlossen. (Sie gehörten zur selben Generation wie die russischen »Akmeisten«, mit denen sie gewisse Züge gemein haben.) Es gab unter ihnen starke Individualitäten, die später eigene Wege gingen, sie werden jedoch gewöhnlich als Gruppe angesehen, auch wenn sie nur kurze Zeit miteinander verbunden waren.

Julian Tuwim stammte aus dem jüdischen Mittelstand von Lodz. Von Leopold Staff angeregt, begann er schon einige Jahre vor dem Ersten Weltkrieg zu schreiben und veröffentlichte als Student in Warschau ein Gedicht, »Frühling«, das einen öffentlichen Skandal hervorrief. Er lehnte sich darin an Rimbaud an, machte sich aber bald als origineller Lyriker und Humorist selbständig und schrieb Texte für Theaterrevuen und Kabarette, die ihm so viel einbrachten, daß er sich ernsthafteren Dingen zuwenden konnte, z. B. dem Dichten entzückender Kinderlieder. Lebenstrunken wie alle »Skamandriten«, einfallsreich und witzig, liebte er es, dem Publikum Streiche zu spielen, so z. B. als er 1921 (zusammen mit Antoni Słonimski) einen Bauernalmanach, *Die emsige Biene,* herausgab, bei dessen Lektüre jedem Landwirt die Haare zu Berge stehen mußten. Später schlug er einen ernsteren Ton an und wurde im Gewand einer glänzenden Sprache zum Dichter metaphysischer Angst. Zu seinen Leidenschaften gehörte auch eine wahre Jagd nach Wörtern in alten Wörterbüchern oder nach Raritäten, die von Graphomanen oder Verrückten verfaßt waren. Er versuchte sich auch in Wortbildungen und schrieb eine ganze Dichtung mit dem Titel »Słopiewnie« in einer erfundenen slawischen Ursprache. Dieses Spiel mit Wortwurzeln, Präfixen und Suffixen macht ihn zu einem Verwandten Leśmians.

Ein ständiger Begleiter Tuwims ist der Teufel. Ob er sich nun selbst für besessen hielt oder für ein fröhlich-betrübtes Teufelchen – er sammelte Bücher über Dämonologie und stellte aus alten Quellen ein Sammelwerk über polnische Hexen und Teufel zusammen. Er liebte das Bizarre, die Kleinstadt mit ihren Friseurläden und Apotheken, kleine Bahnhofsrestaurants, alte Plakate und Illustrationen, Amulette, Talismane, Zaubertränke. Seine ersten Werke – *Auf Gott lauern (Czyhanie na Boga,* 1918), *Tanzender Sokrates (Sokrates tańczący,* 1920), *Siebter Herbst (Siódma jesień,* 1922), *Der Verse vierter Band (Wierszy czwarty tom,* 1923) und *Worte in Blut (Słowa we krwi,* 1926) – sind ein einziger Angriff auf eine Wirklichkeit, die bis zur Unerträglichkeit greifbar ist, dabei die hinreißende Suche nach einem Wort, das mit dem Ding, das es bezeichnet, eins wird, ein Traum von der Identifizierung mit allem, was berührt, gerochen, gesehen werden kann:

Gras, Gras bis über die Knie!
Steig höher mir, bis an die Stirn,
daß den Sinnen vergehe
ich und das Feld.

Daß ich grüne und blühe
durch Mark und Bein,
daß mich Worte nicht trennen
von deinem Grün.

Daß dich und mich
gleichnamig ich rufe,
beide – Gras
oder beide – Tuwim.

311

Tuwims Gedichte werden unübersetzbar, wenn er im Makkaronistil des polnischen Barock Latein und Polnisch reimt wie in einem Gedicht über Froschlateiner, die qua-qua und quam-quam quaken.

Auf der Höhe seines Schaffens erreichte er eine klassische Prägnanz, die seinen Versen eine metallische Schärfe verleiht. Aus dieser Zeit stammen die Bände *Sprache von Czarnolas,* Kochanowskis Landsitz *(Rzecz czarnoleska,* 1929), *Zigeunerbibel und andere Gedichte (Biblia cygańska i inne wiersze,* 1933) und *Brennender Inhalt (Treść gorejąca,* 1936). Tuwim war auch ein vorzüglicher Übersetzer aus dem Russischen, vor allem Boris Pasternaks und Puschkins, dessen Zauber ihn gefangenhielt. Seine Bewunderung für den großen Russen geht Hand in Hand mit der für die polnische Renaissance und für Mickiewiczs *Pan Tadeusz.* Der klassische Rahmen unterstreicht nur noch seine Angst vor der Vergänglichkeit alles Menschlichen.

Tuwim hatte seine eigene Art, sich zur Gesellschaft zu verhalten. Fortschrittlich gesinnt, ein geschworener Feind der Reaktion, die er auf Schritt und Tritt lächerlich machte, wurde er nicht müde, seinen Spott über den Kleinbürger zu ergießen:

Häßliche Wohnungen. Häßliche Wohnungen
bewohnen häßlich häßliche Bewohner.

Der Angriff galt aber dem ganzen Menschengeschlecht, denn hinter Tuwims Spott verbarg sich ein Mystiker, der sich einer Eitelkeit der Eitelkeiten gegenübersah, die über einem Abgrund errichtet war, und der angsterfüllt auf eine Gesellschaft blickte, die Platos Ungeheuer glich. Politische Motive veranlaßten ihn zu der großen Dichtung *Opernball (Bal w operze,* 1936, erst nach dem Zweiten Weltkrieg *in extenso* veröffentlicht), einer Synthese von Tuwim, dem unbekümmerten Satiriker, und Tuwim, dem tragischen Dichter. Voller Abscheu, in Versen, die in nervösem Rhythmus vor Erregung zitterten, zeigt er die Generäle, Diplomaten, Bankiers, Huren und Detektive, die sich auf einem Ball im Haus des faschistischen Diktators Pantokrator treffen. Im Morgengrauen, auf dem Höhepunkt des Balls, wechselt die Szene zur Peripherie der Hauptstadt (Warschau), wo Bauern frische Agrarprodukte in die Stadt bringen und Müllwagen den Dreck aus der Stadt schaffen – ein apokalyptisches Bild, in dem Tuwims Entsetzen über die Missetaten einer korrupten Gesellschaft wie eine böse Vorahnung des Völkermordens klingt. Ursprünglich war der Dichtung ein Motto aus der Johannes-Apokalypse vorangestellt, und der Schluß ist offensichtlich das Weltende.

Nach der polnischen Niederlage von 1939 gelang es Tuwim, nach Rio de Janeiro zu entkommen. Von dort ging er nach New York, wo die Dichtung *Polnische Blumen (Kwiaty polskie)* entstand, die erst 1949 erschien. Der ganze Band ist in jambischen Versen gehalten, eine moderne Seltenheit, und mit Abschweifungen und Kindheitserinnerungen durchsetzt. Die romantischen Vorbilder sind in Słowackis *Beniowski* und Puschkins *Eugen Onegin* deutlich zu erkennen. In seinem Heimweh wendet sich der Dichter seiner Vaterstadt Lodz und der polnischen Landschaft zu, wie er sie als Kind erlebt hatte. Das Werk ist ein wertvoller Kommentar zu Tuwims Dichtung, reicht aber nicht an seine Kurzgedichte und den *Opernball* heran.

Nach dem Krieg kehrte Tuwim in die Heimat zurück und bekundete in Poesie und Prosa seine Ergebenheit für das neue Regime. Die Kritik ist sich aber darin einig, daß er seither nichts von Bedeutung schrieb. Neue Dichterschulen stellten den führenden Poeten des Vorkriegspolen in den Schatten. Sein hervorragender Platz in der polnischen Literatur wird aber von niemandem bestritten.

Jarosław Iwaszkiewicz (1894–1980)

Iwaszkiewicz ist der Sohn eines polnischen Angestellten in der Ukraine, der in Kiew Jura und Musik studierte. Die ukrainische Landschaft, die moderne Musik sowie die Werke von Oscar Wilde und Wiatscheslaw Iwanow beeindruckten ihn sehr. Im Jahre 1918 übersiedelte er nach Warschau, wo er poetische Erzählungen aus dem Milieu der Ukraine und ihren byzantinischen Überresten veröffentlichte, *Flucht nach Bagdad (Ucieczka do Bagdadu*, 1916 bis 1918), *Legenden und Demeter (Legendy i Demeter*, 1917–1918), exotische Kompositionen mit Motiven aus der Kultur Griechenlands, des Nahen Ostens und Ost- und Westeuropas.

Seine ersten Gedichte überraschten wegen ihrer Form ironischer, von Farben und Klängen durchfluteter Madrigale, die an Miciński und das »Junge Polen«, aber auch an Oscar Wildes Ästhetizismus und den russischen Symbolismus anklingen. Seine *Achtzeiler (Oktostychy*, 1919) sind ein gewagtes Experiment in Versmaß und Assonanz, die *Dionysien (Dionizje*, 1922) vielleicht die einzigen wirklich expressionistischen Gedichte, die nach dem Ersten Weltkrieg in Polen erschienen. Der Dionysosmythos, der die europäische Literatur um die Jahrhundertwende bezauberte und Iwaszkiewiczs seelischen Konflikten und seiner Erotik zugrunde lag, fand hier einen starken, sehr persönlichen Ausdruck. Phantastische Landschaftsbilder in melodischen Farbtönen, unerwartete Übergänge im Rhythmus, Dissonanzen, laut und leise, machen Iwaszkiewicz zu einem »Dichter für Dichter«, der beim Publikum weniger Anklang fand als bei seinen Kollegen. Keiner von diesen übertrifft ihn aber an Farbenreichtum und in der Art, wie er die Stimmung einmal gesehener, halbvergessener, entrückter Länder und Städte wiedergibt. Intuitiv, weder intellektuell noch sozial betont – woraus man ihm einen Vorwurf machte –, inspirierten schon seine Frühwerke eine Reihe jüngerer Dichter.

Seine späteren Dichtungen handeln nicht nur von seelischen Erlebnissen, sondern auch von seinen Reisen in Westeuropa und seiner Beschäftigung mit Mythen (deren Zentren für ihn Venedig und Sizilien waren), und sind von Bewunderung für Stefan George und Jean Cocteau durchdrungen. Dazu gehören *Das Buch des Tages und das Buch der Nacht (Księga dnia i księga nocy*, 1929), *Heimkehr nach Europa (Powrót do Europy*, 1931), *Sommer 1932 (Lato 1932)*, ein kleiner Band metaphysischer Lieder, der 1933 erschien und als seine poetische Höchstleistung gilt und *Ein anderes Leben (Inne życie*, 1938).

Dem Publikum war Iwaszkiewicz vor allem als Verfasser von Romanen bekannt. Seine ersten sind autobiographisch-subjektiv gehalten und stehen dem russischen Symbolismus und der poetischen Prosa der französischen Avantgarde nahe. *Hilarius, der Buchhaltersohn (Hilary, syn buchaltera*, 1923) handelt von einem ukrainischen Emigranten in Warschau, zweifellos Iwaszkiewicz selbst. *Der Mond geht auf (Księżyc wschodzi*, 1924) ist eine sinnliche Feriengeschichte auf einem Gut in der Ukraine, am Vorabend stürmischer Ereignisse. Sommergesellschaften junger Menschen sind ein Lieblingsthema von Iwaszkiewicz, das er in den *Mädchen vom Wilkohof (Panny z Wilka*, 1933,

313

deutsch 1956) meisterhaft wiederaufnimmt. Der historische Roman *Rote Schilde (Czerwone tarcze,* 1934, deutsch 1954) ist keine Rekonstruktion einer bestimmten Zeitspanne, sondern der poetische Bericht von den Abenteuern eines polnischen Kreuzfahrers, der durch ganz Europa zieht, im Heiligen Land von der arabischen Zivilisation bezaubert wird und schließlich im Kampf um die polnische Krone den kürzeren zieht. Vielseitig begabt, schrieb Iwaszkiewicz auch musikwissenschaftliche Abhandlungen, Libretti für seinen Freund, den Komponisten Karl Szymanowski, und die Theaterstücke *Sommer in Nohant (Lato w Nohant,* 1936, eine Episode aus dem Leben Chopins) und *Maskerade* (1938, über den Lebensabend von Puschkin.
Im letzten Krieg blieb Iwaszkiewicz als einziger »Skamandrit« in Polen. Sein Haus in der Nähe von Warschau war ein Treffpunkt der Untergrundkämpfer. In diesen Jahren schrieb er zwei seiner besten Erzählungen: *Die Schlacht von Sedgemoor* (während der Monmouthrevolte gegen James II. von England) und *Mutter Johanna von den Engeln* (über die besessenen Nonnen von Loudun, das Iwaszkiewicz nach Polen verlegt und dessen Gestalten polnische Namen tragen). Später behandelte Aldous Huxley denselben Stoff in den *Teufeln von Loudun.*
Im Nachkriegspolen rückte Iwaszkiewicz als Vorsitzender des Schriftstellerverbandes an die Spitze der literarischen Welt. Seit 1956 gab er die angesehene Monatsschrift *Das Schaffen (Twórczość)* heraus. Aus dieser Zeit stammt neben zahlreichen Gedichten, Erzählungen und kritischen Aufsätzen der dreibändige Roman *Ruhm und Ehre (Sława i chwała,* Band I 1956, Band II 1958, Band III 1962, deutsch 1960 und 1966), der sich durch Jahrzehnte von Krieg und sozialem Umschwung zieht. Es ist fraglich, ob Iwaszkiewicz diesem sozial orientierten Unterfangen gewachsen war. Aber selbst hier blieb er seinem Glauben an die ewigjunge, verjüngende Lebenskraft treu. Das Gedicht »An meine Frau« (»Do żony«) ist für die Lebenslust und das ekstatische Untertauchen im Lebensstrom, die ihn als Mensch und Dichter auszeichnen, besonders charakteristisch:

Wenn ich sterbe, der Schönheit müde,
die ich täglich suchte –
weine nicht! Einschlafen will ich
nach schwerem Sturm, des Lebens satt.
Das Feuer, das durch mich sandte
die Gottheit, wird verblassen, erlöschen,
das Herz im Schlage erstarren,
das Wort zu Buchstaben zerfallen.
Dann denkst du, daß ich nur Stückwerk dir ließ.
So wisse: Das Wort vor Entzücken
mir oft in der Kehle erstarb.
Zu schön war die Welt, um nur dir
meine Lieder zu lassen, Liebste.
Unendliche Weiten umarmten mich,
unfaßbare Gefühle umfaßten mich,
und wenn die Menschen hier, die Sterne dort
am rasenden Spinnrad das Herz mir durchbohrten –
du bliebst mir treu, wie Wasser so klar,
auf Erden die Einzige, die mich liebte.

Schließlich sollen noch Iwaszkiewiczs Übersetzungen angeführt werden, darunter eine der besten Wiedergaben von Rimbaud, mehrere Stücke von Paul Claudel, ein Roman von André Gide, ein Stück von Giraudoux, Andersens Märchen (aus dem Dänischen) und mehrere Erzählungen von Tolstoi und Tschechow.

Antoni Słonimski (1895–1976)

Antoni Słonimski gehört einer bekannten jüdischen Familie an, die mehrere Gelehrte und Ärzte hervorgebracht hat. Er studierte an der Akademie der Schönen Künste in Warschau und lebte später in Paris und München. Sein literarisches Debüt hatte er 1913 in Warschau. Fünf Jahre später veröffentlichte er einen Band von Sonetten in einer feinziselierten, parnassisch klingenden Sprache. Von seinen Kollegen unterschied ihn die rein intellektuelle Art, in der er zu seinen Gefühlen und ihrem Ausdruck in Poesie und Prosa Distanz hielt. Inmitten der »Skamandriten«, die auf zeitgenössische Ereignisse impulsiv reagierten, wirkt der rationalistische Słonimski wie ein Positivist, und es war kein Zufall, daß er sich englischen Schriftstellern wie H. G. Wells zugehörig fühlte. Sein Werk besteht zwar zum Teil aus lyrischen Gedichten, im allgemeinen sind das aber die Gedanken eines liberal-pazifistischen Kämpfers. Bolesław Prus war mit Słonimskis Eltern befreundet, und Antoni gab seinen allwöchentlichen Aufsätzen, die mehrere Jahre hindurch in der führenden Wochenschrift *Literarische Nachrichten (Wiadomości Literackie)* erschienen, den Namen der alten *Wochenchronik* von Prus, und wie dieser verwandte er zur Einleitung seiner geistreichen Aperçus nebensächliche Vorfälle, Theatervorstellungen oder Zitate aus der Tagespresse. Kein Dunkelmann war vor ihm sicher, und sie hatten alle Grund, ihn zu fürchten.
Die Wolken, die mit Beginn der dreißiger Jahre am Himmel Europas aufzogen, warfen ihren Schatten auch auf Słonimskis Werk. Vorher war er ein fröhlicher Wanderer, der von seinen Fahrten nach Palästina und Brasilien mit sonnen- und meergetränkten Liedersträußen zurückkehrte: *Weg nach Osten (Droga na wschód,* 1924) und *Von weiter Reise (Z dalekiej podróży,* 1926). Jetzt aber malt er auch schon in düsteren Farben die Vorboten der Katastrophe: Wirtschaftskrise, Verbrennung unverkäuflichen Getreides, wachsende Arbeitslosigkeit, Aufstieg totalitärer Staaten, Kriegsgefahr. Als die Japaner die Mandschurei besetzten; als »ein feister Hanswurst vom Kapitolinischen Hügel ›Romani!‹ schrie«, als in der Wochenschau Kriegsmanöver zu sehen waren und Selbstmörder, die aus dem fünfzehnten Stockwerk sprangen, wandte sich Słonimski an die Nachwelt mit den Worten: »Bitte zu vermerken, daß ich dagegen war« (»Bardzo proszę pamiętać, że ja byłem przeciw«). Seine Reiseberichte aus der Sowjetunion im Jahre 1932 machten es keinem recht. In Leningrad suchte er seinen Vetter auf, einen aktiven Kommunisten, und das folgende Gedicht ist die Frucht dieser Begegnung:

Schaute ihm lange in die dunklen Augen,
vertraute Augen im fremden Gesicht,
wie er langsam, bedächtig die Worte wägt,
auf trüber Maratstraße, in Leningrad.

Michel, Tante Fannis, Onkel Ludwigs Sohn,
Namen wecken bittre Kindheitswehmut.
Schroff beendet er die Diskussion –
das ist doch mein Vetter, mir nahe verwandt!

Magnitogorsk. Ural. Mit oder gegen uns.
Stalin. Partei. Unendliche Müh'.
Fünfjahresplan. Fünfjahresknirpse
tauschten wir Briefe. Er sieht elend aus.

Junger Augen Glanz leugnet frühes Grau.
Ruhig, verbissen der Arbeit ergeben,
dienst du, willst treu dem Vaterland dienen,
sagst »Gut' Nacht, mein Prinz« – »Gut' Nacht, Horatio.«

Słonimski sah den Wahnsinn, in den Deutschland verfiel, und stellte in dem
allegorischen Gedicht »An die Deutschen« die Gefahr dar, die den Intellektuellen drohte. Die Dichtung handelt von Archimedes, dem Prototyp des Gei-
stesarbeiters, der bekanntlich gerade dabei war, geometrische Figuren in den
Sand zu zeichnen, als ihn ein römischer Söldner, den er mit den Worten
»Noli turbare circulos meos« zurechtwies, erschlug.
Im Jahre 1937 veröffentlichte Słonimski einen satirischen Roman, der sich
leider größtenteils bewahrheiten sollte. *Zwei Weltenden (Dwa końce świata)*
schildert die Zerstörung Warschaus durch die Bomben eines Diktators namens Retlich (rückwärts gelesen, klingt das mit einiger Phantasie annähernd
wie Hitler). Nur zwei Einwohner bleiben am Leben. Als sie sich aber in den
Ruinen der Stadt begegnen, versteht keiner den anderen. Der eine ist ein gebildeter Jude, ein früherer Buchhändler, der andere ein stumpfsinniger Ge-
waltmensch, der einen unverständlichen Jargon spricht. Am Ende besetzt
eine Armee von Lappländern in Rentierhäuten die Stadt und steckt beide in
ein Konzentrationslager.
Während des Krieges entkam Słonimski vor den Nazis nach Frankreich,
dann nach England. Im Jahre 1951, während der stalinistischen Periode,
kehrte er nach Polen zurück, wurde aber beiseite gedrängt. Seit 1956 stand er
in der vordersten Reihe der liberalen Schriftsteller.
Słonimskis Gedichte können angeblich alle in Prosa »übersetzt« werden, so
logisch ist ihr Aufbau, so klar durchdacht das Thema. Das macht aber den
Dichter nicht zu einem Journalisten, der in Versen schreibt. Er ist ein getreuer
Nachkomme der polnischen Romantik und verstand es stets, Pflicht und Begeisterung zu verbinden. Von den Neuromantikern der Moderne trennt ihn
seine nüchterne Alltagssprache. Sein Erfindungsreichtum im Versmaß macht
ihn zu einem Meister des traditionellen »syllabotonischen Metrums«, nach
dem sich auch jüngere Dichter ausrichteten, die sonst Reim und Versmaß ver-
warfen. Im Alter tat er das selbst, ohne jedoch den »syllabotonischen Vers«
ganz aufzugeben. Auch in seinen Nachkriegswerken bleibt er sich als Pazifist
und nachdenklich-melancholischer Humanist treu.

Nirgends kommt die überschäumende Jugendkraft des Dichters in solchem Maße zum Ausdruck wie bei Kasimir Wierzyński. Als Sohn eines galizischen Bahnbeamten studierte er in Krakau und Wien und trat als Dichter zum erstenmal im Jahre 1913 hervor. Im Ersten Weltkrieg kämpfte er in der Legion Piłsudskis und verbrachte drei Jahre in russischer Kriegsgefangenschaft. Seine freudetrunkenen Lieder – »von dem Grün in meinem Kopf, aus dem Veilchen sprießen« – wurden im Café »Zum Pikador« und im *Skamander* begeistert aufgenommen. Die Titel seiner Werke geben eine Vorstellung von ihrem Inhalt: *Frühling und Wein (Wiosna i wino,* 1919), *Spatzen auf dem Dach (Wróble na dachu,* 1921), *Tagebuch der Liebe (Pamiętnik miłości,* 1925). Kräftig und gut gebaut, war Wierzyński einer der wenigen, die Oden an den Sport schrieben. Sein Band *Olympischer Lorbeer (Laur olompijski,* 1927, deutsch 1928) mit Gedichten wie »Hundert Meter«, »Stabhochsprung« und »Der Diskuswerfer« erhielt in einem literarischen Wettbewerb während der IX. Olympiade in Amsterdam den ersten Preis.

Mit dem Jahre 1930 beginnt sich auch Wierzyńskis Blick zu verdüstern. Er wendet sich erneut der Sprache der Romantik zu. Seine Enttäuschung war um so größer, als er seiner jugendlichen Ergebenheit für Piłsudski mehr als jeder andere »Skamandrit« treu geblieben war. Wieder genügen die Titel, um den Umschwung seiner Stimmung zu zeigen: *Fanatische Lieder (Pieśni fanatyczne,* 1929), *Bittere Ernte (Gorzki urodzaj,* 1933), *Tragische Freiheit (Wolność tragiczna,* 1936). Nach Kriegsausbruch ging er nach Frankreich, dann über Portugal und Brasilien nach New York, wo er 1969 starb. Auch seine Gedichte aus der Kriegszeit zeugen von der Rückkehr zum Patriotismus der Romantik.

Im Jahre 1949 erschien in New York sein *Leben und Tod Chopins,* ein amerikanischer Bestseller. Unter den schweren Lebensbedingungen eines Dichters im Exil, ohne Publikum seiner Muttersprache, zog Wierzyński neue Kraft aus seiner engen Berührung mit der Landschaft der amerikanischen Ostküste. Als Sechzigjähriger fand er seine Muse wieder, und die Gedichte aus dieser Zeit gehören zu seinen besten. Wierzyński hatte im Dichter immer einen Menschen gesehen, der nach dem Diktat eines Dämons schreibt, und diesem Gedanken gibt sein spätes Gedicht »Ein Wort an die Orphisten« (»Słowo do orfistów«) beredten Ausdruck:

Wer hinter mir steht, weiß ich nicht, weiß nur, daß er dort steht,
was er sagt, versteh' ich nicht, ihm nach ich's nur sage,
die Worte hör' ich nicht, doch schreib' ich sie auf,
und das heißt so viel, daß ich weiter nicht frage.

Maria Pawlikowska-Jasnorzewska war die Tochter des bekannten Malers Wojciech Kossak und wuchs im Künstlermilieu von Krakau auf. Ihr erster Gedichtband, *Blauer Dunst (Niebieskie migdały,* 1922), öffnete ihr die Tore zum *Skamander,* und die folgenden Bände, *Rosiger Zauber (Różowa magia,* 1924), *Küsse (Pocałunki,* 1926), *Dancing* (1927) und *Der Fächer (Wachlarz,* 1927), trugen ihr den Ruf der besten polnischen Dichterin ein. Ihre anscheinend mühelosen Verse, Filigranarbeiten, die an japanische Haikus erinnern,

317

lassen sie als verspielte Autorin von Frauenliebe, Kleidern, Bällen, Enttäuschung u. dgl. erscheinen. Sie war aber eine ernste Frau, sehr belesen in der Philosophie, und hinter ihrer Frivolität verbarg sich eine pessimistische, todernste Weltanschauung, die sich deutlich in ihren späteren Werken widerspiegelt: *Paris* (1928), *Profil der weißen Dame (Profil białej damy,* 1930), *Rohseide (Surowy jedwab,* 1932), *Schlafende Mannschaft (Śpiąca załoga,* 1933), *Ballett der Winden (Balet powojów,* 1935) und *Kristallisationen (Krystalizacje,* 1937)* – Klagelieder über den Weg allen Fleisches, aus dem Mund einer Dichterphilosophin, die aber auch Komödien schreiben konnte. Im Krieg entkam sie nach Frankreich und England. Angeborener Pessimismus, das Grübeln über die Tragödie Polens und ganz Europas, dazu eine schwere Krankheit führten zu ihrem Tode. In ihren letzten Lebensjahren entstand eine Reihe ergreifender Gedichte. Sie starb in Manchester.

Jan Lechoń (1899–1956)

Der jüngste »Skamandrit«, Leszek Serafinowicz (Pseudonym Jan Lechoń), war der Sohn einer unbemittelten Beamtenfamilie aus Warschau. Er studierte Literaturgeschichte und veröffentlichte im Alter von vierzehn bis fünfzehn Jahren zwei Gedichtbände, die er später vernichtete. Im Café »Zum Pikador« war er wegen seines trockenen Sarkasmus bekannt. Nach dem Ersten Weltkrieg erschienen wieder zwei Bände von ihm, *Karmesinrotes Poem (Karmazynowy poemat,* 1920) und *Silbern und schwarz (Srebrne i czarne,* 1924), die als Werke eines vollendeten Meisters gerühmt wurden. Der erste dieser Bände enthält Variationen über Themen aus der jüngsten Geschichte Polens, in denen sich Lechoń als Schüler der Romantik zeigt, mit seinem durchsichtigen Stil und vorzüglicher Meisterung des Versmaßes. Eines dieser Gedichte, »Herostrates«, hat keinen geschichtlichen Inhalt, sondern ruft zur Ablehnung jeder Verpflichtung auf. Der zweite Band enthält ebenso untadelige Verse von Liebe, Tod und den sieben Todsünden und zeigt den Dichter in all seiner Qual. Eines seiner Lieder endet mit den Worten:
Es gibt weder Himmel noch Erde, weder Abgrund noch Hölle.
Es gibt nur Beatrice. Und gerade sie gibt es nicht.
Später sollten sich seine Leser noch oft an diese Worte erinnern; sie enthalten den Schlüssel zu Lechońs Mißgeschick. Vom Zweifel an allen Werten und Ideen verzehrt, sein Privatleben ein heilloser Knäuel persönlicher Verwicklungen, wollte er den vorzeitigen Ruf eines Genies aufrechterhalten, war aber zu stolz und selbstkritisch, um etwas zu veröffentlichen. In diesen Jahren des Schweigens lebte er, getarnt als Attaché der Polnischen Botschaft, in Paris. Im Krieg ging er mit Tuwim über Brasilien nach New York, seine Verkrampftheit löste sich, und er veröffentlichte mehrere Gedichte in Emigrantenzeitschriften. Der Autor des »Herostrates« spricht darin die Sprache der dreißiger Jahre des vergangenen Jahrhunderts. Seine frühere Meisterschaft erreicht er aber nur in den wenigen Gedichten, in denen er seinem Schmerz freien Lauf läßt, der ihn schließlich in den Freitod trieb: Er stürzte sich aus dem Fenster eines New Yorker Wolkenkratzers in die Tiefe. Von allen modernen polnischen Dichtern entspricht Lechoń mit seiner kristallklaren, fast frostig-kalten Sprache am ehesten den Anforderungen der Klassiker. Er hegte eine unbegrenzte Bewunderung für Mickiewicz, und seine Verse klingen wie auf den Dreizehnsilber des *Pan Tadeusz* abgestimmt.

Revolutionäre Dichter

Bruno Jasieński (1901–1939)

Der polnische Futurismus war kurzlebig. Die Revolte der Futuristen gegen Orthographie und Politik war ein chaotisches Durcheinander, in dem sich manche von ihnen einem emotionellen Marxismus zuwandten und die Russische Revolution in den Himmel hoben. Zu ihnen gehört Bruno Jasieński, der nach seinem ersten Werk, *Stiefel im Knopfloch (But w butonierce,* 1921), drei Bände mit sozialen Protestliedern veröffentlichte: *Das Lied vom Hunger (Pieśń o głodzie,* 1922), *Erde linksum (Ziemia na lewo,* 1924, zusammen mit Anatol Stern) und *Das Lied von Jakob Schela (Słowo o Jakubie Szeli,* 1926), eine dramatische Dichtung über den Führer des Bauernaufstandes von 1846, die in Paris erschien, wo Jasieński als Journalist lebte. Dort kam auch sein zweiter Roman, *Je brûle Paris,* heraus (der erste hieß *Die Beine der Isolde Morgan),* und zwar zuerst in Fortsetzungen in der *Humanité,* dann (1928) in Buchform (polnisch *Palę Paryż,* 1931) – ein Haßgesang auf die Pariser Bourgeoisie und ihren ersehnten Untergang. Als lästiger Ausländer aus Frankreich ausgewiesen, ging Jasieński nach Moskau, wo er (in russischer Sprache) einen der ersten Romane nach Art des sozialistischen Realismus schrieb, *Der Mensch wechselt die Haut* (1932), und in den Vorstand des Schriftstellerverbandes gewählt wurde. Im Jahre 1936 verhaftet, starb er 1939 in der Nähe von Wladiwostok auf dem Transport ins Konzentrationslager Kolyma. (Im Jahre 1956 wurde er »rehabilitiert«.) Jasieński war ein begabter Dichter, wenn auch unterschiedlichen Niveaus. Er ist besonders bemerkenswert wegen der kraftvollen Gestalten seiner Dichtung über Jakob Schela.

Władysław Broniewski (1897–1962)

Broniewski stammt aus Plozk aus den Kreisen des gebildeten Mittelstandes. Er meldete sich von der Schulbank zur Legion Piłsudskis, wurde mehrmals ausgezeichnet und war Offizier im polnisch-russischen Krieg von 1920. Später wechselte er die Seiten und wurde zum Freund der Russischen Revolution, eine Entwicklung, in der er Cäsar Baryka, dem Helden aus Żeromskis *Vorfrühling,* so sehr gleicht, daß man meinen könnte, er sei in dessen Fußstapfen getreten.

Im Jahre 1925 veröffentlichte Broniewski seinen ersten Roman, *Windmühlen (Wiatraki),* sowie – zusammen mit Richard Stande und Witold Wandurski – ein gereimtes Manifest der proletarischen Poesie mit dem Titel *Drei Salven (Trzy salwy).* Seinen beiden Freunden war es nicht bestimmt, Spuren von Dauer zu hinterlassen. Stande, ein kommunistischer Aktivist, flüchtete vor der polnischen Polizei nach Moskau. Was er dort veröffentlichte, hat keinen großen Wert. Im Jahre 1938 wurde er verhaftet und starb im Gefängnis. Wandurski, ein interessanter Bühnenschriftsteller und Regisseur, ging 1933 nach Rußland und starb ein Jahr später im Gefängnis. Beide wurden im Jahre 1956 »rehabilitiert«.

Broniewski war politisch nicht aktiv und konnte in Polen bleiben. Seine Vorkriegsgedichte sind in den Bänden *Rauch über der Stadt (Dym nad miastem,* 1927), *Die Pariser Kommune (Komuna paryska,* 1929, deutsch 1955), *Sorge und Sang (Troska i pieśń,* 1932) und *Der Endschrei (Krzyk ostateczny,* 1938)

enthalten, zornerfüllte, prägnante, dabei aber traditionell gereimte Vierzeiler, die jedoch einen kräftigeren Ton annehmen, weil sie nicht silbenzählend, sondern akzentuierend sind. Diese Lieder waren auch ungebildeten Arbeitern leicht verständlich, sind für eine große Zuhörerschaft bestimmt und klingen mehr wie revolutionäre Lieder des Jahres 1848 als Lieder aus unserer Zeit. Broniewski war eine exzentrische Persönlichkeit. Unter dem Einfluß von Alkohol konnte er stundenlang aus den Werken der polnischen Romantiker und aus russischen Dichtungen rezitieren. Sein Polentum, seine enge Beziehung zur Vergangenheit verbindet sich in seinen Werken mit dem Ruf zur Revolution. Das verschaffte ihnen ein begeistertes Echo. Von seinen Waffenbrüdern, den Offizieren Piłsudskis, beschützt, konnte er im wesentlichen unbehindert als kommunistischer Dichter im kommunistenfeindlichen Polen leben und schreiben. Im Jahre 1939, angesichts der drohenden deutschen Invasion, war sein mitreißendes Lied »Bajonett aufs Gewehr!« (»Bagnet na broń!«) auf allen Lippen. Broniewski floh vor den Nazis nach dem von den Russen besetzten Lemberg, wurde dort verhaftet und nach Moskau ins Lubjankagefängnis geschafft. Er verließ es erst nach Hitlers Überfall auf Rußland, als Stalin allen Polen eine Amnestie gewährte. Mit der polnischen Armee des Generals Anders zog er nach Palästina und kehrte 1945 nach Polen zurück. Die antistalinistischen Gedichte, die er nach seiner Entlassung aus dem Gefängnis geschrieben hatte, wurden dort taktvoll übersehen. Er wurde zum »Nationaldichter« proklamiert, vielfach preisgekrönt und als Revolutionär ausgezeichnet. Im Jahre 1949 verfaßte er eine Ode an Stalin. Seine Nachkriegswerke sind recht blaß. Er fühlte sich unbehaglich in seiner Rolle als Dichter im bestehenden Regime, persönliches Mißgeschick kam hinzu, und aus dieser Stimmung entstand eine Reihe wehmütiger Gedichte über seine Vaterstadt und die Landschaft an der Weichsel. Für die neue Generation von Dichtern, die mit dem Jahr 1956 in den Vordergrund trat, war Broniewski ein Überbleibsel vergangener Zeit. Sein widerspruchsvolles Leben zeugt von den schwierigen Problemen, vor denen die polnischen Linksradikalen in Politik und Literatur standen.
Broniewski war mit den »Skamandriten« als Dichter und Freund eng verbunden. Er war einer ihrer Besten und wird gewiß erst richtig verstanden werden, wenn die Kritik eine gewisse Distanz zu ihm gewonnen hat.

Die Erste Avantgarde

Die Avantgarde der zwanziger Jahre wird – im Unterschied zu der des nachfolgenden Jahrzehnts – die Erste genannt. Sie begann schon 1918 mit einer Gruppe von Dichtern und Malern, die ihren Treffpunkt im Café »Zur Muskatnuß« in Krakau hatten und sich »Formisten« nannten. Sie wollten damit zum Ausdruck bringen, daß das Wesen der Kunst für sie in der Form lag. In der Malerei führte das zu einer Deformierung der dargestellten Objekte und selbst zu einer nichtfigürlichen Kunst.

Tytus Czyżewski (1885–1945)

Titus Czyżewski, der zu den Formisten gehörte, war in erster Linie Maler, aber auch Poet. Er schrieb zwar nur wenig, aber seinen Gedichten, besonders den *Pastoralen (Pastorałki*, Paris 1925), gebührt ein Platz in jeder Anthologie der polnischen Literatur. Er verwendet eine ähnliche Technik wie die damaligen Komponisten Strawinski, Béla Bartók oder Szymanowski. Die *Pastoralen* sind naive, unbeholfene Weihnachtslieder, in denen altpolnische Motive wiederaufleben. Czyżewski war ein Kind der Tatra und mit den Volksbräuchen gut vertraut; die Hirten, die dem Jesuskind Butter, Käse und Früchte bringen und ihm mit Fiedel und Dudelsack aufspielen, fühlen sich in diesen Liedern zu Hause. Czyżewski lehnte die Metrik des neunzehnten Jahrhunderts ab und erfand auf diese Weise neue Versinstrumentierungen für alte Melodien.

Die Weiche

Krakau, eine der konservativsten Städte Polens, war auch der Geburtsort einer anderen Avantgarde. Im Jahre 1921 kehrte Tadeusz Peiper (1891–1969) nach langem Aufenthalt in Frankreich und Spanien in seine Heimatstadt zurück und gründete die Zeitschrift *Die Weiche (Zwrotnica),* die 1922/23 und 1926/27 in Krakau erschien. Peiper war der erste Theoretiker einer neuen Dichterschule, die gegen den *Skamander* Stellung nahm. In Julian Przyboś und Johann Brzękowski fand er begabte Mitarbeiter. Dem *Skamander* warfen sie eine – in ihren Ohren – plätschernde Lyrik vor. An die Stelle der Intuition setzten sie den kontrollierenden Verstand, der die Gefühle in »objektive Entsprechungen« von äußerster Kürze und Intensität kleidet, z. B.: »ein kleiner Schmerz, genährt von einem Hügel von Brust«; »riesige Luftaugen starren dich an«; »du kannst einem Horizont nicht entrinnen, dessen Arme sich dir um den Hals legen«; »allnächtlich wuchs die Angst, Berg eines hochsteigenden Schreies« (alles Przyboś-Worte). Gedichte, die auf den ersten Blick verstanden werden können, nannten sie banale Schlager. Sie haßten den monotonen Rhythmus, der ihnen als Beschwörung eines Magiers erschien, ignorierten Versfuß und Silbenzählung und verlachten die »Skamandriten« als Leierkastenmänner, die in ihrer »syllabotonischen« Geschwätzigkeit allzusehr mit sich selbst beschäftigt waren, während der wahre Dichter sprachliche Sparsamkeit und Zurückhaltung des Gefühls üben sollte. Das Skamandermanifest sei ein Programm gegen alle Programme, entspreche vielleicht dem »Vitalismus« der Gruppe und ihrer Lebensbejahung, sei aber reiner Antiintellektualismus. Als nationalistische Bewunderer von Technologie und Maschine, geschworene Feinde alles Spontanen und Naturverbundenen wollten die »Weichensteller« mit der reinen Form ihrer Poesie wirken. Als Sozialisten hofften sie auch, daß ein disziplinierter Geist mit seinen Gedichten dem Leser eine geistige Disziplin beibringen werde, Peiper sprach sogar von einem »sozialistischen Reim«, der sich nur in großen, sorgsam errechneten Abständen wiederholt, so daß er nicht sofort auffällt. Dennoch sahen sie im Gedicht eine auf sich selbst gestellte Schöpfung, deren Wert in ihrer Form liege und nicht in einem Inhalt, der auch in Prosa ausgedrückt werden kann, und damit knüpfen sie an den französischen Symbolismus an. Der polnische Symbolismus teilte sich in zwei Lager, von denen das eine den Nachdruck auf den natürlichen Fluß und Wohlklang der Sprache legte, das andere – und *Die Weiche* gehört zu ihm – auf die wohldurchdachte Konstruktion, die alle dem Unterbewußtsein entnommenen Motive ablehnt und sich keiner sinn- und zusammenhanglosen »Metasprache« bedient. Dadaistische und surrealistische Elemente fanden keinen Eingang in die Werke dieser Konstruktivisten, dafür um so mehr bei den Futuristen der frühen zwanziger Jahre und bei einigen »Skamandriten«.

Als Herausgeber der *Weiche* beeinflußte Peiper die Jugend mehr mit seinen kompromißlosen – oft an Prinzipienreiterei grenzenden – Artikeln als mit seinen Dichtungen, die gleichfalls seinen Überzeugungen Ausdruck geben. Jan Brzękowski (geb. 1903) stand ihm darin nicht nach. Er lebte meist in Frankreich und gab dort ein internationales Avantgarde-Magazin heraus, *L'art contemporain.* Er stimmte mit Peiper nicht ganz überein und brachte damit etwas Abwechslung in die Gedanken der *Weiche.* Von ihren übrigen Mitgliedern gewann nur Julian Przyboś in größerem Maße Anerkennung als Dichter und Theoretiker.

Julian Przyboś (1901–1970)

Przyboś' Vater war ein Kleinbauer in Westgalizien, der seinen Sohn trotz der Armut der Familie aufs Gymnasium und an die Universität von Krakau schickte, wo er Philologie studierte und später Gymnasialprofessor in der Provinz wurde. Przyboś hatte sein dichterisches Debüt im Jahre 1922 in der *Weiche,* später schrieb er für eine andere avantgardistische Zeitschrift, die von Jalu Kurek von 1931 bis 1933 in Krakau herausgegebene *Linie (Linia).* Er trat für moderne Architektur und abstrakte Malerei ein und gehörte von 1930 bis 1935 zu den Lodscher »a.r.« (»revolutionären Künstlern«). In seinen Aufsätzen nimmt die Architektur einen hervorragenden Platz ein als eine Kunst, die den Raum organisiert, nicht nur als konkrete Form, sondern auch den sie umgebenden Raum. Die Beschäftigung mit der Räumlichkeit entspringt Przyboś' visueller Empfindsamkeit, er gleicht darin einem optischen Instrument, dessen Linsen alles Sichtbare auffangen und entstellen. Er war Sozialist und sah in der Schöpferkraft des Künstlers den Drang des Menschen nach allgemeiner Glückseligkeit und Verwirklichung seiner Möglichkeiten. Dem Künstler obliege es aber vor allem, gute Kunst zu schaffen und sich nicht einem über die Kunst hinausgehenden Ziel zu unterwerfen.

Przyboś's Dichtungen (deutsche Auswahl 1963) sind von zwei Motiven beherrscht, dem bis ans Äußerste angespannten, titanischen Bemühen, die Worte von ihrer banalen Alltagsbedeutung zu trennen, und der Erwartung einer unmittelbar bevorstehenden Explosion und ihres alles verzehrenden Feuers. Seine Bilder von Stadt und Land sind von einer dynamischen Energie, die jeden Augenblick sich zu entladen droht, einem Ausdruck seiner Ablehnung jeder passiven Unterordnung unter die Natur, denn in dieser sah er nur eine Ausdehnung des menschlichen Willens. Przyboś' materialistisch-rationalistische Weltanschauung ergibt eine eigenartige Metaphysik in greifbaren Formen. Er schlägt die Worte gewissermaßen aneinander, um den Funken eines neuen Wirklichkeitsbewußtseins aus dem Stein zu schlagen. Zu diesem Zweck nahm er alle Hilfsmittel der polnischen Grammatik in Anspruch, und das macht seine Gedichte schwer übersetzbar. Schon die Titel deuten das an: *Schrauben (Śruby,* 1925), *Zweihändig (Oburącz,* 1926), *Von oben (Z ponad,* 1930), *In die Waldestiefe (W głab las,* 1932) und *Gleichung des Herzens (Równanie serc,* 1938), die hier folgt:

Gleichung des Herzens

Die Luft ist erstickt von Fahnen.
Unter die Siegestore haben
Rebellen Dynamit gegraben!

Wer bin ich? Verbannter der Vogelwelt.

Der Tisch unter meiner Feder, voll bis zum Rand,
sprengt seine Enden,
wie ein Panzer, der zum Angriff schnellt.
Schon heut brennt in mir das Haus mit morgigen Bränden,
das Herz greift mich schneller an.

Ein Schrapnell krepiert vom Laternenmast:
die Straßenlampen leuchten auf zugleich.
Der Tag geht im geharnischten Soldatenlied dahin, er röchelt.

Die Rippen Gefallener sträuben das rote Gras.

Lebend geh ich durch die seiende und doch nur gewesene Stadt.

Wer bin ich? Verbannter der Vogelwelt.

Gärten – die Mondsichel bricht als Stachel aus den Zweigen –
die Welt erfüllt sich ohne mich gefühllos, fest,
und nur ein Ehrenkranz aus Herbstlaub fällt auf meine Stirn.

. . . daß ich doch nie mehr schweige.

Sanft
stülpte ich jede Tasche um zum Nest
für Schwalben, die vor den Menschen fliehen.

(Aus: Julian Przyboś, »Gedichte«, Langewiesche-Brandt, Ebenhausen
Deutsch von Karl Dedecius)

Im Kriege lebte Przyboś zunächst in Lemberg, dann in seinem Heimatdorf als
Landarbeiter und Dichter des Untergrundes. Nach dem Kriege war er der erste Vorsitzende des Polnischen Schriftstellerverbandes und von 1947 bis 1951
polnischer Botschafter in der Schweiz. Den sozialistischen Realismus in der
Poesie lehnte er grundsätzlich ab; er bedeutete für ihn eine erzwungene Rückkehr zum Versmaß des neunzehnten Jahrhunderts und eine Verletzung seiner
unerschütterlichen Treue zu den Prinzipien der Avantgarde. Zu seinen Nachkriegswerken, die nach 1956 an Zahl zunahmen, gehören auch Studien zur
polnischen Literaturgeschichte, darunter eine wertvolle Abhandlung über
Mickiewiczs Dichtkunst.

Der Name »Zweite Avantgarde« wird etwas willkürlich auf eine Anzahl von Schriftstellern und ganze Gruppen von ihnen angewandt, die kein gemeinsames Programm verband, die aber darin auf einen gemeinsamen Nenner gebracht werden können, daß sie sich vom *Skamander* und der Krakauer Avantgarde trennten und auf anderen Gebieten als dem der literarischen Form nach Lösungen suchten. Der Optimismus der ersten zehn Jahre polnischer Unabhängigkeit war zerronnen. Das Leben war ein Fragezeichen und von »Warnungen, bösen Vorzeichen und unheilvollen Drohungen« erfüllt. Marxismus und Faschismus, dazu ein erneutes Interesse an der Metaphysik (nicht zuletzt dank der Phänomenologie) warfen zahllose Fragen auf und ließen den Dichter im Zweifel über den Wert eines eindeutigen, geordneten Dichterhandwerks. Die Zweite Avantgarde dachte nicht einhellig und dichtete nicht auf »geordnete« Weise, sondern war durch eine chaotische Kompliziertheit gekennzeichnet und davon überzeugt, daß die künstlerischen Mittel, über die der moderne Mensch verfügt, ihm nicht genügten. Sie hörte nicht auf, zu experimentieren, glaubte aber nicht mehr an die Bedeutung ästhetischer Wertunterschiede. *Skamander* und Erste Avantgarde erschienen ihr weltfremd und beschränkt. In der Dichtung häufen sich jetzt Visionen vom Weltuntergang, bald in feierlichem, bald im Narrengewand, und das trug dieser Richtung den Namen »Katastrophismus« ein. Kasimir Wyka, der bedeutende Literaturhistoriker und Kritiker, nannte sie

»ein intellektuell-künstlerisches Phänomen der polnischen Poesie im zweiten Jahrzehnt zwischen den beiden Weltkriegen, das darin bestand, alles, was eine unvermeidliche historische oder moralische Katastrophe andeutete oder voraussagte, in symbolistisch-klassizistischer Weise zu behandeln, manchmal auch mit einem Anflug von Surrealismus oder Expressionismus«.

Die Dichter der Zweiten Avantgarde gehören der Form nach keiner bestimmten Schule an, einige verwenden traditionelle Versmaße, andere nicht. Ihr Verdienst besteht darin, neue – wenn auch nicht ermutigende – Gesichtspunkte zu vertreten, die im allgemeinen auch die Nachkriegspoesie kennzeichnen. Manche dieser Dichter gewannen erst nach dem Krieg Bedeutung, gehören also zwei Epochen an.

Adam Ważyk (geb. 1905)

Adam Ważyk wird hier mit Vorbehalt genannt, denn seine Anfänge liegen in der Mitte der zwanziger Jahre, als er die Gedichtbände *Semaphore (Semafory,* 1924) und *Augen und Mund (Oczy i usta,* 1926) veröffentlichte. Die Zweite Avantgarde erhob Anspruch auf ihn, er gehört aber keiner Gruppe an und könnte ebensogut in die Erste Avantgarde neben Titus Czyżewski eingereiht werden.

Ważyk entstammt dem jüdischen Mittelstand Warschaus. Er faszinierte die jungen Bohemiens mit ausgezeichneten Übersetzungen von Baudelaire und seinen eigenen Gedichten, die im Zeichen des Kubismus und der französischen Poesie stehen. Vielleicht war er sich der Krise bewußt, die die Dichtung in den dreißiger Jahren durchmachte, denn er veröffentlichte um diese Zeit keine Gedichte, sondern nur Erzählungen – *Der Mann im dunkelgrauen Anzug (Człowiek w burym ubraniu,* 1936) – und Romane: *Laternen leuchten in*

Karpów (Latarnie świecą w Karpowie, 1933), *Familienmythen (Mity rodzinne,* 1938).* Im Krieg lebte er in Sowjetrußland. Nach Polen kehrte er als Offizier der polnischen kommunistischen Armee zurück. Ein Band seiner Gedichte aus der Kriegszeit war eines der ersten Bücher, das im Nachkriegspolen erschien: *Das Herz der Granate (Serce granatu,* Lublin 1944). Es enthält u. a. ein Gedicht mit dem Titel »Entwurf fürs Tagebuch« (»Szkic pamiętnika«), das die Atmosphäre, in der die Werke der Zweiten Avantgarde entstanden, treffend wiedergibt und dem die folgenden Abschiedsworte an eine vergangene Zeit entnommen sind:

Entwurf fürs Tagebuch

Kummerjahre,
Gedächtnislücken,
zwischen dem einen Krieg und dem andern
sprang umnachtet mein arbeitsloser Bruder aus dem Fenster.
Ich hatte ihn nicht in der Leichenhalle besucht,
ich weinte nur, vor seiner Schublade kniend,
wo Kleinigkeiten nutzlos wie er herumlagen:
ein verdorbenes Feuerzeug, kleine Erfindungen,
Zauberkunststücke, die er sehr mochte –
das ersetzte ihm Reime und Assonanzen.

Mich beunruhigte nicht nur das –
die Möbel, die üppigen, schmuckreichen Draperien,
die Päderasten, die über die Engel schrieben
alles, was in den Sitten den neuen Krieg verriet,
die Schönheiten, mythogen mit platinfarbnem Haar,
in Kleidern der Sezession,
die ungeschriebnen Romane,
abgestorben vor der Geburt,
die Langeweile, die Übelkeit, die den Krieg verkünden.

Gespräche beim Abendessen oder in Kneipen beim Schnaps,
die irisierenden Wörter, in denen das Chaos hallt.
In jenen Jahren nämlich bei Menschen nicht des schlechtesten Willens
maskierte sich die Reaktion mit Lärm in den Köpfen,
Begriffe verwirrten sich wie die Götter aus der Epoche des Synkretismus,
ein mir bekannter Maler
brachte es fertig, drei Stunden pausenlos neben der Sache zu reden,
andere waren mit Kreuzworträtseln beschäftigt,
warteten auf die Vernichtung,
wie auf ein Gruppenfoto, gespenstisch im explodierenden Magnesium
lasen Nostradamus.

Der Lügner war unter uns, in einen Zeitungsschreiber verkleidet,
der Spitzel war Schöngeist, oder Poet-Bohemien,
der Zuhälter und der deutsche Agent waren Snobs,
man wußte nicht, wer wovon lebt,
die zehn Gerechten starben in Spanien.

(Deutsch von Karl Dedecius)

In der stalinistischen Zeit legte sich Ważyk die neue Linie, die den Schriftstellern aufgezwungen wurde, dialektisch zurecht und geriet in den Ruf des ärgsten »Terrorethikers« des sozialistischen Realismus. Er selbst hütete sich, Gedichte zu veröffentlichen, und widmete sich lieber einer – übrigens vortrefflichen – Übersetzung von Puschkins *Eugen Onegin*. Sein *Poem für Erwachsene* stellte im Jahre 1955 die totalitären Auswüchse bloß und leitete das politische »Tauwetter« ein. Seither nimmt er eine unabhängige, liberale Haltung ein. Seine melancholisch-heiteren Gedichte aus dieser Zeit gehören zum Besten, was er schrieb.

Als guter Kenner der französischen Poesie, mit wissenschaftlichem Interesse für die polnische Metrik im Verlauf der Jahrhunderte und mit seiner dichterischen Prägnanz ist er ein wohltuendes Gegengewicht gegenüber den literarischen Exzessen der jüngsten Generation. Zu seinen Verdiensten gehört auch die Übersetzung von Horaz in eine moderne Dichtersprache.

Mieczysław Jastruń (geb. 1903)

Auch Mieczysław Jastrun wird hier ebenfalls mit Vorbehalten genannt, denn er hielt sich jeder Schule und Dichtergruppe fern. Er war der Sohn jüdischer Eltern aus Galizien und studierte polnische Literatur in Krakau. Seine ersten Gedichtwerke, *Begegnung in der Zeit (Spotkanie w czasie*, 1929) und *Andere Jugend (Inna młodość*, 1937), stehen noch ganz im Zeichen des *Skamander*, doch schon die *Schwelende Geschichte (Dzieje nieostygłe*, 1935) und *Strom und Schweigen (Strumień i milczenie*, 1937) verraten – ohne mit dem *Skamander* vollständig zu brechen – eine eigenwillige poetische Individualität, besonders in der Wahl des Stoffes: einer Betrachtung über die Beziehung des einzelnen und der Geschichte zur Zeit. In den dreißiger Jahren und ihren angsterfüllten Erwartungen trat die Gestalt Norwids in den Vordergrund, und Jastrun fühlte sich mit Norwid geistig verwandt.

Jastrun überlebte den Krieg in Warschau im Untergrund. Seine Gedichte aus dieser Zeit wurden in Untergrundzeitschriften veröffentlicht und erschienen 1944 unter dem Titel *Behütete Stunde (Godzina strzeżona)* in Buchform. Seine besten Gedichte stammen aus der Zeit nach 1956. Daneben verfaßte er auch zahlreiche literarische Studien. In seiner verträumten Nachdenklichkeit fühlte er sich besonders zu Rilke hingezogen. Zu seinen Werken gehört auch eine poetisch angehauchte Mickiewicz-Biographie, die in mehrere Sprachen übersetzt wurde.

Die Quadriga

In den Jahren von 1926 bis 1931 gab eine Gruppe junger Dichter in Warschau die Zeitschrift *Quadriga (Kwadryga)* heraus, die für eine nicht ganz deutlich umschriebene sozialkritische Poesie eintrat und dem *Skamander* seine unprogrammatische Selbstgefälligkeit vorwarf. Ihr Pazifismus, ihre Sympathie für den kleinen Mann sowie der Umstand, daß sie Norwid zu ihrem Vorbild ausriefen, zeugt davon, daß sie ernstlich bemüht waren, im Leben einen Sinn zu finden. Der radikalste von ihnen war Stefan Flukowski (1902–1972), der aber nur wenig Anklang fand. Bekannter waren Władysław Sebyła (1902–1941) und Luzian Szenwald (1909–1944), deren Wege später auseinandergingen. Sebyła wandte sich nach seinen pazifistischen *Liedern des Rattenfängers*

(Pieśni szczurołapa, 1930) metaphysischen Themen zu, einem Erbgut der polnischen Moderne. Sein *Egotistisches Konzert (Koncert egotyczny,* 1934) und seine *Gedankenbilder (Obrazy myśli,* 1938) sprechen die Sprache der philosophischen Angst der dreißiger Jahre. Er war Reserveoffizier in der polnischen Armee und kam bei dem Massaker von Katyń um.

Szenwald hatte sich dem Marxismus zugewandt. Er betätigte sich politisch und verwarf seine Jugendwerke, die seine besten sind (darunter eine Dichtung von großer gedanklicher Tiefe, eine Art von materialistischer Kosmogonie unter dem Titel *Meiner Mutter Küche).* Dann schrieb er nur noch Unverbindliches von mäßiger Qualität. Im Krieg war er politischer Offizier in der Sowjetarmee und kam 1944 in der Nähe von Lublin bei einem Autounfall ums Leben.

Konstanty Ildefons Gałczyński (1905–1953)

Gałczyński hätte gelacht, wenn man ihm gesagt hätte, er gehöre einer Avantgarde an. Er liebte es, allen literarischen Schulen die Zunge zu zeigen. Mit seinen Eltern – der Vater war Bahnbeamter – wurde er während des Ersten Weltkrieges aus Warschau nach Moskau evakuiert und kehrte von dort mit guter Kenntnis der russischen Literatur zurück, zu der bald eine solche der englischen, französischen und deutschen kam. Es heißt, er habe eine mit vielen Zitaten und Fußnoten versehene Dissertation über einen von ihm erfundenen englischen Dichter geschrieben. Er war immer zu Streichen aufgelegt und nannte z. B. in der Liste seiner Werke auch eine *Einführung in die Menschenfresserei: Vorlesungsnotizen (vergriffen).* Unter dem Namen Karakuliambro schrieb er humoristische Lieder und schrullige, leicht surrealistische Prosastücke. Eine längere Dichtung, *Der Weltuntergang: Die Visionen des heiligen Ildefons oder eine Satire auf das Weltall (Koniec świata: Wizje świętego Ildefonsa czyli Satyra na Wszechświat),* ist zwar sehr amüsant, aber im Grunde genommen apokalyptische Literatur im Gewand einer *Opera buffa.* Er liebte das Leben und Treiben der Stadt, die Jahrmärkte mit ihren Karussells und Leierkästen, den Warschauer Slang und Gassenhumor, alles, was nach Kitsch klang, und verstand es, aus diesem Rohstoff eine an den *Skamander* anklingende Poesie zu schaffen. Fügt man noch Motive aus der antiken Mythologie und den Werken seines Lieblingsdichters Horaz hinzu, so ergibt sich eine etwas verrückte Mischung, in der jedoch die Hand des Meisters nicht zu verkennen ist. *Der Weltuntergang* spielt in einem unwirklichen Bologna (das neben Padua seit den Tagen der Renaissance als polnische Studentenstadt galt) und ist im Ton des »Katastrophismus« gehalten. Dieser herrscht auch in Gałczyńskis *Volksbelustigung (Zabawa ludowa,* 1934) vor, einem Band kurzer, scheinbar lustiger Verse von Arbeitern und kleinen Angestellten, die den Sonntag auf den Wiesen vor der Stadt in Schießbuden, Bierschenken und auf Tanzböden verbringen. Das Werk endet mit einem Zitat aus Vergils vierter Ekloge, die von der christlichen Legende als Ankündigung eines historischen Wendepunktes betrachtet wurde (der Geburt Christi), bei Gałczyński auf ein eisernes Zeitalter unter Begleitung von Maschinengewehrfeuer anspielt.

Gałczyński verulkte die Sprache der Avantgarde, die einfachen Menschen unverständlich war. Er wollte ein Bänkelsänger sein und an Ort und Stelle entlohnt werden, und mit seinem absurden Humor fand er auch immer ein dankbares Publikum. Er war politisch indifferent und kehrte eines Tages der

Quadriga den Rücken, um sich den Rechtsradikalen anzuschließen, deren Veröffentlichungen, besonders die Wochenschrift *Ohne Umschweife (Prosto z mostu),* wegen ihres Antisemitismus großen Absatz hatten. Er drohte dort mit einer »Nacht der langen Messer«. War er betrunken, dann suchte er aber jüdische Dichter auf, wie Tuwim, den er verehrte, um ihnen die Hände zu küssen und sie um Verzeihung zu bitten. Seine Sympathie für die Rechtsradikalen war aber echt. Was ihn anzog, waren ihre völkisch-plebejischen Neigungen. Gałczyńskis Reimkunst brachte den »syllabotonischen« Vers des *Skamander* an sein selbstzerstörerisches Ende. Gleichzeitig mit Tuwims *Opernball* entstand sein *Ball bei Salomo (Bal u Salomona),* ein dichterischer Alptraum mit verschwommenen Plätzen, Gestalten und Ereignissen, in denen jedoch die unheilvolle Zukunft Polens und des übrigen Europa zu erkennen ist.

Während des letzten Krieges geriet Gałczyński in deutsche Gefangenschaft, in der er bis zum Kriegsende blieb. Nach einem kurzen Aufenthalt in Frankreich und Belgien kehrte er 1946 in die Volksrepublik Polen zurück. Er konnte nicht ohne Applaus leben, und in Polen fand er ein zahlreiches Publikum und gute Honorare. Nach dem Reigentanz, den Apollo, Zeus, Stalin und Bach in seinen Dichtungen aufführten, ist seine Rolle als Sänger des Sozialismus ein wenig überraschend. Mit seinen Beiträgen zu der populären Wochenschrift *Querschnitt (Przekrój)* fand er einen neuen Weg zum Publikum, und zwar in winzigen Theaterstücken, die in der Sparte *Die grüne Gans, das kleinste Theater der Welt* erschienen und manchmal nicht mehr als zwei Sätze lang sind, wie z. B. »Die gefräßige Eva«, die den ganzen Apfel verzehrt und nichts für Adam übrigläßt; damit endet das »Stück« und mit ihm die Bibel. In das trübe Grau des Lebens brachte er seinen Lesern etwas Farbe und Abwechslung. Der Beifall, den sie ihm zollten, beunruhigte die Bürokraten, und so wurde er auf dem Kulminationspunkt des Stalinismus zum »Kleinbürger in sozialistischem Gewand« erklärt und durfte nur noch Übersetzungen veröffentlichen, darunter eine gelungene Wiedergabe des *Sommernachtstraums.* Seine Ergebenheit dem neuen Polen gegenüber war aber nicht nur gespielt. Mit demselben Eifer wie einst gegen Juden und Intellektuelle wetterte er jetzt – mit einem verschmitzten Lächeln – gegen Bourgeoisie und Reaktion, und sein Publikum war größer als je zuvor. Die Umgangssprache mit ihren ironischen Abkürzungen, die dem *Skamander* so sehr gefiel, fand in Gałczyński einen idealen Interpreten. Der Ton der polnischen Nachkriegspoesie, diese Mischung aus Ernst und Galgenhumor, ist ohne ihn undenkbar. Er betete zu Apollo und zur Muttergottes, nicht aus Spaß, sondern als ein moderner Glöckner von Notre-Dame, ein betrunkener Schwächling und Vagabund, der sich in eine Welt geworfen sieht, die ihm fremd ist, und der seinen Unterhalt bestreitet, indem er den Menschen ein Stück Schönheit bringt. In seiner grotesken Sprache, die über verschiedene Zeiten bis auf die antike Mythologie zurückgeht, lebte die Poesie des polnischen Barock wieder auf.

Józef Czechowicz (1903–1939)

Josef Czechowicz entstammt einer armen Familie aus Lublin. Er besuchte ein Lehrerseminar und war Volksschullehrer in der Provinz – literarisch war er ein Autodidakt. Sein erster Gedichtband, *Der Stein (Kamień,* 1927), weit entfernt vom *Skamander,* ist betont eigenwillig in Versmaß und Reim und unbewußt mit der »bürgerlichen Lyrik« des siebzehnten Jahrhunderts und dem polnischen Volkslied verbunden. Die spezifischen Eigenschaften dieser beiden Gattungen – kindliche Zärtlichkeit und melodischer Wohlklang unter Vermeidung des rhythmischen Stakkatos, das der polnischen Sprache fremd ist – werden in Czechowiczs Dichtungen neu belebt. Wie Czyżewski zeugt auch er von dem belebenden Einfluß des Volksliedes auf die Dichtung. Er machte das polnische Publikum durch gute Übersetzungen mit den Dichtern der ausländischen Avantgarde (Mandelštam, Joyce, T. S. Eliot) bekannt, wußte aber auch den Ton alter Madrigale und Volkslieder anzunehmen, ohne sie im Reim oder Strophenbau zu imitieren. Selbst aus seinen Städtebildern leuchtet das ländlich-idyllische Polen. Seine eigene Stimme hält sich im Hintergrund, murmelnd, kaum hörbar – in der europäischen Literatur gibt es nichts dergleichen. Seine Gedichte sind unübersetzbar, denn sie bringen die versteckten Tonalitäten hervor, die nur der polnischen Sprache eigen sind, und klingen wie eine vom Kontrapunkt dunkler philosophisch-metaphysischer Tonfolgen begleitete Kammermusik, wie sinnliche Träume, angstvollte Mythen. Seine Gedichtbände *tag wie alltag (dzień jak codzień,* 1930), *ballade aus dem jenseits (ballada z tamtej strony,* 1932), *im blitz (w błyskawicy,* 1934), *nichts mehr (nic więcej,* 1936), *menschliche weise (nuta człowiecza,* 1939) – Czechowicz verwandte weder Interpunktion noch große Buchstaben – sind ganz im »katastrophistischen« Ton gehalten. Seine Voraussage eines Weltenbrandes und die Vorahnung seines eigenen Todes werfen auf seine idyllischen Landschaftsbilder einen düsteren Schatten. Er wurde in seiner Heimatstadt im Alter von 36 Jahren von einer deutschen Bombe zerrissen.

»Żagary«

Im Jahre 1931 gründete ein Studententrio in Wilna eine kleine Zeitschrift namens *»Żagary«* (litauisch für Gestrüpp oder im Volksmund: glimmerndes Reisig), die die – oft widersprüchlichen – Gedanken zeigt, welche die Jugend von den herkömmlichen künstlerischen Formen abhielten. Durch einen neuartigen Symbolismus setzten diese jungen Dichter ihre düsteren Visionen vom Politischen ins Kosmische um und wurden daher Katastrophisten genannt. Grundsätzlich antiästhetisch, schwankten sie zwischen Marxismus und Metaphysik, lösten sich vom *Skamander* und der Ersten Avantgarde und erklärten, keiner Schule anzugehören. Sie schwankten auch zwischen sozialem *Engagement* und dem Recht des Dichters, jede Aufgabe abzulehnen, die seine Freiheit als Künstler bedroht.
Von den drei Gründern der Gruppe wurde Theodor Bujnicki (1907–1944) im Krieg von einer faschistischen Untergrundorganisation ermordet. Der zweite, Jerzy Zagórski (geb. 1907), schrieb vor dem Krieg interessante Gedichte, die in den Bänden *Brückenschneide (Ostrze mostu,* 1933), *Expedition (Wyprawa,* 1937) und vor allem in *Die Ankunft des Feindes (Przyjście wroga,* 1934) zusammengefaßt sind. Letzterer trägt den Untertitel *Ein Märchengedicht* und ist ein wirres Durcheinander von Prosastücken, surrealistischen Gedichten und Bibelversen, die zusammen einen Begriff von der Ungeheuerlichkeit des Unheils geben sollen, das die Menschheit erwartet. Armeen auf dem Marsch vom Kaukasus zum Nordpol, die Geburt eines menschlichen Ungeheuers (des Antichristen?), Menschenmassen, von den Steppen Asiens ausgespien – alles in allem eines der wildesten Werke moderner Poesie, das zu verstehen

der Autor dem Leser nicht leicht macht. Während des Krieges gab Zagórski in Warschau Untergrundschriften heraus, darunter eine Sammlung von Antinaziliedern. Seit dem Krieg ist er als Dichter und Übersetzer tätig und steht katholischen Kreisen nahe.

Der jüngste der drei ist der Autor dieses Werkes, Czesław Miłosz (geb. 1911). Er stammt aus Litauen, ist Sohn eines Ingenieurs, dessen Beruf ihn mit seiner Familie nach Sibirien und an die Ufer der Wolga brachte. Miłosz studierte Jura in Wilna. Sein erstes Werk, ein dünnes Heft mit Gedichten unter dem Titel *Lied der erkalteten Zeit (Poemat zastygłego czasu,* 1933), leidet an sozialen Verallgemeinerungen, das nächste, *Drei Winter (Trzy zimy,* 1936), wurde von Kasimir Wyka, dem obenerwähnten Kritiker, als das repräsentativste Werk des Katastrophismus bezeichnet. Eine Welle überraschend klassizistisch klingender Symbole kündet Heimsuchungen von Weltausmaß an. Man hat darin den Mythos der sich selbst erneuernden Schutzgöttin Erde sehen wollen und den Autor zum einzigen Pantheisten der polnischen Poesie ernannt; da aber auch christliche Motive nicht fehlen, scheint das nicht ganz zuzutreffen. Dagegen stimmt es, daß diese Gedichte von der Atmosphäre der litauischen Landschaft durchtränkt sind. Während des Krieges lebte Miłosz in Warschau und gab eine (illegale) Sammlung antinazistischer Lieder heraus. Seine Gedichte aus der Kriegszeit erschienen unter dem Titel *Rettung (Ocalenie,* 1945) als eines der ersten polnischen Nachkriegsbücher. Sie wollen einen neuen Zugang zum Problem der geschichtlichen Tragödie weisen und waren zusammen mit den Werken von Ważyk, Jastrun und Przyboś richtunggebend für die Entwicklung der polnischen Poesie in den nächsten zwei Jahrzehnten.

Ein anderes Mitglied der »Żagary«, Jerzy Putrament (geb. 1910), veröffentlichte vor dem Kriege zwei Gedichtbände, *Gestern zurück (Wczoraj powrót,* 1935) und *Waldweg (Droga leśna,* 1938), eine interessante Verbindung von Anhänglichkeit an die Wilnaer Landschaft und revolutionärem Marxismus. Mit Ausnahme einiger Lieder aus der Kriegszeit, die nach Putraments Rückkehr aus Rußland – er war Offizier der polnischen kommunistischen Armee – gedruckt wurden, schrieb er seither nichts, das anders als zweitrangig genannt werden kann. Auch Alexander Rymkiewicz (geb. 1913) war mit den Wäldern, Seen und Mooren seiner Heimat eng verwachsen. Vor dem Kriege veröffentlichte er eine ungewöhnliche Dichtung, *Der Kundschafter (Tropiciel,* 1936), die unheimliche Geschichte einer Polarexpedition, in der die Ängste, die er mit seinen Freunden teilte, zu Schnee und Eis erstarren. Wie so viele Polen mußte Rymkiewicz nach dem Krieg Wilna verlassen. Er fand in den Wäldern Ostpreußens, die an Polen fielen, eine neue Heimat.

Die polnische Kriegs- und Nachkriegspoesie steht nicht im Zeichen des *Skamander,* sondern in dem der Ersten und besonders der Zweiten Avantgarde, vor allem von Czechowicz und der »Żagary«-Gruppe. Die Erste Avantgarde zeigte die Möglichkeiten einer freimodulierenden, von Silben- und Akzentzählung gelösten Ausdrucksweise, die Zweite öffnete weite philosophische Perspektiven.

Das Theater

Die polnischen Bühnen waren in der Regel von der öffentlichen Hand subventionierte Stadttheater. Das befreite sie jedoch nicht von der Suche nach Kassenerfolgen. Sie wählten ihre Stücke auch demgemäß, aber manche zeigten darin und auch in der Inszenierung große Originalität. Der populärste Autor war Bernard Shaw, von dessen Stücken mehrere in Warschau ihre Weltpremiere hatten. Die Bühnenkunst zeichnete sich in der Aufführung der Werke der polnischen Romantik aus. Leon Schiller, der bedeutendste Regisseur der Zwischenkriegszeit, arbeitete seine Theorie des »Monumentaltheaters« im Sinne Wyspiańskis und der Pariser Vorlesungen von Mickiewicz heraus. Er wies dem Regisseur die Rolle eines Dirigenten zu, der Massenszenen in ballettartigem Rhythmus dirigiert. Mit Hilfe der Drehbühne konnten jetzt Mickiewiczs *Ahnenfeier,* Krasińskis *Ungöttliche Komödie* und Słowackis mystische Dramen aufgeführt werden. Die besten Künstler wurden zum Entwurf der Kostüme und Dekorationen herangezogen, und die Bühne stellte das Leben nicht mehr in einem Schaukasten dar, dem eine Wand fehlte. Realistische, oft alberne Lustspiele füllten aber weiterhin die Häuser und Kassen. Es gab jedoch einen Mann, der aus dem Verfall der Salonkomödie die Konsequenzen zog und im polnischen Theater eine Richtung einleitete, die in Westeuropa erst mit Ionesco und Beckett begann.

Stanisław Ignacy Witkiewicz (1885–1939)

Witkiewicz kam in Warschau als einziger Sohn eines bekannten Kunstkritikers zur Welt und verbrachte seine Kindheit und Jugend in Zakopane, der polnischen Künstlerhauptstadt. Im Jahre 1904/05 studierte er Malerei an der Krakauer Akademie der Schönen Künste, dann reiste er durch Westeuropa. Im Jahre 1914 ging er mit Bronisław Malinowski, dem bekannten Anthropologen und Freund seiner Familie, auf eine Forschungsreise nach Australien und Neuguinea. Zu Kriegsbeginn wurde er zum russischen Militär einberufen und nach Absolvierung einer Petersburger Offizierschule einem Eliteregiment zugeteilt. Im Kriege wurde er mit dem Tapferkeitskreuz des St.-Annen-Ordens ausgezeichnet, er selbst aber sprach von den letzten Minuten vor einer Schlacht als von den schrecklichsten seines Lebens. In Rußland studierte er Philosophie und probierte verschiedene Rauschgifte aus. Als die Revolution ausbrach, wählten ihn seine Soldaten zum Kommissar. Das Trauma der Revolution lastete noch lange auf ihm. Im Jahre 1918 ging er nach Polen, wo er in Zakopane lebte und sich den Krakauer »Formisten« und der *Weiche* anschloß. In einem Essay aus dem Jahre 1919 entwickelte er eine Kunsttheorie, die seiner Weltanschauung entsprach, und beide überprüfte er immer wieder: *Neue Formen in der Malerei und daraus hervorgehende Mißverständnisse.* Als Philosoph schrieb er auch für Philosophen, z. B. die streng sachlich gehaltene Abhandlung *Begriffe und Schlüsse, die sich aus dem Begriff des Seins ergeben* (1935).
Alles, was wir – nach Witkiewicz – von der Welt wissen, ist, daß sie aus Einzelexistenzen besteht, von denen jede über sich selbst staunt. Er nennt dieses Staunen »das metaphysische Gefühl der Seltsamkeit des Seins«:

»Warum bin ich gerade das und nicht jenes? Warum an diesem Punkt des
unendlichen Raumes und in diesem Augenblick der unendlichen Zeit? In
dieser Gruppe von Lebewesen und gerade auf diesem Planeten? Warum
bin ich, wenn ich ebensogut nicht sein müßte? Warum existiert überhaupt
etwas?«

Die Menschen suchten die Antwort auf diese Fragen zunächst in der Religion, dann in der Philosophie, aber alle diese Systeme haben heute Konkurs
angemeldet:
> »In dem Ringen um die Wahrheit fiel Schleier um Schleier von dem Ge-
> heimnis, bis es nichts mehr abzuwerfen gab und ein harter, nackter Körper
> zum Vorschein kam, undurchdringlich, unbezwinglich, teilnahmslos wie
> ein steinernes Standbild.«

Die Philosophen benehmen sich wie der Fuchs, dem die Trauben zu sauer
sind, und machen metaphysische Fragen zu Scheinproblemen, die sie durch
die Struktur der Sprache hinwegerklären wollen. Witkiewicz haßte die Logik
der Positivisten, den »Intuitionsfimmel« Bergsons und auch die Pragmatiker
und Marxisten mit ihrem Versuch, ethische Werte an die Stelle ontologi-
scher Wahrheit zu setzen. Ihm genügte es, die Richtung zu sehen, die die Geschichte im zwanzigsten Jahrhundert nahm, um vorauszusagen, daß die
Menschheit sich der »allgemeinen Glückseligkeit« nähere, dem Sieg einer
Ethik, die der Religion, Philosophie und Kunst den Tod bringt. Der Mensch
werde glücklich sein, aber nichts mehr von dem haben, was ihm Größe gab:
»Ethik wird Metaphysik verschlingen.« – »Vom Vieh sind wir gekommen,
zum Vieh gehen wir.« Witkiewicz kennt sich im Marxismus aus und betrachtet die soziale Revolution als notwendiges Übel. Vorläufig gäbe es aber noch
die Kunst, die einzige Möglichkeit, die aus dem »metaphysischen Gefühl der
Seltsamkeit des Seins« entstandene Angst auszudrücken und zu beruhigen.
Das Kunstwerk bewerkstellige dies durch »Einheit in Vielfalt«, das heißt
durch die Form. Als solche sei es »reine Form«, sein »Inhalt« nebensächlich.
Solange der Mensch die metaphysische Angst mit Religion und Philosophie
beschwichtigte, kam das auch der »reinen Form« zugute: sie war geordnet
und harmonisch. Dem modernen Künstler fehlte jedoch die dazu nötige Gemütsruhe, er hat nichts als seine Kunst und muß immer größere Dissonanzen
zu einer Einheit verbinden, sonst verlieren seine Gefühle im Augenblick des
Schaffens an Schärfe und Intensität. Die Kunst wird pervers und nährt sich
am Grellen, Häßlichen, Kreischenden. Sie kann zwar immer noch Ein-
heitlichkeit erreichen, aber nur in der Perversion. Witkiewicz unterschied
zwischen »reiner« und »zusammengesetzter« Kunst, je nach der Homo-
genität der Mittel. »Einfach« sind Musik und Malerei, die »reine« Mittel wie
Ton, Farbe und Linie verwenden, »zusammengesetzt« sind Dichtung und
Theater. Das letztere kann jedoch unter Umständen »reine Form« annehmen:
> »Stellen wir uns ein abstraktes Bild vor, das – abgesehen von unvermeidli-
> chen Autosuggestionen – keinerlei Assoziationen mit Gegenständen der
> Außenwelt hervorruft. Das ist im Theater unmöglich. Was hier geschieht,
> kann nur in der Klangsphäre vor sich gehen, und ein Theater ohne Hand-
> lung, sei sie noch so wirr und absurd, ist kein Theater, denn dieses ist eine
> zusammengesetzte Kunst.

In der Malerei ist [jedoch] eine neue Form entstanden, rein und abstrakt, ohne direkte Beziehung zu religiösen Motiven, und zwar durch die Entstellung der Erscheinungen. Das Theater kann dasselbe erreichen und mittels Entstellung von Handlung und Psychologie zur reinen Kunst werden.«

In seinem Werk *Das Theater* (1923) führt er sogar ein Beispiel für ein solches Theaterstück an:

»Also: Drei rotgekleidete Personen treten auf und verbeugen sich, man weiß nicht, vor wem. Eine von ihnen sagt ein Gedicht auf, und zwar so, als müsse es gerade jetzt aufgesagt werden. Ein freundlicher Greis tritt auf, mit einer Katze an der Leine. Bisher spielte sich alles vor einem schwarzen Vorhang ab. Dieser teilt sich, und man sieht eine italienische Landschaft. Orgelmusik. Der alte Mann spricht zu den drei Personen im Ton der vorhergehenden Stimmung. Ein Glas fällt vom Tisch, und alle fallen weinend auf die Knie. Der alte Mann verwandelt sich in einen rasenden Wüterich und erschlägt ein kleines Mädchen, das von links her auf die Bühne kriecht. Ein schöner Jüngling eilt heran und dankt ihm für den Mord, zum Gesang und Tanz der roten Gesellen. Der Jüngling weint an der Leiche des Mädchens und sagt dazu die lustigsten Dinge, während der alte Mann sich wieder in den freundlichen Greis verwandelt und – mit heimlichem Lächeln – von edlen und erhabenen Dingen spricht. Die Kostüme können beliebig gewählt werden, stilgemäß oder phantastisch sein, und zwischen die einzelnen Szenen kann Musik eingeschaltet werden. Also ein reines Irrenhaus? Hirngespinste eines Wahnsinnigen? Vielleicht. Aber wir glauben, daß man auf diese Weise *ein ernstes Stück verfassen und – mit entsprechender Inszenierung – etwas von noch nie dagewesener Schönheit schaffen kann,* Drama, Tragödie, Posse oder Groteske, einerlei, aber in einem Stil, der an nichts erinnert, das schon da war. Beim Verlassen des Theaters soll man das Gefühl haben, aus einem wunderlichen Traum zu erwachen, in dem die einfachsten Dinge einen sonderbar unergründlichen Reiz hatten, wie er nur Traumbildern zu eigen ist, die sich mit nichts vergleichen lassen.«

Witkiewicz macht aber klar, daß es ihm nicht auf programmatischen Unsinn ankomme: »Wir wollen das Stück an Möglichkeiten bereichern, indem wir uns nicht an die Logik des Lebens, der Psychologie und des menschlichen Benehmens halten, sondern an das Phantastische, und das erlaubt uns völlige Freiheit der Form.«

Witkiewicz schrieb an die dreißig Stücke, das erste, *Küchenschaben,* im Alter von acht Jahren (es handelt von der Invasion dieser Tierchen in einer Stadt). Die Titel zeugen davon, daß Wort und Tat bei ihm übereinstimmen: *Mister Price oder Tropenkoller; Gyubal Wahasar oder auf den Engpässen des UNSINNS: Ein nichteuklidisches Drama in vier Akten; Die Metaphysik eines zweiköpfigen Kälbchens; Der finstere Bankert von Werminston; Narr und Nonne oder Nichts ist so schlecht, daß es nicht noch schlechter ausgehen könnte: Ein kurzes Stück in drei Akten und vier Bildern – gewidmet allen Narren der Welt (einschließlich denen der anderen Planeten unseres Systems, der Milchstraße und anderer Galaxien) sowie auch Jan Mieczysławski* (deutsch 1965). Manche dieser Stücke wurden in den zwanziger und dreißiger Jahren aufgeführt und fielen durch, um erst zwanzig Jahre nach dem Tod des Autors wiederentdeckt zu werden. Auch die Idee der reinen Form war gewissermaßen ein Durchfall, denn eine Handlung ohne die geringste Spur von Logik ist keine Handlung. Aber seine phantastischen Ideen, seine Sprache, die nichts von der Alltagssprache an sich hat, seine Gabe, die unglaublichsten Situationen zu erfinden, Kostüme aus den verschiedensten Zeiten nebeneinanderzustellen, neue Worte zu prägen und sich Namen auszudenken (z. B. Doña Scabrosa Macabrescu) – machen ihn zu einer der interessantesten Gestalten des modernen Theaters. Nicht von der Hand zu weisen ist auch, daß er in diesen absurden Stücken seinen Komplexen und Ängsten freien Lauf ließ, was zwar nicht dem Prinzip der »reinen Form« entspricht, aber jedem, der nach Inhalt sucht, diesen bietet. In seinem Pessimismus in bezug auf die Zukunft der Zivilisation, in seiner Furcht vor der »seelenlosen Glückseligkeit« einer mechanisierten Welt wählte er Wahnsinnige, Besessene und Eigenbrötler als Helden, die einzigen Angehörigen einer untergehenden Welt, die dank ihres Wahns und ihrer Raserei Aufmerksamkeit verdienen. In seinen Mordszenen stehen die Opfer sofort lebendig wieder auf, und sexuelle Orgien sind von philosophischen Ausschweifungen begleitet, in denen die kompliziertesten ontologischen Traktate von Nebenfiguren heruntergeleiert werden.

Verärgert über die kühle Aufnahme, die seine Stücke fanden, wandte sich Witkiewicz im Jahre 1930 vom Theater ab und schrieb nur noch ein Stück, *Die Schuster,* an dem er von 1931 bis 1934 arbeitete und das mehr einem normalen Theaterstück gleicht. Es ist eine phantastische Parabel vom geistigen und moralischen Verfall und von zwei Revolutionen, einer faschistischen und einer sozialistischen. Es erübrigt sich, darauf hinzuweisen, daß die Handlung nicht nach naturalistischen Regeln verläuft, sondern in makabren Metaphern dargestellt wird.

Witkiewicz verdankt seine Theorie und Praxis weniger ausländischen als einheimischen Quellen. Man kann bei ihm Anklänge an Przybyszewski spüren, dessen Mord- und Selbstmordszenen er zu parodieren sucht. Vor allem aber steht er unter dem Einfluß der traumartigen Stücke Wyspiańskis und von Tadeusz Miciński, den er selbst seinen Meister nennt.

Was seine Malerei anbelangt, so bildete er sich nicht ein, ein großer Maler zu sein. Seine »psychologischen Porträts« betrachtete er als Einnahmequelle. Er nahm Rauschgifte, und wenn er es bei der Arbeit tat, notierte er jeweils die Art in einer Ecke der Leinwand. Aus diesen Erfahrungen entstand das Buch *Nikotin, Alkohol, Kokain, Peyote, Morphium, Aether + Appendix* (1932).

Witkiewicz schrieb auch Romane, obwohl er dieses Genre nicht zur reinen Kunst rechnete. Er nannte den Roman einen »Beutel« für alles Mögliche, einen Vorwand für den Autor, seine Anschauungen darzulegen oder sich mit einem Widersacher auseinanderzusetzen. Seine Werke wetteifern nicht mit denen seiner Zeit, sondern stehen dem weitschweifigen Abenteuerroman des achtzehnten Jahrhunderts näher, sind aber auch Vorläufer des kommenden, philosophisch-phantastischen Romans. Sie sind im Stil des Jungen Polen gehalten, im Gegensatz zu dessen feierlichem Ton versuchen sie jedoch, die grotesken Effekte humoristischer Gemeinplätze bis auf den Grund auszukosten. In den Werken des Jungen Polen mangelt es nicht an Vampiren, niemand aber verstieg sich zu den humoristisch-pathetischen Beschreibungen des Geschlechtsverkehrs, in denen sich Witkiewicz erging. Sein Stil macht ihn allerdings schwer übersetzbar.

Witkiewicz war der radikalste »Katastrophist« unter den polnischen Schriftstellern; sie verdanken ihm viel, er ihnen wenig. Der Roman *Abschied vom*

Herbst (Pożegnanie jesieni, 1927) spielt in der Zukunft eines ungenannten Polen, in dem sich eine Revolution der »Gleichmacher« vorbereitet. Der Held, Atanasius Basakbal, einer von vielen verrückten Künstlern der »entarteten« Kunst, versucht aus seinen sexuellen Erlebnissen möglichst viel »metaphysisches Gefühl von der Seltsamkeit des Seins« zu ziehen – Witkiewicz sah schon immer einen Zusammenhang zwischen Sexualität und Kunst. In dem allgemeinen Grau, das der Revolution folgt – es kommt viele Jahre später bei Orwell wieder –, geht Basakbal verzweifelt über die Grenze, als es ihm plötzlich scheint, als könne der Trend zur Entmenschlichung des Menschen mit einer einfachen Warnung aufgehalten werden. Er macht kehrt und wird von den Grenzwächtern getötet.

Ein anderer Roman, *Unersättlichkeit (Nienasycenie,* 1930, deutsch 1966), spielt in einer fernen Zukunft. Europa hat eine Reihe kommunistischer Revolutionen hinter sich, Rußland hat den Kommunismus aufgegeben, und Polen wird von einem genialen Diktator namens Kocmołuchowicz (von *kocmołuch* – Schmutzfink) regiert, der eine neutrale Politik verfolgt und von dem man glaubt, daß er das kommunistische Europa vor dem kommunistischen China retten kann. Witkiewicz macht sich über die Literatur der »gelben Gefahr« lustig; er weiß sie überzeugender darzustellen. Vom Glauben an ihren obersten Ideologen, Murti-Bing, getragen, hat die chinesische Armee bereits Rußland erobert und steht an den Grenzen Polens. In den Abenteuern des halb schizophrenen Genesipp Kapen wird das Panorama einer dem Untergang geweihten Gesellschaft – anscheinend Polens und Europas – aufgerollt, wie Witkiewicz sie sah. Der Titel, Unersättlichkeit, bezieht sich auf die Unmöglichkeit, die metaphysische Sehnsucht zu stillen. Der Kunst widmen sich nur noch Wahnsinnige. Von allen Seiten werden Allheilmittel angeboten, z. B. ein vergeistigtes Christentum. Verdächtige Hausierer handeln mit orientalischen Pillen, die dem Menschen ein Gefühl der Harmonie mit der Welt geben und ihn von metaphysischen Ängsten befreien, aber auch seine Widerstandskraft zersetzen. Kurz vor der Schlacht ergibt sich Kocmołuchowicz unerwarteterweise den Chinesen und wird von ihnen streng zeremoniell geköpft. In der neuen Ordnung dürfen die Gestalten des Romans als »Gewesene« unter Aufsicht des Ministeriums für die Mechanisierung der Kultur ihren harmlosen Beschäftigungen nachgehen.

Im Jahre 1939 floh Witkiewicz vor den Nazis nach Osten, und als die Sowjets aufgrund des deutsch-russischen Nichtangriffspaktes nach Polen einmarschierten, beging er Selbstmord. Im Nachkriegspolen war er tabu, bis eine neue Generation in den fünfziger Jahren in ihm eine der bedeutendsten Gestalten der modernen polnischen Literatur entdeckte und seine Stücke ins Theaterrepertoire aufgenommen wurden.

Romane und Erzählungen

Der polnische Büchermarkt war nicht sehr groß, konnte aber immerhin neben den einheimischen Werken auch solche zeitgenössischer Autoren aus
dem Ausland aufnehmen. Am verbreitetsten waren die Franzosen, vor allem
Romain Rolland, Georges Duhamel, Paul Morand und Roger Martin du
Gard. Amerika und England waren mit Upton Sinclair, Theodor Dreiser, Dos
Passos, D. H. Lawrence und Aldous Huxley vertreten. Viel gelesen waren
deutsche Autoren, allen voran Thomas Mann, und auch Russen wie Boris Pasternak, Konstantin Fedin, Fedor Sostschenko und Ilja Ehrenburg (damals
noch Emigrant in Paris). Einer ganz besonderen Popularität erfreute sich Joseph Conrad, nicht lediglich wegen seiner polnischen Herkunft; die von ihm
selbst wiederholt revidierten Übersetzungen seiner Werke durch seine Ku-
sine Aniela Zagórska zeugen davon. Żeromskis Autorität unter den polnischen Schriftstellern blieb nach wie vor unbestritten, neben ihm traten aber
schon im Jahre 1918 neue Talente hervor.

Maria Dąbrowska (1885–1965)

Die Kritik stimmt bis auf den heutigen Tag darin überein, daß das beste Er-
zählertalent der Zeit eine Frau war: Maria Dąbrowska. Sie war die Tochter
eines verarmten Gutsbesitzers, studierte Naturwissenschaften in der Schweiz
und in Belgien, später Nationalökonomie in Belgien. Im Sinne der positivistischen Lehre von der »organischen Arbeit« widmete sie sich der Sache des sozialen und nationalen Fortschritts und betätigte sich öffentlich, besonders im
Genossenschaftswesen. Ihre Erzählungen – sie begann mit Kindergeschich-
ten – sind recht traditionell in der Form, die einfache Sprache klingt eher
nach dem neunzehnten Jahrhundert als nach dem Jungen Polen. Auf zwei
Frühwerke, *Der Kirschenzweig und andere Erzählungen (Gałąź czereśni i inne
opowiadania,* 1922) und *Kindheitslächeln: Erinnerungen (Uśmiech dzie-
ciństwa: Wspomnienia,* 1923), folgte das bedeutsamere *Die Landlosen: Ein Er-
zählungszyklus (Ludzie stamtąd: Cykl opowieści,* 1926, deutsch 1927). Die Gestalten dieser Erzählungen treten weder sentimental noch anklagend auf,
sondern sind Menschen voller Sorgen und Sehnsüchte, deren Schicksal den
Leser tief berührt. Die Vertrautheit der Autorin mit Leben und Sprache der
Bauern schuf hier ein realistisches Werk, frei von jeder Herablassung.
Maria Dąbrowska war mit den philosophischen und politischen Strömungen
ihrer Zeit gut vertraut und konnte in ihren Essays die verschiedensten Fragen
behandeln; in ihren Erzählungen erlegt sie sich jedoch Zurückhaltung auf
und verkündet ihre Botschaft indirekt, indem sie ihre Sympathie für eine gewisse Art von Menschen zeigt. Botschaft? Jawohl, sie hatte eine. Als durch
und durch ethischer Mensch und agnostische Vorkämpferin einer »Ethik
ohne Sanktion« glaubte sie vor allem an die Menschen, deren Leben in kleinen Dingen besteht, wie z. B. der Hausarbeit. Der stille, selbstlose Heroismus,
mit dem sie sich ihrer Aufgabe unterziehen, war ihr ein Unterpfand für den
Fortbestand des Menschengeschlechtes und seine ewige Erneuerung. Diese
Idee eines Heroismus der Pflicht verbindet sie mit Conrad, dessen Gedanken
sie sehr beschäftigten, und ihre *Conrad-Skizzen (Szkice o Conradzie,* 1959) ge-

ben einen interessanten Einblick in sein Verhältnis zur polnischen Romantik. Ihre Gedanken sind nicht so hart wie die seinen. Es scheint, daß sie in der Masse der kleinen Menschen untertauchen möchte, die mit ihren Bemühungen und Taten trotz aller Mißerfolge und Niederlagen zum Bau eines großen Werkes beitragen. Für die Dąbrowska war diese Masse das polnische Volk. Aus diesem Geist entstand ihr *magnum opus, Nächte und Tage (Noce i dnie,* 1932–1934). Der Titel entspricht der Stimmung des Buches, in dem Tag und Nacht im Ablauf der Zeit, im Rhythmus des unabänderlichen Lebensstromes aufeinanderfolgen und den Menschen immer wieder mit sich selbst und der Welt, die ihn umgibt, konfrontieren. Wenn es Aufgabe des Epos ist, Sitten und Bräuche unwiederbringlich vergangener Zeiten festzuhalten, so ist sie hier vorzüglich erfüllt. Im Zentrum des Werkes steht ein Ehepaar aus dem polnischen Landadel des späten neunzehnten Jahrhunderts, Bogumil und Barbara Niechcic. Ihre Nächte und Tage, Geldnöte, Schwierigkeiten im Eheleben, mit der Umwelt und mit der Tochter, die ihre eigenen Wege geht, zeigen die sozialen Veränderungen, die im Laufe der letzten Jahrzehnte vor dem Ersten Weltkrieg stattfanden. Das vierbändige Werk: Bd. I, *Bogumil und Barbara,* Bd. II, *Ewige Plage* (deutsch 1938), Bd. III, *Liebe,* Bd. IV, *Gegen den Wind* (deutsch 1957), gehört zur Art des *roman-fleuve* von Roger Martin du Gard und der Familiensaga von Galsworthy, unterscheidet sich jedoch von ihnen darin, daß es von einem einzelnen Ehepaar handelt, das sich die Last des Ehelebens mit Verständnis und Versöhnlichkeit zu erleichtern sucht. Die ruhige, beherrschte Prosa, reich, aber einfach, ist mustergültig und wird in polnischen Enzyklopädien häufig als beispielhaft angeführt. Sie entlockte einem Avantgardisten wie Julian Przyboś die Worte: »Will ich den Geist der polnischen Poesie atmen, beuge ich mich über den *Pan Tadeusz;* will ich aus dem Strom der polnischen Prosa trinken, vertiefe ich mich in *Nächte und Tage.«*

Neben ihren Aufsätzen über das Genossenschaftswesen veröffentlichte Maria Dąbrowska im Jahre 1937 unter dem Titel *Am Scheideweg (Rozdroże)* eine Studie über die Agrarfrage und die Bodenreform. Sie lebte im nazibesetzten Warschau, und alles blickte zu ihr auf. Die Volksrepublik Polen gab ihre Werke in Massenauflagen heraus, sie wurde von der Kommunistischen Partei umworben, trat aber nie aus ihrer Zurückhaltung hervor und ließ sich – ihrem Prinzip getreu, Extreme zu vermeiden – zu keinem eindeutigen Ja oder Nein auf die Frage nach der Notwendigkeit des revolutionären Umschwungs bewegen. Während der stalinistischen Epoche schwieg sie und trat dafür im Jahre 1955 mit einem Band Erzählungen hervor, *Der Morgenstern (Gwiazda zaranna),* von denen besonders »Die Dorfhochzeit« (»Na wsi wesele«) ihren Anschauungen Ausdruck gibt. Das polnische Dorf hat den Krieg, die Zwangskollektivierung und die Schikanen kleiner Bürokraten überstanden, das Leben geht weiter, die Menschen arbeiten, heiraten, haben Kinder und fühlen sich als kleine Teile eines großen Ganzen, das dauerhafter ist als die Plagen, die sie heimsuchten. Ein Faden metaphysischen Glaubens zieht sich durch Dąbrowskas Werk, ist aber nur schwer zu fassen. Wie so viele Schriftsteller vor ihr scheint sie ihre Kraft aus der Betrachtung der polnischen Geschichte zu ziehen, und davon zeugen zwei im Jahre 1957 veröffentlichte Theaterstücke: *Stanislaus und Bogumil,* das den Mißerfolg der Politik Boleslaus des Kühnen im elften Jahrhundert zum Thema hat, und *Das verwaiste Genie (Geniusz sierocy),* das von dem vergeblichen Bemühen König Ladislaus' IV. handelt, die Kosakenkriege des siebzehnten Jahrhunderts durch ein schärferes Vorgehen zu vermeiden. Beide Werke haben trotz ihres Stoffes einen optimistischen Unterton. Polen verdankt Maria Dąbrowska auch eine ausgezeichnete Übersetzung von Samuel Pepys' *Tagebuch* (1948).

Kriegsliteratur

Der Erste Weltkrieg, der für Polen bis 1920 dauerte, brachte eine reiche Ernte an Memoiren und Erzählungen aus der Feder von Soldaten und Zivilpersonen, die der Krieg in die entlegensten Winkel der Erde verschlagen hatte. Ferdinand Götel (1890–1960) war als Österreicher in Taschkent interniert worden und kämpfte später in den Reihen der Roten Armee im Kaukasus. Mit seinen Erzählungen und dem Roman *Kar Chat* (1923) erntete er starken Beifall. Im Jahre 1926 trat er mit einem experimentellen Roman hervor, *Von Tag zu Tag (Z dnia na dzień,* deutsch 1931), in dem er eine Doppelrolle spielt: Im Rahmen des Buches führt er ein Tagebuch über die Entstehung eines Romans und wird so zu einer der Hauptfiguren seines eigenen Werkes.
Es dauerte aber noch Jahre, bis der erste richtige Kriegsroman erschien, Stanisław Rembeks (geb. 1901) *Im Feld (W polu,* 1937), der nüchtern-brutale Bericht vom Schicksal einer polnischen Artillerieeinheit im polnisch-russischen Krieg von 1920, ein Bericht, an dem nur wenig erdichtet ist.
Nicht der Krieg an sich, sondern der Zustand des Menschen, der gegen seinen Willen in ihn verstrickt wird, ist das Thema von Josef Wittlins *Salz der Erde (Sól ziemi,* auch deutsch 1936), das ursprünglich als erster Band einer Romanreihe unter dem Titel *Die Geschichte des geduldigen Infanteristen* gedacht war. Das Werk wurde in zahlreiche Sprachen übersetzt und nimmt einen führenden Platz in der pazifistischen Literatur ein. Wittlin stammt aus Lemberg, studierte Philosophie und Philologie in Wien und diente während des Ersten Weltkrieges in der österreichischen Infanterie. Im Jahre 1914 begann er ein großes Werk, eine polnische Versübersetzung der *Odyssee,* die 1924 erschien und seither mehrmals von ihm selbst umgearbeitet wurde. Wittlin war der einzige bedeutende Mitarbeiter der Zeitschrift *Die Quelle (Zdrój),* die von 1917 bis 1922 in Posen erschien und mit ihrer pro-expressionistischen Haltung eine wichtige Rolle im Übergang vom Jungen Polen zur Nachkriegsliteratur spielte. Die freien Verse von Wittlins *Hymnen (Hymny,* 1920) weisen Anklänge an Kasprowicz auf, aber statt metaphysischer Qualen äußern sie den beredten Protest eines Humanisten gegen Krieg, Unterdrückung und Erniedrigung des Menschen durch mächtige politische und soziale Faktoren. Sie könnten als Text zu den Holzschnitten Franz Masereels dienen und stehen in der polnischen Poesie, die damals zum *Skamander* und zur Ersten Avantgarde neigte, allein da. Der Held im *Salz der Erde* ist ein ungebildeter Bauer aus den Karpaten, der zur österreichischen Armee eingezogen wird und in den Krieg zieht, ohne zu verstehen, warum Menschen töten müssen und wer über ihn verfügt. Er trägt den symbolischen Namen Niewiadomski (der Unbekannte), und der Roman setzt dem unbekannten Soldaten, der hier aus seinem Dorf gerissen wird und im Getriebe einer sinnlosen Maschinerie hängen bleibt, ein Denkmal. Wittlin war vornehmlich Essayist und schrieb nur gelegentlich Poesie oder Prosa. Er verließ Polen im Sommer 1939 und lebt seit 1941 in New York. Im Jahre 1946 veröffentlichte er seine Erinnerungen, das ergreifende *Mein Lemberg (Mój Lwów).*

Die sozialistische Bewegung erreichte ihren Höhepunkt in der Revolution von 1905. Viele Schriftsteller, z. B. Żeromski, standen ihr nahe, viele gehörten ihr an, und einer der aktivsten war Stefan Gałecki (1873–1937), der unter dem Namen Andrzcj Strug schrieb. Als Student war er wegen politischer Betätigung verhaftet worden, saß anderthalb Jahre im Warschauer Gefängnis und wurde nach Archangelsk verschickt. Nach Rückkehr aus der Verbannung trat er der Sozialistischen Partei bei, beteiligte sich an der Revolution von 1905 und schloß sich Piłsudski und seiner Legion an. Nach dem Krieg nahm er, von der sozialen Gleichgültigkeit des neuen Regimes enttäuscht, gegen ihn Stellung. Seine von revolutionärer Romantik erfüllten Romane *Menschen im Untergrund (Ludzie podziemni,* 1908), *Die Geschichte einer Bombe (Dzieje jednego pocisku,* 1910) u. a. handeln von terroristischen Überfällen auf zaristische Würdenträger und von heldenmütigen Verschwörungen von Arbeitern und Studenten. Krieg, Selbstanklagen und politische Enttäuschung kennzeichnen den Roman *Die Generation des Mark Schwida (Pokolenie Marka Świdy,* 1925). Strug schrieb auch antimilitaristische Romane, die den Krieg als Auswuchs des imperialistischen Kapitalismus darstellen: *Das Grabmal des unbekannten Soldaten (Mogiła nieznanego żołnierza,* 1922), *Der Schlüssel zum Abgrund (Klucz otchłani,* 1929) und *Das gelbe Kreuz (Żółty krzyż,* 1933). Sein Leichenbegängnis war eine machtvolle Demonstration der gesamten Linken.

Die wertvollsten erzählerischen Dokumente aus dem Leben des Nachkriegspolen stammen aber von keinem Sozialisten, sondern von einem der engsten Anhänger Piłsudskis. Julius Kaden-Bandrowski (1885–1944), Sohn eines Arztes und Publizisten in Galizien, besuchte in Krakau und Lemberg das Gymnasium und studierte Musik in Brüssel, wo er auch als Korrespondent für polnische Zeitungen tätig war. Seine literarische Laufbahn beginnt mit einem experimentellen Prosawerk, *Berufe (Zawody,* 1911), das den Arbeitstag einer Wäscherin, eines Glasers, Hundefängers, Fleischers u. dgl. m. peinlich genau darstellt. Im Jahre 1915 trat Kaden-Bandrowski in die Legion Piłsudskis ein und wurde zu dessen Chronisten und Propagandisten. Als unentwegter Verteidiger des Putsches von 1926 und des von Piłsudski installierten Regimes verfügte er über großen Einfluß und machte sich deswegen bei der Opposition sehr unbeliebt. Als Schriftsteller wurde er allgemein unterschätzt und gewann erst in den fünfziger Jahren Anerkennung. In seinen Schriften erlegte er sich eine qualvolle Selbstdisziplin auf. Er wollte den Roman zum objektiven Spiegel des Lebens machen. Dazu brauchte er Tatsachenmaterial, und zu diesem Zweck reiste er kreuz und quer durch Polen, sammelte Ziffern und Daten und entwarf kurze Charakterskizzen von den Personen, mit denen er zusammenkam – alles, um die komplizierten Zusammenhänge der Geschehnisse zu verstehen. Er stellte keine Theorien auf und war bewußt doppeldeutig – wie die Wirklichkeit, würde er sagen. Viele seiner Gestalten sind bekannten Persönlichkeiten nachgebildet, und das wurde ihm als Böswilligkeit und Verleumdung zum Vorwurf gemacht. Im Roman *Der Bogen (Łuk,* 1919) beschreibt er das Leben in Krakau während des Ersten Weltkrieges auf nicht gerade freundliche Art. *General Bartsch (Generał Barcz,* 1923, deutsch 1929) ist das Porträt eines Offiziers, der »mit eiserner Faust« ein ideales Regime errichten will, das zu einer Militärdiktatur führt.

Kaden-Bandrowski lebte 1923/24 im südpolnischen Kohlenbecken, und was er dort sah, erscheint in dem zweibändigen Roman *Schwarze Schwingen (Czarne skrzydła,* 1925–1929). Er schont darin niemand, weder die französischen Grubenbesitzer noch die servilen polnischen Direktoren oder die sozialistischen Politiker, Karrieredemagogen, die sich von einem Kompromiß zum anderen schlängeln. Der einzig sympathische Charakter ist ein junger Grubenarbeiter, ein aktiver Kommunist. Die düstere Landschaft, das Elend, die Ausbeutung werden in ihrer ganzen abstoßenden Häßlichkeit gezeigt. Eine der Hauptepisoden des Werkes, ein Grubenbrand, der sich tatsächlich zutrug, wird in allen Einzelheiten geschildert, nur mit einem fiktiven Firmennamen. Bandrowskis nächstes Werk, *Mateusz Bigda* (1933), ein dreibändiger Wälzer, wurde wegen seines Umfangs verlacht. Überhaupt hatte er mit Romanen weniger Glück als mit Erzählungen, die allgemein gefielen und in andere Sprachen übersetzt wurden. *Mateusz Bigda* ist eine Expedition in den politischen Dschungel voller Ränke und Intrigen, schmutzigem Schacher und verantwortungsloser Demagogie. Nur wer wie Zola von seiner Berufung überzeugt war, das Häßliche und Abstoßende aufzuzeigen, konnte ein solches Buch schreiben. Zola wird hier nicht zufällig genannt. Man hat Kaden-Bandrowski als Naturalisten bezeichnet und zum Beweis dafür seine Tatsachensammlung und die Art, wie er die Menschen darstellt, angeführt. Ihm fielen an einem Menschen die winzigsten Details auf, herabhängende Wangen, kleine Ticks, Ähnlichkeit mit Tieren usw. Mit seinen wütenden Angriffen auf die Wirklichkeit, seinen Übertreibungen und Karikaturen steht er dem Expressionismus nahe und erinnert darin an gewisse russische Schriftsteller der zwanziger Jahre.
Bei all seinen guten Beziehungen zu den herrschenden Kreisen blieb Kaden-Bandrowski ein einsamer Mensch, der nur eines im Sinn hatte: ein sozialer Naturforscher zu sein. Im Streit der Ideologien stand er allein: »Ich glaube, daß man den Menschen von seinen Fesseln befreit, wenn man alles über ihn sagen kann.«

Utopien und Gegenutopien

Weltkrieg und Revolution hatten eine Unbeständigkeit der politischen Formen hervorgerufen, die manche Schriftsteller zu ironischen oder paradoxen Prophezeiungen verleitete. Die polnischen Futuristen hatten wenig Bedeutung, sie kamen gegen den *Skamander* und die Konstruktivisten der Ersten Avantgarde nicht an und rümpften die Nase über sie. Bruno Jasieński prophezeite – gleich Karel Čapek – in seinem ersten Roman, *Die Beine der Isolde Morgan (Nogi Izoldy Morgan,* 1923), daß wir uns »mit mathematischer Sicherheit« dem Ende nähern, der Herrschaft der Maschine, die sich vom Menschen unabhängig machen und ihn zerschmettern wird. In *Je brûle Paris* träumt er in gar nicht marxistischer Weise von der Zerstörung der bürgerlichen Zivilisation durch eine Bande von Revolutionären, die das Wasser vergiften und eine verheerende Epidemie verursachen.
Der Futurist Alexander Wat (1900–1967) gab seinen sarkastischen Utopien den Titel *Der arbeitslose Luzifer (Bezrobotny Lucyfer,* 1927). Um sich einen Begriff von ihrem Inhalt zu machen, genügt es, den Titel einer dieser Erzählungen anzuführen: »Europa lebe hoch! (Aus den Erinnerungen eines Ex-Europäers).« Eine andere, »Der ewige Jude«, spielt im dritten Jahrtausend

unserer Zeitrechnung: Die katholische Kirche beherrscht die Welt, die Juden haben das Christentum angenommen, alle Geistlichen sind Juden, und die Antisemiten lernen Hebräisch, studieren die Kabbala und bekämpfen das Papsttum. Der Zusammenhang dieser Werke mit den Gegenutopien von Witkiewicz ist offensichtlich. In den fünfziger Jahren hatte Wat als bedeutender Dichter ein Comeback.

Zwischen sozialem Dokument und schöner Literatur

Der »Zeitungsstil« von John Dos Passos und die realistischen Nachkriegsfilme machten auf die sozialistischen Schriftsteller starken Eindruck, und sie verfolgten die Auseinandersetzungen über die Rolle der Literatur, die in der Sowjetunion stattfanden, mit großem Interesse. Zwei Sammelbände von Aussagen polnischer Arbeiter und Bauern, *Bauernerinnerungen* und *Emigrantenerinnerungen* (polnischer Arbeiter in Frankreich und Südamerika) wurden von der Öffentlichkeit lebhaft aufgegriffen und oft höher geschätzt als schöne Literatur (was unter dem Eindruck der schweren Wirtschaftskrise der dreißiger Jahre leicht verständlich ist). Die Kommunistische Partei war verboten, aber kommunistisch orientierte Zeitschriften konnten erscheinen. Die von Alexander Wat von 1929 bis 1931 herausgegebene *Literarische Monatsschrift* trat für eine »sozialdokumentarische« Literatur ein und schrieb einen Wettbewerb für die beste Schilderung eines sozialen Milieus aus, an dem sich viele Leser beteiligten. Im Jahre 1933 taten sich mehrere Schriftsteller, die mit den Kommunisten sympathisierten oder zu ihnen gehörten, unter dem Namen »Die Vorstadt« *(Przedmieście)* zu einer Gruppe zusammen, die sich die Aufgabe stellte, die Aufmerksamkeit des Publikums auf Menschen und Dinge zu lenken, die von der Literatur vernachlässigt wurden. Sie versuchten, den Durchschnittsmenschen als Vertreter seiner Klasse oder seines Berufes darzustellen und die soziale Atmosphäre einer bestimmten Straße oder eines ganzen Stadtviertels einzufangen. Die Gründer der Gruppe waren Helena Boguszewska und Jerzy Kornacki, die ihre Werke oft gemeinsam schrieben, z. B. den Roman *Die Weichsel (Wisła,* 1935), der von den Schiffern und Sandschauflern handelt, denen der Fluß ihren Lebensunterhalt gibt. Bald machte eine »Tatsachenliteratur« der Belletristik den Boden streitig. Man sprach davon, wie schwer es sei, angesichts der Veränderungen in den Sozialwissenschaften und der Psychologie Menschen echt darzustellen. Der künstlerische Wert der »Tatsachenliteratur« bleibe dahingestellt, sie beeinflußte jedoch die Schriftstellergeneration, die kurz vor dem Zweiten Weltkrieg hervortrat.
Ihr bedeutendster Vertreter war Leon Kruczkowski (1900–1962), ein gebürtiger Krakauer, der an der Technischen Hochschule studierte, dann in der chemischen Industrie angestellt war und schließlich an Gewerbeschulen unterrichtete. Er war ein aktiver Sozialist, und sein erster Roman, *Kordian und Grobian (Kordian i cham,* 1932), wurde von der gesamten Linken als großes Ereignis gefeiert. In der polnischen Literatur nahmen gewisse geschichtliche Streitfragen, besonders solche des neunzehnten Jahrhunderts, einen breiten Raum ein, und die Schriftsteller wurden je nach der Antwort, die sie gaben, in verschiedene Gruppen geteilt. Kruczkowskis Werk bezieht sich mit seinem Titel auf Słowackis Kordian, den adligen Revolutionär aus dem Jahre 1830, und stellt ihm einen Grobian aus dem Volk entgegen, eine authentische Gestalt, den Bauern Deczyński, der an dem Aufstand teilnahm und darüber ein

Tagebuch führte. Seine Anschauungen sind natürlich völlig verschieden von denen seiner adligen Vorgesetzten. Kruczkowski erweiterte das Tagebuch zu einem Anklageakt, in dem sich zwei verschiedene Polen und zwei Arten von Patriotismus gegenüberstehen, durch Klassenunterschiede getrennt. Man kann in dem Werk den Einfluß Żeromskis spüren, der in *Schutt und Asche* sowie dem Roman *Alles oder nichts (Wszystko i nic,* 1919) gleichfalls von nationalen Freiheitskämpfern sprach und das harte Los der einfachen Bauernsoldaten mit dem zügellosen Leben der Adligen verglich. Kruczkowski schlägt einen radikaleren Ton an, sein Werk wird daher als Beginn einer marxistischen Interpretation der polnischen Geschichte und bedeutendes politisches Dokument angesehen. Es zeigt den Autor in seiner ganzen Schwäche und Stärke. Sein Talent stand seiner Überzeugung nach, und daß er sich an Tatsachenmaterial und geliehene Motive hielt, zeugt davon, daß er sich wahrscheinlich seiner Schwäche bewußt war. Seine beiden nächsten Romane, *Pfauenfedern (Pawie pióra,* 1935), eine Art Fortsetzung des *Kordian,* und *Die Schlinge (Sidła,* 1937), die bedrückende Chronik der Existenz arbeitsloser Angestellter, fanden keinen großen Anklang. Kruczkowski war einer der energischsten Gegner des polnischen Faschismus und veröffentlichte im Jahre 1938 ein antifaschistisches Stück, *Ein Abenteuer mit dem Vaterland (Przygoda z Vaterlandem).* Im September 1939 geriet er in deutsche Gefangenschaft und verbrachte fünf Jahre in einem Kriegsgefangenenlager. Nach dem Kriege wurde er zu einer führenden Persönlichkeit in der Volksrepublik Polen, gab den Roman auf und wandte sich ganz dem Theater zu.

Starken Anklang fand Zbigniew Uniłowski (1900–1937), dessen früher Tod ein großes Talent auslöschte. Uniłowskis Erzählungen klingen wie Augenzeugenberichte. *Das geteilte Zimmer (Wspólny pokój,* 1932) ist eine reportageartige Erzählung aus dem Leben der Warschauer Künstlergruppe *Quadriga, Zwanzig Jahre Leben (Dwadzieścia lat życia,* 1937) eine solche aus der Kindheit eines Warschauer Proletariers. Uniłowski schrieb in der Sprache des Volkes und im Slang und war einer der überzeugendsten Vertreter des dokumentarischen Realismus.

Bruno Schulz (1892–1942)

Bruno Schulz stammt aus Drohobycz, einer zum größten Teil von Juden bewohnten Stadt nahe den ostgalizischen Ölfeldern. Er studierte Architektur in Lemberg, spezialisierte sich in Lithographie und Zeichnen und war Zeichenlehrer am Gymnasium von Drohobycz. Er fürchtete sich vor Verlegern und schrieb für sich selbst, in Anlehnung an das Junge Polen und die deutsche Literatur der ersten zwanzig Jahre unseres Jahrhunderts. Den Anschluß an die literarische Welt fand er erst im Jahre 1933, als er aus seiner provinziellen Zurückgezogenheit hervortrat und sich der »Vorstadt«-Gruppe anschloß. Ein Jahr darauf erschien sein erster Roman, *Die Zimtläden (Sklepy cynamonowe,* 1934, deutsch 1961), mit dem er allgemeines Aufsehen erregte. Von Verlegern ermutigt, veröffentlichte er ein zweites Werk, *Das Sanatorium zur Sanduhr (Sanatorium pod klepsydrą,* 1937), und das ist alles, was von ihm erhalten blieb. Das Manuskript eines dritten Romans, *Der Messias,* ging verloren. Schulz wurde von den Nazis im Getto von Drohobycz umgebracht.

Wann immer man von Schulz spricht, kommt die Rede auf Kafka. Schulz bewunderte den Prager Dichter und übersetzte den *Prozeß* (1936). Mit Kafka

342

verbindet ihn auch, daß er mit dem herkömmlichen Roman bricht. Seine beiden Bücher sind eine Reihe von Erzählungen, die durch die Person des Erzählers, ein verschwommenes Ich, zusammengehalten werden. Sie spielen in einer Kleinstadt, in welcher alle Dinge vergrößert, verzerrt werden und traumhaft erscheinen. Überall leuchtet das Staunen über das Rätsel des Lebens, den Wandel der Natur hervor. Formen verwachsen mit Formen, verschwinden und tauchen unerwartet in anderer Gestalt wieder auf. Es gibt verblüffende Ähnlichkeiten zwischen Schulz und Kafka, vor allem die Zwangsvorstellung vom Vater, der bei Schulz – wie der Held von Kafkas *Verwandlung* – als Küchenschabe endet. Schulz ist aber ein originelles Talent, und die Geistesverwandtschaft mit Kafka liegt viel tiefer, als daß man sie mit literarischer Beeinflussung erklären könnte. Er wickelt die einfachsten Dinge in ein Spinnengewebe von Metaphern ein und macht z. B. aus den Verkäufern im Laden seines Vaters, aus diesem selbst oder dem Hausmädchen Adele mythologische Figuren, Helden des Rätsels des Daseins. Er nennt die Hauptstraße von Drohobycz »Krokodilstraße«, und was er dort sieht, könnte ebensogut ein Bild der Entfremdung des amerikanischen Großstadtmenschen sein. Das Getto fand nicht in der »Tatsachenliteratur« sein Abbild, sondern in diesen Phantasmagorien, im Zerrspiegel von Schulz' Phantasie. Sein Humor, seine Intuition, sein Reichtum an Sprachbildern bestätigen das Urteil der jungen Literaten der dreißiger Jahre sowie das der Polnischen Literaturakademie, die ihm den »goldenen Lorbeer« verlieh. Schulz ist ohne Zweifel einer der größten Schriftsteller aus der Zeit zwischen den beiden Weltkriegen.

Maria Kuncewicz (geb. 1899)

Daß so viele Frauen in die Literatur eindrangen, ist weniger erstaunlich, als daß sie zu den meistgelesenen Autoren wurden. Vielleicht hat das mit wirtschaftlichen Bedingungen zu tun: Die Frauen haben angeblich mehr Zeit, die Männer müssen Geld verdienen – jedenfalls nahm die Zahl der Schriftstellerinnen bedeutend zu. An Klarheit und Eleganz des Stils und an Sorgfältigkeit im Aufbau ihrer Werke reicht jedoch keine an Maria Kuncewicz heran. Ihre Studien gaben ihr eine gute Grundlage: französische Literatur in Nancy, polnische in Krakau und Warschau, Gesang am Warschauer und Pariser Konservatorium. Sie trat zum erstenmal im Jahre 1918 in der Zeitschrift *Pro arte et studio* hervor, in der auch die Skamandriten ihre ersten Schritte machten. Wie erinnerlich, wollte der *Skamander* in der polnischen Poesie, die allzuoft in den Dienst nationaler und sozialer Aufgaben gestellt worden war, »normale« Bedingungen herstellen (zumindest anfänglich), und Maria Kuncewicz wollte dasselbe in der Prosa. Das verlangte eine unparteiische, von aller Politik losgelöste Beobachtung des Seelenlebens. In ihren zahlreichen Novellen und den Romanen *Das Gesicht des Mannes (Twarz mężczyzny,* 1928) und *Die Fremde (Cudzoziemka,* 1936) steht das Individuum im Brennpunkt, und das qualifizierte sie für den Titel der »westlichsten« unter den polnischen Autoren. Die *Fremde* ist eine Frau, die sich in ihrer psychogenetischen »Andersheit« inmitten ihrer Mittelstandsfamilie wie ein Wesen aus einer anderen Welt benimmt. Kuncewicz sah im Charakter den erblichen Kern des Individuums, der es von allen anderen unterscheidet, und sie sagte das zu einer Zeit, da polnische Schriftsteller – beginnend mit Irzykowski – dem Charakter eine eigene Existenz absprechen und ihn auf sozialpsychologische Faktoren zurückführen wollten.

Maria Kuncewicz schrieb auch den ersten polnischen »Radioroman«, der wöchentlich in Fortsetzungen über den Rundfunk gesendet wurde und sehr populär war: *Der Alltag von Herrn und Frau Schmidt (Dnie powszednie państwa Kowalskich,* in Buchform 1938). Im letzten Krieg entkam sie nach Frankreich und lebte von 1940 bis 1955 in England, seither – unterbrochen von häufigen Polenreisen – in den Vereinigten Staaten. Ihr bester Nachkriegsroman ist *Der Förster (Leśnik,* 1952), der – wiederum ein Symptom für die Stimmung der polnischen Schriftsteller – zur Zeit des Aufstands von 1863 spielt.

Zofia Nałkowska (1884–1954)

Sofie Nałkowska war die Tochter eines bekannten Warschauer Gelehrten und Publizisten. Sie wuchs in einem gebildeten Hause auf und gehörte zu jenen geistreichen Frauen, an denen das Junge Polen so reich war. In ihren Frühwerken, beginnend mit dem Roman *Frauen (Kobiety,* 1906), macht sie sich aller Sünden ihrer literarischen Zeitgenossen schuldig: Schöngeisterei, Verschrobenheit, Oberflächlichkeit. Unmittelbar nach dem Ersten Weltkrieg wurde sie als die beste Vertreterin des psychologischen Romans gepriesen und in mehrere Sprachen übersetzt. Ihr bedeutendstes Werk stammt aber aus einer späteren Zeit. Sie hatte die literarischen Moden Europas eine nach der anderen mitgemacht und zieht in dem Roman *Die Schranke (Granica,* 1935, deutsch 1958) die Bilanz. Während sie jedoch früher ihre Gestalten unabhängig von deren sozialen Stellung sah, versetzt sie sie jetzt mitten in ihr Milieu. Sie sind in eine Schablone gespannt, die nicht nur ihr Verhalten, sondern selbst ihre seelischen Triebkräfte bestimmt. Das Buch ist auch eine Studie der polnischen Intelligenz, besonders der fortschrittlich gesinnten, sozialistischen Leser Żeromskis und Strugs, die – gleich ihren Autoren – zutiefst davon überzeugt waren, daß sie recht hatten, aber allmählich in den Sog der Gesellschaft gerieten und sich schließlich der Schablone anpaßten. In der dramatischen Handlung des Werkes wird (inmitten einer Vielzahl von Nebengestalten) eine Linie erkennbar, die die Menschen nicht überschreiten können, so sehr sie es auch wünschen. Die Linie ist nicht von ihnen gezogen, sie trennt nicht Gut und Böse, sondern ist das Ergebnis von Faktoren, die ihre Beziehungen zu anderen bestimmen: Herkunft, Beruf, Geld. Nałkowska hält den Charakter nicht für ein unabhängiges Etwas, das selbst in den schwersten Schicksalsschlägen sein Wesen bewahrt. Die Schablone erlaubt dem Menschen nicht, sich selbst treu zu bleiben, bis er nur noch das ist, was andere in ihm sehen. Die philosophische und politische Bedeutung einer solchen Ansicht kam den sozialistischen Literaten sehr entgegen. Die *Schranke* hat aber auch tatsächlich viel von einem sozialkritischen Roman an sich, und das Jahr, in dem sie erschien, war eines der dunkelsten des Jahrzehnts. Nach dem Kriege gehörte Nałkowska dem Redaktionsstab der literarischen Wochenschrift *Die Schmiede (Kuźnica)* an, war Mitglied des Sejm und der Kommission zur Untersuchung der Kriegsverbrechen. Sie veröffentlichte noch eine Sammlung von Erzählungen aus der Zeit des Völkermordens, *Medaillons (Medaljony,* 1946, deutsch 1956), und einen politischen Roman, *Lebensknoten (Węzły życia,* 1948).

Witold Gombrowicz (1904-1969)

Gombrowicz hatte noch lange keinen Namen in der Weltliteratur, als die polnische Jugend in ihm ihren literarischen Meister erkannte, und das, obwohl er die meiste Zeit seines schöpferischen Lebens im Ausland verbrachte. Es war in Künstlerkreisen unangebracht, sich auf seine Herkunft zu berufen, aber Gombrowicz – er stammte aus dem begüterten Landadel – tat es gerade deswegen mit besonderem Vergnügen – einer der vielen Verstöße gegen den »guten Ton«, die für ihn so charakteristisch sind. Er hatte in Warschau Jura, in Paris Philosophie und Nationalökonomie studiert, eine einträgliche Anwaltspraxis aufgegeben, um sich der Literatur zu widmen, und begann mit einer Reihe »verrückter« Kurzgeschichten, den *Erinnerungen an die Reifezeit (Pamiętnik okresu dojrzewania,* 1933). Es folgten der Roman *Ferdydurke* (1938, deutsch 1960) und das Schauspiel *Yvonne, Prinzessin von Burgund (Iwona, księżniczka Burgundu,* 1938, deutsch 1964), gleichfalls »verrückte« Werke, die den Leser mit Possenreißerei amüsieren, ihn aber gleichzeitig auch zwingen, unangenehme Wahrheiten zu schlucken. Gombrowicz war ein Philosoph ohne Respekt vor der Hochschulphilosophie und Literatur, in der er ein snobistisches Ritual sah, an dem er sich unter Mißachtung aller Regeln beteiligen konnte.

Gleich Witkiewicz und seinem Freund Bruno Schulz brach auch Gombrowicz radikal mit dem realistischen Roman des neunzehnten Jahrhunderts. Seine Werke sind Fabeln, die er verfaßte, um seinen Gedanken über das Leben, die für theoretische Abhandlungen zu kompliziert waren, Ausdruck zu verleihen. Die Themen, die er sich für seine Werke erdachte, spielen kontrapunktartig aufeinander an. Sein Œuvre ist ein einziger Ruf nach Echtheit, und er fand sie in der Jugend. Der junge Mensch ist voller Widersprüche und Möglichkeiten, er kann dies und jenes werden. In der Welt der Erwachsenen nimmt er aber eine Form an, die nicht er bestimmt, sondern die Beziehungen zwischen diesen.

Ferdydurke wird im Alter von dreißig Jahren von dem bösen Zauberer Pimko in einen Schuljungen verwandelt. Der Roman schildert zunächst seine Erlebnisse im Gymnasium, wo der Unterricht in ewiger Wiederholung von Formeln besteht und die Schüler dazu angehalten werden, gewisse Dichter zu bewundern, »weil sie groß sind«. Die Schüler selbst haben ihren Wahlspruch »Jung bleibt jung«, werfen mit unflätigen Worten um sich und geben an. Der Held der Handlung, der sie auch erzählt, verliert den Kampf um die Selbstbefreiung und entkommt der Schulschablone nur, um in einer Familie junger Intellektueller einer neuen Sklaverei zu verfallen. Er huldigt der Fortschrittlichkeit, der Unvoreingenommenheit, der sexuellen Freizügigkeit, kurz allem, was gegen die Gesellschaft zu sein scheint, aber wiederum zu Form, Vorschrift und Kanon erstarrt. Er entkommt ein zweites Mal, diesmal aufs Land, wo er sein Selbst wiederzufinden hofft, nicht durch die Berührung mit der Natur, sondern in der Freundschaft mit einem anderen Menschen, einem jungen Bauern von urwüchsiger Kraft. Wieder erwartet ihn eine Enttäuschung, denn auf dem Gut, auf das er entkommt, benehmen sich Herren und Knechte, wie es ihrem jeweiligen Stande entspricht, und der Knecht kann z. B. den Herrn nicht ohrfeigen, selbst wenn dieser es ihm befiehlt. Ein refrainartig wiederkehrendes Motiv soll vielleicht den einzig wahren menschlichen Kontakt versinnbildlichen: Die Romangestalten fallen übereinander her und wälzen sich in einem zappelnden Haufen am Boden. Der Gegensatz von Reife und Unreife, von Gehalt und Form ist im Grunde genommen der von Natur und Kultur. Gombrowiczs Menschen, »diese ewigen Schauspieler«, formen einander so, wie sie sich gegenseitig sehen, und tun das, was ihrer Rolle gemäß von ihnen erwartet wird. Studenten z. B. erwarten voneinander Schweinigeleien und Prahlerei. Wahre Individualität ist unmöglich, denn die Menschen stehen zueinander in der Interdependenz einer »irdischen Kirche«, die gewissermaßen zwischen ihnen besteht. Sie existieren nicht unabhängig voneinander, sondern formen sich gegenseitig. Leute bestimmen uns durch ihr Verhalten, und daß wir es ablehnen, bedeutet nicht, daß wir frei sind, denn auch unsere Ablehnung fällt nicht aus dem Rahmen der Schablone. Umgekehrt, wenn ein Mensch in eine Gruppe eingeführt wird, von der er durch sein Benehmen absticht, so löst die Verschiedenheit eine schablonenhafte Kettenreaktion aus. In *Yvonne* wird das auf folgende Weise gezeigt: Ein Kronprinz weigert sich, schönen Mädchen nachzustellen, wie das von jungen Männern erwartet wird. Auf einem Spaziergang sieht er die häßliche Yvonne, deren Blutdruck so schwach ist, daß sie nur ab und zu ein leises Wort hervorbringen kann, zur Verzweiflung ihrer Tanten, die sie an den Mann bringen wollen. Der Prinz beschließt, gerade sie zu seiner Frau zu nehmen, und führt sie aufs Schloß seiner Eltern, wo ihre wortlose Anwesenheit wie eine Sprengladung wirkt. Das Königspaar ärgert sich zunächst darüber und wird schließlich sadistisch: Man setzt ihr einen Fisch vor, der nicht entgrätet wurde, und an dem sie – wie erwartet – erstickt. Das Stück zeigt Gombrowiczs Technik: Alles, was »die Form« zerstört, ist ihm recht. Er hebt aber die Antinomie Natur–Kultur nicht auf, denn dann müßte er zugeben, daß der Mensch sich von der »irdischen Kirche« befreien könnte. Der Wunsch nach Formenfreiheit ist mit dem Zwang, sich einer Form zu unterwerfen, untrennbar verbunden, und jede Antiform wird neue Form. Gombrowiczs Werke sind ein einziger Versuch, diesen Gegensatz zu überbrücken und sakrosankte Kunstgesetze zu zerstören. In seinen Tagebüchern und den in die Romane eingefügten Essays greift er z. B. die Falschheit an, mit der sich Menschen dazu anhalten, eine Ausstellung, ein Konzert oder ein Buch zu bewundern. Seine Vorkriegsschriften verhöhnen die »unechten« Beziehungen, in die man gerät, wenn man sich dazu hergibt, im Leben Rollen zu spielen.

Im Sommer 1939 unternahm Gombrowicz eine Reise nach Südamerika und wurde in Buenos Aires vom Krieg überrascht. In den langen Jahren, die er in Argentinien und Westeuropa lebte, blieb er seiner Muttersprache treu, denn nur in ihr konnte er sein meisterhaftes Spiel mit Worten weiterführen. Seine im Exil entstandenen Werke erschienen zuerst in polnischer Sprache im Pariser *Institut Littéraire,* dem bedeutendsten Verlag der polnischen Emigration. Der Roman *Transatlantik* (1953, deutsch 1964) hat Argentinien zum Schauplatz, ist jedoch eine Sprachparodie auf die polnischen Memoirenschreiber des siebzehnten Jahrhunderts. Sein Schwerpunkt liegt aber in der Hervorhebung eines Problems, das allen Werken von Gombrowicz – um sein eigenes Wort zu gebrauchen – »unternäht« ist: Wie macht man die Wunde, den Fluch des Polentums zum Kraftquell? Der Pole ist in den Augen des Dichters ein unreifer Mensch, ein ewiger Jüngling, und das rettet ihn vor der »Form«.

Gombrowiczs Schauspiel *Die Trauung (Ślub,* 1953, deutsch 1964) enthält den Schlüssel zu seinem Denken. Es ist der Alptraum des Soldaten Heinrich, der aus dem Zweiten Weltkrieg in eine Wirklichkeit zurückkehrt, in der er seinen

Vater als betrunkenen Schankwirt, seine Braut als Hure wiederfindet. Im Vorwort erklärt der Autor den Sinn des Werkes:
»Der Mensch ist dem ausgesetzt, was ›zwischen‹ den einzelnen entsteht; er hat keine andere Göttlichkeit außer der, die von anderen Menschen ausgeht. Das ist genau, was mit jener ›Kirche der Erde‹ gemeint ist, die Henrik in seinem Traum erscheint. Hier sind die Menschen untereinander in bestimmte Formen von Schmerz, Furcht, Lächerlichkeit oder Geheimnis verstrickt, in unvorhergesehene Melodien und Rhythmen, in absurde Beziehungen und Situationen. Und unter dem Einfluß dieser Formen werden sie durch das geprägt, was sie selbst erschaffen. In dieser menschlichen Kirche huldigt der menschliche Geist dem zwischenmenschlichen. Henrik erhebt seinen Vater in das Amt des Königs, damit sein Vater ihm das Sakrament der Ehe erteilt. Danach erklärt Henrik sich zum König und trachtet danach, sich das Sakrament selbst zu geben. Zu diesem Zweck zwingt er seine Untergebenen, ihn mit Göttlichkeit zu versehen: Er will sein eigener Gott werden. Doch all dies geschieht mit Mitteln der Form. Durch ihre Verbundenheit zwingen sich die Menschen gegenseitig diese oder jene Art des Seins, Sprechens, Verhaltens auf ... Jeder deformiert andere und wird zugleich selbst von diesen deformiert.«

Der Horizont einer solchen Philosophie wird in seiner ganzen Weite in dem großen Monolog Henriks aus dem zweiten Akt aufgerollt:
> Wenn ich auch der Allergesündeste wäre ... der Allervernünftigste ...
> Der am besten Ausgeglichene,
> So haben andere mich doch gezwungen,
> Schreckliche Taten zu begehn ... mörderische und auch
> Wahnsinnige, idiotische, ja, ja, zügellose ...
Es drängt sich die einfache Frage auf: ob jemand, wenn er einige Jahre hindurch die Funktion eines Verrückten erfüllt, nicht ein Verrückter ist? Und was schon, daß ich gesund bin, wenn meine Taten krank sind ... Wladzio? Aber die, die mich zu dieser Verrücktheit gezwungen haben, sind ebenfalls gesund gewesen
> Und vernünftig
> Und ausgeglichen ... Freunde, Gefährten, Brüder – so viel Gesundheit
> Und ein so krankes Handeln? So viel Vernunft
> Und dennoch so viel Wahnsinn? So viel Menschlichkeit
Und dennoch so viel Unmenschlichkeit? Und was heißt es schon, daß jeder, im einzelnen genommen, vollkommen nüchtern ist, vernünftig, ausgeglichen – wenn alle wir zusammen ein einziger, riesiger Verrückter sind, der sich in Wut
> Wälzt, brüllt, sich windet, vorwärts jagt
> Ins Blinde, die eig'nen Grenzen überschreitend,
> Und selbst sich aus sich selber reißt ... Unser Wahnsinn,
> Ist außerhalb von uns, ist draußen ... Dort, dort draußen,
> Dort, wo ich zu Ende bin, dort beginnt
> Meine Zügellosigkeit ... Und obgleich ich ruhig
> In mir wohne, so irre ich zugleich
> Außerhalb meiner selbst umher auf dunklen
> Wilden Weiten, in nächtlichen Bezirken
> Geb' ich mich irgendwelchen Grenzenlosigkeiten hin!

Noch deutlicher kommt das in Henriks Monolog im dritten Akt zum Ausdruck:

Werfe ich jede Ordnung fort, jegliche Idee,
Ich traue keiner Abstraktion, Doktrin,
Ich glaube nicht an Gott noch an Vernunft!
Genug schon dieser Götter! Gebt mir einen Menschen!
Er soll wie ich sein, trübe, unreif,
Unvollendet, unklar, dunkel,
Auf daß ich mit ihm tanze! Mich amüsiere! Mit ihm kämpfe,
Mich vor ihm verstelle! Ihm schmeichele!
Und ihn vergewaltige, in ihn verliebt bin, durch ihn
Mich immer wieder aufs neue schaffe, durch ihn wachse,
                                        und so wachsend,
Mir selber die Trauung gebe in der menschlichen Kirche!

Auf die *Trauung* folgten die Romane *Verführung (Pornografia,* 1960, deutsch 1963) und *Indizien (Kosmos,* 1965, deutsch 1966); der letztere erhielt den Prix Formentor. Von 1953 bis 1966 erschienen die drei Bände der *Tagebücher* (auch deutsch). Jedes dieser Werke erweitert und vertieft Gombrowiczs Philosophie. Die *Indizien* spielen in einer Welt, in der es keine Gesetze für Mensch und Materie gibt, denn alles hängt von der Willkür ab, mit der sich der Beobachter dieses und nicht jenes Kriterium für seine Betrachtungen wählt. »Es hätte auch anders sein können«, ist nicht nur der Leitsatz für die Welt der Romane Gombrowiczs, sondern auch für seine literarische Technik. Im dritten Band der *Tagebücher* sagt er (im April 1966):

»Ich lege zwei Ausgangspunkte fest, zwei Anomalien, sehr voneinander entfernte: a) ein gehenkter Spatz; b) Verbindung des Mundes von Katasia mit dem Mund von Lena.

Diese beiden Rätsel werden nach einem Sinn zu verlangen beginnen. Das eine wird das andere durchdringen, nach einer Ganzheit strebend. Ein Prozeß von Vermutungen wird beginnen, von Assoziationen, Verdachtsgründen, etwas wird zu entstehen beginnen, doch womöglich ein ungeheuerlicher Embryo . . ., und diese trübe, unbegreifliche Scharade wird nach ihrer Lösung rufen . . . eine erklärende, ordnende Idee suchen . . .

Welch Abenteuer, Begebenheiten mit der Wirklichkeit während ihres Hervortretens aus dem Nebel!«

(Übersetzt von Walter Tiel
Neske Verlag, Pfullingen)

Gombrowicz will mit seinem zersetzenden Talent dem Leser die Sicherheit und alle angeblichen Werte nehmen; in den *Indizien* wird die Fähigkeit, selbst die einfachsten Dinge auf Erden wahrzunehmen, in Frage gestellt:

»Aus der Unermeßlichkeit der um mich herum auftretenden Erscheinungen hole ich eine hervor. Ich bemerke z. B. die Aschenschale auf meinem Tisch (der Rest der Gegenstände auf dem Tisch verschwindet: im Nichtsein).

Wenn ich imstande bin zu begründen, warum ich gerade die Aschenschale bemerkt habe (›ich will die Asche von der Zigarette abstippen‹), so ist alles in Ordnung.

Wenn ich die Aschenschale zufällig bemerkt habe, ohne jede Absicht, und nicht mehr zu dieser Wahrnehmung zurückkehre, ist auch alles, wie es sein soll.

Wenn du aber, nachdem du diese Erscheinung ohne Bedeutung bemerkt hast, zum zweiten Mal zu ihr zurückkehrst ... dann wehe! Warum hast du sie wiederum bemerkt, wenn sie ohne Bedeutung ist? ... Auf diese Weise also, allein durch die Tatsache, daß du dich ungerechtfertigt auf diese Erscheinung eine Sekunde länger konzentriert hast, beginnt diese Sache sich bereits zu unterscheiden, wird bedeutungsvoll ... Nein, nein, (wehrst du dich) das ist eine gewöhnliche Aschenschale! – Eine gewöhnliche? Warum wehrst du dich gegen sie, wenn sie eine gewöhnliche ist? So wird eine Erscheinung zur Besessenheit.

Ist Wirklichkeit ihrem Wesen nach zwangsvorstellhaft? Angesichts dessen, daß wir unsere Welten aufbauen, indem wir Erscheinungen assoziieren, würde es mich nicht wundern, wenn am Uranfang der Zeiten eine zweifache Assoziierung gewesen wäre. Sie bringt die Richtung ins Chaos hinein und ist der Anfang der Ordnung.«

Mit der Übersetzung seiner Werke ins Französische, Deutsche, Schwedische und Englische und der Aufführung seiner Stücke in Paris gewann Gombrowicz internationalen Ruf. Er verließ Argentinien und ließ sich in West-Berlin, dann in Südfrankreich nieder, wo er im Sommer 1969 starb. Seine aufschlußreichen *Gespräche* mit Dominique de Roux stammen aus einer Zeit, als sich sein Gesundheitszustand sehr verschlechterte. Sein letztes Werk war das Schauspiel *Operette (Operetka,* 1967, deutsch 1971), das im Jahre 1970 vom Pariser *Théatre National Populaire* mit großem Erfolg aufgeführt wurde. Gombrowicz war immer vom Minderwertigen und Kitsch fasziniert und bediente sich gern zweitrangiger literarischer Genres für seine Zwecke. So ist z.B. die *Verführung* ein Dorfroman mit einer makabren Wendung, die *Indizien* ein Detektivroman, in dem alles schiefgeht. Im Kommentar zur *Operette* heißt es: »Die Operette mit ihrem göttlichen Blödsinn, ihrer himmlischen Sklerose, ihrem herrlich beschwingten Gesang und Tanz, ihren Gesten und Masken ist für mich das vollendete, vollkommen theatralische Theater.« Er versuchte jedoch, ihr »Ernst und Schmerz« einzuflößen, und beschreibt das Ergebnis als die Verlobung »der monumentalen Operettenidiotie mit dem monumentalen Pathos der Geschichte – die Maske, hinter der das lächerlich schmerzverzerrte Antlitz der Menschheit blutet«. Die *Operette* ist das vom Zeitraffer aufgenommene Drama Europas, das um 1910 begann und zwei Weltkriege und eine Revolution später endete. Albertinette, die Heldin, träumt von der Nacktheit, »vom nackten Menschen, der in die lächerlichsten, schrecklichsten Kostüme gezwängt ist«. Sie steigt nackt aus einem Sarg (also wenn schon niemand mehr auf Echtheit hoffen kann), und das Stück klingt in einer Apotheose der »ewig nackten Jugend« aus.

Wie Witkiewicz wurde auch Gombrowicz – neben Beckett und Ionesco – zum Vertreter des »absurden Theaters«. Von Witkiewicz unterscheidet er sich in Vorhaben und Technik, und in seiner Lebensbejahung, die das Leben als Widerspruch – als Gegensatz von Form und Antiform – akzeptiert, bildet er einen Gegenpol zu Becketts Verzweiflung und Ionescos Pessimismus.

Gombrowicz verdankt seinen Ruf nicht nur seinem Talent. Sein Scharfsinn half ihm, die entscheidenden Probleme des modernen Menschen früh zu erkennen und Oberflächlichkeiten zu vermeiden. Sein Werk ist ein großes Ganzes, das schon vor dem Krieg all die Probleme enthält, die später von Sartre in philosophische Form gekleidet wurden. Er wollte nicht als Vorläufer von Existentialismus oder Phänomenologie gelten, war aber in der Philosophie zu gut bewandert (er hielt private Vorlesungen über ihre Hauptströmungen), um zu übersehen, daß er beiden Schulen nahestand. Für Sartre empfand er zunächst große Achtung, später warf er ihm vor, daß er sich vor seinen radikalen Schlüssen in den Marxismus flüchtete.

Tief verwurzelt in der polnischen Tradition, unterzog er sie einer kritischen Neubewertung und zeigte seinen Landsleuten, wie sie ihre Heimat lieben sollten, diese grausame Göttin, die ihre Kinder in ein Kollektivjoch spannt und sie damit zerstört. Er wollte eine freimütige, zwanglose Haltung, die den einzelnen vor der Masse schützt. Selbst ein Emigrant, spottete er all jener, die im Exil ein persönliches Drama sahen, und wollte sie davon überzeugen, daß »das Vaterland kein Fleck auf der Landkarte ist, sondern das wahrhaft Lebendige am Menschen«.

Die letzten Vorkriegsjahre

Als der Zweite Weltkrieg ausbrach, hatte Gombrowicz bereits seine Reife als Schriftsteller erreicht. Die jungen Talente, die zwischen 1935 und 1939 die Aufmerksamkeit auf sich lenkten, waren noch lange nicht so weit. Am produktivsten von ihnen war Adolf Rudnicki (geb. 1912), der es vor dem Krieg schon zu fünf Büchern gebracht hatte, seinen Höhepunkt aber erst mit der Tragödie der polnischen Juden erreichte. Jerzy Andrzejewski (geb. 1909) erhielt für seine *Herzensordnung (Ład serca,* 1938, deutsch 1970), die stark an Bernanos anklingt, den Preis der Polnischen Literaturakademie. Er war ein christlich-religiöser Schriftsteller, der indes später andere Wege ging. Das tat auch Tadeusz Breza (geb. 1905), der 1936 den experimentell-psychologischen Roman *Adam Grywald* veröffentlichte. Theodor Parnicki (geb. 1908) schließlich begann seine Laufbahn mit historischen Romanen wie *Aetius, der letzte Römer* (1938). (Sie werden alle im nächsten Kapitel besprochen.)

Essays und anderes

Literarische Abhandlungen und Essays waren in Polen schon immer sehr beliebt. Sie machten der erzählenden Literatur oft den Rang streitig. Die Aufsätze von Boy-Żeleński und Irzykowski z. B. wurden in der Presse und Öffentlichkeit lebhaft diskutiert. Zu Beginn der dreißiger Jahre kamen in Polen neue Gesichtspunkte auf, wie die Gedanken der russischen Formalisten und Emmanuel Mouniers »Personalismus«, daneben Max Schelers Phänomenologie, die in Brzozowski ein Echo fand. Manche Kritiker überlebten den Krieg und nahmen aktiv am literarischen Leben des Nachkriegspolen teil, und das schuf hier ein Gefühl der Kontinuität, das viel stärker war als im übrigen Osteuropa.

Viele Angehörige der gebildeten Generation aus der Zeit vor dem Ersten Weltkrieg waren in einem internationalen Geist und im Respekt vor der europäischen Zivilisation erzogen worden, ohne die Verwurzelung mit der polnischen Tradition zu verlieren. Wenn solche Leute zur Feder griffen, wußten sie das Gleichgewicht zwischen Europäer- und Polentum zu bewahren. Das gilt vor allem für Jerzy Stempowski (1894–1969), dessen formvollendete Essays viele Nachahmer fanden. Er war der Sohn eines Publizisten aus der Ukraine und studierte Geisteswissenschaften in Krakau, München und Zürich, wo er 1914 mit einer Dissertation über *Antike und christliche Geschichtsphilosophie im I. bis IV. Jahrhundert* promovierte. Er war vollendeter Humanist und ausgezeichneter Kenner der römischen Geschichte. In seinen Essays nimmt er die weitschweifige, gelassene Sprache der altpolnischen Plauderei *(gawęda)* wieder auf. Der Reiz seiner klugen, scheinbar mühelos geschriebenen Betrachtungen besteht darin, daß sie so grundverschieden sind von dem nervösen Rhythmus der Gegenwart, weltenweit entfernt von fanatischen Ideologien. In der Art der Skeptiker des achtzehnten Jahrhunderts führt er den Glauben an die außerordentlichen Qualitäten unserer Zeit *ad absurdum*. Nationalismus, Militarismus und Antisemitismus sind Formen von Selbstüberhebung und werden der rächenden Hand der Vorsehung nicht entgehen. Nach Ausbruch des Zweiten Weltkrieges erreichte Stempowski mit Mühe die Schweiz, wo er seither lebte. Seine *Notizen eines bedächtigen Spaziergängers* erscheinen (unter dem Namen Paul Hostowiec) in der Pariser Emigrantenzeitschrift *Kultura,* eine Auswahl, *Essays für Kassandra (Eseje dla Kasandry),* wurde 1961 in Buchform veröffentlicht.

Zu Stempowskis Bewunderern gehörte Bolesław Miciński (1911–1943), ein Dichterphilosoph, dessen Leben früh endete. Seine *Höllenreisen (Podróż do piekeł,* 1938) sind literarische Abstiege in die Welt des Unterbewußten. Im *Kantporträt (Portret Kanta,* postum 1947) beleuchtet er die Gedanken des Königsbergers in reizvollen Bildern seines pedantischen Alltags. Eine gewisse Ähnlichkeit mit Miciński in Herkunft, Erziehung und Weltanschauung zeigt Stanisław Vincenz (1888–1971), ein Nachkomme französischer Auswanderer, die vor Jahrhunderten die Provence mit den Karpaten vertauschten und im polnischen Landadel aufgingen. Vincenz wuchs in einer patriarchalisch-pastoralen Welt auf, in einem Winkel Europas, der zur alten *Respublica,* dann zu Österreich und von 1918 bis 1939 wieder zu Polen gehörte und wo verschiedene Völkerstämme und Religionen zusammen lebten: das Land der Huzulen, bewohnt von Bergbauern, die hauptsächlich Schafzucht treiben und einen ukrainischen Dialekt sprechen. Auch Polnisch und Jiddisch war dort zu hören; es ist die Landschaft, in der der Baalschem, der Begründer des Chassidismus, lebte und wirkte. Vincenz studierte in Wien, seine Dissertation handelt von Hegels Religionsphilosophie. Sein Hauptwerk, *Auf hoher Heide (Na wysokiej poloninie,* Band I 1936, II und III nur teilweise veröffentlicht), hat jedoch nichts mit Hegel und Philosophie zu tun, sondern ist eine Frucht seiner Heimatliebe, ein einzigartiges Buch von den Bräuchen und Sitten des Huzulenlandes, den Sagen und Märchen einer versunkenen Insel im Meer unserer Zeit. Das Werk läßt sich nicht klassifizieren, es ist teils anthropologische Erzählung, teils Erinnerung, teils Prosadichtung und schildert eine althergebrachte Lebensweise, die es verschiedenen Rassen und Bekenntnissen erlaubte, friedlich miteinander auszukommen. Vielleicht wollte Vincenz seine so schnell entschwindende Welt den totalitären Phrasen und dem entzweiden Haß eines verrannten Nationalismus entgegenstellen. Das religiöse Element ist vornehmlich mit chassidischen Legenden vertreten, die ernste theologische Fragen humoristisch behandeln, wie z.B. ein Disput der jüdischen *Balagules* (Fuhrmänner) darüber, ob Gott am Ende aller Tage dem Teufel seine Untaten verzeihen werde. Im letzten Krieg ging Vincenz über die Berge nach Ungarn und schrieb dort Betrachtungen zur ungarischen Geschichte, wie sie sich in der Landschaft widerspiegelt. Später verlegte er seinen Wohnsitz in die französischen Alpen. Er ist auch der Autor von Abhandlungen über Dante und das alte Hellas.

Das humanistische Gymnasium, in dessen Lehrplan die antiken Sprachen an erster Stelle standen, gab seinen Schülern eine gewisse Kultiviertheit, u.a. dadurch, daß die Autoren der Antike im Original gelesen wurden. Das trifft neben Stempowski, Vincenz und vielen anderen auch auf Jan Parandowski zu (geb. 1895), der aus Lemberg stammt, wo er klassische Philologie studierte. Seine Abhandlungen sind meist der griechischen Geschichte und Literatur gewidmet. Ein Roman, *Olympischer Diskus (Dysk olympijski,* 1933, deutsch 1950), handelt davon, was die alten Griechen von den Olympischen Spielen hielten. Ein anderer, *Der Himmel in Flammen (Niebo w płomieniach,* 1936), hat etwas von einem theologischen Traktat an sich und beschreibt die religiöse Krise eines jungen Mannes, dem kurz vor Ausbruch des Ersten Weltkrieges ein Werk über Jesus und das Christentum aus der Schule des deutschen liberalen Protestantismus in die Hände fällt. Parandowskis Odyssee-Übersetzung wurde im Nachkriegspolen zum Bestseller.

Die in diesem Abschnitt genannten Schriftsteller sind Zeugen einer kulturellen Kontinuität, die sich in Polen vom Beginn des Jahrhunderts bis in die Gegenwart erstreckt.

Der Zweite Weltkrieg und das neue Polen

11

Allgemeine Bemerkungen

Polens Unabhängigkeit fand im September 1939 mit der deutschen Invasion und dem Einmarsch der russischen Truppen ein vorläufiges Ende. General Sikorski, ein alter Gegner der »Oberstenclique«, bildete in Frankreich eine Exilregierung, die nach der französischen Niederlage mit den Resten der polnischen Armee nach England ging, wo viele polnische Piloten bei der Verteidigung des Landes ihr Leben ließen.

Das Naziregime im besetzten Polen hatte zum Ziel, große Teile der Bevölkerung zu vernichten und den Rest auf das Niveau von Sklaven herabzudrücken. Die Juden wurden in Gettos zusammengepfercht. Alle Hochschulen und Gymnasien wurden geschlossen und viele Professoren nach Dachau deportiert. Zeitschriften und Bücher in polnischer Sprache durften nicht erscheinen, und die Lebensmittelrationen reichten kaum zum Überleben. Diese Maßnahmen führten natürlich zu einem schwarzen Markt, aber auch zu einer weitverzweigten Widerstandsbewegung mit eigener Armee, eigenem Schulwesen und eigenen Druckereien. Viele Polen suchten in den russisch besetzten Ostgebieten Zuflucht, sahen sich aber in ihren Erwartungen getäuscht. Etwa anderthalb Millionen von ihnen – Polen, Juden, Weißrussen, Ukrainer und Litauer – wurden in entlegene Arbeitslager verschleppt. Der alte Russenhaß fand neue Nahrung. Dabei vergaß man, daß das russische Volk unter dem Stalinregime nicht weniger zu leiden hatte. Die polnischen Kommunisten beteiligten sich an der Verteidigung von Warschau im September 1939, nicht aber an der Widerstandsbewegung, denn Moskau hatte offiziell verlauten lassen, daß der Krieg ein Konflikt der imperialistischen Mächte sei. Das änderte sich mit dem Angriff Hitlers auf die Sowjetunion. Moskau erkannte die polnische Exilregierung in London an und erließ eine Amnestie für alle Polen. Eine polnische Armee wurde organisiert, die im Jahre 1942 die Sowjetunion verließ und auf seiten der Westmächte am italienischen Feldzug teilnahm, wo sie sich besonders bei der Erstürmung von Monte Cassino auszeichnete.

Anfang 1942 wurde in Warschau von ehemaligen Mitgliedern der (im Jahre 1938 aufgelösten) Kommunistischen Partei die Polnische Arbeiterpartei *(Polska Partja Robotnicza,* PPR) gegründet, die sich auf die Seite der Sowjetunion stellte. Die UdSSR brach im Jahre 1943 die Beziehungen zur polnischen Exilregierung ab, als diese die Untersuchung des Katyn-Massakers durch das Internationale Rote Kreuz verlangte. Die Deutschen hatten in den Wäldern von Katyn bei Smolensk Massengräber von etwa zehntausend polnischen Offizieren entdeckt, die im Herbst 1939 von den Russen interniert worden waren. Von den polnischen Parteien war nur die PPR bereit, über dieses Verbrechen, das allem Anschein nach ein Werk Stalins war, stillschweigend hinwegzugehen. Sie rief ihre Volksgarde *(Gwardia ludowa)* zur Volksarmee aus und bildete später einen Polnischen Nationalrat *(Krajowa Rada Narodowa).* Die übrigen Kampfeinheiten, und das war die große Mehrheit, blieben der Londoner Exilregierung und ihrer *Armia krajowa* (Heimatarmee) treu. Daneben gab es noch die extrem nationalistischen Nationalen Streitkräfte *(Narodowe Siły Zbrojne).* In der Sowjetunion wurde unter den restlichen polnischen Flüchtlingen die Kościuszko-Division rekrutiert, die sich mit der siegreichen sowjetischen Armee nach Polen durchkämpfte.

Inzwischen waren die Nationalsozialisten in Polen an die »Endlösung« gegangen. Drei Millionen polnischer Juden und Hunderttausende aus anderen Ländern wurden in den auf polnischem Boden errichteten Todeslagern systematisch umgebracht. Im April 1943 kam es zum Aufstand des Warschauer Gettos, dessen Überlebende lieber mit der Waffe in der Hand fallen wollten, als sich widerstandslos den Mördern zu ergeben. Der Aufstand wurde unter Einsatz von Artillerie niedergeschlagen und das Getto dem Erdboden gleichgemacht.

Im Sommer 1944 nahm ein polnisches Panzerkorps an der Landung in der Normandie teil, während im Osten die in der Sowjetunion organisierten polnischen Truppen zusammen mit dem Sowjetheer die Weichsel erreichten. Am 1. August erhob sich Warschau gegen die deutsche Okkupationsarmee. Der Aufstand dauerte 63 Tage und konnte nur durch Einsatz der Waffen-SS, ständige Bombardierung aus der Luft und schweres Artilleriefeuer unterdrückt werden. Er kostete Warschau an die 200 000 Todesopfer. Die Überlebenden wurden deportiert, die Stadt fast vollständig, Straße um Straße, in die Luft gesprengt oder in Brand gesteckt. Die jenseits der Weichsel stehenden polnischen Truppen versuchten, den Fluß zu überschreiten, wurden aber vom deutschen Feuer dezimiert. Die Rote Armee selbst war den Aufständischen nicht zu Hilfe gekommen, und Moskau warf der Londoner Exilregierung vor, den Aufstand vorzeitig ausgelöst zu haben, ohne die politische Lage zu berücksichtigen.

Die Grenzen des neuen Polen wurden im Jahre 1945 in Jalta festgesetzt. Als Ersatz für die von der Sowjetunion annektierten ukrainischen und weißrussischen Gebiete erhielt Polen die östlich der Oder gelegenen deutschen Provinzen sowie den größten Teil Ostpreußens. Von seinen 34 Millionen Einwohnern hatte es sechs Millionen verloren, die Hälfte davon Juden. Mit den polnischen Ostgebieten fielen mehrere Millionen der Bevölkerung an die Sowjetunion, dennoch hat das heutige Polen, dank seines hohen Geburtenüberschusses, etwa ebenso viele Einwohner wie vor dem Krieg.

Die Literatur während des Krieges

Viele Schriftsteller waren nach dem Westen oder Osten entkommen. Die polnische Literatur war wieder – wie im neunzehnten Jahrhundert – in einen inländischen und ausländischen Zweig geteilt. Das Geistesleben in dem von Deutschland besetzten Polen war trotz des Fehlens einer eigenen Presse und eigener Verlagshäuser sehr intensiv. Es gab geheime Druckereien, geheime Vortrags- und Rezitationsabende und selbst Theatervorstellungen. Die geistigen Veränderungen, die der Krieg mit sich gebracht hatte, sind in der Literatur u. a. darin zu sehen, daß sie die Vorkriegszeit sozial und literarisch einer kritischen Analyse unterzog und die Regierung für die Niederlage verantwortlich machte. Die Widerstandsbewegung folgte den Weisungen der Exilregierung, diese stieß jedoch bei den gebildeten Kreisen auf Mißtrauen und Feindseligkeit, denn sie hatte ihre politischen Anschauungen nicht grundsätzlich geändert. Unter den unmenschlichen Bedingungen des Besatzungsregimes klammerte sich die Bevölkerung verzweifelt an den kleinsten Hoffnungsschimmer und hatte kaum Gelegenheit, sich in Ruhe Gedanken über die Zukunft zu machen. Die Literatur war eine emotionelle Folge von Schmerz, Entsetzen, Haß und Mitleid bis zu Spott und Ironie. Die Gegenwart stellte die Leiden des neunzehnten Jahrhunderts tief in den Schatten, verfiel aber unwillkürlich in den Ton der Romantik. Die Zeiten hatten sich jedoch geändert, und man suchte sich von der Gloriole des »heiligen Martyriums« freizumachen, indem man sie verstehend belächelte. Die Untergrundliteratur schwingt daher zwischen rhetorischem Pathos und ironischer Zurückhaltung, und das gibt ihr einen gewissen Reiz.

Viele der jungen Menschen, die die Untergrundpresse verbreiteten, zahlten oft mit ihrem Leben für etwas, was – den Inhalt betreffend – den Preis nicht wert war. Die Schriftsteller hielten sich, soweit möglich, dem Journalismus fern und suchten den Mangel an Büchern auf andere Weise wettzumachen. Schon in den Jahren 1940 und 1941 erschien in Warschau in recht regelmäßigen Abständen eine (maschinengeschriebene) literarische Zeitschrift, die in Durchschlägen verbreitet und in kleinen Klubs vorgelesen und diskutiert wurde. Auch mehrere Gedichtbände kamen heraus, meist vervielfältigt, manchmal gedruckt. Die literarische Widerstandsbewegung bediente sich hauptsächlich der Poesie, die weniger Raum beanspruchte als die Prosa, und ganze sieben solcher Druckwerke zeugen von ihrer Popularität. Das erste war ein dünnes Heft aus dem Jahre 1941, herausgegeben von K. Kwiatek, die anderen waren schon umfangreicher. Sie sind: das von C. Miłosz im Jahre 1942 herausgegebene *Unbezwungene Lied (Pieśń niepodległa),* das auch mehrere aus dem Ausland eingeschmuggelte Gedichte enthält, darunter einen Teil von Tuwims *Polnischen Blumen; Freier Christ im Lied (Duch wolny w pieśni,* 1942, Herausgeber unbekannt); *Wahres Wort (Słowo prawdziwe,* 1942, herausgegeben von J. Zagórski u. a.); *Treue Flamme (Wierne płominie,* 1943, Herausgeber unbekannt); *Poetische Anthologie (Antologia poetycka,* Krakau 1944, mit mehreren Gedichten von Przyboś); *Aus der Tiefe (Z otchłani,* herausgegeben 1944 von T. Sarnecki); das zuletzt genannte ist der Tragödie der polnischen Juden gewidmet und enthält u. a. Gedichte von Jan Kott (dem späteren Literaturkritiker), Jastrun und Miłosz.

Vier junge Studenten der Warschauer Untergrund-Universität gaben von 1942 bis 1944 eine hektographierte Monatsschrift heraus: *Kunst und Volk (Sztuka i Naród)* – alle vier kamen während des Krieges um: einer im KZ, der andere in einem Feuergefecht mit der Nazipolizei, der dritte vor dem Exekutionskommando, der vierte im Warschauer Aufstand. Interessanterweise standen sie alle auf seiten der Rechten, die sich – im Gegensatz zu anderen Ländern – Hitler nicht anbiederte, obwohl sie mit der Exilregierung nicht übereinstimmte. Die Zeitschrift stand vornehmlich im Zeichen der Zweiten Avantgarde, deren Prophezeiungen anscheinend in Erfüllung gegangen waren. Der begabteste ihrer Mitarbeiter war Tadeusz Gajcy (1922–1944), der einer unbemittelten Warschauer Familie angehörte und zwei (hektographierte) Liedersammlungen sowie ein Versstück über den blinden Homer verfaßte. Er war der letzte Redakteur der Zeitschrift und fiel im Warschauer Aufstand.

Sein Freund Christoph Camille Baczyński (1921–1944) war ein Dichter ganz anderer Art und Mitredakteur einer weiteren Monatsschrift, *Der Weg (Droga).* Sein Vater war Literaturkritiker, er selbst ein feinnerviger Intellektueller, der eine Zeitlang mit dem Marxismus sympathisierte, und die Einstellung von *Kunst und Volk* als verschwommen ablehnte. Auch er steht unter dem Einfluß der Zweiten Avantgarde und zeigt gewisse Ähnlichkeiten mit Gajcy, geht aber in der Wiederaufnahme der romantischen Tonart viel weiter und malt sein Ideal, den Opfertod für Polen, in einer reichen Bildersprache aus – ein Echo von Słowackis Erlösermartyrium. In den wenigen Jahren, die ihm vergönnt waren, schuf Baczyński ein umfangreiches dichterisches Werk. Auch er fiel im Warschauer Aufstand.

Ganz anders als diese jungen Leute war ihr Altersgenosse Tadeusz Borowski (1922–1951). Auch er ein Mitarbeiter am *Weg,* Sohn einer polnischen Arbeiterfamilie in der Ukraine, die bis 1933 in Sowjetrußland lebte. Er trieb den »Katastrophismus« der Zweiten Avantgarde auf die Spitze. Seine ersten Liederbände, die während des Krieges (vervielfältigt) erschienen, sind voll Selbstironie. In einem dieser Lieder heißt es:

Es bleibt zurück nach uns der Schrott
und dumpfes Hohngelächter der Geschlechter.

Im Jahre 1943 wurde Borowski nach Auschwitz verschickt. Später schrieb er eines der unmittelbarsten Zeugnisse über die Todeslager, die es in der Weltliteratur gibt.

Die Wirklichkeit überstieg die menschliche Vorstellungskraft, und die Dichter suchten vergeblich nach Worten. Dazu kam noch ein anderes Dilemma: die Tücke der engagierten Literatur, die oft journalistisch wirkt. Auch die Dichter der französischen Resistance, Paul Eluard, Louis Aragon und René Char, hatten damit zu kämpfen.

Der erste Romanschriftsteller, der es wagte, den Zeitgeschehnissen literarische Form zu geben, war (der bereits erwähnte) Jerzy Andrzejewski. Seine Erzählung *Vor Gericht (Przed sądem,* 1941) handelt von einem jungen Mann, der wegen Waffenbesitz zum Tode verurteilt wird und, um nicht allein zu sterben, seinen besten Freund den Nazis ausliefert. *Der Appell* (1942) schildert aufgrund von Augenzeugenberichten einen Lagerappell in Auschwitz, bei dem die Insassen stundenlang in Eis und Schnee strammstehen müssen. Der Kurzroman *Die Karwoche (Wielki Tydzień,* 1943) behandelt die Gewissenskonflikte der Warschauer Intellektuellen und der im »arischen« Warschau versteckten Juden während des Getto-Aufstands Ostern 1943, als die ganze Stadt im Schein des brennenden Gettos lag. Andrzejewski schrieb unter dem unmittelbaren Eindruck der Ereignisse, und seine Erzählungen aus der Endphase des Krieges verdeutlichen am besten die Wandlung, die die gebildeten Kreise von Warschau unter der Okkupation durchmachten. Er belächelt z. B. die allgemeine Verschwörermanie und kritisiert damit indirekt die Exilregierung und die ihr unterstehende Widerstandsorganisation, die ein patriotisches Heldentum predigen, ohne ein klar umschriebenes politisches und soziales Programm zu haben. Andrzejewskis Haltung macht verständlich, warum er und so viele seiner Freunde den revolutionären Umschwung in Polen begrüßten.

Die Emigrantenpresse, besonders die der polnischen Streitkräfte im Nahen Osten, in Italien und England, ließ den Dichtern viel Raum, und zwar nicht nur Dichtern wie Słonimski, Wierzyński, Tuwim oder Broniewski, sondern auch unbekannten Anfängern. Eine im Jahre 1944 in Palästina veröffentlichte Anthologie, *Asien und Afrika,* enthält Werke sowohl bekannter Autoren als auch solcher, die erst jüngst in der Kaserne oder im Zelt zu dichten begonnen hatten.

Besonders erwähnt zu werden verdient Xawer Pruszyński (1907–1950), eine Gestalt, die direkt aus der Zeit der Napoleonischen Kriege zu kommen scheint. Pruszyński war adliger Abstammung und arbeitete vor dem Krieg für die konservative Presse, die nicht nur gegen die Linke, sondern auch gegen die nationalistische Rechte Stellung nahm. Er schrieb enthusiastische Reiseberichte über die jüdischen Siedlungen in Palästina und die spanischen Republikaner. Im Krieg nahm er an der erfolglosen Narwik-Expedition teil, war polnischer Attaché in Moskau und später Offizier im polnischen Panzerkorps, bei dessen Landung in der Normandie er schwer verwundet wurde. Seine Geschichten von den Irrfahrten polnischer Soldaten werden noch immer viel gelesen. Auch das Leben des Reporters und Poeten Alexander Janta (geb. 1908) ist reich an Abenteuern. Im Jahre 1940 geriet er in Frankreich in deutsche Gefangenschaft, gab sich aber mit Erfolg als Franzose aus. Seine tragikomischen Erlebnisse als Kriegsgefangener lieferten ihm Stoff für zwei Bücher. Er wurde von den Deutschen entlassen, schlug sich nach England durch und kämpfte bei der Offensive von 1944 in den Reihen der polnischen Armee.

Die polnische Presse in der Sowjetunion stand bis 1943 unter der Ägide der Exilregierung und ihrer Botschaft in Moskau, später unter der der polnischen Kommunisten und der von ihnen gegründeten Union Polnischer Patrioten, zu der auch mehrere Dichter wie Ważyk, Putrament und Szenwald gehörten. Im Jahre 1944 erschien in Moskau eine Sammlung polnischer Dichtungen: *Poezja polska, 1939–1944.*

Befreiung und Revolution

Die sowjetische Offensive vom Januar 1945 durchbrach endlich die deutschen Linien, und die Provisorische Polnische Regierung konnte ihren Sitz nach Warschau verlegen, ein Schritt, der zum schnellen Wiederaufbau der Stadt beitrug, die sonst in der allgemeinen Verwüstung des Landes und aus Mangel an Maschinen noch lange in Trümmern gelegen hätte. Auf Verlangen der Alliierten wurden auch andere Parteien in die Regierung kooptiert, sie hatten aber so gut wie keine Machtbefugnis. Der Führer der Bauernpartei, Mikołajczyk, der zu diesem Zweck nach Polen zurückgekehrt war, nachdem er seine Stellung als Ministerpräsident der Londoner Exilregierung aufgegeben hatte, flüchtete nach Amerika, während die sozialistische PPS in der kommunistischen PPR aufging.

Das Verhältnis der Öffentlichkeit zum neuen Regime kann nur im Licht der allgemeinen Erschöpfung verstanden werden, die eine Folge des schrecklichen Blutverlusts durch den Krieg war. Die Exilregierung hatte auf England und die USA gesetzt und das Spiel verloren, und wenn es den Nationalsozialisten nicht gelungen war, die »minderwertige Rasse« der Polen auszurotten, so war das überwiegend ein Verdienst der heldenmütigen Roten Armee. Das Land mußte wieder aufgebaut werden, und die neuen Westgrenzen konnten nur mit Hilfe der Sowjetunion verteidigt werden.

Die von der Regierung eingeführten revolutionären Maßnahmen waren verhältnismäßig milde. Die Verstaatlichung der Fabriken und Gruben stieß auf keinen Widerstand, sie waren ja bereits von den Besatzern enteignet worden. Die lang ersehnte Bodenreform wurde aber von den Bauern mißtrauisch aufgenommen, denn sie befürchteten – mit Recht – die bevorstehende Kollektivierung. Die energisch vorangetriebene Industrialisierung schuf jedoch Arbeit für die Bauernjugend, in den Westgebieten gab es zahlreiche herrenlose Bauernhöfe, das Schulwesen wurde stark ausgebaut, und die Lebensbedingungen der Bauern und Arbeiter verbesserten sich zusehends.

Die Geburt der polnischen Volksrepublik war andererseits von zahlreichen, oft tragischen Konflikten begleitet. Tausende Soldaten der Armia Krajowa (Heimatarmee), die gegen die Deutschen gekämpft hatten, wurden ins Gefängnis geworfen, weil sie den Treueid auf die Londoner Exilregierung geleistet hatten. In manchen Teilen des Landes kam es zu einem förmlichen Bürgerkrieg mit den früheren Guerillaeinheiten, die sich weigerten, die Waffen niederzulegen. Die Umsiedlung aus den an die Sowjetunion abgetretenen Gebieten schuf großes Elend. Die Fälschung der Ergebnisse der Parlamentswahlen verärgerte selbst viele Anhänger des Regimes. All dies erregte böses Blut, aber im allgemeinen war das erste Jahrfünft des neuen Polen noch erträglich im Vergleich zu dem, was danach kam.

Die Absetzung von Władysław Gomułka, dem Sekretär der Vereinigten Arbeiterpartei, kennzeichnet das Ende der ersten Phase der Revolution. Die Kollektivierung der Landwirtschaft wurde jetzt zwangsweise betrieben, die Intellektuellen wurden an die stalinistische Leine gelegt, und der Terror der Sicherheitspolizei machte Orwells *1984* schon im Jahre 1949 in Polen zur Wirklichkeit. Der erste Fünfjahresplan beschleunigte die Industrialisierung, die die vor der Kollektivierung in die Stadt flüchtenden Bauern absorbierte, bis die Mehrheit der Bevölkerung nicht mehr in der Landwirtschaft beschäftigt war und Polen das Ansehen einer industrialisierten Gesellschaft annahm.

Die ideologische Schulung machte große Teile der Jugend dem System gefügig, das sich fest im Sattel glaubte, tatsächlich jedoch auf einem Vulkan saß. Im Juni 1956 brachen blutige Unruhen in Posen aus, die einen allgemeinen Arbeiteraufstand befürchten ließen. Die Partei rückte von der stalinistischen Linie ab, und die von den Ereignissen überraschte Sicherheitspolizei war ihrer selbst nicht mehr sicher. Im Herbst wäre es wie in Ungarn zu Kämpfen gekommen, wenn nicht der Aufstand von 1944 allen noch allzu lebhaft in Erinnerung gewesen wäre. Die Kommunistische Partei zeigte auch größere Geschicklichkeit als ihre ungarische Schwesterorganisation, und selbst die sowjetische Führung, die nach Warschau geeilt kam, legte sich Zurückhaltung auf. Gomułka wurde rehabilitiert und kehrte an die Macht zurück, von der Bevölkerung begeistert begrüßt. Mit Hilfe von Kardinal Wyszyński, der aus der Haft entlassen wurde, gelang es ihm, die Wogen zu glätten. Die Bauern durften die Kolchose verlassen und kehrten meist zur Privatwirtschaft zurück. Viele Tabus wurden aufgehoben, und fast nichts blieb von freier Erörterung verschont. Besonders scharf kritisierte man die Auswüchse der zentralisierten Wirtschaft und die ungünstigen Handelsbeziehungen zur Sowjetunion und anderen sozialistischen Ländern. Die stalinistische Doktrin wurde besonders bei der Jugend zum Spott. Öffentliche Umfragen – etwas Unerhörtes vor 1956 – ergaben eine große Mehrheit für den Sozialismus, aber gegen totalitäre Dogmen und gegen das sowjetische Diktat. Die nächsten Jahre waren von innerparteilichem Hader erfüllt, dazu vom Kampf zwischen Partei und Kirche und zwischen Regierung und öffentlicher Meinung. Langsam wurden alle, die die Zeitprobleme marxistisch analysieren wollten, als »Revisionisten« zum Schweigen gebracht, die früheren Machthaber und ihre Handlanger, die den Verlust ihrer Stellungen nicht verschmerzen konnten und das neue Regime kritisierten, zu »Dogmatikern« erklärt und in Schranken gewiesen. An die Stelle eines Programms traten empirische Methoden und Notbehelfe. Kunst und Literatur unterstanden nicht mehr offiziellen

Aufpassern, mußten aber vorsichtig zwischen bürokratischen Hindernissen lavieren.

Nach dem Oktober 1956 hatte die Öffentlichkeit auf größere Mitbestimmungsrechte in wirtschaftlichen und politischen Fragen gehofft. Gomułka ging es aber vor allem darum, den Parteiapparat zu konsolidieren, was ihm auf Kosten der Arbeiterräte, Jugendklubs, der unabhängigen Presse und anderer spontan entstandener demokratischer Einrichtungen gelang. Die Begeisterung, die seine Rückkehr an die Macht ausgelöst hatte, machte einer allgemeinen Apathie Platz, einem Zustand, der von den Polen – nach einem Stück von Tadeusz Różewicz – »unsere kleine Stabilisierung« genannt wurde. Der Abstand zwischen Herrschern und Beherrschten wird in einem politischen Roman, *Von oben gesehen (Widziane z góry),* dessen Autor die politischen Machinationen der Parteispitzen anscheinend aus erster Hand kennt, treffend geschildert. Das Manuskript wurde ins Ausland geschmuggelt und 1967 unter dem Decknamen Tomas Staliński vom Pariser *Institut Littéraire,* bei dem auch die Emigrantenzeitschrift *Kultura* erscheint, herausgegeben. Die Mitglieder des Zentralkomitees erscheinen darin als ratlose Menschen, die so sehr in den Machtkampf verwickelt sind, daß sie für nichts anderes Zeit und Sinn haben. Tatsächlich erklärt der Streit um die Nachfolge des angstgelähmten Gomułka die Geschehnisse der späteren sechziger Jahre.

Im Jahre 1967 wurde im Gefolge der anti-israelischen Politik der Sowjetunion eine Hetze gegen die »Zionisten« eingeleitet, die den jungen Bürokraten erlaubte, den Antisemitismus als Steigbügel für ihre Karriere zu benutzen. Die wenigen Juden, die die »Endlösung« überlebt und in Polen geblieben waren, wurden aus ihren Stellungen entfernt und mußten wieder zum Wanderstab greifen. Der Zionismus war nur ein Vorwand, tatsächlich richtete sich diese Tendenz gegen die Intellektuellen im allgemeinen. Eine hinterlistig eingefädelte Provokation brachte die Unzufriedenheit, die nach den gebrochenen Versprechungen des »polnischen Oktober« besonders an den Universitäten herrschte, zum Ausbruch. Zahlreiche Studenten wurden ins Gefängnis geworfen und mit ihren Professoren von der Universität gewiesen. Gomułkas Rivalen wollten ihn auf diese Weise in den Augen der Sowjets unmöglich machen und zeigen, daß er der Lage nicht gewachsen war, er aber sicherte sich Moskaus Gunst, als er polnische Armee-Einheiten im August 1968 am Einmarsch in die Tschechoslowakei teilnehmen ließ.

Die Suche nach Sündenböcken ist kein Weg zur Verbesserung der Wirtschaftslage, im Gegenteil, sie verschlechterte sich zusehends infolge von bürokratischem Chaos und Mangel an Initiative. Die Preiserhöhungen des Dezember 1970 führten zu Unruhen bei den Werftarbeitern in den Ostseehäfen, in deren Verlauf es Hunderte von Toten und Verwundeten auf beiden Seiten gab. Daraufhin wurde Gomułka seiner Stellung als Parteisekretär enthoben und durch Eduard Gierek ersetzt, der im Ruf eines guten Administrators und Wirtschaftsorganisators stand.

Im allgemeinen hat das Land in den letzten zwanzig Jahren trotz der Nachteile einer jeden Planwirtschaft große Fortschritte in der Industrialisierung gemacht. Die zerstörten Städte sind wieder aufgebaut. Die zahlreichen Gymnasien und Hochschulen haben eine neue Intelligenz hervorgebracht, die aus Arbeiter- und Bauernfamilien stammt. Die Literatur unterliegt der Zensur, erfreut sich aber eines Büchermarktes in Ausmaßen, wie sie Polen nie gekannt hat. Es gibt über hundert Repertoirebühnen, und manche Autoren (z. B. Dü-

renmatt) wurden in Polen oft früher aufgeführt als in Westeuropa. Die Film-
kunst, die nach dem Oktober 1956 ihre große Zeit hatte, verkümmerte unter
der wiedereingeführten Zensur, kann aber immerhin noch Sehenswertes produzieren. Polnische Maler und Komponisten genießen Weltruf. All dies ungeachtet eines – nach mitteleuropäischen Begriffen – niedrigen Lebensstan-
dards, einer Wohnungsnot und einer Unzahl wirtschaftlicher, politischer und
sozialer Probleme, die in einem Gesellschaftssystem, das keinen Raum für öffentliche Kritik hat, nicht gelöst werden können.

Die Nachkriegsliteratur · Allgemeine Charakteristik

Die Biographie eines Schriftstellers, der an den Zeitschriften der vierziger
Jahre mitarbeitete, könnte das Leben mehrerer Menschen umfassen, die in
ruhigeren Zeiten lebten. Das Naziregime hatte alle Begriffe von Mensch und
Menschlichkeit in Frage gestellt, die Gesellschaftsordnung hatte bewiesen,
wie schwach ihr Gefüge war, und wurde nicht mehr als etwas hingenommen,
was – wie die Natur – unabhängig vom Willen des Menschen bestand. Wenn
man sah, wie die Kommunisten sie nach Belieben formten, bekam man eine
Ahnung davon, wie leicht sich menschliche Verhältnisse und Beziehungen
bestimmen ließen. Auch die Stellung des Schriftstellers hatte sich verändert.
Er war jetzt gut bezahlt, mußte aber vor der Zensur für jedes Wort einstehen
und war – wie alle anderen – von widerspruchsvollen Gefühlen und Wünschen bedrängt.
Das erste Vierteljahrhundert der polnischen Nachkriegsliteratur zerfällt in
drei Perioden, die durch politische Marksteine gekennzeichnet sind. Die erste
dauerte von 1945 bis 1949 und beschäftigte sich mit der Auseinandersetzung
über die Rolle, die der Literatur in einem Lande zufiel, das den Sozialismus
aufbauen wollte. Die Schriftsteller genossen beträchtliche Freiheit, nur wenige Themen standen auf dem Index, ansonsten wurden ihnen keine Hindernisse in den Weg gelegt. Im allgemeinen war es eine fruchtbare Zeit, in der
aus der Vorkriegszeit bekannte Schriftsteller das Wort führten. Das änderte
sich mit dem Jahre 1949, als der sozialistische Realismus zur Kunstdoktrin erhoben wurde. Was von ihr abwich, hatte nicht die geringste Aussicht, veröffentlicht zu werden. Die Literatur war zur Unfruchtbarkeit verurteilt und beschränkte sich, schal und abgestanden, auf die Nachahmung russischer
Werke. Die Periode, die von 1949 bis 1955 reicht, ist arm an erwähnenswerten
Werken, die dritte dagegen reich an Errungenschaften und schlägt eine
Brücke über das Vakuum, das sie von den Neuerungen der unmittelbaren
Nachkriegszeit und der modernen Literatur im allgemeinen trennte.

1945–1949

»Lieber gehe ich mit dem Teufel als mit euch«, schrieb der Satiriker Janusz
Minkiewicz und meinte damit alle, die es wieder so haben wollten, wie es einmal war, einschließlich der Londoner Exilregierung. Die meisten Schriftstel-

ler dachten wie er, nicht so sehr aus Liebe zum Sozialismus als aus Ablehnung einer gewissen Denkweise, die der revolutionäre Umbau der Gesellschaft – so hofften sie – mit den Wurzeln ausjäten werde. Die typisch polnische Mischung von aristokratischer Arroganz und Jingoismus wurde für den Bankrott des Vorkriegssystems verantwortlich gemacht, dessen Außenpolitik einseitig auf die Westmächte hin orientiert war. Daß das kein bloßes Liebäugeln mit dem neuen Regime war, bezeugen die politischen Romane, die kurz nach Kriegsende erschienen, aber noch unter der Okkupation entstanden waren. Sie machten sich die psychologischen Erkenntnisse der dreißiger Jahre zunutze und verwendeten auch die schriftstellerische Technik dieser Zeit. Die betagte Sofie Nałkowska arbeitete während des Krieges an einem Werk über die mit dem Oberstenregime verbrüderte Warschauer Vorkriegselite, dem Roman *Lebensknoten (Węzły życia,* 1948). Mit demselben Thema befassen sich auch zwei Romane von Tadeusz Breza (s. weiter unten).

Man war sich bewußt, daß der alte Roman sich überlebt hatte. Kasimir Wyka, der bereits erwähnte Kritiker, erklärte, daß die schauerlichen Erlebnisse der Nazizeit, die existentiellen Abgründe, durch die fast jedermann in Polen gegangen war, nicht auf herkömmliche Art nacherzählt werden könnten. Wozu eine Wirklichkeit erfinden, wenn es nicht in der Macht des Menschen stand, sich die Wahrheit zu vergegenwärtigen? Wyka sah einen Roman voraus, der auf der Scheidelinie zwischen Erzählung und Augenzeugenbericht liegt und in dem der Erzähler die Hauptrolle spielt. Die überzeugendsten Werke aus dieser Zeit stammen auch tatsächlich von Menschen wie Tadeusz Borowski, Adolf Rudnicki und Kornel Filipowicz, die aus dem Abgrund der Hölle kamen. Es sind nicht Romane, sondern Rahmenerzählungen, die durch die Person des Erzählers zusammengehalten werden und in denen Wahrheit und Dichtung ineinanderfließen.

Während des Wiederaufbaus von Warschau konzentrierte sich das literarische Leben auf Krakau und Lodz. In Krakau erschienen zwei einflußreiche Zeitschriften, die Monatsschrift *Das Schaffen (Twórczość)* und die Wochenschrift *Wiedergeburt (Odrodzenie),* in Lodsch die Wochenschrift *Die Schmiede (Kuźnica),* deren Titel an den Klub gleichen Namens erinnert, der an der Spitze der polnischen Aufklärung und des Reformlagers stand. Kritiker wie Stefan Żółkiewski und Jan Kott, Dichter wie Adam Ważyk, Mieczysław Jastrun, Paul Hertz und Prosaschriftsteller stimmten in dem Verlangen nach Realismus überein. Sie meinten damit nicht einen fotografisch genauen »engen Realismus«, sondern den »breiten Realismus« Balzacs, der französischen Enzyklopädisten und der englischen Romanschriftsteller unter Berücksichtigung marxistischer Maßstäbe im Sinne von Georg Lukács, aber undogmatisch und ohne in Übertreibungen zu verfallen. Ihr eigenes Denken betonte den Zusammenhang des Einzelschicksals mit der Geschichte. Für die Literatur der zweiten Hälfte des neunzehnten Jahrhunderts hatten sie nicht viel übrig, dafür um so mehr für Defoe, Fielding und Proust. Der sozialistische Realismus behagte ihnen nicht, sie bewunderten dagegen unorthodoxe Dichter wie Boris Pasternak und Anna Achmatowa, die sie auch ins Polnische übersetzten.

Die Schmiede befaßte sich ausführlich mit der Literatur der Selbstkritik, der sogenannten Bilanz der Intelligenz, in deren Folge manche Autoren aus Protest gegen die von der Vorkriegsgesellschaft diktierten Regeln sich einer Art geistiger Selbstverstümmelung unterzogen.

Sedan (1948) von Paul Hertz (geb. 1918) ist eine Reihe autobiographischer Erzählungen in der Ichform, deren Held zunächst in Wien eine psychoanalytische und später dann eine ganz andere »historische« Behandlung erfährt. Die schützenden Wände seines bürgerlichen Milieus brechen zusammen, er wird in ein Arbeitslager im Ural verschlagen und kehrt nach Polen zurück, wo ihm ein kommunistischer Freund die Ausreiseerlaubnis nach Paris verschafft, der Stadt seiner Studentenzeit. Das bürgerliche Leben, das dort weitergeht, als wäre nichts geschehen, stößt ihn ab. Er geht nach Polen zurück in der Überzeugung, daß der Kommunismus zwar an sich nicht gut sei, aber wenigstens historisch recht habe.

Was die Poesie anbelangt, so waren die begabtesten jungen Dichter umgekommen, ohne Geisteserben zu hinterlassen. Ihr Heldentod wurde zur Legende, die noch heute ihre Gedichte umkränzt. Die Kritik ist sich jedoch darin einig, daß der Protest gegen den Unmenschen besser von Dichtern ausgedrückt wurde, die schon vor dem Krieg bekannt waren, und zwar nicht vom *Skamander* (dessen Mitglieder bis auf Iwaszkiewicz während des Krieges im Ausland lebten), sondern von den Dichtern der Ersten und Zweiten Avantgarde: Przyboś, Ważyk, Jastruń und Miłosz.

1949–1955

Die Zeit des sozialistischen Realismus beginnt mit einer Zurechtweisung der *Schmiede,* die daraufhin ihr Erscheinen einstellte. Es ist hier nicht der Ort, den sozialistischen Realismus im allgemeinen zu erörtern, denn er war nicht auf Polen beschränkt. Soviel sei nur gesagt, daß er die Dinge simplifiziert, zur literarischen Technik des späten neunzehnten Jahrhunderts zurückkehrt und avantgardistische Experimente verabscheut. Die Literatur wurde offiziellen Wachhunden unterstellt und hatte »Produktionsromane« aus dem Fabrik- oder Kolchosmilieu zu erzeugen. Selbstmord und Flucht ins Ausland sprechen von der Tragödie so mancher Schriftsteller, deren Heimat wieder unter ein Terrorregime gefallen war. Andere akzeptierten die neue Linie, besonders die unausgereiften Jünglinge, die aus Widerstandskämpfern des Londoner Regimes zu eifernden Neophyten der neuen Regierung geworden waren. An die Illegalität gewöhnt, den Revolver in der Tasche, hatten sie romantische Vorstellungen von der Revolution und schwärmten für Majakowskij, ohne zu begreifen, daß er in die Gegenwart nicht hineinpaßte. Sie lachten über den schlappen Liberalismus der älteren Generation, ihre eigenen Werke aber waren nicht viel wert. Paradoxerweise kamen die wildesten Ankläger der dem Jahre 1956 vorangehenden »Irrungen und Wirrungen« aus ihren Reihen.

Auch die Dichter hatten sich auf das neunzehnte Jahrhundert auszurichten. Die Romantiker wurden in Massenauflagen herausgegeben, die Kritik durfte aber auf die komplizierten Probleme, die ihre Gedanken aufwarfen, nicht eingehen. Der regelmäßige Reimvers entsprach angeblich dem proletarischen Leser am besten, die Kunst der Avantgarde wurde für dekadent erklärt. Die polnischen Dichter hatten seit Jahrzehnten experimentiert, in der neuen Zwangsjacke konnten nur die wenigsten ihr Niveau bewahren.

Im Jahre 1956 stürzte alles, was in den vorhergehenden Jahren als *die* Wahrheit verkündet worden war, in sich zusammen. Man unterzog sich einer neuen Prüfung, und die Selbstanklagen waren um so schärfer, je näher man dem Regime stand. Es entstand eine Literatur »zorniger junger Männer«, die sich von dem neuen Regime betrogen fühlten und sich nach einer ideologischen Auseinandersetzung dem Los des Menschen im zwanzigsten Jahrhundert zuwandten. Marxistische Dogmen wurden verworfen, und eine Reihe junger Philosophen, von denen Leszek Kołakowski weithin bekannt wurde, trat in Anlehnung an den jungen Marx und seine Entfremdungstheorie für einen humanistischen Sozialismus ein. Die polnische Literatur rieb sich die Augen und sah, daß sie – mehr als in anderen Ländern – philosophisch orientiert war. Eine Flut von Übersetzungen machte Polen mit Camus, Sartre, Faulkner, Beckett, Ionesco und den Dichtern der europäischen Avantgarde bekannt. Verschiedene Schriftsteller, deren Namen zu erwähnen verboten war, traten nun – der Zensur zum Trotz – aus dem Dunkel hervor. Brzozowskis Gedanken kamen endlich zur Geltung, Witkiewiczs Stücke wurden veröffentlicht und aufgeführt, Leśmian zu einem der größten polnischen Dichter des zwanzigsten Jahrhunderts erhoben. Zahlreiche Schriftsteller, die es abgelehnt hatten, sich dem ideologischen Diktat zu fügen, hatten nun ihr verspätetes Debüt und überraschten die Pessimisten, die schon dauernde Nachwirkungen der Einschüchterung befürchtet hatten, mit ihrer geistigen Frische. Die Poesie machte von den dichterischen Experimenten der zwei Vorkriegsjahrzehnte und ihres Vorläufers Norwid guten Gebrauch. In der existentiellen Auffassung politischer Alternativen von tragischer Reichweite erwies sie sich als einer der originellsten Zweige der europäischen Dichtkunst. Marxistische Schulung plus Existentialphilosophie befruchteten Literaturkritik und Geschichtswissenschaft und begannen – nicht ohne Grund – das Regime zu beunruhigen. Die normale Entwicklung, zu der die Literatur zurückgefunden hatte, war von einer wachsenden Kluft zwischen Geistesleben und Politik begleitet.

Die Zeit von 1956 bis zur Gegenwart kann in zwei Abschnitte unterteilt werden, der eine voller Tatkraft, Zorn und Hoffnung; der andere mit absinkender Energie – ohne daß sich genau sagen ließe, wo der eine aufhört und der andere beginnt. Die literarische Welt fühlte sich in den ersten Jahren sicher und unabhängig und verfügte über angesehene Zeitschriften. Diesen wurden aber bald Parteifunktionäre als Redakteure aufgezwungen, soweit sie nicht verboten wurden. So entstanden Wochenschriften mit Auflagen, die die Nachfrage weit überstiegen. Dazu gehörte u. a. die Warschauer *Kultura,* die absichtlich unter diesem Namen herausgegeben wurde, um die Leser zu verwirren und den Einfluß der Pariser *Kultura* zu untergraben. Die besseren Schriftsteller boykottierten diese Organe, enthielten sich der Polemik und suchten in Monatsschriften Zuflucht, deren Auflage nicht so groß war und die daher mehr Spielraum hatten, wie *Twórczość* und *Dialog.* Eines steht fest: Die ersten Jahre nach 1956 brachten große Persönlichkeiten hervor, die sechziger Jahre dagegen sind reich an Debüts, aber arm an großen Gestalten. Vergleiche mit der stalinistischen Periode sind falsch, denn jetzt kümmern sich die Behörden nicht um die (einem breiteren Publikum ohnehin unverständlichen) Worte des modernen Dichters, solange er sich nicht in die Politik mischt. Und wer weiß – vielleicht bekommt eine völlige Entpolitisierung der Literatur besser als eine absolute Politisierung.

Die Majorität des Polnischen Schriftstellerverbandes protestierte im März 1968 gegen das Polizeiregime an den Universitäten und den als Antizionismus getarnten offiziellen Antisemitismus. Daraufhin wurden die Namen zahlreicher Schriftsteller auf die schwarze Liste gesetzt, das heißt, sie durften nichts mehr veröffentlichen, andere wurden auf offener Straße von Geheimpolizisten überfallen und übel zugerichtet oder erhielten unzweideutige Warnungen. Die liberale Fraktion des Schriftstellerverbandes verlor den Kampf, konnte aber den von der Partei verlangten Ausschluß mancher Mitglieder verhindern. Die Jahre 1968 bis 1970 sind wiederum gezeichnet von Demoralisierung und Auswanderung von Intellektuellen. Eine annähernd freie Meinung wird nur noch von den katholischen Zeitschriften *Allgemeines Wochenblatt (Tygodnik Powszechny)* und *Das Zeichen (Znak)* vertreten, zu deren Mitarbeitern auch frühere fanatische Marxisten gehören.

Eine Literaturgeschichte befaßt sich mit der Vergangenheit und hat sich bei der Beurteilung der Gegenwart große Zurückhaltung aufzuerlegen. Man kann daher hier nicht alle Autoren anführen, deren Namen auf Buchumschlägen oder in Zeitschriften erscheinen. Sie müssen auf das distanzierte Urteil der Nachwelt warten. Die folgenden Ausführungen beschränken sich auf solche Autoren, die die verschiedenen Strömungen am sinnfälligsten vertreten. Eine solche Auslese setzt natürlich eine gewisse Voreingenommenheit voraus, stimmt aber im allgemeinen mit den Abhandlungen überein, die seit 1956 in Polen erschienen.

Die Dichtkunst

Die Dichter, die die deutsche Besatzung überlebten, gingen durch eine schwere Prüfung, die an dem Wesen ihrer Kunst rüttelte. Alle Poesie ist schließlich und endlich in einer humanistischen Tradition verankert; einer rasenden Barbarei gegenüber steht sie hilflos da. Das Gedicht ist ein Glaubensbekenntnis. Wenn aber die Schreie der Opfer an das Ohr des Dichters dringen, ist dann das, was er tut, nicht eine Geringschätzung ihres Leidens? Und wenn ihm selbst jeden Augenblick der Tod droht und seinem Manuskript die Vernichtung – wie kann er dann noch einer solchen Beschäftigung nachgehen? Aus den Gedichten, die 1944 und 1945 erschienen, klingt das verzweifelte Bemühen, auf diese Fragen eine Antwort zu finden. Przyboś (in *Solange wir leben),* Jastrun (in *Behütete Stunde)* und Miłosz (in *Rettung)* lassen den »Katastrophismus« hinter sich und wollen verkünden, daß Rückfälle ins Chaos zwar möglich, aber nicht endgültig sind. Sie scheinen sich den trüben Prophezeiungen von Witkiewicz zu widersetzen und suchen bei jenen Strömungen der polnischen Literatur Zuflucht, die den Gang der Geschichte in einer aufsteigenden Spirale sehen. In Miłoszs »Lied vom Weltende« steht dieses Ende bevor, aber inmitten von blühenden Bäumen, Liebesküssen und rosigen Kindern, und der Greis, »der ein Prophet sein könnte, aber anderes zu tun hat«, denn er muß nach seinen Tomaten sehen, sagt: »Es gibt kein anderes Ende. Es gibt kein anderes Ende.« *Die Welt (Świat),* ein naiver Liederzyklus von Miłosz aus dem Jahre 1943 (!), gehört zu den ruhigsten, gelassensten Werken der modernen polnischen Literatur. In Vierzeilern spricht er wie eine

Schulfibel von der Schönheit der einfachsten Dinge auf der Welt und will so der Versuchung, sich der Verzweiflung hinzugeben, entrinnen.

Je stärker die Gefühle, desto einfacher die Sprache. Viele Dichter, die sich vor dem Krieg einer komplizierten Sprache bedienten, zeugen davon. Die Zweite Avantgarde war in hohem Maße antiästhetisch und würzte ihre Verse oft mit Prosaismen. Jetzt tritt der Wunsch nach Unmittelbarkeit noch heftiger in den Vordergrund. So gebraucht Ważyk in den erwähnten »Skizzierten Erinnerungen« Elemente aus avantgardistischer und surrealistischer Schule, allerdings zu einem ganz anderen Zweck. Bezeichnend dafür ist auch Miłoszs »Armer Christ sieht das Getto« (»Biedny chrześcijanin patrzy na getto«, 1943):

Armer Christ sieht das Getto

Bienen bauen die rote Leber wieder auf,
Ameisen bauen den schwarzen Knochen wieder auf,
Das Zerreißen beginnt, Zertreten der Seidenstoffe,
Das Zerschlagen von Glas, Holz, Kupfer, Nickel, Silber,
Gipsernem Schaum, Blech, Saiten, Trompeten, Blättern, Kugeln,
Kristallen –
Pah! Phosphorfeuer von gelben Wänden
Verschlingen menschliche und tierische Behaarung.

Bienen bauen die Wabe der Lunge wieder auf,
Ameisen bauen den weißen Knochen wieder auf,
Papier wird zerrissen, Kautschuk, Leinwand, Leder, Flachs,
Fasern, Stoffe, Zellulose, Haar, Schlangenschuppen, Drähte,
Dach und Wand stürzen ein im Feuer, und Glut erfaßt das Fundament.
Übrig bleibt, mit einem Baum ohne Blätter, die sandige, zertretene Erde.

Langsam, den Tunnel grabend, bewegt sich der Wächter-Maulwurf
Mit einer kleinen roten Lampe an der Stirn.
Berührt die Körper der Begrabenen, zählt sie, wühlt weiter,
Erkennt die Menschenasche an dem regenbogenfarbenen Dunst,
Jedes Menschen Asche schillert mit anderer Farbe.
Bienen bauen die rote Spur wieder auf,
Ameisen bauen den Platz nach meinem Leib wieder auf.

Ich habe Angst, große Angst vor dem Wächter-Maulwurf.
Sein Lid ist geschwollen wie das des Patriarchen,
Der viel im Schein der Kerzen gesessen,
Lesend im großen Buch der Gattung.

Was sage ich ihm, Jude des Neuen Testaments,
Der seit zweitausend Jahren auf die Wiederkehr Christi wartet?
Mein zerschlagener Körper liefert mich aus seinem Blick,
Und zählen wird er mich zu den Gehilfen des Todes:
Den Unbeschnittenen.

(Aus: »Polnische Poesie des 20. Jahrhunderts«, herausgegeben und übersetzt von Karl Dedecius, Carl Hanser Verlag, München 1964).

Ein Thema, das in den Werken dieser Dichter oft wiederkehrt, ist die Frage nach dem Sinn der Kunst. Jastruńs »Erinnerung« (»Wspomnienie«, 1944) kleidet sie in eindrucksvolle Worte:

Erinnerung

Was soll der Jubel? Was der Stärke Schau?
Was soll die Nachtigall im Dickicht junger Bäume?
Ihr Lied setzt ein, ihr Lied setzt aus,
als schlügen Lichtfontänen gen Himmel –

Viel feindseliger, viel gleichgültiger
als das unmenschliche Massengrab hier,
ist der Erde Pracht. Und wer in schöne Worte
sich verlor wie in ein ungesehn' Gesicht –
den reinen, allzu reinen Klang übertönt
das erdvermengte Blut.

Derselbe Gedanke wiederholt sich in Miłoszs »Armer Poet« (»Biedny poeta«):
Ich stelle die Feder, und sie treibt Triebe und Blätter, bedeckt sich mit
Blüten,
Und der Geruch dieses Baumes ist schamlos, denn dort, auf realer Erde
Wachsen nicht solche Bäume, und der Geruch dieses Baumes
Ist, als würde man leidende Menschen mißachten.

(Aus: »Das Lied vom Weltende«, Verlag Kiepenheuer und Witsch, Köln
Übersetzt von Karl Dedecius)

Die jungen Untergrunddichter übernahmen ihre pessimistischen Ideen von den Mitgliedern der Zweiten Avantgarde, ohne zu sehen, daß diese das Gleichgewicht zwischen Tragödie und Lebensbejahung nicht verlieren wollten und ihr – oft gegen sich selbst gerichteter – Zorn von einem rationalistischen Humanismus gemildert war.

Tadeusz Różewicz (geb. 1921)

Der begabteste der jungen Nachkriegsdichter wollte nichts von einem solchen Gleichgewicht wissen. Tadeusz Różewicz ist der Sohn eines Kleinstadtbeamten und war während des Krieges Mitglied eines Partisanenverbandes der Armia Krajowa (Heimatarmee). Seine verzweifelt-ironische Sprache ist in den Augen der Kritik die einer »vom Tod vergifteten« Generation. Schon seine ersten Gedichtbände, *Unruhe (Niepokój,* 1947) und *Roter Handschuh (Czerwona rękawiczka,* 1948), erregten Aufmerksamkeit. Er betrachtet seine Kriegserlebnisse, deren Darstellung nach einem Goya rief, als einen integralen Teil der modernen Zivilisation und kommt zu einer völligen Verneinung der Literatur, denn sie sei eine Lüge, die das Wüten des Menschen verhülle. Poesie habe nur Existenzberechtigung, wenn sie alle literarischen Konventionen zerstören will. Różewiczs Ablehnung von Versmaß, Reim und selbst Metapher ist daher moralisch zu verstehen. Er baut seine Verse aus einfachen

Worten, die oft nur lose zusammenhängen, als spielte er mit Bausteinen. Seine verheerende, auch gegen sich selbst gerichtete, formzerstörende Ironie will besagen, daß eine Periode in der Entwicklung des Menschen abgelaufen ist. Różewicz will nackt dastehen, bar jeder religiösen oder philosophischen Gewißheit, und von vorn anfangen wie ein Kind; sein Gedicht »In der mitte des lebens« (»W środku życia«) sagt es auch:

In der mitte des lebens

Nach dem ende der welt
nach dem tode
fand ich mich in der mitte des lebens
ich schuf mich neu
ich baute leben
menschen tiere landschaften

das ist ein tisch sagte ich
das ist ein tisch
auf dem tisch liegt das brot das messer
brot ißt der mensch

menschen muß man lieben
lernte ich tag und nacht
was muß man lieben
ich antwortete menschen

das ist ein fenster sagte ich
das ist ein fenster
hinter dem fenster der garten
im garten sehe ich einen apfelbaum
der apfelbaum blüht
die blüten fallen
früchte schwellen
reifen

mein vater pflückt einen apfel
dieser mensch der den apfel pflückt
ist mein vater

ich saß auf der schwelle

diese alte frau
die eine ziege zieht an der leine
ist wichtiger
und kostbarer
als die sieben wunder der welt
wer meint und fühlt
sie sei überflüssig
ist ein mörder
das ist ein mensch
das ist ein baum das ist das brot

die menschen essen um zu leben
wiederholte ich bei mir
das menschenleben hat großes gewicht
der wert des lebens
übersteigt den wert aller dinge
die der mensch geschaffen
der mensch ist ein großer schatz
wiederholte ich hartnäckig

das ist wasser sagte ich
ich glättete mit der hand die welle
und sprach mit dem wasser
wasser sagte ich
gutes wasser
ich bin es
ein mensch sprach zum wasser
sprach zum mond
zu den blumen zum regen
er sprach zur erde
zu den vögeln
zum himmel

der himmel schwieg
die erde schwieg
wenn er eine stimme vernahm
die aus der erde wasser und himmel
kam
so war es die stimme eines anderen
menschen

(Aus: »Offene Gedichte«, herausgegeben und übersetzt von Karl Dedecius, Carl Hanser Verlag, München 1969).

Różewicz kommt zu dem Schluß, daß der Mensch in einer metaphysisch sinnlosen Welt lebt und die einzige Realität darin besteht, daß er anderen Menschen ausgeliefert ist. Er schlägt damit (ohne es zunächst zu wissen) das Zentralthema der französischen Existentialisten an. Er will sich in seinen Beziehungen zu den Mitmenschen erkennen, aber kurz bevor er so weit ist, zertrümmert er das gewonnene Bild in einem Anfall leidenschaftlicher Selbstzerstörung. Im *»Gespräch mit dem Fürsten« (»Rozmowa z księciem«)* heißt es vom modernen Dichter:

Gespräch mit dem Fürsten

Gleichgültig spricht er
zu den gleichgültigen
geblendet gibt er zeichen
den blinden
lacht und
bellt im traum

geweckt
weint er
setzt sich aus sprossen zusammen
ist nicht eine Jakobsleiter
er ist eine stimme ohne echo
ein körper ohne gewicht
ein narr ohne den könig

(Deutsch von Karl Dedecius)

Różewicz ist ein Dichter des Chaos, der sich nach Ordnung sehnt. Um sich herum und in sich selbst sieht er nur Stückwerk, sinnloses Durcheinander. Er schrieb zwar auch Gedichte über die unschuldigsten Menschen – kleine Kinder, alte Greise –, sein Werk ist aber vor allem vom Entsetzen über den letzten Krieg und der Angst vor der drohenden Vernichtung der Menschheit durch die Atombombe beherrscht. Darum wurde er auch – trotz der unorthodoxen Form – in der Zeit von 1949 bis 1955 gedruckt, denn er identifizierte sich in seiner Abscheu vor dem atomaren Wettrüsten und in seiner Friedensliebe mit den kommunistischen Parolen. Seine Lieder aus dieser Zeit stehen jedoch mit ihrer Sentimentalität seinen anderen Werken nach (und verdienen daher nicht, zitiert zu werden). Voller Widersprüche, ein Antipoet, der Gedichte schreibt, dem Menschen seine Würde abspricht, ihn aber in Schutz nimmt, will Różewicz, daß der Dichter den Protest um des Protestes willen hinausschreit. In der »Befreiung von der Last« (»Zdjęcie ciężaru«) erklärt er:

Befreiung von der Last

Er kam zu euch
und sagte

ihr verantwortet nichts
weder die welt noch das ende der welt
euch ist die last von den schultern genommen
ihr seid wie vögel und kinder
spielt

und nun spielen sie

vergessen
daß lyrik heute
ein kampf um den atem ist

(Aus: »Offene Gedichte«, herausgegeben und übersetzt von Karl Dedecius, Carl Hanser Verlag, München 1969).

In dem Jahrzehnt 1956–1966 nehmen seine Werke (Lieder, Prosa und Theaterstücke) noch dunklere Farben an. Er besucht Frankreich, Italien und Westdeutschland und ist von dem »normalen« Leben dort entsetzt, denn hinter der Fassade sieht er eine angsterfüllte Grimasse. Sein Urteil über die Kultur, über Meisterwerke der Literatur und Malerei schlägt der herkömmlichen

370

Meinung ins Gesicht. So zeigt »nichts in Prosperos mantel« (»Nic w płaszczu Prospera«) den Helden von Shakespeares *Sturm* als einen gütigen, freundlichen Menschen, der als Kulturträger den armen Kaliban betrügt:

nichts in Prosperos mantel

kaliban der sklave
der menschensprache mächtig
wartet

mit dem maul im kot
mit den beinen im himmel
beriecht er den menschen
wartet

nichts kommt
nichts in Prosperos
zaubermantel
nichts aus straßen und mündern
aus kanzeln und türmen
nichts aus lautsprechern
sagt zum nichts
nichts

nichts gebärt nichts
nichts zieht nichts groß
nichts lebt üppig
im nichts
nichts wartet auf nichts
nichts droht
nichts verurteilt
nichts begnadigt

(Aus: »Polnische Poesie des 20. Jahrhunderts«, herausgegeben und übersetzt von Karl Dedecius, Carl Hanser Verlag, München 1969).

Der Zweite Weltkrieg war für Różewicz der Prüfstein der modernen Zivilisation, und in seiner Enttäuschung über sie lehnt er selbst die Existentialethik von Camus ab. Die folgenden Auszüge aus »Der fall oder über die vertikalen und horizontalen elemente im leben des zeitgenössischen menschen« (»Spadanie czyli o elementach wertykalnych i horyzontalnych w życiu człowieka współczesnego«) geben Einblick in seinen Gedankengang:

es war einmal
lang lang ist's her
da gab's noch festen boden
auf den hinunterkollern konnte
der mensch

den menschen der am boden lag
aus eigenem leichtsinn
oder mit hilfe der mitmenschen
beschaute man mit bestürzung
mit neugier
abscheu
schadenfreude
man wies auf ihn
und manchmal raffte er sich auf
erhob sich
und lief beschämt vondannen

das war fester boden
man möchte sagen
gutbürgerlicher boden
einer für damen
einer für herren
damals gab's noch
gefallene mädchen
kompromittierte

gab's bankrotteure
eine heute fast vergessene
gattung
jeder hatte seinen boden
der politiker priester kaufmann
offizier gelehrte und kassier

La chute das fallen
ist nur möglich
in literatur
und fieberwahn
denkt doch an die geschichte

vom anständigen menschen

der nicht helfend heraneilte
vom menschen der »ausschweifung« trieb
der log geohrfeigt wurde
für sein bekenntnis erhielt
der große verstorbene vielleicht letzte
moderne französische moralist
im jahre 1957
einen preis

Es folgen Worte von Augustinus und Dostojewski, mit denen Różewicz eine
Weile spielt, bevor er sich wieder Camus zuwendet:

dieser kämpfer mit dem herzen
eines kindes stellte sich vor
die konzentrischen kanäle von
Amsterdam wären höllenkreise
bürgerlicher verdammnis

von kindheit her glaubte er
an den Boden
glaubte tief an den Menschen
liebte Dostojewski
mußte darunter leiden
daß es nicht himmel hölle gab
nicht lamm
nicht lüge
es schien ihm er hätte den boden
entdeckt läge am boden
gefallen

während es
keinen boden mehr gab

.   .   .

fallen ist nicht
das richtige wort
für jene bewegung
von körper und seele
in der der mensch
heute vergeht

empörte menschen
rebellische engel
fielen kopfüber nach unten
der moderne mensch
fällt nach allen seiten
gleichzeitig
hinauf hinab in alle richtungen
der windrose früher fiel man
und stand auf
senkrecht
heute
fällt man
waagrecht

Der Leser ist geneigt, sich für Camus und gegen Różewicz zu entscheiden, denn dieser – wie so manche seiner polnischen Zeitgenossen – klingt etwas überstürzt. Man kann aber deutlich die Mittel erkennen, mit denen er sich gegen die »reine« Poesie wendet: Zitate, Zeitungsausschnitte, Verzeichnisse, polemische Seitenhiebe und dgl. Różewicz zeigt sich hier von einer rein programmatischen Seite, denn seine Gedichte beruhen sonst auf Metaphern vielschichtiger Bedeutung, ein Kunstgriff, den er in der Theorie ablehnt. Man darf aber nicht vergessen, daß Różewicz in einen tiefen Konflikt verstrickt ist. Er ist ein Antipoet, der viele Nachahmer fand, und man könnte ihn einen radikalen Nihilisten nennen, wäre sein Werk nicht durchaus – wenn er es auch nur selten zugibt – von der Verneinung des »normalen« durch ein »volles, authentisches« Leben beherrscht. Jenes ist das »Nichts«, das die Zivilisation dem armen Kaliban bietet, dieses – unerreichbar. Und hierin liegt die Ursache von Różewiczs Zerrissenheit.

Es ist kein Zufall, daß er nach 1956 zum Pfeiler des »absurden Theaters« in Polen wurde. Seine Gedichte überschreiten bewußt die Grenze zwischen den verschiedenen Genres und neigen zum Monolog und Dialog. In seinem Haß auf das »normale« Leben fand er im Theater eine vorzügliche Gelegenheit, die Oberflächlichkeit zu geißeln, über die die Menschen in ihren alltäglichen Beziehungen nicht hinauskommen. Manche seiner Stücke konnten nicht aufgeführt werden, denn sie verlangen zuviel, selbst vom kühnsten Regisseur. Auch hier sucht Różewicz die Grenzen zwischen den Genres zu verwischen, nämlich zwischen Antipoesie und Antidrama. An der Handlung liegt ihm nicht viel; die Figuren sind – wie im Mysterienspiel – Symbole, jedermann in vielfacher Gestalt, wenn auch in Zeit und Ort hineingestellt. Im Helden der *Kartothek* (1961, deutsch 1966) ist ein Pole aus Różewiczs Generation leicht zu erkennen, an dem sein Leben geisterhaft vorüberzieht, während die Erinnerung wie ein himmlischer Richter zu Gericht sitzt und das Urteil spricht. *Zeugen oder unsere kleine Stabilisierung (Świadkowie czyli nasza mała stabilizacja,* 1962) hat eine Doppelhandlung. Die eine zeigt die Morgenstunden zweier scheinbar glücklicher Eheleute, die zur Erkenntnis kommen, daß ihre Beziehung eine Lüge und die fröhliche Landschaft, die sie durchs Fenster sehen, voller Grauen ist: Kinder spielen dort mit einer lebendigen Katze Begräbnis. In der zweiten Handlung sitzen zwei Männer in Lehnsesseln da, und zwar so, daß sie einander weder sehen noch berühren können, wie im Büro. Ihr Gespräch macht die Unmöglichkeit einer Verständigung augenfällig, und wenn sich etwas wimmernd an ihnen vorbeischleppt, ein verletzter Hund oder vielleicht ein Mensch, lassen sie ein paar Worte fallen, ohne sich zu rühren.

Als Schriftsteller ist Różewicz noch nicht am Ziel. Er hat zwar eine eigene Art, seine Entwicklung aber ist noch nicht abgeschlossen, und er kann daher nicht klassifiziert werden. Seine Kühnheit wiegt die Schwächen auf, besonders seine Ungeschliffenheit, die es einem schwermacht, zu sagen, ob seine Geschmacklosigkeiten gewollt sind oder zu seiner Sprache gehören. Seine Dichtungen sind poetische Collagen, die Ungeschliffenheit bezieht sich nicht auf den Stoff, sondern die Art, in der er organisiert ist und die ihm oft nicht gerecht wird.

Zbigniew Herbert (geb. 1924)

Zbigniew Herbert ist nur etwas jünger als Różewicz und ihm ähnlich, gehört aber schon der »neuen Dichterwelle« an, die im Jahre 1956 auftrat und die er am besten vertritt. Herbert stammt aus Lemberg, wo er in den Kriegsjahren eine geheime Oberschule mit militärischer Ausbildung besuchte, seinen Unterhalt durch Gelegenheitsarbeit verdiente und in einer Partisanengruppe mitkämpfte. Nach dem Krieg beendete er das Jurastudium, studierte Philosophie und Kunstgeschichte, war Bühnenarbeiter und schrieb Gedichte, ohne jedoch während des Zwangsregimes vor 1956 etwas zu veröffentlichen. Er war daher schon ein Dreißiger, als sein erster Gedichtband, *Die Lichtsaite (Struna światła,* 1956, auch deutsch), erschien, gefolgt von *Hermes, Hund und Stern (Hermes, pies i gwiazda,* 1957) und *Studium des Objekts (Studium przedmiotu,* 1961). Herbert ist mit seiner Art, das Hauptthema der polnischen Nachkriegspoesie – die Spannung zwischen dem Formbemühen des Dichters und seinem Mitgefühl für die Leiden der Menschen – zu behandeln, der Gegenpol zu Różewicz. Er ist ein Dichter der Zivilisation und kein Rebell, der sich über das »nichts in Prosperos mantel« beklagt. Seine humanistische Schulung ließ ihn das Sehnen nach vollkommener Unschuld skeptisch betrachten. Die Tragödie unserer Zeit durchdringt auch seine Dichtungen und ihre kristallklare, intellektuell-ironische Sprache, es stehen ihr aber historische Betrachtungen anderer Zeiten als Gegengewicht gegenüber, und sie ist mehr angedeutet als mit Namen genannt. Hamlet, Mark Aurel, griechische Söldner, römische Prokonsuln und antike Göttergestalten treten in seinen Liedern auf – ein Zeichen seiner Distanz zu seiner Zeit. Christliche Gestalten erscheinen oft in ironischem Licht, so benehmen sich im »Tor zum Tal« die Engel, die die Verdammten von den Seligen scheiden, wie Aufseher im Konzentrationslager. In »Apollo und Marsyas« wird der Gegensatz zwischen dem Künstler, der sich nicht aus der Ruhe bringen läßt, und den Schmerzensschreien des Menschen zugunsten des ersteren entschieden. Marsyas fordert Apollo zu einem Wettstreit im Flötenspiel heraus und wird zur Strafe dafür an einen Baum gebunden und enthäutet. Sein Schreien geht Apollo auf die Nerven, er entfernt sich und sinnt . . .

ob aus dem heulen Marsyas'
nicht mit der zeit
ein neuer zweig
der – sagen wir – konkreten
kunst erwachse

da fällt
eine versteinerte nachtigall
vor seine füße

er wendet sich um
und sieht
daß der baum an den Marsyas gefesselt war
ergraut ist

gänzlich

(Aus: »Inschrift, Gedichte aus zehn Jahren«. Suhrkamp Verlag, Frankfurt 1967. Deutsch von Karl Dedecius).

In den meisten Gedichten Herberts wird die Kunst rehabilitiert und die Vollkommenheit der Gegenstände, die wir sehen und berühren, gerühmt. Vielleicht ist es ein Zeichen von Verzweiflung, sich an leblose Dinge zu klammern; sie sind aber Teile einer Welt, die losgelöst von Menschenleid existiert. Davon spricht das Gedicht »Kiesel« (»Kamyk«):

Kiesel

Der kiesel ist als geschöpf
vollkommen

sich selber gleich
auf seine grenzen bedacht

genau erfüllt
vom steinernen sinn

mit einem geruch der an nichts erinnert
nichts verscheucht keinen wunsch erweckt

sein eifer und seine kühle
sind richtig und voller würde

ich spür einen schweren vorwurf
halt ich ihn in der hand
weil dann seinen edlen leib
die falsche wärme durchdringt

    – kiesel lassen sich nicht zähmen
    sie betrachten uns bis zum schluß
    mit ruhigem sehr klarem auge

(Aus: »Inschrift, Gedichte aus zehn Jahren«. Suhrkamp Verlag, Frankfurt
1967. Deutsch von Karl Dedecius).

In Herberts Poesie (deutsche Auswahl 1964, 1968) erscheinen die grauenvol-
len Erlebnisse, die fast jedermann in Polen während des Krieges hatte, wie
durch ein Sieb gefiltert und zur Universalbedeutung erhoben. Er hat auch
eine Antwort für alle, die trotz der Verbrechen des Unmenschen den Glauben
an den Menschen nicht aufgeben wollten. Die Antwort ist nicht leicht zu akzeptieren, wird aber gleichfalls in einen größeren Zusammenhang gestellt,
wie in »Fortinbras' Klage«:

Fortinbras' Klage
für M. C.

Allein geblieben prinz können wir jetzt von mann zu mann miteinander
                                                      reden
wenn du auch liegst auf der treppe und soviel wie eine tote ameise siehst
das heißt die schwarze sonne mit den gebrochenen strahlen
Niemals konnt ich an deine hände denken ohne zu lächeln
und nun da sie auf dem stein wie abgeschüttelte nester liegen
sind sie genauso schutzlos wie vorher Das ist eben das ende
die hände liegen gesondert Der degen gesondert Gesondert liegen
kopf und beine des ritters in weichen pantoffeln

Du wirst ein soldatenbegräbnis haben wenn du auch kein soldat warst
das ist das einzige ritual auf das ich mich verstehe
Es wird keine kerzen geben und keinen gesang sondern lunten und
                                              donner
des abends trauertuch über dem pflaster helme beschlagene stiefel
artilleriepferde trommelwirbel wirbel ich weiß schön ist das nicht
das wird mein manöver sein vor der machtübernahme
man muß diese stadt an der gurgel fassen und leicht daran schütteln

So oder anders du mußtest fallen Hamlet du taugtest nicht für das leben
du glaubtest an die kristallbegriffe und nicht an den menschlichen lehm
du lebtest von ständigen krämpfen und jagtest in träumen chimären
du schnapptest gierig nach luft und mußtest dich gleich erbrechen
kein menschliches ding gelang dir nicht einmal das atmen

Jetzt hast du ruhe Hamlet du tatest das deine
und hast jetzt ruhe Der rest ist nicht schweigen doch nein
du wähltest den leichteren teil den effektvollen stich
aber was ist der heldentod gegen das ewige wachen
mit kaltem apfel im griff auf erhöhtem stuhl
mit sicht auf den ameisenhaufen und auf die scheibe der uhr

Leb wohl mein prinz mich erwartet das kanalisationsprojekt
und der erlaß in sachen der dirnen und bettler
Ich muß auch ein beßres gefängnissystem erfinden
denn wie du richtig meintest Dänemark ist ein gefängnis
Ich gehe zu meinen geschäften Heut nacht wird der stern
namens Hamlet geboren Wir kommen nie mehr zusammen
was von mir bleibt wird niemals stoff für eine tragödie

Wir sollten uns weder willkommen noch abschied sagen
wir leben auf inselmeeren
und dieses wasser die worte was sollen was sollen sie prinz

(Aus: »Inschrift, Gedichte aus zehn Jahren«. Suhrkamp Verlag, Frankfurt
1967. Deutsch von Karl Dedecius).

Herberts Stärke liegt in seiner Verbundenheit mit Hamlet-Polen, einem Band,
das sich bei den Dichtern, die den Krieg und den Nachkriegsterror nicht
selbst erlebt haben, immer mehr lockert. Ob sie Fortinbras gegenüber ebenso
nachsichtig sein werden wie Herbert, wird sich erweisen. Man hat seine Sprache klassisch genannt, nicht wegen Silbenvers und Reim, die er nur selten verwendet, sondern wegen ihrer Klarheit und logischen Struktur.
Das gilt auch für seine Bühnenstücke wie *Das zweite Zimmer (Drugi pokój)*
u. a., die zu den besten Miniaturstücken gehören, die nach 1956 erschienen.
Seine Reiseerinnerungen aus Italien, Frankreich und Griechenland, *Barbar
im Garten (Barbarzyńca w ogrodzie,* 1962, deutsch 1965), enthalten Essays
über die Albigenser, die mittelalterlichen Ritterorden, die griechische Bau-
kunst, das Zunftwesen usw. Herberts Interesse für die Mittelmeerzivilisation
geht unzweifelhaft auf Norwid zurück.

Alexander Wat (1900–1967)

Alexander Wat, der frühere Futurist, Utopist und kommunistische Publizist,
hatte im Jahre 1956 ein überraschendes Comeback als Dichter. Seine dadai-
stischen Gedichte, *Ich von der einen und ich von der andern Seite meines mops-
eisernen Öfchens (Ja z jednej strony i ja z drugiej strony mego mopsożelaznego
piecyka,* 1920), waren von der Kritik in Grund und Boden verdammt worden,
und in seinem Kampf für die »Befreiung der Worte« stand er allein. Er be-

377

stritt seinen Lebensunterhalt als Redakteur und literarischer Direktor eines Verlagshauses. Bei Kriegsbeginn flüchtete er ins sowjetisch besetzte Lemberg, wo er als Trotzkist und Zionist angeklagt und eingesperrt wurde. Erst 1946 kehrte er nach Polen zurück. Er nahm seine literarische Tätigkeit wieder auf, konnte jedoch unter dem Zwangsregime, das 1949 einsetzte, nichts veröffentlichen. Später trat er mit Gedichten hervor, die ganz im Stil der neuen Dichterwelle gehalten sind. Er zeigt sich in ihnen als Mensch, der großes Leid erfuhr und mit dem alle geistigen und politischen Strömungen der Zeit ihr Spiel trieben. Das Moderne an ihm ist seine völlige Respektlosigkeit gegenüber der Poesie als einer eigenen Literaturgattung sowie seine Empfänglichkeit für die Sprache des Unterbewußten, ganz im Gegensatz zur modernen polnischen Poesie, die sich autobiographische Bekenntnisse nicht erlaubte, aber durch Wats Ungehemmtheit farblich etwas belebt wurde. Seine *Gedichte (Wiersze,* 1957) wurden von der führenden Wochenschrift *Neue Kultur (Nowa Kultura)* preisgekrönt.

Aus Gesundheitsgründen begab sich Wat an die Riviera, wo seine *Mittelmeerverse (Wiersze śródziemnomorskie,* 1962) entstanden. Als er beschloß, nicht mehr nach Polen zurückzukehren, wurde er dort wegen dieses »Verrats« totgeschwiegen. Er starb in Paris. Seine Werke sind für das Wiederaufleben des »Avantgardismus« nach 1956 bezeichnend. Der folgende Auszug aus dem »Verdammten« (»Potępiony«) zeigt seine Technik:

Im Traum sah ich eine Kaffeemühle,
so eine gewöhnliche, altmodisch, kaffeebraun.
(Als Kind pflegte ich die Klappe zu öffnen, hineinzublicken
und sie schnell wieder zu schließen. Zitternd vor Angst!
Daß die Zähne klapperten! Es war mir, als würde ich dort
zermahlen! Hab's immer gewußt: es wird schlecht ausgehen!)
Zuerst also war die Kaffeemühle.
Oder sah's nur so aus? Denn dann war's eine Windmühle,
am Meer, am Horizont, genau in der Mitte.
Die vier Flügel drehten sich krachend, als würde dort jemand zermahlen,
und auf der Spitze eines jeden tanzte ein Akrobat in Weiß
zur Melodie der »Lustigen Witwe«.

Wats ungezwungen hingeworfene, vom Augenblick eingegebene Bemerkungen sind oft von einer Prägnanz, wie man sie in Zeichnungen findet, die eine bestimmte Stimmung mit wenigen Strichen festhalten. Charakteristisch dafür ist der Zyklus *Lieder eines Wanderers,* von denen hier eines folgt:

Schön, daß es einem den Atem
nimmt. Ich war ein Flügel,
sagt die Hand.
Blau. Die Gipfel in rötlichem
Gold. In weiter Runde
Rauchfetzen, Hütten, Wiesen, Wege,
Kreuzwege heiliger Menschenmüh.
Wie heiß es ist! Da kommt schon
das Wunder des Schattens. Hirt, Hund, Widder,
Schafe mit goldenen Glöckchen. Ölbäume
gütig gekrümmt, zypressenbehütet.
Unter Schindelzinnen ein Dorf

378

auf kabrischem Kliff. Kirche – Hirt und Zypresse.
Junger Tag, junge Zeit, junge Welt.
Vögel lauschen gebannt. Ein Hahn kräht
in Spéracèdes. Wie heiß
es doch ist! Bitter der Tod in der Fremde,
süß das Leben in Frankreich.

Das Bild des Dichters Wat wäre unvollständig, blieben seine unverhüllten
Schmerzensschreie unerwähnt. Er schämte sich der banalsten Ausrufe nicht
und versah seine Gedichte – als wollte er damit seine Unbekümmertheit zeigen – mit Fußnoten. Die ersten Verse seines »Vor Breughel dem Älteren« mögen als Beispiel dienen:

Arbeit ist Wohltat.
Laßt euch's gesagt sein, von mir, dem geborenen Faulpelz,
der von Gefängnis zu Gefängnis sich schleppte, vierzehn an der Zahl!
von Spital zu Spital, ihrer zehn! durch Gasthöfe – unzählig!

Arbeit ist Segen.
Wie könnten wir uns sonst Rat schaffen mit der Lava
                              der brudermordenden Nächstenliebe?
den Lawinen der Vernichtung aller durch alle?
der bodenlos maßlosen Brutalität?
der schwarz-weißen Welt, die kein Ende nimmt
und immer da capo sich dreht wie die Platte,
die abzuheben man vergaß?
oder kurbelt vielleicht ein Unsichtbarer den Kasten an?
                                                    Entsetzlich!
Wie könnten wir ohne sie leben im Paradies der Sozialhygiene,
wo den Finger man ins Blut nicht taucht ohne aseptischen Handschuh?

Entsetzlich!

Neue Richtungen

Kaum im Besitz ihrer »Experimentierfreiheit«, begannen die Dichter neue
Versuche. Sie nahmen eine komplizierte Ausdrucksweise an, die sie einem
breiteren Publikum entfremdete. Gedichtbände fanden im Durchschnitt tausend Abnehmer, während es nicht ungewöhnlich war, daß zehntausend
Exemplare eines schwierigen Sachbuches binnen zwei Tagen nach Erscheinen vergriffen waren – ganz im Gegensatz zur Kriegszeit und dem kurzen,
aber gewaltsamen Aufstand von 1956, als man im Gedicht eine gemeinsame
Sprache fand für die Gefühle, die jedermann bewegten, und jedes Wort einen
politischen Unterton hatte. Die Zahl der Leser nahm ab, der Einfluß der Poesie aber nicht. Die verschiedenen literarischen Gattungen griffen ineinander
über, die Philosophie ins Drama, der Roman ins Essay, so daß sie oft kaum
voneinander zu unterscheiden sind, und das Gedicht verzichtete auf Versmaß
und Reim. Die Erschließung neuer Gebiete fiel hauptsächlich der Poesie zu,
ihr Einfluß ist selbst im Science-fiction-Roman zu spüren. Das Theater stand
schon immer im Zeichen poetischer Experimente, und die Ideen von Witkie-

wicz, Gałczyńskis *Grüner Gans* und des westeuropäischen Theaters des Absurden eroberten die polnische Bühne. Die realistische Handlung wurde zugunsten der Fabel, des Gleichnisses und des Mysterienspiels aufgegeben. Die Sprache wurde als fehlerhaftes Verständigungsmittel hingestellt, und eine »semantische« Poesie zerstörte den grammatikalischen Satzbau.

Miron Białoszewski (geb. 1922) war bis zum Jahre 1956 ein exzentrischer Hungerleider, ein vom Regime Verstoßener, der seine absurden Stücke in Warschauer Privatwohnungen aufführte. Sein erster Gedichtband, *Kreisen der Dinge (Obroty rzeczy,* 1956), erregte großes Aufsehen. Mit Hilfe der unpoetischsten Dinge – Küchengeschirr, verrostete Röhren, schmutzige Hinterhäuser – macht er auf groteske Art über große Ideen lustig, Ideen, in denen der Mensch sich nicht zurechtfinden kann und die neben der leblosen Materie absurd wirken. Auf diese linguistischen Spielereien folgte der Band *Irrige Rührungen (Mylne wzruszenia,* 1961), eine radikale Antipoesie, die die Wörter quält und verrenkt und zertrümmert und zu einem Brei unartikulierter Laute zusammenschlägt. In zufällig belauschten Gesprächsfetzen, Dialekten unbekannter Herkunft, primitiven Urlauten macht die Außenwelt der einzigen Wirklichkeit Platz, die dem Menschen zugänglich ist: der Sprache.

Ein »semantischer« Dichter ist auch Zbigniew Bieńkowski (geb. 1913), der einige kraftvolle Lieder über die Widerstandsbewegung schrieb, aber im Gegensatz zu Białoszewski von der vielschichtigen Bedeutung der Wörter und der sich daraus ergebenden Verwirrung völlig überwältigt ist.

Auch Tymoteusz Karpowicz (geb. 1921) ist ein Zerstörer der Syntax, aber dabei ein feinfühliger Dichter, der – in den Fußstapfen der Ersten Avantgarde – nach prägnanter Form strebt. Besonders gut ist er in seiner verhaltenen ironischen Metaphorik, für die »Der Traum des Bleistifts« (»Sen ołówka«) ein gutes Beispiel ist:

Der Traum des Bleistifts

Wenn sich der bleistift zum schlaf entkleidet
beschließt er fest
steif und schwarz
zu schlafen

dabei hilft ihm
die angeborene unbeugsamkeit
jeglichen kerns in der welt
das mark des bleistifts
bricht, doch es läßt sich nicht biegen

niemals träumt es
von wellen oder von haaren
nur von soldaten im stillgestanden
oder von särgen

das was in ihm sich ordnet
ist einfach
was außerhalb ist krumm
gutnacht

(Deutsch von Karl Dedecius)

380

Der Surrealismus, der sich in der Zwischenkriegszeit gegen den Rationalismus der Ersten Avantgarde nicht durchsetzen konnte, kam jetzt mit Jerzy Harasymowicz (geb. 1933) zu seinem Recht. Märchen und Traum sind Harasymowiczs Zuhause, in das seine »entfesselte Phantasie« der nüchternen Logik den Eintritt versagt. Die Wurzeln seiner Dichtungen liegen deutlich zutage: Am Fuß der Karpaten, in Dörfern mit alten Holzkirchen und Ikonen, bei den Baukastentürmen von Krakau (seinem Wohnort) und in den Kirmesbuden der alten Donaumonarchie finden seine »Wunder« (so nannte er seinen ersten Liederband) statt. Bald zärtlich, bald rauh, immer heiter, immer unempfänglich für Rationalisierungen, zieht Harasymowicz durch sein Märchenland wie durch ein »Grünes Tiefland der Klaviere« (»Zielona nizina fortepianów«):

Grünes Tiefland der Klaviere

Abends
so weit das auge reicht
herden
von schwarzen
klavieren

bis an die knie
im tümpel
lauschen sie den fröschen

im wasser
glucksen sie
akkorde der ekstase

entzückt
von der mondscheinstimmung
der frösche

aus den ferien zurück
im konzertsaal
musizieren sie skandale
künstlerisch gemolken
legen sie sich hin
plötzlich
wie kühe

Und blicken gleichgültig
auf die weißen blumen des publikums
auf die platzanweiser
die gesten

(Deutsch von Karl Dedecius)

Stanisław Grochowiak (geb. 1934) gehört einer anderen Richtung an, dem »Turpismus«, vom Lateinischen *turpis*, häßlich. Die »neue Welle« hatte einen Horror vor allem Schönen, Hübschen und zog eine bissige, schneidende Ironie vor. Grochowiak trieb den Kult mit dem Abstoßenden, Widerlichen auf die Spitze. Er betrachtete ihn als Heilmittel gegen die Hirngespinste, in die sich der Mensch durch seine geistige Lässigkeit verwickeln läßt. Sex erscheint in seinen Liebesliedern immer in Verbindung mit rohen Fleischstükken, zerschnittenen Fischen und modernden Knochen und der Menschenleib in all seiner Vergänglichkeit. Die Unzertrennlichkeit von Liebe und Tod – ein altes Lieblingsthema der Poesie – wird hier in Bilder gekleidet, die an Baudelaires Besessenheit von der Erbsünde erinnern. Grochowiak ist aber auch ein sozial denkender Dichter, der seine satirisch-moralisierenden Ideen z. B. in dem Gedicht »Die Sauberen« (»Czyści«) deutlich artikuliert:

Die Sauberen

Ich ziehe die Häßlichkeit vor
Sie ist näher dem Kreislauf
Der Worte sie zu durchleuchten
Zu quälen

Sie puzzelt die reichsten Formen zusammen
Rettet durch Qualm
Die Wände des Leichenhauses
Legt den Mäusegeruch
In die vor Kälte starren Standbildwerke

Es gibt so saubere Leute beispielsweise
Bei denen nicht einmal ein Hund knurrt
Wenn sie vorbeigehn
Dabei sind sie weder heilig
Noch leise

(Deutsch von Karl Dedecius)

Nicht weniger bissig ist das Gedicht »Busen der Königin aus Holz gedrechselt« (»Piersi królowej utoczone z drewna«):

Busen der Königin aus Holz gedrechselt

Die Hände der Königin sind mit Schmalz beschmiert
Die Ohren der Königin sind mit Watte verstopft
Der Busen der Königin ist aus Holz gedrechselt
Der Mund der Königin hat ein Gebiß aus Gips

Und ich brachte ihr eine weinwarme Zunge her
Im Munde das schäumende Speichelmeer
Der Busen der Königin ist aus Holz gedrechselt

Im Hause der Königin welkt die gelbe Kerze
Im Bett der Königin wird die Wärmflasche lau

Den Spiegel der Königin deckt das Segeltuch zu
Im Glas der Königin rostet die Spritze

Und ich brachte ihr einen Bauch der nicht straffer sein könnte
Und blendende Zähne wie Instrumente
Der Busen der Königin ist aus Holz gedrechselt

Vom Haar der Königin fallen Blätter
Von den Augen der Königin fällt Spinngewebe
Das Herz der Königin platzt mit leisem Gezisch
Der Atem der Königin gilbt an der Fensterscheibe

Und ich brachte ihr eine Taube im Korb und
Goldene Luftballons gleich einen ganzen Bund
Vom Haar der Königin fallen Blätter

(Aus: »Polnische Poesie des 20. Jahrhunderts«, herausgegeben und übersetzt von Karl Dedecius, Carl Hanser Verlag, München 1964).

Grochowiak schrieb auch lyrische Gedichte, in denen er die topographische und geistige Atmosphäre der polnischen Landschaft einfängt, die sich aber wegen der vielen Anspielungen auf die ältere und jüngere polnische Poesie nicht übersetzen lassen. Interessanterweise versuchte er, gegen den Strom zu schwimmen. Die Avantgardisten hatten Versmaß und Reim verworfen, er aber führte sie wieder ein und schrieb sogar Sonette. Daneben verfaßte er Erzählungen und Theaterstücke; letztere stellen ihn in eine Reihe mit den antinaturalistischen Bühnenschriftstellern.

Die Dichter der »neuen Welle« schufen eine eigene Art von Liebeslied. Wisława Szymborska (geb. 1923) bezauberte ihre Leser mit dem Gedichtband *Salz (Sól,* 1962, deutsch 1971), dessen Titel schon auf den Inhalt hindeutet. Das ist aber nicht ihr einziges Genre, sie verfaßte auch philosophische Gedichte, denen nur die Herberts an Treffsicherheit gleichkommen, die aber manchmal etwas geziert klingen. Am besten ist sie, wenn sie ihren existentiellen Rationalismus mit dem Feingefühl der Frau überwindet, wie z. B. in »Ich bin ihm zu nahe«:

Zu nah

Ich bin zu nah, um ihm zu träumen.
Ich überflieg ihn nicht, entflieh ihm nicht
unter die Wurzeln der Bäume. Ich bin zu nah.
Nicht meine Stimme singt der Fisch im Netz.
Der Ring rollt nicht von meinem Finger.
Ich bin zu nah. Die große Hütte brennt,
da wo ich Hilfe schreie, ohne mich. Zu nah,
als daß die Glocke läutete auf meinem Haar.
Zu nah, um anzuklopfen wie ein Gast,
vor dem die Wände auseinandertreten.
Nie sterbe ich zum zweiten Mal so leicht,
so wissenlos, so außerhalb des Körpers,
wie einst in seinem Traum. Ich bin zu nah,

zu nah. Ich hör das Stöhnen,
seh die Grimasse dieses Wortes klaffen,
gelähmt von der Umarmung. Er schläft tief,
zugänglicher in diesem Augenblick der einmal nur gesehenen
Kassiererin des Wanderzirkus mit dem Löwen
als mir, die ich daneben liege.
Jetzt wächst für sie das Tal in ihm,
rostlaubig, eingesperrt vom Berg des Schnees
in blauer Luft. Ich bin zu nah,
um ihm vom Himmel in den Schoß zu fallen.
Mein Schrei kann ihn nur wecken. Ich bin Arme,
beschränkt auf meine eigene Gestalt,
und war doch eine Birke, eine Eidechse,
und trat aus Zeiten und Brokaten vor,
mit Farben vieler Häute schillernd. Und besaß
die Gnade, vor erstaunten Augen zu verschwinden,
den Schatz der Schätze. Jetzt bin ich zu nah,
zu nah, um ihm zu träumen.
Ich zieh den Arm unter dem Kopf des Schlafenden hervor,
steif, voller ausgeschlüpfter Nadeln.
Auf jeden ihrer Spitzen, abzuzählen,
sitzen gestürzte Engel.

(Aus: »Salz, Gedichte«, herausgegeben und übertragen von Karl Dedecius, Suhrkamp Verlag, Frankfurt 1973).

Im Gegensatz zu Różewicz machten einige jüngere Dichter gerade die Errungenschaften der Zivilisation zum Thema ihrer Poesie. Baudelaire sang einst von Puder und Schminke; er wollte damit sagen, daß der Mensch nie nackt sei, denn nicht nur seine Kleidung, auch seine Gesten tragen das Zeichen der Zeit. Und das entsprach diesen jungen Dichtern mit ihrer Vorliebe für das Veränderliche, Vergängliche vortrefflich. Sie haben Mitgefühl mit dem Menschen, der in all seiner Schwäche der Natur trotzt, die ihm ständig mit dem Tode droht, und der in schöpferischem Ringen seine Kultur aufrechterhält. Sie versuchen, die Aura verschiedener Zeiten einzufangen, wie sie sich in Tracht und Stil zeigte. Ihre Dichtungen wenden daher oft literarische Methoden vergangener Zeiten an und grenzen manchmal mit ihren vielen Zitaten an Abklatsch, so als stünde die gebildete Poesie des Klassizismus nach zweihundert Jahren wieder auf. Vertreter dieser Richtung sind Jarosław Marek Rymkiewicz (geb. 1934) und Jerzy Sito (geb. 1934), die dementsprechend auch eifrige Übersetzer anderssprachiger (besonders englischer) Dichter wurden.

Das Wort »Kulturpoesie« drängt sich auf, wenn man von Arthur Międzyrzecki (geb. 1922) spricht. Als Soldat der polnischen Armee in Italien und langjähriger Einwohner von Frankreich ist er mit dem etwas älteren Adam Ważyk einer der »französischsten« Dichter unserer Zeit. Er verdankt das seiner ausgezeichneten Kenntnis der französischen Poesie von Baudelaire bis Queneau und seiner französischen »Wahlverwandtschaft«. Neben Gedichten schrieb er Abhandlungen über moderne Poetik, eine autobiographische Erzählung, *Geschichten eines Zeltbewohners (Opowieści mieszkańca namiotów,* 1957), und übersetzte zahlreiche Werke aus dem Französischen. Poesie und Poetik spielten dank ihrer Empfänglichkeit für alle modernen Strömungen eine wichtige Rolle im polnischen Geistesleben. Neue Methoden ermöglichten eine Revision vieler Ansichten über die alte und neuere Literatur, und das Jahrzehnt 1956–1966 legte die Grundlagen für weitere Forschungen. Die Rätsel der Romantik lösten sich auf, Dichter und Wissenschaftler wandten sich aber hauptsächlich dem vernachlässigten Barock zu. Dichter und Wissenschaftler werden hier zusammen genannt, denn ihre Ideen vereinigten sich und ergänzten einander. Unter den Kritikern und Professoren ragt Kasimir Wyka (geb. 1910) hervor, der beides war. Einst Mitglied der Zweiten Avantgarde, zog er durch seine Vorlesungen und Aufsätze eine neue Generation von Literaten heran, die es ablehnt, sich auf ein Spezialgebiet zu beschränken, und sich neuen Strömungen nicht verschließt.

Verlagshäuser befleißigen sich als Staatsbetriebe einer übermäßigen Vorsicht, manche aber treten dennoch für geistige Unabhängigkeit ein, unterstützt von Zeitschriften wie der von Wyka begründeten *Twórczość*. Die ersten Seiten dieser Monatsschrift enthalten immer Gedichte, die meisten weit über dem Niveau des Durchschnittslesers. Wenn die zahlreichen jungen Dichter, die in den letzten zwei, drei Jahren an die Öffentlichkeit traten, hier nicht genannt werden, so deshalb, weil sie – wie es mir scheint – so hochtrabend schreiben, um dem Zugriff des Zensors zu entgehen, der ihre schwerverständlichen Verse als harmlos betrachtet. Die Poesie ist aber kein Nachtasyl, und nichts droht der polnischen Dichtkunst heute mehr, als sich in einer verstiegenen Sprache zu verlieren.

Die Prosa

Tadeusz Borowski (1922–1951)

Illegal veröffentlichte Liederhefte, zwei Jahre Auschwitz und Dachau, ein meteorartiger Aufstieg in der Literatur, Freitod im Alter von kaum dreißig Jahren – das sind die Höhepunkte der Borowskilegende. Tadeusz Borowski war der Sohn einer polnischen Arbeiterfamilie aus Schitomir, ging in Warschau zur Schule und beendete seine Schulzeit auf einem geheimen Gymnasium im Jahre 1940. Dann studierte er Literaturgeschichte an der Warschauer Untergrunduniversität und verdiente seinen Unterhalt als Nachtwächter einer Baumaterialienfirma, was ihm Zugang zum Schwarzhandel gab. Der polnische Märtyrerkomplex war ihm fremd, er beteiligte sich auch nicht an der Widerstandsbewegung, sondern schrieb Gedichte, die hektographiert unter dem Titel *Wo auch immer die Erde (Gdziekolwiek ziemia,* 1942) erschienen und grundverschieden sind von denen seines Freundes Baczyński und der Gruppe *Kunst und Volk.* Sie alle entlehnten ihre Motive der Zweiten Avantgarde; während sie aber ihren Gefühlen freien Lauf lassen, bleibt Borowski scharf und hart und hält sich streng an sein Versmaß. Seine Werke übertreffen alles, was während der Nazizeit in Polen geschrieben wurde. Folterung und Totschlag, die »an uns, den Sklaven«, begangen werden, verlieren jeden Sinn, selbst für die Nachwelt, und das Unheil wird zum faulen Witz der Geschichte gleich einem Naturereignis. Als wollte sich die Sinnlosigkeit eines Lebens, in dem man mit dem Tod russisches Roulette spielt, an ihm selbst beweisen, fiel er den Häschern zufällig in die Hände. Seine Geliebte hatte sich zum Rendezvous verspätet, und er war in ihre Wohnung gegangen, auf das Ärgste gefaßt, aber entschlossen, ihr Los zu teilen. Er fand sie in Auschwitz wieder, beide überlebten den Krieg. Dann hielt er sich eine Zeitlang in München auf, wo er im Jahre 1946 mit zwei anderen ehemaligen KZ-Insassen ein Buch über die Erlebnisse in Auschwitz herausgab. Nach Polen zurückgekehrt, veröffentlichte er eine Sammlung von Erzählungen, *Abschied von Maria (Pożegnanie z Marią,* 1948), die mit Kopfschütteln und Empörung aufgenommen wurde. Noch niemand hatte es gewagt, so über die Lager zu schreiben. Hier gibt es keine klare Linie zwischen Insassen und Aufsehern, die Opfer versuchen, sich um jeden Preis am Leben zu erhalten, selbst auf Kosten ihrer Leidensgenossen. Begriffe wie gut und schlecht verlieren ihren Sinn, gut ist, wenn man schlau und rücksichtslos sein kann, schlecht, wenn man schwach und unbeholfen ist. Der Erzähler trägt den Vornamen des Autors (Tadeusz) und gehört zu den »Guten«, er findet sich im Lager zurecht, stiehlt, schachert, markiert und schaut unbekümmert, ja grinsend auf die langen Reihen, die täglich an ihm vorbei in die Gaskammern ziehen. Er prahlt mit seinen Schlichen, berichtet kaufmännisch vom Tauschhandel mit den Wächtern – ein einzigartiges Meisterwerk.

Borowski erinnert an Hemingway in der Art, wie er in einem Dialog eine ganze Situation umreißt, ohne selbst als Erzähler aufzutreten. Hinter all dem ist die Verzweiflung zu spüren, mit der er eine Zivilisation, die solche Schrekken zuläßt, unter Anklage stellt. *Die steinerne Welt (Kamienny świat,* 1948, deutsch 1963) enthält eine Reihe von Erzählungen aus der amerikanischen Besatzungszone in Deutschland, in denen er sich gegen das »normale« Leben auflehnt, das den Völkermord der Nazis in die Dämmerzone der verblassenden Erinnerung und schließlich ins Vergessen verschwinden läßt.

Borowski suchte nach einer Idee, die die Welt verändern und einen neuen Ausbruch der Bestialität verhindern könnte. Während des Krieges lehnte er den Sozialismus ab, ließ sich aber kurz danach von seinen unausgereiften »grünen« Freunden eines anderen überzeugen und übertraf sie an Eifer, der Idee zu dienen. Er schrieb jetzt hauptsächlich für die Presse in einem kraftvollen, oft glänzenden Stil, allerdings ohne sich immer an die Tatsachen zu halten. Darin wurde er von den jungen Freunden bestärkt, die er unter den deutschen Kommunisten gefunden hatte, den einzigen Deutschen, von denen er glaubte, daß sie verstanden hätten, was geschehen war. Als der *Abschied von Maria* von kommunistischen Rezensenten als das Werk eines von der amerikanischen Verbrecherliteratur angesteckten Nihilisten bezeichnet wurde, antwortete Borowski mit einer fanatischen Verteidigung des sozialistischen Realismus und nahm sich im Juli 1951 völlig unvorhergesehen das Leben. Wie gewöhnlich in solchen Fällen scheinen ihn verschiedene Motive in einem schwachen Moment überwältigt zu haben: die Erkenntnis, daß er dem Terrorregime Vorschub geleistet hatte, eine Liebesaffäre mit zwei Frauen und ein untergründiger Selbstzerstörungstrieb.

Trotz all seiner Widersprüche ist Borowskis Werk in sich geschlossen, und zwar dank der Suche nach einem moralischen Halt in der Welt. An die erlösende Kraft des polnischen Heroismus hatte er nie geglaubt, und hinter der kühlen Beobachtung von Auschwitz steckt leidenschaftlicher Protest. Er warf sich dem dogmatischen Marxismus in die Arme, weil er von ihm die Rettung der Menschheit erhoffte, in seiner bedingungslosen Aufrichtigkeit mußte er aber als »parteipolitisch verläßlicher« Schriftsteller versagen.

Jerzy Andrzejewski, dessen Name schon mehrmals erwähnt wurde, stammt aus einer Warschauer Kleinbürgerfamilie und schrieb als junger Mann für die nationalistische Wochenschrift *Ohne Umschweife (Prosto z mostu),* die seine Erzählungen gesammelt unter dem Titel *Unvermeidliche Wege (Drogi nieuniknione,* 1936) herausgab, mit der er aber bald wegen ihres Antisemitismus brach. Andrzejewski ist im Grunde genommen ein Bühnenschriftsteller, den die Neuerungen des Theaters zur erzählenden Prosa abdrängten. Davon zeugt der Aufbau seines ersten Romans, *Herzensordnung (Ład serca,* 1936), in dem sich die Spannung Schritt für Schritt wie im Drama steigert. Das Werk spielt in der Nacht, die Andrzejewski besonders liebt, ein Zeichen seiner Bewunderung für Joseph Conrad und George Bernanos. Die Hauptgestalten sind ein Dorfgeistlicher und ein Mörder, die in einer unheilschwangeren Nacht Sünde und Vergebung auf die Waage des Gewissens legen (weshalb das Werk auch von der katholischen Presse gelobt wurde).

Während des Krieges betätigte sich Andrzejewski in der literarischen Untergrundbewegung von Warschau, nach dem Kriege wandte er sich den heikelsten Problemen des neuen Polen zu, und daraus entstand der Roman *Asche und Diamanten (Popiół i diament,* 1948, deutsch 1961). Die Idee kam ihm im Frühjahr 1945 in Krakau, wo er nach der Zerstörung von Warschau lebte. Krakau ist nicht genannt, aber leicht zu erkennen. Der Titel des Buches ist einem Gedicht von Norwid entnommen. Die Zeit ist 1945, das Geburtsjahr des neuen Polen, als die Mitglieder der mit London verbundenen Heimatarmee vogelfrei und zu gemeingefährlichen »Banditen« erklärt wurden. Auch die Rückkehrer aus den Lagern waren nicht immer frei von Schuld, manche hatten sich ihr Leben als Henkersknechte erkauft. Diese beiden Komplexe stehen im Mittelpunkt von Andrzejewskis Roman. Matthias, ein junger Soldat der Heimatarmee, möchte die Vergangenheit auslöschen und mit einem Mädchen, das er liebt, ein neues Leben beginnen. Seine Vorgesetzten, Relikte des Vorkriegsmilitarismus, befehlen ihm aber, vorher noch den Kreiskommissar der Kommunistischen Partei aus dem Wege zu räumen. Dieser ist ein alter Kämpfer, der durch viele (anscheinend stalinistische) Gefängnisse und Lager gegangen ist, ein Mann strenger Prinzipien, aber auch großer Menschenliebe. Matthias vollzieht die sinnlose Tat und kommt ebenso sinnlos um: Beim Anblick einer Polizeistreife verfällt er in Panik, bleibt trotz Anruf nicht stehen und wird von einer Polizeikugel niedergestreckt. Beide, der junge Attentäter und der alte Kommunist, haben die Sympathie des Autors, beide sind Opfer derselben Umstände. Das Begleitthema handelt von einem Richter, der im KZ ein gefürchteter Kapo war und nach seiner Rückkehr von einem früheren Lagerinsassen erkannt wird. Dieser sieht sich vor die Frage gestellt, ob er ihn anzeigen soll. Der Richter ist wieder der anständige Mensch, der er vor seiner Deportation war. Soll er nun dafür bestraft werden, daß er gegen die unter gewissen Umständen unerfüllbaren Gesetze der Menschlichkeit verstieß? Andrzejewski geht es offenbar nicht so sehr um die Darstellung der chaotischen Verhältnisse der ersten Nachkriegsjahre als um die Erhellung gewisser »Grenzsituationen«, in denen der Mensch, selbst wenn er sich völlig passiv verhält, schicksalsschwere Entscheidungen trifft. Darin liegt auch die Stärke des Buches, das viele Neuauflagen erlebte und eines der meistgelesenen Werke des Nachkriegspolen ist. Daß sich Andrzejewski einen »Banditen«

zum Helden wählte, war sehr gewagt, er mußte auch der Zensur gewisse Konzessionen machen. Der Film, der später von Andrzej Wajda in Zusammenarbeit mit dem Autor gedreht wurde, hält sich mehr an die Originalfassung.

Im Jahre 1949 trat Andrzejewski – aus' ähnlichen Gründen wie Borowski – der Kommunistischen Partei bei und wurde zu einem der ersten Vorkämpfer des sozialistischen Realismus. Er selbst versuchte sich darin in dem satirisch-optimistischen Roman *Der erfolgreiche Krieg (Wojna skuteczna,* 1953) ohne besonderen Erfolg und trat nun – wieder als einer der ersten – gegen die dogmatische Linie auf. In der bezaubernden Geschichte *Der goldene Fuchs (Złoty lis,* 1954) erzählt er von einem kleinen Jungen, der – allen Besserwissern zum Trotz – daran festhält, daß ein goldenes Füchslein in seinem Schrank lebt. Er nimmt sich die Gestalten der sozialistischen Kinderbücher sehr zu Herzen, besonders den alten Hund, der von den Kapitalisten aus dem Haus gejagt wird, nachdem er ihnen sein Leben lang treu gedient hat, läßt sich aber im übrigen von seinem Glauben nicht abbringen. Zum Schluß jedoch wird er »integriert« und erklärt, nie einen goldenen Fuchs gesehen zu haben.

Im Roman *Finsternis bedeckt die Erde (Ciemności kryją ziemię,* 1957, deutsch 1962) macht Andrzejewski reinen Tisch mit sich selbst und nimmt das Problem der Verantwortlichkeit des Menschen angesichts eines im Namen hehrer Ziele wütenden Wahns auf. Der Schauplatz des Werkes ist – in Anlehnung an Dostojewskij – das Spanien der Inquisition. Der junge Fra Diego läßt sich vom Großinquisitor Torquemada, dem er in Liebe und Verehrung ergeben ist, von der Richtigkeit des »heiligen Terrors« überzeugen. Als dieser ihm aber auf dem Totenbett seine Zweifel bekennt, schlägt er dem Toten ins Gesicht.

Eine andere Art von Selbstabrechnung sind *Die Pforten des Paradieses (Bramy raju,* 1961, deutsch 1963), eine frei fließende, nur von Beistrichen unterbrochene Folge von Bekenntnissen einiger Teilnehmer am Kinderkreuzzug von 1212. Der Autor scheint sich zu fragen, wo die Wurzel all der Bewegungen liegt, die die »Pforten des Paradieses« stürmten, und kommt zu dem Schluß: in der Angst vor dem Alleinsein, dem Wunsch, sich mit anderen zu vereinen, kurz – im Sexualtrieb. Unbekümmert um christliche oder marxistische Einwände, spricht hier Andrzejewski zum erstenmal ganz frei von homo- und heterosexuellen Beziehungen. Alle diese Jugendlichen sind in dem Alter, wo Liebesverlangen, Freundschaft und Idealismus eins sind. Andrzejewski läßt hier seiner Freude an geheimnisvollen Landschaften und prächtigen Kostümen freien Lauf. Ritterrüstungen und Pferdegeschirr leuchten im nächtlichen Dunkel auf und geben dem Werk (das ursprünglich als Drehbuch gedacht war) eine visuelle Sinnlichkeit.

Als Autor vielfach übersetzter Werke und weltbekannt, begab sich Andrzejewski ins Ausland und blieb längere Zeit in Paris, wo der Roman *Er kommt hüpfend über die Berge (Idzie skacząc po górach,* 1963) entstand. Frei von jeglichen Hemmungen, treibt er in dieser Possenreißerei und Parodie auf westeuropäische und amerikanische Bestseller seinen Spaß mit der intellektuellen und künstlerischen Welt. Die Hauptfigur ist ein alter Maler, der in der Provence lebt und – so heißt es – seine Kreativität in Liebesaffären mit jungen Mädchen regeneriert, eine offensichtliche Anspielung auf Picasso.

Der satirische Kurzroman *Appellation (Apelacja,* deutsch 1972) erhielt nicht das Imprimatur des Zensors, worauf ihn Andrzejewski kurzerhand an das *Institut Littéraire* in Paris schickte, das ihn mit Nennung des Autors im Jahre

1968 herausbrachte. Das Buch ist die anscheinend sachliche Darstellung eines Falles von Geistesstörung und hat die Form von Gesuchen, die ein an Verfolgungswahn leidender Patient aus der Heilanstalt an die Behörden richtet. Er ist ein kleiner Mann, ein früherer Widerstandskämpfer, der nach dem Krieg einen Job als Polizeispitzel erhielt und in der nachstalinistischen Periode entlassen wurde; er weiß nicht mehr aus noch ein und flüchtet sich in den Wahnsinn. Er schreibt wie ein Mensch, dessen Bildung aus zufällig aufgeschnappten Brocken besteht, und wirft mit patriotischen, katholischen und kommunistischen Phrasen um sich. Das Werk ist eine meisterhafte literarische Abbreviation: In einem Einzelleben spiegelt sich die geistige Verwirrung von Millionen wider.

Man hat Andrzejewski, seit er zu schreiben begann, zu den Moralisten gerechnet. Mit seinen literarischen Wandlungen und Irrungen ist er auch charakteristisch für viele polnische und andere osteuropäische Schriftsteller.

Adolf Rudnicki (geb. 1912)

Adolf Rudnicki gehörte schon vor dem Krieg – mit Andrzejewski – zu den begabtesten Schriftstellern. Er entstammt einer jüdischen Familie aus Warschau. Seine beiden Erstlingswerke, *Ratten (Szczury,* 1932) und *Soldaten (Żołnierze,* 1933), gehören zur umstrittenen Gattung des dokumentarischen Romans. Er schreibt ohne jede Ausschmückung und schildert z. B. in den *Soldaten* das Kasernenleben wie in einem Tatsachenbericht (er hatte soeben seine Dienstzeit beendet). Lebhaftes Temperament und leichter Narzißmus gaben seinem Stil eine gewisse Verschrobenheit und prädisponierten ihn für die Psychologie. Dieser Widerstreit zieht sich durch alle seine Werke und gibt ihnen ihren Charme, ohne zu stören. Mit der *Ungeliebten (Niekochana,* 1937) und dem *Sommer (Lato,* 1938) kam er in den Ruf eines psychologisierenden Romanciers, und das öffnete ihm die Salons der kultivierten, kunstliebenden Warschauer Gesellschaft. Der Krieg machte dem ein Ende. Rudnicki geriet in deutsche Kriegsgefangenschaft, entkam nach Lemberg und beteiligte sich dort an einer kommunistischen Monatsschrift. Nach der Einnahme von Lemberg durch die Deutschen schlug er sich nach Warschau durch, lebte unter falschem Namen außerhalb des Gettos und arbeitete in geheimen Verlagshäusern. Er kämpfte im Aufstand von 1944 mit und ging später nach Lodz, wo er sich der *Schmiede (Kuźnica)* anschloß. Schon während des Krieges hatte er es sich zur Aufgabe gemacht, vom »Volk der polnischen Juden« und ihrem Untergang Zeugnis abzulegen. Er führte sein Vorhaben in einer Reihe längerer Erzählungen aus, die unter dem Titel *Das lebende und das tote Meer (Żywe i martwe morze,* 1952, deutsch 1960) erschienen. Wäre er ein Journalist gewesen, er hätte eine Reportage geschrieben, nichts aber lag ihm ferner. Er schuf sich eine eigene Erzähltechnik, um die Gefühle von Menschen zu zeigen, die ins Getriebe einer Höllenmaschine geraten sind und – gut oder schlecht – einzig und allein deshalb sterben müssen, weil sie einer dem Tod geweihten Rasse angehören. Seine Neigung zur Psychologie kam ihm hier zustatten, vielleicht mehr als nötig, denn sie bewahrte ihn nicht davor, die Tatsachen manchmal etwas eigenwillig zu manipulieren. So handelt z. B. die Erzählung »Der große Stefan Konecki« von einem dem Judentum völlig entfremdeten Erzreaktionär, der nun denselben Weg gehen muß wie seine ihm verhaßten Glaubensgenossen. Wenn es zutrifft, daß Rudnicki hier den bekannten Literaten Ostap Ortwin vor Augen hatte, so tat er ihm Unrecht, denn dieser war kein Reaktionär.

Ein anderes Beispiel für diese Art (oder Unart) Rudnickis ist eine der Erzählungen, die kein jüdisches Thema haben. »Die Flucht aus Jasnaja Poljana« enthält Einzelheiten aus der Biographie Thomas Manns und Tolstojs, um das moralische Fiasko eines großen deutschen Schriftstellers aufzuzeigen, der nach Jahren der Emigration nicht den Mut dazu hat, in jenen Teil seiner Heimat zurückzukehren, der den Nationalsozialismus – wenn man dem Autor glauben darf – endgültig ausgerottet hat: Ostdeutschland. In anderen Erzählungen rechnet Rudnicki mit seiner Vergangenheit ab und läßt seinen Zorn an der polnischen Intelligenz aus. Alles in allem sind diese Erzählungen die »Grenzgattungen«, wie sie von der *Schmiede* postuliert wurde, und Rudnicki ist ihr bedeutendster Vertreter in der frühen Nachkriegszeit. Er hat den Opfern der Gaskammern ein unvergängliches Denkmal gesetzt. Es fehlt ihm vielleicht die Härte eines Borowski, und er verfällt oft in einen lyrischen Tagebuchton, aber, verglichen mit ihm, klingen fast alle Werke, die über dieses Thema in so vielen Sprachen geschrieben wurden, wie aus zweiter Hand nacherzählt. Nur ein Mensch, der sich seiner Dualität als Jude und Pole so sehr bewußt war, konnte die komplexen Beziehungen zwischen Juden und Juden, Juden und Polen, Opfern und Henkern so gut erfassen.

Das jüdische Thema

Rudnickis politische Voreingenommenheit zeugt davon, wie sehr das Regime darauf bedacht war, die Vergangenheit in seinem Sinn umzumodeln. Der jüdische Proletarier mußte immer edel, der jüdische Bourgeois immer schlecht dargestellt werden. Die Führer des Getto-Aufstands wurden zu Kommunisten gemacht (was sie nicht waren), und wenn jemand den Juden half, mußte es ein Arbeiter oder Bauer sein, während in Wirklichkeit die wenigen Überlebenden, die den Nazis nicht in die Hände fielen, von Intellektuellen oder in Klöstern versteckt wurden. Die Partei hörte nicht gern, wenn man überhaupt von den Juden sprach, und Rudnicki stieß auf Schwierigkeiten, als er es dennoch tat. *Der schwarze Wildbach (Czarny potok),* ein Roman des nichtjüdischen Schriftstellers Leopold Buczkowski über den Untergang der Juden in einem entlegenen Winkel von Galizien, mußte acht Jahre auf seine Veröffentlichung warten. Im politischen Tauwetter der Jahre nach 1956 rückte das jüdische Thema wieder mehr in den Vordergrund. Die Romane *Stimmen in der Finsternis (Głosy w ciemności,* 1956) und *Das Einkehrhaus (Austeria,* 1966) von Julian Stryjkowski (geb. 1905) spielen unter den ostgalizischen Juden in der Zeit vor dem Ersten Weltkrieg. Jüdische Themen behandeln auch Stanisław Wygodzki, Krystyna Żywulska und Henryk Grynberg, die alle nach dem Ausbruch der »antizionistischen« Hetze Polen den Rücken kehrten.

Stanisław Dygat (1914–1978)

Stanisław Dygat ist als Verfasser von Unterhaltungsromanen und Erzählungen bekannt. Er kam in Warschau als Nachkomme einer französischen Familie zur Welt und studierte an der Warschauer Universität. Sein Debüt hatte er kurz vor dem Krieg als Schüler Gombrowiczs und Verächter aller Schibboleths. Seine Erzählungen sind meist in Ichform bewußt naiv gehalten und stellen ihn gern als einen hilflosen, zerfahrenen jungen Menschen mit strahlenden Augen dar. Er war im Besitz eines französischen Personalausweises und wurde von den Deutschen in einem am Bodensee gelegenen Lager für Personen ungewisser Staatsangehörigkeit interniert. Nach einem Jahr durfte er nach Warschau zurückkehren, wo er inmitten der trüben Stimmung von 1942/43 den Roman *Bodensee (Jezioro Bodeńskie,* 1946) schrieb, der das Leben im Lager zum Thema hat. Dygat sieht die Dinge von der tragikomischen Seite und stellt sich hier als gelangweilten jungen Mann dar, der von großen Dingen träumt, vorläufig aber mit den Französinnen im Lager flirtet oder Bücher liest.

Auch sein nächster Roman, *Der Abschied (Pożegnanie,* 1948), ist eine Satire. Im Spätherbst 1944 wimmelte es in den westlichen Vorstädten des zerstörten Warschau von Überlebenden des Aufstandes, Schleichhändlern, Partisanen und Leuten, die sich angesichts der bevorstehenden russischen Offensive nach dem Westen durchschlagen wollten. Sie sind die Zielscheibe seiner Ironie. Er selbst hält es mit jenen, die den Staub der alten Ordnung endgültig von den Füßen geschüttelt haben und in Polen ein neues Leben beginnen wollen.

In den Jahren des sozialistischen Realismus schrieb Dygat humoristische Kurzgeschichten und Feuilletons, zum Roman kehrte er erst nach dem Jahre 1956 mit zwei Bestsellern zurück: *Verwehte Träume* (eigentlich Die Reise, *Podróż,* 1958, deutsch 1962) und *Disneyland* (1965). Nicht weil Dygat ein großer Schriftsteller wäre – er ist es nicht –, sondern um zu zeigen, welche Themen in der Zeit »unserer kleinen Stabilisierung« beliebt waren, sei hier der Inhalt dieser beiden Werke wiedergegeben.

Der Erzähler der *Träume* ist – wie fast stets bei Dygat – ein »Waschlappen«, dem sein großer Bruder die Minderwertigkeit fürs Leben eingebleut hat und der sich mit der Stellung eines kleinen Angestellten zufriedengibt. Er träumt von einer Auslandsreise und wendet sich nach langem Zögern an seinen Bruder um Hilfe, der inzwischen ein bekannter Filmproduzent geworden ist und den er in Rom als moralisch verkommenen Menschen wiedersieht. Er hatte noch einen anderen Traum: Seine Frau langweilt ihn, und er träumt von einer großen Liebe in Italien. Er findet sie nicht, und so arrangiert er mit einem Straßenmädchen von Neapel ein Spiel von Liebe auf den ersten Blick. Sie treffen sich am nächsten Tag wie zufällig auf Capri, sie spielt eine junge Dame aus Schottland, und zwar so gut, daß man nicht mehr weiß, ob sie nicht wirklich eine Lady ist. Dann betrinkt sie sich unmäßig und heult fürchterlich, und unser Held kehrt nach Polen in seinen trüben Alltag zurück, um zwei Illusionen ärmer. Dygats Personen haben etwas Naives an sich, das Spott und Mitleid erweckt und seinem Werk einen besonderen Reiz verleiht. Er verschmäht auch nicht das alte Hilfsmittel des Romans, die Maskerade.

Disneyland ist eine Geschichte aus dem Leben der polnischen Nachkriegsjugend. Auf einem Maskenball trifft ein Langstreckenläufer ein Mädchen, verliert es aber bald wieder aus den Augen. Man erzählt ihm, es sei eine Australierin polnischer Abstammung, auf Besuch in Polen. Er lernt ein anderes Mädchen kennen, träumt aber von seiner Australierin, bis er schließlich erkennt, daß die beiden ein und dieselbe Person sind. Schon aus dem Titel geht hervor, daß hier jemandem etwas vorgemacht wird, vielleicht auch dem Leser. Dygat bedient sich einer nonchalanten Umgangssprache und will damit zeigen, daß er sich nichts aus der »Heiligen-Kuh«-Literatur macht.

Stefan Kisielewski (geb. 1911)

Eine der geistreichsten Gestalten der Nachkriegszeit ist der Warschauer Stefan Kisielewski, Schriftsteller, Komponist, Musikwissenschaftler und Publizist in einer Person, *Enfant terrible* der polnischen Literatur, von entwaffnendem Humor und großem Scharfblick. Sein im nazibesetzten Warschau entstandener Roman *Das Gelöbnis (Sprzysiężenie,* 1947) ist die Geschichte dreier junger Männer, die einander geloben, große Dinge zu vollbringen, was ihnen in der lähmenden Atmosphäre der dreißiger Jahre nicht gelingt. Einer von ihnen ist impotent und findet seine Potenz erst nach dem Zusammenbruch des Vorkriegsregimes als Soldat einer geschlagenen Armee wieder. Die ersten zwei Teile des Werkes spielen in der Vorkriegszeit und sind nicht so gut wie der dritte, eine der besten Schilderungen der Septemberkampagne von 1939, an der der Verfasser selbst teilgenommen hat. Als ausgesprochener Antimarxist trat er nach dem Krieg im katholischen *Allgemeinen Wochenblatt (Tygodnik Powszechny)* in »loyale Opposition« zur Regierung, wurde aber wegen seiner Ablehnung des sozialistischen Realismus zum Schweigen gebracht und mußte zusehen, wie das *Wochenblatt* von Angehörigen der Zensur übernommen wurde. Im Oktober 1956 kehrte er im Triumph in die Redaktion zurück, voller Hoffnung auf eine Liberalisierung des Geisteslebens und der Volkswirtschaft. Er gehörte auch eine Zeitlang der katholischen Parlamentsfraktion an.

Kisielewski ist in literarischen Fragen ebenso eigenwillig wie in der Politik. Der Detektivroman erfreute sich keiner besonderen Achtung, so schrieb er einen: *Das Verbrechen im Nordbezirk (Zbrodnia w dzielnicy północnej,* 1948). Nach dem Vorbild Daniel Defoes veröffentlichte er unter dem Namen Theodor Klon die »authentischen« Erinnerungen eines Säufers: *Ich hatte nur ein Leben (Miałem tylko jedno życie,* 1958), die amüsante Beichte eines Trunksüchtigen, der seinen Wodkakonsum täglich erhöhen muß; daneben aber auch die tragikomische Schilderung des Lebens in Warschau unter dem Naziregime mit seinen ungeheuerlichen Schandtaten und Absurditäten. Kisielewski will nicht künstlerisch, sondern spielerisch-didaktisch wirken und gibt damit der polnischen Prosa einen Schuß von der robusten Gesundheit der Literatur des achtzehnten Jahrhunderts. Er nimmt die Haltung eines rationalistisch-liberalen Materialisten ein und nennt die Methoden, die das sozialistische Regime in der Wirtschaft anwendet, irrational und idealistisch. In der Kirche sieht er einen Schutz des Individuums gegen die Übergriffe des Staates. Ohne mit dem Klerus immer übereinzustimmen, erfreut er sich in der katholischen Presse einer größeren Freiheit, als ihm ein Regierungsorgan je einräumen würde.

Kazimierz Brandys (geb. 1916)

Brandys stammt aus dem jüdischen Mittelstand von Lodz, studierte Jura in Warschau und gehörte einer kommunistischen Studentengruppe an. Während der Kriegszeit lebte er in Warschau außerhalb des Gettos und schrieb zwei Romane, von denen er sich mit dem *Schaukelpferd (Drewniany koń,* 1946) der Öffentlichkeit vorstellte, dem sarkastischen Bild eines Intellektuellen, der es gut meint, aber zwischen Naziterror und Widerstandsbewegung geistig und moralisch zusammenbricht. Im gleichen Jahr trat er dem Redaktionsstab der *Schmiede* bei und veröffentlichte eine Erzählung über den Warschauer Aufstand, *Die unbezwungene Stadt (Miasto niepokonane)*, die in mehrere Sprachen übersetzt wurde. In den nächsten Jahren erschien die Romantetralogie *Zwischen den Kriegen (Między wojnami)*, die aus den folgenden Teilen besteht: *Samson* (1948), *Antigone* (1948), *Troja, die offene Stadt* (1949) und *Der Mensch stirbt nicht* (1951, deutsch 1955). Als Darstellung des politischen Wankelmuts der gebildeten Kreise gehört das Werk zur sogenannten Abrechnungsliteratur und gemahnt bisweilen an Gorkis *Klim Samgins Leben*, den Protoyp der antiintellektuellen Literatur. Es zeigt auch das schrittweise Einschwenken des Autors zum sozialistischen Realismus. Seine »positiven« Gestalten sind immer Kommunisten, und nur sie wissen, wie gefährlich der Faschismus ist.

In den *Staatsbürgern (Obywatele,* 1954) geht Brandys noch weiter. Dieser Roman galt seinerzeit als ein Musterbeispiel des sozialistischen Realismus. Die Handlung ist derart, wie sie nur in Zeiten einer Massenpsychose ersonnen werden kann. Mehrere Oberschüler verdächtigen ihre Lehrer bourgeoiser Sympathien und demaskieren sogar einen als Klassenfeind und ausländischen Agenten.

In der nachstalinistischen Zeit sattelte Brandys um. Er bekämpfte jetzt ebenjene Psychose, die zu erzeugen er mitgeholfen hatte, und bemühte sich, der Partei aus dem Dilemma der »Irrungen und Wirrungen« zu helfen. *Die Verteidigung von Granada (Obrona Granady,* 1956) und *Die Mutter der Könige (Matka Królów,* 1957, beide deutsch 1959) sind den begeisterten Jungkommunisten gewidmet, die der Parteipolitik zum Opfer fielen. In der *Verteidigung* will eine Gruppe jugendlicher Bewunderer des revolutionären Theaters Majakowskis *Schwitzbad* aufführen, läßt sich aber von dem Parteibonzen Dr. Faul davon abbringen. Das Mißtrauen, das dieser zwischen sie sät, zerstört ihre Freundschaft und demoralisiert sie. In der *Mutter der Könige* verliert Frau König, eine Tochter des Proletariats, ihre Söhne, alles ergebene Kommunisten, die entweder von Faschisten umgebracht oder von der eigenen Partei beseitigt werden. Brandys hält krampfhaft daran fest, daß die Mittel, die die Kommunisten anwandten, vielleicht manchmal schlecht, das Ziel aber immer heilig war, und das erklärt auch, warum er dem Druck, der seit 1957 auf die Schriftsteller ausgeübt wird, nachgab. Er beschränkt sich seither auf kunstgerecht ausgearbeitete philosophische Themen. Diese haben die Form von Kurzgeschichten und Briefen und wurden in mehreren Bänden unter dem Titel *Briefe an Frau Z. (Listy do Pani Z.,* deutsch 1965) veröffentlicht. Sie bilden ein etwas spitzfindiges, weitschweifiges Tagebuch, in dem Reiseerinnerungen, Bücher und Gespräche Themen existentieller Betrachtungen sind. Auch Brandys Theaterstücke und Drehbücher zeigen die Veränderungen, die die Mißachtung der aus dem neunzehnten Jahrhundert stammenden Genregrenzen in der polnischen Literatur hervorrief.

Tadeusz Konwicki (geb. 1926)

Der Werdegang Tadeusz Konwickis verläuft noch mehr im Zickzack als der Brandys; er war auch ein viel stärker gequälter Mensch und nicht so rational wie dieser. Konwicki stammt aus einer Arbeiterfamilie in der Nähe von Wilna, wo er während der deutschen Okkupation ein geheimes Gymnasium besuchte. Später kämpfte er in einer Einheit der Heimatarmee gegen die Russen, und als Litauen in die Sowjetunion eingegliedert wurde, schlug er sich nach Polen durch. Als Schriftsteller steht er im Bann seiner Heimat, ihrer Menschen und Landschaften sowie unter dem Eindruck seiner Partisanenzeit in den litauischen Wäldern.

Konwickis erster Roman, *Sumpfland (Rojsty),* entstand im Jahre 1948, wurde aber erst 1956 veröffentlicht. Er gehört zur Gattung der »Abrechnungsliteratur« und zeigt die Tragödie der jungen Leute, die sich guten Glaubens von einem antisowjetischen Patriotismus irreführen ließen. In der Überzeugung, daß das Regime mit seinem Industrialisierungsprogramm den richtigen Weg beschritten habe, wurde Konwicki Kommunist und schrieb einige Erzählungen über die Arbeitshelden des Sozialismus sowie einen Roman nach Art des sozialistischen Realismus, *Die Macht (Władza,* 1954). Wie so viele romantische Jungkommunisten fühlte er sich bald enttäuscht und begann eigene Wege zu gehen. Daneben versuchte er sich als Drehbuchautor und Filmregisseur.

Im Jahre 1963 erschien sein *Modernes Traumbuch (Sennik współczesny,* deutsch 1964), eines der aufregendsten Werke der polnischen Nachkriegsliteratur. Alles Unheimliche aus dem Leben des Autors und seiner Heimat reiht sich hier in Traumbildern aneinander. Es beginnt damit, daß der Erzähler in einer unbekannten Kleinstadt aus einem tiefen Koma erwacht – nach einem mißlungenen Selbstmordversuch. Mit Szenen aus dem Leben der armen Stadtleute vermischt, zieht seine Vergangenheit an ihm vorbei. Gespenstische Erinnerungen schaffen eine von Schuldgefühl erfüllte, beängstigende Atmosphäre. Aus gewissen Andeutungen ergibt sich, daß der Erzähler in einer Partisanengruppe gegen die NKWD gekämpft hatte (Konwickis Schilderung des gegenseitigen Gemetzels in den verschneiten Wäldern Litauens hat kaum ihresgleichen), aus Schuldgefühl seine Überzeugung änderte und nach Jahren erkennen muß, daß er sich dadurch vieler Untaten mitschuldig gemacht hat. Zwanzig Jahre Geschichte, zwanzig Jahre aus dem Leben vieler Menschen bestürmen nun sein Gewissen. Die Bewohner der Stadt, die sich aus ihrem Elend in die ekstatischen Riten einer neuen Religion ungewisser Art flüchten, wollen ihn als kommunistischen Teufel lynchen, er entkommt mit knapper Not und nimmt seine geisterhafte Existenz wieder auf. Die Wirklichkeit läßt sich nicht fassen, sie entzieht sich jeder Moral, Vernunft oder Sinneswahrnehmung, und an ihre Stelle treten unheimliche Landschaftsbilder und die von impotenten Schwachköpfen und Versagern bewohnte Stadt. Das *Moderne Traumbuch* ist das *J'accuse* all jener Polen, die – von den besten Motiven beseelt – in einem Morast endeten, in dem Gut und Böse nicht voneinander zu unterscheiden sind. In seinem leidenschaftlichen Suchen nach einem moralischen Halt, mit seiner Begabung und Aufrichtigkeit ist Konwicki dazu berufen, in der polnischen Literatur noch eine bedeutende Rolle zu spielen.

Stanisław Lem (geb. 1921)

Die Verschmelzung der literarischen Gattungen wird auch in Science-fiction-Werken deutlich, die oft wie philosophische Abhandlungen klingen. Stanisław Lem stammt aus Lemberg und studierte Medizin in Krakau. Dieser Umstand sowie seine Kenntnisse in Physik, Chemie und Philosophie ließen ihn Science-fiction zu seinem Medium wählen, ein Genre, das den politischen Strömungen nur wenig ausgesetzt war. Zu seinen Werken gehören die Romane *Der Planet des Todes (Astronauci,* 1951), *Die Irrungen des Dr. Stefan T.* (eigentlich Unverlorene Zeit, *Czas nieutracony,* 1955), *Gast im Weltraum* (eigentlich Magellans Wolke, *Obłok Magellana,* 1955, alle auch deutsch) und zwei Bände Erzählungen, *Sesam* (1954) und *Die Sterntagebücher des Weltraumfahrers Ijon Tichy* (1956, deutsch 1961). Als Ergebnis von Studium und Erfahrung stehen sie weit über dem Niveau der Unterhaltungsliteratur und sind existentiell-philosophische Werke, besonders die aus der Zeit nach 1956. Der Roman *Solaris* (1961, deutsch 1972) vereint z. B. wissenschaftliche Träume mit einer Untersuchung der moralischen Verantwortung des Menschen im Weltall. Solaris ist ein Planet, der ganz von Wasser bedeckt ist, in dem es kein Leben gibt. Manchmal nur tauchen aus der Tiefe wunderbare geometrische Figuren auf, blühen, reifen, welken und verschwinden. Ein junger Wissenschaftler landet mit einem Raumschiff auf einer wissenschaftlichen Station, die in der Nähe des Planeten im Weltraum verankert ist, und findet dort seine Geliebte wieder, die zwei Jahre vorher auf Erden Selbstmord begangen hatte. Seine Kollegen dort oben hatten schon ähnliche eigenartige Besucher gehabt, und einer von ihnen hatte sich daraufhin das Leben genommen. Der Planet ist eine Art von Weltenhirn oder Weltgewissen, das die Gedanken und Gefühle der Menschen registriert und ihren Erlebnissen leibhaftige Gestalt verleiht. Das Mädchen erklärt dem jungen Forscher, daß es ihn noch immer liebe, aber aufgelöst werden möchte in nichts, da es kein Mensch sei. Eine Blutprobe ergibt, daß in den Adern des Mädchens kein Menschenblut fließt, und sein Wunsch wird erfüllt. Der rätselhafte Planet mit seinen zwei Monden, die Schreckensstimmung, die im Raumschiff herrscht, dessen Bewohner ihre Vergangenheit durch den Weltraum schleppen, erfüllen den Leser mit Grauen. Das wahre Thema des Werkes ist nicht die Begegnung des Menschen mit einer neuen, unbegreiflichen Lebensform, sondern mit sich selbst, seiner Vergangenheit und Vergänglichkeit. Die aus dem Wasser auftauchenden Figuren versinnbildlichen das Menschenleben in seinen verschiedenen Phasen und rufen die seelische Existenzqual ins Bewußtsein, die sich hinter der selbstverständlichen Annahme des Unvermeidlichen verbirgt.

Tadeusz Breza (1905–1970)

Tadeusz Breza kommt aus einer aristokratischen Familie in der Ukraine und war anderthalb Jahre lang Novize in einem belgischen Benediktinerkloster, dann Philosophiestudent in Warschau und London. Mit Ausnahme seines Erstlingswerkes, des bereits erwähnten Romans *Adam Grywald,* fällt sein Schaffen in die Nachkriegszeit. Die Romane *Die Mauern von Jericho (Mury Jerycha,* 1946) und *Himmel und Erde (Niebo i ziemia,* 1949) handeln von der Warschauer Vorkriegsintelligenz und analysieren mit der kühlen Distanz des Außenseiters die Auseinandersetzung moralischer Überzeugungen durch politischen Ehrgeiz. In den Jahren des Stalinismus schrieb Breza Theaterrezensionen und einen Roman nach Art des sozialistischen Realismus, *Das Gastmahl des Balthasar (Uczta Baltazara,* 1952, deutsch 1955), mit einem in den Himmel gehobenen »positiven« Helden. Er stand schon vor dem Krieg im polnischen Außendienst und wurde im Jahre 1955 zum Kulturattaché in Rom, später in Paris ernannt. Seine Erfahrungen aus der Klosterzeit und der Zeit in Rom ergaben den Bestseller *Das eherne Tor (Spiżowa brama,* 1960, deutsch 1962), der vom Vatikan handelt und selbst von Katholiken positiv aufgenommen wurde. Breza ist ein ausgezeichneter Beobachter, dessen Werke auf der Grenze zwischen Essay und Erzählung liegen. Die Vorgänge im Vatikan und der päpstlichen Kurie lieferten ihm Stoff, der sich auf beide Arten behandeln läßt, ohne an künstlerischem Wert zu verlieren. *Das eherne Tor* ist in der Form von Reportage, Monographie und halberfundenem Tagebuch eine Darstellung der Beziehungen des Vatikans zur Außenwelt: Als ein Bollwerk des Feudalismus gegen den aufsteigenden Kapitalismus verstand er es, sich mit diesem zu vertragen und sogar gegen soziale Neuerungen und die proletarische Revolution zu verbünden. Trotz seiner feindseligen Einstellung gegenüber der kommunistischen Machtergreifung in der Sowjetunion und anderen Ländern berechtigt die historische Analogie zur Annahme, daß er sich auch zur Koexistenz mit den nichtkapitalistischen Ländern bewegen lassen wird. Breza schildert die theologischen und politischen Konflikte, die die letzten Jahre des Pontifikats Pius XII. kennzeichneten, mit ihren fortschrittlichen und reaktionären Strömungen innerhalb des Vatikans. Er hält mit seiner eigenen Meinung zurück und geht wie ein Anthropologe ans Werk, und das macht *Das eherne Tor* zu einer allgemeinen Studie über Ideen, die zu mächtigen Institutionen erstarren.

Brezas *Audienz in Rom* (eigentlich Das Amt, *Urząd,* 1961, deutsch 1962) hat mehr die Form eines Romans und beschreibt das Labyrinth der päpstlichen Bürokratie und den Doppelcharakter ihrer Mitglieder, die kalt und unpersönlich ihren Aufgaben nachgehen, im Privatleben aber doch Menschen sind. Das Buch handelt von einem jungen polnischen Rechtsanwalt, der nach Rom kommt, um seinem Vater die Stellung als Anwalt der Kurie wiederzugewinnen, von der ihn die polnischen Bischöfe wegen seiner freundlichen Haltung gegenüber weltlichen Behörden enthoben haben.

Der »katholische« Roman

Die katholische Kirche hat in Polen unbestritten mehr Einfluß auf die Massen als die Kommunistische Partei. Die Bauern halten an der Religion fest, und die Kirche hat in der Universität von Lublin, einigen Klöstern und Zeitschriften bedeutende Geisteszentren. Dazu muß noch eine etwas zweideutige Organisation gerechnet werden, deren Wurzeln auf den Vorkriegsfaschismus zurückgehen: das Verlagshaus »Pax«, das die Regierung in ihren Zügen gegen die Kirche als Schachfigur benutzt, dem sie aber in seinen ausgedehnten geschäftlichen Interessen freie Hand läßt. »Pax« steht gewöhnlich auf seiten der Scharfmacher in der Partei, wird von liberalen und klerikalen Intellektuellen gleichermaßen gemieden, hat aber eine ansehnliche Verlagstätigkeit entfaltet.

Es ist nicht leicht zu sagen, was ein »katholischer« Schriftsteller ist. Muß er ein gläubiger Katholik sein oder genügt es, wenn seine Schriften nicht gegen die Lehren der Kirche verstoßen? Um theologischen Spitzfindigkeiten aus dem Wege zu gehen, sollen hier rein äußerliche Kriterien angewandt und nur solche Schriftsteller als »katholisch« bezeichnet werden, die ständige Mitarbeiter katholischer Zeitschriften sind oder von katholischen Häusern verlegt werden. Daneben verbindet sie eine Vorliebe für historische Stoffe, was vielleicht daher rührt, daß sie nach breiteren Perspektiven suchen.

So versucht z. B. Anton Golubjew in seinem (zwischen 1947 und 1955 erschie-nenen) mehrbändigen Roman *Boleslaus der Tapfere (Bolesław Chrobry)*, das Polenreich kurz nach Annahme des Christentums zu rekonstruieren, mit sei-nen halbheidnischen Bräuchen, primitiven Lebensbedingungen, seinen Krie-gen und selbst seiner Sprache.

Theodor Parnicki (geb. 1908)

Der bedeutendste dieser Romanschriftsteller ist Theodor Parnicki, der zum Wandern in Raum und Zeit prädisponiert zu sein scheint. Er kam in Berlin als Sohn eines Bauingenieurs zur Welt, ging in der Mandschurei zur Schule (wo er in einer polnischen Zeitung seinen ersten Artikel veröffentlichte) und studierte polnische, englische und orientalische Literatur in Lemberg. Sein Erstlingswerk ist der am Ende des vorhergehenden Kapitels erwähnte Roman *Aetius, der letzte Römer* (1937). Zu Beginn des Zweiten Weltkrieges wurde Parnicki aus Lemberg ins Innere der Sowjetunion deportiert und ging nach seiner Entlassung aus dem Gefängnis im Jahre 1941 über Teheran nach Jeru-salem, dann England und Mexiko und kehrte schließlich nach Polen zurück. In Jerusalem erschien 1944/45 sein Roman *Silberadler (Srebrne orły)*, der in derselben Zeit spielt wie Golubiews *Boleslaus der Tapfere*. Es ist auch kein Zufall, daß beide Werke während des Krieges entstanden (das eine in Jerusa-lem, das andere in Wilna), denn im elften Jahrhundert wurde Polen eine Großmacht, die schwere Schläge gegen ihre mächtigen Nachbarn in Ost und West führen konnte. Parnicki ist vor allem an wenig bekannten, schwerver-ständlichen Geschichtsperioden interessiert und vertieft sich hier in die inter-nationalen Komplotte des Mittelalters. Zu seinen Helden macht er gewöhn-lich Mischlinge verschiedener Rassen, Völker oder Kulturen. Wie zum Be-weis seiner Meisterung verwickelter historischer Stoffe verlegt er sein *Ende der Völkereintracht (Koniec Zgody Narodów*, 1955) nach Baktrien, einem alt-persischen Staat aus dem zweiten Jahrhundert. »Völkereintracht« ist der Name eines mit den letzten technischen Errungenschaften ausgestatteten Schiffes, das als »Endwaffe« gilt. In Briefen, Rückblicken, Gesprächen und Anspielungen kommt im Laufe der Untersuchung eines politischen Mordes, in der Schein und Wirklichkeit miteinander Versteck spielen, die geplante Machtergreifung eines hohen Offiziers der Sicherheitspolizei an den Tag. Die an James Joyce erinnernde Sprache, die vielen der Archetypologie Jungs ent-nommenen Gestalten machen das Buch zu einer schwierigen, aber lohnenden Lektüre.

Auch in *Wort und Fleisch (Słowo i ciało*, 1959) sucht Parnicki sich in eine Mischzivilisation einzufühlen. Chosroes, ein persischer Königssohn, dessen Mutter Griechin ist, wird von den Römern in Alexandria als Geisel festgehal-ten und führt dort ein Tagebuch. Erinnerungen und Briefe an sechs Frauen, die in seinem Leben eine Rolle spielten, imaginäre Gespräche mit ihnen füh-ren den Leser durch die hellenistische, semitische, römische und asiatische Welt bis nach China. Mehr Traumbild als Erzählung, zeugt das Buch vom In-teresse des Erzählers (und Autors) am Buddhismus und der Gnosis. Bezeich-nenderweise ist es Jerzy Stempowski gewidmet, dem ausgezeichneten Kenner des alten Griechenland und verschiedener Mischkulturen.

Parnickis Romane sind derart mit Elementen aus dem Unterbewußtsein durchsetzt, daß es – zur offensichtlichen Freude des Verfassers – fast unmöglich ist, die Handlung herauszuschälen. So ist *Das Mondgesicht (Twarz księżyca,* 1961) die Geschichte der Königstochter Mitroania aus dem frühen vierten Jahrhundert, von ihr selbst erzählt, und zwar einmal als Mädchen, dann in Aufzeichnungen ihrer Fieberträume und schließlich als alte Frau.

Im Vorwort zu dem Roman *Nur Beatrice (Tylko Beatrycze,* 1962) erklärt der Autor, daß das Buch auf einem fünf Jahre langen Studium der Geschichte eines polnischen Zisterzienserklosters beruht, das im Jahre 1309 einem Brand zum Opfer fiel, angeblich einem Racheakt unterdrückter Bauern. Bei Parnicki ist der Brandstifter ein junger Zisterziensermönch, das uneheliche Kind polnisch-tatarischer Eltern. Das Werk besteht aus Dialogen und den schriftlichen Aussagen des Helden, in denen sich seine Wahnvorstellungen widerspiegeln. In diese psychologische Studie eines Menschen, der seine Identität sucht, spielt eine theologische Frage hinein, die seinerzeit die Scholastiker sehr beunruhigte: Ob *essentia* ohne *existentia* möglich sei, anders gesagt, ob die Seele ohne den Körper existieren könne. Der Verfasser scheint die Meinung jener Theologen zu teilen, wonach die Seele zwischen Tod und Wiederauferstehung in einem schlafähnlichen Zustand verharre. *Nur Beatrice* (mit Leitsprüchen von Lechoń und Gumilew) ist eines der besten Werke Parnickis.

Ein neues Märchen (Nowa baśń, 1962) spielt im elften und zwölften Jahrhundert in Polen, Byzanz, dem Fürstentum Nowgorod, Kiew, Ungarn, Deutschland, Irland und England und ist – wie schon der Titel sagt – ein Spiel mit historischen Überlieferungen und Legenden, darunter sogar einem toltekischen Mythos von einem rotbärtigen Mann namens Erik, der an der mexikanischen Küste Schiffbruch erlitt und auf den der indianische Mythos der gefiederten Schlange oder Schlangentaube zurückgeht. Keltische und skandinavische Motive, Stücke aus mittelalterlichen Chroniken geben dem Buch – mehr als anderen Werken Parnickis – symbolischen Charakter, der eine vielschichtige Interpretation der verschiedenen, ineinanderfließenden Handlungen erlaubt. Der zweite Band (1963) überspringt mehrere Jahrhunderte, ist aber symbolisch mit dem ersten verbunden. Im Zentrum steht hier Jeanne d'Arc, die – nach Ansicht mancher Geschichtsschreiber – nicht verbrannt, sondern auf Betreiben ihrer Richter in Sicherheit gebracht wurde.

Mit Ausnahme von *Aetius, dem letzten Römer,* entstanden alle Werke Parnickis im Ausland, die meisten in Mexiko, und wurden erst nach 1959 in Polen gedruckt. Er will die Menschen der Vergangenheit anscheinend vom Stigma der geistigen Minderwertigkeit befreien. Von den Sagen der Menschheit umrahmt, nimmt die tragische Gegenwart winzige Proportionen an. Anstelle des abgedroschenen Gegensatzes Ost – West (Hellas – Indien, Rom – Byzanz) und der Auffassung von Völkern und ihren Kulturen als in sich geschlossenen Waben setzt er ein buntes Gewebe religiös-kultureller Fäden, die von seinen »Mischhelden« personifiziert werden. Ob ihm seine Leser darin folgen können, ist fraglich, aber kein moderner polnischer Schriftsteller kommt Parnickis Art zu sehen und seiner Spiegelgalerie-Technik gleich: Die Ereignisse werden in Reflexionen des Bewußtseins oder Unterbewußtseins gezeigt und nehmen in den Augen derselben Person zu einem späteren Zeitpunkt eine andere Bedeutung an, und das macht Parnickis Werke grundverschieden vom historischen Roman des neunzehnten Jahrhunderts.

Zu den katholischen Schriftstellern gehört auch Hanna Malewska. Sie studierte an der Lubliner Universität, unterrichtete an einem Gymnasium und betätigte sich während des Krieges in der Widerstandsbewegung. Später war sie Redaktionsmitglied von *Jedermanns Wochenblatt* und der Monatsschrift *Das Zeichen (Znak),* zwei katholischen Veröffentlichungen in Krakau. Ihr erster Roman, *Griechischer Lenz (Wiosna grecka,* 1933), hat die Olympischen Spiele in Hellas zum Thema, der zweite, *Die eiserne Krone (Żelazna korona,* 1937), den letzten Kaiser des Heiligen Römischen Reiches Deutscher Nation, ein dritter, *Die Steine werden reden (Kamienie wołać będą,* 1939), die Erbauer der französischen Kathedralen. Während des Krieges schrieb sie eine Biographie Norwids in erzählender Prosa, *Korn auf der Sichel (Żniwo na sierpie,* 1947), es folgten Erzählungen aus dem alten Rom, ein Roman aus dem Leben der Christen in Rom zur Zeit der Völkerwanderung, *Die Gestalt der Welt vergeht (Przemija postać świata,* 1954), und schließlich *Familienapokryph (Apokryf rodzinny,* 1965), die Geschichte einer polnischen Kleinadelsfamilie in den Stürmen des neunzehnten und zwanzigsten Jahrhunderts.

Malewska beschränkt sich nicht auf die Suche nach Ursache und Wirkung in der Geschichte, sondern konzentriert sich – und darin gleicht sie den anderen Mitgliedern dieser Gruppe – auf das Problem des Bösen in der Welt, das vom blinden Zufall unterstützt zu sein scheint, der die guten Absichten des Menschen zunichte macht. Dabei ist die Vorsehung im Leben des einzelnen ebenso am Werk wie in jedem Staat. Ist sie vielleicht mit dem blinden Zufall identisch? Gott ist kein *Deus ex machina,* und ihn so darzustellen täte jedem Kunstwerk Abbruch. Katholische Schriftsteller neigen daher zur Theodizee, der Rechtfertigung Gottes angesichts des Übels in der Welt, ohne dieses zu leugnen oder zu beschönigen. Ihre Gestalten – ob nun römischer Bischof, polnischer König oder Kathedralenerbauer – ziehen meist den kürzeren, denn das Verlieren gehört schon zur *Conditio humana.* Ihr Streben aber ist nicht umsonst, sondern deutet auf eine im Getriebe der Welt verborgene Absicht der Vorsehung hin.

Die Liste der katholischen Schriftsteller ist mit Golubiew, Parnicki und Malewska nicht erschöpft, auch andere erfreuten sich einer gewissen Popularität und wurden sogar in fremde Sprachen übersetzt, können sich aber künstlerisch mit diesen nicht vergleichen und stehen oft unter dem Einfluß des konservativ-reaktionären Flügels der katholischen Literatur Frankreichs. Eine Ausnahme ist Jerzy Zawieyski (1902–1969), Schauspieler von Beruf, der auch zahlreiche Provinzbühnen ins Leben rief. Seine Werke (Schauspiele, Romane, Tagebücher) handeln vom Dilemma des modernen Katholiken. Er steht der katholischen Linken von Frankreich nahe, insbesondere dem Personalismus von Mounier und seiner Zeitschrift *Esprit.* Von den Schriftstellern der älteren Generation kommt er den aus der Lubliner Universität hervorgegangenen jungen Intellektuellen am nächsten.

Bauernthemen

Die polnische Literatur wurde in den dreißiger Jahren durch die Werke einiger Schriftsteller bäuerlicher Herkunft bereichert, die ein Gebiet erschlossen, das dem polnischen Leser fast exotisch erschien. Sie taten sich zu einer

Gruppe zusammen, die Authentizität forderte und den Eindrücken ihrer ländlichen Kindheit treu bleiben wollte. Ihr Organ war die Zeitschrift *Dichterprovinz (Okolica poetów),* die von 1935 bis 1939 von Stanisław Czernik herausgegeben wurde. Das Schaffen dieser Gruppe, deren bedeutendste Mitglieder Stanisław Piętak (1909–1964) und Jan Bolesław Ożóg (geb. 1913) sind, reicht von der Vorkriegszeit bis in die Gegenwart hinein.

Mit den revolutionären Veränderungen von 1944/45 hörte das polnische Dorf auf, eine rein landwirtschaftliche, ziemlich isolierte Gemeinschaft zu sein. Abwanderung in die Stadt und neue Industriezentren machten aus Bauernkindern Fabrikarbeiter, Angestellte, Lehrer und Journalisten, und die Nähe der Fabriken schuf Arbeitsmöglichkeiten für die Bauern, ohne sie zum Verlassen der Scholle zu zwingen. Diese Veränderungen lieferten der Literatur neuen Stoff, besonders im Hinblick auf den Ruf nach Realismus.

Das verspätete Erscheinen des Dorfes – oder vielmehr seines Unterganges – in der Literatur hat mehrere Gründe. Die bekannten Schriftsteller waren fast ausnahmslos Städter und betrachteten den Bauern als ein seltsames Tier. Dann kam der sozialistische Realismus mit seinem Gebot des Schwarz-Weiß der Charaktere, das nicht angetan war, den Bauern zu verstehen. So ist es zu erklären, daß Maria Dąbrowskas »Dorfhochzeit«, das Werk einer Großstädterin aus dem Jahre 1955, als die erste unverfälschte Darstellung des Dorfes gerühmt wurde.

Erst nach dem Umschwung von 1956 fand das Dorf mit seinen neuen Problemen und Konflikten wieder Eingang in die Literatur, und zwar bei Schriftstellern, die sich eine gefühlsmäßige Verbundenheit mit ihren ländlichen Anfängen bewahrt hatten. Sie gehörten meist der städtischen Intelligenz an, fühlten sich aber dort nicht zu Hause und konnten in das alte Milieu nicht zurück. Ihre Schriften greifen natürlich auf die ersten Eindrücke vom väterlichen Bauernhof zurück. Das Dorf war für sie kein Gegenstand, den man herablassend behandelt oder malerisch idealisiert, sondern ein Teil ihrer selbst, Schauplatz ihrer Kindheit und Jugend, aus einer gewissen Distanz gesehen. Besonders die Dichter schöpften in ihrer Suche nach einer persönlichen Mythologie aus alten Bauernsagen, Volksliedern und Überlieferungen. Wie Piętak und Ożóg in der Poesie tat das »der bäuerliche Surrealist« Tadeusz Nowak (geb. 1930) in der Prosa. Sein bezaubernder Kurzroman *Fremdstämmige Ballade (Obcoplemienna ballada,* 1963) handelt von einem Bauernjungen, für den das Dorf jenseits des Flusses von einem fremden, wilden Stamm bewohnt ist. Wenn man liest, wie er den Fluß überquert, um sich drüben mit seinem Mädchen zu treffen, überkommt einen die spannende Erregung, die man beim Betreten eines verbotenen Gartens fühlt.

Doch das ist nicht das einzige Beispiel dieser Gattung. Als es nach 1956 wieder möglich wurde, die Veränderungen im Dorf wahrheitsgetreu zu schildern, versuchten sich mehrere Schriftsteller bäuerlicher Herkunft darin und setzten damit etwas fort, was schon vor dem Krieg begonnen hatte. *Meine zweite Heirat (Mój drugi ożenek,* 1961) von Josef Morton (geb. 1911) ist eine offene Herausforderung aller Lehren und Losungen von Positivismus und sozialistischem Realismus. Seine Gestalten sind keine Marionetten, sondern Menschen aus Fleisch und Blut und mit einem komplizierten Innen- und Sexualleben. Andere »Bauerndichter« lehnen sich formal an Faulkner, Camus u. a. an, sind aber nicht erwähnenswert, denn schließlich ist es für einen Schriftsteller kein Zeichen von Qualität, wenn man sich zwingen muß, seine Bücher trotz Langeweile bis ans Ende zu lesen.

Ein authentisches Bild des Dorfes gibt dagegen der Roman *Haltestellen der Erinnerung (Postoje pamięci,* 1965) von Ursula Kozioł (geb. 1935), einer begabten Dichterin. Das Werk ist nicht in der Ichform geschrieben, klingt aber mit seiner einfachen Sprache fast wie ein Tagebuch. Hier wird ein Dorf, wie es vor, während und nach dem Krieg war, mit den Augen von Mirka, der Tochter des Dorfschullehrers, gesehen. Mirkas Entzücken an der Natur, ihre Freude an Bräuchen und Liedern werden von den Schrecken des Krieges schnell verdunkelt. Elend und Not, die Gestapo, die das Dorf terrorisiert und die Familie des jüdischen Krämers niederschießt, dazu die nächtlichen Besuche der »Männer aus dem Wald« bilden den Hintergrund der Tragödie eines kleinen Mädchens, das in ihren Mitschüler Daniel verliebt ist, ihn aber nicht lieben darf, weil er ein Kind deutscher Siedler ist. Das Buch ist mehr als eine liebevolle Darstellung der Beziehungen zwischen den Kindern. Es führt den Leser in Raum und Zeit (Flucht vor der Gestapo, Mirka in der Oberschule nach dem Krieg) durch das Panorama einer ländlichen Gegend, die die Hand der Geschichte zu spüren bekam. Anspruchslos und unprätentiös, ohne sich auf politische Auseinandersetzungen einzulassen, nimmt das Werk epische Breite an. Daneben ist es – etwas Seltenes in der modernen Literatur – ein Loblied auf die Familie. Mirkas Großeltern waren Analphabeten, ihre Eltern absolvierten unter unbeschreiblichen Opfern und Einschränkungen das Lehrerseminar, sie selbst – und mit ihr die Generation der Verfasserin – hat freien Zutritt zur Schule, und das läßt ein Schuldgefühl anklingen, wie es auch sonst in der »bäuerlichen« Literatur zu spüren ist.

Das Theater

Während des Krieges bestand in Polen eine geheime Schauspieler- und Intendantenorganisation, um die sich das Ehepaar Edmund und Maria Wierciński besonders verdient machte. Ihre Mitglieder waren streng diszipliniert, unterstützten einander und veranstalteten illegale Vorstellungen und Dichterabende (die von den Deutschen erlaubten Varietétheater wurden boykottiert). Man machte auch Pläne für die Zukunft, von denen manche nach dem Krieg, als der Staat die finanziellen Lasten übernahm, verwirklicht wurden. Die Geschichte des polnischen Theaters, das sich seit dem Ende des achtzehnten Jahrhunderts nie als bloße Unterhaltungsstätte betrachtet hatte, wurde um ein heroisches Kapitel reicher.

Die Bühnen, die nach dem Krieg noch inmitten der Verwüstung entstanden, fanden ein begeistertes Publikum; sie hatten keine Konkurrenz von den wenigen Kinos zu fürchten, und Fernsehen gab es noch nicht. Bis zum Jahre 1949 stand das Theater im Zeichen von Leon Schiller (1887–1954), der aus Auschwitz zurückgekehrt war, während sein Kollege, der bekannte Schauspieler und Regisseur Stefan Jaracz (1883–1945), die KZ-Zeit nur kurz überlebte. Schillers »Monumentaltheater«, das in der Tradition von Mickiewicz und Wyspiański die Spitzenleistung des polnischen Vorkriegstheaters war, fand nun neue Möglichkeiten, denn der Sozialist Schiller durfte nach Belieben schalten und walten. Er verstand es, selbst aus unbedeutenden Stücken wie Bogusławskis *Krakauer und Goralen* mit Hilfe von Choreographie, Beleuchtung und Farben ein großartiges Schauspiel zu machen. All die jungen

Regisseure, die in der Nachkriegszeit auftraten, standen unter seinem Einfluß, ob sie ihm nun folgten oder eigene Wege gingen.

Die ersten Nachkriegsjahre waren arm an neuen Werken, denn man wollte zunächst aus Stücken der polnischen und Weltliteratur ein »klassisches« Repertoire aufbauen, wobei allerdings das Drama der polnischen Romantik als »zu aufrührerisch« unter den Tisch fiel und z. B. Mickiewiczs *Ahnenfeier* erst 1955 auf die Bühne kam. Als der sozialistische Realismus auch dem Theater aufgezwungen wurde, mußte Schiller sich zurückziehen und auf den Unterricht beschränken. Das Theater verfiel in einen pedantischen Naturalismus mit einer Flut eiligst zusammengeschusterter Tendenzstücke.

Leon Kruczkowski (1900–1962)

Leon Kruczkowski genoß schon vor dem Krieg großes Ansehen (vgl. Kap. 10) und rückte nun zum offiziell anerkannten Bühnenschriftsteller auf. Die Personen seiner Stücke verkörpern politische Ideen. Kruczkowski glaubte, daß sich der Charakter des Menschen in seiner politischen Überzeugung offenbare, und stellt den »Reaktionär« immer als korrupt, den »Progressiven« als unbestechlich dar. Das Resultat ist eine Art Erlösungsdrama, zumeist mit einem Helden, der schon der Sünde verfallen ist, ihren Schlingen aber im letzten Moment entgeht und zum Glauben findet; Gestalten, wie sie auch bei Sartre und manchen Russen vorkommen. Der künstlerische Wert solcher Versuche ist zweifelhaft, bei Kruczkowski klingen sie aber glaubwürdig, denn er kannte Hitlerdeutschland aus eigener Erfahrung (fünf Jahre Kriegsgefangenschaft), und für einen Deutschen war es letzten Endes eine moralische Frage, ob er sich für oder gegen das Regime entschied. In Kruczkowskis bekanntestem Stück, *Die Deutschen (Niemcy,* 1949), hält sich Professor Sonnenbruch mit seiner Familie jeder Politik fern, kann aber der Entscheidung nicht entgehen, als ein alter Freund und von der Gestapo gesuchter Kommunist an seine Tür pocht. Die pharisäische Verbohrtheit des deutschen gebildeten Mittelstandes wird von einem Familienmitglied bloßgestellt, einer jungen Frau, die das sakrosankte Gebot der Treue zur Obrigkeit, welcher Art sie auch sei, zu brechen wagt. In seinen letzten Lebensjahren ging Kruczkowski über rein politische Themen hinaus und stellte im *Tod des Gouverneurs (Śmierć gubernatora,* 1961) – in Anlehnung an Leonid Andrejew – das moralische Drama des Machthabers dar. Der Gouverneur ist kein schlechter Mensch, die Welt ist aber nun einmal in Herrscher und Beherrschte geteilt. Er befiehlt der Polizei, auf den rebellierenden Mob zu schießen, nimmt aber die Verantwortung auf sich, denn er hält den Haß, der sich gegen ihn richtet, für gerechtfertigt. An diesem Stück eines Autors des sozialistischen Realismus kann man sehen, wie sehr sich die Literatur vom »Realismus« entfernt hatte.

Der Dogmen entledigt, wandten sich die jungen, von Schiller ausgebildeten Talente dem Theater der Romantik, altpolnischen Stücken und Shakespeare zu. Die Aufführung der *Geschichte der ruhmreichen Himmelfahrt Unseres Herrn,* eines Mysterienspiels aus dem sechzehnten Jahrhundert in der Inszenierung von Kasimir Dejmek, war eine Sensation, und die Interpretation von *Hamlet* oder *Richard III.* als zeitgenössische politische Dramen elektrisierte das Publikum. Die Zeitschrift *Dialog* veröffentlichte zahlreiche neue polnische und ausländische Stücke. Von den modernen Autoren waren Brecht, Beckett und Dürenmatt besonders beliebt.

402

Das polnische Theater des Absurden wurde von Dichtern wie Różewicz, Grochowiak und Herbert verwirklicht, für die es eine natürliche Fortsetzung ihrer Dichtungen und der ihnen zugrundeliegenden Kriegserlebnisse war. Der Rang wurde ihnen jedoch von einem Journalisten abgelaufen: Sławomir Mrożek.

Sławomir Mrożek (geb. 1930)

Mrożek ist der Sohn eines Briefträgers aus der Umgebung von Krakau, begann als Karikaturist und Feuilletonist und wurde zum Meister der Satire. Sein bissiger, absurder Witz bedient sich der gleichen Mittel wie Boy-Żeleński in den *Kleinen Worten* und Gałczyński in der *Grünen Gans* und erzielt ein ähnliches Resultat wie Gogols *Die Nase.* Das neue Polen mit den Extravaganzen seiner Bürokratie und dem Nebeneinander von Großindustrie und Rückständigkeit, Sophisterei und Engstirnigkeit war eine Fundgrube für Mrożeks Talent, surrealistisch entstellte, dabei aber unheimlich treffende Lebensbilder zu entwerfen. Charakteristisch dafür ist die Erzählung *»Der Elefant« (»Słoń«)* aus dem gleichnamigen Sammelband (1958, deutsch 1960). Die Direktion eines Kleinstadtzoos möchte gern einen Elefanten haben und schafft aus Sparsamkeit einen Gummielefanten an. Dieser wird von einem Windstoß fortgetrieben, stößt an einen Baum und platzt. Einige Schulkinder, die alles mit angesehen haben, beginnen aus Enttäuschung zu randalieren. Eine andere Erzählung, *»Hochzeit in Atomweiler«,* endet wie jede polnische Bauernhochzeit in einer Messerstecherei, nur daß sich hier die betrunkenen Gäste atomarer Waffen bedienen.
Mrożek liebt stilistische Parodien. *»Unterwegs«* z. B. beginnt wie eine altmodische Erzählung: »Gleich hinter N... führte der Weg durch flaches, fettes Wiesenland. Unser Wagen rollte munter dahin«, als eine »Ersatztelegraphenleitung« in Sicht kam, eine langgestreckte Linie von Männern, die einander »ein Telegramm« zurufen: »Vaaateeer tooot begrääbniiis miettwooch.« Drahtlose Telegraphie ist nicht nur »fortschrittlich«, sondern offenbar auch billiger...
Auch die Kindererzählung entging Mrożeks Zugriff nicht. Die von ihm selbst illustrierte *Flucht nach Süden (Ucieczka na południe,* 1961) erzählt die Abenteuer zweier Knaben und ihres Freundes, eines großen Affen, und sprüht von Spott und Spaß. In einem gottverlassenen Nest hängt ein Plakat an der Wand: *»Godot ist hier!* Bürger! Polnische Landwirte! Ihr habt lange warten müssen, aber nicht umsonst! Godot ist angekommen! Spätestens morgen abend um 7 Uhr werden ihn alle sehen können, in einem einmaligen Auftritt im Konsumverein der Bauernmiliz. *Unvergeßliche Eindrücke!«* Allerdings haben jugendliche Leser kaum schon von Becketts *Warten auf Godot* gehört, und damit scheint die Erzählung doch nicht so ganz für Kinder bestimmt zu sein.
Sein erstes Stück, *Die Polizei (Policja,* 1958 in Warschau aufgeführt), sicherte Mrożek eine führende Position im modernen Theater. Es ist eine Parodie auf die politische Sicherheitspolizei, die sich ihr Fortbestehen sichert, indem sie Verbrechen erfindet, aus Angst, daß es keine politischen Verbrecher mehr geben könnte.
Später ging Mrożek völlig zum Theater des Absurden über, und zwar mit Stücken, in denen zwei, höchstens drei Personen auftreten, die sich in eine

existentielle Situation geworfen sehen (deutsche Sammlung 1963). Die besten Beispiele dafür sind die Einakter *Auf hoher See (Na pełnym morzu,* 1960) und *Striptease* (1961, deutsch 1963). Im ersten verhandeln drei elegant gekleidete Schiffbrüchige, Der Dicke, Der Mittlere und Der Kleine, auf einem Floß darüber, wer von ihnen verspeist werden soll. Nach ideologischen Begründungen und einer demokratischen Abstimmung ergibt sich, was ohnehin feststand: Der Kleine. In *Striptease* werden zwei Herren mit Aktentaschen, die ihren Geschäften nachgingen, von einer unsichtbaren Macht in ein Zimmer, also buchstäblich in eine »Situation« geworfen und dort festgehalten. Der eine ist für innere Freiheit, die man sich unter Druck nur dadurch bewahren kann, daß man nichts tut, denn Freiheit bedeutet Freiheit der Wahl, und jedes Wählen reduziert die Zahl der Möglichkeiten und damit den Bereich der Freiheit. Der andere dürstet danach, etwas zu tun, und sei es noch so sinnlos, wenn es nur seine Freiheit demonstriert. Als aber eine Stimme, gefolgt von einer roten und einer weißen Hand, ihnen befiehlt, sich Stück für Stück zu entkleiden, gehorchen sie kleinlaut und treten ab zur Hinrichtung.

Auf mehrere solcher Stücke folgte Mrożeks Tragikomödie *Tango* (1965, deutsch 1965), ein Gesellschaftsbild dreier Generationen und psychologisches Schauspiel in Form einer Parabel. Der Student Arthur haßt die ältere Generation, ihre Promiskuität und ihren Relativismus. Er bestraft seine schnapstrinkende und kartenspielende Großmutter damit, daß er sie auf eine Totenbahre legt, kann sich aber sonst keinen Rat schaffen. Die Mutter schläft mit einem proletarischen Lümmel namens Edek, der Vater interessiert sich für nichts als hypermoderne Kunst, und der erzreaktionäre Onkel schwärmt von »Modernität«. Arthurs Versuche, seiner Familie eine »Form« zu geben, schlagen fehl. Als moderner Hamlet kämpft er im Namen der Tradition gegen die Fäulnis an und überredet seine Geliebte zu einer richtigen Trauungszeremonie mit väterlichem Segen – sehr zum Erstaunen seiner Ophelia, die schon seit langem mit ihm ins Bett geht. Er versucht es im guten, kleidet alle in das alte Zeug, das er auf dem Dachboden fand, und kommt zu dem Schluß, daß er nur etwas erreichen kann, wenn er die anderen zu blindem Gehorsam zwingt, worauf er von Edek getötet wird, der nun selbst die Macht ergreift. Der Onkel stand auf seiten Arthurs, hält es aber für angezeigt, klein beizugeben, und das Stück endet in einem von ihm und Edek getanzten Tango. Ohne Zuhilfenahme realistischer Mittel zeigt Mrożek hier einerseits den Verfall aller traditionellen Wertungen und die Fäulnis der polnischen Intelligenz, andererseits (in allegorischer Form) die verschiedenen Lösungen, die in neuerer Zeit versucht wurden: Rückkehr zur Tradition, Ruf nach einer neuen Ideologie, Faschismus, proletarische Revolution. *Tango* gilt als das beste Theaterstück der polnischen Nachkriegszeit, wurde Wyspiańskis *Hochzeit* gleichgestellt und steht offenbar unter dem Einfluß von Gombrowiczs *Trauung* (die allerdings in Polen nicht aufgeführt wurde).

Zur Zeit der Besetzung der Tschechoslowakei im Jahre 1968 befand sich Mrożek im Ausland und protestierte in einem offenen Brief gegen diesen Gewaltakt. Im Jahre 1970 erschien in Paris sein *Watzlaff (Wacław), ein Spiel in 77 Szenen* (auch deutsch).

Von den zahlreichen Essays und Abhandlungen werden hier aus Platzmangel nur jene genannt, die ihrer Form nach nicht nur zur Wissenschaft, sondern auch zur Literatur gehören. In der Darstellung des Alltags- und Erwerbslebens im nazibesetzten Polen reicht keiner an den Literaturhistoriker Kasimir Wyka heran, der hier bereits mehrmals genannt wurde. In seinem *Leben als ob (Życie na niby,* gegen Kriegsende geschrieben, aber erst 1957 veröffentlicht) birgt sich hinter zwangsloser Ironie der Ernst einer Wirklichkeit, in der man, ohne zu schwindeln, nicht existieren kann. Die Stadtbevölkerung zumindest wäre Hungers gestorben, hätte sie sich an die Vorschriften der Okkupationsmacht gehalten und nicht tausend Schliche erfunden, um sie zu hintergehen. Der Schwarzmarkt war keine Nebenerscheinung, sondern das wahre Wirtschaftssystem, das seine Existenz im Rahmen der offiziellen Ordnung auch der Käuflichkeit der Nazibeamten verdankte. Im Schleichhandel konnte man alles erstehen, von Lebensmitteln bis zu Luxuswaren – eine gespenstische Welt, in welcher der Tod oder die Verschleppung ins KZ an jeder Ecke lauerten.

Jan Kott (geb. 1914)

Jan Kott studierte Jura und französische Literaturgeschichte in seiner Heimatstadt Warschau und debütierte mit Gedichten und Aufsätzen über den französischen Surrealismus. Während des Krieges lebte er zunächst in Lemberg, dann in Warschau, wo er mit der kommunistischen Untergrundorganisation verbunden war und eine illegale Zeitschrift redigierte. Nach dem Krieg gehörte er zum Redaktionsstab der Lodzer *Schmiede,* schrieb marxistische Essays, schloß sein Studium der Romanistik ab und spezialisierte sich in der Geschichte des Schauspiels. Im Jahre 1949 wurde er an die Universität Breslau, dann Warschau berufen und veröffentlichte mehrere Studien über polnische und französische Schriftsteller des achtzehnten Jahrhunderts. Ganz im Geist der *Schmiede,* steht er im Bann des Rationalismus der Aufklärung, und das zeigt sich an seinem Stil, der der feinen Ironie der französischen Enzyklopädisten, noch mehr aber Boy-Żeleński nahesteht, dem hervorragenden Übersetzer aus dem Französischen, der jeden großsprecherischen Intellektualismus durchschaute und in Geld und Sex die wahren Beweggründe des Menschen sah.

Was der antiklerikale Liberalismus für Boy-Żeleński war, ist für Kott der Marxismus mit seiner Betonung der materialistischen Faktoren im Menschenleben. Als Übersetzer, Essayist und Herausgeber altpolnischer Werke hatte Kott ein feines Ohr für die Veränderungen auf geistigem und politischem Gebiet. Aus seinen Theaterkritiken entstand die Essaysammlung *Shakespeare heute (Szkice o Szekspirze,* auch deutsch 1964), kein Resultat von Bücherweisheit, sondern ein Werk, in dem Shakespeare mit den Augen des polnischen Publikums von 1956 gesehen wird und auf unsere Zeit politischer Morde, rücksichtsloser Machtkämpfe und gegenseitiger Spionage besser paßt als so mancher moderne Schriftsteller. In Polen konnte sich jedermann aufgrund seiner persönlichen Erfahrungen mit Hamlet vergleichen, der nun nicht mehr ein seelisch gequälter Jüngling ist, sondern ein schlauer Mann, der den Toren spielt, um die Häscher zu täuschen. Shakespeare wurde so zum lebendigen Bestandteil des polnischen Theaters, das sich seit jeher als öffentliches Forum betrachtete, auf dem gesellschaftliche Fragen in künstlerischer Form debattiert werden. Die existentielle Denkweise wurde hier von Menschen genährt, die am eigenen Leibe erfahren hatten, was es heißt, von den Launen der Geschichte umhergeworfen zu werden. König Lear wird so zum Jedermann und zu einer Figur des absurden Theaters. Kott verstand das viel besser als seine Fachkollegen. Den professoralen Einwänden, die im Westen gegen ihn erhoben wurden, kann er entgegenhalten, daß sein Shakespeare von einer Ursprünglichkeit ist, um die ihn viele Theaterdirektoren und Professoren beneiden können. In den sechziger Jahren verließ Kott sein Heimatland und ist heute Professor an einer amerikanischen Universität.

Leszek Kołakowski (geb. 1927)

Kołakowski begann seine Laufbahn als Lehrer an einer kommunistischen Parteischule in Warschau, dem Institut für Ausbildung wissenschaftlicher Arbeiter, und setzte sie als Lektor, dann Professor für moderne Philosophiegeschichte an der Warschauer Universität fort. Seine Jugendschriften sind politisch streng orthodox. Im Jahre 1955 trat er der Redaktion der Wochenschrift *Po prostu (Ganz einfach)* bei, die als Sprachrohr der verärgerten Jungkommunisten eine gewisse Rolle in der Vorbereitung des »polnischen Oktober« von 1956 spielte und ein Jahr später wegen ihres hartnäckigen Verlangens nach Demokratisierung des Wirtschaftssystems eingestellt wurde. Jetzt sah sich Kołakowski plötzlich an der Spitze der sogenannten Revisionisten und hatte die Jugend für sich. Seine politischen Essays wurden in westeuropäische Sprachen übersetzt (deutsche Auswahl, *Der Mensch ohne Alternative,* 1960), oft zu seinem Unwillen, denn in seiner Kritik der offziellen Doktrin blieb er Marxist und wollte den Antimarxisten keinen Vorschub leisten. Als die Partei von ihm verlangte, nichts zu veröffentlichen, was sich auf Gegenwartsprobleme bezieht, fügte er sich ihrem Gebot. Im Jahre 1966 wurde er dennoch wegen eines Vortrages aus Anlaß der zehnten Wiederkehr des »polnischen Oktober« aus der Partei ausgeschlossen und zwei Jahre später, als er sich mit den Warschauer Studenten solidarisierte, seiner Professur enthoben. Er sah sich zur Auswanderung genötigt, ging nach Amerika und nahm schließlich einen Ruf nach Oxford an.

Kołakowski ist ein Beispiel für die Rückkehr der Philosophen zur Aufklärung, zu einem Zeitpunkt, da sie sich noch nicht in einen Elfenbeinturm zurückgezogen hatten, sondern ihren Gegnern mit offenem Scharnier entgegentraten und Philosophie gleichbedeutend mit Literatur war. Mit der Ironie eines Voltaire bedient er sich zur Darstellung seiner Ideen verschiedener Formen. Die Sprache seiner gelehrten Werke ist trocken, oft schwerfällig und manchmal (anscheinend absichtlich) dunkel, als wollte er seine wahren Gedanken verbergen. Er schrieb ein Buch über Spinoza, gab dessen Briefe heraus und verfaßte nach jahrelangen Recherchen das 650 Seiten lange, mit unzähligen Fußnoten versehene Werk *Religiöses Bewußtsein und kirchliche Bindung (Świadomość religijna i więź kościelna,* 1965), eine tiefgründige Untersuchung der mystischen Bewegungen in Holland und Frankreich im siebzehnten Jahrhundert. Seine These ist, daß religiöse Bewegungen im Laufe ihrer Entwicklung an einen Punkt gelangen, wo sie sich entweder als Kirchen etablieren, ihren Anhängern Glaubenstreue aufzwingen und damit ihre Seele verlieren oder aber ihre Reinheit zu wahren suchen und in Zersetzung und Untergang enden.

In seinen Theaterstücken und Erzählungen hingegen zeigt sich der Witzbold Kołakowski. So sieht man in der *Vertreibung aus dem Paradies (Wygnanie z raju,* 1959, deutsch 1963) – einem Filmdrehbuch – einige Polizisten in weißen Knabenhöschen beim Empfang eines neuen Hotelgastes, Adam X-Tausend. Der alte Direktor hat nicht viel Glück mit seinen Gästen, nur wegen seines Stellvertreters. Adam trifft Eva, und beide fühlen sich vom sorgenlosen Leben gelangweilt und durch die unablässige Bewachung verstimmt. Der Stellvertreter gibt Eva den Schlüssel zu einem verbotenen Zimmer und verführt sie. Daraufhin werden Adam und Eva aus dem Paradies vertrieben, um beglückt in einem Provinzhotel aufzuwachen. Moral: Es gibt keine Freiheit ohne die Freiheit der Wahl. Der Mensch hat jeweils unter den gegebenen Umständen seine Entscheidungen zu treffen, immer auf eigene Verantwortung, selbst auf die Gefahr des Todes hin.

Der Himmelsschlüssel, oder Erbauliche Geschichten nach der Heiligen Schrift zur Belehrung und Warnung (Klucz niebieski elbo opowieści budujące z historji świętej ku pouczeniu i przestrodze, 1964, deutsch 1966) ist eine Reihe paradoxer Fabeln und Parabeln aus der biblischen Geschichte. In der Art der frommen Traktätchen aus der Zeit des polnischen Barock sind dies philosophisch-moralische Betrachtungen zu gewissen Bibelstellen. Ein Beispiel: In »Bileam – oder das Problem der objektiven Schule« rechtfertigt sich Bileam damit, daß er den Engel nicht sah, als er die Eselin schlug. Er ist aber ein objektiver Sünder, denn erstens sah er den (unsichtbaren) Engel nicht, zweitens schlug er ein unschuldiges Tier, drittens wollte er gegen den Willen Gottes weiterreiten, viertens stritt er mit dem Engel. Jetzt kann er weiterreiten – aber warum wurde er dann angehalten? Das ist eine Frechheit aus dem Munde eines Sünders, der sich der Gnade Gottes unwürdig erwies, als er vor einem unsichtbaren Hindernis nicht anhielt. Kołakowski will »belehren und warnen«, daß es keine allgemeingültigen Verhaltensmaßregeln gibt (weshalb er in Polen als eine Kreuzung von Marxismus und Existentialismus bezeichnet wurde).

Absurde Fragmente, Predigerparodien, das Stenogramm einer metaphysischen Pressekonferenz, unverständliche Aussprüche historischer Figuren sind das Material der *Gespräche mit dem Teufel (Rozmowy z diabłem,* 1963, deutsch 1968), von denen »Die dialektischen Betrachtungen des Arthur Schopenhauer, der Metaphysiker und Danziger Bürger war«, in Versform geschrieben sind.

Mutig und unerschrocken repräsentiert Kołakowski die rebellische, rationalistisch-antiklerikale polnische Intelligenz, deren geistige Haltung auf die Aufklärung und die protestantischen Denker des »Goldenen Zeitalters« zurückgeht. Die Verteidigung der Gedankenfreiheit nimmt bei ihm die Form des »menschlichen Sozialismus« an, dessen bedeutendster Vertreter in Polen er war.

Stanisław Jerzy Lec (1909–1966)

Stanisław Lec oder »Baron Letz«, wie seine Freunde ihn nannten (der wahre Name war de Tusch-Letz), kam in Lemberg als Sohn einer in den Adelsstand erhobenen jüdischen Familie aus Wien zur Welt und bewahrte sich sein Leben lang die Liebe zur deutschen Sprache und Dichtkunst. Er studierte Jura und polnische Literaturgeschichte an der Lemberger Universität und schrieb revolutionäre Gedichte. Von 1941 bis 1943 war er Häftling eines deutschen Vernichtungslagers, es gelang ihm aber, nach Warschau zu entkommen, wo er sich den kommunistischen Partisanen anschloß und Publikationen der kommunistischen Volksarmee redigierte. Nach der Befreiung wurde er zum Major befördert und der polnischen Militärmission in Wien zugeteilt. Er gehörte ihr bis 1949 an, als er das stalinistische Zwangsregime satt hatte und nach Israel ging. Als polnischer Dichter fühlte er sich dort nicht wohl und kehrte zwei Jahre später nach Warschau zurück.

Die Kenntnis seines Lebens ist für das Verständnis seiner Werke unerläßlich. Letz ist der Prototyp des osteuropäisch-jüdischen Intellektuellen unserer Zeit. Das Todeslager, in dem er mehrere Male wie durch ein Wunder der Vernichtung entging, der Partisanenkrieg, der Stalinismus, Vor- und Nachkriegswien, Israel – sie alle haben ihre Spuren in seiner Poesie hinterlassen. Er gehörte keiner Avantgarde an und schrieb mit Vorliebe kleine Gelegenheitsgedichte satirischen oder lyrischen Charakters. Diese Scherzgedichte, die an Kochanowskis *fraszki* erinnern (deutsche Auswahl, *Über Brücken schreitend,* 1950), sind Schmuckstücke jeder polnischen Anthologie, werden aber von seinen Aphorismen noch übertroffen, die er 1956 für Wochenschriften zu schreiben begann und gleichfalls *fraszki* nannte. Als freiheitsliebender, etwas skeptischer Weiser war er erst in seinem Element, als das totalitäre Regime in Polen endete. Im Jahre 1957 erschienen seine Aphorismen in Buchform unter dem Titel *Unfrisierte Gedanken (Myśli nieuczesane,* deutsch 1959), gefolgt von zwei Bänden: *Neue* und *Letzte unfrisierte Gedanken* (deutsch 1964, 1966). *Das große Buch der unfrisierten Gedanken* (1971) erschien nach seinem Tod. Die Leser lachten, fühlten aber den explosiven Gehalt dieser Blitzlichter, von denen jedes Bände spricht:

Er hatte mich einen dreckigen Liberalen genannt. Ich habe ihn geohrfeigt. Daraufhin sah er seinen Irrtum ein und entschuldigte sich.

Auch das Böse will nur unser Bestes.

Sie folterten ihn. Sie durchsuchten sein Gehirn nach ihren eigenen Gedanken.

Es ist schlimm, in einem schmutzigen Fluß gegen den Strom zu schwimmen.

Manche glauben, sie stammten von Affen ab, die auf dem Baum der Erkenntnis saßen.

Die Dummheit ist die Mutter des Verbrechens. Die Väter aber sind häufig Genies.

Die Verfassung eines Staates sollte so sein, daß sie die Verfassung des Bürgers nicht ruiniere.

Ich weiß, woher die Legende vom Reichtum der Juden kommt: sie bezahlen alles.

Ein Freund fragte: »Was machst du, wenn du in deinem Bett den Liebhaber deiner Frau mit einer anderen findest?«

Erzählt nicht von euren Träumen. Vielleicht kommen die Freudianer an die Macht.

Alles sollte man dem Menschen opfern. Nur nicht den Menschen.

Gebt Gott, was des Gottes, dem Kaiser, was des Kaisers. Und den Menschen?

Das Leben ist ungesund. Wer lebt, stirbt.

Ich wollte der Welt nur ein Wort sagen. Da ich es nicht konnte, wurde ich Schriftsteller.

Wenn ein Kannibale mit Messer und Gabel ißt, ist das Fortschritt?

Sind nackte Frauen intelligent?

Wer vor Freude in die Luft springt, muß aufpassen, daß ihm niemand den Boden unter den Füßen wegzieht.

Viele meinten, den Stein der Weisen gefunden zu haben, dabei waren sie nur verkalkt.

Ich habe von der Wirklichkeit geträumt. Was war das für eine Erleichterung, wieder aufzuwachen.

(Deutsch von Carl Dedecius)

Das sind eigentlich alles Dichtergedanken, kondensierte, »verdichtete« Gedichte in der Art des Warschauer, Wiener und besonders jüdischen Humors (Letz ist zufälligerweise auch das hebräisch-jiddische Wort für Spaßvogel – Anm. d. Übers.), und der Dichter sagt von sich selbst:
Du fragtest mich, schöne Frau, wie lange ich über meinen Gedanken gebrütet habe? Sechstausend Jahre, Göttliche, sechstausend Jahre.
Er schoß seine Pfeile zur Verteidigung des Menschen ab, den die Produkte seiner Hand und seines Geistes versklaven. Letz zählt damit zu den Besten der polnischen Literatur seit 1956. Die drei Bände *Unfrisierte Gedanken* gehören in ihrer Art zu den ironischen Seitenhieben von Mrożek und Kołakowski.

Emigrantenliteratur

Der Zweite Weltkrieg teilte die polnische Literatur – nicht zum erstenmal – in zwei Teile: Polen und das Exil. Viele Schriftsteller kehrten nach dem Krieg in die Heimat zurück, der Riß aber blieb bestehen, und die während des Krieges oder kurz danach im Ausland gegründeten Zeitschriften und Verlagshäuser sind meist weiterhin tätig. Die neue Emigrantenliteratur, die schon auf mehr als dreißig Jahre ihres Bestehens zurückblicken kann, ist von der des Mutterlandes politisch nicht scharf geschieden. Die Überzeugungen der Schriftsteller, die in Westeuropa oder Amerika landeten, entsprachen nicht immer den Begriffen von »richtig« und »falsch«, wie sie im Gefolge des Kalten Krieges in Ost und West angewandt wurden. Im Westen veröffentlichte Bücher konnten bis 1956 nicht nach Polen eingeführt werden, später aber wurden manche von ihnen von der Presse günstig aufgenommen und in Polen sogar neu herausgegeben. Autoren, die sich schon im Ausland ansässig gemacht hatten, schickten ihre Manuskripte zur Veröffentlichung nach Warschau, umgekehrt zwang dort die Zensur manche dazu, ihre Werke im Ausland herauszugeben. Aus politischen oder persönlichen Gründen folgten die Verfasser oft ihren Schriften in beide Richtungen. Es gab auch neue Talente unter der im Ausland heranreifenden Jugend, sofern sie ihrer Muttersprache treu blieb.

Der Beitrag der Emigration zur polnischen Literatur ist eindrucksvoll, ob er jedoch an das literarische Schaffen in Polen heranreicht, muß künftigen Wertungen überlassen bleiben. Von seinem Reichtum zeugt jedenfalls die von T. Terlecki in London herausgegebene *Polnische Literatur in der Fremde 1940–1960 (Literatura polska na obczyźnie,* 2 Bde., 1964). In der Emigration war man dem heimatlichen Boden entrissen, dafür aber den Launen der Zensur und dem pseudointellektuellen übergescheiten Kaffeehausklatsch entrückt. Was im Ausland an bemerkenswerter Literatur entstand, ist das Werk vereinzelter Menschen, die von Geldsorgen bedrängt und von ihren Lesern abgeschnitten waren. Das Publikum im Ausland gehörte meist der Vorkriegsintelligenz an oder dachte wie sie, stand geistig nicht sehr hoch und schätzte das Althergebrachte, Familiäre, also Zweitrangige. Die Millionen Vorkriegsemigranten, die meist in Amerika und Frankreich lebten, waren bäuerlicher Herkunft, unzugänglich oder bereits im Schmelztiegel aufgegangen.

Die führende literarische Wochenschrift des Vorkriegspolen, *Literarische Nachrichten (Wiadomości Literackie)* setzte ihre Existenz (als *Wiadomości)* in London fort, zunächst unter ihrem alten Redakteur Mieczysław Grydzewski und nach seinem Tode unter Michał Chmielowiec. Grydzewski sicherte ihr Erscheinen mit Geschick und Ausdauer, sie änderte aber – vielen Emigranten gleich – ihren Charakter. Einst ein liberales Organ (Grydzewski war auch Redakteur des *Skamander),* vertritt sie heute konservative Anschauungen in politischem und literarischem Sinne, allerdings mit einer gewissen Toleranz gegenüber anderen Ansichten. Dank ihrer treuen Leserschaft kann sie heute auf eine ununterbrochene Existenz von fast fünfzig Jahren zurückblicken, etwas Ungewöhnliches für eine literarische Zeitschrift.

Ihr Gegenstück ist die seit 1947 in Paris erscheinende, viel dynamischere Monatsschrift *Kultura,* auch sie das Werk eines einzelnen, Jerzy Giedroyćs. Dieser gehörte der polnischen Brigade an, die am Tobrukfeldzug teilnahm, und gründete später in Paris den Verlag *Institut Littéraire,* in dem auch *Kultura* erscheint. Diese findet als Sprachrohr eines »menschlichen Sozialismus« in Polen ein lebhaftes Echo und hat sogar Mitarbeiter in Warschau und Krakau, was sie natürlich in den Augen des Regimes um so gefährlicher macht. Verlag und Zeitschrift haben sich mit der Veröffentlichung wertvoller Werke große Verdienste erworben. Ihr Ansehen beruht gewiß auch darauf, daß sie die im polnischen Nationalbewußtsein tief verankerte Tradition der »Großen Emigration« des vergangenen Jahrhunderts fortsetzen.

Ein anderer Emigrantenverlag ist die *Dichter- und Maleroffizin,* ein kleines, aber hochstehendes Unternehmen in London unter der Leitung von Czesław und Krystyna Bednarczyk, hauptsächlich der Poesie gewidmet.

Von den bereits besprochenen Dichtern kehrten Tuwim und Słonimski nach Polen zurück, Lechoń und Wierzyński blieben in Amerika. Gombrowicz wurde in der Emigrantenpresse (mit Ausnahme der *Kultura)* als größenwahnsinnig und geisteskrank hingestellt, und als er internationales Ansehen gewann, dem auch die polnische Presse zustimmte, spielte sie den Beleidigten. Die Zensur behandelte ihn launisch und inkonsequent. Manche seiner Bücher wurden freigegeben, andere verboten, aber lang und breit in der Presse besprochen. Die Werke Parnickis erschienen – wie die von Gombrowicz – im *Institut Littéraire* und erreichten das polnische Publikum erst im Jahre 1959, als der Zensor sein Imprimatur gab.

Humoristische Werke sind in Polen keine Seltenheit, aber das beste Buch dieser Art erschien im Ausland, *Die Touristen aus dem Storchennest (Turyści z bocianich gniazd,* 1953) von Czesław Straszewicz (1911–1963), dessen Name wegen seines Romans aus dem Spanischen Bürgerkrieg, *Erbarmen (Litość,* 1939), auf die schwarze Liste der Gestapo gesetzt wurde. Der Kriegsausbruch überraschte ihn in Südamerika, wo er die Lage der polnischen Einwanderer studierte. Er kehrte sofort nach Europa zurück und meldete sich zur polnischen Armee in Frankreich. Nach dem Krieg ließ er sich in Montevideo nieder, wo auch die *Touristen* entstanden, zwei lose zusammenhängende Erzählungen, von denen die eine in einem südamerikanischen, die andere in einem polnischen Hafen spielt. Straszewicz schuf hier die unvergeßliche Gestalt des ewig wandernden Polen in der Person des robusten, klug-sentimentalen Seemanns Kostek, der sich von einem indianischen Straßenmädchen aushalten läßt und einen für seine Klasse ungewöhnlich feinen Humor hat. Zum Zeichen seiner Überlegenheit führt er, wo er geht und steht, »das Buch« mit sich, »meine Konstitution« – bei näherem Hinsehen ein polnisches Kochbuch. Der zweite Faden der Erzählung handelt von den Erlebnissen einiger Matrosen mit der polnischen Hafenpolizei und ist nicht so sehr eine Satire auf totalitäre Absurditäten als Ausdruck Straszewiczs prächtigen Humors. Ein hoher Polizeibeamter, jeder Zoll ein polnischer Kleinedelmann aus dem siebzehnten Jahrhundert, kann z. B. Sienkiewiczs *Trilogie* Seite um Seite aufsagen und prüft seine Frau abends im Bett auf den Inhalt des Werkes.

Manche Emigranten machten sich in Polen bei aller Welt unbeliebt, und der Horror, der ihren Namen umgibt, wird noch einmal lächerlich und unverständlich erscheinen. Dazu gehört vor allem der aus Litauen stammende Josef Mackiewicz (geb. 1902), der mit seinem unerschütterlichen Glauben an das Zusammenleben der Völker und Religionen die polnischen Nationalisten vor den Kopf stieß und wegen seines Antikommunismus in Polen zur »Unperson« wurde. Vor dem Kriege lebte er als Journalist in Wilna, wo er eine Studie über die weißrussische Provinz veröffentlichte, *Der Aufstand der Sümpfe (Bunt rojstów,* 1938). Man könnte Mackiewicz einen »fortschrittlichen Konservativen« im Sinne des neunzehnten Jahrhunderts nennen. Er bewunderte die russische Literatur und ihre großen Geister, und das macht ihn zum »russischsten« der polnischen Schriftsteller. Sein *Weg ins Nichts (Droga do nikąd,* 1956) ist ein traditionell gehaltener Roman über ein höchst untraditionelles Thema, das Litauen der Jahre 1940/41, als es der Sowjetunion einverleibt wurde. *Der Streber (Karierowicz,* 1956) ist eine psychologische Erzählung aus dem Ersten Weltkrieg mit dem ländlichen und kleinstädtischen Litauen als Hintergrund. Mackiewiczs kernige Sprache klingt am besten in Naturbeschreibungen, einem Genre, das gebürtigen Litauern anscheinend sehr gut liegt. Seine Bücher lodern von Haß gegen die politische Lüge und sind Herausforderungen, die er den Politikern ins Gesicht schleudert. In der dokumentarischen Erzählung *Kontra* (1957) nimmt er z. B. einen Stoff auf, dem andere geflissentlich aus dem Weg gingen: das Schicksal der antisowjetischen Kosakenbrigade, die von den Westmächten an die Sowjetunion ausgeliefert wurde. *Der Fall des Obersten Miasojedow* (1962) geht auf den Ersten Weltkrieg zurück, *Links-um! (Lewa wolna!,* 1965) auf den polnisch-russischen Krieg von 1920, an dem Mackiewicz selbst teilnahm. Sein bedeutendstes Werk ist der Roman *Nur nicht laut reden! (Nie trzeba głośno mówić,* 1969), ein realistisches Bild der Naziherrschaft in Litauen (im Anschluß an den *Weg ins Nichts,* der bis ins Jahr 1941 reicht). In polnischen Kriegserzählungen erscheinen gewöhnlich nur Polen und Deutsche, Mackiewicz aber sieht auch die Litauer, Russen, Juden und Weißrussen, die alle für oder gegen Moskau waren und sich in dem Durcheinander des Partisanenkrieges bis aufs Messer bekämpften, wobei sie aber nicht pauschal als gut oder schlecht hingestellt werden, sondern die Scheidelinie mitten durch die Völkerschaften geht. Die Beschreibung des Massakers unter den Juden von Wilna klingt wie ein Augenzeugenbericht, und das Naziregime erscheint nicht als monolithischer Bau, sondern von Hader und Streit zerrissen. Der Autor macht kein Hehl daraus, daß er im Zweiten Weltkrieg einen Wahnsinn sieht, der Moskaus Machtstreben den Weg ebnete. Die zahlreichen politischen Schlüsse sind oft fraglich, tragen jedoch zur Lesbarkeit des Buches bei, das mit seiner klaren Stellungnahme eine Unmittelbarkeit erzielt, wie sie in der modernen Literatur selten zu finden ist.

Der Auszug der polnischen Bevölkerung aus dem ehemaligen Großfürstentum Litauen begann nicht mit dem Zweiten Weltkrieg. Florian Czarnyszewicz (1895–1964) stammte aus dem Kleinadel, zog nach dem Ersten Weltkrieg aus seiner Heimat an der Beresina nach Polen und von dort nach Argentinien, wo er als Arbeiter und Autodidakt lebte und den großangelegten Roman *Das Beresinavolk (Nadbereżyńcy,* 1942) verfaßte, ein naives Heldenepos aus dem Bürgerkrieg von 1917–1920, dessen unverwässerte Mundart jeden Polen entzücken wird. Für einen Soziologen oder Anthropologen ist das Werk mit seiner getreuen Darstellung der Mentalität dieser adligen Kleinbauern, deren Lebensweise sich seit den Tagen von Mickiewiczs *Pan Tadeusz* kaum geändert hat, eine wahre Fundgrube. Czarnyszewiczs *Stiefkinderschicksal (Losy pasierbów,* 1958) ist ein ebenso menschliches Dokument aus dem Leben der polnischen Auswanderer in Argentinien.

Die im Ausland veröffentlichte polnische Belletristik ist so umfangreich, daß hier nur die besten Autoren genannt werden können. Gustav Herling-Grudziński (geb. 1919) studierte Polonistik in Warschau und gehörte der »neuen Welle« junger Literaten an, die kurz vor Kriegsausbruch an die Öffentlichkeit traten. Während des Krieges wurde er in einem russischen Arbeitslager interniert, trat der von der Londoner Exilregierung in der Sowjetunion errichteten Armee bei und nahm mit ihr am italienischen Feldzug teil. Nach dem Krieg ließ er sich zunächst in England, dann in Neapel nieder. Seine *Andere Welt (Inny świat,* 1953) gehört zu den besten Werken über die stalinistischen Zwangslager. An der Grenze des Romans, in der Ichform erzählt, ist es ein kluges, zutiefst menschliches Dokument, in dem sich Schönheit und Schrecken die Waage halten (der Sommer im hohen Norden; die russische Frau, die sich mit den gequälten Helden Dostojewskis identifiziert). Grudzińskis Aufsätze in der italienischen Presse und der Pariser *Kultura* sind vom Mitgefühl für seine russischen Leidensgenossen und von Bewunderung für die russische

Literatur durchdrungen. Er hat seine eigene Form der Kurzgeschichte, und wären seine Schriften in Polen erschienen, er stünde dort in hohem Ansehen. Die ferne Vergangenheit und seine neue Heimat Italien sind der Rahmen seiner (in mehrere Sprachen übersetzten) Erzählungen. *Die andere Welt* ist nicht das einzige Zeugnis vom Schicksal der in die Sowjetunion verschleppten Polen, deren Aufzeichnungen als historische Dokumente bleibenden Wert haben. Aus ihrer großen Zahl seien hier noch zwei angeführt: *Auf unmenschlicher Erde (Na nieludzkiej ziemi)* des Malers und Kunstkenners Josef Czapski und *Das Buch von Kolyma* von Anatol Krakowiecki (beide 1949), einem Insassen dieses Konzentrationslagers im nordöstlichen Sibirien.

Auch der Historiker des Untergangs der polnischen Juden wird in der Emigrantenliteratur viel Material finden und dabei gewiß auf den Namen Michał Borwicz stoßen. Dieser (1911 geborene) Krakauer Jude studierte polnische Literaturgeschichte und gehörte einer jugendlichen Dichtergruppe an. Er wurde ins Todeslager Janów bei Lublin verschickt, es gelang ihm aber, dieser Ausbildungsstätte der SS zu entkommen und sich den Partisanen anzuschließen, wo er eine Kampfeinheit der Polnischen Sozialistischen Partei (PPS) befehligte. Er war einer der Gründer und Leiter der Jüdischen Historischen Kommission in Warschau, die alles die Vernichtung der polnischen Juden betreffende Material sammelte. Als die PPS im Jahre 1948 von der Kommunistischen Partei absorbiert und die Tätigkeit der Historischen Kommission eingeschränkt wurde, ging Borwicz nach Paris, lernte dort die jiddische Sprache und widmete sich ausschließlich der Sammlung und Herausgabe von Zeugnissen der Tragödie des polnischen Judentums. Borwiczs Doktorarbeit an der Sorbonne aus dem Jahre 1954 trägt den Titel *Écrits des condamnés à mort sous l'occupation allemande (1939–1945). Étude sociologique.* Seine zahlreichen Veröffentlichungen in polnischer, französischer und jiddischer Sprache gehören zu den besten Informationsquellen über dieses Kapitel der Geschichte Europas.

Die jungen Schriftsteller in Polen, die mit dem Grotesken und Makabren experimentierten, fanden einen Genossen in dem in Tel Aviv lebenden Leo Lipski (geb. 1917), der seine Erlebnisse in der Sowjetunion und Israel auf ähnliche Weise darstellt. Mit einem Band von Erzählungen unter dem Titel *Tag und Nacht (Dzień i noc,* 1957) und dem phantastischen Roman *Peterchen (Piotruś,* 1960) steht er in der ersten Reihe der Emigrantenliteratur.

Marek Hłasko (1934–1969) wurde mit seinem Roman *Der achte Tag der Woche* (deutsch 1958) und seinen realistisch-brutalen Kurzgeschichten zum Abgott der polnischen Jugend. Er ging 1958 ins Ausland und blieb dort, lebte in Westeuropa und – ein Nichtjude – zwei Jahre in Israel als Lastwagenfahrer, Handlanger und – wie er nicht ohne Stolz erwähnt – Zuhälter. Israel ist auch der Schauplatz seiner gewaltsamen Kurzromane *Alle hatten sich abgewandt (Wszyscy byli odwróceni,* 1964, deutsch 1965) und *Faule Sachen (Brudne czyny,* 1964). Er starb eines plötzlichen Todes in Wiesbaden.

Das Schicksal wollte es, daß Tadeusz Nowakowski (geb. 1918), der fünf Jahre in einem deutschen KZ und zwei weitere in einem Verschlepptenlager zubrachte, in Deutschland als Journalist eine neue Heimat fand. Neben spöttisch-boshaften Erzählungen schrieb er einen Roman aus dem Leben der nach Deutschland verschleppten Polen, *Polonaise Allerheiligen (Obóz wszystkich świętych,* 1957, deutsch 1959). Er übertrifft sich selbst in dem Kurzroman *Happy-end* (1970), dessen Held, ein polnischer Fernsehautor, Höllenqualen durchmacht, als von ihm etwas verlangt wird, was selbst für seinen sklavischen Gehorsam zuviel ist – ein Drehbuch über ein Ereignis zu schreiben, von dem er weiß, daß es reine Erfindung und Propaganda ist. Er liefert das fertige Manuskript ab, nur um zu erfahren, daß es nicht mehr benötigt werde, denn der Sender »Freies Europa« habe vor kurzem etwas Derartiges gesendet.

Im Verlag des *Institut Littéraire* erschienen u. a. zwei Werke, die ihm aus Polen zugeschickt wurden und deren Autor seine Identität unter dem Decknamen Tomas Staliński verbirgt und – nach seinem Stil zu schließen – ein talentierter, mit der Parteipolitik gut vertrauter Mann zu sein scheint. Das eine dieser Werke, *Von oben gesehen,* wurde bereits in der Einführung zur Nachkriegsperiode besprochen. Das andere, *Schatten in der Höhle (Cienie w pieczarze,* 1969 geschrieben, 1971 veröffentlicht), versucht auf vierhundert Seiten eine Antwort auf die Frage zu finden, wer eigentlich für die Lage in Polen verantwortlich sei, und kommt zu dem Ergebnis, daß es keine solche Person oder Gruppe gibt und alles automatisch wie am Fließband aus der Maschine kommt. Das Werk ist auf den polnischen Leser zugeschnitten und setzt eine gute Kenntnis lokaler Bedingungen und Personen voraus, ein Nachteil, unter dem viele polnische Bücher leiden. Staliński nähert sich hier mehr als jeder andere der Lösung des Rätsels, warum gewisse Maßnahmen und bloße Worte verheerende Folgen haben, ohne daß jemand dafür verantwortlich gemacht werden kann.

Südamerika ist der Schauplatz der etwas sentimentalen Erzählungen von Andrzej Bobkowski (1913–1961), der in Guatemala lebte. Sie stehen seinen zweibändigen *Federzeichnungen (Szkice piórkiem,* 1957) nach, einem Tagebuch aus dem deutsch besetzten Frankreich, mit den Augen eines Ausländers gesehen, der das Land liebt, sich aber vom Verhalten der Bevölkerung abgestoßen fühlt – ein offenes Bekenntnis der Haßliebe, die viele Polen für »den Westen« haben.

Der Emigrantenliteratur mangelte es an guten Kritikern, und die Tätigkeit von Constantin Jeleński (geb. 1920) ist daher besonders bedeutungsvoll. In Italien und Frankreich erzogen, war er mit dabei, als die Armeen der Westmächte im Jahre 1944 den europäischen Kontinent überrannten. Nach dem Krieg wurde er in Paris ansässig, wo er in enger Verbindung mit französischen Schriftsteller- und Künstlerkreisen steht. Er schreibt französisch und polnisch gleich gut und ist so der ideale Vermittler zwischen der französischen und polnischen Literatur, indem er das französische Publikum mit mehreren jungen polnischen Talenten bekannt machte. Die von ihm herausgegebene *Anthologie de la poésie polonaise* (1965) ist eine hervorragende Leistung. Jeleński organisierte ein Team französischer Dichter, darunter einige der bekanntesten, und manche ihrer Übersetzungen sind wahre Meisterstücke. Er trat auch als einer der ersten für Gombrowicz ein und gewann ihm viele Bewunderer. Sein Interesse beschränkt sich nicht auf die Literatur, er ist außerdem auch Kunstkritiker.

Es heißt, daß die Dichtkunst ohne die Erde und Sprache ihrer Heimat nicht leben könne, aber die vielen polnischen Dichter, die im Exil lebten, man denke nur an die »Große Emigration«, scheinen dem zu widersprechen. Während des Krieges waren Gedichte unter den Soldaten sehr beliebt, besonders die von Władysław Broniewski. Im allgemeinen aber zog das Publikum die lyrischen *Skamander*-Lieder und ihre Nachahmungen vor, die in Polen selbst als altmodisch betrachtet wurden. Die Dichter der Zweiten Avantgarde fanden daher im Ausland keine gute Aufnahme.

Unter diesen war Marian Czuchnowski (geb. 1909), schon vor dem Krieg wegen seiner sinnlichen Lieder bekannt, die er in den Bänden *Morgen der Bitternis (Poranek goryczy,* 1930) und *Frauen und Pferde (Kobiety i konie,* 1931) herausgab. Sein aufrührerisches Temperament führte ihn in die Reihen der äußersten Linken. Er wurde mehrere Male verhaftet und schrieb zwei revolutionäre Romane. Von 1939 bis 1941 war er Häftling eines Arbeitslagers im Norden Rußlands und kam schließlich mit der polnischen Armee nach England. Zwei autobiographische Romane handeln von seinen Erlebnissen aus dieser Zeit. Im Zentrum seines Interesses steht weiterhin das Los der Ausgebeuteten, und seine Lieder gehen auf die Zeit zurück, in der er sich als Fabrikarbeiter in England durchschlug. Seine Gedichte sind gewollt rauh, ohne Versmaß und Reim und voller Enttäuschung. Mit ihrem Strom von Gesprächen, Tatsachen und Zoten und ihrer Reduzierung des Arbeiterlebens auf Fabrik und Sex sind sie das materialistischste, was die moderne polnische Dichtkunst aufzuweisen hat.

Der beste Übersetzer russischer und ukrainischer Dichter (Blok, Achmatowa, Mandelstam, Pasternak, Zwetajewa, Brodski) lebt nicht in Polen, sondern in Spanien. Josef Łobodowski (geb. 1909) war vor dem Krieg wegen des »Katastrophismus« seiner historischen Gedichte bekannt, nicht minder aber wegen seiner sensationellen Abkehr vom Kommunismus, dem er sich ursprünglich begeistert angeschlossen hatte. Seine Liebe für die Ukraine macht ihn zu einem späten Nachfolger der »Ukrainischen Schule« aus der Zeit der Romantik. Im Jahre 1937 erhielt er den Preis der Polnischen Literaturakademie. 1939 schlug er sich nach Frankreich durch, wo er eine Emigrantenzeitung herausgab. Nach der französischen Niederlage versuchte er, nach Spanien zu entkommen, wurde aber beim Überschreiten der Pyrenäen verhaftet und anderthalb Jahre in einem spanischen Gefängnis festgehalten. Aus verschiedenen Gründen beschloß er, in Spanien zu bleiben. In seinen Romanen und Gedichten klingt er oft weitschweifig, als Übersetzer aus dem Spanischen und aus slawischen Sprachen dagegen ist er klar und präzis.

Jerzy Pietrkiewicz (geb. 1916) stammt aus einer nordpolnischen Bauernfamilie und stand vor dem Krieg den ländlichen »Authentizisten« nahe. In England, wohin er während des Krieges kam, nahmen seine Gedichte eine stark intellektuelle Färbung an, die ihn dem Publikum entfremdete. Er studierte an der Universität von London, wo er heute polnische Literaturgeschichte liest. Zu seinen Werken gehören auch einige erfolgreiche Romane in englischer Sprache. Als Lehrer, Forscher und Übersetzer aus dem Englischen ins Polnische und umgekehrt hat er einen gewissen Einfluß auf den Nachwuchs der Emigration.

Marian Pankowski (geb. 1919) war Student, als der Krieg ausbrach. Er schloß sich der Widerstandsbewegung an, wurde gefangengenommen und durch mehrere Konzentrationslager geschleppt. Sein erster Gedichtband erschien 1946 in Brüssel, wo er seit 1950 Universitätsprofessor ist. Sein ungewöhnliches sprachliches Feingefühl, das den Leser spüren läßt, wie die Dinge aussehen, riechen oder schmecken, machte ihn zu einem ausgezeichneten Übersetzer aus dem Polnischen ins Französische und Dichter und Erzähler in beiden Sprachen. Pankowskis humoristischer Roman *Matuga kommt* (deutsch 1971) *(Matuga idzie,* 1958) handelt von der Odyssee eines jungen Polen und wurde

von der polnischen Emigration als pornographisch-zynische Clownerie ignoriert. Seine absichtlich ungeschliffene Sprache macht sich über den polnischen Größenwahn lustig und zeugt vom Ressentiment des Autors. *Matuga*
ist eine Reise durch das »Herz der Finsternis«, Konzentrationslager und
westeuropäische Elendsquartiere.

Tadeusz Sułkowski (1907–1960) entpuppte sich erst nach seinem Tod als
wahrer Dichterphilosoph. Aus der heiteren Gemütsruhe seiner Reime, einem
Lobgesang auf die schöne Welt, würde niemand schließen, daß dahinter ein
wahrhaft unglücklicher Mensch steht. Sułkowski begann kurz vor Kriegsausbruch zu veröffentlichen, geriet 1939 in deutsche Gefangenschaft und verbrachte fünf Jahre in einem Kriegsgefangenenlager. Dann ging er über Italien
nach London, wo er als Gelegenheitsarbeiter in Not und Einsamkeit sein Leben fristete. Seine beiden im Jahre 1961 aus dem Nachlaß veröffentlichten
Gedichtbände, *Goldnes Haus (Złoty dom)* und *Schild (Tarcza)*, sind Triumphe
der Selbstüberwindung.

Die Emigranten stehen den Schriftstellern im allgemeinen ziemlich kühl gegenüber, und das ist weniger eine Frage des Geschmacks, sondern geht vielmehr auf die Vorkriegszeit und die Spaltung des gebildeten Mittelstandes in
Rechts und Links zurück. Dieser verfiel in der Emigration wieder in den nationalistischen Ton der Vergangenheit und verhält sich beinahe feindselig zu
den Schriftstellern, die Polen erst nach einer gewissen Zeit verließen, besonders wenn sie sich dort öffentlich betätigt hatten. Der Geist des Werkes von
Czesław Miłosz z. B. ist den meisten Emigranten fremd. Miłosz verließ Polen
im Jahre 1951 und wanderte nach längerem Aufenthalt in Paris nach Amerika
aus, wo er seit 1960 Professor für slawische Literaturgeschichte an der Universität von Kalifornien in Berkeley ist. Er betrachtet sich als Dichter, schrieb
aber auch Prosawerke, die in viele Sprachen übersetzt wurden. Weltbekannt
wurde er mit seinem Werk *Verführtes Denken (Zniewolony umysł*, deutsch
1953), einer Studie der geistigen Verrenkungen der osteuropäischen Intellektuellen, die sich in das stalinistische Regime einordnen wollten. Miłosz hatte
sich schon in Polen kritisch zu diesem Thema geäußert, sein Buch wurde dennoch in der Emigrantenpresse als »hegelianisch-marxistisches Machwerk«
abgetan. *Tal der Issa (Dolina Issy,* 1955, deutsch 1957), die poetische Geschichte einer Kindheit in Litauen, wurde wiederum wegen ihres kindlichen
Staunens über Natur und Welt »heidnisch« genannt; allerdings liegt diesen
naiven Naturschilderungen die manichäische Vision von der Macht des Bösen in der Welt zugrunde. *West- und östliches Gelände (Rodzinna Europa,*
1959, deutsch 1961) ist in autobiographischer Form die Geschichte eines
Osteuropäers, der aus seinem heimatlichen Litauen in die Sowjetunion, nach
Polen und Frankreich verschlagen wird. In Polen waren die Werke Miłosz'
von 1951 bis 1956 verboten, von 1956 bis 1958 wurden sie höchst gelobt, um
danach wieder bis in die siebziger Jahre unterdrückt zu werden. Zur Zeit arbeitet Miłosz an einer Übersetzung der ganzen Bibel ins Polnische. Eigens zu
diesem Zweck hat er Hebräisch (Altes Testament) und Griechisch (Neues Testament) gelernt. Bisher ist das Buch der Psalmen erschienen (Paris 1980).

Die unflexible Haltung der Emigration ärgerte die Jugend, die sich nur vage
oder überhaupt nicht mehr an Polen erinnern konnte. Im Jahre 1955 gründeten einige polnische Studenten, die in englische Schulen gegangen waren und
nun an englischen Universitäten studierten, eine Zeitschrift in polnischer
Sprache, die sie – nach der ersten (im Jahre 1661 gegründeten) polnischen

Zeitung – *Merkurius* nannten. Eine andere Gruppe, die sich auflöste, als ihre Mitglieder ins Berufsleben traten, gab von 1959 bis 1964 die Zeitschrift *Kontinente* heraus. Was sie zusammenhielt, war die Opposition zur Londoner polnischen Kolonie in politischer und literarischer Hinsicht. Sie lehnten auch die Dichtkunst des *Skamander* ab und stehen den beiden Avantgarden nahe und damit auch der jungen Dichtergeneration in Polen. Es ist noch nicht an der Zeit, sie zu bewerten. Einige biographische Angaben müssen daher genügen.

Bogdan Czaykowski (geb. 1932) verbrachte seine Kindheit in Polen, der Sowjetunion und in Indien, studierte in Dublin und London und ist heute Professor für polnische Sprache und Literatur an einer kanadischen Universität. In dem Gedicht »Aufruhr im Vers« (»Bunt wierszem«) wird die Situation des Exilpoeten besonders deutlich:

Aufruhr im Vers

Geboren bin ich dort.
Nicht ich wählte den Ort
Gern wär ich geboren einfach im Gras.
Gras wächst überall.
Nur Wüsten hätten mich nicht gewollt.
Oder ich könnte auch geboren sein
In einem kleinen Knäuel Wind,
Wenn Lüfte atmen.
Aber geboren bin ich dort.
Als Kind noch schlug man mich in Ketten.
Und später entließ man mich mit Ketten in die Welt.
Ich bin hier. Geboren bin ich dort.
Wär ich doch im Meere geboren!
Magnetisches Eisen,
Das mich stets hinzieht zum Pol,
Du bist schwer; ohne dich wärs mir so leicht,
Daß ich mein Gleichgewicht verlöre.
Also trag ich diese Kettchen
Und schüttle sie wie ein Löwe seine Mähne.
Und die Leute von drüben schreien:
Komm zurück!
Rufen: put, put, put.
Hirse mit Haß in den Wind.
Hund in die Hütte.
Ich bin ein Dichter (man muß sich einen Namen geben).
Die Sprache ist meine Kette.
Die Worte sind mein Halsband.
Geboren bin ich dort.
(Gern wär ich geboren einfach im Gras.)

(Aus: »Lektion der Stille / Neue polnische Lyrik«, ausgewählt und übertragen von Karl Dedecius, Carl Hanser Verlag, München 1969).

Ein anderes seiner Gedichte, *Fische im Sand (Ryby na piasku),* lieferte den Titel zu einer Anthologie dieser jungen Dichter (1965), zu denen auch die folgenden gehören: Adam Czerniawski (geb. 1934), Dichter, Übersetzer, Essayist und Erzähler, studierte englische Literaturgeschichte in London, lebt dort als Angestellter; Jerzy Sito (geb. 1934) wuchs in Persien und Indien auf, studierte in London, wo er als Bauingenieur beschäftigt war, kehrte 1959 nach Polen zurück, wo seine Übersetzungen aus dem Englischen, besonders Marlowe und Shakespeare, möglicherweise eine neue Periode in der Geschichte der polnischen Übersetzungskunst einleiten; Jan Darowski (geb. 1926), als Schlesier zur Wehrmacht eingezogen, ging in der Normandie zu den Amerikanern über, trat den polnischen Streitkräften bei, lebt als Buchdrucker in London; Zygmunt Ławrynowicz (geb. 1925), als Gymnasiast aus Litauen nach Deutschland verschleppt, studierte Nationalökonomie und Staatswissenschaften in Dublin, lebt in London als Bankbeamter; Bolesław Taborski (geb. 1927), Mitkämpfer im Warschauer Aufstand, Kriegsgefangener in Deutschland, studierte englische Dramatik, lebt in London als Theaterrezensent, Übersetzer und Publizist; Florian Śmieja (geb. 1925), während des Krieges nach Deutschland verschleppt, studierte in Irland und England spanische Literaturgeschichte, ist Universitätsprofessor und Übersetzer altspanischer Poesie ins Polnische; Andrzej Busza (geb. 1938), der jüngste der Gruppe, lebte als Kind im Nahen Osten, studierte in England, ist heute Professor für englische Literaturgeschichte an einer kanadischen Universität.

Seit dem Jahre 1968 stießen zur Exilliteratur zahlreiche Neuankömmlinge, die entweder als »Zionisten« aus ihren Stellungen entfernt und aufgefordert wurden, das Land zu verlassen, oder es freiwillig taten, um einer politischen Giftatmosphäre zu entgehen, in der jeder Intellektuelle scheel angesehen wird. In den Zeitschriften der Emigration erscheinen heute Namen, die vor kurzem noch in der literarischen Presse Polens standen. Zu den Schriftstellern gesellen sich auch Vertreter der Geisteswissenschaften, die in der Mehrzahl heute den Universitätsfakultäten in Kanada und in den Vereinigten Staaten angehören.

Anhang

Der polnische Versbau

Die altpolnische Poetik hinterließ in manchen Werken des fünfzehnten Jahrhunderts gewisse Spuren, die darauf schließen lassen, daß ihre gebräuchlichste Form ein unreiner Achtsilbenvers war, der sich auch um eine oder zwei Silben verlängern oder verkürzen konnte. Aus der Form des Volksliedes geht hervor, daß anscheinend jeder einzelne Vers ein ganzer Satz war. Die Betonung ist in Vergessenheit geraten. Da der Ton im Polnischen immer auf der vorletzten Silbe liegt, können männliche Reime – von wenigen Ausnahmen abgesehen – nur mittels einsilbiger Wörter gebildet werden, die *eo ipso* Oxytona sind (auf der letzten Silbe betont). Der Akzent war ursprünglich frei beweglich, später an eine bestimmte Silbe gebunden. Die Reime aus dem fünfzehnten Jahrhundert haben meistens die Form aa bb cc und sind nach späteren Begriffen unrein. Ob in solchen Reimen wie *darował* und *dał* oder *czas* und *obraz* das Oxytonon den Akzent verlor oder er sich im Paroxytonon von der vorletzten auf die letzte Silbe verschob, ist ungewiß. Vielleicht fand man nichts dabei, wenn Hebung sich mit Senkung reimte.

An der Wiege der polnischen Poesie steht das tschechische Volkslied und der Kirchenchoral. Eine mittelalterliche Osterhymne, die noch heute gesungen wird, betont durchweg die letzte Verssilbe:

Wesoły nam dzień dziś na-*stał*,
Którego z nas każdy żą-*dał*,
Tego dnia Chrystus zmartwych-*wstał*.
Allelu-*ja*, Allelu-*ja*.

Die Geschichte der polnischen Verskunst läßt sich seit etwa 1400 genauer verfolgen. Sie beginnt mit einem aus dem Lateinischen übersetzten Kirchenlied und besteht aus drei aufeinanderfolgenden und nebeneinander weiterbestehenden Systemen. Das neulateinische Gedicht beruht auf Reim und Silbenzahl, ohne Rücksicht auf die Länge der einzelnen Silben. Das genannte Kirchenlied ist in 13silbigen Versen gehalten, mit einer Zäsur nach der siebenten Silbe. Das lateinische Original beginnt folgendermaßen:

Pa-tris sa-pi-en-ti-a, Ve-ri-tas di-vi-na,
Chri-stus Je-sus cap-tus est ho-ra ma-tu-ti-na.

Um die Mitte des sechzehnten Jahrhunderts hatte dieses Versmaß alle anderen verdrängt. Mikołaj Rej neigt noch hie und da zu älteren Formen, Kochanowski ist endgültig darüber hinaus, und die von ihm entwickelten Abarten fanden zahlreiche Nachahmer. Der Reim stimmt jetzt mit der natürlichen Betonung überein.

Das nächste, sogenannte syllabotonische System ist ein Metrum, in dem sich Hebungen und Senkungen zu Versfüßen vereinen. Mit dem Akzent auf der vorletzten Silbe neigt das Polnische zum Trochäus und Amphibrachys. Andere Versmaße verlangen Änderungen zu Beginn oder Ende des Verses. Die beiden Systeme sind zeitlich nicht scharf voneinander zu trennen. Die Silbenzählung existiert noch heute, neben ihr experimentierte man jedoch ständig mit anderen Metren, besonders zur Zeit der Renaissance (Kochanowski), der auf sie folgenden bürgerlichen Dichtung mit ihren zu Tanzmelodien geschriebenen Liedern sowie zur Zeit der Klassiker (Krasicki). Die großen Romantiker verwandten Versmaße, die auf der einfachen Silbenzählung oder der Akzentuierung beruhten, und Mickiewicz schuf sogar einen polnischen Hexameter (in *Konrad Wallenrod*). Versmaße klingen im Polnischen nur dann gut, wenn sie sich unauffällig dem Satzbau anpassen, sonst wirken sie eintönig, und viele Dichter aus der zweiten Hälfte des neunzehnten Jahrhunderts ließen sich diese Eintönigkeit zuschulden kommen.

Das dritte System ist tonisch oder akzentuierend und gleichfalls von den anderen Formen zeitlich nicht zu trennen. Ein Gedicht kann manchmal auf beiderlei Art vorgetragen werden, syllabotonisch und akzentuierend. Beispiele dieses Systems sind Słowackis Calderón-Übersetzungen und einige seiner Versdramen. Wyspiański zeigte in seinen Dramen, Kasprowicz in seinen Gedichten, welche Möglichkeiten es bietet.

Zu diesem Formenreichtum gesellte sich noch ein viertes System, das weder auf dem Rhythmus noch auf Silbenzählung oder Akzentuierung beruht. Es hat seine Anfänge zu Beginn unseres Jahrhunderts und gewann fast alle Dichter für sich, besonders in der Zeit nach dem Zweiten Weltkrieg. Der Autor moduliert die Sprache nach seinem Temperament, ohne bestimmte Regeln. Vorläufer dieser Art gibt es im Barock, das z. B. längere Sätze in die Form eines Bibelverses kleidete, sowie im freien Vers der Romantik.

Werkverzeichnis

Gedichte

Poemat o czasie zastyglym
(Gedichte von der erkalteten Zeit)
1933 Wilna

Trzy zimy
(Drei Winter)
1936 Wilna/Warschau

Wiersze
(Gedichte)
1940 Warschau (Heimliche Publikation unter dem Pseudonym Jan Syruć)

Ocalenie
(Befreiung)
1945 Warschau

Swiatlo dzienne
(Tageslicht)
1955 Paris

Traktat poetycki
(Poetische Abhandlung)
1957 Paris

Król Popiel i inne wiersze
(König Popiel und andere Gedichte)
1962 Paris

Gucio zaczarowany
(Gustl, der Verzauberte)
1964 Paris

Wiersze
(Gedichte)
1967 London

Miasto bez imienia
(Stadt, äußerlich ein bloßer Name)
1969 Paris

Gdzie wschodzi slońce i kedy zapada
(Wo die Sonne aufsteigt und untergeht)
1974 Paris

Utwory poetyckie
(Gesammelte Gedichte)
1977 Michigan

Prosa

La grande tentation: le drame des intellectuels
dans les démocracies populaires (Essays)
(Die große Versuchung: Das Drama der Intellektuellen
in den Volksdemokratien)
1952 Paris

Zdobycie wladzy (Roman)
(Ergreifung der Macht)
1953 Paris

Zniewolony umysl (Essays)
(Versklavtes Denken)
1953 Paris

Dolina Issy (Autobiographischer Roman)
(Tal der Issa)
1955 Paris

Kontynenty (Übersetzungen und Essays)
(Kontinente)
1958 Paris

Rodzinna Europa (Autobiographische Prosa)
(Heimatliches Europa)
1958 Paris

Czlowiek wśród skorpionów. Studium o Stanislawie Brzozowskim.
(Mann unter Skorpionen)
1962 Paris

Widzenia nad Zatoka San Francisco (Essays)
(Ansichten aus San Francisco)
1969 Paris

The History of Polish Literature
(Geschichte der Polnischen Literatur)
1969 New York

Prywatne obowiazki (Essays)
(Private Verbindlichkeiten)
1972 Paris

Ziemia Ulro (Essay)
(Das Land Ulro)
1977 Paris

Emperor of the Earth: Modes of
Eccentric Vision (Essays)
(Kaiser der Erde: Formen über-
spannter Vision)
1977 Berkeley, Ca.

Ogród nauk
(Garten der Wissenschaft)
1979 Paris

**Anthologien, Übersetzungen und Bear-
beitungen**

Antologia poezji spolecznej (Herausgegeben mit Z. Folejewski)
(Anthologie sozialer Dichtung)
1933 Wilna

Jacques Maritain
Drogami kleski
(Straße der Niederlage)
1942 Warschau (Heimliche Anti-
Nazi-Publikation)

Pieśń niepodlegla
(Unbesiegbarer Gesang)
1942 Warschau (Heimliche Anthologie von Anti-Nazi-Dichtung)

Jeanne Hersch
Polityka i rzeczywistość
(Ideologien und Realität)
1955 Paris

Daniel Bell
Praca i jej gorycze
(Arbeit und deren Unzufriedenhei-
ten)
1957 Paris

Simone Weil
Wybór pism
(Ausgewählte Werke)
1958 Paris

Kultura masowa (Essays aus einem
amerikanischen Symposium)
(Massenkultur)
1959 Paris

Wegry (Ungarische Geschichtsstu-
dien von ungarischen Exil-Schrift-
stellern)
(Ungarn)
1959 Paris

Postwar Polish Poetry (Anthologie)
(Nachkriegsdichtung)
1965 Garden City, N. Y.

Aleksander Wat
Mediterranean Poems
1977 Ann Abor, Mi.

Ewangelia wedlug św. Marka
(Das Markus-Evangelium)
1978 Krakau

Książka Psalmów
(Buch der Psalmen)
1980 Paris

In deutscher Sprache

Das Gesicht der Zeit
1953 Zürich/Stuttgart

Verführtes Denken
1953 Köln

Tal der Issa
1957 Köln

West- und Östliches Gelände
1961 Köln

Lied vom Weltende (Gedichte)
1966 Köln

Zeichen im Dunkel (Gedichte)
1979 Frankfurt a. M.

Geschichte der Polnischen Literatur
1981 Köln

(Quelle: Hans Martin, Bibliographien der
Literatur-Nobelpreisträger)

Personenregister

Achmatova, Anna 362, 415
Adler, Alfred 292
Alembert, Jean le Rond d' 138, 155
Andersen, Hans Christian 259, 315
Andrejev, Leonid 402
Andrzejewski, Jerzy 350, 357, 387 ff.
Aragon, Louis 357
Asnyk, Adam 257
Avenarius, Richard 292

Backvis, Claude 68–71, 194
Baczyński, Krzysztof Kamil 356 f., 385
Baka, Józef 133
Balzac, Honoré de 173, 212, 218, 253, 291, 301, 362
Baryka, Piotr 92, 208
Baudelaire, Pierre Charles 263 f., 324, 384
Beckett, Samuel 331, 349, 364, 402 f.
Bellay, Joachim du 76
Benislawska, Konstancja 134
Berent, Waclaw 298 f.
Bergson, Henri 264, 282, 332
Bernanos, Georges 350, 387
Bestuschev, Alexander 182, 188
Bialoszewski, Miron 380
Bielski, Marcin 57 f.
Bieńkowski, Zbigniew 380
Biernat von Lublin 53 ff., 57, 79
Birkowski, Fabian 126
Blake, William 199 f.
Blok, Alexander 203, 415
Bobkowski, Andrzej 414
Bobrowski, Tadeusz 217 f.
Bobrzyński, Michal 236
Böhme, Jacob 191
Boguslawski, Wojciech 149 f., 401
Boguszewska, Helena 341
Bohomolec, Franciszek 135, 145
Boileau-Despréaux, Nicolas 141, 151, 160
Borowy, Wacław 134
Borowski, Tadeusz 357, 362, 385 f., 388, 390
Bossuet, Jacques Bénigne 84

Brandes, George 264
Brandys, Kazimierz 392 f.
Brantôme, Pierre de Bourdeilles 291
Brecht, Bertolt 402
Brémond, Henri 283
Brentano, Clemens von 193
Breza, Tadeusz 350, 362, 395 f.
Brodsky, Josif 415
Brodziński, Kazimierz 175
Broniewski, Wladyslaw 319 f., 357, 415
Brückner, Alexander 9
Brzękowski, Jan 321 f.
Brzozowski, Stanislaw 227, 235, 253, 264, 288, 291, 300–304, 350, 364
Buber, Martin 142
Buchanan, George 64
Buczkowski, Leopold 390
Budny, Szymon 40, 97
Buffon, Georges Louis Leclerc, Comte de 161
Bujnicki, Teodor 329
Buonacorsi, Philippo 44, 273
Busza, Andrzej 418
Byron, George Gordon Noel Lord 148, 172, 178, 180, 183 f., 192, 195 ff., 265

Calderón de la Barca, Pedro 194
Calvin, Johann 9, 36, 38 f.
Camus, Albert 301, 364, 372 f., 400
Čapek, Karel 340
Carrol, Lewis 195
Castiglione, Baldassare 58
Castro, Guillen de 115
Cazin, Paul 155
Char, René 357
Chmielowski, Benedykt 133
Chmielowski, Piotr 235
Chodźko, Ignacy 210
Chojecki, Edmund (Charles Edmond) 163
Ciekliński, Piotr 89 f.
Cieszkowski, August 215

425